Friedrich Schleiermacher
Kritische Gesamtausgabe
I. Abt. Band 7,1

Friedrich Daniel Ernst
Schleiermacher

Kritische Gesamtausgabe

Herausgegeben von
Hans-Joachim Birkner
und
Gerhard Ebeling, Hermann Fischer,
Heinz Kimmerle, Kurt-Victor Selge

Erste Abteilung
Schriften und Entwürfe
Band 7
Teilband 1

Walter de Gruyter · Berlin · New York
1980

Friedrich Daniel Ernst

Schleiermacher

Der christliche Glaube

nach den Grundsätzen der evangelischen
Kirche im Zusammenhange dargestellt

(1821/22)

Teilband 1

Herausgegeben von
Hermann Peiter

Walter de Gruyter · Berlin · New York
1980

CIP-Kurztitelaufnahme der Deutschen Bibliothek

Schleiermacher, Friedrich:
[Sammlung]
Kritische Gesamtausgabe / Friedrich Daniel Ernst Schleiermacher.
Hrsg. von Hans-Joachim Birkner . . . — Berlin, New York:
de Gruyter.
Abt. 1, Schriften und Entwürfe
Bd. 7. Der christliche Glaube nach den Grundsätzen der evangelischen Kirche im Zusammenhange dargestellt (1821/22).
Teilbd. 1. / Hrsg. von Hermann Peiter. — 1980.
    ISBN 3-11-007515-6

Inhaltsverzeichnis

Der christliche Glaube

Der Glaubenslehre erster Teil

Der Glaubenslehre zweiter Teil

Einleitung der Herausgeber

I. Das Projekt einer Kritischen Schleiermacher-Gesamtausgabe

Eine historisch-kritische Ausgabe der Schriften, des Nachlasses und des Briefwechsels Schleiermachers bildet seit langem ein Desiderat. Bislang gibt es nur von einzelnen Schriften und von Teilen des Briefwechsels Ausgaben, die den Grundsätzen einer kritischen Edition genügen. Die alte Gesamtausgabe, nach der die meisten seiner Schriften, Vorlesungen und Predigten bis heute zitiert werden, stammt aus den Jahren 1834–1864. Diese Ausgabe der „Sämtlichen Werke", die schon gegenüber ihrer eigenen Planung Lücken aufweist, ist unvollständig und unzulänglich. So berücksichtigt sie von den Druckschriften jeweils nur die letzte Auflage, die Schleiermacher besorgt hat. Sein literarischer Nachlaß ist in ihr nur teilweise und zumeist in völlig ungenügender Weise ediert worden. Umfängliche Nachlaßbestände (Manuskripte, Nachschriften, Briefe und biographische Materialien) harren im Archiv der Akademie der Wissenschaften der DDR noch der editorischen Erschließung. Nicht viel besser steht es im Blick auf Schleiermachers Briefwechsel, der in den Sämtlichen Werken nicht enthalten ist. Die umfänglichste und am häufigsten zitierte Ausgabe liegt vor in der vierbändigen Sammlung „Aus Schleiermachers Leben. In Briefen" (1858–1863), die der Ergänzung und der Revision in höchstem Maße bedürftig ist. Bei den von Schleiermacher geschriebenen Briefen, wie auch bei den Nachschriften von Vorlesungen und Predigten sind Umfragen und Nachforschungen nötig, um verstreute Materialien zu erfassen.

Der empfindliche Mangel an einer kritischen Schleiermacher-Gesamtausgabe hat in unserem Jahrhundert bereits zwei Vorstöße ausgelöst. 1927 haben auf Initiative Hermann Mulerts mehr als 40 prominente Gelehrte, die ein beachtliches Spektrum sowohl der akademischen Fächer als auch der damaligen philosophischen und theologischen Richtungen repräsentierten, eine entsprechende Eingabe an die Preußische Akademie der Wissenschaften gerichtet. Die Eingabe zielte auf eine Gesamtausgabe, deren erste Bände zu Schleiermachers 100. Todestag im Jahre 1934 erscheinen sollten. Der Plan ist damals an finanziellen Schwierigkeiten gescheitert. Das gleiche Schicksal erlitt eine neuere Planung, die 1961 im Rahmen der Heidelberger Akademie der Wissenschaften beraten worden ist.

In der Theologie ist das Fehlen einer zureichenden Schleiermacher-Ausgabe in den letzten beiden Jahrzehnten zunehmend empfunden und zur

Geltung gebracht worden im Zusammenhang mit dem starken Aufschwung, welchen die Schleiermacher-Forschung vor allem im deutschen Sprachbereich und in den USA in diesem Zeitraum erfahren hat. Bedenkt man die Vielseitigkeit von Schleiermachers geistigem Schaffen, vergegenwärtigt man sich seine geschichtliche Stellung in der Zeit der Frühromantik, des deutschen Idealismus, der preußischen Erhebung und der Restauration und berücksichtigt man seine Wirkung nicht nur in der seitherigen Theologie, sondern ebenso in Philosophie und Pädagogik, so wird zugleich deutlich, daß die Bedeutung einer solchen Ausgabe weit über die Theologie hinausreicht.

Die Ausgabe, die jetzt zu erscheinen beginnt, ist seit 1972 geplant und vorbereitet worden. Daß diese Planung möglich wurde, ist der Förderung der Deutschen Forschungsgemeinschaft zu danken, ferner dem Verlag de Gruyter, dem Nachfolger des Verlags G. Reimer, in dem die meisten von Schleiermachers Schriften, auch die Ausgabe der Sämtlichen Werke, erschienen sind. Seit 1979 wird das Editionsvorhaben auch durch die Schleiermachersche Stiftung im Zusammenwirken mit der Evangelischen Kirche der Union und dem Land Berlin gefördert. Geplant ist eine historisch-kritische Gesamtausgabe der Schriften, des Nachlasses und des Briefwechsels. Ihre Gliederung in die folgenden 5 Abteilungen richtet sich nach den literarischen Gattungen in Schleiermachers Werk, wobei den einzelnen Abteilungen jeweils auch der handschriftliche Nachlaß zugewiesen wird:

    I. Schriften und Entwürfe
   II. Vorlesungen
  III. Predigten
  IV. Übersetzungen
   V. Briefwechsel und biographische Dokumente.

Die Editionsarbeit wird mit den Bänden der I. Abteilung begonnen.

II. Gliederung der I. Abteilung (Schriften und Entwürfe)

Die I. Abteilung, für die bewußt ein allgemeiner Titel gewählt worden ist, enthält sämtliche von Schleiermacher im Druck veröffentlichten Schriften, sofern sie nicht aufgrund ihres Genus in die Abteilungen III und IV gehören; ferner die mit diesen Druckschriften zusammengehörigen handschriftlichen Materialien (z. B. Notizen in Handexemplaren); schließlich die von Schleiermacher nicht veröffentlichten handschriftlichen Arbeiten und Entwürfe, soweit sie nicht aufgrund ihres Genus in eine andere Abteilung gehören. Der Aufbau der Abteilung folgt den biographischen Abschnitten; die Schriften der Jahre 1807–1834 sind in den Bänden 6–13 unter thematischen Gesichtspunkten zusammengefaßt. Die Abteilung gliedert sich in die folgenden 13 Bände:

1. *Jugendschriften*
2. *Schriften aus der Berliner Zeit von 1796–1802 (I)*
3. *Schriften aus der Berliner Zeit von 1796–1802 (II)*
4. *Schriften aus der Stolper Zeit (1802–1804)*
5. *Schriften aus der Hallenser Zeit (1804–1807)*

Schriften aus der Berliner Zeit von 1807–1834:

6. *Universitätsschriften. Kurze Darstellung des theologischen Studiums 1. und 2. Auflage*
7. *Der christliche Glaube 1. Auflage*
8. *Exegetische Schriften*
9. *Kirchenpolitische Schriften*
10. *Theologisch-dogmatische Abhandlungen*
11. *Akademieabhandlungen und verschiedene Schriften*
12. *Über die Religion (2.–) 4. Auflage*
13. *Der christliche Glaube 2. Auflage*

Band 7, die 1. Auflage der Glaubenslehre, die seit mehr als 150 Jahren nicht mehr gedruckt worden ist, wird zuerst veröffentlicht, und zwar in 3 Teilbänden. Dieser Band, bei dessen Erstellung die zu befolgenden editorischen Grundsätze entwickelt worden sind, soll für die Bände der I. Abteilung die Funktion eines Musterbandes erfüllen.

III. Editorische Grundsätze für die I. Abteilung
(Schriften und Entwürfe)

Diese Grundsätze haben für die Edition der Bände der I. Abteilung eine Rahmenfunktion. Für die besonderen editorischen Probleme, die bei den einzelnen Bänden auftreten, sind jweils differenzierende und ergänzende Regelungen nötig. Das gilt insbesondere für die Edition von Handschriften.

1. Historische Einführung und Editorischer Bericht

Der Edition der Druckwerke und Handschriften wird jeweils eine Einleitung der Bandherausgeber vorangestellt, die eine Historische Einführung und, soweit erforderlich, einen Editorischen Bericht umfaßt. Die Historische Einführung gibt Auskunft über die Entstehungs- und Überlieferungsgeschichte des Druckwerks oder der Handschrift(en). Gegebenenfalls wird über die unmittelbare Rezeption (Rezensionen, Reaktionen von Zeitgenossen etc.) berichtet. Der Editorische Bericht erläutert und begründet die Gestaltung der Ausgabe, soweit sie sich nicht aus den allgemeinen editorischen Grundsätzen für die I. Abteilung ergibt.

2. Textgestaltung und textkritischer Apparat

a) Schreibweise und Zeichensetzung der zu edierenden Originaldrucke oder Handschriften werden grundsätzlich beibehalten. Das gilt auch für Schwankungen in der Schreibweise, wo es häufig eine Ermessensfrage darstellt, ob eine irrtümliche Schreibweise vorliegt. Hingegen werden Schwankungen in der Zeichensetzung, soweit sie willkürlich gehandhabt werden und sachlich ohne Bedeutung sind, stillschweigend vereinheitlicht. Die für Fußnoten gebrauchten Verweiszeichen (Ziffern, Sterne, Kreuze etc.) werden einheitlich durch Ziffern wiedergegeben, die innerhalb einer Texteinheit (Kapitel etc.) durchgezählt werden.

b) Offenkundige Druck- oder Schreibfehler und Versehen werden im Text korrigiert. Im Apparat wird — ohne weitere Angabe — die Schreibweise des Originals angeführt.

c) *Wo der Zustand des Textes eine Konjektur nahelegt, wird diese mit der Angabe „Kj . . ." im Apparat vermerkt. Wo bereits Konjekturen vorliegen, werden diese unter Nennung des jeweiligen Urhebers und der Seitenzahl seiner Ausgabe oder Schrift mitgeteilt. Wird eine solche Konjektur übernommen, so wird das durch die Angabe „Kj (auch NN 00) . . ." kenntlich gemacht.*

3. Sachapparat

a) *Von Schleiermacher gegebene Zitate und Verweise werden im Sachapparat nachgewiesen. Dabei wird nach Möglichkeit sowohl die von Schleiermacher benutzte Ausgabe als auch eine heute gängige Ausgabe angeführt. Bei Verweisungen Schleiermachers auf eigene Werke wird entsprechend verfahren; sie werden zitiert nach der von ihm benutzten Ausgabe und nach der besten gegenwärtig vorhandenen Ausgabe.*

b) *Abweichungen der Zitate Schleiermachers von den zitierten Quellen werden nur in denjenigen Fällen vermerkt, in denen eine Änderung des Sinns eintritt. Der Vermerk erfolgt in der Form: „Statt . . . Q: . . .".*
Auslassungen, die von Schleiermacher auf unterschiedliche Weise kenntlich gemacht worden sind, werden einheitlich durch 3 Punkte gekennzeichnet; die von Schleiermacher benutzten Auslassungszeichen werden jeweils im editorischen Bericht mitgeteilt. Auslassungen, die erst der Herausgeber kenntlich macht, werden durch 3 Punkte in eckigen Klammern gekennzeichnet. Wenn es sich um eine Auslassung zu Beginn eines Satzes handelt, dann wird ggf. Schleiermachers Groß-schreibung in Kleinschreibung geändert und die Änderung im textkritischen Apparat verzeichnet.

c) *Bibelstellen werden nur dann nachgewiesen, wenn eine förmliche Bezugnahme auf biblische Sätze (z. B. „Johannes sagt . . .") oder ein „verstecktes Zitat" vorliegt, nicht aber bei geläufigen biblischen Wendungen.*

d) *Wenn Texte, auf die Schleiermacher verweist, gegenwärtig schwer zugänglich sind, werden sie auszugsweise in einem Anhang zitiert. Der Verweis im Sachapparat erfolgt durch „s. Anhang" nach der Nennung von Autor und Kurztitel, sofern nicht Schleiermacher selbst bereits Autor und Titel nennt. Der Seitenwechsel innerhalb eines Zitats wird in der Regel nicht eigens kenntlich gemacht. Anomalien (Druckfehler etc.), die sich in diesen Texten finden, werden nicht korrigiert, sondern durch ein Ausrufezeichen in eckigen Klammern kenntlich gemacht.*

e) Zu Anspielungen Schleiermachers werden Nachweise oder Erläuterungen nur dann gegeben, wenn die Anspielung als solche deutlich, der fragliche Sachverhalt eng umgrenzt und eine Erläuterung zum Verständnis des Textes nötig ist. Zu Anspielungen wird nur in besonders begründeten Fällen ein Textauszug im Anhang gegeben.

4. *Verzeichnisse und Register*

a) Jeder Band erhält ein Abkürzungsverzeichnis, das die Apparate des Bandherausgebers entlastet. Es bietet die Auflösung sämtlicher Zeichen und Abkürzungen, die von Schleiermacher und vom Bandherausgeber benutzt worden sind, soweit die Auflösung nicht in den Apparaten oder im Literaturverzeichnis erfolgt.

b) Jeder Band erhält ein Literaturverzeichnis, in dem sämtliche Schriften mit bibliographisch genauer Angabe aufgeführt werden, die in Schleiermachers Text sowie in den Apparaten und in der Einleitung des Bandherausgebers genannt sind. Bei denjenigen Werken, die im Rauchschen Auktionskatalog der Bibliothek Schleiermachers aufgeführt sind, wird nach dem Titel in eckigen Klammern die Angabe „Rauch" mit der jeweiligen Seitenzahl und Nummer des Katalogs hinzugefügt.

c) Das Namensregister jedes Bandes verzeichnet alle historischen Personen, die in diesem Band genannt sind. Nicht aufgeführt werden die Namen biblischer Personen.

d) Ein Register der Bibelstellen erhalten diejenigen Bände, bei denen es von den Texten her sinnvoll ist.

5. *Druckgestaltung*

a) Satzspiegel. Es werden untereinander angeordnet: Text des Originaldrucks oder der Handschrift ggf. mit Fußnoten, textkritischer Apparat, Sachapparat.

b) Schriftgrößen. Die im Originaldruck gebrauchten unterschiedlichen Schriftgrößen werden in der Regel entsprechend wiedergegeben.

c) Schriftarten. Der Text des Originaldrucks bzw. der Handschrift wird recte wiedergegeben. Zitate, die bei Schleiermacher auf unterschiedliche Weise kenntlich gemacht sind (Anführungsstriche, Kursivsetzung, Antiqua, lateinische Schrift) werden einheitlich durch Anführungsstriche kenntlich gemacht, mit Ausnahme der griechischen Zitate. Sämtliche Zutaten des Herausgebers werden kursiv gesetzt.

d) *Hervorhebung.* Wo Schleiermacher einzelne Worte durch Sperrung, durch Kursivsetzung oder auf andere Weise hervorgehoben hat, wird dieser Sachverhalt einheitlich durch Sperrung kenntlich gemacht.

e) *Die Seitenzahlen des Originaldrucks* werden auf dem rechten Seitenrand angegeben; im Text (auch in Fußnoten) wird die Stelle des Seitenumbruchs durch einen senkrechten Strich zwischen zwei Wörtern bzw. Silben angegeben. Soweit es möglich ist, wird bei Handschriften entsprechend verfahren. Wenn in Einzelfällen die Angabe eines Zeilenumbruchs nötig wird, geschieht das durch einen nach rechts fallenden Schrägstrich (/).

f) *Beziehung der Apparate auf den Text.* Sie erfolgt beim textkritischen Apparat dadurch, daß die Bezugswörter (Lemmata) mit Zeilenangabe wiederholt werden. Kommt in einer Zeile das gleiche Bezugswort mehrfach vor, wird ein zusätzliches Bezugswort angeführt. Die Bezugswörter werden durch eine abschließende eckige Klammer (Lemmazeichen) von der folgenden Mitteilung abgegrenzt. Beim Sachapparat wird die Bezugsstelle durch Zeilenangabe bezeichnet.

Im Namen der Herausgeber
Hans-Joachim Birkner

Einleitung des Bandherausgebers

I. Historische Einführung

1. Schleiermachers Dogmatikvorlesungen

Schleiermachers Buch „Der christliche Glaube" ist aus seinen Dogmatikkollegs hervorgegangen.[1] Neben der christlichen Sittenlehre und der Enzyklopädie bildete die Glaubenslehre über Jahrzehnte hinweg Schleiermachers theologische Hauptvorlesung. Seinen Dogmatikkollegs eignete eine Produktivität, die sie auch noch behalten sollten, nachdem die Glaubenslehre erschienen war. Sie waren mit dazu bestimmt, die in diesem Buch niedergelegte Konzeption zu vertiefen und weiterzuführen.

Schleiermacher hat an den Universitäten Halle und Berlin insgesamt in 13 Semestern die Dogmatik vorgetragen. Die Hallenser Vorlesungsverzeichnisse enthielten folgende Ankündigungen:

Wintersemester 1804/05
Publ. locos systematis theologici primarios et fundamentales diligentius explicabit binis per h. horis.[2]

Wintersemester 1805/06
Theologiam dogmaticam offert, Ammonis summam theologiae christ. potissimum secuturus h. II—III. quinquies.[3]

Den Vorlesungsverzeichnissen der Universität Berlin lassen sich folgende Angaben entnehmen:

Sommersemester 1811
Theologiam dogmaticam, praemissis quaestionibus philosophicis in religionem Christianam, docebit quinquies per hebd. hor. VII—VIII.

---

[1] Lesen und Schreiben sind, um an eine Bemerkung Schleiermachers anzuknüpfen, „nahe in einander geflossen" (bei Heinrici: Twesten 370; vgl. unten S. XXIV).

[2] In dem Intelligenzblatt der Allgemeinen Literatur-Zeitung vom Jahre 1804, Num. 155, Sp. 1249 (26. 9. 1804) heißt es: „Die Haupt- und Fundamentallehren des theologischen Systems erläutert Hr. Prof. Schleyermacher."

[3] In dem Intelligenzblatt vom Jahre 1805, Num. 153, Sp. 1265 (2. 10. 1805) heißt es: „Den zweyten Theil der christlichen Glaubenslehre trägt Hr. Ober-Cons. Rath Dr. Niemeyer vor; auch lehren sie Hr. Prof. Schleiermacher nach Ammon, und Hr. Prof. Stange."

Wintersemester 1812/13
Theologiam dogmaticam docebit quinquies hor. VIII—IX.

SS 1816
Theologiam dogmaticam docebit quinquies p. hebd. hora VII—VIII matut.

SS 1818
Introductionem in theologiam dogmaticam tradet quinis p. hebd. diebus h. VII—VIII.

WS 1818/19
Theologiam dogmaticam docebit quin. p.h. diebus h. VIII—IX.

WS 1820/21
Theologiae dogmaticae partem priorem tractabit hor. IX—X. quinquies.

SS 1821
Lectiones dogmaticas habere perget hor. VIII—IX.

WS 1823/24
Privatim theologiam dogmaticam docebit quinquies p. hebd. hor. VIII—X. secuturus librum suum: Der christliche Glaube.

SS 1825
Privatim theologiam dogmaticam tradet hor. VII—IX matutina quinquies p. hebd.

WS 1827/28
Privatim theologiam dogmaticam docebit quinq. p. hebd. hor. VIII—X. matut.

SS 1830
Privatim theologiam dogmaticam tractabit duce libro suo: Der christliche Glaube, quinquies p. hebd. hora VIII—X.

In Berlin hatte Schleiermacher die Dogmatik bereits vorgetragen, ehe 1810 die neue Universität eröffnet war. „Dabei halte ich aber doch seit Winters Anfang zweierlei Vorlesungen, eine Darstellung der christlichen Glaubenslehre nicht bloß für Theologen berechnet, die zugleich eine speculative Kritik derselben ist, und dann eine Theorie des Staates." schrieb Schleiermacher am 11.2.1809 an Gustaf von Brinckmann.[4]

Zu den Dogmatikkollegs Schleiermachers liegen uns eine Nachschrift aus dem Sommersemester 1811 von der Hand August Twestens, eine Nachschrift aus dem Wintersemester 1823/24 von der Hand des früh verstorbe-

---

[4] *Briefe 4, 167. Vgl. a.a.O. 2, 151. 159. 172. 176. 212. Briefe ed. Meisner 2, 117. Briefwechsel mit seiner Braut 262. 271f. 379. 396. 407.*

nen[5] *Ludwig August Heegewaldt und eine Nachschrift aus dem Nachlaß Moritz Pinder (1807–1871) vor.*[6]

Über die Dogmatikkollegs, die Schleiermacher zwischen dem Erscheinen der 1. und der 2. Auflage[7] *gehalten hat, geben außerdem die Marginalien in Schleiermachers Handexemplar Aufschluß.*[8] *An ein solches Handexemplar dachte Schleiermacher bereits in einem Brief vom 9. 1. 1819:* „Citirt wird nicht viel, und hier manches für das durchschossene Exemplar aufgespart, das nach meinem Tode zum Grunde der zweiten Auflage dienen kann."[9] *Von Band 2 des Originaldrucks liegt uns ein Handexemplar Schleiermachers leider nicht vor. Von dem erhaltenen Handexemplar ist der letzte Bogen, der mit S. 337 begonnen haben muß, abhanden gekommen. Die Marginalien des Handexemplars werden wegen ihres Umfangs erst in Teilband 3 dieses 7. Bandes veröffentlicht, wo Gelegenheit genommen wird, dasselbe ausführlich vorzustellen.*

Um das Verhältnis zwischen Schleiermachers Dogmatikbuch und seinen Dogmatikvorlesungen zu klären, gilt es sich zunächst vor Augen zu halten, daß Schleiermacher ein Mann des mündlichen Wortes war. Das Schreiben bedeutete für ihn gegenüber dem Reden etwas Nachgängiges. Selbst seine Vorlesungsnotizen brachte er oft erst nach dem mündlichen Vortrag zu Papier. Über seine Dogmatikvorlesung äußerte er am 11. 5. 1818: „und bisjezt schreibe ich noch immer nach dem Collegio recht ordentlich auf."[10] *Schon am 31. 5. 1805 hatte Schleiermacher an Gustaf von Brinckmann geschrieben:* „Dieses Vorarbeitens ohnerachtet lasse ich dann auf dem Katheder meinen Gedanken weit freieren Lauf als auf der Kanzel, und so kommt mir manches dort durch Inspiration, was ich denn des Aufzeichnens für die Zukunft werth achte, und woraus mir so noch eine Nacharbeit entsteht."[11]

Schleiermacher war ein Denker, der in seinem mündlichen Vortrag produktiver war als in seiner Schriftstellerei: „Aber das Hervorbringen liegt in den Vorlesungen."[12] *An Henritte von Willich schrieb er:* „oft überrascht mich selbst mitten im Vortrage etwas Einzelnes, was von selbst hervorgeht, ohne daß ich daran gedacht hatte, so daß ich selbst aus jeder einzelnen Stunde fast belehrt herauskomme. Ich kann Dir gar nicht sagen, was für

---

[5] *Vgl. J. Hennig: Freund.*

[6] *Nähere Angaben in unserem Literaturverzeichnis.*

[7] *Der 1. Band der 2. Auflage erschien 1830, der 2. Band 1831.*

[8] *Das Handexemplar (= H) befindet sich im Zentralen Akademie-Archiv der Akademie der Wissenschaften der DDR (Signatur 61).*

[9] *An L. G. Blanc (Briefe 4, 244, im Anschluß an das unten auf S. XXIV mitgeteilte Zitat).*

[10] *Briefwechsel mit Gaß 149. Vgl. a. a. O. 121:* „Zur Dialektik schreibe ich mir nun (d. h. hintennach) vorläufige Paragraphen auf, welches doch die erste Vorbereitung zu einem künftigen Compendium ist."

[11] *Briefe 4, 113.*

[12] *31. 12. 1818 an G. v. Brinckmann (Briefe 4, 241).*

ein Genuß das ist."[13] *Vorlesungen über einen Gegenstand zu halten, war für ihn „immer der erste Ausweg", Klarheit über diesen Gegenstand zu gewinnen; „denn dadurch tritt mir Alles am besten vor Augen und arbeitet sich aus".*[14]

Mit dem Erscheinen der Glaubenslehre war Schleiermachers dogmatische Arbeit keineswegs getan. In seinen Vorlesungen wollte er nicht bloß den Standpunkt seines Buches, sondern einen Standpunkt über seinem Buch einnehmen. Die „Idee" der Lesung über das Buch bestand darin, Schriftzitate und Literatur zu ergänzen, Mißverständnisse abzuwenden, eine noch vollständigere Rechenschaft vom ganzen Verfahren zu geben, mit anderen Methoden zu vergleichen und sich um eine weitere Ausführung zu bemühen.[15] *Über das Plus der Vorlesungen gegenüber seinem Buch äußerte Schleiermacher am 18.6.1823 in einem Brief an Friedrich Lücke, er wolle*

---

[13] *4.12.1808 (a.a.O. 2, 176).*

[14] *22.10.1808 an H. v. Willich (a.a.O. 2, 151). Diese Äußerung war auf die Lehre vom Staat bezogen. Im Vertrauen auf die Kraft des mündlichen Wortes identifizierte Schleiermacher sich nicht voll und ganz mit seinen Schriften, von denen er in einem Brief vom 13.8.1822 ironisch-distanzierend sagen konnte: „Daß sich die Leute aus meinen Büchern nichts machen, brauchen Sie mir auch nicht so unter die Nase zu reiben, denn ich mache mir am Ende selbst nicht sehr viel aus ihnen." (An L. G. Blanc, a.a.O. 4, 297). Schleiermachers starke Seite war das mündliche Wort. Vorlesungen zu halten war Schleiermacher, wie er sich im Frühjahr 1807 gegenüber G. von Brinckmann ausdrückte, „zur andern Natur geworden." (A.a.O. 4, 135). In einem Brief an H. Herz vom 4.11.1806 sprach er von „der ewigen Sehnsucht nach meiner Kanzel und meinem Katheder" und äußerte er: „Der Gedanke, daß es vielleicht mein Schicksal sein könnte, lange Zeit nur für die Schriftstellerei und von ihr zu leben, schlägt mich sehr nieder." (A.a.O. 2, 73). Er glaubte, „zum Schriftsteller am wenigsten gemacht" zu sein (4.7.1812 an G. von Brinckmann; a.a.O. 4, 187). Der schriftstellerische Ruhm war ihm „immer ein lächerlicher Gedanke gewesen . . ., weil die Schichten der papiernen Lava sich so dick anhäufen, daß was unter zweien liegt schon ganz vergraben ist und unerreichbar." (6.5.1820, bei Heinrici: Twesten 362). Seine Schriften hielt er für seine schwächere Seite. Im Blick auf seine Glaubenslehre gab er am 11.4.1828 vor K. H. Sack sehr gern zu, daß er nicht schreiben kann (Briefe 4, 389). Wenn das auch übertrieben klingen mag, so ist es doch schwerlich ein Zufall, daß eine vergleichbare Selbsteinschätzung seiner mündlichen Vorträge fehlt. Lange Zeit blieb es dabei, daß der mündliche Vortrag Schleiermacher mehr Reiz bot als die Schriftstellerei (vgl. bei Heinrici: Twesten 413). Eine andere Auffassung kündete sich im Sommer 1825 an. Am 8.9.1825 schrieb Schleiermacher an A. Twesten, daß er manchmal sehr ernstlich wünsche, es möchte ihm „eine Veranlassung und eine Möglichkeit entstehen den so schnell vorrückenden letzten Theil des Lebens ungetheilt der Feder widmen zu können." (A.a.O. 382). Am 31.8.1829 schrieb Schleiermacher, er fange an umzusatteln (a.a.O. 413). „Mein Gefühl sagt mir, daß ich nur noch eine kleine Anzahl frischer Jahre vor mir habe, und da scheint es mir pflichtmäßiger, die noch womöglich zum Schreiben zu verwenden, damit es noch eine Erndte gebe und nicht mein ganzes Feld bloß als Grünfutter abgeschnitten werde." (Ibid.). Schleiermacher wurde klar, daß ohne schriftstellerische Produktion „vieles was doch zu den Resultaten meines Lebens gehört, entweder ganz verloren ginge oder vielleicht sehr unvollkommen oder wol gar verunstaltet durch Andre ans Licht gefördert würde." (10.4.1830; Briefe an die Grafen zu Dohna 90).*

[15] *H XIII.*

nächsten Winter elf Stunden wöchentlich über das Buch lesen, „nemlich darüber: ohne das Buch selbst wieder mitzulesen wie Manche thun. Der Himmel gebe mir nur Zeit genug, soviel Studien zu machen als ich wünsche, um recht viel exquisitiora beizubringen."[16]

Zur Niederschrift der Glaubenslehre hatte er sich nicht zuletzt darum entschlossen, weil es ihm bequem erschien, etwas vorgelegt zu haben, das er dann bei seinen Zuhörern voraussetzen könnte.[17] *Was ihn eigentlich bewegte, waren weniger diese Voraussetzungen als das, was er über diese Voraussetzungen hinaus zu sagen hatte. Das Buch sollte dazu dienen, „Zeit zu Erörterungen zu gewinnen, welche sonst unterbleiben müssen."*[18]

Leider blieb das Vorhaben, das Buch in den Vorlesungen noch zu übertreffen, mitunter ein bloßer Wunsch. Inmitten des Dogmatikkollegs begriffen, gestand Schleiermacher am 20. 12. 1823 gegenüber Joachim Christian Gaß ein: „Leider werde ich nun immer mehr auf das Wiederkäuen reducirt; wenn sich so wenig Zeit zur Production findet: so kann sich auch kein Trieb dazu entwickeln. Vielleicht ist es auch umgekehrt, daß ich zu viel Zeit verquase, weil ich keinen recht lebendigen Trieb habe."[19]

Schleiermachers Enttäuschung über die mangelnde Produktivität seiner Vorlesungen wiegt um so schwerer, als er keine großen Erwartungen in die unmittelbaren Wirkungen seines Buches setzte. Erst seine Vorlesungen sowie zahlreiche Einzelabhandlungen sollten seinen dogmatischen Bestrebungen dazu verhelfen, geschichtlich zu werden. Am 13. 8. 1822 schrieb er an Ludwig Gottfried Blanc: „die unmittelbaren Schicksale des Buches sind mir gleichgültig. Durch sich selbst wird es nie viel wirken; ob meine dogmatische Bestrebungen geschichtlich werden, das beruht meiner Ueberzeugung nach fast ganz darauf, ob es mir gelungen ist oder noch gelingt, daß einige, welche Kraft genug haben zur weiteren Verarbeitung, sie sich aus meinen Vorlesungen lebendig aneignen, und darum wünsche ich wol, daß ich noch ein paarmal könnte über das Buch Vorträge halten. Könnte ich noch etwa funfzig solche Abhandlungen dazu schreiben, wie die Eine mit der ich jezt die Zeitschrift schließe, nun das wäre auch etwas, aber dazu ist noch weniger Aussicht."[20]

---

[16]　*Briefe 4, 314, im Anschluß an das unten S. LVf. beigebrachte Zitat.*

[17]　*Unten S. 4, 10f.*

[18]　*Unten S. 4, 11f.*

[19]　*Briefe 4, 319. Vgl. auch Über seine Glaubenslehre, an Dr. Lücke. 2. Sendschreiben 523; ed. Mulert 61. Die beiden Sendschreiben an Lücke, in denen Schleiermacher den Kritikern seiner Glaubenslehre antwortet, stellen sein eigentliches theologisches Vermächtnis dar.*

[20]　*Briefe 4, 298. Schleiermacher meint hier die 1822 in der Theologischen Zeitschrift, Heft 3 erschienene Abhandlung „Ueber den Gegensatz zwischen der Sabellianischen und der Athanasianischen Vorstellung von der Trinität".*

2. Niederschrift und Druck

Schon am Anfang seiner akademischen Wirksamkeit hat Schleiermacher der Plan beschäftigt, eine Dogmatik zu veröffentlichen. Da er im WS 1804/05 die Dogmatik las, hatte er vermutlich ein dogmatisches Kompendium mit im Auge, als er am 4.11.1804 gegenüber Georg Andreas Reimer äußerte: „Denn ein oder das andere aphoristische Compendium möchte ich doch schreiben, es ist eine hübsche Gattung."[21] Unter dem 25.10.1805 schrieb er an Reimer: „Den zweiten Band der Predigten und ein sehr kleines Handbuch zu meinen Vorlesungen über theologische Encyklopädie arbeite ich gewiß noch im folgenden Jahre aus, und vielleicht schon im nächsten darauf eine Dogmatik."[22] Am 1.12.1805 weihte er Ehrenfried von Willich in sein Vorhaben ein, in ein paar Jahren ein kleines dogmatisches Handbuch drucken zu lassen, das den Juden ein Ärgernis und den Griechen eine Torheit sein werde.[23] Daß von der Dogmatik mehr als nur etwas für Schleiermachers persönlichen Gebrauch Geeignetes zu Papier gebracht war, läßt sich möglicherweise aus einem Brief vom 24.3.1806 an Ehrenfried von Willich erschließen. Nachdem Schleiermacher den geplanten Besuch bei von Willichs abgesagt hatte, schrieb er: „Ich hätte Dir so gern von meinen akademischen Arbeiten etwas mitgebracht. Meiner Ethik hat der zweite Vortrag zum großen Vortheil gereicht, und die Dogmatik ist mir gleich aufs erste Mal so gut gerathen, daß, Kleinigkeiten in der Anordnung abgerechnet, wol wenig zu ändern sein möchte."[24] In einem Brief vom 17.12.1809 an Gustaf von Brinckmann gab er der Hoffnung Ausdruck, in einem Zeitraum von drei oder vier Jahren imstande zu sein „ – was ich jezt ganz vorzüglich als meinen Beruf ansehe – meine ganze theologische Ansicht in einigen kurzen Lehrbüchern niederzulegen und wie ich hoffe dadurch eine theologische Schule zu gründen, die den Protestantismus wie er jezt sein muß ausbildet und neu belebt, und zugleich den Weg zu einer künftigen Aufhebung des Gegensazes beider Kirchen frei läßt und vielleicht bahnt."[25] Am 26.2.1810 hieß es in einem Brief an einen Halleschen Schüler: „Denn nachgerade muß ich doch daran denken meine theologischen Ansichten in Lehrbüchern niederzulegen. Ich werde mit einer Encyclopädie anfangen die wahrscheinlich noch dies Jahr erscheint, und da ich die Dogmatik hier noch einmal wieder gelesen, so werde ich wol wenn ich es noch einmal gethan die Darstellung unternehmen können."[26]

---

[21] *Briefe 4, 105.*
[22] *Briefe ed. Meisner 2, 45 = Briefe 2, 69f (hier mit der Jahresangabe: 1806).*
[23] *Briefe 2, 44.*
[24] *Briefe an E. u. H. von Willich 156.*
[25] *Briefe 4, 172.*
[26] *A. a. O. 4, 177.*

Am 24.10.1812 berichtete Schleiermacher: „Ich schreibe mir Paragra-
phen auf zur Ethik und zur Dogmatik, als Vorarbeit zu künftigen Compen-
dien".[27] *Unter dem 21.11.1812 ist ebenfalls an Joachim Christian Gaß*
geschrieben: „Ich arbeite mir jezt vor zu Compendien der Ethik und Dog-
matik. Bis jezt habe ich noch ohne Lücke geschrieben, und die erste denke
ich denn womöglich noch im künftigen Jahre fertig zu machen, die lezte
aber wohl nicht eher bis ich wieder lese."[28] *Am 27.3.1813 teilte Schleier-*
macher dem Grafen Alexander zu Dohna mit, er arbeite jetzt an Hand-
büchern über die Ethik und Dogmatik; ein Handbuch für die Vorlesungen
dürfe nicht populär sein, sondern habe den Zuhörern die Sachen vorher un-
verständlich zu machen, die sie leider großenteils schon zu verstehen
glauben.[29]
    Sehr weit scheint Schleiermachers Arbeit damals nicht gediehen zu sein.
Er hatte, wie aus einem Brief an Friedrich Schlegel vom 12.6.1813 hervor-
geht, über der Ausarbeitung der Kurzen Darstellung des theologischen Stu-
diums gelernt, „wie ungeheuer schwer ein Compendium ist."[30] *Die Zeit der*
Befreiungskriege war nicht dazu angetan, eine Dogmatik auf das Papier zu
bringen. „So lange der Gang der Dinge diesen Charakter behält kann ich
auch wol nichts schreiben, denn dazu gehört bei mir große Ruhe; in einem
sehr aufgeregten Zustande kann ich nur reden, schreiben gar nicht."[31] *Nicht*
befriedigt von Wilhelm Martin Leberecht de Wettes Biblischer Dogmatik
drängte indessen Joachim Christian Gaß am 10.10.1814: „Ist's nicht möglich,
daß Du ein Compendium der Dogmatik schreiben kannst, damit endlich
eine haltbare Ansicht allgemeiner werde?"[32] *Auf eine Anfrage des Grafen*
Alexander zu Dohna, die nur erschlossen werden kann, antwortete Schleier-
macher am 10.5.1816: „ Ihr anderer Wunsch wird wol erfüllt werden zu
meiner Ehrenrettung, wenn ich meine Dogmatik schreibe; in Predigten
komme ich einmal auf diesen Gegenstand nicht zu, es ist ganz gegen meine
Natur."[33] *Die Notwendigkeit der dogmatischen Arbeit hatte Schleiermacher*
auch im Auge, als er am 15.10.1816 Friedrich Heinrich Christian Schwarz
anvertraute: „Wenn ich erst die Kraft gewinne (dies Jahr hat es mir ganz
daran gefehlt) meine philosophische Sittenlehre endlich zu vollenden, so will
ich dann auch gleich an meine Dogmatik gehn."[34]
    Immerhin war Schleiermachers Dogmatikheft schon so weit gediehen,
daß er es seinen Freunden zur Beurteilung vorlegen konnte. Vermutlich war

---

[27] *Briefwechsel mit Gaß 107.*
[28] *Briefe 4, 190.*
[29] *Briefe an die Grafen zu Dohna 47. Dem Gedanken, daß seine Dogmatik auf geistige An-*
spannung nicht verzichten könne, ist Schleiermacher treu geblieben. Vgl. unten auf S. XLIX.
[30] *Briefe 3, 430.*
[31] *Ibid.*
[32] *Briefwechsel mit Gaß 117.*
[33] *Briefe an die Grafen zu Dohna 60.*
[34] *Briefe ed. Meisner 2, 241.*

dieses Heft gemeint, als er am 13.10.1817 an Ludwig Gottfried Blanc schrieb: „Indem ich Ihnen mit K. die Dogmatik und die Schuhe schicke, ohne Ihnen jedoch die Dogmatik in die Schuhe zu schieben, kann ich nur mit ein paar eiligen Zeilen Ihnen für Ihre Sendung danken.“[35] *Unter dem 21.2.1818 hieß es in einem weiteren Brief an Blanc: „Nun aber, lieber Freund, ergeht eine dringende Bitte an Sie um baldige Zurücksendung meiner Dogmatik. Ich will im Sommer anfangen zu lesen — anfangen nämlich weil ich diesmal ein Jahr lesen will — und wiewol das erst im April angeht: so muß man sich doch jezt schon die Sache durch den Kopf gehen lassen, und auch dazu brauche ich wol mein Heft.“*[36] *Blanc muß an dem Heft so wenig ausgesetzt haben, daß Schleiermacher ihn am 23.3.1818 ermunterte: „Daß Sie nicht kommen, ist recht Schade; ich wünschte nur daß Sie um desto eher sich entschließen möchten, mir über das was Ihnen in der Dogmatik bedenklich ist zu schreiben. Auch sehe ich gar nicht ein was Sie sich eigentlich zieren; was man in einem Briefe schreibt macht ja gar keine so großen Ansprüche. Ich könnte aber gerade jezt Ihre Andeutungen recht sehr gut brauchen. Uebrigens lebe ich der guten Zuversicht, daß, wenn Sie meine Stellung billigen, Sie auch meine ganze Dogmatik billigen müssen, ich meine daß es höchstens einzelne Abirrungen oder Undeutlichkeiten sein können was Ihnen Anstoß gegeben hat. Die Hauptsache die mir noch zu fehlen scheint ist eine recht klare Entwickelung des Unterschiedes zwischen dem immanenten Dogma und dem transcendenten oder mythischen. Dies werde ich vorzüglich jezt in der Einleitung hinzuzufügen suchen. Komme ich nun auf etwas bedeutendes nicht, was zu bessern wäre so werfe ich die Schuld auf Sie.“*[37]

Über den endgültigen Entschluß, eine Glaubenslehre zu schreiben und zum Druck zu befördern, läßt sich drei Briefen Schleiermachers — an Joachim Christian Gaß vom 28.12.1818[38]*, an Ludwig Gottfried Blanc vom 9.1.1819*[39] *und an August Twesten vom 14.3.1819*[40] *— folgendes entnehmen: Als Schleiermacher im Sommersemester 1818 die Einleitung zur Glaubenslehre las — er hatte die Dogmatik in zwei Halbjahre geteilt, um die Einleitung, die doch einen großen Teil seiner philosophischen Theologie enthielt, ausführlicher als sonst zu behandeln — dachte er noch an keine Veröffentlichung.*[41] *„Kurz vor meinem Geburtstag ... fiel es mir recht*

---

[35] *Briefe 4, 224.*
[36] *A.a.O. 4, 231.*
[37] *A.a.O. 4, 232f. Schleiermachers Dogmatikheft ist leider nicht erhalten.*
[38] *Briefwechsel mit Gaß 159f.*
[39] *Briefe 4, 244.*
[40] *Briefe ed. Meisner 2, 295f.*
[41] *Briefwechsel mit Gaß 149. 159. Immerhin schrieb Schleiermacher am 12.8.1818 an A. Twesten: „Ueberhaupt muthen Sie mir nur nicht zu, noch mehr Kleines zu schreiben; ich muß jetzt machen, daß ich an etwas Großes komme.“ (Bei Heinrici: Twesten 335).*

schwer aufs Herz, daß, wenn ich ihn recht vergnügt und ohne geheime Pein begehen wolle, er mich in einem tüchtigen Werk finden müsse, und auf- geregt durch die vorigen Beschäftigungen und mancherlei Ereignisse gab ich mich daran, meine Dogmatik zu schreiben, die ich eben lese.''[42]

Zumindest bis zum 9.1.1819 ging die Arbeit leicht von der Hand: „Der Einfall kam mir in einer recht guten Stunde, und ich konnte ihm nicht widerstehen; auch fühle ich mich seitdem ganz besonders frisch und tüchtig und bin mit dem gefertigten ziemlich zufrieden.''[43] *Anfangs trat die Mühsal des Um-die-Wahrheit-Ringens hinter der Freude an der dogmatischen Ar- beit zurück. „So bin ich sowol in mein eignes als in das allgemeine neue Jahr mit frischem Muth und sehr fröhlich eingerückt.''*[44] *Was Schleiermacher niederschrieb, gefiel ihm „nicht übel: aber es sticht doch gar wunderlich gegen alle andern Dogmatiken ab, und ich glaube, die Leute werden sagen, ich hätte etwas Absonderliches machen wollen, worin sie mir doch sehr Un- recht thun werden; denn ich kann nun eben nicht anders.''*[45]

Schleiermacher begann die Niederschrift an drei Stellen zugleich, beim Anfang der Einleitung und beim Anfange des ersten Teils sowie dem des zweiten.[46] *Er hatte sich überreden lassen, nach der im Reformations Alma- nach auf das Jahr 1819*[47] *erschienenen Abhandlung „Ueber den eigenthüm- lichen Werth und das bindende Ansehen symbolischer Bücher'' für das erste Stück der Theologischen Zeitschrift eine allgemeine Kritik der rationalisti- schen und supranaturalistischen Streitigkeiten zu verfassen*[48]*, die er „einzu- flicken'' hoffte, wenn er in der Ausarbeitung der Einleitung an diese Stelle käme.*[49] *Als er Mitte November 1818 mit der Niederschrift begann, war er im*

---

[42] *Briefe ed. Meisner 2, 295. Schleiermacher ist am 21.11.1768 geboren. Der Bericht an J. Ch. Gaß setzt folgendermaßen ein: „Du hast mich so getrietzt, lieber Freund, daß ich nun wirklich meine Dogmatik schreibe, aber freilich auf eine etwas närrische Art und so, daß noch eine ganze Weile darüber hingehn kann.'' (Briefwechsel mit Gaß 159).*

[43] *Briefe 4, 244, Fortsetzung unten auf S. XXIV (vor Anm. 51).*

[44] *Ibid.*

[45] *Briefwechsel mit Gaß 159f.*

[46] *Briefe ed. Meisner 2, 295. Briefe 4, 244.*

[47] *2. Jg., S. 335–381; Kleine Schriften und Predigten 2, 137–166.*

[48] *23.3.1818 an L. G. Blanc (Briefe 4, 233). 12.8.1818 an A. Twesten (bei Heinrici: Twesten 335). 11.5.1818 an J. Ch. Gaß (Briefwechsel mit Gaß 148). „Vorher aber habe ich noch eine auch hierher gehörige Kleinigkeit unter der Feder für den Reformations- almanach: Ueber den Werth der symbolischen Bücher. Ich mache dazu die ganze Pfingst- woche Ferien, sehr gegen meine Gewohnheit, und wünsche nur, daß mir nicht so viel Störungen dazwischen kommen, um fertig zu werden. Wenn mir beides gelingt, so denke ich, habe ich in der Sache das meinige gethan, bis einmal meine Dogmatik herauskommt.'' (Briefwechsel mit Gaß 148f). Vgl. auch Briefe 4, 235. Die Stelle der oben erwähnten all- gemeinen Kritik nahm dann in der Theologischen Zeitschrift Schleiermachers Abhandlung „Ueber die Lehre von der Erwählung'' ein.*

[49] *Briefe ed. Meisner 2, 295f. Die Kritik ist nicht erhalten, wenn nicht ungeschrieben ge- blieben.*

Kolleg — das Semester hatte am 19. 10. begonnen — im ersten Teil schon sehr vorgerückt, konnte seine Vorlesungen nicht mehr einholen und ließ, als er bald darauf den zweiten Teil anfing, den ersten liegen; mit dem zweiten gleichen Schritt zu halten, muß Schleiermacher mindestens bis zum 9. 1. 1819 gelungen sein.[50]

Schon früh erkannte Schleiermacher es als einen Mißstand, daß die Leitsätze, zumindest die anfangs zu Papier gebrachten, einem flüchtigen Leser mehr versprachen, als sie hielten und enthielten. Am 9. 1. 1819 schrieb er an Ludwig Gottfried Blanc: „Die äußere Form ist ganz die gewöhnliche; und das macht sich wunderlich, daß die Hauptsachen fast immer nicht in den §§ stehen, sondern in den Erläuterungen; ich weiß es aber nicht zu ändern, und tröste mich über den Mißstand damit, daß doch nun die Leute ordentlich lesen müssen, denn der würde bald aufhören, der eine flüchtige Uebersicht nehmen und bloß die §§ lesen wollte."[51] *In dem 2. Sendschreiben an Lücke liest man: „Dann aber auch die Paragraphen so aphoristisch als möglich, und jeder mache irgend etwas rein ab. Nichts kommt mir wunderlicher vor, als wenn in einem solchen Buche der Paragraph selbst schon ziemlich in die Breite geht, dann folgt eine Ausführung, die sich nur noch durch den Druck vom Paragraphen unterscheiden kann, und der folgende Paragraph ist dann überschrieben: Fortsetzung."*[52]

Einen weiteren Mißstand sah Schleiermacher in der Weitläufigkeit seiner Darstellung. In einem Brief an August Twesten vom 20. 8. 1821 ist zu lesen: „Was Sie wahrscheinlich in einige Verwunderung setzen wird ist die große Redseligkeit des Buches. Ich weiß nicht, steckt das Alter dahinter oder die Eile oder auch, daß Lesen und Schreiben zu nahe in einander geflossen sind. Ich kann aber nicht anders als den zweiten Theil in derselben Art auszuarbeiten, und muß mich mit der Hoffnung begnügen, wenn ich

---

[50] *Briefe 4, 244. Eine geringfügige Abweichung findet sich in dem späteren Brief vom 14. 3. 1819. Nach diesem stand Schleiermacher zu Beginn der Niederschrift beim Anfang des zweiten Teils im Lesen (Briefe ed. Meisner 2, 295). Aber auch in dem Brief an J. Ch. Gaß vom 28. 12. 1818 heißt es: „Ich fing also an, im ersten Theil nachzuarbeiten und zugleich an die Einleitung Hand anzulegen. Als ich aber den zweiten Theil anfing, war ich im ersten bedeutend zurükk, ließ ihn liegen und machte mich an den zweiten. Vom zweiten habe ich nun die erste Hälfte von der Sünde ausgelesen und habe auch im Schreiben nur so viel zurükk, daß ich in dieser Ferienwoche nachkomme. Vom ersten Theil ist aber nur die Lehre von der Schöpfung ausgearbeitet und von der Einleitung nur die Einleitung" (Briefwechsel mit Gaß 159).*

[51] *Briefe 4, 244, im Anschluß an das oben auf S. XXIII (vor Anm. 43) beigebrachte Zitat; Fortsetzung oben auf S. XVII. Ein Buch, das sich einer flüchtigen Lektüre widersetzt, konnte keinen ungeteilten Beifall finden. So scheint es schon einem A. H. Niemeyer beschwerlich gewesen zu sein, daß man, wie Schleiermacher am 13. 8. 1822 an L. G. Blanc schrieb, Schleiermachers Bücher „weder durchblättern, noch auch mit rechter Leichtigkeit charakteristische Stellen auffinden kann, die alles übrige entbehrlich machen" (Briefe 4, 298). Vgl. Brief J. Ch. Gaß' vom 1. 4. 1823 (Briefwechsel mit Gaß 199).*

[52] *S. 510f; ed. Mulert 52.*

eine zweite Auflage erlebe, alsdann hier manches wegzuschneiden und da-
für manche comparative Ausführung hinzuzufügen, wozu ich in der Zwi-
schenzeit nach Vermögen sammeln will."[53] *Am 17. 8. 1822 schrieb Schleier-*
macher an Wilhelm Martin Leberecht de Wette, der 2. Teil sei so dickleibig
geworden, daß er fühle, ohne eine übermäßige Geschwätzigkeit hätte das
nicht geschehen können.[54] *Im 2. Sendschreiben an Lücke äußerte er sein*
Erschrecken darüber, wie „*unvermerkt und wider Willen*" *die Glaubens-*
lehre ihm unter den Händen „*zu solcher Masse angeschwollen*" *sei.*[55]

Am 9. 1. 1819 waren von der Einleitung nur einige Paragraphen zu
Papier gebracht; vom ersten Teil war nur die Lehre von der Schöpfung nebst
den Anhängen von den Engeln und vom Teufel fertig.[56] *Das Fertiggestellte*
schätzte Schleiermacher am 28. 12. 1818 auf 8–10, am 9. 1. 1819 auf 10–12
Bogen.[57] *Am 9. 1. 1819 glaubte er, daß er unter 30 Bogen nicht* „*abkomme*"; *wenn nichts Bedeutendes dazwischentrete, solle, wie er hoffe, mit Gottes*
Hilfe das Werk im Jahre 1819 vollbracht werden; dann sei ihm Ein großer
Stein vom Herzen.[58] *Bereits am 31. 12. 1818 hatte Schleiermacher geäußert,*
daß über der Ausarbeitung der Dogmatik, die zu schreiben er sich endlich
überwunden habe, weil er glaube, daß es not tue, das künftige Jahr leicht
noch hingehen möchte.[59] *In der Folgezeit schien die Arbeitslast nicht gerin-*

---

[53] *Bei Heinrici: Twesten 370, im Anschluß auf das unten auf S. XXXVIII Anm. 147 mitge-*
teilte Zitat.

[54] *Briefe 4, 299. Am 7. 9. 1822 schrieb Schleiermacher an A. Twesten über den 2. Band:*
„*Ich seufze so oft ich das Buch ansehe über dessen Dicke. (Bei Heinrici folgen Auslassungs-*
punkte.) Indeß ich vermochte eben nicht es zu hindern." *(Bei Heinrici: Twesten 377). Ob-*
wohl A. Twesten zu bedenken gab, in Schleiermachers Schriften sei mehr die Kürze als die
Ausführlichkeit zu bedauern (a. a. O. 380), blieb Schleiermacher dabei, daß in der Glau-
benslehre „*manches zu weitschweifig*" *sei (8. 9. 1825, a. a. O. 383. Anders A. Twesten*
a. a. O. 385).

[55] *S. 509; ed. Mulert 51.*

[56] *Briefe 4, 244.* „*die im Sommerhalbjahr gelesene Einleitung habe ich nebenher ange-*
fangen, aber es sind nur einige Paragraphen davon geschrieben." *(Ibid.).*

[57] *Briefwechsel mit Gaß 160. Briefe 4, 244.*

[58] *Briefe 4, 244. Am gleichen Tage äußerte er in einem Brief an I. Bekker:* „*Allein ich kann*
jezt wirklich nicht mehr thun, als wozu die Reihe meiner Lesungen mich auffordert. Denn
ich bin im Schreiben meiner Dogmatik begriffen und muß sehr dringende Ursache haben,
mich davon abzumüßigen" *(Briefwechsel mit Boeckh und Bekker 99). Unter dem*
19. 1. 1819 schrieb Schleiermacher an I. Bekker: „*Vor der Hand will ich nun noch im*
Sommer ein neues Kollegium lesen, nämlich Aesthetik; daneben soll meine Dogmatik fertig
werden, und weiter will ich nichts thun." *(A. a. O. 102).*

[59] *In dem Brief an G. von Brinckmann heißt es:* „*Eine Dogmatik, die ich mich endlich über-*
wunden habe zu schreiben, weil ich glaube daß es Noth thut, über deren Ausarbeitung
aber das künftige Jahr leicht noch hingehen möchte, wird Dir zeigen daß ich seit den Reden
über die Religion noch ganz derselbe bin, und in diesen hast Du ja doch auch den Alten
wieder erkannt. Dasselbe geistige Verständniß des Christhums in derselben Eintracht
mit der Speculation und eben so von aller Unterwerfung unter den Buchstaben befreit soll
hier, aber in der strengsten Schulgerechtigkeit, auftreten." *(Briefe 4, 241)*

ger zu werden; jedenfalls glaubte Schleiermacher am 31.1.1819, mit der
Dogmatik dies „ganze Jahr ... noch reichlich" zu tun zu haben und an
wenig Anderes denken zu können.[60]

    Als einen wichtigen Adressaten seiner Dogmatik hatte Schleiermacher
Friedrich Heinrich Jacobi angesehen. Am 28.3.1819 schrieb er an Berthold
Georg Niebuhr: „Jacobis Tod wird Sie auch bewegt haben, wie er mir immer
noch im Gemüthe liegt ... Mir war der Gedanke gekommen und ziemlich
fest geworden, ihm meine Dogmatik, an der ich jetzt schreibe, zuzueignen,
dadurch unserm Verhältniß ein kleines Denkmal zu setzen und zugleich
nach meinem Vermögen Jacobis eigentliches Verhältniß zum Christenthum
ins Licht zu stellen. Ich will nicht wünschen, daß dieser gescheiterte Entwurf
ein böses Vorzeichen werde für das Werk selbst."[61]

    Inzwischen hatte sich seiner Arbeit ein Einzelproblem in den Weg ge-
stellt, das Problem der Erwählung, das Schleiermacher in seiner Dogmatik
nicht zu bewältigen gedachte, ohne es vorher gesondert behandelt zu haben.
Am 14.3.1819 schrieb er: „Allein ich mußte das dreifache Arbeiten bald
aufgeben und mich nur daran halten das Lesen mit dem Schreiben zu begleiten. Auch das habe ich nur fortsetzen können eben bis an die Lehre von
der Gnadenwahl, und da nun durch Bretschneider und Schultheß die Sache
wieder aufgeregt an sich und in Bezug auf mich und auf die Union, so will
ich erst diesen Gegenstand an sich behandeln; und dann wünsche ich gar
sehr im Sommer und Herbst meine Dogmatik fertig zu machen."[62] Wann
diese Unterbrechung erfolgte — wahrscheinlich vor Semesterende — läßt sich
nicht mehr genau ausmachen. Am 28.3.1819 scheint, falls man eine entsprechende Bemerkung wörtlich nehmen darf, Schleiermacher an der Dogmatik noch geschrieben zu haben.[63]

    Am 24.4.1819 aber berichtete Schleiermacher, daß „auch die ange-
fangene Dogmatik ruht".[64] In einem Brief vom 28.4.1819 an Ludwig
Gottfried Blanc heißt es: die Dogmatik „liegt seit einiger Zeit, und ich bin
gerade an diesem Artikel stehen geblieben. Ob ich nun das ganze Werk
diesen Sommer werde vollenden können, steht dahin."[65] Die Arbeit an der
Ästhetik, die er für das Sommersemester als neues Kolleg angekündigt
hatte, ohne dazu etwas vorbereitet zu haben; die Arbeit am Hebräerbrief,
den er auch einmal wieder durchgehen mußte; die Arbeit an der Hermeneu-
tik, von der er unglücklicherweise sein Kollegheft verloren hatte; die Arbeit
in der Synode, der Akademie der Wissenschaften und der Gesangbuchkom-
mission ließen Schleiermachers schriftstellerische Arbeit nicht von der Stelle

---

[60] *An Alexander zu Dohna (Briefe ed. Meisner 2, 294).*
[61] *A. a. O. 2, 297.*
[62] *An A. Twesten (a. a. O. 2, 296).*
[63] *Vgl. das oben auf dieser Seite aus Briefe ed. Meisner 2, 297 beigebrachte Zitat.*
[64] *An I. Bekker (Briefe ed. Meisner 2, 298).*
[65] *Briefe 4, 246. Gemeint ist der Artikel von der Erwählung.*

kommen.[66] *Am 2.6.1819 gestand Schleiermacher: „Die Dogmatik liegt jezt auch, und ich arbeite in den wenigen Stunden, die mir bleiben, an einer Abhandlung über die Erwählungslehre, welche unser neues Journal mit eröffnen soll."*[67]

Erst am 30.9.1819 konnte Schleiermacher berichten, daß die Abhandlung „Ueber die Lehre von der Erwählung" gedruckt sei.[68] *Mit dieser Abhandlung, welche, wie er sich ausgedrückt hatte, „eine Art von Vorläufer für meine Dogmatik sein kann"*[69]*, war eine wichtige Vorarbeit getan. Nach Schleiermachers Auffassung gereichten „tiefsinnige und geschichtlich gründliche Behandlungen einzelner Lehrstükke weit mehr zur Förderung der Wissenschaft"*[70] *als immer neue allgemeine Lehrbücher des christlichen Glaubens. Als weitere dogmengeschichtliche Untersuchung schrieb Schleiermacher die Abhandlung „Ueber den Gegensatz zwischen der Sabellianischen und der Athanasianischen Vorstellung von der Trinität".*[71]

Um das ihm überkommene dogmatische Erbe recht zur Geltung zu bringen, trug Schleiermacher eine dogmengeschichtliche Zitatensammlung zusammen. Am 14.3.1819 schrieb er an August Twesten: „Sonst habe ich wirklich nicht viel gemacht und alle Hände voll zu thun gehabt, um die nothdürftigen Citate zur Dogmatik, so weit ich sie geschrieben, einzusammeln. Was aber die Reinhardsche, die ich sonst nie gebraucht, für ein schlechtes Buch ist, das hat mich überrascht."[72] *Die zahlreichen in die Glaubenslehre aus den lutherischen wie den reformierten Bekenntnisschriften aufgenommenen Zitate zeigen, wie gründlich Schleiermacher sich mit seinem theologischen Erbe befaßt hat. Auch die lutherische Orthodoxie hat er selbst studiert und nicht etwa nur aus der Sekundärliteratur kennengelernt. Unter dem 11.5.1811 heißt es in einem Brief: „Zur Dogmatik verglich ich, als ich sie das erstemal gründlich las, den Quenstedt, jezt den*

---

[66] *A.a.O. 4, 246f. Briefe ed. Meisner 2, 296. 298. Briefwechsel mit Gaß 173. „von 6 bis 9 Uhr lesen, von 9 bis 3 Uhr in der Synode, dann gehen noch Akademie, Gesangbuchs-Commission und Seminarium ihren Gang" (2.6.1819; Briefwechsel mit Gaß 174).*

[67] *Briefwechsel mit Gaß 173. Unter dem 26.6.1819 erfährt man in einem Brief an I. Bekker: „ich werde unvorbereitet zu einem neuen Kolleg kommen, das ich im Winter lesen will, und werde es dann schwerer haben, zugleich bis Ostern meine Dogmatik zu vollenden." (Briefwechsel mit Boeckh und Bekker 113). Am 6.8.1819 saß Schleiermacher noch am Ende der Abhandlung über die Erwählung (Briefwechsel mit Gaß 176). Am 7.8.1819 konnte er zwar L.G. Blanc zum Wachsen dessen Buches, aber nicht sich selbst zu den Fortschritten seiner eigenen Dogmatik gratulieren, sondern nur den Wunsch anschließen: „ich wollte ich säße auch erst wieder an meiner Dogmatik." (Briefe 4, 261).*

[68] *An A. Twesten (Briefe ed. Meisner 2, 308). Die Abhandlung erschien in der Theologischen Zeitschrift 1 (1819), 1–119 = SW I, Bd 2, 393–484.*

[69] *28.4.1819 an L.G. Blanc (Briefe 4, 246).*

[70] *Unten S. 3, 14ff.*

[71] *Vgl. das oben auf S. XIX aus Briefe 4, 298 beigebrachte Zitat.*

[72] *Bei Heinrici: Twesten 342. Nähere Angaben zu F.V. Reinhards Dogmatik in unserem Literaturverzeichnis.*

Gerhard".[73] Am 29. 12. 1816 schrieb er an Joachim Christian Gaß, schon lange darauf auszugehen, „nur einige oberflächliche patristische und scholastische Studien zu machen, um mir einige recht tüchtige Belegstellen für meine Dogmatik zusammenzusuchen, und komme immer noch nicht dazu. Du würdest mich sehr verbinden, wenn Du mir etwas genauer schriebst, wie Du in dieser Sache zu Werke gegangen bist, und an welche Du Dich vorzüglich gehalten hast."[74] Mit den Kirchenvätern verrät die Glaubenslehre große Vertrautheit. Schon im Frühjahr 1807 hatte Schleiermacher aus Halle an August Boeckh geschrieben, er habe „etwas in den Kirchenvätern gewühlt".[75] Weniger weit scheinen − von einem Studium Anselms von Canterbury einmal abgesehen − die eigentlich scholastischen Studien Schleiermachers gediehen zu sein. So hat er Thomas von Aquin schwerlich selbst gelesen.[76]

Eine Verzögerung erfuhr die Ausarbeitung der Glaubenslehre durch das rauhe politische Klima im Winter 1819/20. Nicht in Erfüllung gehen sollte Schleiermachers am 30. 9. 1819 gegenüber August Twesten geäußerter Wunsch: „Gott gebe, daß der Winter nicht zu stürmisch wird, damit ich die Dogmatik und leider auch die Kritik über die Aristotelischen Ethiken vollenden kann."[77] Durch die Entlassung seines Kollegen Wilhelm Martin Leberecht de Wette, der am 31. 3. 1819 der Mutter des hingerichteten Studenten Karl Ludwig Sand einen seelsorgerlichen, also nicht für die Öffentlichkeit bestimmten Brief geschrieben hatte, fühlte Schleiermacher sich in seiner Universitätstätigkeit „wie auf Einer Seite gelähmt".[78] Am 17. 1. 1820 schrieb er an Ludwig Gottfried Blanc: „Ich nödle nun schon die ganze Zeit über den acht Predigten vom christlichen Hausstande, die ich doch im Wesentlichen geschrieben vor mir habe, und bin doch noch nicht halb fertig, und meine Dogmatik liegt ganz brach ... Seine jetzige Muße beneide ich De Wetten manchmal, denn ich sehe gar nicht ein, wenn es in diesem Strudel fortgeht, wie meine Dogmatik und Ethik fertig werden sollen, und wer weiß, ob ich nicht noch auf ähnliche Weise zu demselben Gut gelange."[79] Er beklagte sich, daß er „jezt zu gar keiner ordentlichen Arbeit kommen kann, sondern alles Angefangene liegen bleiben muß und

---

[73] *Briefwechsel mit Gaß 94.*

[74] *A. a. O. 128; vgl. auch a. a. O. XXXVf.*

[75] *Briefwechsel mit Boeckh und Bekker 4. „Für Citate aus älteren, besonders patristischen Schriften habe ich mir das Gesetz gemacht, bei Formeln, die nicht streng symbolisch sind, denn für diese genügt die Anführung der Bekenntnißschriften, auf die meines Wissens älteste Quelle zurückzugehen, wo sie in der Gestalt vorkommen, welche ich empfehle." (Sendschreiben 512; ed. Mulert 53). Vgl. Briefwechsel mit Gaß 149.*

[76] *Vgl. unten zu S. 179, 24 und in CG² § 55, 2 I, 326 Anm.*

[77] *Briefe ed. Meisner 2, 308. Vgl. die guten Wünsche A. Twesten vom 1. 11. 1819 (bei Heinrici: Twesten 356. 359).*

[78] *Brief an E. M. Arndt vom 6. 12. 1819 (Briefe 2, 368; Briefe ed. Meisner 2, 310).*

[79] *Briefe ed. Meisner 2, 311 f.*

kaum irgend eine Kleinigkeit jährlich vom Stapel läuft".[80] An persönlichen Opfern wollte Schleiermacher, der seine Ferien gern zu weiten Reisen nutzte, es nicht fehlen lassen. Unter dem 6. 5. 1820 lesen wir: „Gewinne ich nun zwischen allen Decanatsgeschäften und kirchlichen Conferenzen hindurch etwas Zeit, so gehe ich an die Dogmatik; ich bin auch fest entschlossen, um sie doch etwas zu fördern, in den nächsten Ferien nur eine ganz kurze Reise zu machen."[81]

Angesichts der Mitteilung, daß Schleiermacher im November 1818 mit dem Schreiben der Glaubenslehre begonnen hat, überrascht eine Notiz, die sich zum 22. 8. 1820 in seinem Tagebuch[82] findet: „Angefangen an der Dogmatik zu schreiben."[83] Hierfür bieten sich zwei Erklärungen an. Möglicherweise begann Schleiermacher am 22. 8. 1820 den bereits geschriebenen Text umzuarbeiten. Nach einem auf den 31. 7. 1821 zu datierenden Brief schrieb er „alles" wieder um, was er schon für fertig gehalten hatte.[84] Diese Mitteilung bezieht sich nicht nur auf den 2. Teil: „und ich muß auch im zweiten Theil wieder mehr umschreiben als ich dachte."[85] Es ist aber auch möglich, daß das „angefangen" auf eine monatelange Pause deutet, während der die Arbeit an der Dogmatik ruhte; es bedeutete dann so viel wie „wieder angefangen". In der Tat finden sich zwischen dem Frühjahr 1819 und dem 22. 8. 1820 keine Hinweise darauf, daß Schleiermacher irgend etwas an der Dogmatik geschrieben hat. Allerdings schließt dieses lange Pausieren auch nicht aus, daß Schleiermacher mit dem Niederschreiben der jetzigen Fassung erst am 22. 8. 1820 begann.

Über die weitere Arbeit an der Dogmatik finden sich unter den kurzen Tagebuch-Eintragungen nur spärlich Notizen.[86] Persönliche Sorgen[87] und

---

[80] *Frühjahr 1820 an Ch. A. Brandis (Briefe 4, 263).*

[81] *An A. Twesten (Briefe ed. Meisner 2, 319).*

[82] *Hier wie auch im folgenden schöpfe ich, wo ich nicht ausdrücklich andere Quellen anführe, aus Schleiermachers unveröffentlichten, im Zentralen Akademie-Archiv der Akademie der Wissenschaften der DDR befindlichen Tagebüchern: Geschäfts und Erinnerungs-Buch für alle Stände. Berlin 1820 (Signatur 441); Tägliches Taschenbuch für alle Stände auf das Jahr 1821 (Signatur 442); Taschenbuch für das Geschaeftsleben auf das Jahr 1822 und 1824 (Signatur 443). Tagebücher von 1812—1819 liegen in der Akademie der Wissenschaften der DDR nicht vor.*

[83] *Diese Notiz findet sich in folgendem biographischen Kontext: „Egerbrunnen angefangen. Katechisation. Angefangen an der Dogmatik zu schreiben. Mittag Pischon hier Gegen Abend Haus Communion".*

[84] *An J. Ch. Gaß (Briefe 4, 273).*

[85] *Sommer 1821 an L. G. Blanc (a. a. O. 4, 274).*

[86] *Zum 1. 9. 1820 heißt es: „Nachmittags Dogmatik", zum 14. 11.: „Dogmatik." Am 30. 9. 1820(?) schrieb Schleiermacher: „ich habe möglichst fleißig an meiner Dogmatik gearbeitet." (Briefe an die Grafen zu Dohna 77).*

[87] *Am 23. 10. 1820 notierte Schleiermacher: „Sehr angegriffner Zustand.", am 10. 11.: „Sehr angegriffner Gesundheitszustand.", am 30. 10.: „Jette wird krank".*

die Überlastung mit anderen dringenden Geschäften[88] *beeinträchtigten einen zügigen Fortgang der Ausarbeitung.*

Erst zum Ende des Jahres, am 27. 12. 1820, gab Schleiermacher den größten Teil der Einleitung der Dogmatik in den Druck zu Georg Andreas Reimer. Am 31. 12. 1820 konnte Schleiermacher an Ludwig Gottfried Blanc schreiben: „in der ersten Woche des neuen Jahres bekomme ich den ersten Probedruck."[89] *Er legte offenbar wenig Wert auf eine einheitliche End-redaktion und ließ die Drucker beginnen, ehe er sein Werk fertig ge-schrieben hatte; das Verfahren Blancs, erst nach Fertigstellung des Ganzen mit dem Druck anzufangen, hatte er für unzweckmäßig gehalten.*[90] *Am 27. 2. 1821 berichtete er: „Nun kommt seit Neujahr noch der Druck meiner Dogmatik hinzu, bei der mir der Sezer jezt auf eine unangenehme Art auf die Hacken kommt."*[91]

Wie schon im Wintersemester 1818/19 befruchteten auch im Winter-semester 1820/21 und im Sommersemester 1821 die Arbeit an dem Dogma-tikkolleg und die an dem Dogmatikbuch sich gegenseitig.[92] *Am 5. 4. 1821 wurde laut Tagebuch der 1. Teil der Dogmatik fertig. Die Vorrede ist auf Sonnabend vor Trinitatis des Jahres 1821, d. h. auf den 16. 6. 1821, datiert.*[93] *Nach einer Tagebuchnotiz kamen am 27. 6. 1821 die ersten Exemplare der Dogmatik an. Schleiermacher konnte damit beginnen, seinen Freunden diesen Teil seines Werkes zukommen zu lassen.*[94] *Ein wenig voreilig wurden*

---

[88] *Zum 11. 11. 1820 lesen wir: „Vormittags die Wernersche Grabrede fertig geschrieben. Aka-demiesachen gearbeitet und etwas Dogmatik. Vorbereitung". (Vorbereitung bedeutet Er-arbeitung der Predigt für den folgenden Sonntag).*

[89] *Briefe 4, 268.*

[90] *28. 4. 1819 an L. G. Blanc (a. a. O. 4, 247).*

[91] *An Ch. A. Brandis (a. a. O. 4, 306 Anm.).*

[92] *Von der literarischen Arbeit könnten Notizen zeugen wie „Einiges an Dogmatik gearbei-tet." (24. 2. 1821), „An der Dogmatik gearbeitet." (28. 3. 1821), „Dogmatik gearbeitet." (29. 3. 1821; 2. 6. 1821), „Dogmatik." (4. 4. 1821). Am 11. 3. 1821 schrieb Schleiermacher seinem Schüler J. W. Rautenberg: „Endlich bin ich doch einmal zu einer freilich schon lange angeregten Arbeit gekommen; meine Dogmatik nämlich wird nun endlich wirklich gedruckt, und ist wol schon beinahe zur Hälfte vorgerückt." (Zitiert bei Bauer: Konfir-mandenunterricht 22).*

[93] *Zu der Vorrede ist im Tagebuch von 1821 nichts bemerkt. Zum 16. 6. 1821 heißt es ledig-lich: „Brunnen und Bad. Nachmittags Besuch: Graf Schwerin. Abends viele Studenten mit Bekker, Pauli und Usteri Brief von Alexander Dohna." Am 17. 6. 1821 hielt Schleier-macher eine Trinitatispredigt über 1 Kor 12, 3 – 6, die in die Christlichen Festpredigten auf-genommen ist (Festpredigten 1, 418 – 448; SW II, Bd 2, 249 – 266).*

[94] *In einem auf den 31. 7. 1821 zu datierenden Brief an J. Ch. Gaß steht zu lesen: „die ersten Exemplare habe ich an hiesige gegeben" (Briefe 4, 272). Unter dem 7. 7. heißt es im Tagebuch: „an Wolf nach Trebbin mit Dogmatik", unter dem 21. 7.: „an Lücke und Sack die Dogmatik." Am 11. 7. gab Schleiermacher die Dogmatik für F. H. Ch. Schwarz an G. A. Reimer. Als Schleiermachers Bruder Karl nach einem Besuch am 2. 8. 1821 wieder ab-reiste, ließ Schleiermacher durch ihn die Dogmatik – ohne einen Brief – an J. Ch. Gaß überbringen. Das Exemplar, das Schleiermacher an A. Twesten absandte, begleitete er mit einem auf den 20. 8. 1821 datierten Brief (bei Heinrici: Twesten 369).*

in der Vossischen Zeitung vom Dienstag, dem 31.7.1821, bereits beide Teile der Dogmatik als soeben erschienen angezeigt.[95]

Auch zu der Arbeit an dem 2. Band finden sich im Tagebuch Notizen.[96] *In einem auf den 31.7.1821 zu datierenden Brief an Joachim Christian Gaß schrieb Schleiermacher: Am zweiten Band „wird übrigens gedruckt, aber natürlich auch geschrieben, und der Sezer ist mir dicht auf den Hacken.“*[97] *Er fürchtete, vor Weihnachten schwerlich fertig zu werden; er müsse, um nicht zu weit hinter dieser Zeit zurückzubleiben, alles Reisen aufgeben und in den Ferien das Beste tun.*[98] *Dagegen meldete die eigene Natur unüberhörbar ihre eigenen Rechte an. „Dabei ist meine Gesundheit nicht recht sonderlich, ich fühle mich beständig angegriffen und schwanke zwischen wüstem Kopf und wirklichem nicht selten heftigem Kopfweh, was rein nervös sein muß. Baden möchte ich sobald nur das Wetter besser ist. Mit dem Ausarbeiten der Dogmatik bleibe ich sehr hinter dem Lesen zurück“.*[99] *Am 20.8.1821 teilte Schleiermacher August Twesten mit: „Der zweite Theil ist noch nicht weit vorgerückt; ich will aber in den Ferien so fleißig sein als irgend möglich sein wird.“*[100] *Seine Hoffnung war schwach, „den zweiten Theil noch im Laufe dieses Jahres ans Licht zu fördern.“*[101]

Am 5.9.1821 gab Schleiermacher, wie sich aus einer vielsagenden Tagebuchnotiz ergibt, von der Dogmatik fol 98–101 an Koch zur Zensur ab. Schon am 31.12.1820 hatte er an Ludwig Gottfried Blanc geschrieben: „So ist denn der alte Mensch von viel Liebe und Freundlichkeit begleitet in sein drei und funfzigstes Jahr hineingegangen. Hinten wird es immer länger und vorn immer kürzer; aber desto weniger sollten frische Freunde, wie Sie, ihn bange machen wollen, wenn er noch etwas vor sich bringen will. Was wird es denn nun werden mit meiner Dogmatik? Glauben Sie, es werden auch verbrecherische Grundsäze darin gefunden werden? Ich habe keine

---

[95] *Königlich privilegirte Berlinische Zeitung von Staats und gelehrten Sachen. Vgl. Schleiermachers Brief an J. Ch. Gaß vom gleichen Tage: „ich schreibe Dir diese Paar Zeilen nur, um Dich zu behüten, daß Du Dich nicht durch die heutigen Zeitungen täuschen lassest und etwa glaubst, es seien beide Theile meiner Dogmatik erschienen. Es ist leider nur einer“ (Briefe 4, 272). Am 20.8.1821 schrieb Schleiermacher an A. Twesten über seine Dogmatik: „allein ich verlasse mich darauf, daß sie außer unserer Berliner Zeitung noch nicht öffentlich angekündigt ist“ (bei Heinrici: Twesten 369). Der Preis, offenbar für beide Bände, wurde in der Vossischen Zeitung auf 3 Thaler 8 Groschen beziffert. In Ch. F. Böhmes Rezension wurden für beide Bände 4 Rthlr. 16 gr. angegeben (Allgemeine Literatur-Zeitung, 2. Heft, Mai 1823, Sp. 49).*

[96] *30.6.1821: „Wenig Dogmatik gearbeitet.“ 7.7.: „Brunnen und etwas Dogmatik.“ 11.8.: „Etwas Dogmatik.“ 6.10.: „Etwas Dogmatik und Kirchengeschichte.“ 10., 15. und 27.10.: „Dogmatik.“ 17.10.: „wenig Dogmatik.“*

[97] *Briefe 4, 273.*

[98] *A. a. O. 4, 273 f.*

[99] *Sommer 1821 an L. G. Blanc (a. a. O. 4, 274).*

[100] *Bei Heinrici: Twesten 370.*

[101] *Ibid.*

*Idee davon, das aber sehe ich, daß, wenn ich ihr noch soll zu Hülfe kommen
können im Nothfall, ich keine Ursach habe lange zu zögern, und überdies
müßte ich sie doch erst los sein um wieder an die Ethik zu kommen. Es
ist nun gewagt, die ersten Bogen sind schon mit dem leider nothwendigen
imprimatur zurückgekommen, und in der ersten Woche des neuen Jahres
bekomme ich den ersten Probedruck. Auch ein andrer guter Freund schreibt
mir vor einigen Tagen, es habe ihm einen Schlag auf's Herz gegeben die
Dogmatik angekündigt zu sehen. Er meint, es ständen nun gewiß schon alle
meine Feinde mit offnem Rachen und gefletschten Zähnen bereit um das
Werk, so wie es erschiene, zu zerreißen. Nun das Zerreißen, denke ich, soll
ihnen nicht so ganz leicht gemacht sein, vielmehr glaube ich, sie werden
ziemlich lange daran zu kauen haben.“*[102]

Bei einigen Tagebuchnotizen ist nicht völlig eindeutig, ob sie sich auf
die Druckerei oder auf die Zensur beziehen. Zum 11.7.1821 heißt es:
„Manuscript Dogmatik abgeliefert fol 88−93.“ Zum 15.9. lesen wir:
„Bogen R der Reden und fol 102−103 der Dogmatik abgegeben“, zum
19.9.1821: *„Correctur der Dogmatik. Ende der 1. Rede abgegeben.“* Am
20.10.1821 gab Schleiermacher fol 104−109 der Dogmatik in die Druckerei.
Am 3.11. folgten fol 110−113, am 29.11. fol 114−117; am 6.12.1821 ge-
langte fol 118 zur Druckerei.

Aus den beigebrachten Notizen geht hervor, daß an der Dogmatik und
der 3. Auflage der Reden (zu denen Schleiermacher *„eine Handvoll Anmerkungen“*[103] machte) zugleich gedruckt wurde.[104] Indessen gehören die 3.
Auflage der Reden und die Dogmatik nicht nur von der Druckgeschichte,
sondern, was Schleiermacher mit den Anmerkungen zu den *„Reden“* ver-
deutlichen wollte, auch von ihrem inneren Gehalt her zusammen. Es war
ihm besonders lieb, daß die 3. Ausgabe der *„Reden“* zusammentraf mit dem
Erscheinen der Glaubenslehre.[105] Am 19.2.1822 übersandte er Gustaf von
Brinckmann die *„Reden“* und schrieb in einem beigefügten Brief: *„Ich
wollte meine Dogmatik wäre auch fertig: Du hättest dann zusammen was
sich gegenseitig ergänzt und könntest mir sagen, wie sich der oft grell genug
hervortretende scheinbare Widerspruch, der für die Meisten doch nicht hinreichend gehoben sein wird, und die innerste Einheit, welche nur Wenige,
die mich genauer kennen, heraus finden können, gegen einander stellen,
und Dir zusammenklingen.“*[106]

---

[102] *Briefe 4, 267f.*
[103] *Auf den 31.7.1821 zu datierender Brief an J. Ch. Gaß (Briefe 4, 273).*
[104] *Unter dem 3.9.1821 lesen wir:* „Den Bogen O der Reden zur Drukerei gegeben . . . Den
  Bogen G Dogmatik zur Correctur.“, *unter dem 8.10.:* „Etwas Dogmatik und Reden.“, *unter dem 22.10.:* „Dogmatik und Reden (Bogen T in die Druckerei gegeben.)“
[105] *Reden³ XVII; ed. Pünjer XV.*
[106] *Briefe 4, 288.*

Der Druck der Dogmatik, der 3. Auflage sowohl der Reden als auch der Monologen sowie der zweiten Auflage der dritten Predigtsammlung[107] *zeigt, wie fruchtbar die Zusammenarbeit zwischen Schleiermacher und seinem Verleger Georg Andreas Reimer im Jahre 1821 war. Am 8.11.1821 erhielt Schleiermacher von Reimer einen Dispositionsschein über 1000 Taler und einen kleineren Betrag in bar und konnte so am 9.11. eine stattliche Geldsumme zur Sparkasse schicken.*

Am 5.2.1822 schrieb Schleiermacher an Joachim Christian Gaß: „An der Dogmatik aber habe ich gewiß noch bis Ostern zu thun, denn ich kann rechnen, daß ich noch zehn Bogen zu schreiben habe. Ich bin jetzt am Artikel von der Heiligung, und habe also noch die ganze Lehre von der Kirche zurück und was dann folgt. Was Du § 30 vermissest, wird wol dort seine Erledigung finden; aber allerdings ist dies einer von den Punkten, wo die Dogmatik im Voraus den Vereinigungspunkt beider Kirchen bezeichnen muß, denn ein kleines prophetisches Element darf man ihr schon zugestehn, und ich hoffe, daß ich dem zeitigen Katholicismus keinen Vorschub thun werde."[108] *Noch am 19.2.1822 hoffte er, Ostern mit der Dogmatik fertig zu sein.*[109] *Am 2.5.1822 war die Dogmatik indessen immer noch nicht vollendet; „ich stecke . . . leider noch in der Lehre von den Sacramenten, und ich fürchte daß ich aus Ungeduld nachgerade anfange etwas zu schludern."*[110] *Unter dem 30.5.1822 teilte Schleiermacher Joachim Christian Gaß mit, bedrängt zu sein mit der nun endlich ihrem Ende sich nahenden Dogmatik.*[111] *Zum 29.6.1822 findet sich endlich die Tagebuchnotiz: „Die Dogmatik beendigt".*

Im Blick auf die Glaubenslehre bat Joachim Christian Gaß am 21.6. 1822: „Gewiß schickst Du mir den zweiten Band, sobald er fertig ist."[112] *Am 19.7.1822 legte Schleiermacher (laut Tagebuch) einem Brief an Gaß den 2. Band der Glaubenslehre bei, für den sich Gaß am 16.11.1822 herzlich bedankte.*[113] *Gaß gestand ein, sich noch nie so glücklich gefühlt zu haben, ein Christ und Geistlicher zu sein, als bei Schleiermachers Darstellung.*[114] *In Gaß' Brief finden sich die prophetischen Worte: „Das aber soll mir auch Niemand abstreiten, daß mit Deiner Dogmatik eine neue Epoche nicht nur in dieser Disciplin, sondern im ganzen theologischen Studium beginnen*

---

[107] *A.a.O. 4, 273. 287. Bei Heinrici: Twesten 370.*

[108] *Briefe 4, 287.*

[109] *An G. von Brinckmann (a.a.O. 4, 288).*

[110] *An L. G. Blanc (a.a.O. 4, 294).*

[111] *A.a.O. 4, 296.*

[112] *Briefwechsel mit Gaß 193.*

[113] *A.a.O. 195. Am 17.8.1822 schrieb Schleiermacher an W. M. L. de Wette: „Reimer wird doch wol dafür gesorgt haben, daß Du gleich den zweiten Theil der Dogmatik bekommen hast." (Briefe 4, 299).*

[114] *16.11.1822 (Briefwechsel mit Gaß 195).*

wird, und wenn dies auch nicht plötzlich und auf einmal, so wird es doch künftig geschehen."[115] *In einem auf den 29. 3. 1823 datierten Dankesbrief August Twestens heißt es: „Da ich nach den Michaelisferien von einer kleinen Amts- und Erholungsreise zurückkam, fand ich Ihren letzten lieben Brief mit dem zweiten Theile Ihrer Dogmatik vor . . . Was das Ganze betrifft, so freue ich mich der Vollendung dieses Werkes, von dem ich gewiß erwarte, daß es zwar nicht schnell (denn es ist unserer Zeit, der ein Bretschneider gefallen kann, eine etwas schwere Speise), aber um so sicherer eine neue Periode in der Geschichte unserer Theologie beginnen wird.*"[116]

Tabellarische Zusammenfassung

WS 1804/05	1. Dogmatikkolleg Schleiermachers
Herbst 1812	Niederschrift von Paragraphen als Vorarbeit zu einem dogmatischen Kompendium
November 1818	Beginn des Schreibens an der Dogmatik
28. 12. 1818	Briefnotiz über die Fertigstellung von 8—10 Bogen
9. 1. 1819	Briefnotiz über die Fertigstellung der ersten 10—12 von etwa 30 geplanten Bogen
Frühjahr 1819	Unterbrechung zugunsten der Abhandlung „Ueber die Lehre von der Erwählung"
22. 8. 1820	Tagebuchnotiz „Angefangen an der Dogmatik zu schreiben"
27. 12. 1820	Tagebuchnotiz „Den größten Theil der Einleitung der Dogmatik in den Druck zu Reimer"
Anfang Januar 1821	Erster Probedruck
5. 4. 1821	Tagebuchnotiz „Der erste Theil der Dogmatik wird fertig"
16. 6. 1821	Abfassung der Vorrede
27. 6. 1821	Tagebuchnotiz „Die ersten Exemplare der Dogmatik kommen an"
Juli, August 1821	Versand von Exemplaren
31. 7. 1821	Anzeige in der Vossischen Zeitung, auch des 2. Bandes, an dem schon gedruckt, aber zugleich noch geschrieben wurde
11. 7. 1821	Tagebuchnotiz „Manuscript Dogmatik abgeliefert fol 88—93"

---

[115] *Ibid.*
[116] *Bei Heinrici: Twesten 378 f.*

3. 9. 1821	*Tagebuchnotiz „Den Bogen G Dogmatik zur Correctur"*
5. 9. 1821	*Tagebuchnotiz „Von Dogmatik fol 98—101 an Koch zur Censur abgegeben"*
15. 9. 1821	*Tagebuchnotiz „fol 102—103 der Dogmatik abgegeben"*
20. 10. 1821	*Tagebuchnotiz „Dogmatik fol 104—109 in die Drukkerei gegeben"*
3. 11. 1821	*Tagebuchnotiz „Dogmatik fol 110—113 in die Drukkerei"*
29. 11. 1821	*Tagebuchnotiz „Zur Drukerei Dogmatik fol 114—117"*
6. 12. 1821	*Tagebuchnotiz „fol 118 Dogmatik zur Drukerei"*
5. 2. 1822	*Arbeit am Artikel von der Heiligung*
2. 5. 1822	*Arbeit an der Lehre von den Sakramenten*
29. 6. 1822	*Tagebuchnotiz „Die Dogmatik beendigt"*

3. Die Aufnahme der Glaubenslehre

Die Aufnahme, die die 1. Auflage der Glaubenslehre bei Schleiermachers Zeitgenossen gefunden hat, wird hier nicht zum ersten Mal dargestellt. 1836 legte Friedrich Wilhelm Gess eine für „Geistliche, Theologiestudierende und alle Leser der schleiermacher'schen Predigten" bestimmte „Deutliche und gedrängte Uebersicht" über die Erstauflage der Glaubenslehre vor. [117] *In der Vorrede gab er der Hoffnung Ausdruck, in einer 2. Auflage mit der Darstellung auch eine „Kritik des Systems" zu verbinden.* [118]

In der 2. Auflage [119] *wurden die Auszüge aus Schleiermachers Glaubenslehre nach deren 2. Auflage bearbeitet.* [120] *Einen großen Teil der in seiner Übersicht enthaltenen 561 Sätze konfrontiert Friedrich Wilhelm Gess* [121] —

---

[117] *(ohne Verfasserangabe:) Deutliche und gedrängte Uebersicht über die schleiermacher'sche Glaubenslehre, Reutlingen 1836.*

[118] *S. V.*

[119] *Deutliche und möglichst vollständige Uebersicht, Reutlingen 1837. XIX, 352 S.*

[120] *Dabei hielt F. W. Gess es immerhin für zweckmäßig, „hie und da einzelne Sätze beizubehalten, die in der zweiten Auflage der schleiermacher'schen Glaubenslehre entweder nicht mehr stehen oder nur leicht angedeutet sind. Denn die erste Auflage ist gewöhnlich genauer und bestimmter und auch verständlicher, und da Schleiermacher aus derselben so vieles weggelassen hat und doch auf das Bestimmteste erklärt, daß er seine Ansicht nicht geändert habe, so scheint es seine Absicht gewesen zu seyn, daß die erste noch neben der zweiten benützt werde." (S. VII).*

[121] *In seiner 3. Abteilung.*

die eigene Kritik zurückstellend[122] *— mit der Kritik, die verschiedene theologische und philosophische Richtungen an der Glaubenslehre geübt haben. Er berichtet, welche Beurteilung die Glaubenslehre nach ihren eigenen Prinzipien*[123]*, aus dem Standpunkt des Supranaturalismus*[124]*, des Rationalismus*[125]*, der Friesschen*[126] *und schließlich der Hegelschen Philosophie gefunden hat.*[127] *Sein Buch erreicht einen beträchtlichen Umfang, weil er auch Kritiker vorstellt, die nur beiläufig zu Schleiermachers Glaubenslehre Stellung genommen bzw. die sich bereits mit der zweiten Auflage befaßt haben, und weil er in den der supranaturalistischen Kritik gewidmeten Abschnitt auch seine eigene ausgiebige Kritik einbringt.*

1842 beschrieb Wilhelm Herrmann im Rahmen seiner „Geschichte der protestantischen Dogmatik von Melanchthon bis Schleiermacher" die Historische Kritik der Glaubenslehre, wobei ebenfalls beiläufig geäußerte bzw. der 2. Auflage geltende Kritik mit einbezogen wurde.[128] *Herrmann will nur auf die bedeutenderen Einwürfe gegen Schleiermachers System Rücksicht nehmen, dabei aber die verschiedenen Seiten auseinanderhalten, von denen aus das System angegriffen wurde.*[129] *Um die Schleiermacher-Kritik nicht unwidersprochen stehen zu lassen, bringt er in den Fußnoten Zitate aus Schleiermachers Sendschreiben an Lücke und bemüht August Twesten, Immanuel Nitzsch, Eduard Elwert, Heinrich Schmid wie Alexander Schweizer als Zeugen der Verteidigung. Wilhelm Herrmann will es scheinen, als seien die Akten über das, wie er sich ausdrückt, großartige dogmatische System Schleiermachers noch nicht geschlossen.*[130]

In seiner 1905 aus dem Nachlasse herausgegebenen Theologie des 19. Jahrhunderts schilderte sodann Gustav Frank die Be- und Verurteilung Schleiermachers.[131] *Frank spricht von „Verurteilung", enthält, was Hermann Mulert*[132] *auffiel, seinen Lesern die drastischen Äußerungen nicht vor und beschönigt nichts, wo es an den Rezensionen nichts zu beschönigen gibt. Allerdings bechränkt sich Frank noch weniger als Wilhelm Herrmann auf die der Erstauflage der Glaubenslehre gewidmete Literatur.*

---

[122] *S. VIII.*

[123] *S. 177—191.*

[124] *S. 191—282.*

[125] *S. 282—300.*

[126] *S. 300—326.*

[127] *S. 326—349.*

[128] *S. 278—306. Davor, auf S. 213—278, wird ausführlich über die Glaubenslehre referiert. Auf S. 306—311 schließt sich an ein Anhang „Die Fortbildung und Umgestaltung der Lehre Schleiermacher's."*

[129] *S. 278 Anm. 1.*

[130] *S. 278.*

[131] *S. 236—245.*

[132] *Nachlese 246 (vgl. S. XXXVII Anm. 138).*

Der erste Schleiermacher-Forscher, der sich weitgehend auf die zur Erstauflage der Glaubenslehre erschienene Sekundärliteratur beschränkte, war Hermann Mulert. In seinem 1908 in der Zeitschrift für Theologie und Kirche erschienenen Artikel „Die Aufnahme der Glaubenslehre Schleiermachers"[133] nennt er anmerkungsweise[134] auch die wichtigsten der Titel, die „sich nicht ausdrücklich, jedoch eingehend oder in bemerkenswerter Weise mit Schleiermachers Glaubenslehre" beschäftigen.[135] Mulert ordnet die an Schleiermacher geübte Kritik sachlich an. Er will zuerst die Einwendungen gegen Schleiermachers Lehre darstellen, „die gleichmäßig von Theologen aus sehr verschiedenen Lagern erhoben wurden, zuletzt die besondere Haltung, die die einzelnen wissenschaftlichen Schulen und Gruppen innerhalb der damaligen Theologie seinem Werke gegenüber einnahmen."[136] Er kommt zu dem Schluß: „bei aller Anerkennung für die Bedeutung des Buchs und seines Verfassers hat die Ablehnung überwogen. Oder vielmehr: sie ist stärker zu Worte gekommen."[137]

Eine Nachlese zu seinem Artikel lieferte Hermann Mulert − z.T. den Hinweisen von Ernst Günther und Heinrich Scholz folgend − 1909 in der Zeitschrift für Theologie und Kirche.[138] Nicht erwähnt werden bei Mulert die 1823 in den (Wiener) Jahrbüchern der Literatur veröffentlichte Besprechung Wilhelm von Schütz', die im „Journal für Prediger" 67 (1825) erschienene Kritik Karl Gottlieb Bretschneiders und die 1831 posthum herausgegebene Zusammenstellung Friderich Gottlieb von Süskinds.[139]

Auf das Fehlen der ersteren in Mulerts Aufstellung hat bereits Heinrich Scholz in seinem 1911 in der Zeitschrift für Theologie und Kirche veröffentlichten Artikel „Analekta zu Schleiermacher"[140] aufmerksam gemacht.[141] Scholz meint, es gäbe, „außer Schleiermachers eigenen Schriften, kaum einen besseren Kommentar zu seiner Theologie, als die Stimmen der Zeitgenossen, die, bei aller Sprödigkeit und Urteilsenge, doch Eines hatten, was wir heute so nicht besitzen und auch nicht wieder erwerben können: die Einheit des intellektuellen Klimas, in dem seine Gedanken gewachsen sind, und die auch geringere Köpfe befähigte, ihnen Beziehungen abzufühlen, die wir heute kaum mehr empfinden, weil unsere Begriffswelt ganz anders geworden ist."[142]

---

[133] *ZThK 18 (1908), 107−139.*

[134] *S. 110 f.*

[135] *S. 110.*

[136] *S. 109.*

[137] *S. 133.*

[138] *Nachlese zu dem Artikel: Die Aufnahme der Glaubenslehre Schleiermachers, in: ZThK 19 (1909), 243−246.*

[139] *S. unten auf S. XLVIII f. LIV.*

[140] *ZThK 21 (1911), 293−314.*

[141] *S. 294−296 wird W. von Schütz' Rezension durch H. Scholz besprochen.*

[142] *A. a. O. 293.*

*Freilich spricht aus den meisten Rezensionen eher ein ungenügendes
Schleiermacher-Verständnis. Joachim Christian Gaß sollte Recht behalten
mit dem zweiten Teil seiner am 16.11.1822 seinem Freunde Schleiermacher
gestellten Prognose: „Auf viele Recensionen Deines Buchs bin ich nicht gefaßt, und auf gesunde Urtheile darüber noch weniger."*[143] *Schleiermacher,
der sich von seinen Kritikern einiges versprochen hatte, sah sich von denselben enttäuscht.*[144] *Am 11.4.1828 schrieb er an Karl Heinrich Sack:
„Denn was hilft alles Schreiben wenn Niemand lesen kann?"*[145] *Schleiermachers Mißfallen war so groß, daß er es auch öffentlich bekundete: „Gar
viele Einwendungen ... beruhen lediglich darauf, daß Sätze als die meinigen aufgestellt werden, die ich nirgend ausgesprochen habe, und zu denen
ich mich niemals bekennen könnte, ja auch wohl solche, von denen ich das
gerade Gegentheil gesagt."*[146] *In den meisten Rezensionen blieben anregen-
de Fragen, wie sie ein Friedrich Lücke oder ein August Twesten brieflich gestellt hatten, selten.*[147]

*Aus den ausschließlich der Glaubenslehre gewidmeten Kritiken sollen
im folgenden — freilich nur in Auswahl — mehrere charakteristische Stellen
angeführt werden. Weitere im Handexemplar von Schleiermacher zitierte
und kritisierte Stellen werden in Teilband 3 veröffentlicht. Lediglich angedeutet wird hier, was in Schleiermachers Sendschreiben an Lücke*[148] *nach-
zulesen ist.*

*Ein freundlicher Grundton findet sich in der Schwarzschen und in der
Gaßschen Rezension. Die erste ist 1822 bzw. 1823 in den Heidelberger Jahrbüchern der Literatur 15 bzw. 16 auf fast 100 eng bedruckten Seiten erschienen.*[149] *Friedrich Heinrich Christian Schwarz*[150] *beförderte den 1. Teil
seiner Rezension bereits zum Druck, als ihm der 2. Band der Glaubenslehre
noch nicht zugegangen war.*[151] *Er will die Glaubenslehre an der reforma-
torischen Theologie messen und sieht demzufolge bei Schleiermacher den
evangelischen Geist in vielen Punkten entgegenleuchten.*[152] *Allerdings be-*

---

[143] *Briefwechsel mit Gaß 196. Ähnlich äußerte sich A. Twesten (bei Heinrici: Twesten 372).*

[144] *Sendschreiben 523; ed. Mulert 61f. Vgl. auch a.a.O. 526; ed. Mulert 63f: „Ein Freund
versprach mir schon vor ein Paar Jahren, meine Glaubenslehre von Seiten der Eschatologie
anzugreifen, und das wäre gewiß geistvoll und lehrreich geworden; er hat aber nicht Wort
gehalten."*

[145] *Briefe 4, 388.*

[146] *Sendschreiben 260; ed. Mulert 10f.*

[147] *Schon am 20.8.1821 hatte Schleiermacher an A. Twesten geschrieben: „Ihre Aeußerungen
über meine Arbeiten sind mir immer nicht nur ermunternd, sondern auch lehrreich, und
dergleichen kommt gar selten." (Bei Heinrici: Twesten 370, Fortsetzung oben auf S. XXIVf.
vor Anm. 53). Vgl. unten auf S. LIV—LVI.*

[148] *Vgl. oben auf S. XIX Anm. 19.*

[149] *Jg. 15, S. 854—864; 945—980; Jg. 16, S. 209—226; 321—352.*

[150] *Geboren 1766 in Gießen. 1804 Theologieprofessor in Heidelberg. Gestorben 1837.*

[151] *Heidelberger Jahrbücher 15, 854. 945.*

[152] *Zum Beispiel 15, 978f; 16, 218. 324. 333. 346.*

hauptet er auch einen Unterschied zwischen den ersten Lehrern unserer Kirche, die aus dem neuen Leben sprachen, und Schleiermacher, der das neue Leben des Christen, das ihm in der Wiedergeburt aufgegangen, angeblich psychologisch zerlege, um hieraus die Dogmen zu entnehmen.[153] *Nach Schwarz sagt Karl Daub mit seiner Theorie über das Böse etwas mehr als Schleiermacher.*[154] „*Wenn das Böse mit dem Gewissen erlischt, wenn es für Gott gar nicht da ist, und im Jenseits, wo das Gewissen aufhört, vorübergeschwunden: so kann es auch hier nur als eine vorüberziehende Wolke gedacht werden, und dieser Gedanke vernichtet mit einem Male den Ernst des Gewissens.*"[155] *Schwarz verteidigt gegen Schleiermacher die kirchliche Lehre vom Teufel mit der Behauptung,* „*dass die ewige Liebe nicht anders gedacht werden kann, als ewigen Hass gegen den Hass (gegen ihr Entgegengesetztes) in sich tragend.*"[156] *Verglichen mit der Besprechung der anderen Teile der Glaubenslehre ist die Besprechung der Schleiermacherschen Gnadenlehre recht knapp geraten, wobei Schwarz eingangs immerhin das wichtige Eingeständnis macht, das von Schleiermacher hier aufgezeigte Subjektive treffe mit all dem zusammen, was die objektive Lehre will.*[157]

In seinen Briefen ging Schleiermacher auf die Schwarzsche Rezension nur kurz ein.[158] *In ihrem Anfang fand er so viel Zugeständnisse, wie er kaum erwartet hatte, andererseits fühlte er, daß* „*sich ein bedeutender dissensus ganz leise entwickelt.*"[159] *Im 2. Sendschreiben an Lücke dankte er Schwarz für die große Arbeit, die er an seine Rezension gewendet habe.*[160] *Er bewahrte seinem Freunde die Freundschaft und reichte ihm in der 2. Auflage der Glaubenslehre mit Freuden einen Ehrenkranz, mit dem er sich in der 1. Auflage selbst geschmückt hatte: er ehrte ihn als den Verfasser der ersten Glaubenslehre,* „*welche mit Rüksicht auf die Vereinigung beider evangelischen Kirchengemeinschaften abgefaßt sei*".[161]

---

[153] *16, 215. Besonders konstruiert wirkt diese Unterscheidung, wenn man bei F. H. Ch. Schwarz liest:* „*Das Anfangswort des Christenthums:* μετανοεῖτε καὶ πιστεύετε εἰς Ἰησοῦν Χριστόν *kann entweder als von Gott ergehender, oder als von dem Menschen vernommener und in dem Herzen wirkender Ruf betrachtet werden. Das letztere thut diese Glaubenslehre, das Erstere thun die Reformatoren.*" (16, 350).

[154] *16, 326.*

[155] *16, 327.*

[156] *16, 335.*

[157] *16, 342.*

[158] *28. 12. 1822 an K. H. Sack (Briefe 4, 305 f). 7. 1. 1823 an Graf Alexander zu Dohna (Briefe an die Grafen zu Dohna 78). 11. 8. 1823 an F. Bleek (Briefe 4, 316). 20. 12. 1823 an J. Ch. Gaß (a. a. O. 4, 319).*

[159] *28. 12. 1822 an K. H. Sack (Briefe 4, 306). Im 2. Sendschreiben an Lücke wies Schleiermacher gegen seinen Rezensenten darauf hin, es sei überhaupt nicht Absicht seiner Einleitung, die christliche Glaubenslehre zu begründen (S. 516; ed. Mulert 56).*

[160] *Sendschreiben 515 f; ed. Mulert 56.*

[161] *Vgl. unten S. 6, 6 ff und CG² I, S. V sowie Heidelberger Jahrbücher 15, 855.*

Das Verhältnis zwischen der Gaßschen und Schwarzschen Anzeige ist von Schleiermacher dahingehend bestimmt, die erstere sei mehr für andere, die zweite mehr für ihn.[162] *Joachim Christian Gaß'*[163] *Bericht ist 1823 im Februar/März-Heft von Ludwig Wachlers und David Schulz' Neuen Theologischen Annalen erschienen.*[164] *Er will keine Rezension im gewöhnlichen Sinne sein*[165] *und fand denn auch weder in Schleiermachers Handexemplar noch in den Sendschreiben an Lücke Erwähnung.*

Joachim Christian Gaß führt weniger einen Dialog mit Schleiermacher. Vielmehr will er dazu beitragen, „der Schrift nicht blos Leser zu verschaffen, sondern auch Freunde zu gewinnen!"[166] *Während andere Rezensionen nicht weit über eine Beurteilung der Einleitung hinauskommen*[167]*, schreibt Gaß: „wenn es vergönnt wäre, in dem ganzen Werk, in welchem des Neuen und Vortrefflichen so viel ist, irgend ein Einzelnes als das Vortrefflichste herauszuheben, so wäre es diese Darstellung von Christo".*[168] *Selbst jede Polemik gegen Schleiermacher vermeidend, will Gaß jedoch eine solche nicht ausschließen. Sein Bericht schließt mit den Worten: „ohne Polemik kann die Dogmatik nicht zu Stande kommen."*[169]

Daß nicht jede Polemik dogmatisch fruchtbar ist, sollten andere Rezensenten als Gaß beweisen.

In seiner 1823 im Maiheft der Allgemeinen Literaturzeitung[170] *erschienenen Rezension sagte Christian Friedrich Böhme*[171] *der Glaubenslehre, wie Schleiermacher sich ausdrückte, „das schlimmste" nach; Schleiermacher wollte nicht ausschließen, daß ein Auszug aus dieser Rezension vom Polizeiministerium an den zuständigen Minister geschickt sei, um Schleiermachers Staatsgefährlichkeit zu beweisen.*[172] *Schleiermacher hielt Böhmes*

---

[162] *20.12.1823 an J. Ch. Gaß (Briefe 4, 319).*

[163] *Geboren 1766 in Leopoldshagen bei Anklam. 1811 Theologieprofessor in Breslau. Gestorben 1831.*

[164] *S. 121–155.*

[165] *Theologische Annalen (1823), 124.*

[166] *S. 154.*

[167] *Schleiermacher machte sich einen Vorwurf daraus, „daß, wie die meisten meiner Kritiker sich vorzüglich mit der Einleitung beschäftiget haben, eine Menge der bedeutendsten Mißverständnisse daraus entstanden sind, daß sie sich die Einleitung zu sehr mit der Dogmatik selbst als eines gedacht haben." (Sendschreiben 513; ed. Mulert 54). Vgl. A. Twesten am 29.10.1821 an Schleiermacher (bei Heinrici: Twesten 376).*

[168] *S. 139.*

[169] *S. 155.*

[170] *2. Heft, Sp. 49–54, 57–63, 65–72.*

[171] *Geboren 1766 in Eisenberg (Thüringen). 1827 Jenenser theologischer Doktor. Vom Herzog von Altenburg zum Konsistorialrat ernannt. 1844 gestorben. Vgl. J. und E. Löbe: Geschichte der Kirchen und Schulen des Herzogthums Sachsen-Altenburg Bd 1, Altenburg 1886, S. 302–304.*

[172] *18.6.1823 an F. Lücke (Briefe 4, 314).*

Ausführungen für „unsachkundige Albernheiten"[173] *und bezeichnete sie als sophistisches Gewäsch.*[174]

Böhme sieht in der gesamten Glaubenslehre Schleiermachers einen „Versuch, das theologische Publikum zu überreden, die einzig richtige Auslegung des Evangeliums liege in der pantheistischen Ansicht, welcher der Vf. eigentlich zu huldigen scheint."[175] Schleiermachers Dogmatik entbehre „durchgängig alles moralischen Moments."[176] Er meint: „Eine stellvertretende Genugthuung aber kann auch nicht da Statt finden, wo auf der einen Seite Sünde nur leere Einbildung, oder, will man lieber, noch nicht recht entwickeltes Selbstbewusstseyn, auf der andern das einzelne Mitglied der Kirche nichts, sondern nur diese alles ist, und ihre Gesammtheit (sie ist auch die Weltgesammtheit, wenn man nur hoch genug steigt im System) mit Christo (dieser verliert zuletzt alle Geschichtlichkeit, obgleich er vorher lange vorzugsweise eine Person hiess) ganz einerley."[177]

Im Maiheft von Lorenz Okens Isis[178] machte 1832 Karl Christian Friedrich Krause[179] einige „vorläufige Bemerkungen" zur Glaubenslehre. Seine Auseinandersetzungen beschränken sich auf Schleiermachers Einleitung zur Glaubenslehre; über die übrigen Teile referiert er lediglich in der Weise, daß er – nicht ganz fehlerfrei – Schleiermachers Inhaltsverzeichnis wiederholt. Er bestreitet, daß alle Christen das Erstwesentliche des Christentums „in Lehre und Leben als zuhöchst und zuerst von der Person und zeitlichen Erscheinung Jesu abhängig denken und empfinden müßten, indem diese Behauptung von allem im Christenthume enthaltenen Ewigwesentlichen, ewig Guten, Wahren und Schönen nicht gilt."[180] Schleiermacher stelle „die Philosophie bloß als ‚Weltweisheit' dar, da doch die Philosophie selbst Gotterkenntniß, Gottwissenschaft, ist und seyn soll, ja sogar jederzeit dem Streben nach gewesen ist. Es bleibt noch außerdem zweifelhaft, ob der Verfasser bey Wiederherstellung dieses mit Fug veralteten Namens, auf die kirchliche oder auf die gemeine Bedeutung des Wortes Welt anspielt."[181] Krause behauptet, „daß die vernunftgemäße Erkenntniß und Würdigung

---

[173] 2.1.1827 an F. Delbrück (a.a.O. 4, 375).

[174] 20.12.1823 an J. Ch. Gaß (a.a.O. 4, 318).

[175] Sp. 49. Schleiermacher im 1. Sendschreiben an Lücke: „Wenn das nun einem vorgeworfen wird, der so laut und wiederholt gesagt hat, die christliche Lehre müsse völlig unabhängig von jedem philosophischen System dargestellt werden: so müßte doch die Behauptung mit den stringentesten Beweisen versehen seyn" (S. 276; ed. Mulert 24).

[176] Sp. 57.

[177] Sp. 67 f.

[178] Isis 7 (1823), Sp. 436–445.

[179] Geboren 1781 in Eisenberg (Thüringen). Ein wechselhaftes berufliches Leben voller Mißgeschicke. Zahlreiche sonderlich in Spanien beachtete philosophische Veröffentlichungen. Gestorben 1832 in München.

[180] Sp. 442.

[181] Sp. 442 f.

des ‚Glaubens‘, das heißt des Lehrbegriffes der christlichen Kirche nur im
Innern des Ganzen der Einen Wissenschaft, deren erstwesentlicher Theil
Philosophie genannt wird, als selbst ein organischer Theil der Einen Wissen-
schaft, möglich ist“.[182]

Eine ausführliche [183] „Philosophische Kritik des allgemeinen Theiles
der Einleitung“ zur Glaubenslehre, der §§ 1–17, ist 1843 von Hermann
Karl von Leonhardi als 2. Band der in Krauses handschriftlichem Nachlaß
enthaltenen „absoluten Religionsphilosophie“ herausgegeben. Die Kritik
wird 1827 entstanden sein.[184] Es scheint Krause nur ein „einselnes“ und
zwar sehr untergeordnetes Moment der Religion und der Frömmigkeit zu
sein, wenn Schleiermacher die ganze christliche Lehre aus dem „Abhangig-
keitsgefühle“ entstehen lasse; es „ist aber garnicht abzusehen, warum nicht
ebensoviele dergleichen einseitige Ableitungen, vonseiten anderer Momente
her, möglich seyn sollten, z. B. von dem Triebe nach Seligkeit aus, oder
nach Freiheit, oder auch nach Liebe, Beides im christlichen Sinne, oder
höher von dem Verlangen des Geistes und Gemüthes nach Gott.“[185] Schleiermachers Leitsätzen zu §§ 8–17 stellt sein Kritiker eigene Sätze gegenüber,
die sich in der Regel durch Weitschweifigkeit auszeichnen.[186] Verhältnis-
mäßig knapp ist die § 8 entgegengesetzte These: „Die Religion, oder die
Vereinwesenheit des Menschen und der Menschheit mit Gott, ist von Seiten
des Menschen und der Menschheit wesenlich Frömmigkeit, das ist Gott-
innigkeit und Gottähnlichkeit und Vereintheit mit Gott im Denken,
Empfinden (oder Fühlen), Wollen und Handeln, – im ganzen Leben.“[187]
Gegen den Satz, der Mensch könne die Welt in sein Selbstbewußtsein aufnehmen[188], wendet Krause ein: „Die Richtung des Geistes auf sich selbst
und auf die Welt führt, als solche, nie zur Religion; sondern der Mensch,
der diese endlichen Richtungen hat, muss sie erst aufgeben, er muss erst umkehren von sich und von der Welt, er muss erst von sich selbst und von
der Welt, sofern diese endlichen Dinge als an sich und für sich seyend und
lebend gedacht, gefühlt und gewollt werden, ablassen“.[189] Der gottinnige
Mensch bedürfe nicht der Welt, um Gottes inne zu werden im Gedanken
und im Gefühle.[190] Gegen das Anteilhaben des frommen Gefühls an dem

[182] Sp. 445.

[183] 303 eng bedruckte Seiten!

[184] Der in den 1. Band der „absoluten Religionsphilosophie“ aufgenommene Vorbericht K.
Ch. F. Krauses ist auf Oktober 1827 datiert. Der Vorrede des Herausgebers zu der 1843 erschienenen Kritik ist zu entnehmen, daß das Werk „bereits vor sechzehn Jahren abgefasst
ward“ (Bd 2, S. I).

[185] Religionsphilosophie 2, 19.

[186] Die § 12 entgegengestellte These umfaßt über 1 Druckseite (2, 195 f).

[187] 2, 58.

[188] § 15 Anm. a (unten S. 49, 20 f).

[189] 2, 241.

[190] 2, 243. Nicht ganz konsequent ist, wenn K. Ch. F. Krause einräumt, daß sich Gott in
seiner Welt und auch durch seine Welt offenbart (2, 242).

Gegensatz des Angenehmen und Unangenehmen[191] *gibt er zu bedenken, daß „selbst der gemeine Volksprachgebrauch von der Seligkeit den Ausdruck des Angenehmen als unwürdig und unedel zurückweist.“*[192] *Von der Seligkeit könne „nicht gesagt werden, dass sie freudig sey im Gegensatze gegen die Traurigkeit, oder erhebend im Gegensatze des Niederschlagens; das reine Gottgefühl aber steht mit andern Gefühlen garnicht in Einer Reihe, sowenig als Gott selbst mit den endlichen Wesen in Einer Reihe steht.“*[193]

Ebensowenig wie vermutlich auf Krauses Rezension ist Schleiermacher wahrscheinlich auf Wilhelm von Schütz'[194] *1823 in dem 4. Quartalheft der (Wiener) Jahrbücher der Literatur*[195] *erschienene Besprechung aufmerksam geworden.*[196] *Von einem „Gelegenheitsforscher“ und Nichttheologen, als der Wilhelm von Schütz urteilt, darf man eine eindringliche Analyse und Kritik der Schleiermacherschen Gedanken nicht erwarten.*[197]

Wenn Schleiermacher, meint von Schütz, als Gegenstand der Dogmatik „den Zusammenhang der in einer bestimmten christlichen Kirche zu einer bestimmten Zeit geltenden Lehre aufstellt; so entzieht er ihr den durch ein ewig unveränderliches Wesen für alle Ewigkeit offenbarten Inhalt.“[198] *Neben dem philosophisch-spekulativen Denken scheint von Schütz ein genuin theologisches Denken nicht zu kennen: „Von verworrenem Denken können wir in Religionssachen uns nur durch zwey Auskünfte befreien: entweder wir entsagen dem Denken überhaupt und widmen uns bloß dem Glauben, oder wir lassen durch Logik und Dialektik uns die Verirrungen in unserem Denken nachweisen ... Zum Glück ist alles das, was von dem göttlichen Erlöser herrührt, so klar und einfach, daß es keiner wissenschaftlichen Gestaltung bedarf ... Aber im Wirken seiner Jünger, namentlich der Apostel Paulus und Johannes, entdecken sich Keime philosophischer Spekulation sehr begreiflicher Weise ... gewöhnlich beginnt Philosophie und Spekulation wirksam einzugreifen in das Gebiet des Glaubens; nicht immer hat sie schädlich gewirkt.“*[199] *Während Schleiermacher das fromme Gefühl der Abhängigkeit (oder Selbstbewußtsein) und die Gabe zur Philosophie (spekulatives Bewußtsein genannt) getrennt voneinander wirken lasse, möchte echte religio überall wiedervereinigend wirken.*[200]

---

[191] § *11 (unten S. 38, 25—27).*

[192] *2, 62.*

[193] *2, 251.*

[194] *Geboren 1776 in Berlin. Übertritt zum Katholizismus. Vielschreiberei. 1847 als Ritterschaftsdirektor der Neumark in Leipzig gestorben.*

[195] *24. Jg., S. 84—126.*

[196] *Vgl. auch Sendschreiben 523; ed. Mulert 61.*

[197] *So H. Scholz: Analekta 294.*

[198] *S. 99.*

[199] *S. 121 f.*

[200] *S. 124 f.*

Johann Friedrich Röhr[201], *der Mitherausgeber des Magazins von Fest-, Gelegenheits-, und anderen Predigten, veröffentlichte 1823 im 3. und 4. Quartalheft seiner Kritischen Prediger-Bibliothek*[202] *eine rationalistische Kritik, von der Schleiermacher gestand, nichts aus ihr gelernt zu haben.*[203]

Johann Friedrich Röhr ist gesonnen, sein Urteil über die Glaubenslehre „mehr aus dem philosophischen als aus dem theologischen Standpuncte ab- zugeben"; er erklärt, daß der Geist jeder echten Philosophie gegen diese Dogmatik, in der nur zu deutlich eine eigene orthodoxe beschränkende Norm aufgestellt werden soll, Protestation einlegen muß.[204] *Bezeichnend ist Röhrs Satz: „Ob Jemand über Christus hinausgehen könne, ist eine Frage, die man wohl am Beßten unentschieden läßt, und mit gutem Gewissen un- entschieden lassen kann."*[205] *Schleiermacher führe seine Untersuchungen auf dem Gebiete des dialektischen Spiels durch, „auf welchem ein geschick- ter Spieler jedes beliebige Resultat hervorspielen kann."*[206] *Im übrigen passe die dialektische Form durchaus nicht „für eine Dogmatik, welche das reli- giöse Gefühl betrachtend zerlegen soll".*[207] *Die Begriffe von göttlichen Eigenschaften und die Aussagen von der Beschaffenheit der Welt lasse Schleiermacher mehr hervortreten, als dem ihnen in der Glaubenslehre bei- gelegten Werte angemessen sei.*[208] *Wie sehr Schleiermacher diese Kritik auch beachten wollte, so kam er doch darauf zurück, es sei verfrüht, die beiden genannten untergeordneten Formen aus dem christlichen Lehrgebäude aus- zuschließen.*[209]

In seinem 1823 in Leipzig erschienenen Buch „Erläuterungen einiger Hauptpunkte in Dr. Fr. Schleiermachers christlichem Glauben" äußerte Jo- hann Gottlieb Rätze[210] *sich zu 33 Punkten.*[211] *Von diesem Buch versprach Schleiermacher sich für Anfänger einen gewissen Nutzen, obwohl in Bezie- hung auf den Hauptpunkt ein „sonderbares Mißverständniß" walte; er habe wenig oder nichts darin zu berücksichtigen gefunden.*[212]

---

[201] *Geboren 1777 in Roßbach bei Naumburg (Saale). 1820 Oberhofprediger in Weimar. Ge- storben 1848.*

[202] *Jg. 4, 371–394, 555–579.*

[203] *20.12.1823 an J. Ch. Gaß (Briefe 4, 318).*

[204] *S. 374.*

[205] *S. 563.*

[206] *S. 575.*

[207] *S. 578.*

[208] *S. 383.*

[209] *Sendschreiben 507; ed. Mulert 49 f.*

[210] *Geboren in Rauschwitz bei Camenz (wahrscheinlich um das Jahr 1760). Philosophie- und Theologiestudium. 1803 Anstellung am Zittauer Gymnasium. Laut ADB 27, 370 sehr fruchtbarer Schriftsteller. Gestorben 1839.*

[211] *Auf S. 1–345. Auf S. 346–357 findet sich ein Anhang, der J. Böhme gewidmet ist.*

[212] *8.9.1825 an A. Twesten (bei Heinrici: Twesten 383). Vgl. Schleiermachers Brief vom 18.8. 1826 an A. Twesten (a. a. O. 387 f). Im 1. Sendschreiben an Lücke spielt Schleiermacher möglicherweise auf J. G. Rätzes Buch an (S. 270; ed. Mulert 18).*

Besonders in bezug auf Schleiermachers Gnaden- und Trinitätslehre bemühte Johann Gottlieb Rätze sich um eine freundliche Würdigung. Schleiermacher habe die Calvinische Prädestinationslehre stillschweigend so modifiziert, daß die „Glaubensgenossen der Lutherischen Lehrform, in wissenschaftlicher Hinsicht, in dieselbe wohl einstimmen können."[213] Rätze findet die Schleiermachersche Erwählungslehre noch „erfreulicher als selbst die Lutherische, indem diese mit biblischen Ausdrücken übereinstimmend die Verdammniß der Ungläubigen als ewig dauernd darstellt."[214] Rätzes kritische Bemerkungen zeigen indessen, daß seine Übereinstimmung mit Schleiermacher nicht sonderlich tief geht. Zur Trennung der Weltweisheit von der Theologie bemerkt er, einesteils sei uns „durch die Einwirkung des Christenthums auf die Weltweisheit fast unmöglich geworden, zu entscheiden, was in derselben der Vernunft und was dem Christenthume angehöre; andern Theils ist der Inhalt der christlichen Offenbarung doch größten Theils etwas mit der Vernunftoffenbarung Identisches".[215] Die Trennung der Vernunft vom Christentum werde „eigentlich nur eine Trennung der Vernunftirrthümer von der Offenbarung in sich begreifen".[216] Rätzes Kritik gipfelt in dem Satz: „Wenn die drei Hauptbegriffe, nämlich das Abhängigkeitsprincip, die göttliche Ursächlichkeit der Sünde und die göttliche Heiligkeit anders dargestellt worden wären, so würde die Schleiermacherische Dogmatik weit verständlicher sein."[217]

Zurückgewiesen wurden die von Rätze gegen das Abhängigkeitsgefühl erhobenen Bedenken von einem Schleiermacher vorher „ganz unbekannten" Friedrich Wähner.[218] Friedrich Wähner hat 1824 eine Rezension im Hermes[219] abdrucken lassen, die so umfangreich (131 Seiten Kleindruck!) ausgefallen ist, daß die Redaktion deswegen die Leser um Nachsicht zu bitten sich veranlaßt sah.[220] Wähners auch im 2. Sendschreiben an Lücke erwähnte[221] Rezension enthielt, wie Schleiermacher sich ausdrückte, „viel Schönes für mich; allein die tadelnden Winke, die mir allein nützlich sein könnten, sind großentheils so dunkel ausgedrückt, daß ich bei der ersten Lesung nicht habe dahinter kommen können."[222]

---

[213] *S. 245.*

[214] *S. 245 f.*

[215] *S. 26; vgl. S. 30 f.*

[216] *S. 37.*

[217] *S. 158.*

[218] *Vgl. Brief Schleiermachers vom 18. 8. 1826 an A. Twesten (bei Heinrici: Twesten 388). F. Wähner ist 1785 in Raguhn (an der Mulde) geboren. Privatgelehrter in Wien, Rom, Neapel, Leipzig, Dessau und Dresden. Gestorben 1836.*

[219] *Hermes 22 (1824), 275—344; 23 (1824), 214—274. Die Zurückweisung J. G. Rätzes erfolgt Hermes 22, 306.*

[220] *Hermes 22, 275 f Anm.*

[221] *S. 526; ed. Mulert 63.*

[222] *8. 9. 1825 an A. Twesten (bei Heinrici: Twesten 383, Fortsetzung unten auf S. XLVIII). So auch noch am 18. 8. 1826 an A. Twesten (a. a. O. 388).*

Friedrich Wähner druckt die Leitsätze der Einleitung vollständig und die späteren Leitsätze teilweise ab, um jeweils einen eigenen Bericht bzw. eine eigene Kritik anzuschließen. Schleiermachers These, daß der Mensch im Gegenüber zu Gott kein Handelnder, sondern ein Empfangender ist (§ 9), wird folgendermaßen erläutert: „Wenn die Schrift den Menschen einen Tempel des lebendigen Gottes nennt, so will sie unter der Feier der unausgesetzten heiligen Einkehr wohl dasselbe sagen: denn der Begriff der Wohnung drückt stärker als irgend etwas die dauernde Reinheit eines leidentlichen Zustandes aus.“[223] Allerdings überwiegt bei Wähner die Kritik. An § 20 bemängelt er: „Den Gegensatz zwischen Supranaturalismus und Rationalismus, obwohl ihn Schleiermacher den Worten nach umgeht, hat er aber doch eigentlich mehr künstlich und fast nur scheinbar auf die Seite geschoben, als wahrhaft in der Wurzel ausgerissen.“[224] Gegen § 105 wird eingewandt: „Nirgends ist genau angegeben oder von fern zu erkennen, durch welche Merkmale sich die Natur des Gewissens von der Kraft des Gottesbewußtseyns und der Sanction des Sittengesetzes unterscheidet, so daß wir in Gefahr schweben, durch die einschmeichelnde Popularität des Ausdrucks das wissenschaftliche Gebiet völlig unter uns zu verlieren.“[225] Zu § 122 findet sich u. a. folgender Kommentar: „Hier leuchtet z. B. auch bei einem gewöhnlichen Nachdenken der große Unterschied ein zwischen dem ununterbrochenen Zustande der Unsündlichkeit und dem hervortretenden Thateninhalt, durch welchen wir Gemeinschaft mit Christo haben; jene drückt eine stetige Folge aus, dieser bleibt dagegen, füllen wir ihn auch noch so sehr, immer ein lockerer Schwamm. Weiter entsteht die Untersuchung, ob die Mittheilung der Unsündlichkeit, die Strenge des Begriffs in Ehren gehalten, nicht eine contradictio in adjecto ist“.[226]

An eine philosophische Würdigung der Glaubenslehre, die Friedrich Heinrich Christian Schwarz Männern von diesem Fach überlassen wollte[227], machte sich Christlieb Julius Braniß[228] in seinem 1824 in Berlin erschienenen Buch „Ueber Schleiermachers Glaubenslehre“. Schleiermacher fand dieses Buch weder so furchtbar, wie einige es ihm dargestellt hatten, noch so lehrreich, als er gehofft hatte; was er darüber zu sagen habe, liege so wenig auf dogmatischem Boden, daß er fast nur, was er dann freilich völlig unterlassen hat, in der Vorrede zur 2. Auflage der Glaubenslehre davon werde spre-

---

[223] *Hermes 22, 304. Hinter Schleiermacher stellt sich F. Wähner auch, wenn er die Kritik Hegels abweist (vgl. unten auf unserer Seite LVII Anm. 311).*

[224] *Hermes 22, 327.*

[225] *Hermes 23, 230. -*

[226] *A. a. O. 245.*

[227] *Heidelberger Jahrbücher 16, 352.*

[228] *1792 als Sohn eines jüdischen Kaufmanns (Nachfahre von Kryptosabbatianern?) in Breslau geboren. 1822 Taufe. 1833 ordentlicher Professor der Philosophie in Breslau. 1873 verstorben.*

chen können.[229] *Schleiermacher fühlte sich zwar diesem Kritiker zum Dank verpflichtet, „weil er einer der ersten war, sich ausführlich mit meiner Glaubenslehre zu beschäftigen"*[230], *erinnerte ihn aber auch daran, daß nach der kirchlichen Ansicht die Kraft der Erlösung in Christo kein minimum, sondern eine göttliche war.*[231]

Auf den ersten 73 Seiten seines Buches bietet Christlieb Julius Braniß weithin ein bloßes Referat. Auf den übrigen Seiten (73–197), besonders auf den Seiten 157–179, entwickelt er eine spekulative Ansicht, die „nicht etwa aus dem Werke Schleiermachers excerpirt, sondern von dem Referenten frei gebildet ist"[232] *und Anklänge zum gnostischen Mythos vom erlösten Erlöser aufweist.*[233] *Braniß sieht keine andere Wahl, als Schleiermachers „Ansicht von einem blos immanenten, in der Welt sich vollständig offenbarenden Gott . . . aufzugeben, oder die geschichtliche Existenz eines rein unsündlichen Christus durchaus zu läugnen."*[234] *Gegen die schlechthinnige Abhängigkeit wendet er ein, daß der Philosoph „weit entfernt ist, das Bewußtsein der Freiheit aufzugeben, daß diese vielmehr ihm hier erst in ihrem wahren Wesen als eine absolute mit seinem reinen Ich identische, kurz daß sie ihm als absoluter Geist, von welchem er selbst als empirisches Individuum nur eine Fulguration ist, aufgeht."*[235] *Die Dogmatik sei ihrem Inhalte nach mit der Philosophie ganz und gar identisch „(so jedoch, daß die Philosophie diesen Inhalt auf productive Weise sich selbst giebt, dagegen die Dogmatik ihn lediglich von der Philosophie empfängt)".*[236] *Braniß behauptet, „daß*

---

[229] *8.9.1825 an A. Twesten (bei Heinrici: Twesten 383). Schon am 9.4.1825 hatte er K. H. Sack geschrieben, der Braniß sei zu spekulativ (Briefe 4, 335). Vgl. Brief an J. Ch. Gaß vom 28.12.1824 (a.a.O. 4, 330).*

[230] *Sendschreiben 274; ed. Mulert 22. H. Mulert meint, Ch. J. Braniß' Kritik habe Schleiermacher veranlaßt, die Worte vom Aufnehmen der niederen Stufe des Selbstbewußtseins in die Frömmigkeit (§ 10) in der 2. Auflage (§ 5) wegzulassen (Aufnahme 130). Nach W. Herrmann freilich hat Schleiermacher hier auf K. G. Bretschneider Rücksicht genommen (Geschichte 310).*

[231] *„Wer dieses nicht annehmen kann, der kann aber nicht nur das System meiner Glaubenslehre nicht in seine Gesinnung aufnehmen, welches in dieser Beziehung gar nichts Eigenthümliches aufstellt, sondern auch das kirchliche System nicht, zu welchem sich doch Herr Branis, soviel ich weiß, mit voller Freiheit bekennt, sondern er muß sich dann zu derjenigen Ansicht wenden, welche allerdings auf eine gemeinsame Erlösung Aller durch Alle hinausläuft, in der Christus nur einen ausgezeichneten Punkt bildet." (Sendschreiben 275; ed. Mulert 23).*

[232] *S. 179.*

[233] *S. 195: Der Erlöser gehört rücksichtlich der Kraft der Erlösung „selbst zu den Erlösten, und zwar ist er sogar der am wenigsten erlöste, eben weil er der Anfänger der Erlösungsentwickelung ist." Gnostisch klingt auch der Satz: Der reine Mensch „ist der Befreier der Natur von der Gewalt der Materie, und zugleich der Befreier des Menschengeschlechts von der Gewalt der Natur." (S. 167. Vgl. 177f).*

[234] *S. 197.*

[235] *S. 80f.*

[236] *S. 191f.*

Dogmatik die subjective Auffassung alles dessen sei, was die Philosophie auf objective Weise darstelle".[237]

Als tief empfand Schleiermacher in dem 1. Sendschreiben an Lücke[238] den Zwiespalt, der ihn von Karl Gottlieb Bretschneider[239] trennte. Bereits am 8.9.1825 hatte er an August Twesten geschrieben: „Bretschneider hat mir auch nichts geleistet".[240]

Im 1. Teil (Januar bis Juni) des Journals für Prediger von 1825 hatte Karl Gottlieb Bretschneider sich kritisch über das Prinzip der Glaubenslehre geäußert.[241] In diesem seinem „Versuch", der in Schleiermachers Handexemplar, aber auch in dem 1. Sendschreiben an Lücke[242] ausführlich berücksichtigt ist, beschränkt sich Bretschneider auf einzelne Abschnitte aus der Einleitung zur Glaubenslehre. Er wirft Schleiermacher „Dunkelheit der Sprache" vor.[243] Immerhin scheint ihm in allem Dunkel klar geworden zu sein, daß Schleiermacher „nicht, wie er von seinem System selbst urtheilt, Philosophie von Christenthum getrennt, sondern vielmehr das Christenthum ganz zur Philosophie gemacht habe, welche (um die gewöhnlichen Ausdrücke zu brauchen) von einer Analyse des sinnlichen und moralischen Bewußtseyns ausgeht, und mir daher ganz auf psychologischem Grunde zu ruhen scheint."[244]

Im 2. Teil (Juli bis Dezember) des Journals für Prediger von 1825 ging Karl Gottlieb Bretschneider auf den Begriff der Erlösung und die damit zusammenhängenden Vorstellungen von Sünde und Erbsünde ein.[245] Er behauptet, daß Schleiermacher „sich unter Gottesbewußtseyn etwas denkt, was eigentlich kein Bewußtseyn von Gott ist".[246] Was Schleiermacher Gnade nenne, dürfe „mit gleichem Rechte als unsere That angesehen werden müssen, als das, was er Sünde nennt. Eben so ist mir nicht deutlich, warum jeder Lebenstheil, der unsere That sei, ohne das Gottesbewußtseyn in sich zu tragen, Sünde seyn solle. Der Lebenstheil, den der Mathematiker verwendet, um ein Problem seiner Wissenschaft zu lösen ... kann ganz vom Gottesbewußtseyn geschieden seyn, ohne daß er die Natur der Sünde be-

---

[237] S. 139.

[238] S. 262–264; ed. Mulert 13f.

[239] Geboren 1776 in Gersdorf im Erzgebirge. Von 1816 bis zu seinem Tode (1848) Generalsuperintendent in Gotha.

[240] Bei Heinrici: Twesten 383, im Anschluß an das oben S. XLV beigebrachte Zitat.

[241] Ueber das Princip der christlichen Glaubenslehre des Herrn Prof. Dr. Schleiermacher, in: Journal für Prediger 66 (1825), 1–28.

[242] Zum Beispiel S. 271f; ed. Mulert 20f.

[243] S. 1.

[244] S. 28.

[245] Ueber den Begriff der Erlösung und die damit zusammenhängenden Vorstellungen von Sünde und Erbsünde in der christlichen Glaubenslehre des Hrn. Prof. Dr. Schleiermacher, in: Journal für Prediger 67 (1825), 1–33.

[246] S. 27. Vgl. S. 2. Dagegen Schleiermacher: Sendschreiben 273; ed. Mulert 21.

kommt".[247] *Die Evangelien widersprächen Schleiermachers Vorstellung von der übernatürlichen Unsündlichkeit Jesu, indem sie Momente im Leben Jesu schilderten, wo er als Mensch empfand und kämpfte.*[248] *Die neue Person, welche der Mensch im Gemeingefühl des Gottesbewußtseins werden solle, scheine ein Gedanke zu sein, „der nur durch eine speculative Exaltation, durch das Auffassen eines Phantasiebildes für Augenblicke in dem Gemüthe möglich ist, in welchem die Seele der Wirklichkeit vergißt."*[249] *Bretschneider bat Schleiermacher, bei seiner 2. Auflage mehr zu tun für das leichte Verständnis der Glaubenslehre.*[250] *Mit dem Gedanken einer populären, auf geistige Anspannung verzichtenden Dogmatik konnte Schleiermacher sich indessen nicht befreunden. Schon am 31.1.1819 hatte er dem Grafen Alexander zu Dohna geschrieben: „Aber freilich populär kann ein mit Griechisch und Latein durchspicktes und in Paragraphen und Anmerkungen abgefaßtes Buch nicht werden, und wenn sich gegen meinen Willen und die ausdrückliche Absicht des Buches unwissenschaftliche Leser daran machen werden, so könnten sie leicht in ihrem Glauben mehr geirrt werden als befestigt. Nur der eigentlichen theologischen Welt wünsche ich damit ein nicht ganz unbedeutendes Geschenk zu machen."*[251]

Als ein scharfsinniger und hartnäckiger Kritiker erwies sich Ferdinand Christian Baur. Schon ein Brief vom 26.7.1823 an seinen Bruder Friedrich August[252] *nimmt manches von der 1827 veröffentlichten Schrift „Comparatur Gnosticismus cum Schleiermacherianae theologiae indole"*[253]*, von der im 1. Stück der Tübinger Zeitschrift für Theologie von 1828 erschienenen Selbstanzeige des Osterprogramms und von der in weiteren Werken geäußerten Kritik vorweg. In diesem Brief bezeichnet Baur die Schwarzsche Rezension als ganz verfehlt, weil sie gegen Schleiermachers ausdrückliche Warnung an das Werk gegangen sei, ehe das Ganze erschienen war.*[254] *In Ansehung ihrer philosophischen Seite hält er die Grundansicht der Glaubenslehre für „pantheistisch, man kann aber ebensogut sagen, idealistisch."*[255] *Angesichts der nicht zu übersehenden Unterschiede zwischen*

---

[247] *S. 16.*

[248] *S. 28f. Dazu Sendschreiben 274; ed. Mulert 22.*

[249] *S. 31. In seinem Aufsatz „Ueber die Grundansichten der theologischen Systeme . . ." äußerte sich K. G. Bretschneider 1828 noch einmal über Schleiermachers theologisches „System". Gegen die durch Bretschneider behauptete Abhängigkeit von der Schellingschen Philosophie protestierte Schleiermacher in den beiden Sendschreiben an Lücke (S. 276f. 529; ed. Mulert 24. 66).*

[250] *Ueber den Begriff 33.*

[251] *Briefe ed. Meisner 2, 294.*

[252] *Veröffentlicht von H. Liebing als Anhang (S. 238–243) zu seinem Beitrag „Ferdinand Christian Baurs Kritik an Schleiermachers Glaubenslehre" [ZThK 54 (1957), 225–243].*

[253] *Diese Schrift bildet den 2. Teil des Tübinger Osterprogramms von 1827 „Primae Rationalismi et Supranaturalismi historiae capita potiora".*

[254] *S. 10; ed. Liebing 243. Vgl. oben auf unserer Seite XXXVIII vor Anm. 151.*

[255] *S. 1; ed. Liebing 238.*

einem pantheistischen und einem idealistischen System stellt er die Unfrucht-
barkeit eines bloßen Systemdenkens heraus und bemerkt: „Daher ist meine
Ansicht, daß es überhaupt zur Natur des menschlichen Wissens gehört, zwi-
schen zwei auf solche Art entgegengesetzten Systemen unbestimmt zu
schweben, ohne in einem zu seiner Vollendung und wahren Realität gelan-
gen zu können."[256]

Im 2. Teil des Osterprogramms von 1827 ist Baur bemüht, aus § 41 der
Glaubenslehre eine idealistische Weltbetrachtung herauszulesen. Das Selbst-
bewußtsein, das sich auf das richtet, was wir sind, und das Weltbewußtsein,
das sich auf das richtet, was wir haben[257]*, unterscheiden sich, behauptet*
Baur, wie philosophisch und historisch bzw. wie subjektiv und objektiv.
„in describendo pietatis sensu duae sunt contemplandae formae, altera
philosophica, altera historica. Philosophica ea est, qua homo intra suam
unice conscientiam se continet, pietatisque sensum ad se unice refert, sed ita
tamen, ut certis quibusdam eum exprimat divinae naturae attributis;
historica autem est, si pietatis sensum cum aliis sibi communem esse existi-
mat, seque in externa rerum universitate positum cognoscit, qua posita
demum vera ei existit objectiva Dei notio. Historica autem contemplandi
ratio philosophicae illi prorsus subjecta est, perinde ac mundus, si idealismi
leges in eum transferas, nihil habet objectivi, sed in subjectiva totus est
cogitatione."[258] *Wo Schleiermacher das Selbstbewußtsein sich − möglichst*
vollständig − zum Bewußtsein der ganzen Welt erweitern läßt[259] *und auf*
diese Weise die Habe des Menschen im Zunehmen denkt[260]*, meint Baur*
lediglich ein Abnehmen und eine Beschränkung der Welt auf die Enge eines
keiner Erweiterung fähigen Selbstbewußtseins finden zu können. Er läßt
Schleiermacher behaupten: „nihil in historica parte esse posse, quod non
antea fuerit in ideali, sive philosophica." [261] *Er übersetzt Schleiermachers*
Wendung „geschichtliche Haltung"[262] *mit „historicum fundamentum" (im*
Sinne des geschichtlichen Grundes des christlichen Glaubens)[263] *und macht*
sich damit, wie Schleiermacher ihm vorhält, einer „Verwechslung zwischen
der geschichtlichen Haltung eines Buches und dem geschichtlichen Character

---

[256] *S. 4; ed. Liebing 240. Hier sieht Baur den Idealismus und den Pantheismus nicht als fixe*
Größen an. Später vermißt er allerdings bei Schleiermacher, der im übrigen bestreitet, ein
Idealist und Pantheist zu sein, eine Erklärung darüber, wie seine Theologie Idealismus und
Pantheismus zugleich sein könne (Lehrbuch der christlichen Dogmengeschichte 354).

[257] *S. unten S. 132, 3 ff.*

[258] *Comparatur 10.*

[259] *S. unten S. 226, 17 ff.*

[260] *S. unten S. 132, 10.*

[261] *Comparatur 13.*

[262] *Einer geschichtlichen Haltung bedarf eine Dogmatik, sofern sie sich von der dogmen-*
geschichtlichen Tradition und dem kirchlichen Erbe nicht isolieren läßt (Schleiermacher:
unten S. 120, 11 ff).

[263] *Comparatur 9.*

der christlichen Glaubenslehre selbst" schuldig.[264] *Was Schleiermachers Glaube umfaßt, soll, wie Baur meint, seine Wahrheit in der Brust des Menschen haben. „Itaque non historica verissime, sed, si ad ultimam velis redire rationem, idealis persona Christus est, sive erectior illa hominis conscientia, quae tum in eo oritur, quum idea Dei totum ejus animum occupat, ejusque naturam ita induit, ut omnia, quae humanam labem trahunt, ab ea absorbeantur."*[265] *Gegenüber der eindeutigen Behauptung Schleiermachers, der Sünder sei außer Stande, ein reines Urbild zu erzeugen*[266]*, nimmt Baur Zuflucht zu einem auf spekulativem Wege postulierten Wunder: „At quid impediat, quo minus idem miraculum, quod (T. II. p. 183.) necessarium esse statuit Schleiermacherus, ut intelligamus, quomodo unus idemque Christus et idealis et historicus sit, effecisse putemus, ut humana natura, quamvis imperfecta, perfectam integramque ideam gigneret?"*[267] *Er vergleicht Schleiermachers Gotteslehre mit Schellings Philosophischen Untersuchungen über das Wesen der menschlichen Freiheit und behauptet, Schleiermacher unterscheide drei Momente der Idee Gottes: „1. Deum, qui ipse per se et vere absolutus est. 2. Deum, in quo nullus adhuc est cum Christo redemtore nexus. 3. Deus, qui Christo redemtore ad summam ideam evectus consummatusque est."*[268]

In der Selbstanzeige des Osterprogramms schied Baur, wie Schleiermacher[269] *ihm entgegenhielt, die ganze Tendenz der Einleitung zur Dogmatik zu wenig von der der Dogmatik selbst; Baur behauptete, in der Ausführung des § 18, nach dem im Christentum alles einzelne auf das Bewußtsein der Erlösung durch die Person Jesu von Nazareth bezogen wird, sei sogleich nicht mehr von dieser Person, sondern von Christus als Erlöser die Rede. „Ob die Person Jesu von Nazareth wirklich die Eigenschaften habe, die in dem hier aufgestellten Begriffe des Erlösers angenommen werden, ist doch in der That eine rein historische Frage, die nur durch eine historische Untersuchung der schriftlichen Urkunden der evangelischen Geschichte, welche freilich in der Einleitung dieser christlichen Glaubenslehre nirgends als eigentliche Erkenntnissquelle des Christenthums aufgestellt werden, beantwortet werden kann ... Es beginnt auf diese Weise schon hier jene eigenthümliche Verbindung des Urbildlichen und Geschichtlichen, die zwar erst §. 114. Bd. II. S. 180. zur Sprache kommt, sich aber durch die ganze Darstellung der Glaubenslehre so hindurchzieht, dass das eine immer wieder unmerklich mit dem andern zusammenfliesst".*[270] *Baur fragte, warum*

---

[264] *Schleiermacher: Sendschreiben 506; ed. Mulert 49.*
[265] *Comparatur 7.*
[266] *S. Teilband 2 der Glaubenslehre, S. 21 f.*
[267] *Comparatur 17.*
[268] *A. a. O. 26.*
[269] *Sendschreiben 515; ed. Mulert 55.*
[270] *Selbstanzeige 242 f.*

Schleiermacher es nicht vorgezogen habe, nach der dreifachen Gestalt, in der in jeder christlichen Glaubenslehre dogmatische Sätze vorkommen, auch schon die Einleitung der Glaubenslehre durchzuführen.[271] *Schleiermacher antwortete: „Da ich von jenen drei Formen nur in Beziehung auf dogmatische Sätze rede, und in der ganzen Einleitung kein einziger eigentlich dogmatischer Satz zu finden ist!"*[272] *Doch Baur konstatierte: „entweder ist die Einleitung etwas völlig überflüssiges, oder etwas wesentlich zur Dogmatik gehörendes."*[273] *Angesichts von Baurs Versuch, ihn in die Fesseln eines mit „idealis rationalismus" bezeichneten Systems zu schlagen*[274]*, bezeichnete Schleiermacher sich selbst − ohne diese Selbstbezeichnung ernster zu nehmen als Baurs Klassifikation − als „reellen Supernaturalisten".*[275]

Mit Immanuel Nitzsch, dem Rezensenten des Baurschen Programms, stimmt Heinrich Schmid[276] *in einer kurzen Mitteilung in der Oppositionsschrift für Theologie und Philosophie von 1829*[277] *darin überein, „daß eine Vergleichung mit den Gnostikern besser auf Daub und Marheineke passe, Schleiermacher aber richtiger mit den Alexandrinern Clemens und Origenes zu vergleichen sey."*[278] *Die Einheit zwischen Schleiermacher und den Gnostikern sieht Schmid „stehen in der wissenschaftlichen Idealisirung des historischen Christenthums; aber durch den Unterschied, daß jene die Idealisirung des historischen Christenthums, von der Einheit desselben mit der Idee der Religion ausgehend, durch philosophische Construction darstellen, dieser sie erst, von dem Historischen aus, durch Hinaufdeutung dieses zur Idee hervorbringt."*[279]

Ferdinand Delbrück[280] *veröffentlichte 1827 als 3. Band seines „Christenthums" die „Erörterungen einiger Hauptstücke in Dr. Friedrich Schleiermacher's christlicher Glaubenslehre."*[281] *Als der erste Bogen sich bereits*

---

[271] *A. a. O. 247.*

[272] *Sendschreiben 515; ed. Mulert 55.*

[273] *Die christliche Gnosis 648 Anm.*

[274] *De Gnosticorum Christianismo ideali 9 (= 1. Teil des Tübinger Osterprogramms). Selbstanzeige 225.*

[275] *Sendschreiben 532; ed. Mulert 68.*

[276] *Geboren 1799 in Jena. Enge Verbindung mit J. F. Fries. 1830 außerordentlicher Professor für Philosophie in Heidelberg (mit dem besonderen Auftrage, auch Religionsphilosophie zu lesen). Gestorben 1836. Seine 1835 erschienene größere Arbeit über Schleiermachers Glaubenslehre nahm schon auf deren 2. Auflage Bezug. Biographie von K. A. v. Reichlin-Meldegg.*

[277] *In wiefern darf der Schleiermacher'sche Standpunct der Theologie mit dem gnostischen verglichen werden? in: Für Theologie und Philosophie. Eine Oppositionsschrift 2 (1829) 1. Heft, 151−154.*

[278] *S. 152.*

[279] *S. 153 f.*

[280] *Geboren 1772 in Magdeburg. 1818 Professor für Philosophie und schöne Literatur in Bonn. Gestorben 1848.*

[281] *XIV, 190 S. Auf S. 191−238 findet sich ein „Anhang über verwandte Gegenstände."*

*unter der Presse befand, rückte er mit der Bitte heraus, Schleiermacher
möge den „Erörterungen ein Gastgeschenk mit auf den Weg geben".*[282]
Dieser Bitte um eine Zugabe wußte Schleiermacher nicht zu entsprechen.[283]
*Nach dem Erscheinen der „Erörterungen" meinte er nichts anderes tun zu
können, als Delbrück „seinem etwas wunderlichen Schicksal" zu überlassen*[284]; *es erschien ihm nicht tunlich, die Verhandlungen mit diesem Kritiker weiter fortzusetzen.*[285]

*Ferdinand Delbrück will die Glaubenslehre nicht ansehen „als ein auf
dem Boden der Kirchenweisheit entsprossenes Gewächs, sondern als ein
künstlich dorthin verpflanztes, welches Daseyn, Wachsthum und Gedeihen
einzig der Philosophie verdankt."*[286] *Die Wurzel der christlichen Frömmigkeit könne „nicht das Gefühl unbedingter Abhängigkeit von Gott seyn, da
ja Liebe nicht bestehen kann ohne freye Persönlichkeit, wie des Liebenden
so des Geliebten, freye Persönlichkeit aber im Gefühl unbedingter Abhängigkeit untergeht."*[287] *Schleiermacher gehe in der Entmenschlichung der
Gottheit weiter als Spinoza und Fichte, „indem er von dem spinozischen
Gottesbegriffe den Bestandtheil der Ausgedehntheit, von dem fichtischen
den Bestandtheil der Selbstthätigkeit ausscheidet; von jenem dagegen den
Bestandtheil der Willenlosigkeit, von diesem den Bestandtheil der Unpersön-
lichkeit beybehält".*[288] *Auf den Seiten 135—138 stellt Delbrück 20 Sätze
zusammen, zu denen Immanuel Nitzsch treffend bemerkt: „Wer der
Schleiermacher'schen Lehre nichts Besseres, als ein Gemenge von Semipela-
gianischen Sätzen mit Anselmischer Theorie von unendlicher Schuld und*

---

[282] *12.8.1827 (Briefe 4, 379).*

[283] *1827 an F. Lücke (Briefe 4, 388). Dem Angriff in den „Erörterungen" waren ein Angriff
im 2. Band des Christenthums („Philipp Melanchthon, der Glaubenslehrer") und eine zusammen mit 3 theologischen Sendschreiben erschienene „Briefliche Zugabe" Schleiermachers vorausgegangen. In seiner „Brieflichen Zugabe" erinnerte Schleiermacher daran,
F. Delbrück hätte „obgelegen zu zeigen, daß einige wenigstens von den Sätzen irgendwo
in meinen Schriften vorkommen, ohne welche nach seiner eigenen Darstellung Spinozas
System nicht bestehen kann, z. B. daß Gott ein ausgedehntes Wesen ist, daß Leib und Seele
sich verhalten, wie der Gegenstand und die Vorstellung desselben, daß wer Gott liebt,
nicht danach streben könne, daß Gott ihn wieder liebe etc. Ehe nun Jemand gezeigt hat,
daß diese Sätze und was ihnen anhängt die meinigen sind, kann es mich gar nicht
kümmern, wenn mich wer auch sei einen Spinozisten nennt." (S. 214). In dem Brief vom
22.9.1826 an K. A. Groos, dem die Briefliche Zugabe entnommen ist, finden sich darüber
hinaus die kritischen Worte: „Ueber die Delbrückische Schrift selbst habe ich mich sehr ge-
wundert, daß bei der scheinbaren Klarheit so eine entsetzliche innere Verwirrung und bei so
großen Zurüstungen so viel innere Nichtigkeit sein kann, und das bei einem Manne von so
viel Talent!" (Briefe 4, 360f). Zwischen Schleiermacher und F. Delbrück kam es zu einem
ausführlichen Briefwechsel (a. a. O. 4, 366—377).*

[284] *Sendschreiben 278; ed. Mulert 25.*

[285] *A. a. O. 279; ed. Mulert 26.*

[286] *S. 40. Vgl. auch Schleiermacher: Sendschreiben 529f; ed. Mulert 66.*

[287] *S. 52f.*

[288] *S. 97. Dazu Sendschreiben 278; ed. Mulert 25f.*

unendlichem Leiden entgegen zu setzen weiß, hat nicht Namens der evangelischen Kirche widersprochen."[289]

 Friderich Gottlieb von Süskinds[290] *1831 in seinen Vermischten Aufsätzen*[291] *posthum herausgegebenes Fragment „Kurze Zusammenstellung der Hauptsätze der christlichen Glaubenslehre von Schleiermacher" soll, wie es im Vorbericht des Herausgebers heißt, ein Teil der Grundlage zu einer umfassenden Kritik dieses Systems sein.*[292] *Friderich Gottlieb von Süskind gibt den 1. Band und die Seiten 1—125 des 2. Bandes*[293] *weithin in eigenen Worten wieder und versucht sich in den Fußnoten an einer vernichtenden Kritik. Seite 301 in diesem unserem Teilband (Zeile 25—27) erleidet folgende Kommentierung: „Das Selbstbewusstseyn, als solches, schliesst vielmehr das übrige Menschengeschlecht aus; es ist Bewusstseyn unseres Ich, welches dem übrigen Menschen-Geschlecht gerade entgegengesetzt ist, dasselbe nicht in sich begreift. Man könnte nur etwa sagen: das Ich setzt voraus ein Nichtich; aber dann gilt das, was ich in meinem Ich wahrnehme (die Sünde), darum noch nicht für das Nichtich, und das Selbstbewusstseyn sagt keineswegs die allgemeine Sündhaftigkeit aus.*"[294]

 Bei der oben auf S. XXXV genannten Arbeit Friedrich Wilhelm Gess'[295] *aus dem Jahre 1836 handelt es sich mehr um ein Referat als eine Rezension. Immerhin stellt Gess seiner Übersicht kurze Vorbemerkungen voran*[296]*, in denen er z. B. schreibt, in Schleiermachers Lehre von der Unsterblichkeit sei „offenbar der pantheistische Gehalt von dem christlichen überwogen worden."*[297] *Er meint, das Empfangen und Mitteilen der frommen Erregungen setze „überhaupt ein gemeinsames Leben und die Mittheilung einer gleichen Grundstimmung an dasselbe voraus, welches eben das Geschäft Christi war. Auf diese Weise kommt Schleiermacher aus dem Subjektiven auf eine feste objektive Grundlage."*[298]

 Überblickt man die ganze Masse der an der Glaubenslehre geübten Kritik, läßt sich verstehen, warum Schleiermacher am 8. 9. 1825 gegenüber August Twesten klagte, ihm sei bis jetzt noch wenig Gutes geschehen.[299]

---

[289] *Rezension von F. Delbrücks Buch, Theologische Studien und Kritiken 1 (1828), 654.*

[290] *Geboren 1767 in Neustadt a. d. Linde. Theologieprofessor in Tübingen. Gehört zur älteren Tübinger Schule. 1829 gestorben.*

[291] *S. 275—457.*

[292] *S. III.*

[293] *Band- und Seitenzählung des Originaldrucks.*

[294] *S. 425 Anm. 1.*

[295] *Geboren 1798 in Tübingen. 1839 Dekan und 1. Stadtpfarrer in Reutlingen, wo er 1840 starb.*

[296] *S. 7—12.*

[297] *S. 9.*

[298] *S. 11.*

[299] *Bei Heinrici: Twesten 383.*

Schleiermacher bedauerte das um so mehr, als er sich von seinen Kritikern hilfreiche Hinweise für die Vorbereitung der 2. Auflage versprochen hatte.[300]

Von einiger Bedeutung scheinen manche Überlegungen zu sein, die in der Korrespondenz mit Wilhelm Martin Leberecht de Wette, August Twesten und Friedrich Lücke, aber auch in der nicht speziell der Schleiermacherschen Glaubenslehre gewidmeten zeitgenössischen Literatur eine Rolle spielen.

In einem Brief vom 11. 10. 1821 feierte de Wette Schleiermacher als einen „Meister"; ein Hauptpunkt, an dem er Unzufriedenheit äußerte, betraf freilich das Verhältnis der Philosophie zur Theologie.[301] *Näher erklärte de Wette sich am 11. 6. 1823: „Die Glaubenslehre ist unstreitig nach Calvin die erste wahrhaft systematische Dogmatik und die Anlage und Verknüpfung des Ganzen ist meisterhaft. Aber der Vortrag in Paragraphen und deren Erklärung gefällt mir nicht. Freilich bei der dialektischen Behandlung sind die kurzen Thesen sehr wohltätig, sonst würde man gar keinen Ruhepunkt finden. Aber diese Dialektik eben!"*[302] *Besonders ausführlich korrespondierte August Twesten mit Schleiermacher über die Glaubenslehre.*[303] *Am 29. 10. 1821 gab Twesten u. a. zu bedenken: „Bei der Erinnerung an die Vorlesungen über die Dogmatik, die ich noch bei Ihnen gehört habe, ist mir öfter die schärfere Durchführung Ihrer Grundansicht bemerklich geworden, namentlich z. B. darin, nichts in die Aussagen über das religiöse Bewußtsein aufzunehmen, was nicht als in diesem wirklich enthalten nachgewiesen werden kann. Dabei ist mir jedoch bisweilen die Frage entstanden, ob man nicht berechtigt sein dürfte, dogmatische Sätze aufzustellen, die in der Ausdehnung, die ihnen die Reflexion giebt, nicht auf primäre Weise im religiösen Gefühl liegen können, wohl aber auf eine secundäre Weise, indem das religiöse Gefühl dem in einer gewissen Allgemeinheit ausgesprochenen Satz beistimmt?"*[304] *Schleiermacher antwortete am 7. 9. 1822: „Sehen Sie nur recht zu, ob ich es auch durchgeführt habe, kein Dogma aufzunehmen als dasjenige, welches eine Aussage des religiösen Gefühls enthält. Der Meinung, daß dies das einzig rechte sei, bin ich noch immer zugethan, denn wenn das religiöse Gefühl einem Satz nur beistimmt, so ist er doch eigentlich anderwärts zu Hause, und hat man die Schleuse einmal aufgemacht, so kommt die ganze Metaphysik nach."*[305] *Auf die Frage Friedrich Lückes, ob er augustinisch sei in der Lehre vom Bösen, antwortete Schleiermacher am 18. 6. 1823: „Genau genommen würde ich mir sagen können, daß ich dem Augustin da beistimme wo er über diesen Gegenstand am meisten antimanichäisch*

---

[300] *Ibid.*
[301] *Briefe 4, 278.*
[302] *A. a. O. Anm. Vgl. a. a. O. 4, 269.*
[303] *Bei Heinrici: Twesten 369–387.*
[304] *A. a. O. 373.*
[305] *A. a. O. 377.*

redet. Wie denn auch meine Tendenz grade die ist, das schlimmste vom Bösen zu sagen, was man sagen kann ohne manichäisch zu werden."[306]

    Hermann Mulert erinnert daran, daß manche Veröffentlichungen, in denen auf die Glaubenslehre „nur stellenweise und vielleicht nicht einmal ausdrücklich Bezug genommen wird, wertvolleres Material zur Feststellung des Eindrucks, den sie gemacht hat," enthalten als gewisse Rezensionen.[307] *Freilich würde der Rahmen unserer Einführung gesprengt, wollten wir außer den Rezensionen (im engeren Sinne) die gesamte Wirkungsgeschichte der Glaubenslehre darstellen. Wir beschränken uns auf die Bücher und Zeitschriftenbeiträge, die ausschließlich der Erstauflage der Glaubenslehre gewidmet sind. „Die Wirkungen der Schleiermacherschen Glaubenslehre voll schildern, hieße eine Geschichte der protestantischen Theologie seit Schleiermacher schreiben." schrieb Hermann Mulert im Jahre 1908.*[308] *Hier sei lediglich an eine beiläufige Kritik erinnert, der man besondere Aufmerksamkeit zu zollen pflegte, an die Kritik Hegels.*

    Über die Differenzen mit Hegel und dessen Anhängern, die nicht nur sachlicher[309]*, sondern auch persönlicher Art waren, äußerte Schleiermacher am 5.1.1821 gegenüber Friedrich Lücke: „Hegel'n denke ich gar nicht in*

---

[306] *Briefe 4, 314, Fortsetzung oben auf S. XVIII f.*

[307] *Aufnahme 108. Nicht ausschließlich der Schleiermacherschen Glaubenslehre gewidmet sind die in T. N. Tice: Schleiermacher Bibliography unter Nr. 287, 292, 299, 301–305, 308 f, 311, 314, 317, 323 f, 331, 333 f, 339–342, 344, 351, 353 f, 358 angeführten Titel. H. Mulert (Aufnahme 110 f) nennt außerdem: K. A. von Hase: De fide, Tübingen 1823. Ch. B. Klaiber: Ueber Begriff und Wesen des Supranaturalismus. In: Studien der evangelischen Geistlichkeit Wirtembergs 1/1 (Stuttgart 1827), 73–156. J. F. Fries: Bemerkungen über des Aristoteles Religionsphilosophie. In: Für Theologie und Philosophie. Eine Oppositionsschrift 1 (Jena 1828) 1. Heft, 140–167. Erwähnt wird die Glaubenslehre auch in dem anonymen (mit „B." unterzeichneten) Beitrag: Bemerkungen über die Lehre von der Gnadenwahl. In: Studien der evangelischen Geistlichkeit Wirtembergs 1/1 (Stuttgart 1827), 157–220. Welche beiläufige Kritik Schleiermacher besonders beschäftigt hat, läßt sich aus seinen beiden Sendschreiben an Lücke ersehen.*

[308] *H. Mulert: Aufnahme 108.*

[309] *Hegel ist auf Schleiermachers Initiative zum Ordinarius in Berlin ernannt worden (vgl. A. von Harnack: Geschichte der Königlich Preussischen Akademie der Wissenschaften zu Berlin, 1/2, 691 Anm.). Der Entschluß, die philosophische Klasse der Berliner Akademie aufzulösen, wodurch freilich Hegel von der Akademie ferngehalten wurde, war von Schleiermacher längst gefaßt, ehe es zu dem Zerwürfnis mit Hegel kam (so a. a. O. 1/2, 693 Anm.). Schon in seiner ersten Akademierede vom 29. 1. 1811 machte Schleiermacher deutlich, daß spekulative Denker der gemeinsamen Arbeit in einer Akademie nicht bedürfen (Ueber Diogenes von Apollonia 79 f; SW III, Bd 2, 149 f). In denselben Tagen, in denen Hegel die „Jahrbücher für wissenschaftliche Kritik" gründete, an denen Schleiermacher zur Mitarbeit aufzufordern er sich unbedingt verweigerte, kam Schleiermacher auf seinen Plan zurück, die philosophische Klasse aufzuheben (A. von Harnack, a. a. O. 1/2, 734 f). Nach der Verschmelzung der philosophischen Klasse mit der historischen gab Schleiermacher seinen Widerstand gegen Hegels Aufnahme auf, weil, wie A. von Harnack sich ausdrückt, nur in einer selbständigen philosophischen Klasse „Hegel's Despotie zu fürchten gewesen" wäre (a. a. O. 1/2, 753).*

die Parade zu fahren; ich habe keine Zeit dazu. Auch ist es mehr eine Herabsetzung der Religion überhaupt, die ihm eine niedere Stufe bezeichnet als des Christenthums; vielmehr berufen sich seine Anhänger darauf, daß er in der Bibel prophezeiht sei. In philosophische Polemik kann ich mich gar nicht einlassen, weil ich sie als einen Unsinn ansehe."[310] *Zu einem besonderen Streitpunkt suchte Hegel das Gefühl der schlechthinnigen Abhängigkeit, das Sich-selbst-entzogen-sein des Menschen, zu machen.* „*Gründet sich die Religion im Menschen nur auf ein Gefühl, so hat solches richtig keine weitere Bestimmung, als das Gefühl seiner Abhängigkeit zu seyn, und so wäre der Hund der beste Christ, denn er trägt dieses am stärksten in sich, und lebt vornehmlich in diesem Gefühle. Auch Erlösungsgefühle hat der Hund, wenn seinem Hunger durch einen Knochen Befriedigung wird. Der Geist hat aber in der Religion vielmehr seine Befreiung und das Gefühl seiner göttlichen Freiheit; nur der freie Geist hat Religion, und kann Religion haben*".[311] *Hegel blickte auf einen Zustand herab, wo* „*dasjenige, was sich Philosophie nennt, und wohl den Plato selbst immer im Munde führt, auch keine Ahnung von dem mehr hat, was die Natur des speculativen Denkens, der Betrachtung der Idee, ist, wo in Philosophie wie in Theologie, die thierische Unwissenheit von Gott, und die Sophisterei dieser Unwissenheit, welche das individuelle Gefühl und das subjective Meynen, an die Stelle der Glaubenslehre, wie der Grundsätze der Rechte und der Pflichten setzt, das große Wort führt*".[312] *Den Hegelschen Stil machte Schleiermacher sich nicht zueigen. Am 28.12.1822 schrieb er an Karl Heinrich Sack:* „*Was sagen Sie aber dazu, daß Herr Hegel in seiner Vorrede zu Hinrichs Religionsphilosophie mir unterlegt, wegen der absoluten Abhängigkeit sei der Hund der beste Christ, und mich einer thierischen Unwissenheit über Gott beschuldigt. Dergleichen muß man nur mit Stillschweigen übergehen.*"[313] *Im Sommer 1823 schrieb Schleiermacher an de Wette:* „*Hegel seinerseits fährt fort, wie er schon gedruckt in der Vorrede zu Hinrich's Religionsphilosophie gethan so auch in Vorlesungen, über meine thierische Unwissenheit über Gott zu schimpfen und Marheineke's Theologie ausschlie-*

---

[310] Briefe 4, 272. A. Twesten schrieb freilich am 9.10.1829 an Schleiermacher: „Denn ich meine, gerade Sie hätten den Beruf, sich gegen die Anmaßung der Hegelschen, allein Philosophen sein zu wollen, zu opponiren" (bei Heinrici: Twesten 416).

[311] G. W. F. Hegel: Vorwort zu H. F. W. Hinrichs: Die Religion im inneren Verhältnisse zur Wissenschaft, Heidelberg 1822, S. XVIIIf; SW 20, 19f. Dazu F. Wähner in seiner Rezension der Schleiermacherschen Glaubenslehre: „Hegel wirft sich damit zum Oberhaupt der cynischen Philosophen in einem Sinne auf, den selbst Diogenes anstößig finden würde. Beiläufig erfahren wir durch diese Stinkblume seiner Beredtsamkeit, daß er die Natur der Hunde besser kennt, als die der Menschen, und deshalb hat ihm auch wohl bei Abfassung seiner Rechtslehre die geheime Sympathie mit jener Thierart so schlimme Streiche gespielt." (Hermes 22, 305).

[312] Vorwort XXVII; SW 20, 27. Vgl. auch T. N. Tice: Schleiermacher Bibliography Nr. 305.

[313] Briefe 4, 306.

ßend zu empfehlen. Ich nehme keine Notiz davon; aber angenehm ist es doch auch nicht."[314]

Zum 2. Band der Glaubenslehre liegen umfangreiche Auszüge und einige kommentierende Bemerkungen Hegels vor.[315] Zur Christologie, der Dreiämterlehre (§ 123) und der Lehre von der Mitteilung der Eigenschaften (§ 119 Zus. 1. 2), erfährt man: „Mit den trockensten, hohlsten, unfruchtbarsten Verstandesdistinktionen läßt sich der Verfasser ein — und ergeht sich in einer ebenso leeren Verstandesdialektik in denselben. So Lehre von der Mitteilung der Eigenschaften S. 238ff., den zwei entgegengesetzten Zuständen, Erniedrigung und Erhöhung, — von allem diesem läßt sich in der Tat nur aus dem Glauben sprechen — oder aus der Spekulation — von keinem hat der Verfasser das geringste."[316]

4. Nachdrucke und Wiederabdrucke

1828 erschien in Reutlingen in der J. J. Mäcken'schen Buchhandlung ein Nachdruck, der, was die Schönheit des Satzes angeht, die Reimersche Erstausgabe übertrifft. Irgendeine Äußerung Schleiermachers zu diesem Nachdruck ist mir nicht bekannt. Der Nachdruck hat eine gegenüber dem Erstdruck selbständige Rechtschreibung und Zeichensetzung.[317] Viele Reimersche Druckfehler sind in ihm beseitigt.[318]

Die Bandaufteilung des Originaldrucks wurde beibehalten.[319] Die Inhaltsverzeichnisse finden sich am Ende jedes Bandes. Im Reutlinger Druck wurde die im Originaldruck I, S. XIII gegebene Anregung befolgt, den mit § 68. b. bezeichneten Paragraphen als § 69. zu zählen und entsprechend die folgenden Paragraphenzahlen in Band I zu ändern. Angesichts der Doppelung des § 155 behalf man sich (wie im Inhaltsverzeichnis des Originaldrucks) mit der Einfügung eines „b." Zu § 162 findet sich das „b." nur im Inhaltsverzeichnis. Die fehlende Abschnittszählung auf S. 256, 33; 258, 3[320] wurde nicht nachgetragen.

---

[314] Briefe 4, 309.

[315] Berliner Schriften 684—688.

[316] Berliner Schriften 688.

[317] Die Uneinheitlichkeit der Zeichensetzung bei Zahlenangaben ist allerdings übernommen worden.

[318] Die unten zu S. 172, 13 oder zu S. 284, 10 durchgeführten Korrekturen zeigen, daß Schleiermachers Text aufmerksam durchgesehen wurde. Manche Korrekturversuche wie der unten zu S. 165, 17 („10 Zus. 1.") oder zu S. 186, 12 („17, 28") angebrachte sind nicht ganz geglückt. Eine Reihe von Fehlern blieb unkorrigiert. Der Text unten auf S. 31, 25 und 78, 34 wurde unverbessert übernommen. Auf S. 147, 1 blieb „währendes" stehen, unten auf S. 162, 32 „des".

[319] Der erste Band umfaßt 310, der zweite 604 Seiten.

[320] Seiten- und Zeilenzählung unserer Ausgabe.

Die von Schleichermacher zitierten Autoren scheinen nicht nachgeschlagen worden zu sein; falsche Seiten- und Kapitelangaben blieben stehen. Immerhin sind einige wenige falsch gesetzte griechische und lateinische Worte korrigiert. Gründlich wurden die Bibelstellen überprüft.[321]

Unwahrscheinlich klingt, was Hermann Mulert über einen weiteren Nachdruck der Glaubenslehre zu berichten weiß: „Von der ersten Auflage der Glaubenslehre ist außer dem Reutlinger noch ein zweiter Nachdruck erschienen: Halle 1830, mit Begleitwort von Förster und Porträt."[322] *Vermutlich liegt eine Verwechslung mit dem in Halle o.J. erschienenen Nachdruck der 2. Auflage vor.*[323] *Auf diesen um die Jahrhundertwende*[324] *erschienenen Nachdruck trifft Mulerts Beschreibung zu: er enthält ein Geleitwort von Förster, dazu − neben dem Titelblatt − ein Porträt Schleiermachers. Da eine Jahreszahl sich weder auf dem Titelblatt noch am Ende des Försterschen Geleitwortes, sondern erst am Ende von Schleiermachers (mit abgedruckter) Vorrede findet*[325]*, ist es denkbar, daß Mulert bzw. sein Gewährsmann diese Jahresangabe (1830) mit dem Erscheinungsjahr des Nachdrucks verwechselt hat. Das verfrüht angesetzte Erscheinungsjahr mag als Erklärung für die Verwechslung der 1. und der 2. Auflage dienen.*

Die Leitsätze der 1. Auflage sowie die §§ 9. 114 und (mit wenigen Auslassungen) 121 f ließ Emanuel Hirsch in seinem Lesebuch „Die Umformung des christlichen Denkens in der Neuzeit" (1938) mit abdrucken.[326] *Martin Rade, dem sich die 1. Auflage der Glaubenslehre „als eine vortreffliche Interpretin der zweiten" erwiesen hatte*[327]*, hatte die Leitsätze beider Auflagen nebeneinander gestellt (1904). An der Reihenfolge der einzelnen Paragraphen ist bei Rade nichts geändert*[328]*, so daß mitunter Paragraphen nebeneinander stehen, die nicht miteinander vergleichbar sind. Diesem Übelstand ist in der Synopse abgeholfen, die sich in Martin Redekers Ausgabe der 2. Auflage (1960) findet.*[329] *Martin Redeker ordnet den Leitsätzen der 1. die entsprechenden Leitsätze der 2. Auflage zu, wobei sich für die Paragraphen der 2. Auflage mehrmals Umstellungen ergeben. Eine von Donald M. Baillie besorgte englische Übersetzung der Leitsätze beider Auflagen erschien 1922 in Edinburgh.*

In Carl Stanges Kritischer Ausgabe der Einleitung (1910) der Glaubenslehre sind die Texte der 1. und der 2. Auflage nebeneinander (genauer ge-

---

[321] *Da zu S. 196, 30 nichts korrigiert wurde, läßt sich fragen, ob dabei nur ein deutsches (kein griechisches) Neues Testament benutzt wurde.*

[322] *Nachlese 245.*

[323] *1. Theil (VIII, 404 S.) und 2. Theil (VIII, 455 S.) in einem Band.*

[324] *In dem Geleitwort heißt es: „Als vor 76 Jahren der erste Band der Glaubenslehre erschien".*

[325] *„Berlin, am Donnerstag nach Quasimodogeniti 1830."*

[326] *S. 218−252.*

[327] *Vorwort, S. 3.*

[328] *Die Paragraphenzählung §§ 69−77 wurde korrigiert.*

[329] *Bd 2, S. 197−563.*

sagt: untereinander) gestellt, wobei der Text der 1. Auflage den Vorrang be-
hauptet.[330] *Der Text der 2. Auflage ist nicht fortlaufend abgedruckt. Kur-*
sivsatz innerhalb des Textes der 1. Auflage deutet darauf hin, daß der Wort-
laut der 2. Auflage mit demselben übereinstimmt. Abweichungen der 2. Auf-
lage gegenüber der 1. sind jeweils auf der unteren Hälfte der einzelnen
Seiten mitgeteilt. Dieses den Text der 2. Auflage zerstückelnde Verfahren
hat sich so wenig bewährt, daß es über Schleiermachers Einleitung hinaus
eine Fortsetzung nicht gefunden hat.

Stange gibt der 1. Auflage den Vorzug, weil er meint, „daß insbeson-
dere die Anordnung der zweiten Auflage vielfach die ursprünglichen Inten-
tionen der Systematik Schleiermachers nicht mehr erkennen läßt, resp. selbst
direkt verfehlt. Ja, es gibt sogar gelegentlich Stellen in der zweiten Auflage,
die auch nach ihrem Wortlaut ohne die erste Auflage gar nicht verständlich
sind.“[331]

Am Ende der Ausgabe Stanges finden sich 3 Tabellen. In der ersten
sind mehrere von Schleiermacher beigebrachte Zitate zusammengestellt. In
der zweiten sind die Lesarten der ersten drei Auflagen aufgeführt, die Stange
als Druckfehler angesehen wissen möchte. Die dritte Tabelle gibt Auskunft
darüber, welche Paragraphen (und Unterziffern) der ersten den Paragra-
phen (und Unterziffern) der zweiten Auflage entsprechen.

---

[330] *S. VII.*
[331] *S. VI. Vgl. Otto Kirn in RE*[3] *17, 601, 6—8: „Vielfach muß man den einfacheren und un-*
mittelbareren Ausdruck der [nicht: den] Gedanken Schl.s in der 1. Ausgabe suchen, wäh-
rend die 2. ausgeglichener und vorsichtiger ist und namentlich den Zusammenhang mit
philosophischen Annahmen mehr zurücktreten läßt.“

II. Editorischer Bericht

Teilband 1. des 7. Bandes der Abteilung I der Kritischen Gesamtausgabe enthält den 1. Band des Originaldrucks der Erstauflage von Schleiermachers Werk „Der christliche Glaube", dazu die Seiten 1–153 des 2. Bandes des Originaldrucks. Teilband 2 umfaßt die Seiten 154–708 des 2. Bandes des Originaldrucks. Für diese Aufteilung sprechen zunächst praktische Gründe. Beide Bände des Originaldrucks waren im äußeren Umfang sehr ungleich ausgefallen. Deshalb hielt schon Schleiermacher es für angebracht, in der 2. Auflage einen Teil des zweiten Bandes der 1. Auflage noch mit in den ersten Band hineinzuziehen.[332]

Am Anfang von Teilband 1 und 2 steht das Inhaltsverzeichnis der Kritischen Ausgabe, das mit den Überschriften innerhalb des ausgeführten Textes übereinstimmt. Die Inhaltsverzeichnisse des Originaldrucks, die ursprünglich am Anfang des 1. bzw. des 2. Teilbandes standen, werden in der Kritischen Ausgabe zusamengezogen an das Ende des 2. Teilbandes gestellt. Sie weichen bisweilen von den Textüberschriften ab. So ist in den Inhaltsverzeichnissen des Originaldrucks gegenüber dem ausgeführten Text des öfteren die inhaltlich bedeutsame Zwischenüberschrift „Einleitung" hinzugefügt. Auf Abweichungen der Schleiermacherschen Inhaltsverzeichnisse von der Ausführung wird in den Sachapparaten zu Schleiermachers Inhaltsverzeichnissen und zum ausgeführten Text aufmerksam gemacht.

Teilband 3 enthält, wie bereits oben auf S. XVII angedeutet, die in Schleiermachers Handexemplar eingetragenen Marginalien zu Bd 1, außerdem – als Anhang – die zu den 3 Teilbänden beigebrachten auszugsweise zitierten Quellentexte. Der ursprüngliche Plan, die Marginalien schon in Teilband 1 unter dem Text des Originaldrucks zu veröffentlichen, wird fallen gelassen, weil dann die Seiten, zu denen umfangreiche Marginalien vorliegen, samt den dazugehörigen Apparaten zu unübersichtlich würden.

Der Bandherausgeber folgt in seiner Arbeit den editorischen Grundsätzen für die gesamte I. Abteilung.[333] *Die folgenden zusätzlichen Regelungen tragen den besonderen Gegebenheiten und Problemen des vorliegenden Bandes Rechnung. Durch Sperrung von Stichworten wird auf die allgemeinen Grundsätze verwiesen.*

---

[332] *CG² Bd 1, S. VI.*
[333] *Oben auf S. X–XIII.*

1. Textgestaltung und textkritischer Apparat

Die Schreibweise und Zeichensetzung des Originaldrucks werden grundsätzlich beibehalten. Um der besseren Lesbarkeit des Textes willen und um eine Häufung von technischen Mitteilungen im Apparat zu vermeiden, wird hiervon in folgenden Fällen abgewichen:

Schwankende Zeichensetzung wird stillschweigend vereinheitlicht: wenn gelegentlich ein Abkürzungspunkt fehlt; wenn mehrere Satzzeichen in sinnloser Weise aneinandergereiht sind (1 Joh. 4, 18.,); wenn innerhalb des Textes Überschriften (Erstes Hauptstük, von Christo.) bald durch ein Komma, bald durch einen Punkt, bald durch überhaupt kein Satzzeichen voneinander getrennt sind; wenn eckige und runde Klammern miteinander abwechseln, ohne daß eine verschiedene Funktion beider Klammerarten erkennbar wäre; wenn Auslassungen in Zitaten durch 2—4 Punkte oder 1—4 Striche angedeutet werden und in ähnlichen Fällen. Maßgebend bei der Vereinheitlichung ist die im Originaldruck überwiegende Praxis.

Die Artikel kirchlicher Bekenntnisschriften haben bisweilen — entgegen der überwiegenden Praxis, römische Ziffern zu verwenden — eine arabische Zählung erhalten. Diese wird in der Kritischen Ausgabe stillschweigend durch eine römische ersetzt.

Im Inhaltsverzeichnis des Originaldrucks, Bd 1 ist vor jede Seitenangabe ein „S.", in dem zu Bd 2 nur oben auf jede Seite ein „Seite" gesetzt. Die Edition folgt durchweg der ersteren Praxis.

Wenn Schleiermacher auf andere Paragraphen der Glaubenslehre verweist, ist die jeweilige Ziffer teils mit, teils ohne §-Ziffer angegeben. Diese Angaben werden nicht vereinheitlicht.

Offenkundige Druckfehler und Versehen werden grundsätzlich im Text korrigiert. Lediglich die fehlerhafte §-Zählung bleibt mit Rücksicht auf die bereits vorhandene Sekundärliteratur unverbessert. Von der Regel, bei der Korrektur offenkundiger Druckfehler und Versehen die Schreibweise des Originals im textkritischen Apparat anzuführen, wird abgewichen und stillschweigend korrigiert, wenn, was im Originaldruck häufig vorkommt, die Drucktypen u und n bzw. st und si verwechselt sind. Differenzen zwischen verschiedenen Exemplaren des Originaldrucks (z. B. fehlende Buchstaben), die offenbar durch Beschädigung des Satzes und dergleichen entstanden sind, werden nicht angegeben.

Falls die Korrektur eines Druckfehlers sich bereits im Handexemplar (= H) findet, wird dieser Sachverhalt im textkritischen Apparat durch die Notiz „so H" kenntlich gemacht. Bei Korrekturen, die durch den Text der 2. Auflage oder den Reutlinger Nachdruck unterstützt werden, wird dies in den Fällen vermerkt, in denen sich eine Änderung des Sinnes ergibt.

Bei Konjekturen wird vermerkt, wenn der Reutlinger Nachdruck oder Carl Stanges Ausgabe der Einleitung oder die 2. Auflage diese unter-

stützen bzw. von ihnen abweichen. Findet sich die fragliche Textstelle in der 2. Auflage in einem veränderten Kontext, wird dem Verweis ein „vgl." vorgestellt.

An einzelnen Stellen ist ein vergleichender Hinweis auf Abweichungen im Text der 2. Auflage oder des Reutlinger Nachdrucks gegeben, ohne daß damit eine Konjektur verbunden worden ist. Der allgemeinen Regel entsprechend werden auch Konjekturen Carl Stanges mitgeteilt, die nicht übernommen werden.

2. Sachapparat

Verweisungen innerhalb der Glaubenslehre (z. B. das oben hierüber gesagte erst unten) werden nur dann belegt, wenn sie sich nicht auf denselben Paragraphen beziehen.

Nachweise zu den Zitaten und Anspielungen Schleiermachers, die sich in dem Handexemplar oder der 2. Auflage der Glaubenslehre finden, werden übernommen, sofern der Text der 1. Auflage von sich aus einen Nachweis erfordert. Soweit vorhanden, wird bei den Nachweisen neben der von Schleiermacher vermutlich benutzten eine moderne Ausgabe angeführt. In besonders begründeten Ausnahmefällen (z. B. schwer zugängliche Autoren, Texte mit divergenter Überlieferung) werden gelegentlich mehr als zwei Ausgaben herangezogen.

Seiten werden in der Regel ohne die Abkürzung „S." angegeben. Auf Paragraphen-Ziffern wird ausschließlich in Verbindung mit dem §-Zeichen hingewiesen.

Um die Auffindung eines Zitats zu erleichtern, enthalten die Nachweise nach Möglichkeit neben der Seiten- auch eine Zeilen- (bzw. eine die Seite gliedernde Buchstaben-) angabe. Wenn innerhalb eines kürzeren Zitats die Seite wechselt und demzufolge dessen Stellung auf den jeweiligen Seiten eindeutig ist, wird auf die Zeilen- (bzw. Buchstaben-) angabe verzichtet.

Die modernen Ausgaben weichen mitunter in der Artikel-, Kapitel- (usw.) Zählung von der Schleiermacher (vermutlich) vorliegenden Ausgabe ab. In einem solchen Fall kommen die modernen Angaben in runde Klammern. In runde Klammern werden auch die modernen Angaben eines Werktitels gesetzt, die mit denen einer alten Ausgabe nicht übereinstimmen.

Wie in modernen Ausgaben üblich werden für die Zählung einzelner Bücher, Kapitel, Paragraphen usw. eines Werkes arabische Ziffern verwandt. Die Artikel kirchlicher Bekenntnisschriften werden jedoch mit römischen Ziffern bezeichnet.

Zu manchen Nachweisen Schleiermachers sind Ergänzungen erforderlich. Im Originaldruck abgekürzte Werktitel werden im Literaturverzeichnis oder (kirchliche Bekenntnisschriften!) im Abkürzungsverzeichnis aufge-

*löst. Soweit von den Kirchenvätern oder von Luther im Literaturverzeichnis
nur opera omnia aufgeführt sind, also dasselbe keine Auflösung abgekürzter
Einzelschriften enthält, erfolgt die Auflösung im Sachapparat. Dabei erhalten umfängliche Werktitel die Kurzform, in der sie im Kolumnentitel der
jeweiligen Ausgabe erscheinen.*

   *Sinnrelevante A b w e i c h u n g e n d e r Z i t a t e S c h l e i e r m a c h e r s von
den zitierten Quellen werden notiert. Nichts wird vermerkt, wenn Schleiermachers Zitat von einer modernen Ausgabe abweicht, jedoch mit Schleiermachers vermutlicher Vorlage übereinstimmt.*

3. Druckgestaltung

   *Unterschiede in der S c h r i f t g r ö ß e werden reproduziert. Davon wird
abgewichen, wenn gleichartige Überschriften in der Schriftgröße Differenzen aufweisen; dann wird stillschweigend vereinheitlicht. Vereinheitlicht
wird ebenso die Anordnung (ein- oder zweizeilig) gleichartiger Überschriften.*

   *H e r v o r h e b u n g e n werden einheitlich durch Sperrung kenntlich ge-
macht. Autorennamen sind im Originaldruck auf unterschiedliche Weise
wiedergegeben (Antiqua bzw. Antiqua gesperrt; Fraktur bzw. Fraktur gesperrt; Kursive bzw. Kursive gesperrt). Die Kritische Ausgabe hebt sämtliche
Autorennamen durch Sperrung hervor, sofern sie in Verbindung mit einem
Werktitel oder einem Zitat erscheinen. Auch die Titel kirchlicher Bekenntnisschriften werden gesperrt. Hingegen entspricht es dem konsequent im
Originaldruck befolgten Verfahren, die Namen biblischer Autoren nicht zu
sperren. Gelegentlich sind im Originaldruck Werktitel oder auch weitere
Angaben   dazu   (z. B.   die   Abkürzung   p.)   hervorgehoben.   Diese
Hervorhebungen werden in der Kritischen Ausgabe nicht reproduziert.*

   *Lateinische Zitate und Begriffe erscheinen im Originaldruck in Antiqua.
In der Kritischen Ausgabe werden lateinische Zitate in Anführungszeichen
gesetzt. Lateinische Begriffe, die keine Zitate sind (z. B. maximum, a priori),
werden nicht eigens hervorgehoben.*

   *Dem Kreis der Gesamtherausgeber, vor allem Herrn Professor Dr.
Hans-Joachim Birkner, habe ich nicht nur für eine kontinuierliche wie hilfreiche Beratung, sondern auch für Arbeitsbedingungen zu danken, unter
denen die gewiß bisweilen etwas entsagungsvolle und an sich unproduktive
editorische Kleinarbeit eine reine und ungetrübte Freude war. Großzügig
hat Herr Professor Dr. Birkner seine jeweilige studentische Hilfskraft für
Zuarbeiten zur Verfügung gestellt, so daß ich auch Herrn Harry Meyer,
Frau Pastorin Franziska Hunziker und —last not least — Frau Heidrun*

Ringleben meinen Dank abzustatten habe. Mit großer Akribie hat sich Frau Heidrun Ringleben undankbaren und zeitraubenden Einzelaufgaben gewidmet. Die anfallenden Schreibarten hat Frau Dolly Füllgraf mit großer Sorgfalt durchgeführt. Frau Dr. Christel Steffen und Herr Dr. Joachim Neumann von der Kieler Universitätsbibliothek waren mir bei der Beschaffung der auswärtigen Literatur in dankenswerter Weise behilflich. Das Lesen der Korrekturen haben freundlicherweise Frau Heidrun Ringleben sowie die Herren Dr. Andreas Arndt, Ulrich Barth, Dr. Günter Meckenstock, Dr. Joachim Ringleben und Dr. Wolfgang Virmond besorgt. Herrn Dr. Günter Meckenstock sei auch dafür gedankt, daß er meine Sammlung von Titelblätter-Kopien zu einem Literaturverzeichnis umgearbeitet hat. Herr Professor Dr. Hayo Gerdes hat mir in selbstloser Weise eine fast schon druckfertige und unter günstigeren äußeren Umständen sicher schon längst veröffentlichte Übertragung der Marginalien in Schleiermachers Handexemplar überlassen, die ich nachträglich mit meiner unabhängig von Herrn Gerdes' Entzifferung fertiggestellten Übertragung vergleichen konnte. Daß ich das an mehreren Stellen mit Gewinn tun durfte, dafür sei Herrn Professor Gerdes herzlich gedankt.

Hermann Peiter

Der

christliche Glaube

nach

den Grundsäzen der evangelischen Kirche

im Zusammenhange dargestellt

von

Dr. Friedrich Schleiermacher.

———

Neque enim quaero intelligere ut credam, sed credo ut
intelligam. — Nam qui non crediderit, non experietur,
et qui expertus non fuerit, non intelliget.
Anselm. Prosol. 1. de fide trin. 2.

———

Erster Band.

Berlin 1821.
Gedruckt und verlegt
bei G. Reimer.

Bemerkungen zur Vorderseite:
Statt Prosol. muß es Proslog. heißen. Die beiden Anselm-Zitate stammen aus Proslogium (Proslogion) 1, ed. Gerberon 30 A; ed. Schmitt, 1, 100, 18 und aus De fide trinitatis 2, ed. Gerberon 42 C; MPL 158, 264 C

Vorrede.

Daß die öffentlichen Lehrer unserer Hochschulen für die Wissenschaften, welche sie vortragen, Lehr- und Handbücher herausgeben, ist etwas so gewöhnliches, daß ein neues Beispiel dieser Art, wenn gleich immer wieder eine Anschwellung unserer ohnedies schon zu reichen Litteratur, keiner Rechtfertigung bedarf. Und so wird auch die Erscheinung dieses Buches keiner bedürfen, zumal den Lehrern der dogmatischen Theologie diese Sitte so sehr gemein ist, daß das Gegentheil fast zu den Ausnahmen gehört. Es ist auch großentheils nur wegen der Bequemlichkeit in dem Verhältniß des Lehrers zu seinen Zuhörern, daß dergleichen Hülfsmittel herausgegeben werden; und nur selten ist ein neues allgemeines Lehrbuch des christlichen Glaubens eine wissenschaftlich bedeu-|tende Erscheinung, indem tiefsinnige und geschichtlich gründliche Behandlungen einzelner Lehrstükke weit mehr zur Förderung der Wissenschaft gereichen, welcher außerdem, statt immer neuer Lehrbücher die doch insgesammt auf sehr wenige wahrhaft verschiedene Grundformen zurükgehen, recht bald ein umfassendes und unbefangenes kritisches Repertorium über die gesammte neuere Dogmatik zu wünschen wäre. I,IV

Was nun das gegenwärtige Buch anbelangt, so scheint es freilich auf jene Entschuldigung aus dem allgemeinen Gewohnheitsrecht der deutschen Hochschulen weniger Anspruch machen zu können als die meisten anderen, indem es zu ausführlich ist, um nur zum Leitfaden bei Vorlesungen dienen zu sollen, und eher für das Vermächtniß eines solchen gehalten werden dürfte, der von dieser Laufbahn abzutreten gesonnen ist. Es hängt aber damit folgendergestalt zusammen. Indem ich allerdings zunächst für meine bisherigen und künftigen Zuhörer arbeitete, konnte ich mich doch des Gedankens nicht entschlagen, daß auch noch manche Andere nach diesem Buch als nach einer öffentlichen Rechenschaft über meine Lehrart greifen würden, die ich endlich dem gesammten

4

theolo-|gischen Publicum abgelegt hätte. Von solchen nun glaubte I,V
ich nicht in der Kürze verstanden zu werden, die wol meinen Zuhörern, sey es nun zur Vorbereitung oder allenfalls auch zur Erinnerung hätte genügen können. Und so ist eine Ausführlichkeit
5 entstanden, die mich zulezt ganz gegen meine ursprüngliche Absicht genöthiget hat, das Buch, damit es nicht gar zu unförmlich
ausfiele, in zwei Bände zu spalten. Der ursprüngliche Zwek soll
aber darüber nicht verfehlt werden, sondern es soll mir, wenn
ich meine dogmatischen Vorträge noch öfter wiederholen kann,
10 ganz bequem sein, das, was in diesem Buch enthalten ist, bei
meinen Zuhörern schon voraussezen zu dürfen, und dadurch Zeit
zu Erörterungen zu gewinnen, welche sonst unterbleiben müssen.
Nachdem ich nun die Theilung des Buches beschlossen hatte,
wollte ich die frühere Bekanntwerdung dieses ersten Theiles um so
15 weniger hindern, als ich mich in der schon im Druk begriffenen
dritten Auflage meiner Reden über Religion auf dieses Lehrbuch
an mehreren Stellen berufen habe. Ich kann indeß den Wunsch
nicht bergen, daß sachkundige Männer ein öffentliches Urtheil
über meine Arbeit auszusprechen bis auf die Erscheinung | des I,VI
20 andern Theiles verschieben möchten, die sich so wenig als irgend
möglich verzögern soll. Denn was nach meiner in der Einleitung
weiter auseinandergesezten Ansicht einem Lehrbuch des christlichen
Glaubens einen eigenthümlichen Werth vorzüglich geben kann – da
man in Hinsicht des Styls gegen solche Schriften nachsichtiger zu
25 sein pflegt, welche Nachsicht auch ich gar sehr in Anspruch nehmen muß – das ist die Anordnung des Ganzen, und der Zusammenhang, in welchen die einzelnen Säze gestellt sind; und der
ist in diesem ersten Theile zwar im allgemeinen schon angelegt,
aber bei weitem noch nicht so weit zu Tage gefördert, um ein
30 gründliches Urtheil motiviren zu können. Auch der Inhalt mancher
einzelnen Säze kann, wenn man nur diese Hälfte vor Augen hat,
leicht einen unangemessenen Eindruk machen, der erst wieder

15–17 S. 40. 41f. 181f. 185. 187. 188. 190. 191 usw.; ed. Pünjer 30. 31. 136f. 138. 139.
139. 140. 140f. usw.

berichtiget wird, wenn sie in ihrem natürlichen Verhältniß zu dem
Ganzen können aufgefaßt werden.

Einen Fehler wird aber auch schon bei diesem ersten Theile
niemand übersehen, und ich kann leider nichts besseres in dieser
5 Hinsicht auch für den zweiten versprechen: ich meine den gänz-
lichen Mangel an Litteratur, welche sonst bei Schriften | dieser Art   I,VII
einen großen und schäzbaren Theil des Ganzen ausmacht. Allein
eben weil ich weit davon entfernt bin zu wünschen, daß, wer die
christliche Glaubenslehre genauer studiren will, mein Buch allein
10 zur Hand nehmen möge: so habe ich um so weniger auch hier den
Raum anfüllen wollen mit Rükweisungen, die sich in jedem andern
ähnlichen Buch besser und vollständiger finden, als ich sie mit
eigener Gewährleistung geben könnte. Dafür habe ich den hiedurch
gewonnenen Raum angewendet − und ich hätte im Nothfall noch
15 mehr daran gegeben − um die verhältnißmäßig nur geringe Anzahl
von Citaten ganz auszuschreiben, die mir nothwendig waren, theils
um beurtheilte Säze an dem zwekmäßigsten Orte nachzuweisen,
theils um die, für welche ich selbst mich erklärte, aus den vor-
züglichsten Autoritäten in ihrer möglich ursprünglichsten Gestalt
20 beizubringen. Nichtausgeschriebene Citate werden nur zu oft übersehen, oder auch unwirksam gemacht durch Fehler, die bei Zahlen
und Abkürzungen am schwersten zu vermeiden sind. Je weniger
ich aber solche Vergleichungspunkte aufstelle, um desto wichtiger
ist es mir, daß die beabsichtigten Zusammenstellungen auch wirk-
25 lich gemacht werden. Um jedoch | auch hier nicht zu viel zu thun,   I,VIII
habe ich mir kein Gewissen gemacht, in den angeführten Stellèn
Zwischensäze und Erweiterungen, die nicht zur Sache gehören, zu
übergehen; und nur wo die Worte, auf die es eigentlich ankam, sich
aus dem größeren Zusammenhange gar nicht wollten losmachen
30 lassen, habe ich das Ausschreiben ganz unterlassen. Wegen der
Auswahl der angeführten Stellen muß ich mich auf die schon in

---

19 möglich ursprünglichsten] *Kj Stange 5:* möglichst ursprünglichen

6

meiner kurzen Darstellung des theologischen Studiums aufgestellten und in der Einleitung zu diesem Lehrbuch weiter auseinandergesezten Grundsäze der dogmatischen Beweisführung beziehen, aus welchen sich auch jeder leicht erklären wird, weshalb
5 neuere Dogmatiker fast gar nicht angeführt sind.

Wenn ich nun der erste bin, der eine Glaubenslehre nach den
Grundsäzen der evangelischen Kirche aufstellt, als ob sie Eine
wäre, und dadurch erkläre, daß mir keine dogmatische Scheide-
wand zwischen beiden Kirchengemeinschaften zu bestehen scheint:
10 so hoffe ich, wird sich dieses durch die That rechtfertigen. Denn da
ich versucht habe, das Wesen der evangelischen Glaubens- und
Lebensansicht in seinen eigenthümlichen Grenzen als in beiden
Confessionen dasselbe darzustellen, und den verschiedenen | Mei- I,IX
nungen der beiden Confessionen innerhalb dieses Gebietes ihren
15 Ort anzuweisen: so muß daraus erhellen, daß, wenn wir nicht aus
demselben Grunde die Kirchengemeinschaft noch immer weiter
spalten wollen, so daß am Ende separatistisch jeder für sich allein
bleiben muß, alsdann diese Lehrverschiedenheiten unserer beiden
Confessionen eben so gut in der, äußerlich doch nicht ganz voll-
20 zogenen, Einheit der evangelischen Kirche neben einander bestehen
können und vielleicht müssen, wie in der größeren Einheit der
Christenheit eine Menge von Abweichungen neben einander bestehen, die sich unchristlichen Vorstellungen zwar zu nähern scheinen, sie aber doch glücklich vermeiden. Und so hoffe ich, da dies
25 Resultat aus der ganzen Anlage natürlich hervorgeht, wird man mir
nicht aufbürden, es sei etwas aus Vorliebe für die vorseiende Vereinigung künstlich herbeigeführtes. − Schließlich noch möchte ich
darüber, daß ich mich in der Behandlung dieses Gegenstandes
häufig, ja vielleicht vorherrschend, des Ausdrucks protestantisch
30 und was damit zusammenhängt, bedient habe, bei denjenigen um
Vergünstigung bitten, welchen dieser Ausdruk anfängt anstößig zu
sein. Sie haben in mancher Hinsicht Recht. | Denn nicht nur zur I,X

1−3 *KD 60f §§ 20−25; ed. Scholz 80f und CG¹ § 30*   30−32 *Kabinetsordre vom 1. 3. 1817*

Bezeichnung des Lehrbegriffs ist dieser Ausdruk unpassend, weil er keinesweges den Charakter der evangelischen Lehre angiebt, vielmehr so gebraucht nur Mißverständnisse bei Unkundigen veranlassen kann; sondern auch in sofern haben die Gegner dieses Ausdruks Recht, als, wenn man auf den Ursprung desselben zurükgeht, er auch nicht die ganze evangelische Kirche sondern nur die deutsche bezeichnen kann. Allein auch abgesehen davon, daß es schwer gelingt durch Verabredung etwas auf dem Gebiet der Sprache weder auszumerzen noch festzustellen, glaube ich doch, daß, indem wir uns gegen alle Mißdeutung von Zeit zu Zeit verwahren, wir fortfahren dürfen, den Ausdruk zu gebrauchen. Denn da jene Protestation deutscher Stände keine Widersezlichkeit war gegen eine legitime Macht, sondern nur gegen einen illegitimen Mißbrauch derselben, und also nichts darin ist, dessen wir uns zu schämen hätten: warum sollten wir aus der Sprache einen Ausdruk verbannen, der in den wichtigsten kirchenrechtlichen Verhandlungen immer ist gebraucht worden, durch den eben die eigenthümliche Entstehungsart der deutschen evangelischen Kirche im Gedächtniß erhalten wird — für welche va-|terländische Kirche I,XI wir um so mehr einer eignen Bezeichnung bedürfen, als sie durch die Erlöschung des Gegensazes von Reformirten und Lutherischen einen noch bestimmteren Charakter bekommt — und durch den zugleich jedem Kundigen der geschichtliche Entwiklungspunkt in Erinnerung gebracht wird, mit welchem die Verbesserung der Kirche so genau zusammenhängt? Ja selbst in unserer dogmatischen Sprache können wir diesen Ausdruk nicht gut entbehren, weil wir den Gegensaz zum Katholizismus mit einem leichten und bequemen Worte müssen bezeichnen können und also, Protestantismus sagen, bis ein gleichbedeutendes mit evangelisch zusammenhängendes Wort sich wird gebildet und zum gemeinen Ge-

---

(abgedruckt bei Foerster: Entstehung 1, 270). Circularschreiben des Königlichen Ministeriums des Innern vom 30. 6. 1817, Theologische Nachrichten 1, 1817, S. 283; Annalen der Preußischen innern Staats-Verwaltung 1, 1817, 3. Heft, S. 68f; s. Anhang. Vgl. auch Schleiermacher's Briefwechsel mit Gaß 143

brauch empfohlen haben, welches doch auch nicht willkührlich zugleich geschaffen und geltend gemacht werden kann.

Und hiemit sei des Vorredens genug, und nur noch der fromme Wunsch aus vollem Herzen ausgesprochen, daß dieses Buch, am liebsten durch sich selbst, wo aber dies seiner Unvollkommenheiten wegen nicht anginge, wenigstens durch den Widerspruch, der dann nicht ausbleiben wird, unter Gottes Leitung dazu gereichen möge, wozu | es aufrichtig gemeint ist, nämlich zu immer hellerer Verständigung über den Inhalt unseres heiligen Glaubens.

Geschrieben zu Berlin, am Sonnabend vor Trinitatis des Jahres 1821. |

10f *16. Juni 1821. In OD folgt auf die Vorrede:* Inhalt des ersten Bandes.

Einleitung.

1.

Dogmatische Theologie ist die Wissenschaft von dem Zusammenhange der in einer christlichen Kirchengesellschaft zu einer bestimmten Zeit geltenden Lehre[1].

> **Anm. a.** Die Erklärung ist für den gegenwärtigen Zustand der Wissenschaft offenbar zu weit, indem sie auf die christliche Sittenlehre eben so anwendbar ist als auf die Glaubenslehre. Allein diese Trennung kann als etwas zufälliges und untergeordnetes erst unten erklärt und begründet werden.
>
> b. Geltend heißt die Lehre, welche in öffentlichen Verhandlungen als Darstellung der gemeinsamen Frömmigkeit gebraucht wird.
>
> c. Daß die einzelnen Werke, sofern sie das Ganze der Disciplin umfassen, denselbigen Namen führen, ist hergebracht und unverfänglich.

1. Zu rechtfertigen sind hier zunächst die beiden Merkmale der Beschränktheit und der Oeffentlichkeit. Die räumliche Beschränkung auf eine bestimmte Kirchengesellschaft innerhalb der Christenheit ist nicht allgemeingültig, indem es nicht immer Trennungen gege-|ben hat, und auch nicht alle Trennungen vorzüglich durch die Lehre bestimmt sind. Für die gegenwärtige Zeit aber ist dies Merkmal unentbehrlich, indem unmöglich eine dem Protestantismus angehörige Dogmatik für den Katholiken oder Griechen denselben Werth haben kann und umgekehrt. Die Beschränkung in der Zeit aber ist unläugbar; denn jede Darstellung der Lehre, wie umfassend und vollkommen sie auch sei, verliert mit der Zeit ihre ursprüngliche Bedeutung und behält nur eine geschichtliche. Denn unmerkliche Veränderungen gehen, wo ein lebhaftes geistiges Verkehr statt findet, in der Lehre immer vor; größere hängen ab von mancherlei Entwiklungsknoten, indem theils die Frömmigkeit selbst sich von einigen Seiten erhellt, von andern verdunkelt, theils die Weise der wissenschaftlichen Behandlung sich ändert. Auch von allen dermaligen ist offenbar, daß sie

I,2

---

[1] S. m. kurze Darstell. S. 56. §. 3.

---

9 *H verweist auf § 32*   30 *KD 56 f § 3; ed. Scholz 74*

ihre Geltung verlieren müssen, wenn der jezige Gegensaz zwischen dem Römischen und Evangelischen sich dereinst irgendwie ausgleicht. − Was aber das Merkmal der Oeffentlichkeit betrifft, so scheint zuerst, als ob wohl jemand könnte die in einer kirchlichen Gesellschaft geltende Lehre
5 vortragen, ohne selbst von derselben überzeugt zu sein; und doch müssen wir wünschen, daß dies schon durch die Erklärung selbst ausgeschlossen sei, indem wir verlangen, daß jeder der ein dogmatisches Werk aufstellt, seine eigne Ueberzeugung darin vortrage. Allein es ist weit leichter, fremde Ueberzeugungen vereinzelt vorzutragen und in dichterischer oder
10 rednerischer Gestalt, als umfassend und in wissenschaftlicher. Diese Forderung also wird durch das andere unbestrittene Merkmal des wissenschaftlichen Zusammenhanges erledigt; wie denn schwerlich zu läugnen ist, daß es den | auch in unserer Kirche vielleicht nicht seltenen dogmatischen 1,3 Darstellungen, die sich ohne feste eigene Ueberzeugung an das kirchlich-
15 geltende genau halten, entweder an der Strenge des Zusammenhanges und der innern Uebereinstimmung fehlt, oder sie verrathen doch unwillkührlich die abweichende Ueberzeugung. Zweitens könnte man fragen, wenn immer nur die geltende Lehre dogmatisch dargestellt werden solle, auf welchem Wege dann weitere Entwiklungen sowol als Berichtigungen
20 in das Lehrgebäude könnten eingetragen werden, ja wie auf eine dieser Erklärung gemäße Weise ein vollständiges Lehrgebäude überhaupt habe entstehen können. Aber alle neuen Lehrbestimmungen sind immer aus den öffentlichen gottesdienstlichen Verhandlungen entstanden, und also ganz dieser Erklärung gemäß aufgenommen worden; und alle Ab-
25 weichungen von dem, was zu jeder Zeit allgemein anerkannt und gültig ist, haben doch nur Bedeutung, sofern sie in jenen Verhandlungen vorkommen, und gehören dann mit in den Umfang unserer Erklärung, indem alles als geltend angesehen werden kann, was, ohne Zwiespalt und Trennung zu bewirken, in einzelnen Theilen und Gegenden der Kirche
30 öffentlich gehört wird. Was aber so in mannigfaltigen Gestalten erscheint, wird immer nur ein kleiner Theil sein gegen das, was übereinstimmend vorgetragen wird. Wogegen ein Gebäude von lauter ganz eigenthümlichen Meinungen und Ansichten, welches an die kirchlichen Ausdrükke und Mittheilungen der Frömmigkeit gar nicht anknüpfte, auch gewiß nicht
35 leicht als eine dogmatische Darstellung würde angesehen werden, ausgenommen in der wol durch keine Erfahrung bestätigten Voraussezung, daß sich eine gleichgesinnte Gesellschaft um diese Darstellung sammeln werde. |

---

14 f kirchlichgeltende] CG^2 § 19, 1 1, 125: kirchlich geltende

2. Die aufgestellte Erklärung rechtfertigt sich nun zunächst dadurch,   I,4
daß eine Darstellung, welcher eines von den obigen Merkmalen fehlte,
auch nicht mehr in das eigentliche Gebiet der Dogmatik fallen würde. Die
Forderung eines wissenschaftlichen Zusammenhanges scheidet das dog-
5 matische Gebiet von dem der volksmäßigen zum gemeinsamen kirchlichen
Unterricht bestimmten Darstellung in Katechismen und ähnlichen
Werken, welche auch nicht ohne Zusammenhang sein darf, aber weder auf
Gelehrsamkeit noch auf systematische Einrichtung Anspruch macht. Die
Forderung einer geschichtlichen Haltung und durchgängige Bezugnahme
10 auf die öffentliche kirchliche Verständigung unterscheidet das dogmatische
Gebiet von solchen Darstellungen christlicher Frömmigkeit, wobei die
persönliche Eigenthümlichkeit hervortritt und versucht, wie weit sie sich
verständlich machen kann, dergleichen man mystisch ascetische zu nennen
pflegt. Sofern endlich in beiden Forderungen zusammengefaßt auch die
15 der Vollständigkeit liegt, scheidet sich von dem dogmatischen im engeren
Sinne auch das ihm vorangehende aber immer nur einzelne Gegenden der
Lehre betreffende kanonische.
3. Eben so aber ergeben sich die wesentlichsten Verirrungen auf
diesem Gebiete daraus, wenn eine einzelne dieser Forderungen aus ihrem
20 natürlichen Zusammenhange mit den andern herausgerissen zur alleinigen
Richtschnur bei der Behandlung genommen wird. Soll die Oeffentlichkeit
allein gelten, so wird zuerst verkannt, daß die Darstellung der christlichen
Frömmigkeit ihrer Natur nach mancherlei Veränderungen unterworfen
ist, und irgend ein für besonders bedeutend oder authentisch ange-
25 nommener Moment wird festge-|halten, dann aber auch wird der wissen-   I,5
schaftliche Charakter vernachläßigt, wenn das ohne alle Aenderung gelten
soll, was vielleicht aus einem Zeitpunkt herrührt, der zur genauen Durch-
arbeitung und Ausgleichung keine Ruhe darbot. Wird die beschränkte
Geltung für die Gegenwart einseitig aufgefaßt, welches gar leicht geschieht
30 bei einer plözlichen wenn auch verworrenen Bewegung auf dem theologischen Gebiet: so wird zuerst der Zusammenhang mit dem öffentlichen
vernachläßigt, und ein einzelner Einfall zur Basis eines Lehrgebäudes gemacht, in welchem dann auch, um es durchzuführen, Willkührlichkeit und
Sophistik an die Stelle der wissenschaftlichen Strenge tritt. Wenn endlich
35 der wissenschaftliche Zusammenhang allein die Dogmatik machen soll und
damit die irrige Ansicht aufgestellt ist, einer dogmatischen Darstellung
müsse eine jeden auch ungläubigen Leser überzeugende Kraft einwohnen,
da sie doch nur dem gläubigen seinen Glauben auseinanderlegen kann: so
wird die unmittelbare Beziehung der Lehrsäze auf die frommen Gemüths-

---

16 Gegenden] *Kj Stange 15:* Gegenstände

zustände vernachläßigt und die Sache dahin gewendet, daß entweder das
eigenthümlich christliche als ein unvollkommneres in eine allgemeingültige
Religionslehre verschwinden soll, oder auch das eigenthümlichst christliche
soll sich gefallen lassen, aus der allgemeinen Vernunft unmittelbar herge-
5 leitet und erwiesen zu werden.

4. Einige sind zwar mit dieser Erklärung einverstanden, meinen aber,
daß diese eigentlich sogenannte Dogmatik, die es nur mit Darlegung der
kirchlichen Meinungen zu thun habe, etwas sehr untergeordnetes sei, und
daß über ihr noch eine andere höhere Theologie stehn müsse, welche mit
10 Hintansezung der kirchlichen Meinungen die eigentlichen Religionswahr-
heiten | hervorbringe und erläutere[2]. Eine solche aber kann es wenigstens I,6
als Bestandtheil der christlichen Gottseligkeitswissenschaft nicht geben.
Denn in dem Gebiet des Christenthums kann es nicht zweierlei sondern
nur einerlei Art geben, wie die Lehre als Ausdruk der Frömmigkeit und
15 des Glaubens entsteht: und die kirchlichen Lehren sind auch ihrer Entstehung nach den Lehren Christi und der Apostel ganz gleichartig, nur
durch den wissenschaftlichen Vortrag verschieden; so daß über der
kirchlichen Lehre als Meinung, das heißt als nicht immer sich selbst gleich
und nicht unvermischt mit unrichtigem, nicht etwa gleichzeitig eine
20 unabänderliche und vollendete, aber auch gelehrt und systematisch vorgetragene Wahrheit stehn kann, sondern was mit solchem Anspruch
aufträte, das könnte nur in das Gebiet der Weltweisheit gehören und nicht
das christliche als solches darstellen. Ueber der kirchlichen Lehre aber als
Meinung kann auf dem Erkenntnißgebiet des Christenthums nur stehn die
25 zu einer andern Zeit oder in einer andern Darstellung mehr gereinigte und
vollkommner gefaßte kirchliche Lehre selbst. Diese Reinigung und
Vervollkommnung der Lehre ist aber eben das Werk und die Aufgabe der
dogmatischen Theologie, vermöge des allen Hervorbringungen auf diesem
Gebiet wesentlichen kritischen Verfahrens. Denn ohne dieses wäre die
30 Vermehrung der dogmatischen Darstellungen, nachdem einmal das
Lehrgebäude seinem Umfange nach abgeschlossen ist, etwas völlig
nichtiges.

5. Wenn wir aber auch die so erklärte dogmatische Theologie in ihrer
höchsten Vollendung denken: so | ist sie doch keinesweges die ganze I,7
35 Theologie, so daß alle andern theoretisch theologischen Wissenschaften,
die Schriftauslegung nämlich und die Kirchengeschichte beide im

---

[2] S. u. a. Bretschneiders Entwicklung §. 25. u. Handbuch d. Dogm. §. 5., wo
man am Ende zweifelhaft wird, ob Dogmatik auch zur christlichen Theologie
gehöre.

---

37 *Entwickelung 149–152 und Handbuch 1, 11–13; s. Anhang*

weitesten Umfang und mit ihren Zubehörungen nur Hülfswissenschaften
von jener wären. Vielmehr scheinen diese alle einander in völlig
gegenseitigem Verhältniß beigeordnet. (S. kurze Darst. S. 24. §. 3. u.
S. 29. §. 19.) Denn allerdings können die kirchlichen Lehren nicht
5 verstanden, noch die verschiedenen Arten sie auszudrükken abgeschäzt
werden ohne Kenntniß der Schrift, und eben so nothwendig ist auch zu
diesem Verständniß und dieser Abschäzung die Kenntniß des geschichtlichen Verlaufs, welches zeigt, wie die Dogmatik bedingt ist durch die
beiden andern Wissenschaften, und nur vollendet gedacht werden kann,
10 nachdem diese auch vollendet sind. Hülfswissenschaften von jener aber
wären diese nur wenn ihr ganzer oder vorzüglicher Werth darin bestände
daß sie der Dogmatik dienen. Allein jede von ihnen hat ihren eigenthümlichen Werth für den lezten Zwek aller Theologie, nämlich die Leitung und
Förderung der Kirche (S. kurze Darst. S. 28. §. 15. u. 18.), und jede von
15 ihnen ist in ihrer Vervollkommnung ebenfalls bedingt durch den jedesmaligen Zustand der Dogmatik, denn auch die Schriftstellen, welche Lehre
enthalten, können nicht vollkommen verstanden werden, wenn man nicht
zugleich immer den Zusammenhang der gesammten christlichen Lehre im
Sinne hat, den nur die Dogmatik aufstellt, und eben so wenig ist die eigent-
20 liche Abzwekkung der Begebenheiten, welche auf die Lehre Einfluß hatten,
noch auch ihr Verlauf gründlich zu verstehen, wenn man nicht das
Einzelne nach dem Werthe schäzt, der nur durch den Zusammenhang des
Lehrgebäudes er-|kannt wird. Daher auch immer Schriftauslegung und   I,8
theologisches Geschichtsstudium leiden und weniger wahre Theilnahme
25 finden, wenn die Dogmatik vernachläßigt wird. Nur daß, wenn dem
gemäß alle diese Wissenschaften nur in ihrer natürlichen Verbindung unter
einander allmählig können vollendet werden, es das nachtheiligste wäre
für das ganze Studium, wenn die Dogmatik vorzüglich den Ton angäbe
bei der Fortschreitung, weil nämlich sie immer noch mehr als die andern
30 in gewissem Sinn und Maaß von der Weltweisheit abhängt. (Kurze Darst.
S. 61. §. 26. 27.) Da nun diese so oft von vorn anfängt, und die meisten
Umwälzungen auch neue Verbindungsweisen und neue Ausdrükke in dem
Gebiet, aus welchem die Dogmatik sich versieht, hervorbringen: so
entstehen in der Dogmatik am leichtesten Umbildungen, welche keine
35 Fortschritte für sie sind, sondern sie in ihrem Entwiklungsgang mehr
hemmen als fördern. Nur soll diese Bemerkung, wie schon aus dem
Obigen erhellt, keinesweges jener verunglimpfenden Ansicht Vorschub

---

8 welches] *Kj Stange 18:* welcher

3f *KD 24f § 3; 28f § 19; ed. Scholz 30f.* 36   **14** *ed. Scholz 35f*   **30f** *ed. Scholz 82*

leisten, als ob die Dogmatik allen andern theologischen Wissenschaften
zum Nachtheil gereiche.

2.

Die Wissenschaft vom Zusammenhang der Lehre wird gesucht,
5 theils um den verworrenen Zustand des Denkens über die frommen
Gemüthszustände aufzuheben, theils um es von anders entstande-
nem Denken, welches auf denselben Inhalt hinausläuft, desto
bestimmter zu unterscheiden.

Anm. a. Unter verworren wird hier verstanden, wenn unbewußt verwandtes
10   bestritten oder unverträgliches vermischt wird. |

      b. Das anders entstandene Denken, dessen Inhalt dem beschriebenen I,9
    gleich lautet, ist das der Weltweisheit angehörige. Daß dieses seiner
    Entstehung und Form nach ein anderes sei, und daß Philosophisches und
    Dogmatisches nicht vermischt werden dürfe, ist der Grundgedanke der vor-
15   liegenden Bearbeitung.

1. Jene Zustände, welche hier nur vorläufig und im allgemeinen
bezeichnet werden können, als eine unmittelbare Beziehung auf das
höchste Wesen in sich schließend, werden zunächst nur als unterbrochene
Erregungen in einzelnen Augenblicken bemerklich und äußern sich oft
20 nur mimisch. Wenn sie in Betrachtung gezogen werden, entwickeln sie
sich zum Gedanken. Die Sprache soll zwar als Gemeingut auch gemein-
verständlich sein, und also, sobald die Aeußerungen jenes Bewußtseins
Gemeinsache werden, das Bewußtsein des Einen dem Andern rein
zuführen: allein da der Ausdruk jener Zustände durch die Sprache
25 ursprünglich nur vergleichend und bildlich sein kann, so kann man sich
leicht über die Gleichheit und Verschiedenheit desselben täuschen, und
sobald dies wahrgenommen wird, entsteht das Verlangen nach einer
kunstmäßigen Verbindung des Gleichartigen und Sonderung des Unver-
träglichen.
30 Im Christenthum enthalten die heiligen Schriften, wiewol nur in
einzelnen Fällen auf zusammenhangende Auseinandersezungen wirklich
Bedacht nehmend, doch wenigstens die ersten Keime eines geordneten
Ausdruks über unsere auf Gott gerichteten Gemüthszustände. Allein sie
hatten auch gleich neben sich auf der einen Seite in dichterischen
35 Aeußerungen eine auf Gemüthserregung ausgehende Bildersprache, auf
der andern in den Bemühungen, das Christenthum gegen Juden und
Heiden zu vertheidigen, eine auf Umwandlung | der Gegner ausgehende I,10
rednerische Sprache. Wie nun in dem mittleren Ton der heiligen Schriften

abwechselnd eine Hinneigung zu beiden ist, so auch in beiden eine
Näherung an einander und an jenen mittleren Ton. Bilden sich aber so aus
dem dichterischen und rednerischen Ausdrükke, die auf genauere
Darstellung Anspruch machen wollen: so werden sie auf mancherlei Weise
5 die Spuren ihres einseitigen Ursprunges an sich tragen und gegen einander
in einen Streit gerathen, der nur ausgeglichen werden kann durch viel-
seitige Anknüpfung an unbestrittenes und durch Aufstellung eines
strengen Zusammenhanges.

2. Das wissenschaftliche Bestreben, welches auf Anschauung des
10 Seins in allen seinen verschiedenen Verzweigungen ausgeht, muß, wenn es
nicht in Nichts zerrinnen soll, ebenfalls mit dem höchsten Wesen anfangen oder enden; und im Einzelnen kann oft zweifelhaft sein, ob ein
Gedanke, der etwas vom höchsten Wesen aussagen will, zunächst der
Ausdruk einer frommen Erregung des Gemüthes ist, oder ob unmittelbar
15 aus der höheren Wissenschaftlichkeit entsprungen. Nur durch den
Zusammenhang des Denkens, in welchen er gehört, läßt sich dies
bestimmt unterscheiden, und darum muß ein solcher Zusammenhang
aufgestellt werden, damit die Verwechselung zweier ganz verschiedener
Gebiete vermieden werden könne.

20 Es kann allerdings nicht geläugnet werden, daß nach dem Untergang
aller aus dem hellenischen Alterthum entsprungener Weltweisheit die
neuere sich nur aus der christlichen Theologie, in welcher ihre ersten
Keime eingewachsen waren, allmählig entwikelt hat. Allein jener Zustand
der Vermischung war auch ein unvollkommner Zustand für beide, und
25 wegen Vermi-|schung der Ansprüche ein Zustand mannigfaltiger Ver-   I,11
wirrung. Wenn nun die Weltweisheit sich von der christlichen Theologie
hat frei zu machen gewußt: so muß auch die christliche Theologie suchen
von der Weltweisheit immer mehr frei zu werden, und besonders sich von
der Gemeinschaft mit demjenigen Theil derselben, den man die natürliche
30 Theologie zu nennen pflegt, frei zu machen. Denn diese Gemeinschaft
unterhält noch immer zum größten Nachtheil jene Verwirrung, daß
theologische Säze für philosophische und umgekehrt können gehalten
werden; wie denn beides sowol auf dem Gebiete der Sittenlehre als der
eigentlichen Glaubenslehre an vielen Beispielen kann nachgewiesen
35 werden. Nur wenn die dogmatische Theologie auf ihrem eignen Grund
und Boden so fest stehn wird als die Weltweisheit, so daß von jenen
wunderlichen Fragen, ob etwas in der Theologie wahr sein könne, was in
der Philosophie falsch sei und umgekehrt, gar nicht mehr die Rede ist,
und so daß jeder Saz, welcher der Theologie angehört, auch gleich an
40 seiner Gestalt für einen solchen erkannt, und von jedem analogen philo-

---

36—38 *Vgl. z. B. Gerhard: Loci, ed. Cotta 1, 78 b f (fehlt in ed. Preuss)*

sophischen unterschieden werden kann, wird die Trennung, an welcher so
lange schon gearbeitet worden ist, von beiden Seiten gleich vollendet, und
wir sicher sein sowol vor der Verwerfung ächt theologischer Säze aus
Mangel einer Begründung nach Art der Weltweisheit, als auch vor den
5 vergeblichen Bestrebungen theils nach einer solchen Begründung theils
nach einer Verarbeitung aller Ergebnisse der Weltweisheit in Ein Ganzes
mit der Betrachtung und Zerlegung der Zustände des frommen Gemüthes.
Daß aber alles dogmatische Denken in Begriffen und Säzen nichts anders ist
als eine solche zerlegende Betrachtung | der ursprünglichen frommen Ge-   I,12
10 müthszustände, geht daraus hervor, daß alles was wir Dogmatik nennen,
nie anders als im Zusammenhang mit einer frommen Sinnesart erscheint,
wogegen weltweisheitliche Säze über Gott und das Verhältnis des
Menschen zu Gott auf eine ganz andere Weise im Zusammenhang mit
dem Denken über das endliche Sein und dessen Veränderungen zu Stande
15 kommen.

3.

Die Glaubenslehre beruht also auf zweierlei, einmal auf dem
Bestreben die Erregungen des christlich frommen Gemüthes in
Lehre darzustellen, und dann auf dem Bestreben, was als Lehre
20 ausgedrückt ist, in genauen Zusammenhang zu bringen.

1. Das erste ist etwas allgemein in allen Menschen mehr oder weniger
gegebenes. Jeder nach der Stufe der Besinnung auf welcher er steht, macht
sich selbst in seinen verschiedenen Zuständen zum Gegenstand seiner
Betrachtung und hält sie fest im Gedanken. Auf die frommen
25 Gemüthserregungen hat sich dies Bestreben von je her besonders
gerichtet; aber es entsteht auf diesem Wege für sich allein natürlich nur ein
buntes Gemisch von Einzelheiten. Wie reichlich, wie bestimmt, in wie
lebendigem Verkehr dieses geschieht, das giebt kein Zeugniß von der Stufe
der Frömmigkeit, sondern nur von dem Gereiftsein einer Gesellschaft zur
30 Besinnung und Betrachtung. Ehe diese Stufe erreicht ist, findet die
Frömmigkeit ihre Haltung und Mittheilung mehr in symbolischen Handlungen und heiligen Zeichen als in der Rede. Das Christenthum sezt diese
Stufe überall voraus, und besteht daher nirgend ohne fromme Dichtung
und Rede, | wiewol in verschiedenem Maaß. Denn sie ist offenbar in der   I,13
35 morgenländischen Kirche ungleich weniger frei und mannigfalt als in der
abendländischen, ohne daß man deshalb sagen dürfe, die Frömmigkeit sei
geringer, aber ohnstreitig die Besinnung und die Mittheilung. Woraus
hervorgeht, daß schon dieses Bestreben etwas anderes ist als die Frömmig-

keit an und für sich selbst; eben so gewiß als auf der andern Seite, wenn
nicht fromme Erregungen gegeben sind, welche betrachtet werden können,
niemals jene Aeußerungen durch die Rede zu Stande kommen, welche der
Glaubenslehre den Stoff darbieten.

5   2. Das Bestreben Zusammenhang in das Gedachte zu bringen, ist
dasjenige, woraus alle Wissenschaft hervorgeht und dessen höchstes
Erzeugniß also allerdings die Weltweisheit ist. Die Forderung also, daß
sich die dogmatische Theologie von aller Verbindung mit der Weltweisheit
frei machen solle, konnte nicht in sich schließen, als solle sie auch dieses
10 Bestreben aufgeben, durch welches sie vielmehr erst entsteht. Sondern nur
wenn dieses Bestreben für sich thätig das Denken in seinem Verhältniß
zum Sein bearbeitet, entsteht das eigentliche Wissen, von dem die
Theologie geschieden ist, und hingegen, wenn es sich auf das oben
beschriebene Denken wendet, im Verhältniß zu den darin ausgedrükten
15 Lebenszuständen, entsteht die christliche Glaubenslehre im eigentlichen
Sinne. Diese kann daher nur gebildet und lebendig fortgepflanzt werden,
nach dem Maaß des wissenschaftlichen Triebes. Daher auch in der
morgenländischen Kirche schon seit vielen Jahrhunderten weit weniger
Lehrstoff ausgebildet und zusammenhängend verarbeitet wird als in der
20 abendländischen. Ueberall aber kann die | Glaubenslehre nur ausgehn von   I,14
den Wissenden in der Gesellschaft, welche auch an andern Gegenständen
jenes Bestreben geübt und zur Fertigkeit erhoben haben. Daher auch die
Glaubenslehre in den Zeiten und unter den Völkern am besten gedeiht,
unter welchen am meisten Wissenschaft verbreitet ist; aber nur da und so
25 lange lebendig bleibt, wo und als die Lebendigkeit der frommen Erregungen dem Bestreben Zusammenhang hervorzubringen und zu erhalten den
Stoff reichlich genug zuführt.

4.

Die Vorschriften also, wonach eine jede Dogmatik, welcher
30 Kirche sie auch angehöre, muß angelegt werden, würden diese sein.
Einmal, Nichts als Lehre darzustellen, was nicht in dem Ganzen
frommer Erregungen, dessen Abbild das Lehrgebäude sein soll,
gewesen ist, aber auch alles, was sich in diesen findet, gradezu
oder Einschlußweise in das Lehrgebäude aufzunehmen. Dann aber,
35 Jede Lehre so darzustellen, wie sie im Zusammenhange mit allen

übrigen erscheint, und eben deshalb nichts aus dem Lehrgebäude auszuschließen, was nöthig ist, um diesen Zusammenhang zur Anschauung zu bringen.

1. Hieraus geht ein zwiefacher Werth der einzelnen Theile hervor,
5 die Vollkommenheit, mit welcher sie ein Gebiet frommer Erregung ausdrükken, dies ist ihr kirchlicher Werth, und die Vielseitigkeit, mit der sie auf die übrigen Theile hinweisen; dies ist ihr wissenschaftlicher Werth. Je weniger einer dem andern Eintrag thut, desto vollkommner ist das Lehrgebäude. |

10 2. Der kirchliche Werth eines Theiles wird desto größer sein je I,15
wichtigeres darin ausdrüklich, und je mehr darin einschlußweise gesezt ist, das heißt, je entscheidender für das Wesen und das Eigenthümliche einer Kirche, und je weiter verbreitet und vielfältiger gestaltet das dargestellte ist. Der wissenschaftliche Werth eines Theiles wird desto größer seyn, je
15 weniger er scheinbaren Widerspruch veranlaßt, und je bedeutender dasjenige ist, worauf er rükwärts und vorwärts hinweiset.

3. Das Ganze wird aber auch desto vollkommner sein, je weniger sich der eine Werth vorzüglich nur in einigen und der andere in andern Theilen findet. Ganz aber soll kein wahrhaft organischer Theil den einen
20 von beiden entbehren. Auch in der Sprache sind die unmittelbar gegenständlichen Bestandtheile die ursprünglichsten und wesentlichsten. Je vollkommner sie sich aber ausbildet, in desto größerer Menge nimmt sie auch Bestandtheile auf, welche nur Verhältnisse und Beziehungen zwischen jenen ursprünglichen aussagen. Je mehr aber diese von allem Zu-
25 sammenhange mit den eigentlichen Wurzeln losgerissen wären, um desto mehr todtes würde der Sprache beigemischt sein. Eben so auch die Glaubenslehre. Wäre etwas nur um des Zusammenhanges willen da, ohne selbst darzustellen, das müßte von den unmittelbaren Bestandtheilen des Lehrgebäudes ganz bestimmt geschieden sein. So wie dasjenige nur als
30 vorläufig und nicht mit der gleichen Sicherheit aufgestellt werden könnte, was gar nichts beitrüge um den Zusammenhang zu knüpfen.

5.

In der gegenwärtigen Lage des Christenthums dürfen wir nicht als allgemein eingestan-|den voraus sezen, was in den frommen Er- I,16
35 regungen der Christenheit das wesentliche sei oder nicht.

Anm. Der Ausdruck wesentlich ist hier nicht auf fromm bezogen sondern auf christlich, und wird also darunter verstanden nicht das, was die christlichen Erregungen zu frommen überhaupt macht, sondern was zu christlichen, also

das, was nirgends fehlen darf, wenn nicht eben da auch das christliche soll
abgeläugnet werden.

1. Der Streit hierüber ist in der protestantischen Kirche so groß, daß,
was Einigen die Hauptsache im Christenthum scheint, Andre für bloße
5 Hülle halten, und daß, was diese wiederum für das wesentliche ausgeben,
jenen dürftig erscheint, so daß sie meinen, es lohne nicht das
Christenthum um des willen für etwas zu halten. Man kann auch diesen
Streit nicht beseitigen, indem man sagt, der eine Theil gehöre eigentlich
nicht zur Kirche, wenn gleich er dem Namen nach darin sei. Denn auch
10 dieses Ausschließen ist als moralisches Urtheil gegenseitig; die Einen
schließen die Andern aus als Unchristen, und diese jene als Sectirer. Und
unter solchen Umständen möchte wol niemand sagen, nur bei der Parthei
sei die rechte kirchliche Frömmigkeit, welcher es hie und da einmal
gelingt, einen einzelnen Gegner wirklich auch äußerlich auszuschließen.
15 2. Daß der Streit in diesem Umfange nur neu ist, kann uns auch nicht
seiner Berüksichtigung überheben. Denn daraus, daß die eine Ansicht
nicht in der Kirche war, als diese sich bildete, kann mit gleichem Recht
gefolgert werden, was die Einen behaupten, die richtigere Ansicht habe
erst entstehen können, nachdem die Fackel der Weisheit und der histo-
20 rischen Forschung länger geleuchtet, und müsse also wol jung sein, als
was die Andern behaupten, die neue Ansicht | sei nur aus der beginnenden   I,17
Auflösung der Kirche entstanden, und müsse also wol unrichtig sein.
3. Nicht mehr Gehör dürfen wir dem guten Rathe geben, daß, da alle
diese zerrüttenden Streitigkeiten nicht entstanden wären, wenn man gar
25 nicht unternommen hätte, das Denken über die frommen Gemüthszustände wissenschaftlich auszuspinnen und in einen strengen Zusammenhang
zu bringen, man zur Beilegung der Streitigkeiten nichts besseres thun
könne, als diesen Weg wieder zu verlassen. Denn eines Theils läßt sich die
ganze Behauptung bestreiten. Der beklagte Zustand der Verworrenheit im
30 kirchlichen Denken über das Wesen des Christenthums, ist kein Ereigniß
weder des eigentlich sogenannten scholastischen Zeitraumes, während
dessen die dogmatische Theologie in der höchsten Blüte stand, noch des
ihm an Spizfindigkeit und Formelreichthum am nächsten kommenden
nach der Reformation. Theils auch würde wenig gewonnen sein, wenn
35 dieser Zwiespalt zwar nicht mehr so häufig und in so mannigfaltigen
Formen zur Sprache käme, aber doch unbemerkt und zum Theil unbewußt immer noch vorhanden wäre. Nichts aber wirkt so kräftig dagegen,
daß er sich nicht verbergen kann, als ein strenges Verfahren in der
Dogmatik.
40 4. Man kann daher sicher behaupten, ein solcher Zustand sei einer
festeren Begründung der Dogmatik sehr günstig, eben weil die Gegensäze
so stark gespannt sind, daß es ein dringendes Bedürfniß ist, mit Anstren-

gung aller Kräfte das wesentliche des Christenthums endlich festzustellen.
Ist die ganze Kirche einig: so ist kein Bedürfniß da, das wesentliche vom
zufälligen zu unterscheiden, und wenn die Frage ohne wahres Bedürfniß,
nur weil man eine Lükke in der Form be-|merkt, aufgeworfen wird, so   I,18
5 muß auch die Antwort oberflächlich sein: welches man auch von den
meisten früheren Behandlungen der Frage unter dem Titel, welches die
Fundamentalartikel der Lehre seien, zugestehen muß, indem die meisten
auf eine verworrene Weise zwischen den zwei Enden schwanken, entweder die ganze Masse der Ueberlieferung für gleich wesentlich und un-
10 entbehrlich zu erklären, oder einige Hauptsäze als solche herauszuheben,
von denen aber doch die anderen sollten ableitbar sein.

6.

Um auszumitteln, worin das Wesen der christlichen Frömmigkeit bestehe, müssen wir über das Christenthum hinausgehn, und
15 unsern Standpunkt über demselben nehmen, um es mit andern
Glaubensarten zu vergleichen.

   Anm. Indem ich hier den Ausdruk Glaubensart oder Glaubensweise ein-
     führe, um mich des aus dem Heidenthume abstammenden und eben deshalb
     so schwer befriedigend zu erklärenden Wortes Religion[1] vorläufig ganz ent-
20   halten zu können, besorge ich keinen Mißverstand, indem unter Glaube hier
     nichts zu verstehen ist, als die die frommen Erregungen begleitende beifällige
     Gewißheit. Sofern nun die frommen Momente eines einzelnen Menschen
     oder einer einzelnen Gesellschaft in ihrem Zusammenhang etwas ihre Ver-
     schiedenheit von den frommen Momenten Anderer bezeichnendes an sich
25   tragen, in sofern kommt diesen Einzelnen oder Gesellschaften eine eigene
     Glaubensweise zu.

   1. Es wäre ganz unwissenschaftlich, wenn wir bei den erwähnten
Verschiedenheiten in der Kirche selbst | uns nur auf irgend ein Ansehen I,19

---

[1] Man sehe nur Beispielsweise A u g u s t i Dogmatik II. Th. §. 60-68. Z w i n g l i de
30 ver. rel. p. 2. 3. u. 49-51.

---

13 auszumitteln] auszumiteln   20 Glaube] Gla-/be

5—11 Vgl. z. B. Semler: Institutio 192—203. Augusti: Dogmatik 13—16   **29** S. 64—73;
s. Anhang   **29f** Zürich 1525 (Finsler 45a und 45b) 2f und 49—51; CR 90, 638—640 und
CR 90, 668f

stüzen wollten. Denn das Ansehen der Bekenntnißschriften gehört für
einen Protestanten mit zu den streitig gewordenen Gegenständen; und abgesehen von diesen zu sagen, dasjenige, worin die meisten oder die ange-
sehensten Lehrer übereinstimmen, müsse das wesentliche sein, wäre leer
5 und gehaltlos. Das Ansehn nämlich und die Achtung wird schon durch
die Zustimmung mit bestimmt, weil es außer den Bekenntnißschriften ein
allgemein anerkanntes Ansehn gar nicht giebt. Die Menge aber, wenn
auch ihre Ueberzahl noch so groß wäre, kann nichts bestimmen. Denn
nimmt man einmal an, was ja in diesem Streit von beiden Partheien
10 vorausgesezt wird, daß in den Körper der Kirche etwas fremdartiges als
Krankheitsstoff eindringen kann: so kann auch wenigstens für eine kürzere
oder längere Zeit ein Uebergewicht des Krankheitsstoffs über den Grund-
stoff eintreten; wie ja die trübsinnigere Ansicht des Christenthums immer
gesezt hat, daß die Zahl der Gläubigen und auch der Reinen in der Lehre
15 nur gering sei. Eine Gefühlsantwort kann freilich jeder geben auf das
Ansehn seiner eigenen Ueberzeugung, indem er nachweiset, welche Verschiedenheiten der Lehre ihn nur als Nebensache berühren, ohne das Bewußtsein der Glaubenseinigkeit zu stören. Allein diese Antworten sind
nichts anders als die gegeneinander tretenden Aussagen der Partheien
20 selbst, und zeigen eben die Nothwendigkeit einer wissenschaftlichen Auskunft.

2. Das Wesen des Christenthums von vorne herein bestimmen zu
wollen, wäre eben so vergeblich. Könnte eine solche Ableitung gelingen,
so gehörte sie zu den Geschäften der Weltweisheit; aber auch diese hat es
25 noch nie so weit bringen können, daß das, was sie | von oben her abgeleitet,   I,20
sich wirklich als dasselbe gezeigt mit dem, was uns geschichtlich gegeben
ist, an welcher Aufgabe alle ähnliche Unternehmungen, nämlich alle sogenannten Constructionen a priori, auf dem geschichtlichen Gebiet immer
gescheitert sind.

30   3. Jedes Begreifen eines geschichtlich oder natürlich gegebenen ist
immer zusammengesezt aus gefundenem und vorausgeseztem; und eine
solche Zusammensezung entsteht aus dem angedeuteten vergleichenden
Verfahren. Wenn nun eine Construktion a priori von einer richtigen und
dem allgemeinen Zusammenhang gemäßen Theilung des allgemeinen Be-
35 griffes ausgehen muß: so ist eine solche freilich auch diesem Verfahren unentbehrlich; und gehört zu dem vorausgesezten. Wie aber das geschichtlich gegebene sich in diese einfügt, das kann nur gefunden werden. — Wenn
ich nun schon sonst in derselben Hinsicht, wie auch hier geschieht, gesagt
habe, der Theologe müsse zu diesem Behuf seinen Standpunkt zugleich

37–39 KD 12 § 4; ed. Scholz 14. Vgl. KD 70 § 7; ed. Scholz 97

über dem Christenthum nehmen, und diese Aeußerung bemitleidet worden ist, als Anmaßung eines solchen, der am unrechten Orte den Weltweisen spielen, und seine Weisheit über das Christenthum stellen wollte: so scheint desto nöthiger gleich an der Schwelle zu erklären, wie das gesagte
5 gemeint ist, und warum das gemeinte so mußte gesagt werden. Sezen wir uns ganz im Christenthum: so denken wir uns auch christlich fromm aufgeregt, oder jeden Augenblick bereit es zu werden. Sind wir aber das, so können wir uns nicht gleichmäßig verhalten gegen das christliche und gegen das unchristliche, welches wir damit vergleichen wollen; sondern
10 das christliche wird uns erfreuen und anziehn, und das unchristliche wird uns abstoßen und widerwärtig sein. Also | müssen wir für diese Betrach-   I,21 tung unsere fromme Erregbarkeit ruhen lassen, weil es uns nicht darauf ankommt, durch unser Gefühl zu entscheiden, welches wahr ist oder falsch, denn das haben wir schon längst für uns gethan: sondern uns nur
15 scharf einzuprägen, wie das eine und das andere, das christliche und das unchristliche, aussieht und beschaffen ist. Haben wir das nun gefunden: so nehmen wir dann unsern Standpunkt im Christenthum wieder ein, und behaupten ihn mit größerer Sicherheit. Da wir aber jezt urtheilen wollen; denn nur durch Urtheil können wir erkennen und scheiden, was das
20 Christenthum mit andern Glaubensarten gemein hat, und wodurch es sich von ihnen auszeichnet: so sagen wir billig, daß wir unsern Standpunkt über dem Christenthum nehmen wollen; denn jeder steht über dem, was er beurtheilt. Wir wollen aber nur urtheilen zum Behuf des besseren Einwirkens auf das Christenthum; denn darauf zwekt alle Theologie ab und
25 vor allen die dogmatische. Und somit wird hier keine Weisheit feil geboten, welche über das Christenthum soll gestellt werden.

    4. Grade denen aber, welche so bereit sind mit einem solchen Vorwurf, möchte es besonders ziemen zu bedenken, daß Jeder zu einer bestimmten Glaubensweise sich bekennende diese allein für die wahre hält,
30 jede andere aber für falsch, wie jeder, der einer bürgerlichen Gesellschaft mit wahrer Liebe angehört, ihre Verfassung für die beste halten wird, jede andere aber für schlecht. Beides ist auch ganz recht, denn es ist nur der natürliche Ausdruk des Wohlbefindens, dessen sich Jeder in seinem Ganzen erfreut. Allein wenn wir ein vergleichendes Verfahren anstellen wollen,
35 müssen wir uns auch hievon losmachen und bedenken, daß der | Irrthum   I,22 nie für sich ist, sondern immer nur an der Wahrheit. Denn wenn wir das Christenthum mit andern Glaubensweisen vergleichen wollen, sezen wir

---

21 von] *Kj (auch Stange 39)* vor   25 allen] *Kj (auch Stange 39)* allem

---

1—3 *Schwarz: Rezension (von KD)* 525

voraus, daß es etwas mit ihnen gemein habe und dieses kann ja kein
Irrthum sein sollen. Sollen wir also andere Glaubensweisen in ihrer Wahrheit betrachten: so müssen wir auch um deswillen unser thätiges Verhältnis im Christenthum für diese Zeit ruhen lassen.

7.

5

Einer solchen Vergleichung liegt die Voraussezung zum Grunde,
daß es etwas Gemeinsames gebe in allen Glaubensweisen, weshalb
wir sie als verwandt zusammenstellen, und etwas besonderes in
jeder, weshalb wir sie von den übrigen sondern; beides aber ver-
10 mögen wir nicht als bekannt und gegeben nachzuweisen.

1. Daß unsere Aufgabe gelöset wäre, wenn wir beides hätten, ist klar.
Denn wir könnten dann dem Christenthum in dem ganzen Kreise der verschiedenen Glaubensweisen seinen bestimmten Ort anweisen. Das vergleichende Verfahren wäre auch dann nur eine deutlichere Auseinander-
15 sezung, um das Verhältniß des eigenthümlichen im Christenthum zu dem
eigenthümlichen in andern Glaubensweisen zu bestimmen, welches eigentlich schon gegeben ist, wenn das Eigenthümliche aller Einzelnen gegeben
ist. Wirklich aber haben wir auf eine allgemein eingestandene Weise nicht
nur nicht beides, sondern auch keines von beiden. Ueber den allgemeinen
20 Begriff der Frömmigkeit und der daraus entstehenden Verbindungen wird
noch immer gestritten, und die einzelnen Glaubensweisen werden in allen
dar-|über angestellten Untersuchungen noch viel zu sehr als in vieler Hin-   I,23
sicht nur zufällig entstandene Sammlungen von Gebräuchen und Meinungen betrachtet, als daß man das eigenthümliche Gepräge einer jeden sollte
25 entdekt haben. Man darf, um sich hievon zu überzeugen, nur betrachten,
wie häufig in christlichen Glaubenslehren unchristliche Aeußerungen neben
die christlichen gestellt werden als Erläuterung, ohne daß man es weder
darauf anlegte, das wesentlich verschiedene aus dem scheinbar ähnlichen
zu enthüllen, noch die Behauptung aufstellte, daß dergleichen aus dem ge-
30 meinsamen Gebiet aller oder mehrerer Glaubensweisen hergenommen sei.
Man sehe Ammon Summa Theol. Ed. 3. p. 64. 68. 101. 105. 120. 132.

---

25 zu überzeugen] zuüber-/zeugen   31 Ed.] Fd.

---

31 f s. Anhang

148. 153. Augusti System p. 50. 117. 152. Ganz anders freilich Melanchth. locc. p. S. 525. 602.

2. Beides das gemeinsame und das eigenthümliche der Glaubensweisen in allgemeinem Zusammenhang auszumitteln, das gemeinsame als
5 alle geschichtlich vorhandene Glaubensweisen unter sich begreifend darzustellen, und die Eigenthümlichkeiten nach Anleitung eines Grundgedankens durch richtige Theilung als ein geschlossenes Ganze nachzuweisen, und so das Verhältniß jeder Glaubensweise gegen alle festzusezen, und sie nach ihren Verwandtschaften und Abstufungen zusammen-
10 zustellen, wäre die wahre Aufgabe jenes Zweiges der wissenschaftlichen Geschichtskunde, den man Religionsphilosophie zu nennen pflegt. Bestände nun eine solche mit einer nur einigermaßen allgemeinen Anerkennung: so könnten wir uns auf sie berufen; denn das was wir suchen, das Eigenthümliche des Christenthums in seinem Verhältniß zum gemein-
15 samen der Frömmigkeit überhaupt, müßte auch darin enthalten | sein. Da I,24
aber eben dieses gewiß noch nicht zur allgemeinen Befriedigung gefunden ist, und die entgegengeseztesten Ansichten vom Christenthum noch immer neben einander hergehn, ohne daß sich einer von beiden Theilen auf etwas ausgemachtes und anerkanntes berufen könnte: so muß auch
20 jene Wissenschaft noch nicht gefunden sein, wie wir denn auch auf diesem Gebiet noch nichts aufzuweisen haben, als Versuche bald mehr geschichtlich bald mehr speculativ, aber in beider Hinsicht ohne feste Grundlage, sondern von den widersprechendsten Hypothesen ausgehend.

3. Wir können eben so wenig mit unsern Untersuchungen über
25 diesen Gegenstand warten, bis es eine Religionsphilosophie giebt, auf welche wir uns berufen könnten, als wir uns zumuthen dürfen, um unseres Zwekkes willen die gesammte Religionsphilosophie selbst zu machen, um so mehr als diese von einem rein geschichtlichen Streben, dem jede Religionsform gleich wichtig und werth ist, ausgehen müßte,
30 und eben deshalb nicht vollständig genug sein könnte in ihrem vergleichenden Verfahren, um nach allen Seiten hin für jede eigenthümliche Glaubensweise den Ort auszumitteln und zu sondern, wie wir ihn für das Christenthum zu bestimmen suchen müssen. Daher sind wir genöthigt ein abgekürztes Verfahren anzustellen, indem wir zunächst das gemeinsam

---

1 s. *Anhang* 2 *Statt* locc. p. S. *ist zu lesen entweder* loc[i] c[ommunes] p[agina] *oder* loci p[raecipui] S. *Es könnten die Ausführungen auf den Seiten 525 und 602 der Ausgabe Leipzig 1546 (= ed. Stupperich 2/2, 646, 9–647, 1 und 716, 12–717, 4) gemeint sein. Die von Stange (S. 220f) beigebrachten Zitate finden sich in der Ausgabe Wittenberg 1559 auf den Seiten 524 (= ed. Stupperich 2/2, 644, 32–34). 601 (= ed. Stupperich 2/2, 715, 9f) bzw. 602 (= ed. Stupperich 2/2, 715f, 38f)* 10f *Vgl. z. B.* Bretschneider: Entwickelung 18–27

allen Glaubensweisen zum Grunde liegende Wesen der Frömmigkeit aufsuchen, dann aber das vergleichende Verfahren gänzlich darauf richten,
nur das Eigenthümliche des Christenthums zu finden. Wir müssen aber,
da uns das wissenschaftlich vorgearbeitete fehlt, so zu Werke gehen, als ob
5 noch gar nichts in der Sache gethan wäre; wodurch natürlich schon mit
zugestanden ist, daß auch wir un-|srerseits uns müssen gefallen lassen,   I,25
wenn das Ergebniß unserer Untersuchungen sich nicht eine solche Anerkenntniß verschafft, daß man es für tüchtig hält, um auf demselben Wege
die gesuchte Religionsphilosophie selbst zu Stande zu bringen, daß als-
10 dann auch unsere Vorarbeit von andern, die künftig dasselbe Bedürfniß
haben, als nicht vorhanden angesehen werde, um wieder von vorne anzufangen.
    4. Demgemäß dürfen wir beides gesuchte nur ansehen als unbekannte
Größen, und müssen fragen, was uns wol gegeben sei um sie zu finden?
15 Nichts anderes aber ist uns gegeben, als die Seelen, in welchen wir die
frommen Erregungen antreffen. Da wir nun aus diesen beide unbekannte
Größen zu finden haben, so ist schon daraus zu ersehen, daß dies schwerlich auf eine vollkommen befriedigende Weise, sondern nur durch Annäherung geschehen kann. Wir können aber die Seele in dieser Hinsicht
20 zwiefach betrachten, einmal einzeln, dann aber in der Gemeinschaft.
Denn wir finden die fromme Erregung als einen bestimmten Zustand in
der einzelnen Seele; dann aber auch die Menschen in Bezug auf die
frommen Erregungen verbunden in mehr oder weniger eng geschlossenen
Gemeinschaften, welche wir, wenn sie zu einer gewissen Vollständigkeit
25 ausgebildet sind, die kirchlichen nennen. Sehen wir nun darauf, wodurch
sich die fromme Gemüthserregung, wenn wir sie in mehreren solchen Einzelnen betrachten, die nicht zur gleichen kirchlichen Gemeinschaft gehören, und also als unähnlich hierin erscheinen, von andern Gemüthszuständen unterscheidet, in Beziehung auf welche vielleicht jene nicht ver-
30 schiedenen sondern derselben Gemeinschaft angehören: so haben wir
Hoffnung, das Wesen der Frömmigkeit zu | entdekken. Sehen wir hin-   I,26
gegen darauf, wodurch diejenigen, welche zu derselben kirchlichen
Gemeinschaft der Christen gehören, unter sich verbunden, und wodurch
von den übrigen, die in andern kirchlichen Gemeinschaften stehen, ge-
35 trennt sind: so haben wir Hofnung, dasjenige zu finden, was in der
christlichen Glaubensweise das eigenthümliche ist.

---

14 fragen] fragem   **29** Beziehung] Beziehung,

8.

Die Frömmigkeit an sich ist weder ein Wissen noch ein Thun,
sondern eine Neigung und Bestimmtheit des Gefühls.

Anm. Unter Gefühl verstehe ich das unmittelbare Selbstbewußtsein, wie es,
5 wenn nicht ausschließend, doch vorzüglich einen Zeittheil erfüllt, und
wesentlich unter den bald stärker bald schwächer entgegengesezten Formen
des angenehmen und unangenehmen vorkommt. Was für eine Richtung und
Bestimmtheit des Gefühls aber die Frömmigkeit sei, wird unten nachgewiesen. − Ich lasse mich hier nicht ein auf den neueren Ausspruch eines
10 achtungswerthen Gottesgelehrten. „Das Gefühl wird niemand zum Grund
der Religion machen, der sich selbst versteht [. . .]!‟ Auch behaupte ich nur,
daß es der Siz der Frömmigkeit ist. Daß aber das Gefühl immer nur begleitend sein sollte, ist gegen die Erfahrung. Es wird vielmehr jedem zugemuthet, sich zu erinnern, daß es Augenblikke giebt, in denen hinter einem
15 irgendwie bestimmten Selbstbewußtsein alles Denken und Wollen zurüktritt.

In den Worten an sich liegt schon dieses, daß wol aus der Frömmigkeit
ein Wissen oder Thun hervorgehen könne als Aeußerung oder Wirkung derselben. An beiden kann sie dann erkannt werden, ist aber selbst keines von
20 beiden in ihrem Anfang und eigentlichen Wesen.

1. Zuförderst müßte freilich bewiesen werden, daß es nichts viertes
gebe, womit die Frömmigkeit könnte zu thun haben; und dies ist leider
wissenschaftlich nir-|gend so allgemein anerkannt geleistet worden, daß es I,27
lohnen könnte sich darauf zu berufen. Indessen da wir es hier mit der
25 Frömmigkeit vornehmlich nur zu thun haben, wiefern sie Grundlage und
Gegenstand einer Gemeinschaft ist: so wird hier nur das Bewußtsein gefordert, daß jede bestimmte Gemeinschaft nur auf eines von diesen drein
gehn kann, indem es sonst nichts giebt, wozu die Menschen zusammenwirken, oder was sie mittheilend in einander hervorrufen könnten, als
30 diese drei.

2. Die schon oft vorgetragene Behauptung, die Frömmigkeit sei eine
Sache des Gefühls, ist von Vielen immer wieder angefochten worden, sei

---

25 zu] zur

---

8 § 9   9−11 *H verweist auf Baumgarten-Crusius: Einleitung 64*   12f *Gegen Baumgarten-Crusius: Einleitung 65*   31f *Vgl. z. B. Wegscheider: Institutiones 9 Anm. In Nachschrift Heegewaldt wird Spalding: Gedanken erwähnt*

es nun, daß sie das ursprüngliche und abgeleitete nicht unterschieden, oder sei es, daß sie sich unter dem Gefühl etwas verworrenes und unwirksames dachten. Diese aber sollten doch endlich klar heraussagen, ob sie von der Frömmigkeit das Gefühl ganz ausschließen wollen, oder nicht. Wenn sie nun im lezten Falle sagen wollten, die Frömmigkeit sei alles dreies, Gefühl Wissen und Thun, so sollten sie auch dazu sagen, wie man diese drei mischen müsse, damit die Frömmigkeit herauskomme, und zu welchen Theilen, und so werden sie doch wol damit endigen, daß die Frömmigkeit nicht grade mehr ein Wissen sei als Gefühl, noch auch mehr ein Thun als Gefühl sondern eher umgekehrt, und daß also das Gefühl, der Grundton sei und das ursprüngliche, Wissen und Thun aber das hinzukommende und abgeleitete. Wollen aber Andere das Gefühl ganz ausschließen, und doch nicht sagen, die Frömmigkeit sei allein ein Wissen oder allein ein Thun, sondern dieses Beides: so mögen sie denn sagen, wie anders doch das Wissen und das Thun, welche die Frömmigkeit | ausmachen, eins sein sollen, als in einem dritten, und welches denn dieses dritte sei, wenn nicht eben das innerste unmittelbare Selbstbewußtsein des Wissenden und Thuenden. – Um nun noch weiter zu bestätigen, wie alles auf diesen Punkt zurükführt, ist folgendes zu bedenken.

I,28

Soll die Frömmigkeit im Wissen bestehn, so ist doch wol dieses Wissen vorzüglich dasjenige, oder wenigstens das wesentliche von demjenigen, welches als der Inhalt der Glaubenslehre aufgestellt wird, ein irgend anderes wenigstens gewiß nicht. Ist nun die Frömmigkeit dieses Wissen: so muß auch die Vollkommenheit dieses Wissens in einem Menschen die Vollkommenheit seiner Frömmigkeit sein, und also der beste Inhaber der christlichen Glaubenslehre, der sich auch am meisten an das wesentliche hielte, und nicht etwa über den Nebensachen und Außenwerken dieses vergäße, dieser wäre zugleich der frömmste Christ. Welches wol niemand zugeben wird, sondern gestehen, daß bei gleicher Vollkommenheit dieses Wissens bestehen können sehr verschiedene Grade der Frömmigkeit, und bei gleich vollkommner Frömmigkeit sehr verschiedene Grade dieses Wissens[1]. Und was nicht in seinem Steigen und Fallen das Maaß der Vollkommenheit eines Dinges ist, darin kann auch nicht das Wesen desselben bestehen. Wollte aber jemand einwenden, man müsse in

---

[1] ἔστιν οὖν ἄλλη τις τοιαύτη κατάστασις [. . .] θεοσεβείας αὐτῆς, ἧς μόνος διδάσκαλος ὁ λόγος; οὐκ οἶμαι ἔγωγε. Clem. Strom. II,2.

---

35 αὐτῆς] ἀυτῆς   36 οὐκ] ὀυκ

---

36 *Clemens: Stromata 2, 2 (2, 9, 4), ed. Potter 1, 433, 17ff; GCS 2, 117f*

jedem Wissen unterscheiden den Inhalt desselben und die Gewißheit, und
das Wissen der Glaubenslehren sei nur Frömmigkeit vermöge der Gewiß-|
heit und der Stärke der Ueberzeugung, ein Innehaben derselben aber ohne   1,29
Ueberzeugung sei gar nicht Frömmigkeit, das Maaß aber der Ueberzeu-
5 gung sei auch das Maaß der Frömmigkeit, was wol auch die vorzüglich im
Sinne haben möchten, welche das Wort Glauben so gern umschreiben
durch „Ueberzeugungstreue": so entgegne ich dieses. In allem eigentlichen
Wissen, wie Mathematik, Physik, Historie können wir die Ueberzeugung
nach nichts anderm messen, als nach der Klarheit und Vollständigkeit des
10 Denkens selbst: soviel deren ist, soviel ist auch Ueberzeugung. Soll nun
hier dasselbe gelten, so kommen wir dennoch auf das vorige zurük. Soll
aber die Ueberzeugung hier ein anderes Maaß haben und etwas anderes
sein: so wird wol nichts anderes übrig bleiben, als die Zusammenstimmung des eignen Selbstbewußtseins mit dem, was in der Lehre ausge-
15 sprochen ist. – Soll die Frömmigkeit auf der andern Seite im Thun
bestehn, so ist wol klar, daß dies kein dem Inhalt nach besonderes Thun
sein kann, indem alles, auch das scheußlichste neben dem vortreflichsten,
und neben dem sinnvollsten das leerste und bedeutungsloseste, Anspruch
darauf macht, fromm zu sein. Hier sind wir also, um die Frömmigkeit
20 von anderm Thun zu scheiden – wenn wir nicht etwa auch sagen wollen,
was die gebildetsten und vortreflichsten Völker und Menschen als fromm
thun, das sei fromm – lediglich an die Art gewiesen, wie das Thun zu
Stande kommt und sich gestaltet. Diese aber können wir am bestimmtesten
fassen an den beiden Endpunkten. Der äußere oder Zielpunkt eines jeden
25 Thuns ist ein in der Erscheinung heraustretender Erfolg, der innere oder
Anfangspunkt ist ein im Gemüth gesetzter Antrieb. Der Erfolg ist | theils   1,30
dem Zufall anheimgegeben, so daß niemand behaupten wird, es beweise in
irgend einem Falle gegen die Frömmigkeit des Menschen, wenn ein bestimmter äußerer Erfolg nicht von ihm ausgehe; theils auch, wenn wir nur
30 den Erfolg sehen, ohne den ihm zum Grunde liegenden Antrieb, werden
wir immer zweifelhaft bleiben müssen über die Frömmigkeit der
Handlung, ausgenommen, wenn wir behaupten könnten, es sei gar kein
innerer Antrieb da, denn dann würden wir gewiß sein, daß auch die
Handlung nicht fromm sei. Woraus schon hinreichend zu ersehen ist, daß,
35 wenn die Frömmigkeit ein Thun sein soll, ihr Wesen mehr im Antrieb besteht, als im Erfolg, oder in der äußeren Erscheinung des Thuns. Jedem
Antrieb aber liegt selbst wieder eine Bestimmtheit des Selbstbewußtseins
zum Grunde, wie wir eben das Gefühl erklärt haben; und wenn wir einen

---

6f Vgl. z. B. Paulus: Commentar 4/1, 1. Hälfte, 297. Gombert: Arnold 155f

Antrieb vom andern unterscheiden wollen, an dem was nicht selbst schon
auf irgend eine Weise dem äußern Thun angehört; so müssen wir auf das
innerste zurükgehn, und das ist eben das in Bewegung übergehende
Gefühl. Ja sehen wir ein Gefühl wie das, was wir Andacht nennen, ganz
5 allein ohne ein dazu gehöriges Handeln: so nennen wir diesen Zustand
doch fromm, wir müßten denn annehmen, daß es gar kein dazu gehöriges
Handeln gebe, in welchem Falle wir aber auch sagen werden, das Gefühl
selbst sei nicht wahr. Von beiden Punkten kommen wir also darauf zurük, daß das Wesen der Frömmigkeit im Gefühl ist, und daß, wiefern
10 auch Wissen und Thun zur Frömmigkeit gehören, sie sich doch nur verhalten, wie der äußere Umfang zu dem innern Mittelpunkt und Heerd des
Lebens, indem sowol das Wissen, was zur Frömmigkeit unmittelbar ge-
hört, | nämlich das in der Glaubenslehre dargestellte, als auch das Thun,   I,31
nämlich zunächst alles, was wir unter dem Namen Gottesdienst begreifen,
15 ihrem frommen Gehalt nach vom Gefühl abhängig sind.

    3. Betrachten wir nun aber das Wissen und Thun im allgemeinen, so
ist zuerst vom Wissen offenbar, daß jedes Moment des Erkennens, ohne
Unterschied des Gebietes und des Gegenstandes, von einem Gefühl begleitet ist, welches die Gewißheit des Erkennenden von dieser bestimmten
20 Sache ausdrükt, dieses aber wird niemand ein frommes nennen, indem es
zugleich die Neigung des Erkennenden zu dem bestimmten Gegenstand
ausspricht, und also von dieser abhängt. Dagegen giebt es ein anderes
Gefühl der Ueberzeugung, welches gleichmäßig jeden Wissensakt begleiten
kann, ohne Unterschied des Gegenstandes, indem es vornehmlich die Be-
25 ziehung jedes Erkenntnißkreises auf das Ganze und auf die höchste Einheit alles Erkennens ausdrükt, und sich also auf die höchste und allgemeinste Ordnung und Zusammenstimmung bezieht, und dies wird man
sich nicht weigern, ein frommes zu nennen. Was zweitens das Thun
betrifft, so kann man wol zugeben, daß jedes bestimmte besondere Thun
30 aus einem auf dessen Gebiet sich besonders beziehenden Gefühl hervorgeht, welches, wenn es ungetrübt wirkt, die Rechtschaffenheit dieses
Thuns hervorbringt, ohne dazu der Frömmigkeit zu bedürfen, so das
Familiengefühl, das Standesgefühl, das Vaterlandsgefühl, ja die allgemeine
Menschenliebe; und nur sofern man annimmt, daß den möglichen Trü-
35 bungen dieser Gefühle durch Eitelkeit und Selbstsucht am besten die
frommen Erregungen entgegenwirken, kann man sagen, daß auch die
Rechtschaffenheit auf der Frömmigkeit beruhe. Je-|des besondere Handeln   I,32
aber kann außerdem begleitet sein von einem andern Gefühl, der Beziehung nämlich seines bestimmten Gebietes auf die Allheit des Handelns
40 und auf dessen höchste Einheit; und dieses, welches daher die Beziehung

---

1 wollen, an dem] *Kj (auch Stange 51)* wollen an dem,

des Menschen als Handelnden auf jene allgemeine Ordnung und Zusammenstimmung ausdrükt, wird man sich ebenfalls nicht weigern, als das Fromme anzuerkennen. Hieraus also erhellt, wie das fromme Gefühl mit dem Wissen und Thun zusammen sein kann, beide begleitend. Denn
5 obgleich aus der höchsten Erregtheit des frommen Gefühls keinerlei Handeln unmittelbar hervorgeht, noch auch ein Wissen, weil nämlich jene Erregtheit ein Zustand der vollkommnen Befriedigung ist, und sich die Seele darin gegen alle besonderen Gebiete des Handelns gleichmäßig verhält: so wird sich doch das fromme Gefühl, einmal erregt, durch jedes
10 sonsther aufgegebene Wissen und Handeln fortsezen, und es sich aneignen, so daß es in allem sein kann auf begleitende Weise. Ein besonderes auf die Frömmigkeit sich beziehendes Wissen und Thun aber entstehn nur, jenes, indem sich die betrachtende Thätigkeit auf die frommen Erregungen wendet[2], dieses, indem sie in das gesellige Wesen des Menschen
15 aufgenommen werden, um sich gegenseitig mitzutheilen und überzutragen. Beides ist freilich keinesweges zufällig, vielmehr läßt sich eine vollständige Entwiklung, wie keiner mensch-|lichen Richtung, so auch der   I,33 Frömmigkeit ohne beides gar nicht denken; aber doch erfolgt beides nicht nach Maaßgabe, wie die Frömmigkeit selbst sich steigert, sondern das
20 Wissen darum nach Maaßgabe wie jeder zur Betrachtung geneigt ist, und das mittheilende Handeln nach Maaßgabe, wie jeder das öffentliche und gemeinsame Leben umfaßt. Indem also dieses beides zugleich von einer andern Richtung abhängig ist: so bleibt doch als das eigenthümliche und ursprüngliche Gebiet der Frömmigkeit das Gefühl übrig. Vgl. Ueb.
25 Religion 2. Aufl. S. 77. 102. u. a. a. O.

---

[2] αὐτίκα ἡ μελέτη τῆς πίστεως ἐπιστήμη γίνεται [...]. Clem. Strom. II, 2. Aus Stellen, wie diese und die oben angeführte, muß man beurtheilen, in wiefern der oft mißverstandene Unterschied zwischen πίστις und γνῶσις bei den älteren Vätern hieher gehört.

---

26 αὐτίκα] ἀυτίκα   ἐπιστήμη γίνεται] ἐπιςςμη γίνετή

---

24 f *Schleiermacher: Über die Religion,* ed. *Pünjer 57, 20–43 und 73, 24–74, 27*
26 *Clemens: Stromata 2, 2 (2, 9, 3),* ed. *Potter 1, 433, 14 f; GCS 2, 117, 20 f*

9.

Das gemeinsame aller frommen Erregungen, also das Wesen
der Frömmigkeit ist dieses, daß wir uns unsrer selbst als schlechthin
abhängig bewußt sind, das heißt, daß wir uns abhängig fühlen von
5 Gott.

1. Es giebt kein als zeiterfüllend hervortretendes reines Selbstbewußtsein, worin einer sich nur seines reinen Ich an sich bewußt würde,
sondern immer in Beziehung auf etwas, mag das nun eines sein oder vieles,
und bestimmt zusammengefaßt oder unbestimmt; denn wir haben nicht in
10 besonderen Momenten ein Selbstbewußtsein von uns als den sich immer
gleichbleibenden, und in besonderen wieder ein anderes von uns als den
von einem Augenblick zum andern veränderlichen; sondern beides sind
nur Bestandtheile jedes bestimmten Selbstbewußtseins, indem jedes ist ein
unmittelbares Bewußtsein des Menschen von sich als verändertem. Des
15 lezteren Bestandtheiles aber sind wir uns nicht als eines von uns selbst her-
vorgebrach-|ten und vorgebildeten bewußt; sondern mit dem bestimmten   I,34
Selbstbewußtsein ist unmittelbar verbunden die Zurükschiebung unseres
Soseins auf ein etwas als mitwirkende Ursache, d. h. das Bewußtsein, es sei
etwas von uns unterschiedenes, ohne welches unser Selbstbewußtsein jezt
20 nicht so sein würde: jedoch wird deshalb das Selbstbewußtsein nicht Bewußtsein eines Gegenstandes, sondern es bleibt Selbstbewußtsein, und
man kann nur sagen, daß in dem Selbstbewußtsein der erste Bestandtheil
ausdrükke das für sich sein des Einzelnen, der andere aber das Zusammensein desselben mit anderen. Die Zustimmung zu diesem Saz kann unbe-
25 dingt gefordert werden, und keiner wird sie versagen, der überhaupt fähig
ist in diese Untersuchungen hinein zu gehen.

2. Indem wir nun unsrer selbst als in unserm Sosein durch etwas bestimmt inne werden, und denken dabei an das Zusammensein von
Empfänglichkeit und Selbstthätigkeit: so bleibt entweder das Gefühl sich
30 hierin ganz gleich in dem ganzen Verlauf oder bei jedesmaliger Widerkehr
des Verhältnisses, und dann bezeichnet das Selbstbewußtsein ein Verhältniß der Abhängigkeit; oder es schlägt um in einen Reiz zur Gegenwirkung, sei nun diese Widerstand oder leitende Einwirkung auf das
bestimmende, und dann ist bezeichnet ein Verhältnis der Wechselwirkung
35 oder Gegenwirkung. Dieser Unterschied ist aber nicht etwa ein erst

---

25 keiner . . . der] *so II, OD.* wird von keinem entstehen, welcher

später hinzukommender, sondern er ist schon in dem Gefühl selbst
gesezt, indem ein solches, woraus eine Gegenwirkung folgt, sich von
Anfang an anders gestaltet, ohne daß es jedoch aufhörte reines Gefühl zu
sein, wie jeder an jeder Empfindung, die einem Affekt vorangeht, leicht
5 bemerken kann. |

3. Daß nun das fromme Gefühl in allen seinen noch so verschiedenen   I,35
Gestaltungen immer ein reines Gefühl der Abhängigkeit ist, und nie ein
Verhältniß der Wechselwirkung bezeichnen kann, dies wird vorausgenom-
men als ein nicht abzuläugnendes. Allerdings ist in den andern Gefühlen
10 die Gleichsezung mit dem Mitbestimmenden nicht überall dieselbe, und in
dem Maaß, als die Einwirkung stärker ist und häufiger als die Gegenwirkung, nähern sie sich jenen. Den frommen Gefühlen stehn in dieser
Abstuffung diejenigen am nächsten, und werden daher auch häufig mit
demselben Namen benannt, welche auf ein Verhältniß möglichst reiner
15 Abhängigkeit gegründet sind, wie das des Kindes gegen den Vater und
des Bürgers gegen das Vaterland und dessen leitende Gewalten. Aber dennoch wird auch jene Abhängigkeit schon als eine sich allmählig ver-
mindernde und verlöschende gefühlt, und auf das Vaterland und dessen
leitende Gewalten kann auch der Einzelne ohne das Verhältniß aufzu-
20 heben, theils Gegenwirkung ausüben, theils leitende Einwirkung; und die
Abhängigkeit wird also gefühlt als eine theilweise, neben welcher auch
Wechselwirkung, wenn gleich nur vorübergehend, möglich ist. Gäbe es
nun noch größeres endliches, was das Selbstbewußtsein des Menschen
mitbestimmen könnte als Vater und Vaterland: so würde auch mit diesem,
25 wenn gleich in noch geringerem Grade, eine Wechselwirkung möglich
sein. Dies gilt auch von der Welt, als der Gesammtheit alles leiblichen und
geistigen endlichen Seins, und das Selbstbewußtsein des Menschen als
durch diese mitbestimmt, ist eben das Bewußtsein der Freiheit. Denn
indem er auf jeden Theil derselben Gegenwirkung ausüben kann, übt er
30 Einwirkung | auf alle. Wenn daher in dem die frommen Erregungen aus-   I,36
zeichnenden Geseztsein einer vollkommnen, stetigen, also auf keine Art
von einer Wechselwirkung begrenzten oder durchschnittenen Abhängigkeit, die Unendlichkeit des mitbestimmenden nothwendig mitgesezt ist, so
ist dies nicht die in sich getheilte und endlich gestaltete Unendlichkeit der
35 Welt, sondern die einfache und absolute Unendlichkeit. Und dies ist der
Sinn des obigen Ausdruks, daß sich schlechthin abhängig fühlen und sich
abhängig fühlen von Gott einerlei ist.

Zusaz. Was früher ist, der Gedanke von Gott oder das in den
frommen Erregungen enthaltene Gefühl von Gott, diese Frage zu ent-
40 scheiden, gehört nicht hieher. Nur sind wir gar nicht genöthigt, jenen Gedanken als irgend anderswoher entstanden vorauszusezen; sondern
werden sagen können, gesezt auch er wäre nirgend andersher gegeben,
aber die frommen Erregungen wären gegeben, so würde, wenn die Be-

sinnung unter der Form des Denkens nur weit genug entwikkelt wäre, aus
der Betrachtung jener Erregungen das Bestreben entstehen, den Gedanken
des höchsten Wesens zu bilden. Und der auf diesem Wege sich bildende
Begriff ist es auch allein, mit dem wir es im folgenden zu thun haben.

5   4. Mit diesem Charakter reiner Abhängigkeit hängt aber auch zusammen, daß dasjenige, wovon wir uns in den frommen Erregungen abhängig fühlen, nie kann auf eine äußerliche Weise uns gegenüberstehend
gegeben werden. Denn was uns so gegeben wird, darauf können wir uns
der Gegenwirkung – die an sich immer möglich bleibt, indem ein sinnlich
10 wirkendes auch für sinnliche Rückwirkungen empfänglich sein | muß –   I,37
nur durch freiwillige Entäußerung begeben, und die Frömmigkeit muß
schon vorausgesetzt werden, um diese Entäußerung hervorzubringen.
Daher auch selbst auf den untergeordneten Stufen der Frömmigkeit, und
in dem unvollkommneren Sinne des Polytheismus irgend eine Erscheinung
15 nur Theophanie werden kann durch freiwilliges Anerkenntniß. Wo aber
im monotheistischen Glauben auch Theophanien vorkommen, da werden
diese, sobald sich ein schärferes Denken entwikkelt, ganz von dem
höchsten Wesen geschieden. Auch diese streiten daher nicht dagegen, daß
in den frommen Erregungen Gott nur auf eine innerliche Weise als die
20 hervorbringende Kraft selbst gegeben ist. Wo aber in den geoffenbarten
Glaubensweisen einzelne Menschen als göttliche Werkzeuge und Herolde
anerkannt werden, diese sind für die übrigen nur Veranlassungen für diese
Erregungen, und zwar nur durch ihre eigenen frommen Erregungen, in
denen ihnen selbst auch das höchste Wesen nicht äußerlich, sonst kommen
25 wir auf die Theophanien zurück, sondern innerlich als ihr Selbstbewußtsein mitbestimmend gegeben ist. – Ja auch im Polytheismus selbst wird,
sobald eine genauere Betrachtung der frommen Zustände eintritt, die
Einheit hinter der Vielheit mittelbar oder unmittelbar von den Besonnenen
immer anerkannt.

30   10.

Die Frömmigkeit ist die höchste Stuffe des menschlichen Gefühls, welche die niedere mit in sich aufnimmt, nicht aber getrennt
von ihr vorhanden ist.

Anm. Das Selbstbewußtsein ist so mannigfaltig wie das Leben, mit demselben
35   Recht also, mit welchem man die lebendigen | Wesen selbst in höhere und   I,38

---

25 Theophanien] Teophanien

niedere Klassen sondert, muß man auch niedere und höhere Stuffen des Selbstbewußtseins annehmen. Zunächst also das thierische unterhalb des menschlichen. Innerhalb des menschlichen Gebietes selbst kann man zwar nur uneigentlich von verschiedenen Abstuffungen des Selbstbewußtseins
5 reden, da sich alles auch als allmähliger Uebergang denken läßt; in diesem uneigentlichen Sinne aber wird doch die niedrigste Stuffe die sein, in welcher das thierische am meisten vorherrscht, und die höchste die, welche diesem am stärksten entgegensteht.

1. Das thierische Leben ist uns eigentlich ganz verborgen, indem wir
10 aber auf der einen Seite genöthigt sind, ihm Bewußtsein zuzuschreiben, auf der andern eben so ihm Erkenntniß abzusprechen: so bleibt uns kaum etwas anderes übrig, als ein Bewußtsein anzunehmen, in welchem das insichzurükgehende und das gegenständliche, Gefühl und Anschauung, nicht recht auseinandertreten. Einem solchen Zustand ungeschiedener
15 Verworrenheit nähert sich der Mensch sowol in der ersten dunkeln Lebensperiode als auch in einzelnen träumerischen Momenten. Diese niedrigste Stuffe soll aber aus seinem Leben verschwinden; und der scharf geschiedene Gegensaz von Gefühl und Anschauung bildet nun die ganze Fülle des, im weitesten Umfang des Wortes genommen, sinnlichen
20 Menschenlebens. Alles Gefühl nun, welches innerhalb dieses Gegensazes als bestimmter Zustand des Menschen im Zusammensein mit irgend etwas hervortritt, nennen wir ein sinnliches. In dieses weite Gebiet, in welchem das Gefühl ein eben so mannigfaltiges wird als nur die Wahrnehmung mannigfaltig sein kann, gehören auch die oben, als der Frömmigkeit
25 zunächst stehend, angeführten kindlichen und vaterländischen Gefühle, so wie jedes andere gesellige Gefühl. Denn ob-|gleich man diese im Ver-   I,39 gleich mit den eigentlich selbstischen, sittliche zu nennen pflegt: so haben sie doch in dem Sinn der gegenwärtigen Betrachtung ein sinnliches Gepräge, insofern dabei theils, wie dies bei dem aufgeregten Vaterlands-
30 gefühl immer der Fall ist, das Selbstbewußtsein des Einzelnen ganz in dem des gemeinsamen Ganzen aufgeht, und dieses Ganze sich in denselbigen Gegensäzen bewegt wie das einzelne Leben; theils auch, wie in dem Verhältniß der Familienglieder, ein beziehungsweiser Gegensaz unvermeidlich ist.
35   2. Wie aber mit demjenigen Zustand, in welchem sich der Mensch dem thierischen Leben am meisten nähert, fromme Erregungen am wenigsten verträglich sind, weil sie ein sich seiner selbst heller bewußtes

---

1 des] das

---

24 f § 9, 3

voraussezen: so gehören auch wiederum die frommen Erregungen
keinesweges in das eine höhere Stuffe als jenes bildende Gebiet der
sinnlichen Gefühle. Denn theils gilt von diesen ohne Ausnahme, daß zu
dem mitbestimmenden ebensowol ein Verhältniß der Wechselwirkung
5 möglich ist als der Abhängigkeit, was wir von der Frömmigkeit geläugnet
haben; und jene Möglichkeit ist für alle sinnlichen Gefühle eben so
wesentlich wie für die frommen diese Unmöglichkeit es ist. Anderntheils
ist eben so allen sinnlichen Gefühlen wesentlich, daß darin das Selbst-
bewußte als ein Endliches sich einem andern endlichen gegenüberstellt
10 und theilweise entgegensezt, wie selbst der Vaterlandsliebe dieses
wesentlich ist, daß der Einzelne vermöge seiner Angehörigkeit an das eine
System sich seiner selbst als andern Systemen entgegengesezt bewußt
wird. In der Frömmigkeit aber ist eben so nothwendig aller Gegensaz
gegen alles endliche aufgehoben. Denn sie tritt | erst recht heraus, wenn   I,40
15 der Einzelne sich als einen Theil der ganzen Welt betrachtet, und auch so,
nachdem er die Einheit alles Endlichen in sein Selbstbewußtsein
aufgenommen, sich von Gott abhängig fühlt. Indem aber der Einzelne
sich seiner nur als eines Theiles der ganzen Welt bewußt wird, ist aller
Gegensaz zwischen dem Einzelnen und anderm einzelnen und endlichen
20 ganz aufgehoben. Woraus schon hervorgeht, daß die frommen Erregungen an und für sich unter diesem Gegensaz nicht stehn. So wie daher
die thierähnlichen Augenblikke und Zustände des Menschen sich nicht bis
zu diesem Gegensaz erheben: so sind die frommen Erregungen an und für
sich über denselben erhaben, und stellen also in demselben Sinn eine
25 höhere Stuffe des Selbstbewußtseins, auf der Möglichkeit den Gegensaz zu
vernichten beruhend, dar, wie die thierähnlichen eine niedere, auf der Unmöglichkeit den Gegensatz hervorzurufen beruhend.

3. Diese höchste Stuffe des Selbstbewußtseins aber haben auch die
frommen Erregungen allein inne. Denn das höchste Wissen, durch
30 welches auch jedes einzelne Wissen in den Zusammenhang mit dem
Ganzen und ursprünglichen aufgelöset wird, steht zwar auf derselben
Stuffe der Erhabenheit über allen Gegensaz, aber es ist kein Gefühl, und
die dasselbe begleitende Ueberzeugung ist zwar ein Gefühl aber als solches
nicht ursprünglich, sondern an jenem Wissen haftend. Von dem
35 Zusammenhang mit demselben abgelöst aber und für sich betrachtet,
würde sie ebenfalls den frommen Erregungen angehören. Eben so steht
auf derselben Stuffe das eigentlich sittliche Handeln, in welchem jedes
einzelne Gebiet auch in den Zusammenhang aller aufgenommen ist; aber
das begleitende Gefühl, | welches eigentlich das Selbstbewußtsein des   I,41
40 Handelns ist, kann auch nur als ein abgeleitetes angesehen werden, und

---

5f *Vgl.* § 9, 3

würde, abgelöst und für sich betrachtet, ebenfalls nur als Bewußtsein der Abhängigkeit im Handeln von der ursprünglichen und höchsten Einheit können aufgefaßt werden. (S. §. 8, 3.)

4. Wenn nun aber das Mitbestimmende in dem frommen Gefühl, 5 nämlich das höchste Wesen auf eine äußerliche Weise weder jemals gegeben ist noch gegeben werden kann, sondern nur innerlich: so ist nicht einzusehn, wie es könnte in dem einen Moment gegeben sein, in dem andern aber nicht. Denn durch bestimmte einzelne Wirkungen, welche in dem einen Augenblick da wären, in dem andern aber nicht, kann uns das 10 höchste Wesen nicht gegenwärtig sein, weil alle auch innerliche zeitliche Wirkungen auch auf zeitliche Ursachen müssen zurückgeführt werden. Sondern es muß als eingeboren angesehen werden und als immer mitlebend; woraus folgen würde, daß, giebt es wirklich fromme Erregungen und sind sie das beschriebene, das ganze Bewußtsein alsdann 15 eine ununterbrochene Reihe von frommen Erregungen sein müsse, welches als Forderung wol öfters ausgesprochen, als Erfahrung aber nirgend nachgewiesen ist. In jeder Erfahrung dagegen ist nachzuweisen, und auch, da unser ganzes Leben ein ununterbrochenes Zusammensein mit anderem Endlichen ist, von selbst einzusehen, daß wir keinen 20 Augenblick sein können ohne ein sinnliches Gefühl, dieses also der beständige Gehalt unseres Selbstbewußtseins ist, welches zwar in entschiedenen Augenblikken des Erkennens und des Handelns sehr zurüktreten, aber doch niemals Null werden kann, weil sonst der Zusammenhang unseres Daseins für uns | selbst unwiderbringlich zerstört wäre. Aus I,42 25 doppelten Gründen also kann das fromme Gefühl nicht etwa nur die Lükken zwischen dem sinnlichen ausfüllen, theils weil es in diesem keine Lükken giebt, theils weil es selbst nicht kann ein unterbrochenes sein. Diese beiden Forderungen, daß das fromme Gefühl ununterbrochen sein soll, und daß die sinnlichen Gefühle eine fortlaufende Reihe bilden sollen, 30 stehen in vollkommnem Widerspruch, wenn beide Reihen außereinander liegen sollen. Daher der schwärmerische Ausweg, die sinnlichen Gefühle möglichst zu vernichten, und der ungläubige, alle frommen Gefühle auf sinnliche zurück zu führen. Soll also Frömmigkeit als höchste Stuffe des Selbstbewußtseins bestehn: so müssen die fromme Erregung und die 35 sinnlichen Gefühle in jedem Moment, nur in verschiedenem Maaße, eines werden, d. h. die höhere Stuffe muß die niedere in sich aufnehmen.

5. Dasselbe erhellt auch noch auf folgende Weise. Angenommen das höchste Wesen sei uns innerlich gegeben, so kann dieses Gegebensein nur als ein schlechthin einfaches gedacht werden, und eben deshalb ist nicht

---

3 8, 3.] 8. 3.   17 nachgewiesen] *so H; OD:* nachgeweisen   nachzuweisen] *so H; OD:* nachzuwiesen   35 verschiedenem] *so H; OD:* verschiedenen

einzusehn, wie dasselbe könnte zu einem bestimmten die Zeit als eine
Reihe von Momenten erfüllenden Selbstbewußtsein gedeihen. Denn ein
solches kann nur stattfinden als ein veränderliches. Sofern aber das Mit-
gegebensein des höchsten Wesens, mit unserm Ich allein zusammen-
5 treffend, Selbstbewußtsein erzeugte, wäre gar kein Grund zur Veränderung und also auch keine zeitliche Bestimmtheit gegeben. Sondern nur
sofern wir schon ein zeitlich bestimmtes werden, d. h. im sinnlichen
Selbstbewußtsein begriffen sind, kann jenes Mitgegebene mit unserm Ich
ein bestimmtes Selbstbewußtsein erzeugen, welches dann, wie oben, die |
10 mit einem sinnlichen Gefühl eins gewordene fromme Erregung ist. Auch   I,43
wird Niemand sich bewußt werden können eines schlechthin allgemeinen
Abhängigkeitsgefühls von Gott, sondern immer eines auf einen bestimmten Zustand bezogenen; so wie jeder, der überhaupt fromme Erregungen
in sein Dasein aufgenommen hat, auch gestehen wird, daß irgend ein
15 sinnliches Selbstbewußtsein, welches nicht in jenes Abhängigkeitsgefühl
aufgenommen ist, als ein unvollendeter Zustand erscheint. Die Vollendung des Gefühls also läßt sich auf eine zweifache Weise beschreiben.
Von unten herauf so, das lebendige sinnliche Gefühl, in welchem die Seele
sich dem umgebenden Sein entgegensezt, nachdem es sich zu der Klarheit
20 entwikkelt hat, in welcher alle thierähnliche Verworrenheit verschwindet,
steigert sich dahin, daß in jeder Bestimmtheit des Selbstbewußtseins
zugleich die Abhängigkeit von Gott gesezt ist. Von oben herab aber so,
die an sich unbestimmte Neigung und Sehnsucht der menschlichen Seele,
das Abhängigkeitsverhältniß zu dem höchsten Wesen, welches auch ihre
25 Gemeinschaft mit demselben ist, in ihrem Selbstbewußtsein auszuspre-
chen, indem sie heraustreten will, verschmilzt mit jeder von außen her
entstehenden sinnlichen Bestimmtheit des Selbstbewußtseins und dadurch
werden beide zusammen eine bestimmte fromme Erregung.

    Zusaz 1. Keine Aussage also über ein bestimmtes Selbstbewußtsein,
30 so beifallswürdig es auch sei, welches aber nicht Abhängigkeitsgefühl von
Gott geworden, sondern auf dem Gebiet des bloßen Gegensazes stehen
geblieben ist, kann Bestandtheil einer Glaubenslehre werden ohne das
Wesen derselben aufzuheben. |

    Zusaz 2. Da alles mannigfaltige in den frommen Erregungen nur auf   I,44
35 dem damit geeinigten sinnlichen Selbstbewußtsein beruht: so entsteht für
eine jede Glaubenslehre, welche vollständig sein will, die Aufgabe, ihr
Fachwerk so einzurichten, daß jede sinnliche Bestimmtheit des Selbstbewußtseins in ihrer Beziehung auf die Abhängigkeit von Gott einen
bestimmten Ort darin finde, indem nur dadurch die Mannigfaltigkeit der
40 frommen Erregungen selbst mit Sicherheit kann erschöpft werden.

    Zusaz 3. Wie nun dieses, daß der menschlichen Seele das höchste
Wesen mitgegeben ist in jener Sehnsucht, sich in jedem Zustande als
abhängig von ihm zu fühlen, die Grundvoraussezung aller Frömmigkeit

ist: so giebt der Umstand, daß jene Richtung nur im Verein mit einem
sinnlichen Gefühl ein wirkliches Bewußtsein werden kann, dem Streit
zwischen denen, welche jene Grundvoraussezung anerkennen und denen,
welche sie nicht anerkennen, seine bestimmte immer wiederkehrende
5 Gestalt. Denn indem wegen der allen frommen Erregungen beigemischten
sinnlichen Gefühle auch in die darauf sich beziehenden Aussagen über
Gott nothwendig menschenähnliches kommt, so benuzen dies die
Ungläubigen um die ganze Annahme eines höchsten Wesens, weil man
sich aller Betheurungen ohnerachtet, daß Gott nicht menschenähnlich sei,
10 doch des menschlichen in den Lehrsäzen nicht enthalten könne, lieber zu
bezweifeln, ja vorzuspiegeln, als sei die Erdichtung noch etwas gesunder
und haltbarer unter der Gestalt der Vielgötterei. Die Gläubigen hingegen
berufen sich darauf, daß sie dies menschenähnliche nur im Sprechen nicht
vermeiden könnten, im unmittelbaren Bewußtsein aber wol aufzuheben
15 oder wenigstens | zu sondern vermöchten; und indem sie von der Erfah-   I,45
rung ausgehn, wie in ihnen alles sinnliche sich zum frommen steigert und
damit verschmilzt, so muthen sie den Ungläubigen zu, sich der Unvollständigkeit ihrer Entwiklung bewußt, und zugleich inne zu werden, wie
mit dieser Unvollkommenheit des Gefühls weder die Richtung auf das
20 höhere Wissen noch die auf das sittliche Handeln zusammenstimmen, und
wie daher beides in den Ungläubigen nicht gehörig begründet sei, sondern
wenn sie folgerecht verfahren wollten, von ihnen ebenfalls müsse
verworfen werden.

11.

25   Nur vermöge dieses Aufnehmens des sinnlichen Gefühls hat
auch das fromme Antheil an dem Gegensaz des Angenehmen und
Unangenehmen.

1. An und für sich betrachtet, da keine andere Verbindung des
Menschen mit Gott gedacht werden kann, als unter der Form der
30 Abhängigkeit von ihm, wäre also jede fromme Erregung das im Selbstbewußtsein liegende Bewußtsein von der Verbindung des endlichen mit
dem unendlichen. Als solche könnte sie nie unangenehm sein, weil diese
Verbindung keine Hemmung des Lebens in sich schließt. Aber indem sie
auch keine Förderung seines zeitlichen Verlaufs aussagt, sondern sich

---

2–4 *Nachschrift Heegewaldt:* Der Streit zwischen der Fatalistenschule und der Leibnitz
Wolffischen Schule

gegen Förderungen und Hemmungen gleichmäßig verhält, kann sie auch
nicht angenehm sein, sondern müßte nur als ein in sich unveränderliches
über beiden schweben; als solche aber könnte sie nicht wirklich sein, und
die Zeit erfüllen, indem kein vollkommen gleichgültiges Selbstbewußtsein
5 wirklich ist. | Nun zeigt aber die Erfahrung auch in den frommen Er-   I,46
regungen einen Gegensaz, dem von Freude und Schmerz ähnlich, der in
ihnen nicht begriffen werden könnte, wenn man nicht die oben nachge-
wiesene Verschmelzung der sinnlichen Gefühle mit den frommen
Erregungen annähme.

10   2. Mit dieser aber hat es offenbar nicht die Bewandtniß, daß das
schon in den sinnlichen Gefühlen als solchen gesezte angenehme und unangenehme unmittelbar in das fromme übergeht; vielmehr wird oft, was
auf der sinnlichen Stuffe allein gesezt unangenehm war, mit dem Abhängigkeitsgefühl von Gott verbunden eine wohlthuende fromme
15 Erregung und umgekehrt. Sondern es scheint sich so zu verhalten, daß
eine zeitliche Bestimmtheit der Seele, abgesehen davon, wie ihr Leben im
Gebiet des Gegensazes dadurch gefördert wird oder gehemmt, wonach
das sinnliche Selbstbewußtsein angenehm ist oder unangenehm, der
höheren Richtung auf das sich Gottes bewußt werden, in ihrem Bestreben
20 in der Zeit hervorzutreten, hemmend sein kann oder förderlich, und
danach die aus der Verschmelzung jener Richtung mit der gegebenen oder
werdenden sinnlichen Bestimmtheit, eine erfreuliche fromme Erregung
wird oder eine schmerzliche. So geschieht es, daß wir über eine Lust eine
fromme Wehmuth empfinden und an einem Leiden ein frommes Wohl-
25 gefallen haben.

3. Alle frommen Erregungen aber je schärfer sie bestimmt sind, um
desto kenntlicher zeigen sie auch das erhebende oder das nieder-
schlagende. Daher auch alles mannigfaltige in den frommen Erregungen
sich diesem Gegensaz um so mehr unterordnet, als ohne die mit dem
30 Antheil an diesem Gegensaz zusammen-|fallende Hineinbildung der   I,47
frommen Richtung in die sinnlichen Gefühle, jene überhaupt nichts
mannigfaltiges darstellen könnte, und, wie nichts Zeit sonderndes, so auch
nichts Zeit erfüllendes sein würde, also in das Dunkel der Bewußtlosigkeit
zurüktreten. − Daß aber dieser Gegensaz in den frommen Gefühlen nur
35 aus der Verbindung derselben mit der niederen Stuffe des Selbstbewußtseins entsteht, kann man auch aus folgenden abnehmen. Wenn man sich
denkt, beide wären getrennt und fromme Erregungen fänden nur statt,

---

36 folgenden] *Kj* folgendem *Reutlingen 1, 49 und Stange 72:* Folgendem

---

7f § 10

wenn das Selbstbewußtsein nicht sinnlich bestimmt wäre und umgekehrt:
so kann man sich weder diesen Gegensaz noch überhaupt eine Mannigfaltigkeit in den frommen Erregungen denken, sondern nur in jedem
solchen Augenblik eine dem andern völlig gleiche Erfülltheit des
5 Gemüthes. Denn keine Beziehung des höheren Bewußtseins auf irgend
einen bestimmten Zustand weder des Denkens noch des Handelns wäre
denkbar. Denn ist durch einen solchen das Bewußtsein nicht sinnlich
bestimmt: so ist er nicht mehr und stärker in demselben gesezt, als sein
Gegentheil auch d. h., das Bewußtsein ist in Bezug auf ihn gleichgültig,
10 und er kann also auf keine Weise der frommen Erregung eine besondere
Bestimmtheit mittheilen.

4. Hiemit hängt nun auf das genaueste zusammen, daß jede sinnliche
Bestimmtheit des Selbstbewußtseins Bestandtheil einer frommen Erregung
werden kann, und sie dann zu einer erhebenden oder niederschlagenden
15 macht. Denn der Gegensaz zwischen Hemmung und Förderung des
Lebens ist innerhalb des Lebens selbst nur ein beziehungsweiser, und
somit findet auch nur eine beziehungsweise Gleichgültigkeit statt. Das
heißt, jeder gegebene Gemüthszustand, | wenn die Richtung auf das Ab- 1,48
hängigkeitsbewußtsein von Gott ihn ergreift, wird sich entweder als
20 Hemmung oder als Förderung vergleichungsweise darstellen, und also eine
bestimmte fromme Erregung veranlassen. Je stärker die eine Seite des
Gegensazes herausgearbeitet ist, um desto mehr Begeisterung ist gesezt,
erhebende oder demüthigende; je stärker aber das Abhängigkeitsgefühl an
sich heraustritt mit Unterdrükkung des Gegensazes, um desto mehr Ver-
25 tiefung ist gesezt, um desto loser ist das Band zwischen der frommen
Erregung und der sinnlichen Bestimmtheit, aber desto weniger ist auch
der fromme Gemüthszustand selbst ein scharf bestimmter.

12.

Die Frömmigkeit bildet sich zur Gemeinschaft durch die er-
30 regende Kraft der Aeußerungen des Selbstbewußtseins; aber jede
Gemeinschaft, die irgend als eine beständige vorkommt, zeigt sich
auch als eine begrenzte.

Anm. a. Wenn man fragt, wie sich die frommen Erregungen in mehreren Menschen gegen einander verhalten, so muß man unterscheiden ein Hingezogen-
werden Einiger zu einander und ein Abgestoßensein Anderer von einander.
35 Wo das erste ist, da ist Gemeinschaft, wo das andere, da ist Vereinzelung.
Gemeinschaft der Frömmigkeit ist überall, wo es anerkannte Gleichheit der
frommen Erregungen giebt und eine Leichtigkeit sie gegenseitig einer in dem
andern hervorzubringen. Jedem kann zugemuthet werden, zu erfahren, daß

er mit Mehreren in einer solchen Gemeinschaft stehe, wenn gleich in verschiedenen Abstuffungen, sowol was den Umfang der gleichen Zustände betrifft, als auch was die Leichtigkeit, sie hervorzubringen.

b. Je stätiger die Gemeinschaft sein, d. h., je näher sich die gleich erregten Momente, wenn auch nicht fortlaufend, | sondern in bestimmten Zeiträumen $\quad$ I,49 an einander reihen, und je leichter die Erregung sich fortpflanzen soll, um desto wenigere werden daran Theil nehmen können. Wogegen es nicht leicht einen Menschen geben wird, in welchem einer gar keinen frommen Gemüthszustand als den seinigen in einem gewissen Grade gleich anerkennen, und welchen einer durch sich und sich durch ihn für ganz unerregbar erkennen sollte.

c. Was wir eine Kirche nennen, ist eine bestimmte und begrenzte Gemeinschaft der Frömmigkeit, in welcher anerkannt und ausgesprochen ist, wieweit, um zu derselben zu gehören, die Gleichheit der religiösen Zustände gehen müsse, so daß auch irgendwie allgemeingültig festgestellt werden kann, wer dazu gehöre und wer nicht, und in welcher ferner auch die Fortpflanzung der frommen Erregungen mehr oder weniger geordnet und gegliedert ist. Außer diesen ist jede Gemeinschaft dieses Inhalts nur etwas einzeln vorübergehendes und fließendes. Von dem aber, wodurch solche bestimmte Gemeinschaften abgeschlossen werden, ist hier noch nicht die Rede.

1. Der Zwek, wo möglich das wesentliche und unterscheidende der christlichen Frömmigkeit zu finden, macht es nothwendig über die Betrachtung der frommen Erregungen in der einzelnen Seele hinauszugehen. Denn das christliche als solches ist uns nicht in Einzelnen auch nicht in einer zufälligen Menge von Einzelnen, sondern in einer großen Gemeinschaft gegeben, und auch nur mit ihr und aus ihr zu verstehen. Aber so wenig wir das eigenthümlich christliche irgendwoher als nothwendig oder einzigwahr ableiten wollen, eben so wenig wollen wir auch die Nothwendigkeit einer frommen Gemeinschaft überhaupt erweisen; sondern ob und wie dieses möglich sei, das bleibe der wissenschaftlichen Sittenlehre anheim gestellt; wir aber haben uns nur dieser Gemeinschaft als einer Thatsache zu versichern, und es wird nur von jedem gefordert, sich zu erinnern, daß ihm in und aus einer solchen Gemeinschaft seine Glaubensweise geworden | sei und daß er mit seinen $\quad$ I,50 frommen Erregungen auch wieder auf diese Gemeinschaft wirke.

2. Ein anderes aber ist, daß wir den Zusammenhang dieser Betrachtung mit dem bisherigen nicht verlieren. Dazu gehört aber nur, daß wir uns vorstellen, wie von dem Einzelnen aus die Gemeinschaft möglich ist, und wie sein Beitrag dazu aus seinen frommen Gemüthszuständen entsteht. Das Gefühl ist auf der einen Seite ursprünglich ein in sich

---

19–21 *Vgl.* § 13

abgeschlossenes, ein in und für sich selbst Bestimmtsein des Gemüthes;
auf der andern Seite aber, wie es ein Inneres und Aeußeres des Menschen
selbst giebt, so ist auch mit jedem Gefühl, eben weil es ein Bestimmtsein
des ganzen Menschen ist, ein Hervortreten in sein Aeußeres mitgesezt, und
5 dieses ist Darstellung des Inneren, ursprünglich ohne Absicht und für
Niemand. Tritt es aber ganz in das Aeußere hervor, und wird irgendwie
Bewegung: so wird es auch Andern bemerkbar, und in dem Maaß als es
ihnen vernehmlich ist, wird es ihnen Offenbarung seines Inneren. Daß
dies so geschieht, kann sich jeder bewußt werden, indem er sich seiner als
10 fühlend erinnert und auch als vernehmend. Diese Aeußerung des Gefühls
erregt zwar in Andern zunächst nur die Vorstellung von dem
Gemüthszustand des Aeußernden; aber an diese grenzt die innere lebendige
Nachbildung, und je mehr nun der Vernehmende fähig ist, theils im
allgemeinen, theils vermöge einer nähern Verwandtschaft mit der Art, wie
15 sich der Zustand in dem sich Aeußernden gestaltet, in den Zustand selbst
überzugehn, und je lebendiger und vernehmlicher die Aeußerung ist, um
desto leichter wird mittelst jener Nachbildung der Zustand selbst
hervorgebracht, welches eben die mittheilende Kraft der Aeu-|ßerung ist. I,51
Dieser Uebergänge und Steigerungen muß sich ebenfalls jeder selbst
20 bewußt werden, und sie von beiden Seiten erfahren haben. Daß nun auf
diese Weise von dem Einzelnen aus eine Gemeinschaft der Frömmigkeit
überhaupt möglich ist, leuchtet ein; und ein mehreres ist uns hier nicht
nöthig.
    3. Zugleich ist hier der Ort uns über die Art, wie der Ausdruk
25 Religion in verschiedenem Sinne gebraucht zu werden pflegt, aus unserm
Standpunkt zu verständigen, wiewol wir selbst uns desselben enthalten.
(S. §. 6. Anm.) Denn zunächst, wenn man von der und jener Religion
redet, geschieht dies immer in Beziehung auf diese oder jene Kirche, und
man versteht darunter im allgemeinen das Ganze der einer solchen
30 Gemeinschaft zum Grunde liegenden als gleich in ihren Mitgliedern
anerkannten frommen Gemüthszustände seinem Inhalte nach. Die einen
verschiedenen Grad zulassende Erregbarkeit des Einzelnen durch die
Gemeinschaft und seine Wirksamkeit auf die Gemeinschaft wird dann
bezeichnet durch den Ausdruk seine Religiosität. Redet man aber eben so
35 wie von christlicher und muhamedanischer, auch von natürlicher Religion,
so verdirbt man den Sprachgebrauch wieder: denn es giebt nichts, was
man als natürliche Religion aufzeigen kann, wie man etwas irgendwo und
wie vorhandenes aufzeigt als die christliche Religion. Insofern man nun
gar von Religion überhaupt redet, versteht man darunter gewöhnlich zwar

---

24–26 Vgl. z. B. Bretschneider: Entwickelung 6–12   34f Vgl. z. B. Bretschneider:
Handbuch 1, 6f

die ganze Richtung des menschlichen Gemüths auf die Frömmigkeit, aber
immer mit ihren Aeußerungen und also dem Anstreben der Gemeinschaftlichkeit zusammengedacht, nur daß man dabei den Unterschied zwischen
begrenzter und fließender Gemeinschaft außer Acht | läßt. Und eben so   I,52
5 wird dann der Ausdruk Religiosität von der frommen Erregbarkeit und
mittheilenden Kraft des Einzelnen überhaupt gebraucht. Aber weder diese
beiden Ausdrükke werden im Gebrauch gehörig geschieden, noch kann
man den Unterschied zwischen Religion überhaupt und natürlicher
Religion irgend fest halten. Sofern nun die Beschaffenheit der frommen
10 Gemüthszustände des Einzelnen nicht ganz aufgeht in dem für die
Gemeinschaft als gleich anerkannten, pflegt man diesen Unterschied so zu
bezeichnen, daß man das rein persönliche seinem Inhalt nach betrachtet
die subjektive Religion nennt, das gemeinsame aber die objektive. Wie
diese Ausdrükke aber eben so gebraucht werden können in Bezug auf das
15 ähnliche Verhältniß engerer und weiterer Gemeinschaften, wenn jene
diesen untergeordnet sind, und man am Ende jeder Kirche in diesem Sinn
eine subjektive Religion zuschreiben könne in Vergleich mit der
denkbaren, wenn auch nicht darstellbaren Gemeinschaft des ganzen
menschlichen Geschlechts, und wie unbequem daher auch dieser
20 Sprachgebrauch sei, leuchtet ein; so wie auch, daß er von den Meisten nie
recht bestimmt ist aufgefaßt worden. Endlich wie allerdings in den
frommen Erregungen selbst wiewol zusammengehörig doch unterschieden
werden kann die innere Bestimmtheit des Selbstbewußtseins selbst von der
Aeußerung desselben: so pflegt man die Gliederung der mittheilenden und
25 fortpflanzenden Aeußerungen der Frömmigkeit in einer Gemeinschaft die
äußere Religion zu nennen, den Gesammtinhalt aber aller frommen
Erregungen in den Einzelnen nennt man dann die innere Religion. Auch
hiebei aber fehlt es an Genauigkeit des Ausdruks, denn keines von beiden
existirt als Religion für sich | allein, und wird es daher immer besser sein,   I,53
30 dieser ganzen Terminologie zu entrathen.

13.

Was die Gemeinschaftlichkeit der frommen Erregungen überhaupt begrenzt, ist die Verschiedenheit theils in der Stärke der Erregung, theils in der Beschaffenheit derselben.

4–6 Vgl. z. B. Klein: Grundlinien 119. Feßler: Ansichten 1, 351   9–13 H verweist auf
Schwarz: Recension (von CG¹) 861 [f]   24–27 Vgl. z. B. Buddeus: Einleitung 588f

1. Die Stärke der Erregungen zeigt sich theils in dem Verhältniß, in welchem die so erfüllten Augenblikke zu dem Ganzen des Lebens stehen, und, was damit zusammenhängt, in der Stärke und Schwäche des frommen Gefühls unter übrigens gleichen Umständen. Denken wir uns zwei Menschen, bei deren einem sehr viele, dem andern nur wenige fromme Erregungen vorkommen, so werden sie auch miteinander nur in einer zerstreuten und sparsamen Gemeinschaft stehen können. Denn der lezte ist größtentheils nicht im Stande die Aeußerungen des ersten nachzubilden, und den gleichen Zustand in sich hervorzurufen. (S. §. 12, 2.) Und die schwächeren Ansäze zu frommen Erregungen, die in dem lezten vorkommen, sind in dem ersten unvernehmlich, und erscheinen ihm als Null. Daher nicht nur der erste in einer engeren frommen Gemeinschaft stehen wird mit einem, der eben so sehr erregbar ist als er, sondern auch der leztere in einer genauern mit einem, der eben so wenig erregbar ist als er. Theils besteht auch die Stärke der Erregung in der Bestimmtheit, mit welcher das fromme in jedem Gefühlsmoment von dem bloß sinnlichen geschieden wird; denn das fromme ist als frommes desto schwächer, je weniger es sich vom bloß sinnlichen unterscheidet. Offen-|bar aber wird die Aeußerung einer reineren Frömmigkeit demjenigen unvernehmlich sein, dessen eigene noch mehr mit dem sinnlichen verworren ist; und jener wiederum wird diese nicht für fromm anerkennen, sondern sie leicht mit dem bloß sinnlichen verwechseln. Je weiter also in dieser Hinsicht zwei auseinander sind, um desto weniger findet unter ihnen Gemeinschaft statt. 1,54

2. Die Erregung selbst kann verschieden sein theils durch den ersten Anfang, indem die Entwiklung des Abhängigkeitsgefühls in dem einen leichter durch die eine sinnliche Bestimmtheit des Selbstbewußtseins hervorgerufen wird, in dem andern aber durch andere. Theils kann sie verschieden sein an ihrem lezten Ende, indem nämlich der eine sie überwiegend auf diese Weise, der andere auf eine andere zu äußern pflegt. Beides beschränkt natürlich die Gemeinschaftlichkeit. Denn je mehr einer ausschließlich an eine Aeußerungsweise gewohnt ist, um desto unempfänglicher wird er für die mindest verwandte, und diese hört daher für ihn auf ein Fortpflanzungsmittel der Erregung zu sein. Eben so wird es schwer, daß einer die Frömmigkeit dessen anerkenne, der so gut als gar nicht durch dieselben Ereignisse und Stimmungen, wie er selbst, zu frommen Gemüthszuständen erhoben wird. Je weiter also auseinander in beider Hinsicht, um desto geringere Gemeinschaft kann stattfinden.

3. Aber nur überhaupt und im allgemeinen wird die Gemeinschaftlichkeit frommer Gemüthszustände durch diese Verschiedenheiten auf eine unbestimmte Weise begrenzt, so daß mehr und minder Gemeinschaft

---

9 12, 2.] 12. 2.   **14** einer] einem

nach diesem Maaßstabe stattfindet. Keinesweges aber sind es diese Verschiedenheiten, durch welche eine bestimmte Glaubensweise und Kirche
von der andern, und na-|mentlich, worauf es uns hier allein ankommt, die I,55
christliche von allen andern sich unterscheidet. Das Christenthum ist nicht
5 von andern frommen Gemeinschaften als diejenige unterschieden, deren
Anhänger alle in einem höheren Grade als andere empfänglich wären für
fromme Erregungen. Denn wir geben unbedenklich hierin einen großen
Unterschied unter den Christen selbst zu, und erkennen einen als Christen
an, ohne irgend zu untersuchen, wenn er etwa der unerregbarste Christ
10 wäre, ob er auch noch um ein bestimmtes erregbarer ist als der frömmste
nach einer andern Weise und Gemeinschaft, und ohne daß wir jemals
glauben schwanken zu können zwischen dem unfrömmsten Christen und
dem frömmsten Nichtchristen. Auch würde dann entweder folgen, daß
das Christenthum allein eine stärkere Frömmigkeit enthielte, alle anderen
15 aber darin gleich wären: in welchem Falle aber doch diese durch etwas
anderes müßten von einander geschieden sein, und dann würde doch die
Aufgabe entstehen, eine solche Differenz auch im Christenthume
aufzusuchen. Oder man müßte sagen, daß alle anderen Gemeinschaften
auf gleiche Weise durch die größere oder geringere Erregbarkeit ihrer
20 Mitglieder geschieden wären, und daraus würde weiter folgen, daß der
Uebergang aus der schwächsten in das Christenthum als die stärkste nur
erfolgen könne durch alle dazwischenliegenden, welches eben so gegen die
Erfahrung streitet, indem aus allen andern frommen Gemeinschaften ohne
Unterschied unmittelbar in das Christenthum übergegangen wird. Ja auch
25 dadurch kann es nicht begrenzt sein, daß in ihm das fromme bestimmter
vom sinnlichen geschieden würde. Denn auch hierin nehmen wir
innerhalb des Christenthums selbst die größte Ver-|schiedenheit an, und I,56
erkennen eben so auch einen, in dem das fromme noch in hohem Grade
mit dem sinnlichen verworren ist, unbedenklich für einen Christen an,
30 ohne irgend Grenzuntersuchungen anzustellen; und alles eben gesagte läßt
sich auch hierauf vollkommen anwenden. Auch müßte in beiden Fällen
jede Gemeinschaft, wenn sie in sich selbst allmählig mehr Stärke gewönne,
ohne alles äußere Zuthun in das Christenthum übergehn und dieses gleichsam in sich selbst erzeugen können, welches doch gewiß niemand wird
35 annehmen wollen. Ja man kann sagen, jede fromme Gemeinschaft trägt in
sich das größte von Erregbarkeit, daß nämlich das Festhalten an der
Frömmigkeit auch die Liebe zum Leben überwindet, und eben so das
kleinste, daß nämlich bei Manchen ihrer Glieder die frommen Erregungen
gar nicht recht zu Stande kommen, dennoch aber auch bei diesen der
40 Ansaz zu denselben schon das Gepräge der bestimmten Gemeinschaft an

---

20 würde] wurde

sich trägt. – Eben so wenig aber unterscheidet sich das Christenthum von andern frommen Gemeinschaften dadurch, daß unter den Christen fromme Erregungen vorkämen bei solchen Veranlassungen, bei denen sie in andern Gemeinschaften nicht vorkommen oder umgekehrt. Denn es macht offenbar Anspruch darauf, daß die Frömmigkeit soll allgegenwärtig sein, und will also alles in sich fassen, was irgend anderwärts vorkommt. Sollte es aber einige besondere Erregungen für sich haben, so müßten doch auch andere Gemeinschaften sich dadurch unterscheiden, daß sie einige für sich eigen hätten, wodurch aber jener unverkennbare Anspruch des Christenthums aufgehoben würde. Dasselbe gilt von den verschiedenen Arten der | Aeußerung. Denn wenn das Christenthum solche Aeuße- I,57 rungen hätte, welche in andern Gemeinschaften nicht vorkämen, und eben diese sein eigenthümliches bildeten: so würde es allen andern so unverständlich sein, daß keiner aus einer andern Gemeinschaft zum Christenthum könnte hinübergezogen werden.

Zusaz. Indem wir also eine Mehrheit von bestimmt begrenzten frommen Gemeinschaften als gegeben annehmen, und aufsuchen worin ihr Geschiedensein sich begründe, um auf diese Weise das eigenthümliche des Christenthums zu finden: so müssen wir bevorworten, daß eines Theils sie nicht so gleich gesezt werden dürfen, daß eine gleiche Innigkeit und Allgegenwart der Frömmigkeit in allen gesezt werde. Denn dies würde nicht nur dem christlichen Gefühl gänzlich widerstehen; sondern auch andere Weisen der Frömmigkeit sind dem Christenthum hierin gleich, während andere ohne Bedenken anderen gleichen Rang und Werth neben sich zugestehen. Andern theils aber dürfen die verschiedenen frommen Gemeinschaften auch nicht auf solch eine Weise getrennt werden, daß es nicht Uebergangspunkte gebe von der einen zur andern. Denn sonst könnte auch das Christenthum nicht auf dem Grund und Boden anderer frommen Gemeinschaften sich ausbreiten, sondern nur wo alle Frömmigkeit verschwunden wäre, könnte es Wurzel fassen, welches den ersten Erfahrungen, die es von seiner Kraft gemacht hat, und dem dabei ausgesprochenen Grundsaz (Ap. Gesch. 10, 34. 35.) widerstreiten würde, ohne dessen Anwendung das Christenthum offenbar immer nur hätte ein Zweig des Judenthums bleiben müssen. |

---

23 Christenthum] Ehristenthum

14.

Die in der Geschichte erscheinenden bestimmt begrenzten
frommen Gemeinschaften verhalten sich gegeneinander theils als
verschiedene Entwiklungsstuffen, theils als verschiedene Arten.

5   1. Wie auf den vorbürgerlichen Zustand des bewußtlosen Zusammen-
lebens und der gestaltlosen Zusammengehörigkeit der bürgerliche Zustand
folgt, und in diesem selbst die schwankenden und kleinlichen ersten Versuche zur Gestaltung allmählig in festere und vollkomnere übergehen, und
wir dies mit Recht als verschiedene Entwiklungsstuffen dieser menschli-
10 chen Richtung unterscheiden: so bemerken wir ähnliche Abstuffungen
auch in den Gemeinschaften der Frömmigkeit, und zwar die nicht nur die
Gestaltung der Gemeinschaft als solcher betreffen, sondern die
gemeinsamen Zustände selbst, und von denen einige eben so nur auf einer
niederen Stuffe der menschlichen Entwiklung überhaupt stattfinden, und
15 bei weiterem Fortschritt von andern verdrängt werden. So giebt es
Formen des Gözendienstes, welche zwar bei einer großen mechanischen,
aber nicht bei einer auch nur mittelmäßigen wissenschaftlichen und künst-
lerischen Ausbildung bestehen können, und Formen der Gottesverehrung,
mit denen ein ganz roher und barbarischer gesellschaftlicher Zustand nicht
20 fortlaufend kann gedacht werden. – Aber alle Unterschiede sind nicht auf
diese Art zu begreifen, sondern, so wie es bürgerliche Gesellschaften
giebt, welche auf derselben Entwiklungsstuffe stehend, doch sehr bestimmt von einander verschieden sind, so auch giebt es Gestaltungen
der gemeinschaftlichen Frömmigkeit, welche, wie z. B. der hellenische
25 Polytheismus, zwar | in der Entwiklungsreihe betrachtet die eine eben   I,59
soviel unter sich und über sich zu haben scheinen, als die andere, dennoch
aber sehr bestimmt von einander geschieden sind.
      2. Sofern man annimmt, was zu untersuchen aber nur die Sache der
Religionsphilosophie ist, daß jede bestimmte Abstuffung mehrere solche
30 verschiedene Gestaltungen in sich schlösse, so könnte man diese als
verschiedene Arten ansehn, in denen sich sämtliche Abstuffungen dar-
stellten. Indeß sind beide Unterscheidungen, die in Stuffen sowol als die in
Gattungen oder Arten hier, aber auch überhaupt auf dem geschichtlichen
Gebiet sogenannter moralischer Personen, nicht so streng festzuhalten als
35 auf dem Naturgebiet. Denn wären die Unterschiede dieser Gestaltungen
auf allen Entwiklungsstuffen dieselben: so könnte man die Ansicht auch
umkehren und sagen, es gebe verschiedene Arten der gemeinschaftlichen
Frömmigkeit, deren jede sich aber vom unvollkomnen zum vollkomnen

durch eine Reihe von Entwiklungen gestalte; und dann träte der Begriff
der Stuffen zurük, und es blieben nur übrig entfaltende Verwandlungen
derselben Subjekte. Wäre aber dieses nicht, sondern müßte jede
Gestaltung, indem sie eine andere Stuffe ersteigt, auch in ihrem Verhältniß
5 zu den neben ihr stehenden eine andere werden: so könnte man von
diesen Verschiedenheiten den Ausdruk Art nicht in seiner vollen Bedeutung gebrauchen, indem eine Art nicht in die andere überzugehen pflegt.
Dennoch aber würde fest stehen bleiben, daß es zweierlei Unterschiede
auf diesem Gebiet giebt, indem doch jede geschichtliche Gestaltung ein
10 zweifaches Verhältniß hätte, zu neben ihr stehenden und zu unter und
über ihr stehenden. |

    3. Daß noch nirgends unternommen worden ist, alle bekannt 1,60
gewordenen Glaubensweisen und kirchlichen Gemeinschaften in einen
solchen Rahmen zu ordnen, daraus kann nur folgen, daß es im einzelnen
15 schwierig ist, die Verhältnisse gehörig auszumitteln, und das beigeordnete
und untergeordnete zu scheiden und auseinander zu halten. Im
allgemeinen aber wird nicht leicht jemand den zwiefachen Unterschied
läugnen, und daran kann es hier genügen, da es nur darauf ankommt zu
untersuchen, wie das Christenthum sich in beider Hinsicht zu andern
20 Gemeinschaften und Glaubensweisen verhält. Indem wir nun alle Verschiedenheiten auf dieses zwiefache zurükführen: so scheint dadurch
gleich abgeschnitten zu werden, daß sich das Christenthum zu allen oder
auch nur einigen Gestaltungen der Frömmigkeit verhalte, wie die wahre
zu den falschen. Denn wahres muß nicht nur in denen sein, welche etwa
25 mit dem Christenthum auf derselben Stuffe stehen, indem ja das falsche
und verkehrte nicht könnte die Frömmigkeit so weit entwikkelt haben:
sondern wahres muß auch in allen denen sein, die unter dem
Christenthum stehen, weil nur in dem wahren die Empfänglichkeit das
christliche zu verstehen und aufzunehmen kann gegründet sein, durch
30 welche der Uebergang aus jeder untergeordneten Form in die christliche
bedingt ist. Auch liegt diesem ganzen Verfahren die Ansicht zum Grunde,
daß der Irrthum nirgend an und für sich ist, sondern nur an der Wahrheit,
und daß er nicht eher recht ist verstanden worden, bis man an ihm die
Wahrheit gefunden hat. Auch scheint dies dem gemäß zu sein, was Paulus
35 ausspricht. (Röm. 1, 21. flgd. Ap. Gesch. 14, 15-17. und 17, 27-30.)
Noch weiter aber scheint sich von dem allgemeinen Gefühl | der 1,61
ausschließenden Vortrefflichkeit des Christenthums das andere zu
entfernen, wenn nämlich stillschweigend fast im voraus angenommen
wird, es gebe andere Gestaltungen der Frömmigkeit, welche sich zu dem
40 Christenthum verhielten wie andere aber auf der gleichen Entwiklungs-

---

19 Christenthum] *so H; OD:* Ehristenthum

stuffe mit ihm stehende Arten. Allein auch im Naturgebiet unterscheiden
wir ja vollkomnere und unvollkomnere Thiere als gleichsam verschiedene
Entwiklungsstuffen des thierischen Lebens, und auf jeder Stuffe verschiedene Gattungen, die also als dieselbe Stuffe ausdrükkend gleich sind,
5 wobei aber doch nicht hindert, daß nicht die eine mehr als die übrigen
kann der höheren Stuffe sich annähern und in sofern vollkomner sein. So
daß also genau betrachtet diese Annahme nicht hindert, daß nicht das
Christenthum könne vollkomner sein, als jede von den Gestaltungen, die
wir sonst mit ihm auf die gleiche Stuffe zu stellen Grund fänden.

10   15.

Zu denjenigen Gestalten der Frömmigkeit, welche alle frommen
Erregungen auf die Abhängigkeit alles Endlichen von Einem
Höchsten und Unendlichen zurükführen, verhalten sich alle
übrigen wie untergeordnete Entwiklungsstuffen.

15   Anm. a. Es scheint widersprechend, daß die Frömmigkeit allgemein als
Selbstbewußtsein beschrieben ist, nun aber von einem Gefühl der
Abhängigkeit alles Endlichen geredet wird, worauf alle Frömmigkeit soll
zurükgeführt werden. Allein das Selbstbewußtsein ist einer verschiedenen
Ausdehnung fähig, und eben sogut als bestimmte einzelne Sphären, wie
20   Hauswesen und Vaterland, kann der Mensch auch die Welt in sein
Selbstbewußtsein aufnehmen (S. §. 10, 2.) und dieses | ist eigentlich dasjenige   I,62
fromme Bewußtsein, welchem jedes andere als Theil untergeordnet wird.
        b. Wirklich aber tritt dieses als allgemeine Norm nur auf in denjenigen
Gestaltungen der Frömmigkeit, die wir die monotheistischen Religionen zu
25   nennen pflegen, welche also hier als die höchste Entwiklungsstuffe sollen
aufgestellt werden.

1. Als solche untergeordnete Stuffen seze ich im Allgemeinen den
Gözendienst, auch Fetischismus genannt, und die Vielgötterei. Der
Unterschied zwischen diesen beiden ist nicht zu verkennen. Eigentliche
30 Vielgötterei ist nur da, wo die Götter eine gegliederte zusammengehörige
Vielheit bilden, welche als eine Allheit, wenn auch nicht nachgewiesen,
doch vorausgesezt und angestrebt wird. Vermöge dieser ist nun in dem
fromm erregten Selbstbewußtsein, sofern jeder Gott auf das ganze System
bezogen wird, die Abhängigkeit alles Endlichen aufgenommen, aber nicht

---

11 Gestalten] *Konjekturerwägung bei Stange 222:* Gestaltungen *vgl.* CG² § 8 I, 47
21 10, 2.] 10. 2.,

von Einem Höchsten, außer sofern hinter der Vielheit schon die Einheit irgendwie hervortritt, in welchem Falle die Vielgötterei aber schon im Verschwinden ist und der Uebergang zum Monotheismus gebahnt. Dem Gözendiener aber ist die Mehrheit der Gözen nur etwas zufälliges, und es
5 ist dabei gar nichts vollständiges angestrebt; wol aber schreibt er dem Gözen nur zu einen Einfluß auf ein bestimmtes endliches Gebiet, über welches hinaus seine fromme Erregungsfähigkeit sich nicht erstrekt. Diesem eigentlichen Gözendienst liegt allemal zum Grunde eine Unfähigkeit, die Welt mit in das Selbstbewußtsein aufzunehmen, weshalb
10 auch die frommen Erregungen nicht eine Abhängigkeit alles Endlichen aussagen können. Die alten ξόανα der Hellenen waren wahrscheinlich eigentliche Gözenbilder und jedes etwas für sich allein. Die Vereinigung dieser verschiedenen Verehrungen und die Entstehung wahrer Mythen-kreise, | wodurch diese Gebilde in Zusammenhang gebracht wurden, war 1,63
15 eins und dasselbe, und dadurch erst die Erhebung vom Gözendienst zur eigentlichen Vielgötterei bedingt.
　　2. Diese Verschiedenheit, Einen Gott zu glauben, unter dessen Abhängigkeit die ganze Welt gestellt ist, oder ein System von Göttern, welche die Weltherrschaft unter sich theilen, oder einzelne Gözen, die
20 sich auf Familien, Ortschaften oder einzelne Geschäfte beziehen, scheint zwar zunächst nur in der Vorstellung zu liegen, nicht in dem unmittelbaren Selbstbewußtsein, und also nach unserer Ansicht nur eine abgeleitete zu sein, nach welcher nicht sicher genug wäre die Gestaltungen der Frömmigkeit einzutheilen. Allein es geht schon aus dem bisher
25 gesagten hervor, wie diese verschiedenen Vorstellungen von verschiedenen Zuständen des Selbstbewußtseins abhängen. Denn es giebt keinen eigentlichen Monotheismus ohne die Fähigkeit sich im Selbstbewußtsein mit der ganzen Welt zu einen, d. h., sich selbst schlechthin als Welt oder die Welt schlechthin als sich selbst zu fühlen. Mit dieser Erweiterung des
30 Selbstbewußtseins aber ist kein Fetischismus mehr vereinbar. Die eigentliche Vielgötterei sezt auch dieselbe Möglichkeit voraus, im Selbstbewußtsein das Ich bis zur Welt auszudehnen; aber die Verschieden-heit der Zustände, mit welchen sich die hierauf ruhende fromme Erregung einiget, herrscht zu sehr vor, als daß alle diese verschiedenen Gestaltungen
35 der Abhängigkeit auf Eins sollten bezogen werden. Es zeigen daher diese drei Stuffen zugleich die verschiedenen Verhältnisse der frommen Erregung zu den sinnlichen Gefühlen. Im Fetischismus sind noch das übersinnliche und sinnliche Gefühl so verworren, daß ihr | Unterschied 1,64 mißkannt, und eben deshalb der Göze als ein einzelnes Ding gesetzt und
40 also das fromme Gefühl dem sinnlichen gleich behandelt wird. In der

---

13 wahrer] *Konjekturerwägung bei Stange 222:* mehrerer *vgl.* CG² § 8, 1 I, 47

Vielgötterei treten beide zwar mehr auseinander und die frommen Gefühle
werden bestimmter von den sinnlichen geschieden; aber sie nehmen doch
noch zu sehr Theil an den Gegensäzen, in welche die Mannigfaltigkeit der
sinnlichen zerfällt, und daher werden sie selbst auf ein mannigfaltiges
bezogen, es mögen nun in den Göttern mehr die Naturkräfte dargestellt
werden, welche die verschiedenen sinnlichen Gefühle erregen, mit denen
die höheren sich einigen, oder es mögen die geselligen Verhältnisse und
die in ihnen wirksamen menschlichen Eigenschaften durch die Götter
symbolisirt werden. Vollkommen klar ist das fromme erst mit allem
sinnlichen zwar vereinbar aber auch im Bewußtsein davon geschieden, da
wo in den frommen Erregungen selbst kein anderer Gegensaz übrig bleibt,
als der ihres freudigen oder niederschlagenden Tons, und sie deshalb auch
nur auf Eines bezogen werden.

3. Man kann daher diese niederen Stuffen auch von der höheren
unterscheiden als solche, von welchen bestimmt ist in andere überzugehen.
Denn auf keinem Ort der Erde soll der Mensch immer beim Gözendienst
stehen bleiben, sondern so wie sein Bewußtsein sich zu größerer Reinheit und Klarheit entfaltet, wie langsam dies auch in manchen Menschen-
stämmen geschehe, findet er auch den Weg zu einer vollkomneren Gestaltung seiner Frömmigkeit: wogegen die monotheistische Stuffe den
Gipfel darstellt. Auf ihr selbst zwar kann es noch Unterschiede geben des
unvollkomneren und vollkomneren, aber eine höhere giebt es nicht, und
Rükgang auf eine andere findet nicht statt. Chri-|sten, die wirklich und   1,65
nicht nur zum Schein zum Heidenthum in Verfolgungen zurükgekehrt
waren, können, als sie Christen wurden, nur von einer gemeinsamen Bewegung fortgerissen gewesen sein, nicht aber das Wesen des Monotheismus in ihr persönliches Bewußtsein aufgenommen haben. Giebt es nun
aber keine höhere Stuffe als den Monotheismus, so könnte man vielleicht
denken, es sei dem vorigen gemäß doch noch eine niedrigere anzunehmen
als der Fetischismus, nämlich ein gänzlicher Mangel aller religiösen
Erregung, wie schon manche eine solche Brutalität als den ursprünglichen
Zustand des Menschen angenommen haben. Und wenn der Uebergang aus
einer niederen Stuffe zu einer höheren als fortschreitende Entwikkelung
gedacht wird: so möchte dann gefolgert werden, der Mensch könne sich
überall nur zum Monotheismus erheben, nachdem er von jener Brutalität
an alle untergeordneten Stuffen durchlaufen. Allein wir unseres Theils
bilden das ganze geschichtliche Gebiet nach dem Grundsaz aus Nichts
wird Nichts; und was sich aus der Seele eines Menschen entwikkeln soll,
dazu muß der Keim schon ursprünglich in ihr gelegen haben. Wie wir nun
diese Brutalität läugnen, die auch geschichtlich wol nirgends nachgewiesen
werden kann: so geben wir auch die andere Folgerung nicht zu, daß der
Monotheismus sich immer aus dem Fetischismus durch die Vielgötterei
erst bilden müsse. Sondern es kann freilich nach unserer Ansicht als mög-

lich gedacht werden, daß alle Theile des menschlichen Geschlechts
ursprünglich mit jener ganz dunklen und verworrenen Frömmigkeit angefangen haben; aber es ist auch an sich eben so denkbar, daß neben jenem
über den größten Theil des menschlichen Geschlechts ur-|sprünglich ver- 1,66
5 breiteten Fetischismus irgendwo ursprünglich ein Monotheismus gewesen,
aus dem sich die großen Gestaltungen dieser Stuffe zuerst entwikkelt
haben. Und eben so denkbar, daß das menschliche Geschlecht überall mit
jenem kindlichen Monotheismus angefangen, wie wir ihn bei manchen
übrigens noch nicht sehr entwikkelten Stämmen finden, und daß dieser
10 nur bei den meisten durch Verderbniß ausgeartet ist und sich allmählig
von unten auf wieder herstellt.

4. Wenn uns nun die Geschichte nur drei große monotheistische
Gemeinschaften zeigt, die jüdische christliche und muhamedanische: so ist
nicht zu läugnen, daß die erste, durch die Art wie die Liebe des Jehovah
15 auf den Abrahamitischen Stamm beschränkt wird, noch eine gewisse Hinneigung zum Fetischismus in sich trägt, und durch manche Schwankungen
auf die Seite des Gözendienstes und der Vielgötterei verräth, daß sich das
reine Gefühl des höchsten Wesens erst allmählig darin ausgebildet. Die
muhamedanische aber zeigt durch ihren leidenschaftlichen Charakter, und
20 durch den starken sinnlichen Gehalt ihrer Vorstellungen eine Spur von
jener Gewalt des sinnlichen Gegensazes, welche den Menschen auf der
Stuffe der Vielgötterei zurükhält. Darum stellt sich das Christenthum von
selbst über beide, da es sich von beiden Mängeln frei hält und uns den
reinsten Monotheismus darstellt. Daher wir es auch nur als Rükschritt
25 und als krankhafte Ausnahme ansehen können, wenn aus dem
Christenthum in das Judenthum oder in den Muhamedanismus übergegangen wird; und kommt auch namentlich das lezte nicht selten vor; so
doch vielleicht niemals rein und lauter. So erscheint das Christenthum |
schon durch die bloße Vergleichung als die vollkommenste (§. 14, 3.) 1,67
30 unter den gleich entwikkelten Formen.

5. Aus der Besorgniß, daß, wenn einmal Abstuffungen in der
Frömmigkeit angenommen werden, es dann allzunatürlich sei, auf der
einen Seite noch tiefer hinabsteigen zu wollen, und einen Nullpunkt der
Frömmigkeit anzunehmen, wodurch die Frömmigkeit als etwas zufälliges
35 in der menschlichen Natur erscheinen würde, auf der andern Seite noch
höher hinaus zu wollen, indem auch die monotheistischen Formen als durch
Steigerung entstanden noch unvollkomnes an sich tragen würden, welches
dann ins zügellose führen oder gar in Gottlosigkeit umschlagen könnte —
aus dieser Besorgniß ist eine Ansicht entstanden, welche die unterge-

---

8 f *Vgl. dazu Eberhard: Apologie 1, 185 f*

ordneten Stuffen gar nicht für Frömmigkeit anerkennen will, wobei vorzüglich der Grund geltend gemacht wird, daß sie ihre Quelle in der Furcht
hätten. Allein diese Furcht ist nur eine Umbiegung des Abhängigkeitsgefühls; und wie das Christenthum selbst gesteht, daß nur die völlige
5 Liebe die Furcht austreibt (1 Joh. 4, 18.) d. h., daß die unvollkomne Liebe
noch nie ganz frei ist von Furcht: so ist eben so leicht einzusehen, daß
auch jene Furcht nicht ganz getrennt sein kann von den ersten Regungen
der Liebe. Auch möchte nicht nachzuweisen sein, was für eine andere und
worauf ihrer inneren Wahrheit nach gehende Richtung in der mensch-
10 lichen Seele diese wäre, welche die Idololatrie erzeugt, und welche
verloren ginge, wenn die Religion an ihre Stelle tritt; sondern die genauere
Zerlegung würde wohl immer wieder darauf zurükkommen, auch für
diese niederen Potenzen dieselbe Wurzel anzuerkennen. — Eben so wenig
kann auf der andern Seite zugegeben werden, daß der Pantheismus als et-|
15 was besonderes in unsere Betrachtung gehöre, weder als eine eigene Stuffe   I, 68
noch als eine eigene Art. Denn zuerst läßt sich ein polytheistischer
Pantheismus eben so gut denken als ein monotheistischer. Denn das
Ganze, sofern es Gott sein soll, kann als Eines oder als Vieles angesehen
werden, und das Platonische System der gewordenen Götter, für sich be-
20 trachtet, stellt einen solchen polytheistischen Pantheismus in der That dar,
indem jene Gottheiten den Weltkörpern nicht vorstehen wie die Engel bei
manchen Kirchenvätern, sondern mit ihnen eins und dasselbe sind. Dann
aber muß auch, den Pantheismus einheitsmäßig gedacht und an der gewöhnlichen Formel ἕν καὶ πᾶν festgehalten, zugegeben werden, daß die
25 Frömmigkeit eines Pantheisten völlig dieselbe sein kann, wie die eines
Monotheisten, und daß die Verschiedenheit des Pantheismus von der allgemein verbreiteten Vorstellung ganz auf dem spekulativen Gebiet liegt.
Sofern der Pantheismus nur wirklich ein Theismus ist, sind in ihm ebenfalls, wie im Monotheismus, Gott und Welt zusammengehörig und
30 zugleich im Gedanken wie im Gefühl geschieden. Der Unterschied aber
zwischen einem außer oder überweltlichen Gott und einem inner-
weltlichen ist wunderlich, weil der Gegensaz von innerhalb und außerhalb
etwas auf Gott unanwendbar ist, und die Aufstellung desselben immer die
göttliche Allgegenwart gefährdet. Die Verschiedenheit beider Vorstel-

---

32 f außerhalb . . . unanwendbar] *Kj Stange* 97: außerhalb etwas auf Gott Unanwendbares
aber wohl zu lesen: außerhalb etwas (*Genitiv!*) auf Gott unanwendbar

---

1–3 *Vgl. z. B. Meiners: Geschichte 1, 19 f. (Grohmann:) Ueber Offenbarung 44–46*
19–22 *Plato: Timaeus cp. 12, ed. Bekker 3/2, 40–42; ed. Burnet 4 (St. III 39 e–40 d)*
21 f *Vgl. z. B. Clemens: Stromata 5, 6 (5, 37, 2), ed. Potter 2, 668, 11 ff; GCS 2, 351, 13 ff*

lungsarten ist also nur in dem Grade oder der Art des Auseinanderhaltens
beider zusammengehörigen Gedanken, und diese Verschiedenheit ist nicht
in dem höheren Selbstbewußtsein selbst, sondern nur eine verschiedene
Methode der höheren Betrachtung. Sofern nun von einem rein spekula-
5 tiven oder dialektischen In-|teresse die Rede wäre, könnte man nach ihren   1,69
eigenthümlichen Vorzügen und Mängeln fragen; hier aber nicht. Auch ist
niemals eine eigne kirchliche Gemeinschaft auf dem Grund des
Pantheismus entstanden, ja der Name selbst ist nicht ein solcher, den sich
Einzelne oder Schulen und Partheien selbst gegeben, sondern er ist nur als
10 Nek- oder Schimpfnamen eingeschlichen. Daher die näheren Auseinandersezungen über diese Modifikationen des Theismus nicht hieher gehören.

16.

Als verschiedenartig entfernen sich am meisten von einander
diejenigen Gestaltungen der Frömmigkeit, bei denen in Bezug auf
15 die frommen Erregungen das natürliche in den menschlichen Zuständen dem sittlichen untergeordnet wird, und diejenigen, bei
denen umgekehrt das sittliche darin dem natürlichen untergeordnet
wird.

Anm. a. Wir können nur sagen, daß sie sich als verschiedenartig von einander
20   entfernen, und nicht, daß sie die am meisten entgegengesezten Arten sind,
        wegen dessen was §. 14, 2. bemerkt ist.
        b. Der Gegensaz zwischen dem natürlichen in den menschlichen Zustän-
        den und dem sittlichen darin ist hier so gefaßt, daß unter dem natürlichen
        verstanden wird das leidentliche Bewegtsein des Menschen als eines Theiles
25   der Natur von den Einwirkungen alles dessen, womit er in Wechselwirkung
        steht, oder das ohne Bezug auf den Willen bewegte Selbstbewußtsein; unter
        dem sittlichen dagegen das bewegte Selbstbewußtsein des Menschen als einer
        eigenthümlichen, dem ganzen Gebiet der Wechselwirkung selbstthätig gegen-
        übertretenden, geistigen Kraft, oder das in Bezug auf die Gesammtaufgabe
30   der menschlichen Thätigkeit bewegte Selbstbewußtsein.
        c. Die erste Art des Bewegtseins ist aber in Bezug auf die fromme Er-
        regung der andern untergeordnet, wenn das lei-|dentliche Bewegtsein nur in   1,70
        Bezug auf die Gesammtaufgabe der Thätigkeit eine fromme Erregung her-
        vorruft; die andere Art aber ist der ersten untergeordnet, wenn das Selbst-
35   bewußtsein des Menschen als eines selbstthätigen sich nur auf sein leidentliches
        Verhältniß zum Gesammtgebiet der Wechselwirkung bezogen zur frommen
        Erregung steigert.

---

21 14, 2.] 14. 2.

1. Das Abhängigkeitsgefühl an sich betrachtet ist ganz einfach, und auch der Begriff desselben bietet keinen Grund zur Verschiedenartigkeit dar. Da aber die fromme Erregung immer nur in der Vereinigung jenes Gefühls mit einem sinnlichen ein wirkliches Selbstbewußtsein ist, und das

5 sinnliche als ein unendlich mannigfaltiges angesehen werden muß: so bietet uns dieses den Grund dar zu der Verschiedenartigkeit, in welche sich die frommen Erregungen gestalten. Wenn freilich mit jedem sinnlichen Selbstbewußtsein jenes Abhängigkeitsgefühl sich einigen kann: so muß es auch an sich betrachtet allen Aeußerungen desselben gleich ver-

10 wandt sein; aber demohnerachtet läßt sich denken, daß sich in einzelnen Menschen sowol als in großen Massen hier eine verschiedene Verwandtschaft bildet. Ja es läßt sich eine größere Verschiedenheit nicht denken, als wenn in Einigen eine gewisse Art des sinnlichen Selbstbewußtseins sich leicht und sicher zur frommen Erregung gestaltet, eine andere aber jener

15 entgegengesezte schwer oder gar nicht, und wenn sich bei Andern eben dieses umgekehrt verhielte; und es kommt nur darauf an, in dem Gebiet des sinnlichen Selbstbewußtseins solche Gegensäze zu finden, und dann zu versuchen, ob sich der Einfluß derselben in den von einander abweichenden frommen Gemeinschaften wirksam und bestimmend zeigt.

20 2. Der hier aufgefaßte Gegensaz ist nicht hergenommen aus den verschiedenen Einwirkungen, durch welche unser Selbstbewußtsein in dem einen Augenblick | so in dem andern anders bestimmt wird. Man hätte I,71 zwar auch diese theilen können in leibliche und geistige, in solche, die mehr von den Menschen ausgehn, und in solche, die mehr von der

25 äußeren Natur. Allein, wenn gleich einzelne Menschen leichter durch die äußere Natur fromm erregt werden, und andere leichter durch gesellige Verhältnisse und aus diesen entstandene Stimmungen: so läßt sich doch der Unterschied der einzelnen frommen Gemeinschaften hieraus nicht erklären, indem jede von ihnen alle diese Verschiedenheiten in sich faßt, und

30 keine von ihnen die eine oder die andere Art der Erregung aus ihrem Umfange ausschließt oder auch nur bedeutend die eine hinter die andere zurükstellt. Daher schien es zwekmäßig einen Gegensaz zur Anwendung zu bringen, welcher unmittelbar in den innersten Verhältnissen des Selbstbewußtseins gegründet ist. Wie nämlich das ganze Leben ein Ineinander-

35 sein und Auseinanderfolgen von Thun und Leiden ist, so ist sich auch der Mensch seiner selbst bewußt bald mehr als leidend bald mehr als thätig, und man kann sich auch in großen Massen als gemeinsame Constitution denken, daß hier die eine Form des Selbstbewußtseins sich leichter zur frommen Erregung steigert, wogegen die andere mehr auf der sinnlichen

40 Stuffe zurükbleibt, und dort es sich umgekehrt verhält. Allein auch dies bliebe doch nur ein fließender Unterschied, nicht geschikt, zwischen den verschiedenen Gestaltungen der Frömmigkeit eine große und im Ganzen leicht kenntliche Abtheilung zu machen, wenn sich nicht der bloße Unter-

schied in eine solche Unterordnung, wie oben angedeutet ist, verwandelte. Diese ist am stärksten ausgeprägt, wenn auf der einen Seite alle leidentlichen Zustände, seien sie nun veranlaßt durch die äußere | Natur oder I,72 durch die gesellige Verhältnisse, und angenehm oder unangenehm, nur
5 das Abhängigkeitsgefühl von Gott auf eine bestimmte Weise erregen, sofern sie in Rükwirkung übergehn, und wir uns bewußt werden, daß etwas und was zu thun sei, eben weil wir uns in einem solchen Verhältniß zu der Gesammtheit des Seins befinden, wie in dem leidentlichen Zustand ausgedrükt ist. Auf diese Weise sind in der frommen Erregung die lei-
10 dentlichen Zustände nur Veranlassung zum Bewußtsein bestimmter Thätigkeit. In der Betrachtung dieser frommen Erregungen müssen also alle Verhältnisse des Menschen zur Welt nur erscheinen als Mittel, um die Gesammtheit seiner thätigen Zustände hervorzurufen, und dies ist die teleologische Ansicht oder das vorherrschende Bewußtsein sittlicher Zwekke
15 als Grundform der frommen Gemüthszustände, in welcher sich also die eine Richtung auf das bestimmteste vollendet. In jeder erhebenden frommen Erregung ist sich also alsdann der Mensch seiner selbst als die sittlichen Zwekke Gottes erfüllend bewußt; in jeder demüthigenden als in Erfüllung dieser Zwekke innerlich gehemmt. Die entgegengesezte
20 Richtung aber zeigt sich darin am stärksten, wenn das Selbstbewußtsein eines thätigen Zustandes sich nur dann mit dem Abhängigkeitsgefühl einigt, wenn der Zustand selbst erscheint als ein Erfolg der Verhältnisse, welche zwischen dem Menschen und allem übrigen Sein geordnet sind. Nun aber ist jeder bestimmte thätige Zustand nur ein anderer Ausdruk
25 von dem in dem Menschen selbst bestehenden Verhältniß seiner verschiedenen Verrichtungen und Thätigkeitszweige, und also wird in jeder frommen Erregung dieses Verhältniß selbst als das Ergebniß der von Gott geordneten | Einwirkungen aller Dinge auf den Menschen gesezt, in den I,73 erhebenden als Zusammenstimmung also als Schönheit der Seele, in den
30 unangenehmen oder demüthigenden als Mißstimmung oder Häßlichkeit. Diese Betrachtungsweise aber, alles Einzelne anzusehen als bestimmt durch das Ganze, und jedes danach zu schäzen, wie es durch dieses Bestimmtsein entweder als Einheit gefördert ist, oder in streitende Vielheit zerfällt, ist die ästhetische Ansicht als Grundform aller frommen Erregun-
35 gen, in welcher sich also die andere Richtung auf das bestimmteste vollendet. In beiden ist natürlich jedes fromme Mitgefühl grade so anzusehen wie das persönliche, weil jenes nur eine Erweiterung des Selbstbewußtseins ist, so wie dieses eine Zusammenziehung.

3. Wenn man nun fragt, ob sich wirklich die geschichtlich vor-
40 kommenden Glaubensweisen vorzüglich nach diesem Gegensaz unterscheiden, daß bei den einen alles leidentliche in den frommen Augenblikken in das thätige aufgenommen wird, bei den andern aber umgekehrt das thätige in das leidentliche: so ist zwar dieser Unterschied nicht überall

gleich stark wahrzunehmen, und ihn im einzelnen nachzuweisen wäre
auch nur das Geschäft einer allgemeinen kritischen Religionsgeschichte.
Hier kommt es nur darauf an, ob sich die Eintheilung soweit bewährt,
daß, indem wir den Ort des Christenthums in derselben aufsuchen, sie
5 uns ein Mittelglied werden kann, um hernach das eigenthümliche Wesen
desselben zu finden. Nun ist offenbar z. B., daß in der hellenischen Vielgötterei die teleologische Richtung ganz zurüktritt, indem die Idee von
einer Gesammtheit sittlicher Zwekke nirgend in ihren eigentlich religiösen
Symbolen und Mysterien eine | bedeutende Stelle einnimmt, wogegen die   I,74
10 ästhetische Ansicht auf das bestimmteste vorherrscht, indem auch die
Götter vorzüglich verschiedene Verhältnisse in den Richtungen der
menschlichen Seele, und also eine eigenthümliche Art innerer Schönheit,
darzustellen bestimmt sind. Das Christenthum hingegen unterscheidet
sich von jener Form nicht nur durch seinen Monotheismus, sondern auch
15 dadurch, daß in ihm die Idee von einem Reiche Gottes, d. h. von einer
Gesammtheit sittlicher Zwekke durchaus vorherrscht, dagegen aber die
von einer Schönheit der Seele, welche als Ergebniß aller Natur- und Welt-
einwirkungen anzuschauen wäre, ihm so fremd ist, daß sie erst einzeln
vorkommt, wo Hellenische Weisheit anfängt in das Christenthum über-
20 getragen zu werden, und niemals in das System gemeingeltender Ausdrükke für die christliche Frömmigkeit ist aufgenommen worden. Jene im
Christenthum so bedeutende und alles unter sich befassende Idee eines
Reiches Gottes ist aber nur der allgemeine Ausdruk davon, daß im
Christenthum aller Schmerz und alle Freude nur in dem Maaße fromm
25 sind, als sie auf die Thätigkeit des Menschen in diesem Reiche Gottes
bezogen werden, und daß jede fromme Erregung, die von einem leidentlichen Zustand ausgeht, in ein Bewußtsein thätiger Bestimmung endet.
       Indessen können wir auch dies weder für das schlechthin gemeinsame
der höchsten Stuffe halten, noch für den ganz eigenthümlichen Charakter
30 des Christenthums. Denn der auch monotheistische Islamismus zeigt gar
nicht dieselbe Unterordnung des leidentlichen unter das thätige; sondern
diese Gestaltung der Frömmigkeit kommt in dem Bewußtsein nothwendi-
ger göttlicher Schikkungen gänzlich zur Ruhe, und das selbst-|thätige Be-   I,75
wußtsein des Menschen steigert sich nur zum frommen Gefühl, sofern
35 seine Bestimmtheit als in jener Schikkung beruhend gefühlt wird. Das
Judenthum hingegen steht mehr auf der Seite des Christenthums, wenn es
gleich mehr unter der Form von Strafe und Belohnung, als unter der von
Aufforderungen und Bildungsmitteln die leidentlichen Zustände auf die
thätigen bezieht. Es scheint daher allerdings, daß durch diesen in den
40 innersten Verhältnissen des Selbstbewußtseins begründeten Gegensaz auch

---

16−20 Vgl. Schleiermacher: Briefe 1, 178

den geschichtlich verschiedenen Gestalten der Frömmigkeit entgegengesezte Oerter angewiesen sind, und also die Auffindung des Eigenthümlichen einer jeden vorbereitet wird.

17.

5   Das Eigenthümliche einer Gestaltung gemeinschaftlicher Frömmigkeit ist zu entnehmen theils aus dem eignen geschichtlichen Anfangspunkt, theils aus einer eigenthümlichen Abänderung alles
dessen, was in jeder ausgebildeten Gestaltung derselben Art und
Abstuffung vorkommt.

10   1. Soll ein allgemeiner Kanon zur Auffindung des Eigenthümlichen
gestellt werden: so ist er nicht wol anders als so zu fassen. Der eigne geschichtliche Anfang, mit welchem alles, was einer frommen Gemeinschaft
angehören soll, in stetigem Zusammenhang stehen muß, giebt ihr ihre
äußere Einheit. Wollte man eine solche abläugnen, so müßte man auch die
15 Möglichkeit zugeben, daß jüdische, mohamedanische, christliche Gemeinden durch zufällige Entwiklung desselben Charakters der Frömmigkeit
irgendwo entstehn könnten, | ohne allen geschichtlichen Zusammenhang   I,76
mit dem von Moses, Christus und Mohamed ausgegangenen Impuls; und
diese Möglichkeit wird niemand zugeben. Allerdings aber ist dieser ge-
20 schichtliche Anfang bei Gemeinschaften auf den untergeordneten Stuffen
nicht so bestimmt nachzuweisen, nicht nur, weil er oft, wie auch die vor-
mosaische monotheistische Verehrung des Jehovah, in die vorgeschicht-
liche Zeit zurükfällt, sondern auch, weil manche dieser Formen, wie die
hellenische und noch mehr die römische Vielgötterei, ein aus mancherlei
25 sehr verschiedenen Anfangspunkten allmählig zusammengewebtes oder
geschmolzenes Ganze darstellen. Allein solche Fälle thun diesem Punkt
des aufgestellten Kanons keinen Abbruch, sondern bestätigen ihn
vielmehr. Denn je weniger die äußere Einheit nachgewiesen werden kann,
um desto unbestimmter ist auch die innere; und es scheint nur hervor-
30 zugehn, daß, wie in der Natur auf den untergeordneten Lebensstuffen die
Gattungen unbestimmter gehalten sind, eben so auch auf diesem Gebiet
die gleichmäßig vollendete äußere und innere Einheit nur der höheren
Entwiklung angehört, und daß also in der vollkommensten Gestaltung am
innigsten die innere Eigenthümlichkeit mit dem verbunden sein müsse,
35 was die geschichtliche Einheit begründet.
        2. Daß aber zu jenem Bestimmungsgrund der äußeren Einheit es auch
eines für die innere bedarf, wird wol niemand läugnen. Denn sonst müßte

man annehmen, daß die verschiedenen frommen Gemeinschaften
wesentlich nur durch Zeit und Raum geschieden wären, alle anderen
Unterschiede aber nur zufällig, so daß sie, wenn sie in Zeit und Raum
allmählig annäherten, auch am Ende alle in Eins zusammenfließen | müßten;   I,77
5 welchem theils schon die Erfahrung widerspricht, theils auch wird, ohne
sich des Bewußtseins, mit dem er selbst einer solchen Gemeinschaft anhängt, zu entäußern, niemand behaupten wollen, daß jemand durch bloß
geschichtliche Anknüpfung aus der einen frommen Gemeinschaft in die
andere, ohne eine innerliche Veränderung wirklich übergehe. Aber daß
10 dieser Bestimmungsgrund der innern Einheit grade der aufgestellte sei,
bedarf einiger Erörterung. Eine sehr gewöhnliche Ansicht nämlich ist die,
es gebe in allen frommen Gemeinschaften, wenigstens denen derselben
Stuffe, etwas, das ihnen allen gemein sei, wie z. B. in den monotheistischen der Glaube an Einen Gott, daß aber zu diesem in jeder einzelnen
15 noch etwas besonderes von den übrigen Bestandtheilen der andern verschiedenes hinzukomme. Allein dies ist eines Theils mit den bereits fest-
gestellten Grundsäzen nicht verträglich. Denn da jede fromme Gemeinschaft dahin strebt, daß das fromme Grundgefühl der Abhängigkeit sich
mit allen Erregungen des sinnlichen Selbstbewußtseins einigen soll, und
20 diese überall alle vorkommen können: so müßten, wenn einmal einige
frommen Erregungen dieselben sind, auch alle dieselbigen sein, außer
sofern entweder die sinnlichen Erregungen, mit denen sie sich verbinden,
nicht dieselben wären – dann aber beträfe der Unterschied nicht die
Frömmigkeit – oder es müßten nur hier einige sinnliche Erregungen theils
25 überhaupt noch nicht vorgekommen sein, theils das fromme Gefühl noch
nicht in Bewegung sezen; allein ersteres beträfe auch nicht die Frömmigkeit selbst, und lezteres deutete weniger auf eine Verschiedenartigkeit derselben, als nur auf einen verschiedenen Grad der Ausbildung derselben, so
daß nur überall das fehlende nachgeholt | zu werden brauchte, um alle   I,78
30 noch so verschiedenen Gestalten der Frömmigkeit in eine einzige zu ver-
sammeln. Aber, auch wenn wir es an einzelnen Beispielen betrachten,
muß sich doch zeigen, daß nur scheinbar aber nicht in der That einiges
dasselbe ist. Denn vorausgesezt, daß nichts in der Lehre sein kann, was
nicht im frommen Gefühl gewesen ist: so muß wol das Bewußtsein von
35 Gott überhaupt ein anderes sein, wenn die Sendung des Sohnes und die
Ausgießung des Geistes als etwas wesentliches und ausgezeichnetes gefühlt, oder wenn beides geläugnet oder als etwas untergeordnetes übersehen
wird. Und eben so zeigt sich nur scheinbar, daß in der einen Lehre etwas
sei, was in der andern nicht ist. Denn was könnte wol in dem Christen-
40 thum besonders hinzugekommenes sein, wenn es nicht die Menschwerdung des Wortes ist, und die Dreieinigkeit überhaupt mit dem was an

beiden hängt? dennoch hat man nicht vergeblich versucht, die Dreieinigkeit auch außer dem Christenthum nachzuweisen, und göttliche Menschwerdung kommt vielfältig auch anderwärts vor. Ist es nun gewiß, daß nichts in verschiedenen frommen Gemeinschaften völlig dasselbe ist, und
5 daß auch nichts, was in der einen sich befindet, in der andern nothwendig gänzlich fehlt: so bleibt, wenn doch eine innere Verschiedenheit sein soll, nichts übrig, als daß alles in jeder anders sei.

3. Dies ist aber die Art wie überall ein eigenthümlich Einzelnes von einem andern desselben Wesens verschieden ist. Denn jeder Mensch hat
10 alles das, was der andere, aber alles anders, und alle Aehnlichkeit im Einzelnen ist keine Gleichheit, sondern nur eine abnehmende und höchstens beziehungsweise verschwindende Verschiedenheit. So hat auch jede Art dasselbe, wie | jede andere ihrer Gattung, und nichts kommt eigentlich I,79 hinzu, was nicht zufällig wäre, oder richtig angesehen, doch nur eine Ab-
15 änderung. Nun ist freilich das Auffinden dieses durchgehend unterscheidenden eines eigenthümlichen Daseins eine Aufgabe, welche in Worten und Säzen nie vollständig, sondern immer nur durch Annäherung kann gelöst werden. Daher in solchem Falle Naturforscher und Geschichtschreiber nur gewisse Merkmale als Kennzeichen herausheben,
20 welche aber keinesweges alles unterscheidende und charakteristische ausdrükken; und damit wird sich der Religionsbeschreiber auch in einzelnen Fällen begnügen müssen. Soll indeß versuchsweise, damit man im Einzelnen nicht ganz fehlgreife, etwas allgemeines angegeben werden, wodurch dann die einzelnen frommen Erregungen in einer Religion sich von
25 den analogen in einer andern frommen Gemeinschaft derselben Stuffe unterscheiden: so würde wol nur zu sagen sein, daß in jeder eigenthümlichen Glaubensweise irgend eine Beziehung, aber in jeder andern eine andere, eine solche überwiegende Stellung habe, daß alle anderen dieser untergeordnet sind, und sie allen ihre Farbe und ihren Ton mittheilt. (S.
30 Ueb. d. Rel. 2. Ausg. S. 307–313.) Wenn hiedurch scheint nur eine verschiedene Regel der Verknüpfung frommer Momente ausgedrükt zu sein, und nicht eine Verschiedenheit der Form eines jeden an und für sich: so ist nur zu bemerken, daß jeder Moment des Selbstbewußtseins schon an und für sich als Uebergang aus Vergangenheit in Zukunft auch Verknüpfung ist,
35 und also unter übrigens gleichen Umständen ein anderer werden wird, wenn eine andere Verknüpfungsweise herrscht. |

---

1 dennoch] *Stange 108:* Dennoch   30 307–313] *so H; OD:* 207–213

1f *Vgl. z. B.* Buddeus: Institutiones 336–(339) *Anm.* Augusti: Lehrbuch 216–219   **30**
Schleiermacher: *Über die Religion, ed.* Pünjer 256, 4–261, 31

18.

Das Christenthum ist eine eigenthümliche Gestaltung der
Frömmigkeit in ihrer teleologischen Richtung, welche Gestaltung
sich dadurch von allen andern unterscheidet, daß alles einzelne in
5 ihr bezogen wird auf das Bewußtsein der Erlösung durch die Person
Jesu von Nazareth.

Anm. Die Person Jesu bildet den eignen geschichtlichen Anfangspunkt. Das
Bezogenwerden aller religiösen Erregungen auf die Erlösung ist das, was
allem christlichen seine eigenthümliche Farbe und Ton giebt, welche daher
10 auch nur in dem Maaß erkennbar sind, als diese Beziehung ins Licht tritt.
Daß endlich die Erlösung selbst in die Person Jesu gesezt wird, ist das vollständige Band zwischen der innern und äußern abschließenden Einheit des
Christenthums. (S. §. 17, 2.)

1. Daß das Christenthum ganz von der Person Jesu ausgeht und
15 überall hin, wo es sich findet, durch die Schüler seiner Schüler in ununter-
brochener Folge ist verbreitet worden, darin besteht seine äußere Einheit
oder seine Einheit als Schule; und dieses Zurükgehn auf einen einzelnen
Stifter hat es mit den beiden anderen großen monotheistischen Formen
gemein. Allein wenn es sich von diesen beiden innerlich unterscheiden soll
20 durch eine eigenthümliche Beschaffenheit der von dem Stifter ausgegangenen frommen Erregungen: so lassen sich diese im Christenthum
nicht so von der Person Christi trennen, als die jüdischen und türkischen
von der des Mohamed und Moses. Denn viel leichter werden die Anhänger
dieser Glaubensweisen zugeben, Gott hätte Gesez und Lehre auch durch
25 einen anderen mittheilen, und auch durch einen anderen das Volk
ursprünglich zusammenfassen und bilden kön-|nen, als der Christ   I,81
zugeben wird, das Christenthum könne auch von einem andern ausgegangen sein. Vielmehr ist offenbar, daß Christo in der Entstehung und Erhaltung des Christenthums noch eine andere Thätigkeit zugeschrieben
30 wird als diejenige, welche er mit jenen beiden gemein hat, und welche wir
vorläufig als das Stiften einer besonderen Gemeinschaft bezeichnen
wollen, und daß diese eigenthümliche, mit der Erlösung zusammenhängend, wesentlich dem angehört, was das Christenthum innerlich unterscheidet, indem nämlich Christus in der Gesammtheit seiner Thätigkeit als
35 die vollendete Erlösung gesezt wird. Allerdings ist diese eigenthümliche

---

5 wird] wird,   12 äußern] äu /äußern   13 17, 2.] 17. 2.

Thätigkeit Christi in der christlichen Kirche sehr verschieden beschrieben
worden, und sie wird von einigen mehr hervorgehoben, Andere lassen sie
mehr zurüktreten; dieser Unterschied thut aber der Behauptung keinen
Eintrag. Nur sofern als in späteren Zeiten Einzelne erscheinen, oder kleine
5 Partheien, welche dem Christenthum angehören wollen und eine solche
besondere Thätigkeit Christi ganz läugnen: so scheint als ob durch die
obige Behauptung obwaltende Streitigkeiten im voraus entschieden, und
Einige als außerhalb des Christenthums erklärt werden sollten, ehe man
noch darüber einig geworden, was das Christenthum sei. Hierauf aber ist
10 zu erwidern, daß diejenigen, welche Christum nur auf dieselbe Weise wie
Moses und Mohamed als Stifter einer neuen Gemeinschaft und Glaubensweise ansehn, allerdings zugleich diejenigen zu sein pflegen, welche
die Eigenthümlichkeit des Christenthums überhaupt aufheben. Denn sie
pflegen den ganzen Werth desselben in die Lehre zu sezen; und gesetzt
15 auch sie lassen uns, was die persönliche Vollkommenheit Christi betrifft,
alles gelten, was nur übermenschliches | von ihm ausgesagt werden kann,   I,82
so folgt eigentlich daraus für das Christenthum nur, daß auch dessen
Lehre schlechthin vollkommen ist; aber eben daraus würde auch folgen,
daß jene andern Glaubensweisen auch vorzüglich als Lehre zu betrachten
20 sind, und daß daher beide, namentlich aber, nachdem es seine bürgerlichen Ansprüche aufgegeben, das Judenthum durch innere Vervoll-
komnung und Abschaffung alles Aberglaubens und aller Vorurtheile sich
zu der absoluten Vollkommenheit des Christenthums steigern müßten,
und dann um so mehr nur der äußere Unterschied der Schule übrig bliebe,
25 als diese Glaubensweisen keinesweges an bestimmte Sprachen und Volks-
thümlichkeiten gebunden sind. Daher scheint allerdings die völlige Gleich-
stellung der Thätigkeit Christi mit der anderer Religionsstifter nicht verglichen werden zu können mit anderen innerhalb des Christenthums
vorkommenden Abweichungen; und wenn Einige, die dennoch Christen
30 sind und heißen, jede eigene Erlösungsthätigkeit Christi läugnen, so
könnte uns dies nicht einmal hindern, kategorisch zu behaupten, daß dennoch dies der Mittelpunkt alles eigenthümlich christlichen sei, viel weniger
noch dürfen wir Bedenken tragen zu sagen, daß, wer jede specielle Funktion Christi aufhebt, auch dem Christenthum nichts eigenthümliches zu-
35 schreiben will, sondern es nur als einen Durchgangspunkt ansieht, womit
auch die Vorstellung von einer Perfectibilität des Christenthums genau zusammenhängt. Demohnerachtet aber erkennen wir uns durchaus nicht be-

---

29 Christen] *so H; OD:* Ehristen   **35** Durchgangspunkt] *so H; OD:* Dnrchgangspunkt

---

36 *Vgl. z. B. Bretschneider: Entwickelung 40—42*

fugt irgend einem Einzelnen, der sich zu jener Meinung bekennt, die
Christlichkeit abzusprechen, vielweniger noch ihn außer der Kirche zu er-
klären. Denn jeder solche kann, was die Folgerung betrifft, in einem Miß-
verständniß begriffen sein, und die Eigenthümlichkeit, die er der | christ-   I,83
5 lichen Frömmigkeit nicht zugestehen will, doch in seinem Gemüth tragen:
so wie Manche in ihrer Lehre auch einzelnen Staaten keine eigenthümliche
Verschiedenheit einräumen wollen, in der Ausübung jedoch die größte
Vorliebe verrathen für die Eigenthümlichkeit dessen, dem sie angehören.
Was aber die Voraussezung betrifft, so hat man nie Ursach anzunehmen,
10 daß sie unbedingt gegen jede Vorstellung einer eigenthümlichen Christum
von andern Religionsstiftern unterscheidenden Thätigkeit gerichtet ist,
sondern vielmehr nur gegen eine oder mehrere herrschende nähere Bestimmungen derselben, und daß es nur der Eifer des Streites ist, der die
Verneinung zu stark ausdrükt, ohne die damit verbundenen Folgerungen
15 aufnehmen zu wollen.

2. Um nun auf etwas bestimmteres zu kommen über die innere
Einheit des Christenthums, müssen wir versuchen, von einem andern
Punkt aus das, was gemeinsam die frommen Gemüthszustände des
Christen von anderen unterscheidet, zu bezeichnen. Allein dies ist da-
20 durch äußerst erschwert, ja ohnmöglich gemacht, daß das Christenthum
selbst so gar nicht einfach gestaltet ist. Es giebt keine Lehre desselben,
welche nicht an verschiedenen Orten und Zeiten mit den mannigfaltigsten
Abweichungen vorkäme, und diese Mannigfaltigkeit der Lehre deutet auf
eine eben so große Mannigfaltigkeit in den frommen Gemüthszuständen
25 selbst. Nimmt man nun hinzu, daß über nicht wenige dieser Abweichungen unter den Christen selbst gestritten wird, ob sie nicht, wenngleich
innerhalb des Christenthums erzeugt, doch ihrem Inhalt nach eigentlich
unchristlich sind, das heißt also, daß der Umfang des christlichen selbst
nach verschiedenen Seiten sehr streitig ist: so | sieht man wol, daß es nicht   I,84
30 gleichgültig sein kann, an welchem Ort diese Untersuchung angestellt
wird. Denn wenn wir von solchen mannigfaltigen Bestimmungen desselben Gefühls und derselben Lehre eine herausgreifen um an ihr das Wesen
des christlichen kennen zu lernen, die andern aber übersehen oder gar
verwerfen: so würden wir die Streitigkeiten, die wir noch gar keinen
35 Grund haben zu entscheiden, im voraus als entschieden annehmen; und
würden nicht ohne Schein beschuldigt werden partheiisch zu sein, da jede
von diesen besonderen Bestimmungen ihren Gegensaz hat, und wir doch
nicht anders könnten, als, jeder nach seinem eignen Urtheil und Gefühl,
die eine als urchristlich zum Grunde legen und ihr Gegentheil als unchrist-
40 lich verwerfen. Hätten wir aber gar keine solche Vorliebe: so könnten wir

---

26 gestritten] gestrit en   38 als,] so H; OD: als

eben so gut auch das wirklich unchristliche greifen statt des christlichen, und könnten durch einen solchen Irrweg unser ganzes Unternehmen verderben. Hiezu kommt noch, daß offenbar auch darin ein Unterschied stattfinden muß, daß das eigenthümliche des Christenthums nicht in allen
5 Elementen desselben gleich, sondern in einigen stärker in anderen schwächer muß ausgeprägt sein, wie wir das auch bei dem eigenthümlichen der Sprache und der Sitten bemerken. Je öfter wir nun auf ein solches schwach ausgeprägtes träfen, wenn wir z. B. in der Lehre von manchen göttlichen Eigenschaften wollten das eigenthümlich christliche
10 aufsuchen, um desto leichter könnten wir irre gehn; überhaupt aber müssen auf diese Art nach der Verschiedenheit der Untersucher auch sehr verschiedene Ergebnisse heraus kommen. Daher scheint es nothwendig zur Lösung der Aufgabe vorzüglich dasjenige herbeizuziehen, was mit dem geschichtlichen An-|fang, der Allen auf gleiche Weise vor Augen   I,85
15 liegt, am unmittelbarsten zusammenhängt, also da fortzufahren, wo wir abgebrochen haben, indem schon an sich und im voraus wahrscheinlich ist, daß dasjenige, was dem Stifter des Christenthums ausschließlich zukommt, das Band der äußeren und inneren Einheit, nicht im unsichern Umkreise liege, sondern vielmehr den Mittelpunkt treffe. Und so nehmen
20 wir die Frage wieder auf, was für ein Verhältniß statt finde zwischen dem Bewußtsein der angedeuteten eigenthümlichen Thätigkeit Christi und allem übrigen im Christenthum.

    3. Da nun die Christum von andern Religionsstiftern unterscheidende Thätigkeit durch die allgemeine Stimme der christlichen Kirche als die
25 erlösende bezeichnet wird: so müssen wir zunächst diese Vorstellung einer Erlösung in ihrem weitesten Umfang ins Auge fassen, um gewiß nicht eine vielleicht auch christliche Bestimmung derselben auszuschließen. Und so bedeutet wol Erlösung ohnfehlbar, daß eine Hemmung des Lebens aufgehoben und ein besserer Zustand herbeigeführt werden soll, von
30 welchem, ob er schon einmal da gewesen ist, oder ob er als ein neuer angestrebt wird, vorläufig ganz unentschieden bleiben kann. Wenn aber dieses soll Ausdruk sein eines frommen Gemüthszustandes, so kann zwar, wo die Naturansicht vorherrscht und alles auf das leidentliche Bewußtsein zurükgeführt wird, auch die Hemmung des sinnlichen Lebens an sich in
35 dem höheren Abhängigkeitsgefühl aufgefaßt werden als das, wovon der Mensch einer Erlösung bedarf; nur daß diese dann ganz der Vorstellung des Geschiks untergeordnet ist, und kaum anders als im Schwanken gedacht werden kann. Wogegen in der teleologischen Richtung des Selbstbewußt-|seins hiebei nicht die Rede sein kann von einer Hemmung des   I,86
40 sinnlichen Lebens, denn dieses wird nur in das höhere Selbstbewußtsein aufgenommen in Verbindung mit seiner sittlichen Verarbeitung und diese ist bei einem gehemmten sinnlichen Leben eben sowol möglich als bei einem ganz freien. Sondern es giebt nur Eine Hemmung, welche im

höheren Selbstbewußtsein unmittelbar als solche anerkannt wird, nämlich
wenn die Einigung des sinnlichen Bewußtseins selbst mit dem frommen
Abhängigkeitsgefühl gehemmt ist. Wenn aber diese Hemmung eine
gänzliche Unfähigkeit wäre: so könnte theils von keiner Erlösung die
5 Rede sein, sondern von einer Umschaffung, theils auch könnte das nicht
als eine Hemmung wirklich gefühlt werden, was außerhalb der Natur läge.
Es kann daher jenem Gefühl nur zum Grunde liegen eine nicht vorhandene Leichtigkeit der Erhebung des sinnlichen Selbstbewußtseins zum
frommen. Wie indeß ein Mehr und Weniger sich nur bestimmt auffassen
10 läßt unter der Form eines beziehungsweisen Gegensazes: so werden wir
sagen müssen, die Vorstellung der Erlösung seze voraus, daß zwischen
dem Fürsichgeseztsein des Menschen – im sinnlichen Selbstbewußtsein –
und dem Mitgeseztsein des Bewußtseins Gottes in ihm – in seinem
frommen Selbstbewußtsein – ein beziehungsweiser Gegensaz stattfinde;
15 und die Aufhebung dieses Gegensazes sei eben die Erlösung. In dieser Bedeutung nun finden wir auch die Vorstellung der Erlösung überall; das
Bedürfniß derselben pflegt als Entfernung des Menschen von Gott bezeichnet zu werden, und alle Büßungen, Reinigungen und Weihungen
sind überall Elemente der Erlösung. Fragen wir nun weiter, wie denn
20 diese Vorstellung könne verschieden bestimmt sein, | und was die christ-   I,87
liche Bestimmung derselben unterscheide: so ist offenbar, daß im
Christenthum alles zur Erlösung gehörige auf eine Thätigkeit Christi
zurükgeführt wird, in anderen frommen Gemeinschaften aber, deren
Stifter nicht unmittelbar und persönlich eine erlösende Thätigkeit zuge-
25 schrieben wird, muß die Erlösung irgendwie auf ein mannigfaltiges von
Einwirkungen zurükgeführt werden. Das heißt zunächst, sie nur in
verschiedenem Grade ihren Grund in Allen, welche derselben frommen
Gemeinschaft angehören, für Alle. Denn da jener Gegensaz nur ein beziehungsweiser ist in jedem: so ist er natürlich auch nicht in Allen gleich
30 gesezt sondern verschieden, und jeder, in dem er geringer ist, wird auf
jeden, in dem er größer ist, durch Mittheilung erlösend einwirken können,
aber nur theilweise, weil nämlich in jedem selbst die Hemmung gesezt ist.
Je größer nun der Unterschied ist zwischen dem mindest und dem meist
gehemmten, um desto mehr wird dieser erlöst durch jenen; da aber je
35 mehr der Unterschied eben hiedurch abgenommen hat, um desto geringer
auch die Ausgleichung wird: so wird durch die annähernde Gleichheit
Aller die Erlösung selbst gehemmt, und der Gegensaz zwar abgestumpft
aber nicht aufgehoben. Wenn nun die andern monotheistischen Religionen, mögen sie auch den Begriff der Erlösung nicht so hervorheben wie
40 das Christenthum, doch jenen Gegensaz nicht abläugnen, und daher auch

---

6 wirklich] wirkich   13 in ihm] im ihm

in den Stiftern ihrer Gemeinschaft als den gottgefälligsten auch die größte
erlösende Thätigkeit anerkennen müssen, wie denn diese ihnen, wiewol
nicht aus eigner Kraft und im schlichten Zusammenhang ihres eignen
Lebens, sondern vermittelst besonderer ihnen gewordener göttlicher
5 Offenbarungen, die Büßungen und Rei-|nigungen geordnet, und die er-   I,88
lösenden Einwirkungen aller Mitglieder ihrer Gemeinschaft von diesen
Anordnungen der Stifter herstammen: so kann auch seinerseits das
Christenthum, wenngleich alle Erlösung auf Christum als ihren Ursprung
zurükführend, doch auch der untergeordneten von Christo abgeleiteten
10 erlösenden Einwirkungen jedes Einzelnen auf die Andern nicht entbehren.
Daher würde das auszeichnende, was in dieser Hinsicht Christo zugeschrieben wird, wieder verschwinden, wenn es nicht darin bestände, daß
in ihm selbst keine Hemmung gesezt, und wie er selbst als der einzige anerkannt wird, der keiner Erlösung bedarf, so auch eben deshalb eine
15 völlige Aufhebung jenes Gegensazes, wie nur in ihm so auch nur durch
ihn, gedacht werden kann. Worin schon mit eingeschlossen liegt, daß alle
andern frommen Gemeinschaften, denen die Unvollkommenheit der Erlösung wesentlich ist, selbst als zu der Hemmung gehörig, welche durch
ihn aufgehoben werden soll, erscheinen. Hieraus geht denn hervor, wie
20 die Vorstellung, das Christenthum sei die vollkommenste fromme
Gemeinschaft und diejenige, in welche alle anderen übergehen sollen, mit
der aufgestellten Ansicht nothwendig zusammenhängt. Wenngleich auch
so die Vollendung der Erlösung, weil bedingt durch die Einwirkungen der
Gesammtheit auf die Einzelnen, nur in einer unendlichen Annäherung er-
25 scheinen kann.
    4. Soll nun aber in Christo als dem Gründer einer vollkomnen
Erlösung gar keine Hemmung statt finden: so muß in ihm das Fürsichgeseztsein oder das sinnliche Selbstbewußtsein und das Mitgeseztsein
Gottes oder das höhere Selbstbewußtsein völlig dasselbe sein; denn wo
30 noch Verschiedenheit ist, da ist auch noch | gegenseitige Hemmung. Auf   I,89
wie verschiedene Weisen nun dies bestimmt werden kann, und wie die
Schwierigkeiten, welche sich dagegen erheben, zu beseitigen sind, davon
kann erst mitten in der eigentlichen Dogmatik gehandelt werden. Hier ist
nur festzustellen, daß wenn Christo eine eigenthümliche Thätigkeit zuge-
35 schrieben wird, und diese nicht etwa ganz gegen das in der christlichen
Kirche allgemeine Gefühl eine andere als eine erlösende sein soll: alsdann
Christus in einer solchen schlechthin vollendeten Frömmigkeit muß
gedacht werden. — Hiemit aber hängt auf das genaueste zusammen, daß,
wenn die schwankende oder fortschreitende Erlösung in allen vom
40 Zusammenhang mit Christo abgesonderten frommen Gemeinschaften

32 f §§ 113—120

selbst eine gehemmte ist, und eben deshalb aus allen in das Christenthum
übergegangen werden soll, weil außer demselben streng genommen immer
nur Erlösungsbedürftigkeit gesezt ist, dann das Erscheinen Christi an sich
betrachtet ein Wendepunkt ist für das ganze menschliche Geschlecht, d. h.
5 ein Punkt, zu dessen beiden Seiten sich alles verhält wie entgegengesezte
Größen, und das Bekanntwerden des Christenthumes ein Wendepunkt für
jeden Theil des menschlichen Geschlechts, und eben so für jeden
einzelnen Menschen sein Ergriffenwerden von den Einwirkungen
Christi, mag man sie nun mittelbar oder unmittelbar denken, der Wende-
10 punkt seines Lebens ist. Auch findet sich dieses überall in der christlichen
Sprache angedeutet in solchen ursprünglichen Formeln, welche noch
wenig vom System an sich haben und also nicht aus dem wissenschaftlichen Bedürfniß entstanden, sondern unmittelbare Ausdrükke der
frommen Erregung sind, wie der Gegensaz zwischen Welt und Reich
15 Gottes, zwischen Licht und Finsterniß, | zwischen fleischlicher und geist-   I,90
licher Geburt, wogegen in andern Glaubensweisen, welche — nur mit
einem Unterschied des mehr und minder — Fähigkeit zu erlösen und Bedürfniß erlöst zu werden auf jedem Punkte vereinigen, diese Gegensäze
wenig oder gar keine Bedeutung haben. Eben daher ist aber auch na-
20 türlich, daß in andern frommen Gemeinschaften die Vorstellung der Erlösung selbst als eine unwichtige Form in den Hintergrund zurüktritt;
wogegen eben so natürlich ist, daß im Christenthum alles auf die Erlösung
bezogen wird, und jedes einzelne nur in dem Maaß bedeutend ist, als es
sich dieser Beziehung fähig zeigt. Und auch dieses bestätige die Sache
25 selbst deutlich genug, indem jedes erhebende fromme Gefühl nur in dem
Maaß christlich ausgeprägt erscheint, als es die fortschreitende Erlösung
im Zusammenhang mit der Thätigkeit Christi ausdrükt, und das demüthigende eben so den losen oder mangelnden Zusammenhang mit derselben. Ja man kann sagen, daß in jedem christlich frommen Gemüthszu-
30 stand das Bild des Erlösers mit vorkommt, und jeder wird gestehen, daß
Zustände, worin dieses fehlt, an und für sich eben so gut könnten auf dem
Boden einer andern frommen Gemeinschaft entstanden sein. Auch wenn
man das Abhängigkeitsgefühl an sich betrachtet, wie es unmittelbar auf
das höchste Wesen bezogen wird, wird man doch gestehn, daß sich das
35 Bewußtsein Gottes um desto bestimmter christlich ausspricht, je mehr es
auf die von ihm geordnete Erlösung durch Christum zurükgeht. Auch
dieses zeigt sich in der allgemeinen Gewohnheit Gott mit einem gewiß
mehr asketischen als wissenschaftlichen Ausdruk vorzüglich als den Vater
Christi zu bezeichnen. Dies scheint hinzureichen, um die auf-|gestellte   I,91
40 Ansicht von dem Eigenthümlichen des Christenthums als eine in der

---

24 bestätige] *Kj (auch Reutlingen 1, 86 und Stange 121)* bestätigt

christlichen Kirche eigentlich allgemeine zu rechtfertigen. Wer sie aber
weiter ausführen will, vergesse nicht das oben schon erinnerte, daß dies
Eigenthümliche nicht überall gleich stark kann ausgeprägt sein.

5. Das bisher gesagte hat sich uns aber nur dadurch ergeben, daß wir,
5 von einer nicht verwerflichen Methode geleitet, unter dem was wir in der
christlichen Frömmigkeit als gemeinsam finden, dasjenige, wodurch sich
das Christenthum zugleich am bestimmtesten äußerlich absondert, heraus-
gegriffen haben, und versucht dadurch das Unterscheidende des Christenthums überhaupt zu bestimmen. Es will also auch das Gesagte, da es bloß
10 aus geschichtlicher Betrachtung entstanden ist, keinesweges für eine Beweisführung von der Nothwendigkeit oder auch nur von der allgemeinen
Wahrheit einer solchen Gestaltung der Frömmigkeit wie das Christenthum ist, gehalten sein; sondern wie die Dogmatik überhaupt nur für die
Christen ist, so soll auch diese Erläuterung nur zum Behuf der Dogmatik
15 Anleitung geben, Aussagen über ein frommes Bewußtsein zu unterscheiden, ob sie christlich sind oder nicht, und ob in ihnen das christliche
deutlich ausgesprochen ist oder schwankend. Der innere Charakter des
Christenthums an und für sich kann vielleicht in einer allgemeinen Religionsphilosophie und aus ihr in einer Apologetik nicht zwar bewiesen
20 werden, aber doch so dargestellt, daß dadurch dem Christenthum sein bestimmter Ort gesichert wird. Denn es läßt sich denken, daß die Haupt-
momente alles frommen Bewußtseins systematisirt werden, und daß aus
ihrem Verhältniß gezeigt wird, welche darunter solche | sind, auf die   I,92
vorzüglich die andern bezogen werden können; und wenn sich dann zeigt,
25 daß das Gefühl jenes Gegensazes und seiner Aufhebung unter diese gehört, so ist dadurch das Christenthum neben allen übrigen sicher gestellt,
und man kann also sagen in einem gewissen Sinn construirt. Indem wir
aber diesen innern Charakter desselben in einem nothwendigen
Zusammenhang darstellen mit seinem geschichtlichen Anfang, so ver-
30 zichten wir selbst darauf soviel auf diesem Wege zu leisten, als auf jenem
vielleicht geleistet werden kann. Denn Termine zu großen geschichtlichen
Wendepunkten lassen sich, wenigstens bei dem gegenwärtigen Zustand
des menschlichen Erkennens, auch nicht in jenem Sinn construiren. Wir
verzichten also hier auf jeden andern Beweis für die Nothwendigkeit und
35 Wahrheit des Christenthums als den jeder in sich selbst trägt, indem er
sich bewußt ist, daß seine eigne Frömmigkeit keine andere Gestalt
annehmen kann als diese, und indem er sich in deren geschichtlichem und
innerm Zusammenhang befriedigt fühlt: und das ist der Beweis des
Glaubens.

---

27 sagen] *Kj (auch Reutlingen 1, 88 und Stange 123)* sagen,

19.

Jeder frommen Gemeinschaft, welche auf einer eigenen
Geschichte ruht, und in der die frommen Gemüthszustände eine
gemeinsame Eigenthümlichkeit an sich tragen, also auch der christ-
5 lichen kommt zu positives zu enthalten und geoffenbart zu sein.

> Anm. Auch diese Ausdrükke positiv und geoffenbart stehen nur hier, wie
> aus einer fremden Sprache, und werden nur gebraucht, um sie wieder zu
> verlassen. Der erste steht hier nicht in dem Sinn, wie man sonst wol den
> Ausdruk theti-|sche Theologie auch durch positive latinisirte, sondern wie   I,93
> 10 man späterhin ziemlich allgemein von einem positiven in der Religion geredet
> hat im Gegensaz gegen ein natürliches; und ich kann mir den Ausdruk
> deshalb nicht aneignen, weil ich den Gegensaz nicht anerkenne. — In Absicht
> des Ausdruks geoffenbart verständige man sich nur vorläufig darüber, daß
> weder das überlieferte oder erlernte noch auch in diesem Sinne das ersonnene
> 15 oder entdekte ein geoffenbartes heißt. Und ich möchte den Ausdruk nicht
> gern als einen wissenschaftlichen anerkennen wegen seiner Unbestimmtheit.
> Denn nicht nur daß Einige wissentlich mit der Offenbarung Verstek spielen;
> sondern auch diejenigen, die sich des Ausdrukkes in gutem Glauben
> bedienen, können schwer darüber einig werden, was sie eigentlich darunter
> 20 verstehen.

1. Darüber wird wol kein Streit sein, daß in allen uns geschichtlich
bekannten frommen Gemeinschaften, und zwar je ausgebildeter und
bewußter sie sind, um desto mehr, das sogenannte positive gefunden
werde; aber die herrschende Meinung ist zunächst, daß dieses in einer
25 jeden zu dem sogenannten natürlichen hinzukomme. Allein dieses
natürliche müßte alsdann in allen dasselbige sein, und daß es nichts völlig
gleiches in allen giebt, ist schon oben (17, 2.) nachgewiesen. Auch können
wir uns hier auf die Analogie berufen mit dem Gebiete des Rechts, wo wir
denselben Sprachgebrauch schon früher finden. Denn in keinem Staat
30 kommen die positiven Geseze zu den natürlichen hinzu, sondern auch die
ursprünglichsten Verhältnisse z. B. des väterlichen Ansehens und der ehe-
lichen Gemeinschaft, von ihrer bürgerlichen Seite angesehen sind in jedem
auf eine eigenthümliche Weise bestimmt, und dieses eigenthümliche ist
eben überall das positive. Von Seiten der Gemeinschaft angesehen ist also
35 hier das positive das ursprüngliche und unmittelbar gegebene, und das

---

10. 11 *Vgl. z. B. Ammon: Summa XV*   **28** *Vgl. z. B. Wolff: Institutiones, S. 20f § 39*

natürliche ist nur eine durch zusammen-|stellende Betrachtung mehrerer I,94
Gemeinschaften entstandene Abstraction, welche in dem mannigfaltigen
die Einheit nachweisen will. Ja selbst wenn das sogenannte Naturrecht
nicht durch solche Abstraction, sondern auf einem ganz andern Wege als
5 eine eigne Wissenschaft zu Stande käme, würde doch jeder anerkennen,
daß das darin aufgestellte nicht eben so in einer wirklichen Gemeinschaft
als geltendes Recht vorkommen könne, eben weil es dort nur unbestimmt
und als mannigfaltig bestimmbar aufgestellt sei. Eben so nun ist in den
frommen Gemeinschaften in jeder jede Erregung auf eine eigene Weise
10 bestimmt d. h., positiv; das sogenannte natürliche aber, wenn man es als
wirkliche Erregung fassen wollte, würde nur als ein farbloser Schatten des
unmittelbar gegebenen Selbstbewußtseins erscheinen, in dem die
eigenthümliche Färbung und die feinen Züge verschwunden wären, an
dem aber eben deshalb auch keine Gemeinschaft ihre Haltung finden
15 könnte. Und dasselbe gilt auch von den Lehren oder den Aussagen über
die Erregungen, daß solche Lehren, die eine bestimmte Erregung
bestimmt wiedergeben, auch positive sein müssen, die natürliche Lehre
aber nur eine durch Abstraction unbestimmt gewordene sein könnte. Man
müßte dann zu einer natürlichen Religionslehre auf einem ganz andern
20 Wege gelangen können, und diese dann eine eigene von den bestehenden
frommen Gemeinschaften unabhängige nicht selbst Gemeinschaft, sondern
Lehre sein, welche aber nichts anders könnte als das in der menschlichen
Natur Begründetsein der Gesammtheit aller religiösen Erregungen
nachweisen, und eben deshalb zu allen auf dieser Richtung beruhenden
25 Gemeinschaften in dem gleichen Verhältniß stehen. Verhält es sich nun
so | damit: so ist offenbar der Gegensaz zwischen dem positiven und dem   I,95
natürlichen auf unserm Gebiet, wie man ihn gewöhnlich zu fassen pflegt,
ganz unrichtig. Denn redet man im ganzen von positiver Religion und
natürlicher, so giebt es nicht in demselben Sinn eine natürliche Religion
30 wie es viele positive giebt, indem jede positive eine Gemeinschaft ist, die
natürliche aber keine. Redet man aber im einzelnen von positiven Lehren
und natürlichen: so ist, sofern die Lehre Aussage sein soll über das
unmittelbare Bewußtsein, beides nirgends getrennt, sondern überall das
natürliche im positiven und das positive am natürlichen; soll die Lehre
35 aber anders woher sein, nämlich wissenschaftlichen Ursprungs, so giebt es
überall in demselben Sinn keine positive Lehre wie eine natürliche, indem
schon der Gattungsbegriff Lehre in beiden etwas ganz verschiedenes ist. –
Diese Ansicht würde freilich wieder verschoben werden, wenn es wahr
wäre, daß bei einigen frommen Gemeinschaften das positive nur in der

---

28 f *Vgl. z. B. Wegscheider: Institutiones 18*   31 f *Vgl. z. B. Ammon: Summa XV*   38 f *H*
verweist auf Mendelssohn: Jerusalem

Lehre wäre, bei anderen wiederum nur in den Anordnungen und Geboten.
Allein ein solcher Unterschied findet nur statt im mehr und weniger. Denn
wo in einer Gemeinschaft die Gebote am meisten ausgearbeitet sind und
die Lehre weniger, wie im Judenthum, da verstekt sich die Lehre nur im
5 Gebot als Symbol; und wo die Lehre am meisten ausgearbeitet ist und das
Gebot weniger, wie im Christenthum, da tritt die Lehre selbst als Gebot
auf, ausgesprochen und bekannt zu werden, im liturgischen Element der
Gemeinschaft. Auch ist das Gebot in einer wirklichen frommen Gemeinschaft eben so wenig etwas ursprüngliches als die Lehre; sondern es ist
10 eben so nur der Ausdruk einer gemeinschaftlichen Handlungsweise, die
selbst wiederum nur ihren | Grund hat in einer gemeinschaftlichen Be-   I,96
stimmtheit des Gefühls. − Wenn man endlich gegen unsere Ansicht einwenden könnte, es gebe doch sowol unter den Lehren als auch unter den
Geboten solche, deren Inhalt nicht auf eine eigenthümliche fromme Erre-
15 gung zurükgeführt werden könne: so ist dieses nicht abzuläugnen, erklärt
sich aber folgendergestalt. Lehren dieser Art wird man nicht eher finden,
bis das Bedürfniß der zusammenhängenden Darstellung eingetreten ist.
Wie nun in der Sprache im allgemeinen der Zusammenhang nicht überall
durch die bloße Stellung angedeutet werden kann, sondern jede Sprache
20 auch eigne Bestandtheile hat, welche lediglich diesem Zwek dienen, so
auch kann in einer solchen Darstellung der Zusammenhang der einzelnen
Theile nicht durch die bloße Stellung vollkommen deutlich gemacht
werden, sondern es bedarf dazu eigener Säze, und diesen entspricht dann
kein besonderer frommer Gemüthszustand, aber sie ergänzen die Darstel-
25 lung mehrerer. (§. 4, 3.) Als das größte Beispiel dieser Art kann man im
Christenthum anführen die Lehre von der Dreieinigkeit, welche nicht, wie
z. B. die Lehren, welche die Person Christi betreffen, ein besonderes
frommes Gefühl ausdrükt, wol aber bestimmt ist die Darstellung der
Gefühle zu ergänzen, in welchen sich der Einfluß des Erlösers und des
30 Geistes ausspricht. Darum hat auch diese Lehre nur in dem System ihre
Stelle, und ist außerhalb desselben immer falsch angebracht. Was aber die
Gebote betrifft, so können sie erstlich auch unter den weiteren Begriff der
Lehre gebracht werden, und dann werden sich auch solche Gebote, die
nicht unmittelbar auf eine bestimmte fromme Gemüthsbewegung
35 zurükgehn, vorzüglich nur in solchen frommen | Gemeinschaften finden,   I,97
welche, wie das Christenthum, auf dem Grund und Boden früherer ruhen.
Natürlich nehmen diese in ihre Entwiklung manches auf, was weniger ihr
eigenthümliches Wesen selbst ausspricht als vielmehr ihren Zusammenhang mit der früheren und ihre Sonderung von derselben ausdrükt. Als
40 das wichtigste Beispiel dieser Art kann man im Christenthum anführen die

---

25 4, 3.] 4. 3.,   27 Christi] so H; OD: Ehristi

Wassertaufe. – Wenn nun auf diesem Wege durch die weitere Ausbildung
das positive sich vermehrt: so ist nicht nöthig noch etwas über die scheinbare Behauptung zu sagen, daß, je vollkomner eine fromme Gemeinschaft
sei, um desto weniger sie positives in Lehre und Gebräuchen haben
5 müsse, und also in der vollkommensten alles positive wegfiele.

2. So leicht aber jeder zugeben wird, daß alle frommen Gemeinschaften positives enthalten, so wenig vielleicht dieses, daß allen zukomme
geoffenbart zu sein, indem dies dem Christenthum und dessen Vorgänger
dem Judenthum ausschließlich vorbehalten zu sein scheint. Wie indeß die
10 Behauptung sich rechtfertige das wird am besten erhellen, wenn wir, wie
es unserm unmittelbaren Zwek angemessen ist, zuerst nur in Bezug auf
das Christenthum überlegen, was wir denn darunter, daß es geoffenbart
ist, eigentlich verstehen sollen. Daß nun in Bezug auf das Christenthum in
dem Ausdruk das oben bemerkte wirklich verneint wird, leuchtet ein.
15 Denn wenn jemand behauptet, Christus habe, was er gelehrt und
angeordnet, im wesentlichen etwa bei den Essäern gelernt, und seine
Lehre sei also auf dem gewöhnlichen Wege der Ueberlieferung an ihn
gelangt: so verlangen wir, ein solcher soll nicht mehr behaupten, das
Christenthum sei geoffenbart; und wenn er den Begriff dennoch durch
20 Künsteleien retten will, | so halten wir dies für Unredlichkeit oder   1,98
Ziererei. Eben so, wenn man sagt, Moses habe in seinem Gesez theils nur
die volksthümliche Ueberlieferung aufgezeichnet, theils es den Egyptern
und Arabern abgelernt. Und wir Christen läugnen deshalb dem Mohamed
die Offenbarung ab, weil wir überzeugt sind, er habe seine Religion aus
25 der christlichen und jüdischen und aus andern alten Ueberlieferungen
zusammengesezt. Dem ersonnenen aber und selbst zusammengedachten
steht der Begriff eben so entgegen. Denn wenn jemand von Christo
glauben wollte, er habe über die unter seinem Volk im Schwang gehenden
messianischen Hoffnungen menschlicherweise nachgedacht, und gefunden,
30 daß sie unter den gegebenen Umständen ganz anders müßten gewendet
werden, und habe hieraus gefolgert, er sei derjenige, der eigens berufen
sei, sie in dieser neuen Gestalt zu erfüllen: so würden wir ihn dann
ziemlich dem Mohamed gleich stellen, und die Offenbarung läugnen.
Nächstdem aber ist eben so gewiß, daß wir das geoffenbarte im Christen-
35 thum nur auf die Person Christi beschränken. Denn wenn z. B. dem
Johannes etwas enthüllt worden von den künftigen Schiksalen des
Christenthums: so nennen wir dies zwar immer noch Offenbarung, aber
nicht in demselben strengen Sinn, sondern unterscheiden die Art wie das
einzelne künftige offenbart wird von der Art, wie das wesentliche der
40 Religion selbst offenbart ist. In einem andern untergeordneten Sinne sagt

---

40 f *Mt 16, 16 f*

Christus dem Petrus und seinen Genossen, Gott habe ihnen offenbart,
daß er Jesus Gottes Sohn sei, und wir sehen dieses nur als die unmittelbare
Wirkung an von der ursprünglichen und eigentlichen Offenbarung in
Christo; und eben so wenig stellen wir dieser gleich | die Begebenheiten   1,99
5 am Pfingsttage und was von ihnen abhängt, weil wir diese ansehen als
bedingt durch den gemeinsamen von Christo abzuleitenden Zustand der
Apostel. Dasselbe gilt von der Schrift, die wir zwar auch als Werk des
Geistes ansehen und als eingegeben, aber nicht sagen, daß eine neue und
besondere Offenbarung darin enthalten sei. Und auf eine eigne Weise
10 bezeugen auch wir Protestanten die Strenge des Begriffs, indem wir auch
die Kirchenverbesserung nicht als eine Offenbarung ansehn. Dies
zusammengenommen scheint, als ob zur strengeren Anwendung dieses
Ausdruks erfordert werde ein Neues aus einem geschichtlichen Zusammenhang nicht zu erklärendes und zwar von einem einzelnen Punkt
15 ausgehendes. So angewendet auf den Ursprung frommer Gemeinschaften
finden wir den Ausdruk allerdings auch außerhalb des Christenthums und
Judenthums. Denn von welchen frommen Mysterien und besonderen
Gottesverehrungen bei den Hellenen wäre denn nicht behauptet worden,
daß sie ursprünglich vom Himmel gekommen, und auf irgend eine Weise
20 von der Gottheit offenbaret worden? ja auch auf andern Gebieten, wenn
z. B. ein Einzelner zuerst seinen Stamm zu einem bürgerlichen Verein
sammelte, wird dieser als ein Gottgesendeter angesehen und also die neue
Anordnung des Lebens als eine Offenbarung. Demnach scheint im Allgemeinen wie der Ausdruk positiv auf den individuellen Inhalt, so der
25 Ausdruk geoffenbart auf die ursprüngliche Entstehung des wesentlichen
der frommen Gemeinschaft sich zu beziehen. Wollten wir nun freilich
hiebei stehen bleiben, so läßt er sich auch auf viel kleineres anwenden, und
jedes in der Seele eines Künstlers sich erzeugende Urbild zu einem
Kunstwerk, | welches weder gelegentlich wäre, also auf einem äußern   1,100
30 Anlaß beruhend, noch auch nachahmend, könnte eine Offenbarung genannt werden; und es mag auch oft auf den niederen Stuffen die Erzeugung eines neuen Götterbildes und die Entstehung eines neuen religiösen
Elementes dasselbe gewesen sein: auf jeden Fall aber wäre dieses ein
weiterer und untergeordneter Sinn des Ausdruks, von dem wir uns wieder
35 zurükziehen müssen. Wir würden daher sagen, ein solches einzelnes Erzeugniß in einer einzelnen Seele sei theils deshalb keine Offenbarung, weil
es zu geringfügig sei, denn je mehr wir diesen Ausdruk nur auf einen Anfangspunkt beziehen, um desto mehr auch verlangen wir für jede Offenbarung einen weiten Kreis, worin sie aufgefaßt werde, und ein gebietendes
40 Ansehn, welches sie darin ausübe. Damit stimmt auch ganz überein, daß
wir nicht etwa das erste Hervortreten einzelner Gedanken oder Gebote in
der Seele Christi für einzelne Offenbarungen und sein zeitliches Leben für
eine Reihe von solchen halten; vielmehr glauben wir, daß er durch eine

solche Ansicht auf eine untergeordnete Stuffe würde zurükgesezt werden.
Theils auch ist ein solches Erzeugniß in einer einzelnen Seele deshalb keine
Offenbarung, weil es doch abhängig ist von schon vorhandenem und mehr
oder weniger bestimmt durch die fortgeschrittene Entwiklung und durch
5 die eigenthümliche Richtung einer Zeit und eines Volkes. Eben deshalb
würde auch von Religionsstiftern auf untergeordneten Stuffen, ja auch von
Moses als dem Stifter des Judenthums das Wort nur in einem weiteren und
untergeordneten Sinne gebraucht sein, weil ihr Dasein mit allen sich daraus entwikkelnden Vorstellungen und Anordnungen auf eine zeitmäßige
10 und volksthümliche Weise bestimmt und be-|schränkt war; und es würde   I,101
in seinem höchsten Sinn auf Christum allein anwendbar sein, weil, so
wie das Ansehn, welches die in ihm gesezte Offenbarung ausübt, sich
unbegrenzt über alle Zeiten und Völker erstrekken soll, eben so auch sein
persönliches Sein und Wesen von solcher Bestimmtheit befreit gedacht
15 werden muß.

   3. Wie nun aber hiegegen, was Christum und das Christenthum betrifft, an und für sich wenig möchte eingewendet werden: so werden doch
die Meisten sagen, daß der wahre Begriff der Offenbarung hiedurch
keinesweges erschöpft, ja daß er durch die anderweitigen davon ge-
20 machten Anwendungen vielmehr verdreht oder profanirt sei. Denn Offenbarung im eigentlichen Sinn sei eine unmittelbare Aeußerung Gottes, bestehe sie nun in Thatsachen oder in der menschlichen Seele eingepflanzten
Gedanken, und als solche unmittelbare Aeußerung müsse jede Offenbarung
einen übermenschlichen Sinn haben, und sei daher die geoffenbarte
25 Religion der natürlichen und Vernunftreligion entgegengesezt. Außerdem
aber verstehe sich von selbst, daß dasjenige, worin falsches enthalten ist,
nicht Anspruch darauf machen könne geoffenbart zu sein, und daß daher
der Begriff nur von dem Christenthum und Judenthum könne ausgesagt
werden. Was nun zuerst unmittelbare Aeußerungen oder Einwirkungen
30 Gottes betrifft: so ist zunächst nur die ganze Welt so zu betrachten,
einzelne Thatsachen aber leibliche oder geistige hängen immer mit andern
in Raum und Zeit so zusammen, daß man niemals nachweisen kann, daß
sie nicht in ihrer Einzelheit betrachtet aus dem allgemeinen Zusammenwirken entstanden wären, ganz gemäß dem, was wir auch von den
35 einzelnen Gedanken Christi | gesagt. Also könnte von allem einzelnen nur   I,102
auf gleiche Weise bejaht oder verneint werden, daß es unmittelbare

---

5 deshalb] deshald

27–29 *Vgl. z. B. Wegscheider: Institutiones 19*

Aeußerung Gottes sei, und eine Unterscheidung dessen was Offenbarung
sei und was nicht, wäre von hier aus unmöglich. Eher aber könnte die
Entstehung eines neuen Lebens, welches selbst wieder eine Welt im
Kleinen ist, und eben so die erste Entwiklung einer vorher schlummern-
5 den Kraft im menschlichen Geist eine unmittelbare Einwirkung Gottes
sein, aber dann auch jedes und jede oder das und die am meisten, welche
am wenigsten durch schon vorhandenes bedingt ist. Dies Merkmal also
führt auf dieselbige Ausdehnbarkeit und Zusammenziehbarkeit des
Begriffs, eben so aber auch darauf, daß Christus der Gipfel aller Offen-
10 barung ist, und stimmt also mit dem obigen zusammen. Was aber den
übermenschlichen Inhalt betrifft, so giebt es doch Offenbarung nur in
Verbindung mit ihrer Auffassung; Thatsachen aber von übermenschlichem
Inhalt könnten auch gar nicht oder nur unvollkommen aufgefaßt, und in
dieser Unvollkommenheit nicht die unmittelbare göttliche Einwirkung
15 erkannt werden. Was aber geoffenbarte Gedanken betrifft: so wäre deren
Auffassung nichts anders als Nachbildung, was aber menschlich nachgebildet werden kann, das muß auch können menschlich hervorgebracht
worden sein; so daß es kein schlechthin übermenschliches auf diesem
Gebiet geben kann, sondern nur vergleichungsweise. Das geoffenbarte
20 aber wäre dann überall das, was am meisten nicht nachgebildet ist,
sondern ursprünglich hervorgebracht; und so kämen wir auch von hier aus
auf das obige zurük. − Was aber denen, die den Begriff der Offenbarung
streng und ausschließend fassen wollen, am meisten vorschwebt, ist wol
dieses, | daß Gott in der Offenbarung sich selbst kund thut, und darin soll   I,103
25 zugleich die Unmittelbarkeit sein und die Uebermenschlichkeit. Nun wäre
freilich eine Kundmachung Gottes, wie er an sich ist, etwas übermenschliches, aber auch eine solche könnte aus keiner Thatsache hervorgehen und
als Gedanke auch nicht von der menschlichen Seele, in der sie wäre,
aufgefaßt werden; also auf keine Weise wahrgenommen und festgehalten
30 könnte sie auch nicht wirksam sein. Sondern eine wirksame Kundmachung Gottes kann nur beziehungsweise übermenschlich sein, wenn sie
nämlich auf keine Weise überliefert ist oder gefolgert, sondern als ein
neues ursprünglich entsteht, und als eine neu erwachte Kraft sich weiter
entwikkelt. Alsdann mag aber auch ein in einem Kreise gänzlicher Rohheit
35 oder Versunkenheit neu entstehendes Bewußtsein Gottes eine Offenbarung
genannt werden, wenn es gleich aus Schuld des Gemüthes, indem es
entsteht, gleich so wie es aufgefaßt und festgehalten wird, zu einem unvollkomnen ausschlägt; und so dürften dann auch die unvollkomneren
Gestaltungen der Frömmigkeit, in sofern ihr Ursprung ganz oder

---

36 indem] *Kj Stange 135:* in dem *vgl.* CG² § 10 Zus. I, 73   **37** so wie] *Kj Stange 135:*
sowie *vgl. jedoch* CG² § 10 Zus. I, 73

theilweise auf einzelne Anfangspunkte kann zurükgeführt oder eine solche
Zurükführung vorausgesezt werden, von uns Offenbarung genannt werden, Christus aber wäre auch so und bliebe der Gipfel der Offenbarung.
Weil aber der Ausdruk so unbestimmt sich erweist und unbeständig, und
5 die Ansprüche, die einmal in ihn gelegt sind, nicht können befriedigt, ja
nicht einmal verständlich nachgewiesen werden: so ist es vielleicht besser
auf dem streng dogmatischen Gebiet sich des Ausdruks zu enthalten. Was
indeß oben damit bezeichnet werden sollte, ist dieses, daß jede
eigenthümliche fromme Gemeinschaft in ihrem ersten Ur-|sprung aus der   I,104
10 natürlichen Entwiklung durch die gegenseitige Einwirkung der Menschen
auf einander nicht begriffen werden kann, und daß dies vom Christenthum auf eine vorzügliche Weise gilt, wobei aber immer möglich bleibt,
daß jede auch die höchste Offenbarung den allgemeinen von Gott geordneten Gesezen des Weltlaufs und besonders auch der Entwiklung der
15 menschlichen Natur gemäß erfolge. Gäbe es aber eine wissenschaftliche
Lehre, welche die gemeinsamen Oerter für alle in den kirchlichen Gemeinschaften auf verschiedene Weise bestimmten frommen Gemüthszustände
enthielte, und welche nach Ausgleichung der verschiedenen philosophischen Systeme überall dieselbe sein müßte, also auch überall und zu
20 allen Zeiten gleichmäßig aus denselben Principien entwikkelt werden
könnte, und eben deshalb an keinen eigenthümlichen Anfangspunkt
gebunden wäre; und wollte man diese Vernunftreligion nennen: so hätte
diese freilich keinen Anspruch darauf geoffenbart zu sein, in unserem Sinn
eben so wenig als in irgend einem andern. – Eine solche aber muß, sofern
25 sie überhaupt ist, ewig sein. Das heißt aber, sie kann nirgends als etwas
besonderes für sich erscheinen, sondern ist nur in allen geschichtlich gewordenen also geoffenbarten Religionen ein Eigenthum aller der
Einzelnen, welche von ihrer eignen frommen Gemeinschaft aus auch alle
andern in ihrem relativen Werth und ihrer nothwendigen Zusammenge-
30 hörigkeit anerkennen, und alles getrennte und verschiedene in eine höhere
Einheit zusammenfassen. – Was endlich das lezte anbetrifft, daß nichts
könne geoffenbart heißen, was falsch oder dem falsches beigemischt wäre:
so ist zu dem obigen noch dieses hinzuzufügen, daß auch dem von
Christo abgeleiteten christlichen Leben | und Lehre sich falsches beimischt   I,105
35 bei allen, in denen nicht sinnliches und höheres Selbstbewußtsein so völlig
in einander aufgeht wie in Christo. Denn in allen solchen wird das in
ihren frommen Gemüthszuständen vorkommende göttliche Bewußtsein
immer mehr oder minder getrübt durch das sinnliche; und hält man es
dennoch für rein, so entstehen Täuschungen. Wie auch alle auf diesem

---

6 besser] *Kj (auch Reutlingen 1, 97 und Stange 135)* besser,

Wege entstehenden Aussagen über Gott in demselben Maaß falsches
enthalten als sie, dem Gefühl treu folgend, buchstäblich aufgefaßt werden;
so daß die reine Wahrheit nur in dem Bestreben besteht durch aus-
gleichende Aussagen die Einheit der Idee vollziehen zu wollen. Daher
5 bleibt zwischen dem Christenthum und den andern Offenbarungen immer
nur ein beziehungsweiser Gegensaz. Daß nämlich in jenem die göttliche
Kundmachung die Seele ganz einnimmt, in der sie ist, und nur in denen
sich trübt, auf welche sie übergeht; in den übrigen aber auch in jener
schon. Daher aber wäre es denen, in welchen sie nothwendig getrübt
10 wird, unmöglich an diesem Unterschied die wahre Offenbarung zu erkennen. Denn das beigemischte Falsche hat in beiden Fällen seinen Grund
in einem beschränkten Auffassungsvermögen, welches sich der Offenbarung darbietet; und der specifische Unterschied zwischen dem Christenthum und andern Glaubensweisen betrifft nicht den Begriff der Offen-
15 barung, sondern den eigenthümlichen Unterschied Christi von andern
Religionsstiftern. Ja man kann sagen, daß alles unreine und verkehrte in
andern Religionen untergeordneter Stuffen nur Unvollkommenheit ist, bis
sie in wirklichen Widerspruch gegen das Christenthum treten und sich
gegen dasselbe behaupten wollen, welches auch Pauli Ansicht ist, (Ap.
20 Gesch. 17, 30.) dann | erst werden sie nach Maaßgabe dieses Widerspruchs   I,106
verwerflich, weil nämlich das, was in ihnen Offenbarung ist, nicht kann in
diesen Widerspruch verwikkelt sein, und also, wo dieser Streit entsteht,
nicht mehr thätig und lebendig ist.

20.

25   Die göttliche Offenbarung in Christo kann weder etwas
schlechthin übernatürliches noch etwas schlechthin übervernünftiges sein.

> Anm. Es ist immer übel die Wörter Natur und Vernunft gebrauchen ohne sie
> erklärt zu haben, aber jede Erklärung, die wir angeben wollten unvorbereitet
30 und außerhalb eines größeren Zusammenhanges würde doch immer
> willkührlich erscheinen und Mißdeutungen unterworfen sein. Es mag also
> daran genügen, ihr Füreinandersein bemerklich zu machen, indem das Sein
> überhaupt für den Menschen nur ist, sofern es Natur ist, und die Natur für
> den Menschen nur ist, sofern er Vernunft ist.

---

26 schlechthin] schlechhin

1. Sehen wir zuerst auf das Geoffenbarte überhaupt: so ist zugestanden, daß kein Anfangspunkt einer eigenthümlich gestalteten frommen
Gemeinschaft erklärt werden kann aus dem Zustande des Kreises innerhalb dessen er hervorgetreten ist und fortwirkt; denn dieser wird in Bezug
5 auf die Frömmigkeit die Wirkung jenes Anfangs, und kann also nicht auch
seine Ursache sein. Allein es kann nichts hindern, daß wir nicht
annehmen, das Hervortreten desselben sei eine Wirkung der in der
menschlichen Natur liegenden Entwiklungskraft, welche nach uns verborgenen aber göttlich geordneten Gesezen in einzelnen Menschen an
10 einzelnen Punkten hervortritt, um durch sie die übrigen weiter zu
fördern. Denn ohne eine solche Annahme wäre gar keine Fortschreitung
weder theilweise noch im Ganzen des | menschlichen Geschlechts zu   I,107
denken. Jede ausgezeichnete Begabung eines Einzelnen, durch welchen in
einem bestimmten Kreise irgend eine geistige Verrichtung sich neu ge-
15 staltet, ist ein solcher Anfangspunkt und in sofern in der Analogie mit
dem Begriff der Offenbarung, der indeß eigenthümlich nur auf das Gebiet
des hier betrachteten höhern Selbstbewußtseins angewendet wird. Wenn
man daher alle solche ausgezeichnete Förderer der menschlichen
Entwiklung jeden in seinem Gebiet als Heroen bezeichnet, und ihnen eine
20 höhere Begeisterung zuschreibt: so ist dadurch eben dieses angedeutet,
daß sie auf eine unmittelbare Weise aus dem allgemeinen Lebensquell be-
geistert sind; und daß solche von Zeit zu Zeit erscheinen, müssen wir als
etwas gesezmäßiges ansehen, wenn wir überhaupt die Idee von einer
menschlichen Natur festhalten wollen. Nur erst je mehr eine jede
25 Aeußerung dieser Art in ihrer Bildung und ihren Wirkungen beschränkt
ist nach Zeit und Raum, um desto mehr erscheint sie auch wenn gleich
nicht aus dem vorhandenen erklärbar doch durch dasselbe bedingt. Dieses
nun auf Religionsstifter untergeordneter Stuffen anzuwenden, wird wol
Niemand Bedenken tragen. Soll aber eben dieses auch auf die christliche
30 Offenbarung angewendet werden, so müßten wir nicht nur sagen, daß sie
aus eben diesem Grunde, eben weil sie bestimmt ist, allmählig das ganze
menschliche Geschlecht zu erleuchten, auch am wenigsten durch irgend
ein gegebenes bedingt sei; sondern wir müßten es gleich auch in Beziehung auf Christi eigenthümliche Stellung so ausdrükken, daß auch die
35 strengste Meinung über den Unterschied zwischen ihm und allen anderen
Menschen darunter befaßt wäre, indem wir sagten, es müsse auch das

---

34 auf] *so H; OD:* auf die

1–4 *Vgl. § 19, 2 (entsprechend der in CG² § 13, 1 gegebenen Verweisung)*

Menschwerden | des Sohnes Gottes selbst etwas natürliches sein. Das heißt   I,108
zuerst, in der menschlichen Natur muß, so gewiß als Christus ein Mensch
war, die Möglichkeit liegen das Göttliche, so wie es in Christo gedacht
wird, in sich aufzunehmen. Denn alles wirkliche muß möglich sein. Der
5 Gedanke, die Offenbarung in Christo auch in dieser Hinsicht als etwas
schlechthin übernatürliches anzusehn, scheint in keiner Hinsicht nothwendig; vielmehr scheint das Protevangelium, welches die Wiederherstellung an den Fall selbst anknüpft, sich ganz dagegen zu erklären, daß
die menschliche Natur unfähig sei das wiederherstellende göttliche in sich
10 aufzunehmen, und daß das Vermögen dazu erst müsse in sie hineinge-
schaffen werden. Es liegt zweitens in der aufgestellten Behauptung, daß,
wenn in der menschlichen Natur nur die Möglichkeit liegt, das göttliche
so aufzunehmen, die wirkliche Einpflanzung desselben aber ein göttlicher
also ewiger Akt sein muß, dennoch das zeitliche Hervortreten desselben in
15 einer bestimmten einzelnen Person zugleich als eine in der ursprünglichen
dem göttlichen Rathschluß gemäßen Einrichtung der menschlichen Natur
begründete und durch alles frühere vorbereitete That derselben, und als
die höchste Entwiklung ihrer geistigen Kraft muß angesehen werden,
wenn auch uns selbst diese tiefsten Geheimnisse des inneren allgemeinen
20 geistigen Lebens niemals aufgedekt werden. Will man dagegen auch hier
ein schlechthin übernatürliches annehmen: so müßte man eines Theils behaupten, Gott habe die menschliche Natur ursprünglich im Widerspruch
mit seinem ewigen Erlösungsrath eingerichtet, andern Theils auch, es sei
nur aus göttlicher Willkühr zu erklären, daß grade in Jesu und in keinem
25 andern das wiederher-|stellende göttliche zur Erscheinung gekommen. Die   I,109
Schrift selbst aber scheint in dem Ausdruk „als die Zeit erfüllt war" nicht
auf dergleichen Willkühr, sondern mehr auf die aufgestellte Bedingtheit zu
deuten.

    2. Da alles Entstehen als solches bisher unbegriffen geblieben ist, so
30 wäre gar nichts besonderes damit gesagt, wenn man auch das erste Entstehen einer höheren Stuffe des Selbstbewußtseins, sei es nun im allgemeinen oder an einzelnen Punkten für unbegreiflich erklärte. Die
Forderung also, das Christenthum solle auch übervernünftig sein, weil ja
sonst keine Offenbarung nöthig gewesen wäre, betrifft den Inhalt dessel-
35 ben, und also vorzüglich das positive. Daher auch die herrschende Ansicht
ist, die christliche Lehre bestehe aus vernünftigem und übervernünftigem
neben einander. Wie nun ein solches Nebeneinandersein nicht denkbar ist
schon deshalb, weil das positive überall das eigenthümliche ist, darüber ist

---

7 *Gen 3, 15*   26 *Gal 4, 4*

schon oben (19. 13.) das nöthige gesagt, was um so sicherer hieher
gezogen werden kann, als auch, was für übervernünftig gehalten wird, in
jeder Religion ein anderes ist. Es bleibt daher hier nur folgendes hinzuzufügen. Alles vernünftige hängt unter sich genau zusammen, so daß von
5 jedem aus jedes andere kann gefunden und begriffen werden, worin eben
die Möglichkeit der Wissenschaft liegt. Sollte aber in einem solchen Zusammenhang ein übervernünftiges Element mit vernünftigen verbunden
werden: so müßte es erst seine Natur ändern. Also muß in einem Zusammenhang von Säzen entweder alles in dieser Hinsicht gleichartig sein
10 oder der Zusammenhang muß zerfallen. Und dies geschieht auch ziemlich,
wenn man die christliche Lehre so theilen will in vernünftiges und über-
vernünftiges. Die hier aufge-|stellte Ansicht, welche eine solche Theilung   I,110
nicht zuläßt, führt also darauf, daß im Christenthum entweder alles übervernünftig sein muß oder alles vernünftig. Es kann aber beides gesagt
15 werden, nur in verschiedener Beziehung. Fragt man nämlich nach der ursprünglichen Entstehung derjenigen Gedanken, welche die christlichen
Gemüthszustände ausdrükken und beschreiben: so ist klar, daß sie nicht
können durch Ableitung oder Zusammensezung aus allgemein anerkannten
und mittheilbaren Säzen entstanden sein, sonst wären sie wissenschaftliche
20 und man müßte jeden Menschen zum Christen demonstriren und unter-
richten können. Insofern also ist alles christliche übervernünftig; aber
nicht mehr als alles Erfahrungsmäßige, nur daß es eine rein innere Erfahrung ist, auf die hier alles zurükgeht. Es liegt hierin schon, daß auch
die wahre Aneignung der christlichen Säze nicht auf eine wissenschaftliche
25 Weise durch Unterricht und Demonstration erfolgt, und also ebenfalls
außer der Vernunft liegt, aber nur eben so wie auch nichts einzelnes und
eigenthümliches mit der Vernunft begriffen, sondern nur durch die Liebe
aufgefaßt werden kann. In diesem Sinn also ist die ganze christliche Lehre
in jedem nicht durch die Vernunft. Wird aber danach gefragt, ob die
30 Säze, welche die christlichen Gemüthszustände und deren Zusammenhang ausdrükken, nicht eben denselben Gesezen der Rede unterworfen
sind, wie alles gesprochene, so daß, je vollkomner diesen Gesezen genügt
wird, um desto mehr ein jeder genöthigt werde richtig aufzufassen was
gedacht und gemeint ist, wenngleich er sich von der Wahrheit, weil es ihm
35 an der inneren Grunderfahrung fehlt, nicht überzeugen kann: so muß in
diesem Sinn alles in der christlichen Lehre durchaus | vernunftmäßig sein,   I,111
eben so gut wie jede andere Beschreibung eines Einzelnen und Eigenthümlichen, also seinem Inhalt nach außervernünftigen, dennoch durchaus
vernunftmäßig sein muß. Sonach ist die Uebervernünftigkeit aller einzelnen

---

1 19. 13.] *Kj* 19, 1. *oder* 19, 1. 3.   **19** wissenschaftliche] wissentschaftliche

Säze der christlichen Lehre der Maaßstab, wonach man beurtheilen kann, ob sie auch alle das Eigenthümliche derselben mit aussprechen; und wiederum die Vernunftmäßigkeit derselben ist die Probe, inwiefern das Unternehmen die inneren Gemüthserregungen in Gedanken zu übertragen
5 gelungen ist oder nicht, und die Behauptung, es könne nicht verlangt werden, dasjenige vernunftmäßig darzustellen, was über die Vernunft hinausgehe, erscheint uns nur als eine Ausflucht, wodurch die Unvollkommenheit des Verfahrens soll bemäntelt werden, welches allerdings in dem Maaß verfehlt ist, als die Vernunftmäßigkeit der Darstellung
10 nicht erreicht wird. Eben diese Vereinigung, daß das christliche nicht durch die Vernunft hervorgebracht oder aufgenöthigt werden kann, und daß es doch vernunftmäßig dargestellt werden soll, scheint auch die wahre Abzwekkung der gewöhnlichen Formel zu sein, daß das übervernünftige im Christenthum nicht widervernünftig sei. Es liegt nämlich darin
15 einerseits die Aufgabe, das nicht widervernünftige nachzuweisen, welches eben durch die vernunftmäßige Darstellung geschieht, andrerseits das Anerkenntniß, daß das widervernünftige auch im Christenthum nur könne als Mißverstand oder als Erzeugniß eines krankhaften Zustandes angesehen werden. Soll aber diese Formel irgendwie das Uebervernünftige
20 verringern oder entschuldigen: so ist sie nicht frei von Verwirrung. Denn sollen die christlichen Lehrsäze ursprünglich auf dem Wege des Denkens oder der Spekulation gefunden | sein, so gäbe es auf diesem Gebiet keinen I,112 Unterschied zwischen übervernünftigem und widervernünftigem; sollen sie hingegen nichts anderes bedeuten als das betrachtete Selbstbewußtsein,
25 so kann darin überall kein widervernünftiges vorkommen, weil das Selbstbewußtsein und das gegenständliche Bewußtsein d. h., die Gesammtheit alles Vernünftigen rein in einander aufgehn.

21.

Es giebt keine andere Art an der christlichen Gemeinschaft An-
30 theil zu erhalten, als durch den Glauben; und daß die Entstehung des Christenthums in Verbindung steht mit Weissagungen, Wundern und Eingebung, ist nur für diejenigen, welche glauben, ein Beweis der Wahrheit desselben.

---

2 derselben] desselben

---

13 f *Vgl. z. B. Gerhard: Loci, ed. Cotta 2, 372 b; ed. Preuss 1, 211 b*

Anm. a. Antheil haben an der christlichen Gemeinschaft heißt die Annäherung zur Reinheit und Beständigkeit des höhern Selbstbewußtseins mittelst der Stiftung Christi suchen; und Glauben ist auch hier die oben (6. Anm.) beschriebene Gewißheit über die eigenthümliche Gestaltung des eigenen höheren Selbstbewußtseins.

5

b. Von Beweisführungen aus Schrift und Bekenntnißschriften wird unten gehandelt werden. Hier kann davon nicht die Rede sein, da diese die Annahme des Christenthums im Ganzen schon voraussezen und sich also nur auf Einzelnes beziehen können.

10   1. Denken wir uns das Entstehen der christlichen Gemeinschaft in ihren ersten Keimen während der Verkündigung Christi selbst: so konnten offenbar nur die hineintreten, deren frommes Selbstbewußtsein als Erlösungsbedürftigkeit ausgeprägt war, und welche der erlösenden Kraft Christi bei sich gewiß wurden, (Joh. | 1, 45. 46. 6, 68. 69. Matth.   I,113
15 16, 15-18.) so daß, je stärker beides in einem hervortrat, desto eher er selbst darlegend konnte stiften helfen. Aber eben dieses muß auch in jeder folgenden Zeit die einzige Art und Weise bleiben, da zufolge des obigen (20, 2.) Ueberzeugung auf diesem Gebiet nie kann durch Beweisführung erzwungen werden. Daher ist es auch immer das Wesen aller unmittelbaren
20 christlichen Verkündigung gewesen ohne Beweisführung zu verfahren, und nur die innere Erfahrung hervorzulokken. Alle Beweisführung (Ap. Gesch. 6, 10. 18, 28.) war nur mittelbar durch den Widerspruch hervorgerufen, und hatte nur den Zwek das Mißverstandene zu vertheidigen und falsche Beschuldigungen abzuwälzen, oder die Gläubigen gegen ander-
25 weitige Zumuthungen zu verwahren. Nur der aber wurde gläubig, und trat in die Gemeinschaft, in dem die innere Erfahrung hervorgerufen ward (Ap.Gesch. 2, 37.), in wem aber nicht, der nicht. So auch jezt hat jeder nur in dem Maaß und deshalb Antheil an der christlichen Gemeinschaft als er diese eigenthümliche Gestaltung des frommen Selbstbewußtseins (18.)
30 als seine eigene fühlt. Damit ist gleichgeltend das Aufsuchen eines Erlösers, und nur auf diesem Grunde, ohne welchen alle Anpreisung Christi nichts fruchten würde, kann die Anerkennung desselben ruhen. Daher sind auch die Ungläubigen nicht deshalb zu tadeln, weil sie sich den Glauben nicht haben andemonstriren lassen, sondern nur wegen des
35 Mangels an Selbsterkenntniß, welcher der Unfähigkeit zu dieser Anerkennung zum Grunde liegt. Und es giebt hier keinen andern Unterschied

---

5 Selbstbewußtseins] Selbstewußtseins   9 können.] können,   14 wurden,] wurden.
18 20, 2.] 20. 2.,   22 mittelbar] *Kj* mittelbar,

---

6 § 30

zwischen denen, welche nicht glaubten als Christus selbst lebte und ver-
kündigte, und denen, die später nicht geglaubt haben, als daß das, | was   I,114
jene hätte ergreifen sollen und zur Anerkennung bewegen, die Person
selbst war und ihre unmittelbare Kraft, den späteren aber war vor Augen
5 gestellt der von derselben Person ausgegangene gemeinsame Geist und die
ganze Gemeinschaft der Christen, wie sie sich allmählig gebildet hatte und
jedesmal bestand. Das heißt aber nichts anders als die Gesammtheit der
Wirkungen eben jener Person, worauf ja auch Christus selbst schon hin-
wies (Joh. 17, 20.) und also mittelbarerweise ebenfalls die Person des Er-
10 lösers selbst.

   2. Wenn demohnerachtet in der Kirche zeitig und häufig ein Verfahren stattgefunden hat, welches den Zwek zu haben scheint, die Offenbarung in Christo anderwärtsher als einzige oder höchste zu erweisen,
und also die einfache ans Herz greifende Verkündigung in eine den Ver-
15 stand bearbeitende und zwingende Deduction zu verwandeln: so darf man
dies Verfahren nur einer näheren Prüfung unterwerfen, um sich zu überzeugen, wie es von jeher ein bloßes Hülfsverfahren gewesen, welches sich
vornehmlich auf die Ansprüche bezog, die theils andere Glaubensweisen
und zunächst das Judenthum theils auch die menschliche Weisheit an das
20 Christenthum machten. Es kommen aber alle diese sogenannten Beweise
auf die drei oben angeführten zurük. Was nun zuerst die Eingebung
betrifft, so schließt der Begriff, daß Gedanken oder Empfindungen eines
Menschen durch Einwirkung eines höheren Wesens entstanden sind, eine
Behauptung in sich und eine Verneinung. Die Behauptung selbst kann nie
25 als Thatsache mitgetheilt, ja sie kann nicht einmal von dem, in welchem
die Eingebung ist, als Thatsache wahrgenommen werden. Die Behauptung
scheint also ganz auf der Verneinung zu ruhen, nämlich daß die | frag-   I,115
lichen Gedanken und Empfindungen nicht können aus früheren
Zuständen und aus wahrnehmbaren Einwirkungen erklärt werden, allein
30 diese Verneinung ist ein unendliches Urtheil und also auch niemals nachzuweisen. Die Annahme einer Eingebung scheint also immer nur auf dem
Eindruk, den ein Gedanke oder eine Empfindung hervorbringt, also auf
dem Selbstbewußtsein zu beruhen und Glaubenssache zu sein. Dem
wissenschaftlichen Verfahren liegt dann, den Glauben an die Eingebung
35 vorausgesezt, zunächst nur ob, den Begriff so zu fassen, daß wirklich
etwas und zwar möglichst bestimmtes dabei könne gedacht werden. Im
Christenthum aber ist grade dieser Begriff ein völlig untergeordneter.
Denn es kann nirgend behauptet werden, Christus habe etwas durch Eingebung gesagt oder gethan, indem alsdann sein höherer Zustand nur etwas

---

9 20.] *so H; OD:* 20. 2.,

vorübergehendes gewesen wäre. Was aber den Aposteln der Geist giebt,
wird alles auf den Unterricht Christi selbst zurükgeführt. Die Eingebung
bezieht sich daher hauptsächlich nur auf die Abfassung der Schrift, und da
das Christenthum fast 200 Jahr bestanden hat, ehe diese ihre eigenthüm-
5 liche Gültigkeit erhielt, so wäre nichts wunderlicher als im Christenthum
die Eingebung obenan zu stellen. Vielmehr besteht ihr Werth nur darin,
daß sie die Beweisführungen aus der Schrift begründet, welche aber immer
nur das einzelne betreffen können. Uebrigens kommt der Begriff eben so
vor in jeder frommen Gemeinschaft, welche eine schriftliche Grundlage
10 hat, ja auch bei der Entstehung der bürgerlichen Verfassung. Die eigenthümliche Vortrefflichkeit des Christenthums kann also weder daraus
erwiesen werden, daß es überhaupt Eingebung in demselben giebt, noch
auch können Kennzei-|chen, deren Anerkennung man jedem zumuthen   I,116
könnte, aufgestellt werden, um darnach die außerchristliche Eingebung als
15 falsch zu verwerfen. – Was zweitens die Weissagung betrifft, so muß
man unterscheiden die Weissagungen vom Christenthum und die Weissagungen im Christenthum. Unter den lezteren hat man auf die Weissagungen der Apostel und anderer ersten Christen nie einen besonderen
beweisenden Werth gelegt; die Weissagungen Christi selbst aber können
20 das eigenthümliche seiner Person und seinen Charakter als Erlöser,
worauf allein doch alles ankommt, eben deshalb nicht beweisen, weil auch
Andere außer ihm anerkannt geweissagt haben. Was aber die Weissagungen vom Christenthum betrifft, und zwar, wie man denn die heidnischen
in späterer Zeit allgemein hat bei Seite gesezt, die der jüdischen Profeten:
25 so können diese für das Christenthum nur beweisen, wenn man Eingebung bei jenen Sehern voraussezt, und also nur sofern das Christenthum
schon eine frühere Offenbarungsformation als Grundlage unter sich hat.
Allein theils können wir nicht unseren festeren Glauben an das Christenthum auf unsern unstreitig minder kräftigen an das Judenthum gründen
30 wollen; theils auch kann niemals befriedigend nachgewiesen werden, daß
jene Profeten Christus, so wie er wirklich gewesen, und das Christenthum, so wie es sich wirklich entwikkelt hat, vorhergesagt haben, und
somit verschwindet in dieser Hinsicht der bestimmte Unterschied
zwischen Weissagung und unbestimmter Ahndung. Auch schon die
35 Nachweisung der lezteren hatte indeß natürlich ein größeres Gewicht für
diejenigen, welche aus Juden sollten Christen werden. – Endlich die
Wunder im engeren Sinne d. h., Erscheinungen im Gebiet der Natur, |
welche aber nicht auf natürliche Weise sollen bewirkt worden sein, – im   I,117
weiteren Sinne gehören auch Eingebung und Weissagung mit unter den

---

1 f *Joh* 14, 26

Begriff des Wunders — diese Wunder können an und für sich gar keinen
Beweis liefern. Denn eines Theils erzählt die heilige Schrift selbst Wunder
von solchen, welche dem Christenthum gar nicht angehören, sondern eher
zu dessen Gegnern zu zählen sind, und dennoch giebt sie kein Kenn-
5 zeichen an, um wahre und falsche Wunder zu unterscheiden. Andern
Theils aber begegnet außer allem Zusammenhang mit Offenbarung nur gar
zu vieles, was wir nicht natürlich zu erklären vermögen; wir denken aber
an kein Wunder, sondern schieben nur die Erklärung auf bis zu einer genaueren Kenntniß sowol von der fraglichen Thatsache als auch von den
10 Gesezen der Natur. Thun wir also, wo uns ähnliches im Zusammenhang
mit der Offenbarung aufstößt, nicht dasselbe, sondern behaupten das
Wunder: so kann der Grund dazu nur in eben diesem Zusammenhange
liegen, so daß auch die Annahme des Wunders schon den Glauben an die
Offenbarung voraussezt und ihn also nicht hervorbringen kann.
15   3. Wenn demohnerachtet die ganz allgemeine Weise, Wunder und
Weissagungen — denn von Eingebung ist hier nicht der Ort in dieser
Hinsicht zu handeln — als Beweise für die Wahrheit des Christenthums
anzuführen auf etwas richtigem beruhen muß: so scheint es sich damit
folgendermaßen zu verhalten. Ist erst angenommen, daß die Erscheinung
20 Christi als Erlösers und die von ihm ausgehenden Wirkungen die höchste
Entwiklung der Frömmigkeit begründen, und steht zugleich fest, daß der
Widerspruch zwischen dem höheren und dem sinnlichen Selbstbewußtsein
auch schon außer-|halb des Christenthums und vor demselben als Er-   I,118
lösungsbedürftigkeit muß empfunden worden sein: so ist es eine natür-
25 liche Voraussezung, daß sich, angeregt durch frühere wenngleich an sich
unzureichende Offenbarungen, auch die Sehnsucht nach der Erlösung hie
und da auf eine unverkennbare Art werde ausgesprochen haben. Dies ist
die eigentliche Bedeutung der messianischen Weissagung; wo sich diese
demnach findet, da zeigt sich ein Hinstreben der menschlichen Natur nach
30 dem Christenthum, und darin liegt die wahre Beweiskraft der
Weissagung. Daher auch das Bestreben sie bis zum ersten Anfang der Erlösungsbedürftigkeit des Menschen rükwärts zu verfolgen, und das
richtige Gefühl der älteren Apologeten sich eben so gern auf Weissagungen zu berufen, die sie für heidnisch hielten, als auf jüdische. Zeigt nun
35 die Weissagung ein vorbereitendes Zuneigen zum Christenthum: so deutet
sie zugleich dahin, daß die früheren frommen Gemeinschaften, in denen
sie sich findet, nur als etwas vorläufiges können angesehen werden, und
dient also vorzüglich gegen diejenigen, welche sich etwa noch in diesen

---

15—18 *Vgl. z. B. Augusti: Lehrbuch 160 f*   **32—34** *H 121 zitiert (Pseudo-) Justin: Cohortatio ad Graecos (Cohortatio ad Gentiles) 38, ed. Maur. 34 E; ed. Otto 2, 122 C*

früheren Formen behaupten wollen. In beider Hinsicht aber ist eine bis
ins einzelne genaue Uebereinstimmung zwischen dem Erfolg und der Weissagung von gar keiner Wichtigkeit, und aus diesem Gesichtspunkt kann
man den Eifer Weissagungen aufzufinden, welche sich auf zufällige
5 Nebenumstände in der Geschichte Christi beziehen, kaum anders als für
einen Mißgriff erklären; wie denn auch dergleichen in der h. Schrift nicht
als eigentliche Weissagungen behandelt werden. — Aehnliche Bewandtniß
hat es auch mit den Wundern. Ist einmal anerkannt, daß die Erscheinung
Christi als Erlösers der Anfangspunkt der höch-|sten Entwiklung der   I,119
10 menschlichen Natur gewesen, bestimmt eine vorher unerreichbare Stuffe
des Selbstbewußtseins darzustellen und zu verbreiten: und steht zugleich
fest, daß sowol die betrachtenden Zustände als die nach außen wirksamen vom Selbstbewußtsein ausgehn, und durch dessen Erregungen bestimmt werden: so ist es eine natürliche Voraussezung, daß auf der einen
15 Seite, wo diese höchste Erregung sich am stärksten mittheilt, auch
Geisteszustände vorkommen, die aus dem früheren Sein nicht zu erklären
sind, auf der andern Seite aber auch daß derjenige, der eine so eigenthümliche Wirksamkeit auf die übrige menschliche Natur ausübt, sowol
vermittelst der Erregung der Gemüther als auch unmittelbar eine eigen-
20 thümliche Kraft beweisen müsse auf die leibliche Seite der menschlichen
Natur und auf die äußere Natur überhaupt zu wirken; d. h., es ist eine
natürliche Voraussezung von demjenigen, der die höchste göttliche Offenbarung ist, Wunder zu erwarten, welche Wunder aber ebenfalls nur beziehungsweise übernatürlich heißen können, da unsere Vorstellungen
25 sowol von der Empfänglichkeit der leiblichen Natur für die Einwirkungen
des Geistes, als auch von der Ursächlichkeit des Willens auf die leibliche
Natur eben so wenig abgeschlossen und eben so einer beständigen Erweiterung durch neue Erfahrungen fähig sind, als unsere Vorstellungen
von den leiblichen Naturkräften selbst. Da sich nun im Zusammenhang
30 der christlichen Offenbarung Erscheinungen zeigten, welche unter diesen
Begriff gebracht werden konnten: so war es natürlich, daß sie unter diesen
Gesichtspunkt auch wirklich gestellt und als Bestätigung dafür angeführt
wurden, daß hier in der That ein neuer Entwiklungspunkt gegeben sei.
Diese Ansicht stimmt mit dem | obigen um so mehr überein, als auf der   I,120
35 einen Seite aus den begleitenden Wundern nach derselben nie bewiesen
werden kann, daß das Christenthum die höchste Offenbarung sei, indem

---

22 Voraussezung] *Stange 155:* Voraussetzung,

4f *Vgl. z. B. Clarke: Abhandlung 505*

vielmehr auch bei untergeordneten ähnliches zu erwarten ist, die Wunder
selbst aber als solche sich nicht in höhere und niedere unterscheiden
lassen. Ja es bleibt nach derselben feststehn, daß ähnliche Erscheinungen
auch ohne Zusammenhang mit dem religiösen Gebiet, sei es andere Ent-
5 wiklungen begleitend oder tiefere Regungen in der leiblichen Natur selbst
ankündigend, vorkommen können. Auf der andern Seite aber läßt sich aus
derselben Ansicht sehr leicht die Vermuthung entwikkeln, daß solche die
Offenbarung begleitende übernatürliche Gemüthszustände und Naturerscheinungen sich in demselben Maaß zurükziehn, als die neue Entwiklung
10 selbst sich verbreitet und organisirt und also Natur wird. Aus allem diesen
nun folgt, daß Wunder sowol als Weissagungen, wenn nicht der Glaube
an die Offenbarung schon zum Grunde liegt, ihn nicht hervorbringen
können, ja daß unser Glaube eben so unerschütterlich sein könnte, wenn
auch beide nicht wären; indem daraus nur folgen würde, daß jene beiden
15 wiewol natürlichen Voraussezungen sich in der Erfahrung nicht bestätig-
ten, sondern daß eine neue Gestaltung des frommen Selbstbewußtseins
noch plözlicher erschiene und das ganze Gebiet desselben noch strenger
in sich abgeschlossen sei. — Indem endlich von diesem Standpunkt aus gar
kein Werth darauf gelegt werden kann, die christlichen Wunder nach dem
20 gemeinen Naturlauf zu erklären, auf der andern Seite aber auch eine Zerstörung der allgemeinen Idee der Natur um ihretwillen gar nicht nöthig
ist: so scheint ein Gegensaz wie der zwischen Natura-|lismus und Super-   I,121
naturalismus in Bezug auf diesen Gegenstand nicht entstehen zu können.
Demohnerachtet können zwei Lehrweisen darüber nebeneinander be-
25 stehen. Die eine, welche von der Maxime aus, daß theils der Theologe sich
das wissenschaftliche Gebiet völlig rein und unverkürzt erhalten müsse,
theils auch der Glaube müsse in Uebereinstimmung erhalten werden mit
dem Interesse des Verstandes, den Unterschied des beziehungsweise übernatürlichen von dem schlechthin übernatürlichen ins Licht stellt, und in
30 Vergleich mit lezterem das erste als im höheren Sinne natürlich bezeichnet; die andere, welche von der Maxime aus, der Geistliche müsse
den Leien nicht unnöthigerweise in demjenigen verwirren, woran der
Glaube eine nicht zu verwerfende Haltung findet, jenen Unterschied übergeht, und das Wunderbare im Gegensaz gegen den gemeinen Naturlauf,
35 auf welchem Gegensaz eben die bestätigende Kraft desselben beruht, als
übernatürlich bezeichnet. Beide sind eben so untadelhaft, als es unmöglich
ist, daß sie in Streit mit einander gerathen.

1–3 *Vgl. z. B. die Unterscheidung bei Wyttenbach: Compendium* 32

22.

Das Christenthum ist ohnerachtet seines geschichtlichen Zusammenhanges mit dem Judenthum doch nicht als eine Fortsezung
oder Erneuerung desselben anzusehen; vielmehr steht es, was seine
5 Eigenthümlichkeit betrifft, mit dem Judenthum in keinem anderen
Verhältniß als mit dem Heidenthum.

> Anm. a. Unter Judenthum verstehe ich zunächst das mosaische, dann aber auch
> als Vorbereitung zu diesem alles, was in den früheren urväterlichen Ein-
> richtungen die Absonderung des Volkes begünstigte. |
>
> 10   b. Dadurch, daß das Judenthum wie das Christenthum monotheistisch ist,   I,122
> erhebt es sich mit diesem auf dieselbe Stuffe, eine größere eigenthümliche
> Verwandschaft zwischen beiden wird aber dadurch nicht begründet.

1. Den geschichtlichen Zusammenhang selbst muß man nicht zu ausschließend denken, denn das Christenthum konnte auch wol aus dem
15 Judenthum nicht eher hervorgehen, als bis dieses während und nach der
babylonischen Zerstreuung durch nicht jüdische Elemente mannigfaltig
umgebildet und mit dem Heidenthum vermengt war. Eben so war auf der
andern Seite das Heidenthum auf mannigfaltige Weise monotheistisch vorbereitet, und durch die vielen vergeblichen Versuche in demselben die Er-
20 wartung auf eine neue Gestaltung der gottesdienstlichen Dinge auf das
äußerste gespannt; so wie dagegen unter dem jüdischen Volk die messianischen Verheißungen bald aufgegeben wurden, bald mißverstanden. So
daß bei näherer Betrachtung auch der Unterschied der geschichtlichen
Verhältnisse weit geringer ausfällt als auf den ersten Anblik scheint. Und
25 noch weit mehr wird das äußere Moment der Abstammung aufgewogen,
wenn man vergleicht, in welcher Masse Juden und in welcher Heiden in
das Christenthum übergegangen sind.

2. Der allgemein angenommene Lehrsaz, daß es nur Eine Kirche
Gottes von Anbeginn des Menschengeschlechtes bis zum Ende desselben
30 gebe, widerspricht der aufgestellten Behauptung nur scheinbar. Denn
theils wird jeder leicht zu gewinnen sein, wie auch die älteren zur Zeit des
noch blühenden Heidenthums lebenden Lehrer es fast ohne Ausnahme so
verstanden, in diese Eine Kirche vor den Zeiten Christi auch Nichtjuden
aufzunehmen, theils will der Saz vorzüglich nur | die unbeschränkte Be-   I,123

31–34 *H verweist auf Clemens: Stromata 6, 17 (6, 159, 9), ed. Potter 2, 823, 21 f*

ziehung Christi auf alles menschliche auch auf die vergangene Zeit aussprechen, was hier noch nicht kann erörtert werden. Aber diese Beziehung war nur in dem göttlichen Rathschluß durch einen geheimen
geistigen Zusammenhang wirklich, nicht auch in dem Selbstbewußtsein
5 der Frommen; und da wir die Einheit einer frommen Gemeinschaft nur da
finden können, wo dieses auf gleiche Weise gestaltet ist: so müssen wir das
Judenthum eben so bestimmt vom Christenthum trennen wie das Heidenthum. Der Ausdruk die alte und neue Bund spricht auch diese innere
Trennung auf das bestimmteste aus, wogegen das Zusammenfassen der alt-
10 testamentischen und neutestamentischen Schriften in Eine Bibel mehr von
dem geschichtlichen Zusammenhang ausgeht, und vorzüglich in dem
kirchlichen Gebrauch jener Schriften vor der Sammlung dieser gegründet
ist. Offenbar ist wenigstens, daß für den christlichen Gebrauch fast alles
übrige im alten Testament nur Hülle der Weissagungen ist, und dasjenige
15 den wenigsten Werth hat, was am bestimmtesten jüdisch ist. Daher auch
die Regel wol aufgestellt werden kann, daß wir nur diejenigen unserer
frommen Erregungen in alttestamentischen Stellen genau können wiedergegeben finden, welche mehr allgemeiner Natur sind und nicht sehr
eigenthümlich christlich ausgebildet; die es aber sind, für die werden alt-
20 testamentische Sprüche kein geeigneter Ausdruk sein, wenn wir nicht
einiges daraus hinwegdenken und anderes hineinlegen. Bringen wir nun
dieses in Rechnung, so werden wir gewiß eben so nahe und zusammen-
stimmende Anklänge auch in den Aeußerungen des edleren und reineren
Heidenthums antreffen. Beide aber beweisen nur die Uebergangsfähigkeit
25 einer ver-|altenden und unvollkomneren Glaubensweise in eine höhere.   I,124
    3. Wenn nun noch bevorwortet wird, daß die Art wie Paulus das
Christenthum an die abrahamitischen Verheißungen anknüpft, und das
mosaische Gesez nur als etwas zwischeneingetretenes ansieht, keinesweges
in sich schließt, als ob das Christenthum nur die Wiederherstellung des
30 abrahamitischen Glaubens als des reinen und ursprünglichen Judenthums
sei, noch auch als ob dieser Glaube die Keime des Christenthums so in
sich schließe, daß, wenn er nicht durch die mosaische Gesezgebung getrübt
worden wäre, das Christenthum sich aus demselben ohne neue Offenbarung durch geschichtliches Fortschreiten von selbst hätte entwikkeln
35 können: so wird wol übrigens deutlich sein, daß unser Saz nur eine
einfache Folgerung ist aus dem bisher (§. 10-21.) entwikkelten.

---

2 Vgl. § 169   26-28 Röm 4; Gal 3, 6   9. 11. 19. 23-25 (vgl. CG² §§ 12, 2; 132, 2)

23.

Der christlichen Glaubenslehre liegt ob, die frommen Gemüthszustände, welche im christlichen Leben vorkommen, so zu
beschreiben, daß die Beziehung auf Christum als Erlöser in der
5 Beschreibung in dem Maaß erscheine, wie sie in dem Gefühl hervortritt, und sie so zusammenzustellen, daß ihre Vollständigkeit
daraus erhelle.

1. Wie wir die einzelnen christlichen Glaubenslehren von den Lehrsäzen der Weltweisheit unterscheiden, ist oben (2, 2.) auseinandergesezt.
10 Daß erstere insgesammt nur Beschreibungen der frommen Gemüthserregungen sind, geht ebenfalls aus 3. und 4. hervor; und daß unsere Ansicht
weit entfernt ist von der An-|sicht derer, welche natürliche Theologie und $_{I,125}$
geoffenbarte als Eins sezend die Religion für die Tochter der Theologie
halten, das kann Niemandem entgehen. Es scheint daher nur noch nöthig
15 folgendes hinzuzufügen. Eine fromme Gemüthserregung ist in ihrer Einzelheit etwas für die Beschreibung unendliches, und dies also kann die
Aufgabe nicht sein. Auch müßte man sagen, an einer solchen Beschreibung, wenn sie möglich wäre, müßten alle Säze der Glaubenslehre
Antheil haben, ja auch die der christlichen Sittenlehre dazu, weil in jedem
20 vollen Selbstbewußtsein das Bewußtsein aller Verhältnisse des Selbstbe-
wußten mitgesezt ist, eben wie in einem wohlgestimmten Instrument
eigentlich, wenn ein Ton angeschlagen wird, alle mitklingen. Daher sind
die dogmatischen Lehrsäze zu solchen Beschreibungen des einzelnen
freilich nur Elemente; aber indem jeder Saz ein Verhältniß so beschreibt,
25 wie es im christlichen Selbstbewußtsein aufgefaßt wird, so beschreibt er
auch etwas, was in einer ganzen Klasse frommer Erregungen bestimmend
hervorragt. Und daraus, daß in den Dogmen ein solches Verhältniß beschrieben wird, erklärt sich auch die der Form philosophischer Säze nahe
kommende Gestalt sowol der eigentlichen Glaubenslehre, von der wir hier
30 allein reden, als auch der Sittenlehre. Die Scheidung aber bleibt immer fest
durch das Zurükweisen auf das eigenthümliche der christlichen Gemeinschaft.

2. Daß dieses aber nicht überall in den religiösen Momenten selbst
gleich stark hervortritt, und also auch eben so in der Beschreibung, ist (S.

12—14 *H 36 verweist auf Ammon*

auch 18, 2.) durch die Analogie mit allem andern geschichtlichen sowol
als natürlichen gerechtfertigt. Denn auch in keiner Staatsverfassung z. B.
tritt das unterscheidende | derselben in allen Theilen gleich stark hervor. I,126
Und wenn wir gleich alle bisherigen Untersuchungen voran schikken
5 mußten, um den Saz aufstellen zu können, daß in christlicher Lehre überall in irgend einem Maaße die Beziehung auf Christum sich finden müsse,
und auch nichts, was rein alttestamentisch sei, eben in sofern rein
christlich sein könne: so muß doch die Verschiedenheit in dem Hervortreten dieser Beziehung hier gleich zugegeben werden, und es folgt, daß,
10 je schwächer sie in einem christlichen Lehrsaz hervortritt, um so eher
kann dieser einem Lehrsaz aus einer andern frommen Gemeinschaft
gleichen, falls auch in diesem das eigenthümliche jener Gemeinschaft am
meisten zurüktritt.

3. Die Vollständigkeit muß ebenfalls als etwas unendliches erscheinen,
15 wenn man bei dem Einzelnen stehen bleibt. So aber wie die frommen Erregungen unter der Form von Lehrsäzen beschrieben werden können, ist
auch eine Vollständigkeit in der Zusammenstellung in sofern zu erreichen,
daß man gewiß werden kann, alle gemeinen Oerter verzeichnet zu haben,
so daß keine Erregung in einem christlichen Leben vorkommen kann,
20 welche nicht in der Beschreibung könnte aufgefunden werden. Nach
dieser Vollständigkeit aber muß eine jede Glaubenslehre streben; denn ist
diese nicht erreicht, so ist auch keine Gewißheit da, daß das Eigenthümliche des Christenthums richtig aufgefaßt worden, indem grade der über-
gangene Ort den Beweis des Gegentheils liefern könnte. Es ist aber nur
25 der Grundriß des Ganzen, aus welchem, wenn darin eine richtige und
erschöpfende Eintheilung zu Tage liegt, diese Ueberzeugung hervorgehen
kann. |

24.   I,127

Um die Glaubenslehre zustandezubringen, muß man zunächst
30 von allem, was im Umfang des Christenthums unter der Form der
Lehre vorkommt, das kezerische ausscheiden und nur das kirchliche zurükbehalten.

Anm. Auch hier war es nöthig einem sonst gewöhnlichen Sprachgebrauch auszuweichen. Es soll nämlich hier nicht dem kezerischen oder häretischen das
35 rechtgläubige oder orthodoxe entgegengesezt werden, theils weil dieser Be-

---

1 18, 2.] 18. 2,   29 zustandezubringen] zustandezubrigen

griff hier noch nicht bestimmt werden kann, theils weil dem orthodoxen
auch, nicht zwar mit der größten etymologischen Genauigkeit, das
heterodoxe entgegengestellt wird, welches mit dem häretischen auf keine
Weise darf verwechselt werden. In dem Begriff des kirchlichen im weiteren
5   Sinne sei also hier für jezt das orthodoxe und heterodoxe noch ungeschieden.

1. Vorausgesezt, daß oben (18. u. 22.) das eigenthümliche und ausschließende des Christenthums richtig angegeben ist, würde nun eine
Glaubenslehre (nach 23.) zustandegebracht werden können, entweder
indem man berechnete, wie sich dem eigenthümlichen gemäß in dem
10 Christenthum die einzelnen frommen Erregungen gestalten und als Lehre
ausgedrükt werden müßten, oder indem man zusammentrüge, was sich in
dem (in 22.) bestimmten Umfang desselben wirklich als Aussage über die
frommen Erregungen gestaltet hat. Da aber jenes selbst nicht vollständig
erwiesen ist: so entsteht die rechte Gewißheit erst aus dem Zusammen-
15 stimmen beider Verfahrungsarten. Die erste bedarf vorzüglich des oben
(23, 3.) erwähnten Grundrisses, von dem unten wird zu handeln sein; die
andere aber müßte außerdem auch noch gewährleisten, daß in dem ge-
schichtlich gegebenen Umfang des Chri-|stenthums keine unchristliche   I,128
Lehre entstanden sei und habe entstehen können.
20 2. Dem lezteren aber widerspricht alle Erfahrung, und zwar gleichviel man gehe von unserer Annahme über das eigenthümliche des
Christenthumes aus oder von irgend einer anderen. Ja man kann sagen,
daß beides dasselbe ist, daß es verschiedene solche Annahmen giebt oder
geben muß, und daß in keiner einzigen Grundformel alles im geschicht-
25 lichen Umfange des Christenthums als Lehre wirklich gewordene ohne
Widerspruch aufgeht. Dies ist freilich nur unter der Bedingung möglich,
daß es entweder in der christlichen Gemeinschaft Menschen giebt, deren
Frömmigkeit sich nicht auf christliche Weise gestaltet, es sei nun, daß sie
die ihrige für die wahrhaft christliche halten, oder daß sie, um sich vor-
30 züglich aus den Christen Genossen zu bilden, sie als christliche Lehre vortragen. Oder es kann auch die Abweichung erst entstehen, indem die an
sich christliche Erregung in Lehrform übergetragen wird, und alsdann muß
ein Mißverstand oder eine falsche Methode zum Grunde liegen. Alle
Lehre nun, welche für christlich will angesehen sein, und doch dem christ-
35 lichen Grundtypus widerspricht, diesen also auch, so weit sie um sich
greifen kann, zerstört, ist nach dem gemeinen Sprachgebrauch kezerisch.

---

16 23, 3.] 23. 3,   25 wirklich] wirlich

1–4 *Vgl. z. B. Marheinecke: Ursprung 112*   16 §§ *33—35*

3. Daß es dergleichen gegeben hat, ist unläugbar, und daß es solches auch noch von Zeit zu Zeit geben wird, ist leicht zu erwarten, und auch der Analogie gemäß. Denn selbst in jedem Volk, welches doch die natür-lichste Gemeinschaft ist, giebt es Einzelne, welche ausnahmsweise oder
5 wegen wenngleich schon fast vergessener unreiner Abstammung einen fremdartigen Charakter darstellen, und so giebt es in jedem Staat in | Re-   I,129
publiken monarchische Gemüther und umgekehrt. Wieviel weniger ist zu verwundern, wenn sich in der christlichen Gemeinschaft bald bewußter bald unbewußter dergleichen fremdartiges zeigt, da sie ganz durch den
10 Uebergang fremdartiger Bestandtheile ins Christenthum entstanden ist, deren Umbildung nicht immer gleich gründlich und vollständig sein konnte.

25.

Die natürlichen Kezereien des Christenthums sind die do-
15 ketische und nazoräische, die manichäische und pelagianische.

Anm. Diese Ausdrükke sollen hier natürlich mehr allgemeine Formen bezeichnen, als daß genau die einzelnen geschichtlichen Erscheinungen gemeint
wären. Besonders stehen die Nazoräer nur hier als Bezeichnung, sofern sie
wirklich angenommen haben sollten, Jesus sei nicht nur der Erzeugung nach
20 allen andern Menschen gleich, sondern auch ein bloßer Mensch wie alle gewesen und geblieben.

1. Die Untersuchung über das häretische ist die natürliche Ergänzung zu der über das wesentliche des Christenthums, so daß beide einander zur Bestätigung dienen müssen. Je mehr sich nachweisen läßt, daß alles, was
25 in der Kirche als häretisch bezeichnet ist, einer aufgestellten Formel über das wesentliche des Christenthums widerspricht, um desto mehr Grund ist vorhanden, diese Formel für richtig zu halten. Eben so, je mehr sich die aus einem anerkannten Ausdruk des wesentlichen nachzuweisenden möglichen Widersprüche gegen dasselbe in dem für häretisch gehaltenen
30 wiederfinden, um desto mehr Grund ist zu glauben, daß die Kirche über das häretische richtig entschieden habe.
2. Sofern nun das kezerische abzuleiten ist aus dem bei der Um-bildung in das Christenthum mit ein-|geschlichenen fremdartigen, scheint   I,130
dessen unendlich viel sein zu können, und gar keine Sicherheit, daß es
35 vollständig gefaßt sei. Aber in sofern ist auch die Untersuchung rein ge-

---

29 Widersprüche] Widerspüche

schichtlich im höheren Sinne und nicht hieher gehörig. Sofern man sich
aber auf die Frage beschränkt, auf die es hier allein ankommt, und die uns
auch wegen des vielleicht nur durch Mißverstand und falsche Methode
entstandenen häretischen vollkommen genügen kann, wie vielfältig dem
5 eigenthümlich christlichen Lehrtypus könne widersprochen werden; so
scheint, daß man, wenigstens von unserer Annahme aus, auf die wir uns
natürlich allein beziehen müssen, auf eine bestimmte Zahl kommen kann.
      3. Besteht nämlich (18. Anm.) das innerlich eigenthümliche des
Christenthums in dem Bezogenwerden aller frommen Erregungen auf die
10 Erlösung, und hat diese die Aufgabe (18, 3.) aufzuheben, was die Einigung
des sinnlichen Bewußtseins mit dem höheren hemmt: so gehört hiezu Erlösungsbedürftigkeit, und Fähigkeit erlöst zu werden, und es kann dem
christlichen Typus, der beides vereinigen will, auf zweierlei Weise widersprochen werden. Zuerst wenn die Erlösungsbedürftigkeit der mensch-
15 lichen Natur, d. h. die Unfähigkeit derselben das fromme Abhängigkeitsgefühl allen menschlichen Zuständen einzubilden, so absolut gedacht
wird, daß die Erlösungsfähigkeit ganz aufgehoben wird, das heißt, daß in
der menschlichen Natur keine Möglichkeit gesezt bleibt, erlösende Einwirkungen aufzunehmen, sondern sie erst einer gänzlichen Umschaffung
20 bedarf. Da nun dies, wie leicht nachzuweisen ist, auf das genaueste zusammenhängt mit der Annahme eines an sich bösen als eines von Gott
nicht geordneten noch abhängigen, unter dessen Botmäßigkeit | und in   I,131
dessen Gemeinschaft die menschliche Natur stehe bis zu jener Umschaffung: so nennen wir diese Abweichung mit Recht die manichäische. Eben
25 so wird auf der andern Seite dem Wesen des Christenthums widersprochen, wenn die Fähigkeit Erlösung anzunehmen absolut gesezt wird,
d. h. jene Hemmung so veränderlich gedacht, daß sie in jedem Einzelnen
durch natürliche geistige Wechselwirkung kann vermindert und bis zur
Befriedigung ausgeglichen werden. Denn alsdann ist die Erlösung ein all-
30 mählig zustande kommendes gemeinsames Werk Aller an Allen, das nicht
von Einem auszugehn braucht, sondern woran Einer vor den Andern
höchstens in einem höheren Grade theilhaben kann, und diese Abweichung wollen wir wegen der wenigstens daran grenzenden Behauptungen
des Pelagius die pelagianische nennen. – Wenn ferner im Christenthum
35 die Erlösung so an Christum angeknüpft wird, daß er der eigentliche Anfangspunkt derselben ist, und der Antheil aller Anderen daran nur durch
ihn vermittelt: so gehört hiezu eben so sehr eine wesentliche Gleichheit
zwischen Christo und uns, weil sonst keine allmählige Annäherung an ihn
möglich wäre, als auch ein bestimmter und eigenthümlicher Vorzug
40 Christi vor allen Andern. Dem christlichen Lehrtypus kann also auch von
dieser Seite auf zweierlei Art widersprochen werden. Zuerst wenn die
wesentliche Gleichheit Christi mit uns geläugnet und sein Antheil an der
menschlichen Natur für Schein erklärt wird, denn alsdann kann die Auf-

hebung des Widerstreites in uns nicht in der Gleichheit mit ihm gefunden werden; und diese Abweichung kann man füglich die doketische nennen. Denn wenn auch die eigentlichen Doketen nur die Realität des Leibes Christi geläugnet haben, so sind | doch menschliche Seele und mensch- I,132
5 licher Leib für uns so genau aneinander gebunden, daß wir uns auch die irdische Thätigkeit dieser nicht ohne jenen vorzustellen vermögen. Demnächst aber wird auch der christliche Lehrtypus aufgehoben, wenn der eigenthümliche Vorzug Christi so ganz abgeläugnet wird, daß sein Dasein und seine Beschaffenheit ganz auf dieselbe Weise begriffen werden soll,
10 wie die aller andern Menschen, denn alsdann muß auch in ihm Erlösungsbedürftigkeit, wenn auch nur als ein Kleinstes gesezt sein, und auch er ist dann in dieser Beziehung abhängig von dem Gebiet der gemeinen geistigen Wechselwirkung. Diese Abweichung nun habe ich, nach dem Namen derer, welche zuerst Christum nur als einen gewöhnlichen Menschen
15 sollen angesehen haben, die nazoräische oder ebionitische genannt. – Anders aber kann der christliche Typus nicht aufgehoben werden, ohne daß die Lehre sich selbst für unchristlich ausgäbe, als indem die eine Bedingung die Grenzen ihres Zusammenseins mit der andern überschreitet, und dies kann nur auf eine von den obigen Arten geschehen. – Sieht man
20 aber auf den Ursprung alles häretischen aus dem noch heimlich hellenisch heidnischen oder jüdischen in der Gestaltung der Frömmigkeit selbst, so erscheint das manichäische und nazoräische eher als jüdisch, das doketische und pelagianische aber als hellenisch.

4. Die Begriffe dieser natürlichen Häresien stehen sonach für die
25 Construction jeder christlichen Glaubenslehre von unserer Ansicht aus als Grenzpunkte da, welche man nicht berühren darf, so daß auch jede Formel über irgend ein Lehrstük, welche die beiden entgegengesezten Abweichungen vermeidet, noch als christlich und, an und für sich betrachtet, kirchgemäß anzusehen | ist; jede aber, welche sich mit einer von ihnen I,133
30 identificiren läßt, verdächtig erscheinen muß. So klar aber dieses an sich ist, so schwierig wird es in der Anwendung sein, indem, wer z. B. selbst auf der pelagianischen Seite steht, auch schon den, der sich in der Mitte befindet, für manichäisch halten wird, und eben so umgekehrt, und auch bei den die Person Christi betreffenden Abweichungen. Und nicht nur
35 den selbst häretischen werden solche Täuschungen leicht begegnen, sondern auch solchen, deren Lehren zwar in dem kirchlichen Gebiet noch liegen, aber mit einer überwiegenden Neigung auf die eine Seite hin. In beider Hinsicht aber stehen beide häretische Paare in genauer Verbinddung, so daß die manichäische Abweichung mit der doketischen, und die
40 pelagianische mit der ebionitischen zusammenhängt. Denn ist die menschliche Natur mit dem positiven Urbösen behaftet, so kann der Erlöser an ihr nicht wahrhaften Antheil haben: und ist in Christo dieselbe Differenz zwischen dem sinnlichen und höheren Selbstbewußtsein wie in Allen; so

kann sich auch sein und jedes Andern Antheil an der Erlösung nur wie
mehr und weniger verhalten.

　Zusaz. Der seit geraumer Zeit so vielbesprochene Gegensaz
zwischen Rationalismus und Supernaturalismus gehört zwar streng ge-
5　nommen nicht hieher, sondern es ist schon oben, (20.) jedoch ohne diese
Ausdrükke selbst zu gebrauchen, von ihm gehandelt und gezeigt worden,
auf was für Verwechselungen er unserer Ansicht nach beruht. Indeß ist
nicht zu verkennen, daß Ebionismus und Pelagianismus naturalistische
und rationalistische Abweichungen sind, Doketismus aber und Manichäis-
10　mus supernaturalistische, insofern wenigstens als bei den ersten beiden
Annahmen | kein Grund mehr bleibt einen eigentlichen Offenbarungs-　I,134
punkt in Christo zu sezen, die lezten beiden aber jede vernunftmäßige
Darstellung des beziehungsweise übernatürlichen unmöglich machen.

26.

15　　Eine auf die jezige Zeit und die abendländische Kirche Bezug
nehmende Glaubenslehre kann sich nicht gleichgültig verhalten
gegen den Gegensaz zwischen Katholizismus und Protestantismus,
sondern muß einem von beiden angehören.

　　Anm. Man kann in vielen Beziehungen nicht anders als den Gegensaz zwischen
20　　der morgenländischen und abendländischen Kirche höher stellen, als den
　　zwischen der römisch katholischen und der protestantischen, welche beide
　　abendländisch sind; auch in dieser, daß in der morgenländischen Kirche die
　　Entwiklung der Glaubenslehre schon seit mehreren Jahrhunderten so gut als
　　völlig still steht.

25　　1. In Bezug auf diejenigen Lehren, worüber beide Kirchen anerkannt
　　im Streit sind, könnte sich ein dogmatischer Vortrag nur neutralisiren, in-
　　dem er entweder auf ältere Formeln zurükginge, das heißt aber auf unbe-
　　stimmtere, aus denen erst sich das bestimmtere streitige entwikkelt hat.
　　Allein es ist nicht möglich in einem wissenschaftlichen Vortrage beim
30　　unbestimmten stehen zu bleiben, wenn das bestimmte schon gegeben ist.
　　Oder es müßten neue annähernde Formeln versucht werden; allein dieser
　　Versuch könnte nur in einzelnen Punkten als ein Privatunternehmen
　　gewagt werden, nicht aber als vollständige kirchliche Glaubenslehre,
　　indem beide Kirchen auch in anderer Hinsicht noch in keiner Annäherung
35　　begriffen sind.

3f *Vgl. z. B. Ammon: Summa 53–56. Wegscheider: Institutiones 26 Anm. 31f Anm.*

2. Allein man kann noch weiter gehend sagen, je-|de Dogmatik müsse   I,135
es sich zum Ziel vorsezen, dem sie sich wenigstens zu nähern suche, daß
der Gegensaz zwischen beiden Kirchen in allen Lehrstükken erscheine.
Denn beide Kirchen sezen unter ihren Lehren einen solchen genauen Zu-
5 sammenhang voraus, der eine wissenschaftliche Darstellung möglich
macht, also auch jede einen Zusammenhang derjenigen Lehren, welche
zwischen beiden streitig sind, mit denen, welche noch übereinstimmend
lauten. Da man also schwerlich falsche Verknüpfung oder verborgenen
Widerspruch überall voraussezen kann: so ist vielmehr anzunehmen, daß
10 auch in dem gleichklingenden noch Differenzen verborgen sind, nach deren Entwiklung erst der Gegensaz vollständig würde zu übersehen sein.
    Z u s a z. Meine mannigfaltigen anderweitigen Aeußerungen darüber,
daß ich gar nicht auf dieselbe Weise auch die Differenz zwischen den verschiedenen protestantischen Confessionen betrachte, können hier das lezte
15 Wort finden durch die Erklärung, daß die Lehrverschiedenheiten
zwischen diesen meiner Ueberzeugung nach gar nicht auf eine Verschiedenheit der frommen Gemüthszustände selbst zurükgehn, welches
man aber ohne Bedenken von den zwischen der katholischen und
protestantischen Kirche bestehenden Differenzen zugestehen muß. Daher
20 auch jene Confessionen weder in den Sitten und der Sittenlehre noch in
der Verfassung auf eine mit jenen Lehrverschiedenheiten irgend zusammenhängende Weise von einander abweichen. Weshalb denn auch
schon gleich in der Ueberschrift diese Darstellung sich nur zur protestantischen Kirche bekannt hat, und die bisher symbolischen Lehrverschieden-
25 heiten zwischen beiden nicht anders behandeln wird als andere in ein-|
zelnen Lehrstükken von verschiedenen Lehrern verschieden beliebte Dar-   I,136
stellungen.

27.

Der Protestantismus ist in seinem Gegensaz zum Katholizis-
30 mus nicht nur als eine Reinigung und Rükkehr von eingeschlichenen
Mißbräuchen, sondern auch als eine eigenthümliche Gestaltung des
Christenthums anzusehen.

12–14 *Zwei unvorgreifliche Gutachten (I); Kleine Schriften und Predigten 2, 26–63. Vor-*
schlag zu einer neuen Verfassung 328 f; Kleine Schriften und Predigten 2, 120. Synodalver-
fassung, z. B. 7–10; SW I, Bd 5, z. B. 224–227. Amtliche Erklärung; SW I, Bd 5, 295–307.
An . . . Ammon, z. B. 47–87; SW I, Bd 5, z. B. 368–403. Zugabe; SW I, Bd 5, 408–422
23 *Titelblatt*

1. Sehen wir auf das Entstehen des Protestantismus, so ist freilich nicht zu läugnen, das bewußte in den Reformatoren und ihren ersten Anhängern war nur die Reinigung, daher auch das Ausscheiden aus der Kirchengemeinschaft nicht selbst gewählt oder beabsichtet. Sehen wir da-
5 gegen auf die seitdem unter den Protestanten immer mehr herrschend ge-wordene Ansicht und Behandlung des Katholizismus, daß nämlich kein lebhafter und bestimmter Wunsch vorhanden ist, die ganze Christenheit in den Protestantismus hinüber zu ziehen, und daß wir keinesweges alle eigenthümlichen Elemente des römischen Katholizismus als unchristlich
10 anfechten: so ist dieses nur zu rechtfertigen unter der Voraussezung, daß wir auch in dem Katholizismus etwas eigenthümliches wenn gleich uns fremdes anerkennen, welches wir neben dem unsrigen glauben bestehen lassen zu müssen. Ja es möchte auch ziemlich allgemein die Ueberzeugung sein, daß, wenn auch in den Hauptlehren die katholische Kirche unsere
15 Bestimmungen annähme, dennoch ein uns fremder Geist zurükbleiben und uns hindern würde, uns eben so mit ihr zu vereinigen, wie wir es unter uns sind. Wir können aber eine solche Eigenthümlichkeit des Gei-|
stes nicht der katholischen Kirche zuschreiben, ohne eine eben solche nur   1,137
entgegengesezte auch bei uns voraus zusezen.
20   2. Diese Eigenthümlichkeit nun müßte zum Behuf einer protestan-tischen Glaubenslehre eben so nachgewiesen sein, wie sich eine richtige Darstellung des christlichen Glaubens überhaupt nicht denken läßt, ohne daß ein möglichst klares und mittheilbares Bewußtsein von der Eigen-thümlichkeit des Christenthums zum Grunde liege; und die oben (26, 2.)
25 gestellte Aufgabe wird zugleich erfüllt sein, wenn diese Eigenthümlichkeit überall in der Darstellung heraustritt. Daß man aber über eine solche eben so wenig einverstanden ist als über das eigenthümliche Wesen des Christenthums selbst, liegt wol vor Augen. Hiezu kommt noch, daß Einige glauben, der Geist des Protestantismus habe sich in der Lehre noch
30 nicht vollkommen entwikkelt, Andere hingegen, seine Lehre sei völlig ab-geschlossen. Bei dieser entgegengesezten Ansicht ist es noch schwieriger sich über den eigenthümlichen Charakter des Protestantismus zu ver-ständigen; aber es wird nur um so nothwendiger ihn festzustellen, damit nicht im Fortgang dieser Entwiklung theils was wirklich unprotestantisch
35 ist sich einmische, theils über vermeintlich unprotestantisches unge-gründete Beschwerde erhoben werde. – Der große Einfluß dieser ver-schiedenen Ansichten auf eine ganz verschiedene Anlage und Entwiklung der Dogmatik ist nicht zu verkennen.

---

19 voraus zusezen] *Reutlingen 1, 125:* voraus zu setzen   **24** 26, 2.] 26. 2.

28–30 *Vgl. z. B. Plank: Zustand*

28.

Vorläufig möge man den Gegensaz so fassen, daß der Protestantismus das Verhältniß des Einzelnen zur Kirche abhängig
macht von seinem | Verhältniß zu Christo, der Katholizismus aber   I,138
5 umgekehrt das Verhältniß des Einzelnen zu Christo abhängig
macht von seinem Verhältniß zur Kirche.

> Anm. Vorläufig soll hier nicht heißen, daß etwa in der Folge genaueres dar-
> über vorkommen wird, sondern nur, daß dahin gestellt bleiben muß, ob
> sonst jemand eine genauere und zureichendere Formel aufstellen kann.

10   1. Da im Entstehen der protestantischen Kirche das reinigende Bestreben entschieden hervortrat, und der eigenthümliche Geist, der sich zu
entwikkeln begann, sich bewußtlos hinter jenem verbarg, wiewol der
Impuls mit von ihm ausging: so ist es schwer die Lösung der Aufgabe von
diesem Punkt anzufangen, und es würde fast unmöglich sein unter solchen
15 Verhältnissen aus einer großen Menge sehr verschiedener und ganz ausgebildeter persönlicher Eigenthümlichkeiten, die gemeinsame allmählig
sich entwikkelnde herauszufinden, wiewol auch wiederum klar ist, daß
so sehr verschiedene Menschen als die Reformatoren nur durch eine solche
zu einer kräftig zusammenwirkenden Thätigkeit konnten vereint bleiben.
20 Auf der andern Seite aber von dem Wesen des Christenthums ausgehend
zu untersuchen, was wol darin auf entgegengesezte Weise bestimmbar sei,
und durch Vergleichung auszumitteln, welche von diesen denkbaren entgegengesezten Bestimmungen wol dem Protestantismus, und welche dem
Katholizismus zukommen, dies wäre eine unendliche Arbeit, welche
25 ebenfalls keine Sicherheit gewährte, ob auch der rechte Punkt, in welchem
sich alles einzelne vereinigt, getroffen sei oder nicht. Es schien daher
zwekmäßig den Gegensaz, wie er sich uns in seiner dermaligen Ent-
wiklung darstellt, vorzüglich von der | Seite zu betrachten, was für Vor-   I,139
würfe am meisten jeder Theil dem andern macht, weil hieraus hervorgehen
30 muß, durch welche Ansicht der entgegengesezten am meisten in dem Gemeingefühl jeder Parthei das Bewußtsein des Gegensazes aufgeregt wird.
Nun ist es aber die allgemeinste Beschuldigung gegen den Protestantismus, daß er, soviel an ihm, die alte Kirche vernichtet habe, und doch
nicht im Stande sei nach seinen Grundsäzen eine neue wieder zu bauen
35 und zu erhalten. Wogegen wir dem Katholizismus den Vorwurf machen,

---

19 zusammenwirkenden] zusammwirkenden

daß, indem alles der Kirche beigelegt wird, Christo die ihm gebührende
Ehre entzogen, und er in den Hintergrund gestellt, ja er selbst gewissermaßen der Kirche untergeordnet werde. Nehmen wir nun dazu, daß in
dieser lezten Hinsicht dem symbolischen Protestantismus nichts kann zur
5 Last gelegt werden, in jener ersten aber dem Katholizismus eben so wenig,
und bedenken, daß in solchem Streit jeder Theil dasjenige am andern
bezeichnen will, wodurch dieser sich am leichtesten könnte aus dem gemeinsamen Gebiet des Christenthums verirren: so geht hervor, daß der
Katholizismus uns beschuldiget, wir wären in Gefahr das christliche zu
10 zerstören durch Auflösung der Gemeinschaft, ohnerachtet wir die Beziehung auf Christum festhielten, und wir ihn, er sei in Gefahr, wie fest er
auch die Gemeinschaft halte, das christliche zu zerstören durch
Vernachläßigung der Beziehung auf Christum. Sezen wir nun voraus, daß,
weil in beiden der Geist des Christenthums waltet, keiner von beiden
15 Theilen jenes äußerste jemals erreichen werde: so geht daraus das oben gesagte hervor.

2. Wenn hier sollte gezeigt werden, wie diese Fassung des Gegen-
sazes sich an den am meisten strei-|tigen Lehren vom Glauben und guten   I,140
Werken, vom Ablaß, vom Sakrament des Altars, vom Ansehn der Schrift
20 u. a. m. bewährt: so müßte die ganze Glaubenslehre fast auf fragmen-
tarische Weise vorweggenommen werden. In dieser Hinsicht also kann
sich der Saz nur allmählig in der weiteren Ausführung bestätigen;
zweierlei aber kann schon hier zu seinen Gunsten gesagt werden. Zuerst
daß wirklich durch diese Formel beiden Theilen solche entgegengesezte
25 Charaktere beigelegt werden, die sich auf das wesentliche des Christenthums mittelbar zurükführen lassen. Denn da uns die christliche Frömmigkeit nur in der Kirche gegeben ist: so ist ihr auch eben so wesentlich,
daß sie in der Gemeinschaft festhält, als daß sie an Christo festhält, und
die Gemeinschaft ist eben so durch Christum bedingt als Christus selbst
30 die Seligkeit der Seinigen durch die Gemeinschaft bedingt. Hiedurch ist
also schon die Möglichkeit einer solchen entgegengesezten Unterordnung
gegeben, so wie, daß das christliche aufgehoben wird, sobald das eine von
beiden Elementen ganz verloren geht. Zweitens daß, indem der Gegensaz
hier, wo er zunächst in Bezug auf die theoretische Seite der Lehre gesucht
35 wird, sich vorzüglich an den Begriff der Kirche heftet, nicht unwahrscheinlich ist, daß aus derselben Formel auch das, was in der Sitte und der
sittlichen Schäzung beider Kirchen sowie in ihren Grundsäzen über die
Verfassung das am meisten entgegengesezte ist, sich werde entwikkeln
lassen; und dann enthält die Formel alles, was nur von ihr gefordert

---

28 in] *Kj (auch Stange 182)* an *vgl.* CG² § 24, 4 *I, 150*

werden kann, nämlich eine dogmatische Beschreibung des Gegensazes in
seinem ganzen Umfang.

 Zusaz. Vorläufig nun die Richtigkeit dieser Formel vorausgesezt,
geht hervor, daß eine protestantische | Dogmatik in denen Punkten, auf   I,141
5 welche die Formel die unmittelbarste Anwendung leidet, auch am meisten
besorgt sein muß, den Gegensaz nicht zu übertreiben, um nicht in unchristliches zu verfallen. In denen Lehrstükken aber, wo sich der Gegensaz am meisten verbirgt, hat sie sich zu hüten, daß sie nicht Formeln
aufstelle, welche unbemerkt etwas von dem entgegengesezten Charakter
10 angezogen oder noch nicht abgelegt haben, damit nicht eben hiedurch die
weitere Entwiklung des eigenthümlich protestantischen erschwert und
streitig gemacht werde.

29.

Jeder, zumal protestantischen, Dogmatik gebührt es eine eigen-
15 thümliche Ansicht zu enthalten, die nur in der einen mehr in der
andern weniger und in einem Lehrstük stärker als in dem andern
hervortritt.

 Anm. Das zumal deutet darauf, daß im allgemeinen der Protestantismus der
persönlichen Eigenthümlichkeit einen freieren Spielraum in der Glaubens-
20 lehre gewährt, als der Katholizismus thun kann; und dies geht auch aus der
obigen Formel ganz von selbst hervor.

 1. Angenommen auch, unser Lehrbegriff wäre vollständig entwikkelt
und auf das genaueste bestimmt: so müßten doch, wenn nicht jede neue
Darlegung desselben bloße Wiederholung eines völlig festen Buchstabens
25 sein soll, entweder andere Ausdrükke und Wendungen vorkommen, und
diese würden immer eigenthümliche Abänderungen enthalten, da es keine
vollkomnen Synonyme giebt, oder wenigstens müßte die Anordnung der
Säze und also auch ihre Beziehung auf einander etwas freies sein. Nun
aber erhält je-|der Ausdruk seinen vollständigen Sinn erst durch den Zu-   I,142
30 sammenhang, in der er gestellt ist, und also würde jede eigenthümliche
Anordnung schon an sich den Sinn eigenthümlich modificiren; und außerdem kommt noch bei jeder anderes hinzu, in der Absicht, die gewählte
Anordnung vollkommen verständlich und einleuchtend zu machen.

 2. Allein unser Lehrbegriff hat eine solche genaue Bestimmtheit
35 nicht, da theils alle im höchsten Sinne amtlichen und allgemein aner-

---

8 sie sich] so *H; OD:* ste sich

kannten Darlegungen desselben nur einzelne Theile zum Gegenstand
haben, theils auch in diesen Bekenntnißschriften nicht immer dasselbe
auch in denselben Buchstaben gefaßt ist, so daß fast überall auch das
allgemein anerkannte noch als ein unbestimmtes und mannigfaltiger Be-
5 stimmungen fähiges erscheint, unter denen jeder nach seiner Eigenthümlichkeit wählen kann. Geht man nun überdies, wie hier geschieht, von der
Voraussezung aus, daß das eigenthümlich protestantische noch nicht
überall zum Bewußtsein gekommen, und also auch noch nicht in allen
Lehrstükken ausgedrükt ist: so hat in diesem ganzen Gebiet die Eigen-
10 thümlichkeit eines Jeden noch freieren Spielraum, und wir müssen alles,
worin sich nicht gradehin ein entgegengesezter Geist ausspricht, nach dem
Maaß für protestantisch erkennen, als auch die schon fester bestimmten
Lehrstükke dem anerkannt protestantischen Charakter gemäß ausgedrükt
sind. – Wer aber auch diese Voraussezung abläugnet, und vielmehr davon
15 ausgeht, daß aus den symbolisch feststehenden protestantischen Lehren
bei richtigem Verfahren nur Eine Dogmatik, dem Inhalt nach hervorgehn
kann, der will doch, daß jede folgende eine Correction der früheren sei.
Da aber das falsche sich auf vielerlei | Wegen als falsch nachweisen läßt: I,143
so wird auch diese polemische Richtung mannigfaltiges und eigenthüm-
20 liches hervorbringen.

  3. Je freier sich aber die Eigenthümlichkeit eines Jeden in der Darstellung der Glaubenslehre entwikkeln kann, um desto nothwendiger ist
es, daß Alle suchen müssen auch ein gemeinsames darzustellen; indem
sonst die Einheit und Selbigkeit der Kirche gar nicht in der Lehre
25 erscheinen könnte, und es keine Gewährleistung gäbe für die Zusammengehörigkeit derer, die sich Protestanten nennen. Denn seit die protestantische Kirche zusammengetreten und festgestellt worden, ist nicht mehr
abzusehen, wie etwas gemeinsames anders als durch zusammentreffende
Bemühungen Einzelner könnte hervorgebracht werden. Eine Darstellung
30 der Glaubenslehre also, die aus lauter eigenthümlichen Ansichten bestände, wenn gleich aus solchen, in denen das christliche nirgends vermißt
würde, die aber auf gar nichts mit Andern gemeinsames zurükginge, und
also auch an nichts innerhalb des Christenthums geschichtlich gegebenes
anknüpfte, und daher auch den Zusammenhang mit dem, was in der
35 Epoche der Kirchenverbesserung geworden, nicht ansprächte, eine solche
könnte nur als eine Sammlung oder ein System von Privatmeinungen nicht
aber als eine Dogmatik angesehen werden, sie müßte denn die Absicht
haben, durch die neue Darstellung eine neue Gemeinschaft stiften zu
wollen, wodurch sie dann, wenn es gelänge, uns ganz entfremdet würde.
40   4. Dies alles zusammengenommen ergiebt sich, daß eigentlich in einer
protestantischen Glaubenslehre überall gemeinsames und eigenthümliches
verbunden sein, und sich auf einander beziehen muß. Am meisten | tritt I,144
hervor und herrscht das eigenthümliche in der Anordnung, für welche es

so gut als nichts giebt, was als nothwendig gemeinsam anerkannt wäre;
aber auch die eigenthümlichste Anordnung kann doch nach nichts
höherem streben, als die gemeinsame Lehre in das hellste Licht zu stellen.
Das gemeinsame zeigt sich am meisten in dem, was den ursprünglichen
5 Bestrebungen die Lehre zu reinigen am genauesten verwandt ist; aber wie
genau auch hier jeder an die geschichtlichen Anfänge des Protestantismus
anknüpfe, es giebt doch keinen höheren Zwek dieses gemeinsamen, als
durch die bestimmteste Feststellung des protestantischen Charakters die
eigenthümliche Entwiklung der Lehre ohne Störung der Gemeinschaft zu
10 begünstigen. Je mehr sich beide Elemente durchdringen, um desto mehr
objektiv ist die Darstellung; je mehr sie sich von einander lösen, um desto
mehr erscheint das an das geschichtliche anknüpfende nur paläologisch
und das eigenthümlich ausgeführte nur neoterisch.

30.

15   Das Bestreben ein gemeinsames festzustellen, muß sich in der
Glaubenslehre aussprechen durch Berufung auf die Bekenntnißschriften, und wo diese nicht ausreichen, auf die heilige Schrift und
auf den Zusammenhang mit andern Theilen der Lehre.

    Anm. a. Daß auf den Namen Bekenntnißschriften in dem Sinne dieser Dar-
20   stellung alle öffentlichen Glaubenserklärungen protestantischer Gemein-
    schaften Anspruch machen können, ohne Unterschied, ob sie sich an das
    schweizerische oder sächsische oder englische oder slavische anschließen,
    geht schon aus 26. Zusaz hervor. |
    b. Unter heiliger Schrift verstehe ich zunächst immer nur die neutesta-   I,145
25   mentischen Bücher und zwar in dem Umfang als die protestantische Kirche
    sie anerkennt; die alttestamentischen aber nur soweit sich nachweisen läßt,
    daß sich direct oder indirect im neuen Testament auf sie bezogen wird. (S.
    §. 22, 2.)

    1. Wenn hier den Bekenntnißschriften die erste Stelle angewiesen
30 wird, wo es darauf ankommt das gemeinsame in der protestantischen
Glaubenslehre nachzuweisen, so soll ihnen damit keineswegs ein Vorrang
vor der Schrift beigelegt werden, welches auch ihnen selbst widersprechen
würde, da sie sich überall auf die Schrift berufen. Aber offenbar sind doch
diese Schriften das erste gemeinsam protestantische, und alle protestan-
35 tischen Gemeinden sind durch Anschließung an sie entstanden und zur
Kirche zusammengewachsen; wie sich denn auch schwerlich eine andere
Art ausdenken läßt, wie dies unter den gegebenen Umständen hätte geschehen können. Da nun jede dogmatische Darstellung, welche sich als
protestantisch bekunden will, an diese Geschichte anzuschließen strebt: so

giebt es keine natürlichere ja kaum eine andere Art, wie dies bewerkstelligt
werden könnte. Denn die Berufung auf die Schrift an und für sich thut
nur das christliche dar und nicht das protestantische. – Indem wir aber in
dieser Hinsicht allen protestantischen Bekenntnißschriften gleiches Recht
5 einräumen, ohne auf die noch innerhalb des Protestantismus bestehende
Trennung Rüksicht zu nehmen: so entgehen wir auf der einen Seite dem
Streit über ihre Zahl und die Verschiedenheit ihres Ansehens, ob z. B. die
Concordienformel für die lutherische Kirche eben so symbolisch sei wie
die Augsburgische Confession, und die Dordrechtschen Verhandlungen
10 für die reformirte eben so wie die schweizerische Confession. Denn sieht
man die protestantische | Kirche als Eine an: so ist keine einzige Be-   I,146
kenntnißschrift weder von der ganzen Kirche anerkannt noch von der
ganzen Kirche ausgegangen, und bei dieser allgemeinen Unvollständigkeit
des Ansehns wird der Unterschied zwischen dem größeren Ansehn einiger
15 und dem geringeren anderer ganz bedeutungslos. Auf der andern Seite
entgehen wir der Gefahr strenger an einen Buchstaben gebunden zu
werden, als der fortschreitenden Entwiklung der Lehre zuträglich wäre.
Denn die während eines geringen Zeitraumes an verschiedenen Orten entstandenen Bekenntnisse, welche doch alle den Protestantismus ganz, so
20 weit er zum Bewußtsein gekommen war, darzustellen beabsichtigen,
stimmen nicht so genau in Ton und Farbe überein, daß nicht zugegeben
werden müßte, dieselbe Gesinnung sei in mancherlei Abänderungen ans
Licht getreten. Ja indem, wenigstens von den Bekenntnißschriften der
zweiten Formation, manche in einzelnen Punkten gegen einander gerichtet
25 sind: so muß zugegeben werden, daß nur das dem Protestantismus
wesentlich ist, worin sie alle zusammenstimmen, und daß eben in diesem
Widerspruch einiger gegen andere das Recht abweichender Meinungen
selbst ist symbolisch geworden. – Allein auch das, worin alle Bekenntnißschriften übereinstimmen, ist nicht alles für gleich wesentlich und
30 feststehend zu halten, weil nicht alles gleich rein aus dem innersten Geist
des Protestantismus hervorgegangen, und auch nicht alles mit gleicher Be-
sonnenheit durchgearbeitet ist. Sondern indem in gewissem Sinn alle,
einige aber mehr als andere, Gelegenheitsschriften sind: so ist manches nur
in Beziehung auf Zeiten und Personen grade so und nicht anders gesagt,
35 so daß das wesentlich kirchliche erst durch Hülfe der Auslegungskunst
daraus kann er-|mittelt werden. Außerdem war es ein Bedürfniß, welches   I,147
nicht selten etwas übereilt befriedigt wurde, sich von früheren Kezereien
loszusagen, und in allen noch nicht streitig gewordenen Punkten die
Uebereinstimmung mit der Kirche ausdrüklich nachzuweisen. Daher theils
40 das zu rasche Verdammen mancher in den früheren Jahrhunderten ver-
dammten Meinung, theils das zu unbedingte Wiederaufnehmen früherer
Symbole. Denn jenes Urtheil kann manches betroffen haben, was aus
demselben Geist wie die Kirchenverbesserung selbst, der sich nur nicht

gleich überall wieder erkennen konnte, seinen Ursprung hatte. Und eben
so konnte aus gewohnter Ehrfurcht manche ältere Lehrmeinung in Schuz
genommen werden, von der man nur noch nicht merkte, daß sie mit dem
wesentlichen des Protestantismus im Widerspruch stehe. — Eben so wenig
5 nun als alle beiläufige Polemik und Repetition gleich symbolisch ist mit
den eigenthümlichen Hauptsäzen, eben so wenig dürfen wir auch die Art,
wie die Bekenntnißschriften ihre Säze aus der heiligen Schrift erweisen, für
symbolisch ansehn. Denn was sollte der Grundsaz, daß für uns nur die
Schrift Richterin sei in Glaubenssachen, wol bedeuten, wenn die Be-
10 kenntnißschriften selbst Richter wären über die Auslegung der Schrift?
Wie sehr es daher auch seine Richtigkeit hat, daß wer nicht selbst die
Hauptsäze des Protestantismus in der Schrift gegründet findet, nicht
füglich kann im eigenthümlichen Sinne ein Protestant sein, und daß in
sofern die Unterscheidung von quia und quatenus ein etwas leichter Behelf
15 ist: so ist es doch etwas anderes mit den in den Bekenntnißschriften selbst
geführten Beweisen, welche in einzelnen Fällen sämmtlich falsch oder
unbefriedigend erscheinen | können, während man die Säze selbst für voll-   I,148
kommen schriftgemäß anerkennt. In Bezug also auf den Schriftgebrauch
gilt kein Zurükweisen auf die Bekenntnißschriften, sondern nur eigene
20 Prüfung.
     2. Beläge durch Schriftstellen beweisen an sich nur, daß der aufge-
stellte Saz christlich sei; aber sie bekommen auch für diejenigen Säze, in
denen der eigenthümliche Charakter des Protestantismus weniger
hervortritt, ein protestantisches Gepräge durch die Nothwendigkeit alles
25 mittelbar oder unmittelbar auf solche Beläge zurükzuführen, und durch
die freie Art der Schriftauslegung, für welche wir keine andere Regel
kennen, als die Vorschriften der in die Sprachwissenschaft eingewurzelten
Auslegungskunst. Was aber den protestantischen Inhalt der Säze betrifft,
so geht aus dem obigen hervor, daß, sofern das ursprüngliche Bestreben
30 auf Reinigung der Lehre von Irrthümern und Mißbräuchen gerichtet ist,
der Schriftgebrauch mehr polemisch sein müsse, und gegen die Aufstel-
lungen der katholischen Kirche gerichtet; da aber, wo mehr der eigenthümliche Charakter des Protestantismus heraustritt, ist ein apologetischer
Schriftgebrauch hinreichend, welcher nur nachweiset, daß eine solche be-
35 stimmtere Gestaltung der Lehre mit dem in der Schrift niedergelegten Ur-
christenthum nicht im Widerspruch steht, ohne behaupten zu wollen, daß
schriftmäßig dies die einzig mögliche nähere Bestimmung sei. Und in
demselben Sinn muß auch, wie gemeinsames und eigenthümliches sich
durchdringen sollen, an diesen Schriftgebrauch sich derjenige anschließen,
40 durch welchen auch das, was in einer protestantischen Dogmatik eigen-

---

20 Prüfung.] Prüfung:

thümlich behandelt ist, kann gerechtfertigt werden; wiewol dieser
allmählig sich in das negative verlieren kann, nämlich | in die heraus-   I,149
fordernde Behauptung, daß die aufgestellte Ansicht nichts schriftwidriges
enthalte. — Was aber die Natur des beweisenden Schriftgebrauches im all-
5 gemeinen anbelangt: so ist zu bedenken, daß, da die Schrift nirgend
systematisch ist, und auch nur theilweise eine strengere didaktische Form
hat, irgend ein Saz in einem Lehrgebäude immer unvollkommen und unzureichend sein würde, wenn er nur so ausgedrükt wäre, wie in irgend
einer oder auch zusammengenommen in mehreren Stellen der Schrift.
10 Dabei sind noch alle didaktischen Theile der h. Schrift mehr oder weniger
Gelegenheitsreden und Schriften, und deshalb finden sich überall besondere Beziehungen, welche in die dogmatische Darstellung, die nichts ge-
legenheitliches an sich hat, nicht können aufgenommen werden. Daher ist
das Anführen einzelner Schriftstellen in der Dogmatik etwas höchst miß-
15 liches, ja an und für sich unzureichendes; und das hartnäckige Bestehen
auf solchen unmittelbaren und einzelnen Schriftbeweisen hat zwei verschiedene Methoden hervorgebracht, von denen die eine der Dogmatik
nachtheilig geworden ist, die andere aber der Schriftauslegung. Es scheint
daher, als ob überall die Beziehung einzelner Schriftstellen auf einzelne
20 dogmatische Säze nur mittelbar sein könne, nämlich daß bei jenen
dieselbe fromme Erregung zum Grunde liege, welche diese ausdrükken,
und daß beide Ausdrükke nur so differiren, wie der Zusammenhang, in
dem sie vorkommen, es erfordert. Diesem zur Seite aber muß sich immer
mehr ein ins Große gehender Schriftgebrauch entwikkeln, welcher nicht
25 auf einzelne aus dem Zusammenhang gerissene Stellen, sondern auf ganze
Abschnitte Bezug nimmt, und in dem Gedankengang der h. Schriftsteller
diesel-|ben Combinationen nachweiset, auf welchen die dogmatischen Re-   I,150
sultate beruhen; ein Gebrauch, von welchem in einem Lehrgebäude nur
die Andeutungen können gegeben werden, und wobei alles auf Ueberein-
30 stimmung in den hermeneutischen Grundsäzen und ihrer Anwendung
beruht. Daher die Dogmatik von dieser Seite sich erst mit der Theorie der
Schriftauslegung zugleich vollenden kann.
      3. Der Gebrauch der Bekenntnißschriften und der Schriftstellen er-
gänzt sich also auch darin, daß wo der eine mehr apologetisch ist, da der
35 andere polemisch auftritt; aber indem beide nur an gewissen Punkten am
entschiedensten auftreten und sich von diesen aus allmählig ins unbestimmtere verlaufen: so kann es einzelne dogmatische Punkte geben,
welche durch beide zusammen genommen doch keine hinlängliche Bewährung erhalten. Diese Bewährung nämlich besteht darin, einmal daß klar
40 werde, das dem Saz zum Grunde liegende fromme Bewußtsein habe

---

26 Schriftsteller] Schrifsteller

seinen natürlichen Ort in dem Umfange des von der Kirche ausgesprochenen; dann aber auch, daß der gewählte Ausdruk so mit anderen
zusammenstimme, daß er das System der Bezeichnung nicht verdirbt.
Daher können solche Säze, bei denen dieses nicht unmittelbar nachzu-
5 weisen ist, sich als kirchliche Lehrelemente nur bewähren durch Nachweisung ihres Zusammenhanges mit andern Lehrpunkten, die eine festere
symbolische und biblische Haltung haben. Nur inwiefern jene untergeordneten Punkte angesehen werden können als gradezu diesem höheren
angehörig, sei es nun als Bestandtheil oder Erläuterung oder auch nur als
10 Parallelen, nur in sofern kann man sagen, daß Gebrauch der Symbole und
der Schrift durch die ganze Dogmatik durchgehn müsse; und in diesem
Sinne streitet ein folgerechter Gebrauch | beider nicht gegen das eigen- I,151
thümliche neben dem gemeinsamen in der dogmatischen Darstellung.
Vielmehr erhellt von selbst, wie auch in Bezug auf den Gebrauch dieser
15 Beweismittel ein protestantisches Lehrgebäude ein von anderen sehr ab-
weichendes Gepräge haben kann, ohne seinen kirchlichen Charakter zu
verlieren. Denn das eine kann sich am meisten dem annähern, was man
eine biblische Dogmatik nennt, wenn nämlich die Berufung auf die Bekenntnißschriften und auf die Analogie sehr zurükbleibt, und dagegen
20 der Gebrauch der Schrift so weit als möglich getrieben wird, ohne jedoch
das anerkannt gemeinsame des Protestantismus irgend einer abweichenden
Schriftauslegung oder dem, was in der Schrift nur local und temporär ist
aufzuopfern; denn sobald dieses geschähe, würde eine solche Dogmatik
nicht mehr kirchlich protestantisch sein. Ein anderes Lehrgebäude kann
25 sich sehr dem nähern, was man eine philosophische Dogmatik nennt,
wenn nämlich die Folgerung und die Analogie, anknüpfend aber an die
anerkannten Hauptpunkte, überwiegt und dagegen sowol der Schriftgebrauch als auch die Anwendung der Bekenntnißschriften im Einzelnen
mehr zurüktritt; es bleibt aber kirchlich, wenn nur das, was auf diesem
30 Wege entwikkelt wird, nichts anderes sein will, als die Thatsachen des
christlich frommen Gemüthes, und nur sofern ein solches Lehrgebäude
urspüngliche Spekulation aufstellt, hört es auf Dogmatik zu sein. Endlich
kann sich auch ein Lehrgebäude der protestantischen Kirche der Form
nach sehr einem der katholischen Kirche nähern, wenn es das symbolische
35 am meisten heraushebt, und diesen Elementen nur dasjenige vorzüglich
zugesellt, was eine ähnliche Sanction zu haben scheint. Auch dieses aber
bleibt protestantisch, es müßte denn die Berufung auf | Autoritäten den I,152
Schriftgebrauch und die eigne Construction überflüssig machen wollen;
dann freilich würde der protestantische Charakter verloren gehn.

17f *Vgl. z. B. de Wette: Lehrbuch 1 (Die biblische Dogmatik enthaltend)*   **25** *Vgl. z. B.*
Schmid: Philosophische Dogmatik

Zusaz. Was nun den schwierigen Gegensaz des orthodoxen und
heterodoxen betrifft, der, um genau bestimmt zu werden, auch eine genauer bestimmte Norm der Lehre voraussezt, als in dem obigen ist angenommen worden: so können wir ihn nur als einen unbestimmten gelten
5 lassen, und werden sagen müssen, dasjenige sei am meisten orthodox, was
am buchstäblichsten mit dem symbolischen zusammenstimmt, und was
der seit langer Zeit vorherrschenden Weise des Schriftgebrauches am
treusten bleibt. Da aber das symbolische selbst ein Gegenstand histo-
rischer Kritik und Auslegung ist, und der dogmatische Schriftgebrauch auf
10 einer fortschreitenden Kunst beruht: so kann, was zu einer Zeit orthodox
war, zu einer andern völlig veraltet sein. Heterodox hingegen ist dasjenige, was wenigstens in einem scheinbaren Widerspruch mit dem symbolischen steht, und auch von der herrschenden Weise des Schriftge-
brauchs offenkundig abweicht. Daraus folgt, daß auf der einen Seite aus
15 demselben Grunde, wie das orthodoxe kann ein antiquirtes werden, auch
das heterodoxe kann orthodox werden, und dies muß jeder zugeben, der
eine fortschreitende Auslegungskunst und eine noch fortgehende Entwiklung des protestantischen Geistes zugiebt. Auf der andern Seite ist
nicht zu läugnen, daß, wenn jener Widerspruch ein wahrer ist, das
20 heterodoxe sich in das unchristliche und in das häretische verlieren kann;
wie denn manche in neuerer Zeit aufgestellte Säze von alten Kezereien,
wenn man nur auf den Inhalt und Ausdruk sieht, nicht können unter-
schieden werden. Allein da die Zeit vorüber ist, | wo man den Ursprung   I,153
abweichender Meinungen in verborgenen jüdischen oder heidnischen
25 Tendenzen suchen kann: so dürfen wir auch keine abweichende Meinung
mehr unter jene Kezereien subsumiren; sondern wir dürfen bei Allen, die
sich von der Gemeinschaft der Kirche nicht trennen wollen, auch nur
Mißverständnisse voraussezen, welche sich durch das wissenschaftliche
Verkehr innerhalb der Kirche selbst auch wieder auflösen müssen. Und
30 von eigentlichen Kezereien, von denen man die kirchliche Gemeinschaft
säubern müßte, könnte nur in dem Falle wieder die Rede sein, wenn
Genossen unvollkomner z. B. indischer Glaubensweisen in großen Massen
zum Christenthum übergingen.

31.

35   Der Dogmatik ist wesentlich eine wissenschaftliche Gestaltung,
welche sich zeigen muß in dem dialektischen Charakter der Sprache
und in dem systematischen der Anordnung.

Anm. Dialektisch ist hier in dem reinen alterthümlichen Sinn genommen, in
welchem es das kunstgerechte in der Rede bedeutet, sofern sie darauf abzwekt, Erkenntniß auszudrükken und mitzutheilen.

1. Es braucht nach dem obigen wol nichts mehr darüber gesagt zu
5 werden, daß in der Dogmatik nach der hier aufgestellten Ansicht keine
philosophischen Beweise und kein Zurükgehn auf spekulative Grundsäze
stattfinden können. Jeder Einzelne zwar, dessen spekulatives Bewußtsein
erwacht ist, muß sich der Uebereinstimmung zwischen den Aussagen von
diesem und den Erregungen seines frommen Gefühls auf das genaueste be-
10 wußt zu werden suchen, weil er sich nur in | der Harmonie dieser beiden   I,154
Funktionen, welche zusammen die höchste Stuffe seines Daseins bilden,
der höchsten Einheit seiner selbst bewußt werden kann. Allein weder die
christliche Kirche überhaupt noch die protestantische besonders sind in
diesem Sinn, sondern nur für das religiöse Gebiet, abgeschlossene Einzel-
15 wesen. Denn es giebt keine besondere protestantische und besondere katholische Philosophie; sondern die an demselben System theilnehmen,
können zu verschiedenen Kirchen gehören, und innerhalb derselben
Kirche laufen mehrere Systeme neben einander und durch einander. Schon
um deswillen kann es daher der Dogmatik nicht obliegen hier die Zu-
20 sammenstimmung nachzuweisen; vielmehr muß sie sich dafür hüten, um
nicht klare dogmatische Säze denen zu verdunkeln, die zu einer andern
philosophischen Schule gehören. Allerdings ist nicht zu läugnen, (S.
§. 2, 2.) daß das Christenthum auf die spekulativen Bestrebungen einen
großen Einfluß gehabt hat, und daß man die neuere Gestaltung der
25 Philosophie im allgemeinen als die christliche bezeichnen kann, so wie,
daß diese nicht nur aus demselben wissenschaftlichen Geist hervorgegangen ist, der sich auch bei der Bildung der Glaubenslehre thätig zeigt,
sondern auch daß lange Zeit hindurch beide die christliche Philosophie
und die christliche Glaubenslehre in denselben Werken vermischt gewesen
30 sind. Allein diese Vermischung, die nur in der Kindheit, durch welche
jede neue Zeit hindurchgehn muß, ihren Grund hatte, und beiden in ihrer
weiteren Entwiklung nothwendig zum Nachtheil gereichen mußte, wird
immer mehr aufhören, und die Dogmatik sich immer mehr von allem
materiellen Zusammenhang mit der Philosophie los machen. Was noch
35 davon übrig ist, | das sind Nachwirkungen der scholastischen Zeit, zu der   I,155
wir nicht zurükkehren dürfen.

2. Dagegen ist der Dogmatik, wenn sie ihre eigentliche Bestimmung
(§. 2.) erfüllen soll, daß nämlich durch sie die Verwirrungen theils
verhütet, theils aufgelöst werden, welche auf dem Gesammtgebiet der
40 religiösen Mittheilung so leicht entstehn, eine möglichst strenge wissen-

schaftliche Gestaltung unerlaßlich, weil nur an dem völlig bestimmten und
organisirten das unbestimmtere und unvollkomner gebildete kann
gemessen und geschäzt und danach rectificirt werden; welche Wissenschaftlichkeit weder den katechetischen noch den homiletischen Mitthei-
5 lungen zuträglich sein würde, indem sie einen dialektischen Reiz nothwendig hervorbringt, der auf jenen Gebieten nicht darf befriedigt werden.
Diese Wissenschaftlichkeit aber kann nur in den angegebenen beiden
Stükken sich zeigen, indem weder das eine ohne das andere hinreicht,
noch auch zu beiden ein drittes gedacht werden kann. Fähig aber ist die
10 Dogmatik einer systematischen Anordnung, sofern sie ein in sich abgeschlossenes Ganze bildet, und eines streng dialektischen Ausdruks, sofern
sowol das Gebiet, in welchem die zu beschreibenden Thatsachen vorgehn,
als auch diejenigen Verhältnisse, worauf die Beschreibungen sich
beziehen, wissenschaftlich bearbeitet sind. Und jedes von beiden dient
15 dem andern zur Ergänzung. Denn je richtiger das Einzelne ausgedrükt ist,
um desto leichter muß es sein, durch die Verwandschaft der aufgestellten
Begriffe die beste Anordnung zu finden, und je richtiger die Anordnung
angelegt ist, um desto weniger wird sich etwas unangemessenes im
Ausdruk einschleichen können.
20   3. Die Natur der Sache leidet nicht, daß die | systematische Anord-   I,156
nung hier vorzüglich gesucht werde in der Ableitung alles einzelnen aus
irgend einem höchsten Grundsaz[1]. Denn wir haben einen solchen nicht,
von dem wir ausgehn können; sondern der feste Punkt ist eine innere
Thatsache, welche postulirt wird und zugegeben werden muß, und was
25 wir daraus zu entwikkeln haben, das sind nicht Folgerungen, sondern es
sind nur die verschiedenen Arten, wie diese selbe Thatsache in verschiedenen Verhältnissen sich modificirt und erscheint. Die Aufgabe der Anordnung ist also nur die, jene modificirenden Verhältnisse so zu construiren, daß dadurch die verschiedenen Modifikationen als ein
30 vollständiges Ganze erscheinen, und also die unendliche Mannigfaltigkeit
des einzelnen in einer bestimmten Vielheit zusammengeschaut werde.
    4. Die Ausdrükke, welche in der Glaubenslehre vorkommen, bilden
zwar, sofern sie auf das fromme Gefühl zurükgehn, ein eignes Sprachgebiet nämlich das didaktisch religiöse, allein vermöge dessen, wodurch
35 sich dieses Gefühl vermannigfaltigt und worauf es bezogen wird, hängt

---

[1] Ammon Summa §. 25. 26.

---

25 sondern] svndern

---

36 S. 49—52; s. Anhang

das dogmatische Sprachgebiet nothwendig zusammen mit dem psycho-
logischen, ethischen und metaphysischen. Daher kann die Trennung der
Dogmatik von der Philosophie nie so weit gehen, daß sie auch der philosophischen Sprache entsagen müßte. Allein bei der großen Mannigfaltig-
5 keit der Ansichten und also auch der Terminologie in allen diesen
philosophischen Gebieten ist die zwekmäßige Handhabung der Sprache
für die dogmatische Darstellung eine der schwierigsten Aufgaben. Daher
auch die beständigen Klagen über den Gebrauch philosophischer | Aus-   I,157
drükke, und die häufigen Umwälzungen in der dogmatischen Terminolo-
10 gie. Was zuerst jene Klagen betrifft, so rühren sie vornehmlich von denen
her, welche besorgen, die Philosophie möchte sich auf diesem Wege zur
Herrin und Richterin in theologischen Sachen aufwerfen, und welche um
diesen Preis lieber den Vortheil eines wissenschaftlichen Ausdruks entbehren möchten. Diese Besorgnisse aber sind ungegründet, da ja nur das
15 Interesse der christlichen Frömmigkeit es ist, wodurch überhaupt dogmatische Darstellung hervorgerufen wird, welche daher niemals gegen
dieses Interesse kann gewendet werden. Ein anderes ist es mit der Besorgniß, daß irgend ein einzelnes System einen ausschließenden Einfluß
auf die Dogmatik zu ihrem Nachtheil gewinnen möchte. Diese Besorgniß
20 ist freilich nicht ungegründet; denn ein solcher ausschließender Einfluß
pflegt immer mit irgend einer Einseitigkeit zusammenzuhangen. Allein
theils verbreitet sich diese nicht leicht bis in die unmittelbare religiöse
Gemeinschaft, um derentwillen doch die Dogmatik da ist, theils auch
pflegt eine solche ausschließende Herrschaft nicht lange zu dauern. Was
25 aber die Umwälzungen in dem betrifft, was von der Philosophie in die
Dogmatik übergeht, so sind sie unvermeidlich, wenn ein philosophisches
System antiquirt ist, d. h. wenn nach dem Typus desselben nicht mehr
gedacht wird, sondern ein anderes System von Begriffen herrschend geworden ist. Sie ereignen sich aber gewöhnlich früher durch den wohl-
30 meinenden Eifer der von einem neuen System der Philosophie ergriffenen
Theologen, indem diese hoffen, ihr System werde mehr als irgend ein
früheres dazu geeignet sein allen Spaltungen und Mißverständnissen auf
dem Gebiet der Dogmatik ein Ende | zu machen. Jede solche Hofnung   I,158
hat sich freilich immer ungegründet gezeigt; allein man wird von derselben
35 geheilt werden, wenn wir allmählig zu einer solchen Gestaltung der
Glaubenslehre gelangen, bei welcher sich der Grund der Spaltungen und
der Umfang derselben im Ganzen übersehen läßt. Das aber scheint nicht
nur aus der bisherigen Erfahrung, sondern auch aus der Natur der Sache
hervorzugehen, daß eben so wenig als von dem Einfluß irgend eines philo-
40 sophischen Systems sehr bedeutende Erfolge für gründliche Verbesserun-
gen der Dogmatik zu hoffen sind, eben so wenig auch von irgend einem
System, welches Theologen sich aneignen können, wesentliche Gefahren
zu besorgen sind. Denn ein Theologe kann nur ein solches annehmen,

welches die Ideen Gott und Welt irgendwie auseinanderhält, und welches
einen Gegensaz zwischen gut und böse bestehen läßt. Mit jedem solchen
aber verträgt sich das Christenthum, sowol seiner Form nach als Offenbarung – denn die Welt selbst ist dann schon als primitive Offenbarung
5 und als Inbegriff aller Offenbarung gesezt – als auch nach seiner
Besonderheit, sofern es alle frommen Erregungen als Thatsachen der
Erlösung aufstellt; denn wo ein Gegensaz zwischen gut und böse gesezt
ist, da ist auch die Möglichkeit die Idee der Erlösung geltend zu machen.
Mancher eigenthümlichen Ansicht dagegen kann freilich das eine System
10 mehr zusagen, und andern das andere, und so wird durch den Wechsel
oder das Nebeneinanderbestehen der Systeme und durch den getheilten
oder wechselnden Einfluß derselben auf die dogmatische Sprache und
Darstellung nur das gehörige Gleichgewicht in deren gesammter
Entwiklung erhalten.
15   Z u s a z. Diejenigen Behandlungsweisen der kirch-|lichen Lehre,   1,159
welche unter dem Namen praktische Dogmatik oder populäre Dogmatik
seit einiger Zeit aufgekommen sind, scheinen freilich die Nothwendigkeit
einer wissenschaftlichen Gestaltung nicht anzuerkennen. Allein man darf
sie auch wol nicht als reine Dogmatik ansehn; sondern sie sind schon
20 theils Bearbeitungen der Dogmatik für die Homiletik, theils Mitteldinge
zwischen einem Lehrgebäude und einem Katechismus. Den lezteren lag
wol größtentheils die Absicht zum Grunde, andere Formeln an die Stelle
von solchen zu sezen, welche anfingen veraltet zu erscheinen, allein indem
man sich damit von dem wissenschaftlichen Gebiet entfernte, hat man
25 mehr Verwirrung als Verbesserung bewirkt. Die ersteren würden überflüßig sein, wenn in der praktischen Theologie die nöthigen allgemeinen
Vorschriften über Stoff und Form der religiösen Mittheilung beigebracht
würden.

32.

30   Bei der jezt bestehenden Trennung der christlichen Sittenlehre
von der christlichen Glaubenslehre, bedürfen wir nur einer Anordnung zunächst für die christliche Glaubenslehre im engeren Sinn.

1. Es ist schon oben (§. 1.) bemerkt, daß die christliche Sittenlehre
unter unserer Erklärung der dogmatischen Theologie schon mit begriffen
35 sei. Es ist auch offenbar, daß die Säze der christlichen Sittenlehre ganz

---

15–17 *Vgl. z. B. Palmer: Entwurf einer praktischen Dogmatik. Griesbach: Anleitung zum*
Studium der populären Dogmatik; weitere Titel bei Bretschneider: Entwickelung 152–154

dieselbe Natur haben, wie die der christlichen Glaubenslehre, indem die
Handlungsweisen, welche sie, und zwar auch unter der Form von
Lehrsäzen, beschreiben, eben so Aussagen über die frommen Erregungen
enthalten, wie die Glaubenslehren, und auch | eben so wie sie den   I,160
5   Charakter der christlichen Frömmigkeit an sich tragen müssen. Sie sind
daher auch von den Säzen der philosophischen Sittenlehre geschieden, wie
die dogmatischen Säze von den analogen der theoretischen Philosophie[1];
denn die philosophische Sittenlehre legt nicht das fromm erregte Gemüth
zum Grunde bei ihren Darstellungen, sondern sie sucht die Frömmigkeit
10 selbst erst abzuleiten, und im Zusammenhang mit allem übrigen menschlichen verständlich zu machen. Bei dieser großen Verwandtschaft der
christlichen Sittenlehre mit der Glaubenslehre, ist es natürlich, daß beide
lange Zeit mit einander vereint waren, und zwar bei dem vorherrschenden
theoretischen Interesse, so, daß die christliche Sittenlehre nur in Zusäzen
15 zur Glaubenslehre behandelt wurde. Denn da die überwiegend thätigen
und die überwiegend leidentlichen Zustände nicht nur mit einander
wechseln, sondern auch kein leidentlicher gedacht werden kann ohne
Reaction, so lassen sich auch alle thätigen Zustände auf solche Reactionen
zurükführen. Wenn also die durch gewisse Modifikationen des sinnlichen
20 Selbstbewußtseins bestimmten Erscheinungen des höheren beschrieben
werden: so können als Zusaz dazu auch die Formen des Handelns
beschrieben werden, welche sich auf jene Erregungen zurükführen
lassen. So die Pflichten gegen Gott auf das lebendige Bewußtsein der
göttlichen Eigenschaften, und die Pflichten gegen den Nächsten auf das
25 vom gemeinsamen Verhältniß aller zum Erlöser; und eben so können die
christlichen Tugenden ihren Plaz finden in der Lehre von der Hei-|
ligung. Nur muß man anerkennen, wenngleich es niemals geschehen ist,   I,161
daß der Natur der Sache nach eben so gut auch die Glaubenslehre vorgetragen werden könnte in Zusäzen zur christlichen Sittenlehre. Denn wenn
30 die in der christlichen Kirche herrschenden und anerkannten Handlungsweisen in ihrer Gesammtheit als Aeußerungen der christlichen Frömmigkeit beschrieben werden: so muß von einzelnen Handlungsweisen auch
zurükgewiesen werden können auf gewisse Arten erregt zu sein, als
welche dabei zum Grunde gelegen oder daraus hervorgegangen. Aber
35 eben deshalb weil dies nie geschehen ist, sondern bei der Vereinigung
immer einseitig die Glaubenslehre vorgeherrscht hat[2], ist es zwekmäßig
gewesen, die christliche Sittenlehre abzusondern, weil sonst die

---

[1] S. Kurze Darstellung. S. 63. §. 34.
[2] S. Kurze Darst. S. 63. §. 33.

---

38 KD 63 § 34; cd. Scholz 87   39 ed. Scholz 86

christlichen Handlungsweisen niemals wären in ihrer Ursprünglichkeit
und ihrem innern Zusammenhang angeschaut worden.

2. Sofern nun beide Disciplinen neben einander bestehen, müssen sie
auch, unbeschadet des gemeinschaftlichen in ihnen, vielmehr gerade von
5 diesem aus, in ihrer Trennung verstanden werden. Das gemeinschaftliche
aber ist, daß in beiden soll das höhere Selbstbewußtsein in der eigenthümlichen Form des Christenthums nach seinen verschiedenen Aeußerungen beschrieben werden. Sie theilen sich aber in dieses Gebiet
folgendergestalt. Jede Erregung des Selbstbewußtseins ist auf der einen
10 Seite wesentlich eine Modifikation des Lebens als Sein betrachtet, d. h. ein
Zustand, und so als Zustände beschreibt die Glaubenslehre die
verschiedenen Modifikationen des Abhängigkeitsgefühls. Auf der andern
Seite aber geht auch | jede Erregung des Selbstbewußtseins in Thätigkeit   I,162
aus. Denn jeder erregte Moment, der nicht in irgend ein Thun ausgeht, ist
15 entweder von andern erdrükt worden, ehe er dieses hervorbringen konnte,
wovon aber in der Sittenlehre abgesehen wird, oder er ist an und für sich
zu schwach gewesen ein Thun hervorzubringen, die Beschreibung im
Lehrgebäude aber hat nur die Erregung in ihrer Vollständigkeit zum
Gegenstande; und so, nicht als gleichsam ruhende Zustände, sondern als
20 werdende Thätigkeiten, beschreibt die christliche Sittenlehre die verschiedenen Modifikationen des Abhängigkeitsgefühls. In der Wirklichkeit des
Lebens gehören die Gesammtheiten beider wesentlich zusammen. Kein
Mensch kann gedacht werden überall und nur auf die Art in seinem
Selbstbewußtsein erregt, wovon die christlichen Glaubenslehren die
25 Ausdrüke sind, der nicht auch überall und nur so handeln müßte, wie die
christlichen Sittenlehren es ausdrükken, und umgekehrt.

3. Es scheint sonach, als wäre das zuträglichste und vollkommenste,
wenn eines theils allerdings das höhere Selbstbewußtsein von beiden
Punkten aus besonders dargestellt würde, damit eben sowol die daraus
30 hervorgehenden Handlungsweisen in ihrer Gesammtheit als ein Ganzes
angeschaut werden könnten, wie in der Glaubenslehre die daraus hervorgehenden Betrachtungsweisen angeschaut werden, wenn aber zugleich
auch in der Glaubenslehre angegeben würde, wie die Handlungsweisen
mit jenen Betrachtungsweisen zusammenhangen und auch aus ihnen abge-
35 leitet werden können; und eben so auf der andern Seite in der christlichen
Sittenlehre an einzelnen Punkten, mit Verweisung auf die ausgeführte
Darstellung, die Betrachtungsweisen angegeben würden, welche mit den
Handlungs-|weisen zusammenhangen. Auf diese Art wird der Vortheil der   I,163
alten Methode mit dem der neuen verbunden, der Nachtheil aber von
40 beiden, nämlich sowol der Schein, als sei die theoretische Seite der

---

27–40 *Vgl. KD 62f § 31f; 64 § 39; ed. Scholz 85. 88*

Glaubenslehre etwas ursprünglicheres als die praktische, als auch der, als
ob beide gar nicht wesentlich zusammenhingen, wird vermieden, und
zugleich beide Disciplinen, indem sie verbunden werden, noch strenger
von den analogen philosophischen Wissenschaften geschieden.

5   Zusaz. Dem gemäß ist nun bei Errichtung des Gerüstes für die
Glaubenslehre darauf zu sehen, daß ursprünglich die eigenthümliche
Form, die Modificationen des höheren Selbstbewußtseins als reine
Zustände zu betrachten, festgehalten, und nichts, was der von dem
frommen Gefühl ausgehenden Thätigkeit angehört, mit in den eigentlichen
10 Umfang der Darstellung aufgenommen werde; aber indem ein für allemal
vorausgesetzt wird, daß das Dargestellte zugleich in Thätigkeit ausgehe, so
muß Raum gelassen sein an einzelnen Punkten in jenes Gebiet
hinüberzuschauen, und zu zeigen, wo und wie die Oerter der Sittenlehre
in denen der Glaubenslehre wurzeln. Dies ist aber nicht so zu verstehen,
15 als ob einzelnes einzelnem entsprechen müßte, welches vielmehr unmöglich ist, da jede Disciplin eine andere Ansicht zum Grunde legt, also
auch andere Eintheilungen und durch diese andere Einheiten gewinnt;
sondern nur, weil die Gesammtheiten einander entsprechen und wesentlich
zusammengehören, muß es auch einzelne, vorzüglich repräsentative
20 Punkte geben, von welchen aus diese Zusammengehörigkeit am besten zu
übersehen ist. |

33.   I,164

Da die christliche Frömmigkeit beruht auf dem gefühlten
Gegensaz zwischen der eignen Unfähigkeit und der durch die Er-
25 lösung mitgetheilten Fähigkeit das fromme Bewußtsein zu verwirklichen, dieser Gegensaz aber nur ein relativer ist: so werden wir den
Umfang der christlichen Lehre erschöpfen, wenn wir das fromme
Gefühl betrachten sowol in den Aeußerungen, worin der Gegensaz
am stärksten, als in denen, worin er am schwächsten ist; und wir
30 theilen daher die gesammte christliche Lehre in die Betrachtung des
frommen Gefühls abgesehen von dem Gegensaz, und in die Betrachtung desselben unter dem Gegensaz.

      1. Der Unterschied, auf den hier Bezug genommen wird, ist aller-
dings nur ein fließender, indem es kein christlich frommes Gefühl geben
35 kann, in welchem der Gegensaz ganz verschwände, und auch wiederum
keines, worin das Hervortreten desselben specifisch verschieden wäre von
andern Momenten; die hier angegebene Eintheilung hingegen will einen

festen Gegensaz aufstellen, der also nicht nur nicht scheint aus jenem
Unterschied abgeleitet werden zu können, sondern das eine Glied der Eintheilung scheint auch ganz außerhalb des christlichen zu fallen. Die Sache
ist aber diese. Eben weil der Unterschied nur ein fließender ist, muß das
5 christlich fromme Gefühl etwas in allen Abstufungen des Gegensazes sich
selbst gleiches und in sich selbst Eines enthalten, welches zwar freilich
nirgend abgesondert und für sich gegeben ist, aber doch überall um desto
mehr hervortritt, je weniger der Ge-|gensaz hervortritt; eben so muß es   I,165
ein Bewußtsein des Gegensazes enthalten, welches auch nirgend
10 abgesondert und für sich gegeben ist, aber doch um so stärker hervortritt,
je mehr das sich selbst gleiche zurüktritt. Die angegebene Eintheilung nun
faßt diese entgegengesezten Elemente in zweifacher Unterordnung auf,
indem erst das eine auf das andere bezogen wird, und dann umgekehrt
dieses auf jenes. Indem nun das Sichselbstgleiche des frommen Gefühls auf
15 den Gegensaz bezogen wird, und dieser also immer mitgesezt und
betrachtet: so muß auch, was in diesem Grade der Eintheilung vorkommt,
den christlichen Charakter behalten. Eben so indem das Bewußtsein des
Gegensatzes auf das Sichselbstgleiche und in sich Eine bezogen wird, und
also dieses immer mitgesezt und betrachtet: so kann auch dieses Glied der
20 Eintheilung nicht auf der andern Seite die Grenzen des christlichen überschreiten. Zugleich aber ist klar, daß was in keines der beiden Glieder sich
hineinfügen wollte, außer der Grenzen des christlichen fallen müßte; und
daß also in dieser Eintheilung der ganze Umfang muß erschöpft werden
können, wenn nur jedes Glied derselben richtig behandelt wird.
25   2. Da bereits zugegeben ist, daß nicht in allen Theilen der christlichen
Lehre das eigenthümliche derselben gleich stark hervortreten kann: so
leuchtet ein, daß das erste Glied unserer Eintheilung diejenigen Lehren
enthalten muß, in welchen das eigenthümlich christliche am wenigsten
sichtbar ist, deren Ausdruk also auch bei uns am leichtesten mit dem
30 anderer Glaubensweisen zusammentreffen kann. Jedoch werden sie sich
durch die schon in der Anordnung liegende Beziehung auf den christ-
lichen Gegensaz immer unterschei-|den, so daß sie keinesweges auch   I,166
Bestandtheile einer sogenannten allgemeinen oder natürlichen Theologie
sein könnten. Man kann daher auch sagen, was in dem ersten Gliede der
35 Eintheilung enthalten ist, beschreibe mehr das allem im Gebiet des
frommen Gefühls veränderlichen zum Grunde liegende, aber nur so wie es
in der eigenthümlichen Form des Christenthumes geworden ist und wird,
das in dem andern Gliede enthaltene aber beschreibe die eigenthümliche
Form des Christenthums selbst, wie sie sich in jenem entwikelt. Da nun
40 der eigenthümliche Typus des Christenthums auf dem angegebenen

---

25 f Vgl. §§ 18, 2. 4; 29

Gegensaz beruht: so kann man sagen, das eine Glied der Eintheilung
beschreibe das höhere Selbstbewußtsein, sofern sich in demselben der
Gegensaz von Lust und Unlust erst entwikeln soll; das andere Glied aber
beschreibe den auf das fromme Gefühl sich beziehenden Gegensaz, aber
so wie er wieder verschwinden und aus demselben das sich selbst gleiche
und in sich Eine des frommen Selbstbewußtseins sich entwikeln soll,
welche Entwiklung d. h. die Seligkeit ja der eigentliche Zwek der Erlösung
ist.

3. Hieraus geht von selbst die natürliche Ordnung hervor, in welcher
beide Glieder auf einander folgen müssen, so nämlich wie oben angegeben, daß die Beschreibung des Abhängigkeitsgefühles selbst, wie es in
allen Abstufungen des Gegensazes dasselbe ist, vorangehe, und dann die
Beschreibung des durch die Erlösung verschwindenden Gegensazes, der in
demselben sich entwikkelt hat, folge. In dem ersten Theil wird auf
bestimmende menschliche Zustände nicht Rüksicht genommen, und er ist
daher mehr contemplativ, in dem zweiten treten diese vorzüglich hervor,
wie denn auch alle Säze, welche sich auf das Geschicht-|liche des Christen-   I,167
thums beziehen, nur in diesem ihren Plaz haben, und er ist daher mehr
historisch. Beide Ausdrüke historisch und contemplativ freilich in einem
weiteren Sinne genommen.

Zusaz a. Dadurch, daß wir auch den allgemeineren Inhalt dieses
ersten Theiles auf das christliche Gefühl beziehen, unterscheidet sich
unsere Eintheilung von der in mehreren Lehrgebäuden befolgten, welche
eine sogenannte natürliche Theologie voranschikt und eine geoffenbarte
darauf folgen läßt.

b. Es leuchtet ein, daß nach dieser Ansicht und Eintheilung alles,
was die Person Christi betrifft, nur in sofern Lehre im eigentlichsten Sinne
sein kann, als der unmittelbare Eindruk, den sein Dasein macht, nämlich
von einer eigenthümlichen absoluten Würde, dadurch ausgesprochen
wird, was aber jenseit seiner unmittelbaren Wirksamkeit liegend faktisch
von ihm ausgesagt wird, das kann nur im uneigentlichen Sinn Lehre
heißen, wie seine übernatürliche Empfängniß, seine Auferstehung und
Himmelfahrt.

c. Eben so einleuchtend ist wol, daß in unserm Selbstbewußtsein,
weder als persönliches Gefühl noch als Gemeingefühl angesehen, weder
eine Frömmigkeit gegeben ist, in der gar keine Beziehung wäre auf einen
Gegensaz von Lust und Unlust, der sich darin entwikeln müßte, noch

---

23 von] vvn

23–25 *Vgl. z. B. Musaeus: Introductio*

auch eine solche, in welcher jede Beziehung auf diesen Gegensaz als
einen, der früher bestanden hat, schon verschwunden wäre. Dieses aber
sind die beiden Endpunkte menschlicher Zustände in dieser Hinsicht; und
es ist kaum zu vermeiden, daß sie in die Darstellung mit aufgenommen
5 werden. Wenn dieses aber, der Analogie mit dem dazwischen liegenden zu
Liebe, in geschichtlicher Form geschieht, als Zu-|stände, welche einmal   I,168
gewesen sind und einmal sein werden: so kann auch dieses nicht Lehre im
eigentlichen Sinne sein. Sondern nur von Christo kann gesagt werden als
eigentliche Lehre, daß in ihm das Bewußtsein Gottes eins gewesen sei mit
10 seinem Selbstbewußtsein ohne allen Gegensaz. Daher die Darstellungen
von einer ursprünglichen Vollkommenheit der Menschen als einem
zeitlichen Gesammtzustand, und eben so von einer lezten Vollkommenheit jenseit des Gerichts der Form nach nicht denselben dogmatischen
Werth haben, wie die übrigen Lehren, weil sie nicht eben so ein
15 unmittelbares Selbstbewußtsein beschreiben.

d. Es kann gewissermaßen gerechtfertigt werden, die in c. angeführten nicht eigentlich doktrinellen Dogmen, wie Mehrere gethan haben,
mythische zu nennen, da das, was sie in geschichtlicher Form beschreiben, ganz außer dem Umfang aller Geschichte liegt, und die
20 geschichtliche Form derselben leicht daraus erklärt werden kann, daß da
der Verstand sich über diese Elemente des Selbstbewußtseins für sich nur
negativ aussprechen kann, dieses durch ein positives Gebild der Fantasie
ergänzt werde, welche das unzeitliche und unräumliche nur zeitlich und
räumlich darstellen kann. Dagegen scheint es weniger schiklich zu sein,
25 auch die in b. angeführten auch nicht eigentlich geschichtlichen Lehren,
die sich aber doch auf einen in die geschichtliche Zeit fallenden Punkt
beziehen, ebenfalls als Mythen zu behandeln. Denn Mythen sind nur
vorgeschichtlich oder nachgeschichtlich; oder wenn sie sich an einen
geschichtlichen Punkt anknüpfen, so zerstören sie dessen geschichtliche
30 Bedeutung gänzlich. Daher diese Behandlungsweise schon als doketisch
verworfen werden muß. Sondern diese Thatsachen, welche als Dog-|
men aufgestellt werden, sind entweder als dem Wundergebiet angehörig   I,169
zu betrachten, welches immer im geschichtlichen Zusammenhang etwas
nicht geschichtlich zu analysirendes enthält, oder man müßte sie als reine
35 Dichtungen ansehen, welche nur hernach mißverstanden worden. In wie
fern aber die eine oder die andere Ansicht stattfinden darf, ohne daß sich
etwas unchristliches in das Lehrgebäude einschleiche, das wird erst an Ort
und Stelle untersucht werden können.

16—27 Auseinandersetzung mit de Wette: Ueber Religion. Vgl. S. 211. 213. 223—227. 157f.
161f; s. Anhang

34.

Alle dogmatischen Säze können außerdem, daß sie Beschreibungen menschlicher Zustände sind, noch in einer zwiefachen Gestalt vorgetragen werden, als Begriffe von göttlichen Eigenschaften und als Aussagen von Beschaffenheiten der Welt; und diese drei Formen haben in der Dogmatik immer neben einander bestanden.

> Anm. Der an sich schwierige Begriff von göttlichen Eigenschaften wird hier nur aus dem gewöhnlichen Sprachgebrauch als bekannt vorausgesezt, und kann erst in der Darstellung selbst, soweit es thunlich ist, erörtert werden.

1. Da das fromme Gefühl überhaupt nur zur Erscheinung kommt, d. h. wirkliches zeiterfüllendes Selbstbewußtsein wird, indem es sich mit einem bestimmten Moment des sinnlichen Selbstbewußtseins einigt: so ist auch jede Beschreibung desselben die eines bestimmten innern Gemüthszustandes, und dies ist die ursprüngliche Form. Da aber jede Bestimmtheit des sinnlichen Selbstbewußtseins auf ein bestimmendes außer dem Bewußtsein zurükweist, welches Aeußere wegen des allgemeinen Zusammenhanges nur als ein Theil des Gesammtseins auftritt: so kann der Zustand selbst | auch erkannt werden, wenn dasjenige in dem Gesammtsein oder der Welt beschrieben wird, worauf jener Zustand beruht; und dies ist die zweite Form. Endlich da das absolute Abhängigkeitsgefühl, von dem doch alle frommen Zustände nur Modifikationen sind, sich nicht auf das Subjekt des Selbstbewußtseins isolirt bezieht, sondern auch auf sein Zusammensein mit allem übrigen endlichen, und also auch dieses Zusammensein in seinen verschiedenen Modifikationen von dem höchsten Wesen abhängig ist, so kann ein jeder frommer Gemüthszustand auch erkannt werden, indem dasjenige in Gott beschrieben wird, wodurch jedes bestimmte Zusammensein geordnet ist; und das ist die dritte Form.

2. Daß jede christliche Glaubenslehre immer Säze von allen diesen drei Formen enthalten hat, bedarf keines Beweises. Was aber für uns die Hauptsache ist, das ist dieses, daß Säze von den beiden lezten Formen nichts enthalten, was nicht auch schon in Säzen von der ersten Form enthalten wäre, und daß aus jedem Saz von der ersten Form sich Säze von der zweiten und dritten entwikkeln lassen, ja daß andere Säze von diesen beiden Formen in die christliche Glaubenslehre nicht hinein gehören,

I,170

wenn sich nicht dazu ein sie in sich schließender Saz von der ersten Form
aufzeigen läßt. Dies aber erhellt daraus, weil nur vermittelst jener ersten
Form, die also die dogmatische Grundform ist, Säze von den andern, d. h.
welche göttliche Eigenschaften oder auch Beschaffenheiten der Welt
5 aussagen, als der Ausdruk frommer Gemüthserregungen gedacht werden
können.

3. Wenn daher nicht geläugnet werden kann, daß streng genommen
die erste Form hinreiche, um | die Analyse der christlichen Frömmigkeit   I,171
zu vollenden, und daß es am besten wäre, diese Form ausschließend
10 auszubilden, da die andern doch nur mittelst ihrer in der wahren
dogmatischen Bedeutung aufgefaßt werden können: so kann man doch die
andern Formen aus einem christlichen Lehrgebäude nicht ausschließen,
ohne daß es seine geschichtliche Haltung und also seinen kirchlichen
Charakter verlöre. Denn sowol das Hymnische und Rhetorische in den
15 unmittelbaren religiösen Ergießungen begünstigte die Bildung von
Begriffen göttlicher Eigenschaften, als auch der stark hervortretende
Gegensaz zwischen Welt und Kirche die Begriffe von Beschaffenheiten der
Welt; wogegen die vorherrschende Bearbeitung der Dogmatik in
Verbindung mit der Metaphysik die Ausbildung der eigentlichen
20 Grundform, nämlich die Beschreibung der christlichen Gemüthszustände,
mehr zurükhielt. Daher müssen nun überall beide Formen in solcher
Verbindung mit der Grundform vorgetragen werden, daß der Zusammen-
hang aller dreier unter einander überall deutlich werde.

35.

25   Indem wir also den ganzen Umfang der christlichen Frömmigkeit nach der oben (§. 33.) angegebenen Eintheilung verzeichnen,
werden wir in jedem Theil alle drei Formen der Reflexion mit
einander verbinden.

1. Es ist natürlich, daß wir überall diejenige Form zu Grunde legen,
30 die für sich die vollständigste ist, und sich am unmittelbarsten an den
ursprünglichen Gegenstand der Betrachtung, nämlich die frommen
Gemüthszustände selbst, wendet, und aus welcher sich die | andern beiden   I,172
gleichmäßig ableiten lassen. Die allgemeinen Beschreibungen schließen
sich näher bestimmend der zum Grunde liegenden allgemeinsten von dem
35 Wesen der Frömmigkeit an, indem sich eine aus der andern und mit der
andern zugleich entwikkelt; und nachdem durch eine solche jedesmal ein
bestimmter Theil des darzustellenden abgestekt ist, werden damit die
kirchlichen Lehren, welche sich auf dieses Gebiet beziehen, in Verbindung

gebracht, zunächst diejenigen, welche der Exposition des Gemüthszustandes selbst am nächsten kommen, dann diejenigen, welche dasselbige
unter der Gestalt von göttlichen Eigenschaften oder von Beschaffenheiten
der Welt aussagen.

5   2. In denjenigen Lehrgebäuden, welche sich in Theologie und
Anthropologie theilen, wird die ganze Lehre von Gott der ganzen Lehre
von menschlichen Zuständen vorangeschikt, also auch alle diejenigen
göttlichen Eigenschaften und Rathschlüsse, welche sich auf menschliche
Zustände beziehen, und daher doch für sich und ohne Kenntniß dieser
10 Zustände nicht verstanden werden können. Wogegen nach dem hier
verzeichneten Entwurf allerdings auch die Lehre von Gott nicht eher als
mit dem Schluß des ganzen Gebäudes fertig wird, und die einzelnen
Punkte derselben in verschiedenen Theilen des Ganzen gleichsam verstreut
vorkommen, welches ungewohnt und also unbequem erscheinen kann,
15 allein es gewährt den Vortheil, daß jedesmal, was von Gott und dem
Menschen vorgetragen wird, in der genauesten Beziehung eines auf das
andere steht, und aus dem vorhergegangenen vollkommen verständlich
sein muß. |

5–7 *Vgl. die Übersicht in* H

Der

Glaubenslehre erster Theil.

Entwiklung des frommen Selbstbewußtseins als eines der menschlichen Natur einwohnenden, dessen entgegen-
5 gesezte Verhältnisse zum sinnlichen Selbstbewußtsein sich erst entwikkeln sollen.

Einleitung.

36.

Indem im unmittelbaren Selbstbewußtsein wir uns als schlechthin
10 abhängig finden, ist darin mit dem eigenen Sein als endlichen das unendliche Sein Gottes mitgesezt, und jene Abhängigkeit ist im allgemeinen die Weise, wie allein beides in uns als Selbstbewußtsein oder Gefühl Eins sein kann.

Anm. Denn es läßt sich auch eine solche Einheit im objektiven, anschauenden
15 Bewußtsein denken, welche aber in dieses Gebiet nicht gehört.

1. Dies ursprüngliche Abhängigkeitsgefühl erscheint so an und für sich nicht im wirklichen Bewußtsein, son-|dern immer nur mit näheren I,174 Bestimmungen, also wie ein allgemeines nur durch das besondere, und es wird hier nur das in allen einzelnen Erscheinungen der Frömmigkeit
20 identische in Betracht gezogen, welches sich daher zu allen Aufwallungen

---

1 I, 173] *fehlt OD*

3–6 *Statt* Selbstbewußtseins . . . sollen *Inhaltsverzeichnis von OD:* Abhängigkeitsgefühls ohne Berüksichtigung des Gegensazes zwischen der eigenen Unfähigkeit und der mitgetheilten Fähigkeit des frommen Lebens verhält, wie sich das Ichsezen eines jeden verhält zu allen Aufwallungen seines persönlichen Daseins überhaupt.

    2. Die unfromme Erklärung dieses Gefühls, als sage es eigentlich nur die Abhängigkeit eines einzelnen Endlichen von der Ganzheit und
5 Gesammtheit alles endlichen aus, und beziehe sich der Wahrheit nach nicht auf die Idee Gott, sondern auf die Idee Welt, kann denen, welche das fromme Gefühl in sich tragen, nicht zusagen. Denn sie kennen dieses im Selbstbewußtsein Eins sein mit der Welt auch, aber als ein anderes. Wenn man nämlich beide Ideen auf irgend eine Weise auseinander halten
10 will, so ist doch mindestens Gott die ungetheilte absolute Einheit, die Welt aber die getheilte Einheit, welche zugleich die Gesammtheit aller Gegensäze und Differenzen ist. Dies Einssein mit der Welt im Selbstbewußtsein ist das Bewußtsein seiner selbst als mitlebenden Theiles im Ganzen. Da nun alle mitlebende Theile in Wechselwirkung untereinander
15 stehen: so theilt sich dieses Gefühl in jedem solchen Theile wesentlich in das Gefühl der Freiheit, sofern er selbstthätig auf andere Theile einwirkt, und in das Gefühl der Nothwendigkeit, sofern andere Theile selbstthätig auf ihn einwirken. Das fromme Selbstbewußtsein aber weiß von einer solchen Theilung nichts. Denn weder giebt es in Beziehung auf Gott
20 unmittelbar ein Freiheitsgefühl, noch ist das Abhängigkeitsgefühl das einer solchen Nothwendigkeit, welcher ein | Freiheitsgefühl als Gegenstük I,17 zukommen kann. – Will man also diesen Unterschied aufheben, und das auf Gott sich beziehende Selbstbewußtsein mißkennen, als sei es kein anderes als das auf die Welt Bezug nehmende: so kann dies mit einigem
25 Scheine nur geschehen, wenn man in diesem lezteren selbst die Seite des Freiheitsgefühls aufhebt. Daher auch jene unfromme Erklärung, welche die behauptete Eigenthümlichkeit des frommen Selbstbewußtseins für Täuschung erklärt, größtentheils von solchen ausgeht, welche auch das Freiheitsgefühl für Täuschung erklären, und da dies aus demselben
30 Grunde und mit demselben Recht durch alles endliche hindurchgehen muß, in einem allgemeinen Nothwendigkeitsgefühl alles Einzelne ertödten, und die Ursprünglichkeit des Lebens nirgends übrig lassen.

37.

    Dies ursprüngliche Abhängigkeitsgefühl ist nicht zufällig,
35 sondern ein wesentliches Lebenselement, ja nicht einmal persönlich verschieden, sondern gemeinsam in allem entwikkelten Bewußtsein dasselbige.

Anm. a. Zufällig im Gegensaz gegen das wesentliche nenne ich dasjenige, was
in dem Verlauf eines Daseins vorkommen kann oder auch nicht, je nachdem
es mit anderem zusammentrifft oder nicht.

    b. Entwikkelt nenne ich das Bewußtsein in dem Maaße, als wir unser
5   Selbstbewußtsein von unserm Bewußtsein der Dinge scheiden, und dann
auch beides wieder auf einander beziehen. Daß also in einem entweder noch
nicht so weit entwikkelten Bewußtsein, wie in einem kindischen, oder auch
in einem solchen, in welchem dieser natürliche Zusammenhang krankhaft
wieder aufgehoben ist, das Abhängigkeitsgefühl in jenem noch nicht ist, in
10 diesem verschwunden sein kann, wird im voraus zugegeben. |

    1. Wer uns das postulirte Selbstbewußtsein in dem Inhalt, den wir   I,176
ihm beigelegt haben, zugiebt, der kann nicht behaupten wollen, es sei
etwas zufälliges. Denn es hängt nicht davon ab, daß einem menschlichen
Dasein etwas bestimmtes äußerlich gegeben werde, sondern innerlich das
15 Mitgeseztsein des höchsten Wesens selbst, welches, wenn es ist, auch allen
gleich gegenwärtig sein muß. (Ap. Gesch. 17, 27. 28.) Aeußerlich aber
gehört nichts dazu, als sinnliches Selbstbewußtsein überhaupt, welches
sich in jedem Menschen wesentlich entwikkelt. Daß aber das Abhängigkeitsgefühl an sich in Allen dasselbe ist, zugegeben die größere oder
20 geringere Unvollkommenheit nach dem Maaß der Entwiklung, dies ist
darin gegründet, daß es an sich nicht auf bestimmten Differenzen des
Selbstbewußtseins beruht, sondern auf der Möglichkeit aller dieser Differenzen, d. h. auf dem Bewußtsein, welches schlechthin das gemeinsamste
ist und weit hinausgeht über das, wodurch die einzelne Persönlichkeit
25 bestimmt wird.
    2. Als wesentliche Lebensbedingung läuft dieses Gefühl genau neben
einem ähnlichen Bewußtsein, welches auch an und für sich nicht erscheint,
aber eben so die Grundbedingung für alle Anschauung enthält. Denn wie
das Endliche als im Gegensaz begriffen nur erkannt werden kann mit und
30 aus dem außer und über den Gegensaz gestellten; und also allem Erkennen
des entgegengesezten das Bewußtsein der absoluten Einheit zum Grunde
liegt, so daß wir auch demjenigen, der völlig im Gegensaz stehen bleiben
und jene Einheit läugnen wollte, kein Wissen zuschreiben, mithin das
eigenthümlich menschliche der Anschauung ihm absprechen würden: so
35 auch auf dem gegenüberstehenden Gebiet des Gefühls hat das Endliche als
in den Gegen-|saz gestellt sich selbst nur mit und aus dem über den   I,177
Gegensaz gestellten; und wer mit seinem Gefühl dieses nicht umfassen
sondern ganz im sinnlichen Gegensaz stehen bleiben wollte, dem würden
wir streng genommen das Selbstbewußtsein im eigenthümlich mensch-
40 lichen Sinn absprechen. (S. 1, 2.)

---

40 S. 1] *Kj* §. 10

3. Demzufolge nun müssen wir alle Gottlosigkeit des Selbstbewußtseins für Wahn und Schein erklären. Es giebt aber vorzüglich dreierlei
Gottlosigkeit. Die erste ist die rohe, welche durchaus keine Gottesläugnung
wäre, sondern nur ein Nichtbewußtsein Gottes, und die, obgleich sie
5 geschichtlich schwerlich nachzuweisen ist, zwar als möglich gedacht
werden muß, jedoch nur auf solchen niedrigen Bildungsstuffen, wo sich
das Vermögen für das Gottbewußtsein noch nicht entwikkelt hat. Und
dies kann freilich unter ungünstigen Umständen in dem Maaß länger
dauern als auch andere Entwiklungen langsam vor sich gehen. Die zweite
10 Gottlosigkeit ist die vielgötterische. Denn freilich kann man nicht unmittelbar einsehn, wie die Verehrung von Wesen, deren es viele ihrer Art
giebt, mit jenem absoluten Abhängigkeitsgefühl zusammenhangen solle.
Sie findet sich da, wo die leibliche Vorstellungsweise noch zu sehr
vorherrscht, und daher auch Gott leiblich vorgestellt, deshalb aber auch
15 von der Welt nicht gehörig gesondert wird; das leiblich vorgestellte kann
nicht Eins sein, schon weil wir leibliches Dasein von Geschlecht und
Erzeugung nicht zu trennen vermögen. Solche Vielgötterei aber hangt
theils gewöhnlich zusammen mit Vielherrei im bürgerlichen Leben, und
also mit der Gewöhnung, hinter einer ausgesprochenen Vielheit eine
20 wesentliche Einheit vorauszusezen. Theils aber auch, wo dies nicht wäre,
strebt | doch die natürliche Verwandtschaft und Unterordnung solcher   I,178
Götter nach verborgener Einheit. Nun ist freilich oben §. 19, 3.
zugegeben, daß die unvollkomnen Gestalten der Frömmigkeit positiv
falsch werden, wenn sie sich im Streit gegen vollkomnere aufrecht halten
25 wollen, und so könnte man wenigstens sagen, die den Monotheismus
bestreitende und zurükstoßende Vielgötterei wäre Gottesläugnung. Allein
sie stößt nicht die Einheit selbst zurük, die sie insgeheim in sich trägt und
anerkennt, sondern nur die Zumuthung, daß sie ihren gesammten symbolischen und mythischen Apparat von sich werfen soll. Die dritte
30 Gottlosigkeit ist die eigentlich sogenannte Gottesläugnung, welche als
Spekulation auf den höchsten Stuffen der Bildung vorkommt. Diese
scheut entweder frevelhaft die Strenge des Gottesbewußtseins, und ist
dann, wiewol nie ohne Zwiespalt lichter Augenblikke, offenbar ein
Erzeugniß der Zügellosigkeit, und also eine Krankheit der Seele von Ver-
35 achtung alles Geistigen begleitet; oder sie widerstrebt nur grübelnd den
gangbaren aber unangemessenen Darstellungen des Gottbewußtseins; und
indem sie an diesen Mängeln der Darstellung haftend die innern einfachen
Erscheinungen des Gefühls selbst verkennt, ist sie eigentlich nur ein tiefes
Mißverständniß, also ein Krankhcitszustand des Verstandes, welcher aber
40 auch jedesmal sehr bald verschwindet, ohne je zu einem beharrlichen
Dasein in der Geschichte zu gelangen. Daher kann die scheinbare
Thatsache der Gottesläugnung unsere Behauptung, daß das dargelegte

Abhängigkeitsgefühl eine wesentliche Lebensbedingung sei, nicht um-
stoßen. |

38.

Die Anerkennung, daß jenes Abhängigkeitsgefühl eine wesent-
5 liche Lebensbedingung sei, vertritt für uns die Stelle aller Beweise
vom Dasein Gottes, welche bei unserm Verfahren keinen Ort
finden.

1. Es ist jezt vielleicht nicht mehr nöthig zu beweisen, daß es auch im
Gebiet der Philosophie keine Beweise für das Dasein Gottes geben kann,
10 sondern daß, wenn Gott uns nicht unmittelbar gewiß ist, dann dasjenige
unmittelbar gewisse, woraus Gott bewiesen werden könnte, uns Gott sein
müßte. Denn nur das unmittelbar gewisse kann das sein, woraus alles
andere seine Gewißheit ableitet. – Ein anderes ist, wenn in spekulativer
Form das oben (37, 2.) angedeutete Mitgeseztsein Gottes im objectiven
15 Bewußtsein ebenfalls auseinander gelegt und gezeigt wird, wie es die
Grundvoraussezung für alle Wissenschaft ist. Allein diese Darlegungen
können deshalb nicht in die Dogmatik aufgenommen werden, weil diese
es mit einem objectiven Bewußtsein unmittelbar gar nicht zu thun hat.

2. Gesezt aber auch Gott könne und müsse bewiesen werden: so
20 würde auch dieses Beweisen aus noch andern Gründen nicht in die
Dogmatik nach unserm Begriff derselben gehören, auch nicht einmal so,
daß sich die Dogmatik darauf als auf etwas aus einer andern Wissenschaft
her bekanntes berufen dürfte. Vielmehr wenn die sogenannte natürliche
Theologie Beweise für das Dasein Gottes führen kann, muß die Dogmatik
25 ihr diese lassen ohne sich ihrer zu bedienen. Denn | die Dogmatik will   I,180
nicht die Frömmigkeit aus dem Unglauben hervorbringen, sondern sezt
sie immer voraus; eine Unsicherheit aber, welche über den ursprünglichen
Inhalt des frommen Bewußtseins Beweis bedürfte, wäre mindestens ein
Schwanken zwischen Frömmigkeit und Gottlosigkeit, und einen solchen
30 Zustand erst in die Frömmigkeit zu verwandeln, für deren Dienst allein
die Dogmatik arbeitet, ist nicht das Geschäft dieser selbst. Auch ist ja
offenbar, daß diesen Beweisen durchaus keine dogmatische Form zu

---

3 38] *so H; OD:* 42   **14** das] *so H; OD:* des

19–23 *H verweist auf Töllner: Grundriß §§ 1; 43*

geben ist, da man weder auf die Schrift noch auf die symbolischen Bücher
hiebei irgend zurükgehn kann; auch sich in keinem andern Theil der
Glaubenslehre eine wohlbegründete Analogie für dieses Verfahren findet.
– Die Dogmatik also hat nur den Inhalt des anerkannten Bewußtseins von
5 Gott zu entwikkeln und fragt nicht darnach, ob irgendwo oder nirgend
hierüber etwas erwiesen und erweisbar sei oder nicht, indem sie die
unmittelbare Gewißheit, den Glauben voraussezt.

3. Daß dennoch größtentheils die Darstellungen der christlichen
Glaubenslehre durch mannigfaltige Beweise für das Dasein Gottes ja sogar
10 durch Beurtheilungen derselben angeschwellt und wie mir scheint verunstaltet sind, hat seinen Grund in der bereits erwähnten aus dem
patristischen Zeitalter herrührenden Vermischung von Philosophie und
Dogmatik[1], welche nachgrade völlig aufzulösen wir uns befleißigen
müssen[2]. Diese alte Vermischung liegt auch noch der | Ansicht zum   I,181
15 Grunde, die christliche Theologie, zu der die Dogmatik gehört, unterscheide sich von der christlichen Religion auch durch den Erkenntnißgrund, so nämlich, daß die Religion nur aus der Schrift schöpfe, die
Theologie aber auch aus den Vätern der Vernunft und der Philosophie.
Wer von einer solchen Voraussezung ausgeht, hat freilich Unrecht wenn
20 er der Dogmatik die Beweise für das Dasein Gottes erläßt. Zu verargen
aber ist es auch einem solchen Theologen nicht. Denn man sehe nur da,
wo jene Ansicht noch neuerlich geltend gemacht ist[3], die schwere Wahl
zwischen den moralischen Beweisen, den geometrischen Beweisen und
den wahrscheinlichen Beweisen! Dies alles aus der christlichen Glaubens-
25 lehre mit vollem Recht verweisen zu können, ist gewiß ein großer Gewinn.

---

[1] August. de ver. rel. 8. „Sic enim creditur et docetur quod est humanae salutis
caput, non aliam esse Philosophiam id est sapientiae studium et aliam religionem [. . .]“.
[2] „Fucus ergo est et falsa religio, quicquid a Theologis | ex philosophia, quid   I,181
30 sit Deus, allatum est.“ Zwingli de ver. et fals. rel. p. 9.
[3] Reinh. Dog. §. 7. u. §. 30.

---

29 et] es

11–13 § 31, 1   26 Augustin: De vera religione 5, 8, ed. Ben. 1, 560 B; CChr 32, 193, 12ff
30 CR 90, 643, 20f   31 S. 20–22. 91–95; s. Anhang

39.

Das ursprüngliche ein höchstes Wesen mitsezende Abhängigkeitsgefühl wird in uns Christen nicht anders zum wirklichen
Bewußtsein als mit der Beziehung auf Christum; aber auch alle
5 christlich frommen Gemüthszustände schließen jenes Abhängigkeitsgefühl in sich. Daher im ganzen Umfang der christlichen
Frömmigkeit Beziehung auf Gott und Beziehung auf Christum unzertrennlich sind.

1. Dieser Saz ist hier in sofern eine Anticipation, | als das darin ausge- I,182
10 sprochene Verhältniß zwischen Gott und Christo hier weder genauer
erörtert noch auch etwas weiteres daraus gefolgert werden kann. Diese
Vorwegnahme ist aber ganz unverfänglich, denn es soll aus dem Saz, wie
er hier aufgestellt ist, auch in der Folge nichts etwa bewiesen werden. Er
ist aber hier nothwendig, damit ein jeder als zugestanden ansehe, daß wie
15 oben (36.) das Abhängigkeitsgefühl beschrieben ist, wir nicht ein
wirkliches bestimmtes Bewußtsein, sondern nur die innere Grundlage
desselben beschrieben haben, und daß nicht jemand glaube, es solle für
uns christlose fromme Momente geben können, als welche vielmehr die
Selbigkeit und Stätigkeit unseres frommen Bewußtseins nur zerstören
20 würden. Aber eben so soll auch jeder als eine allgemeine Thatsache seines
frommen Bewußtseins anerkennen, daß es keine Beziehung auf
Christum geben könne, in welcher nicht auch Beziehung auf Gott wäre.
Unser Saz ist daher nur die allgemeinste Aussage von dem lebendigen
Zusammenhang dessen, was den ersten, mit dem, was den zweiten Theil
25 unserer Darstellung ausmacht.

2. Wenn nach §. 11. schon in der menschlichen Seele überhaupt das
fromme Gefühl sich nur wirklich ausprägen kann als Lust oder Unlust, in
der christlichen Glaubensweise aber die in der religiösen Unlust gesezte
Unfähigkeit dem Mangel an Gemeinschaft mit dem Erlöser zugeschrieben
30 wird; hingegen die in der religiösen Lust gesezte Leichtigkeit das fromme
Gefühl zu verwirklichen, als eine aus dieser Gemeinschaft uns gewordene
Mittheilung angesehen wird: so folgt hieraus, daß überall, soweit in der
christlichen Frömmigkeit jener Gegensaz geht, das heißt also in jedem
frommen Augenblick Beziehung auf Christum, wenn sie auch | sehr I,183
35 zurüktritt, doch überall wirklich sein muß; keinesweges aber die
Beziehung auf Christum nur auf gewisse Arten frommer Gefühle
beschränkt ist, in andern aber wir uns Gottes bewußt sind ohne Christum.

3. Der Grund, weshalb in unsern heiligen Schriften Gott so beständig
den Beinamen führt „der Vater unseres Herrn Jesu Christi", ist kein
anderer, als weil bei den heiligen Schriftstellern das Bewußtsein von Gott
immer mit der Beziehung auf Christum verbunden war; denn ohne das
5 hätte jene Formel nicht entstehen können. – Und was Christus sagt
„Niemand kennt den Vater als nur der Sohn, und wem es der Sohn will
offenbaren" schließt eben sowol in sich, daß jedes wirkliche Gottesbewußtsein von Christo mitgetheilt ist, als daß jede Beziehung auf
Christum Gottesbewußtsein enthält.

10   40.

Diejenige fromme Gemüthserregung, in welcher der Gegensaz
am wenigsten hervortritt, ist die, welche sich auf das Bewußtsein,
daß wir in einen allgemeinen Naturzusammenhang gesezt sind,
bezieht.

15   Anm. Der Gegensaz tritt am wenigsten hervor, heißt hier soviel, wenn sich mit
       einem solchen sinnlichen Selbstbewußtsein, worin wir uns unsrer vorzüglich
       als in den allgemeinen Naturzusammenhang gestellt, bewußt sind, das Ab-
       hängigkeitsgefühl verbindet: so haben wir dabei am wenigsten das Gefühl,
       daß wir dies erst vermittelst einer uns mitgetheilten Fähigkeit vermögen; und
20   wenn es sich nicht damit verbunden hat, so haben wir auch am wenigsten das
       Gefühl einer eignen Unfähigkeit, welche uns daran verhindert.

       1. Die eigne Erfahrung wird jedem sagen, daß, wenn wir uns den
Gedanken Gott zum unmittelbaren | Gefühl beleben wollen, dies am   I,184
leichtesten geschieht, wenn wir das Bewußtsein des allgemeinen Natur-
25 zusammenhanges erwekken. Eben so auch, daß, wenn dieses leztere
Bewußtsein in seiner ganzen Allgemeinheit und Fülle mit Zurükdrängung
alles einzelnen und bestimmten herrschend wird, alsdann auch das Abhängigkeitsgefühl, in welchem das höchste Wesen mitgesezt ist, sich am
leichtesten entwikkelt. In dieser Leichtigkeit nun tritt das Gefühl einer mit
30 Hülfe der Erlösung überwundenen Unfähigkeit am wenigsten hervor.
Wenn dagegen bei einer solchen Gelegenheit das Abhängigkeitsgefühl sich
nicht entwikkelt hat, und wir in der Folge hierauf reflektiren: so trennen
sich alsdann auch in unserm Denken die Vorstellungen von Gott und von

---

2 Christi] *so H; OD:* Chisti   21 Unfähigkeit] Unfähigkeir

5–7 *Mt 11, 27*

der Welt so wenig, daß wir nicht glauben können, das Gefühl der einen
sei gewesen ohne das des andern. Also entsteht uns auch so nicht das
Gefühl einer uns noch drükkenden Unfähigkeit, und wir erklären uns den
Zustand nur entweder so, daß wir so schnell von dem allgemeinen
5 Bewußtsein zu einem besonderen übergegangen sind, oder so, daß das
Abhängigkeitsgefühl allerdings da gewesen sei, aber zu innig mit dem
andern verbunden, als daß es hätte gesondert erscheinen können. Ein
gänzliches Losgerissensein des Gefühls von dem allgemeinen Naturzusammenhang von dem Bewußtsein Gottes kann der Gläubige nur als
10 einen das Wesen der menschlichen Natur in dem Einzelnen partiell zerstörenden organischen Geistesfehler ansehn.

2. Es ist daher auch nur ein Wahn, lediglich darauf beruhend, daß das
Bewußtsein Gottes am leichtesten und ursprünglichsten durch das
Wunderbare erregt werde, wenn das Gegentheil behauptet wird, daß |
15 nämlich je mehr der Naturzusammenhang im Gefühl hervortrete, um desto   I,185
mehr darin Gott zurüktreten müsse und umgekehrt. Vielmehr steigt
beides mit einander und fällt auch mit einander im Ganzen und im
Einzelnen. Je mehr Zufall und Willkühr herrschende Vorstellungen sind,
um desto unvollkomner ist der Naturzusammenhang aufgefaßt; wo wir
20 aber dies am meisten finden, da finden wir auch das Bewußtsein von Gott
am meisten getrübt durch fatalistische Ergebung und durch magische Bestrebungen. Eben so ist das Gefühl des Naturzusammenhanges getrübt,
wo die Natur nur als ein allgemeiner Mechanismus aufgefaßt ist; aber eben
da auch ist der Uebergang zum raisonnirenden Atheismus am leichtesten
25 und also das Bewußtsein Gottes am meisten zurükgedrängt. Wogegen
wenn die Natur als ein Ganzes lebendiger Kräfte aufgefaßt wird, ist auch
unser Naturgefühl im Selbstbewußtsein am reinsten, aber eben dann auch
das Bewußtsein Gottes am lebendigsten damit verbunden. Nicht anders
im Einzelnen. Der gewöhnliche Kreislauf der alltäglichen Veränderungen
30 giebt uns kein so lebendiges Naturgefühl als die periodische Erneuerung
der Lebensverrichtungen und der lebendigen Wesen selbst; aber diese
erregt auch das fromme Gefühl von Gott weit bestimmter als jene.

Zusaz. Es ist also vorzüglich dieses Gefühl, welches wir in diesem
ersten Theil unserer Darstellung zu analysiren haben.

35   41.

In derjenigen frommen Gemüthserregung, worin das Abhängigkeitsgefühl auf unser Geseztsein in den allgemeinen Naturzusam-

menhang be-|zogen ist, stellt unser Selbstbewußtsein zugleich die   I,186
Gesammtheit alles endlichen Seins dar[1].

    1. In jedem wirklichen Selbstbewußtsein ist immer ein Theil der Welt
mitgesezt, wenn auch nur als dasjenige was wir haben zu dem was wir
5 sind, indem lezteres nie ohne ersteres ist. Indem wir nun dieses als einen
Theil der Welt haben, so sind wir, vermöge dessen, in den allgemeinen
Naturzusammenhang gesezt. Da es aber hier für die Erregung des Abhängigkeitsgefühls auf den bestimmten Inhalt des Selbstbewußtseins nicht
ankommt, so ist es gleichgültig, welchen Theil der Welt wir als Habe
10 sezen. Eben deshalb können wir sie auch immer zunehmend denken, und
da sich auch unser Selbstbewußtsein zu dem der menschlichen Gattung
erweitern kann, welcher in der That die ganze Erde und deren Zusammenhang mit andern Weltkörpern als Habe angewiesen ist: so können wir auf
diese Weise auch die ganze Welt in unserem Selbstbewußtsein haben; und
15 die an diese Voraussetzung sich knüpfende Frage, ob in diesem Fall das
Abhängigkeitsgefühl minder erregt werden würde, müssen wir nach 40, 2.
verneinen, woraus dann von selbst folgt, daß auch dann, wenn das Abhängigkeitsgefühl unmittelbar nur auf einen Theil der Welt bezogen ist, in
diesem doch mittelbar und verhüllt das Ganze mitgesezt wird, und der
20 wahre Gehalt des zu analysirenden Selbstbewußtseins nur hierdurch
erschöpft ist.

    2. Indem wir im Denken und Anschauen begriffen sind, sind wir der
Ort für die Begriffe oder für das Bewußtsein der Dinge; und indem wir
uns dieser Thätigkeit bewußt sind, ist in unserm Selbstbewußtsein |
25 ebenfalls ein Theil der Welt mitgesezt. Auch dieses Selbstbewußtsein   I,187
verbindet sich mit dem Abhängigkeitsgefühl, und zwar nicht minder wenn
wir uns, in Gemäßheit mit dem obigen, unserer als des Ortes für die
Gesammtheit der Begriffe bewußt sind. Daher auch von dieser Seite
angesehen der ganze Umfang und die ganze Wirksamkeit des Abhängig-
30 keitsgefühls nur kann zur Kenntniß gebracht werden, wenn das Mitgeseztsein der Welt in unserm Selbstbewußtsein als vollständig genommen
wird.

    Z u s a z. Da es in beiden hier aufgestellten Beziehungen auf die
besondere Beschaffenheit der menschlichen Sinnlichkeit und des uns
35 afficirenden Theiles der Welt gar nicht ankommt, und wir die Möglichkeit
das höchste Wesen in unser Selbstbewußtsein mit aufzunehmen an

---

[1] S. §. 15.

---

12 deren] *so H; OD:* der

denjenigen Charakter, den wir die Vernünftigkeit nennen, anzuknüpfen
gewohnt sind, dabei aber die Möglichkeit nicht abweisen können, daß
dieser auch mit andern Gemüthsformen verbunden andere Theile der Welt
beseelen könne: so ist auch die Möglichkeit unser Selbstbewußtsein über
5 die menschliche Gattung hinaus zum Gemeinbewußtsein aller vernünftigen Wesen zu erweitern nicht ausgeschlossen. Allein für den Kreis unseres
wirklichen frommen Bewußtseins kann hieraus nichts weiter folgen.

42.

Die Darstellung des so bestimmten Selbstbewußtseins nach der
10 ersten Form wird also Aussagen enthalten von dem Verhältniß
Gottes zur Welt, nach der zweiten Lehren von auf die Welt im
allgemeinen sich beziehenden Eigenschaften Got-|tes, und nach der I,188
dritten Form Lehre von durch die Abhängigkeit von Gott in der
Welt gesezten Beschaffenheiten.

15   1. Insofern in unser Selbstbewußtsein als das sich abhängig fühlende
die Welt mit eingeschlossen ist (41.), und auf der andern Seite wir uns abhängig fühlen wegen des in diesem Selbstbewußtsein mitgesezten höchsten
Wesens (36.): so ist in diesem Gemüthszustand selbst das Verhältniß der
Welt zu Gott ausgedrükt, und er kann nur beschrieben werden indem
20 dieses beschrieben wird. Indem nun aber nach §. 35. auch auf Gott allein
und auf die Welt allein reflektirt werden kann: so kann auch beschrieben
werden das in Gott die Welt bestimmende und das in der Welt durch Gott
bestimmte.
     2. Ueberall aber müssen wir uns, wenn unsere Darstellung rein
25 bleiben soll, davor hüten, nichts von Gott oder der Welt auszusagen, was
nicht unmittelbar als Inhalt unseres Selbstbewußtseins kann nachgewiesen
werden. So z. B. wenn man daraus die Unendlichkeit oder Endlichkeit der
Welt oder das Bewohnt- und Unbewohntsein der Weltkörper ableiten,
oder gar über ihre Bewegungsverhältnisse aus Schriftstellen etwas
30 bestimmen will. Durch alle solche Wagnisse wird das dogmatische Gebiet
überschritten. |

13 Lehre] *Kj (auch Reutlingen 1, 168)* Lehren   27 So] So.

27–30 *Vgl. z. B. Baumgarten: Untersuchung 1, 517–526*

Erster Abschnitt.

Das Verhältniß der Welt zu Gott wie es sich in unserm die Gesammtheit des endlichen Seins repräsentirenden Selbstbewußtsein ausdrükt.

5   43.

Dies Verhältniß wird dargestellt in den beiden Säzen, die Welt ist von Gott erschaffen und Gott erhält die Welt; welche aber nicht gleichen dogmatischen Werth haben.

1. Die Lehre, daß die Welt nur in der Abhängigkeit von Gott
10 besteht, ist die unmittelbarste Beschreibung der Grundlage jedes frommen Gefühls. Sofern aber die Lehre von der Schöpfung abgesondert von jener betrachtet nicht ohne Unterschied jeden Augenblik des Fortbestehens zum Gegenstand hat, sondern nur den Augenblik des Anfangs, sei es nun der Welt überhaupt oder einzelner Theile derselben: so ist sie nicht ein eben
15 so unmittelbarer Ausdruk unseres Selbstbewußtseins, indem wir uns weder unserer selbst im Anfang unseres Daseins bewußt sind, noch auch, sofern wir das Bewußtsein der Dinge in uns tragen, uns jemals irgend ein reiner Anfang gegeben ist.

2. Schon dieser Unterschied läßt vermuthen, daß die Lehre von der
20 Schöpfung als ein eignes Lehrstük nicht auf rein dogmatischem Wege entstanden ist, sondern daß wir sie noch der Vermischung der Theologie mit der Philosophie verdanken. Auch lehrt die Geschichte, daß die spekulative Betrachtung der uns vorliegenden Welt sich niemals hat enthalten können, auf die Frage zurükzukommen, ob man von der Gesammtheit | des zeit- I,190
25 lich erscheinenden auf einen ersten Anfang zurükgehn und bei diesem ruhen dürfe, oder ob man sich zu einem Rükgang ins Unendliche irgendwie entschließen müsse. In sofern also könnte es am räthlichsten

---

und angemessensten scheinen die ganze Frage von der Schöpfung auf dem
philosophischen Gebiet zurükzulassen; und nur deshalb ist dies minder
thunlich, weil sie zugleich veranlaßt ist durch die mosaische Schöpfungsge-
schichte, auf welche dann auch in Stellen der christlichen heiligen
5 Schriften zurükgegangen wird. Allein von dieser ist erst auszumitteln,
welche Beziehung sie auf ihren Gegenstand hat und in wiefern sie geschichtlich kann verstanden werden; und bis die Auslegungskunst dieses
Geschäft vollendet hat, sollte man sich aus diesem Grunde nicht verpflichtet halten, dogmatische Bestimmungen über die Schöpfung festzustellen.
10 Zumal deutlich genug ist, daß im Ganzen genommen diese Geschichte nur
ein sehr untergeordnetes Ansehn bei Bildung der Schöpfungslehre
behauptet hat, da sie den entgegengeseztesten philosophischen Ansichten
und Behandlungsweisen des Gegenstandes gleichmäßig hat dienen
gemußt.

15   44.

Beide Lehren sind auch in der Beziehung, auf die es hier ankommt, so wenig streng geschieden, daß sich vielmehr zeigen läßt,
wie jede in der andern eingeschlossen ist, und also eine von beiden
entbehrt werden kann.

20   1. Denn wenn wir nicht nur von der ganzen Welt überhaupt, sondern
auch von den einzelnen Dingen, welche entstehen und vergehen, sagen,
daß Gott | sie geschaffen habe[1]: so ist die Schöpfung der einzelnen Dinge   I, 191
nichts anders als die Erhaltung der Gattung, welcher sie angehören, indem
die Erneuerung der Einzelwesen schon mit in dem Begriff der Gattung

---

25 [1] Nemes. de nat. hom. S. 163 f. οὐ γὰρ ταυτόν ἐστι πρόνοια καὶ κτίσις· κτίσεως
μὲν γὰρ τὸ καλῶς ποιῆσαι τὰ γινόμενα· προνοίας δὲ τὸ καλῶς ἐπιμεληθῆναι
τῶν γενομένων [. . .]. Ferner aber S. 164. πῶς οὖν [. . .] ἕκαστον ἐκ τοῦ οἰκείου
σπέρματος φύεται καὶ οὐκ ἐξ ἄλλου προνοίας ἀπούσης; und προνοίας γὰρ ἡ
μετὰ τὴν κτίσιν διεξαγωγὴ τῶν ὄντων [. . .].

---

12 entgegengeseztesten] entgegengefeztesten   25 163 f] 168   27 οὖν] οὖν   29 διεξ-
αγωγὴ] so H; OD: διεξαγωγη

---

25 Nemesius: De natura hominis 42, ed. Cassetanus 163 f; ed. Matthaei 338; MPG 40, 788 AB
27 ed. Cassetanus 164; ed. Matthaei 339; MPG 40, 788 C

liegt. Und der lezte Ausdruk läßt auch auf kein anderes oder schwächeres frommes Gefühl schließen als der erste, da in unserm Selbstbewußtsein sofern es die Welt darstellt die Gattungen eher gesezt sind als die einzelnen Dinge, und zumal die Erhaltung unserer Gattung zugleich die
5 der christlichen Kirche ist, in welcher wir als Theil im Ganzen so leben, daß in diesem Gemeingefühl das persönliche ganz aufgeht. — Steigen wir nun weiter hinauf und denken uns als möglich, daß auch einzelne Weltkörper in der Zeit entstehen und vergehen: so würde dann auch die Schöpfung von diesen angesehen werden können als Erhaltung der bil-
10 denden Kraft, welche sich irgendwo in dem endlichen Sein muß niedergelegt finden. Auf diese Art würde sich aufsteigend vom kleineren zum größeren nichts finden, dessen Entstehen nicht unter den Begriff der Erhaltung zu bringen wäre, als das Entstehen der höchsten und ursprünglichsten Gegensäze selbst, welche wir in allem Endlichen auf das
15 mannigfaltigste geeiniget finden. Diese aber sind weder irgendwo uns für sich gegeben, noch auch können wir unser Selbstbewußtsein bis dahinaus erweitern. Steigen wir hingegen weiter hinab, so gehört freilich jede Bewegung und Veränderung eines | Einzelwesens zu dessen Erhaltung; I,192 allein es ist nicht schwer auch unter diesen einzelne zu finden, welche sich
20 wie neue Entwiklungspunkte verhalten, von denen neue Reihen von Thätigkeiten anfangen, welche vorher in demselben Einzelwesen nicht gesezt waren, und diese können daher als eine neue Schöpfung in ihm angesehen werden. Sofern aber in jedem andern Moment nur Glieder solcher Reihen gesezt sind, und jedes Glied nur ein Theil ist, die ganze
25 Reihe aber in dem ersten Entstehen der Thätigkeit schon mittelbar und verhüllt mitgesezt war: so finden wir auch im Herabsteigen vom größeren zum kleineren in dem Gebiet der Erhaltung nichts, was wir nicht auf einen Schöpfungspunkt zurükführen könnten, so daß, wenn man den Begriff der Schöpfung in seinem ganzen Umfange nimmt, alsdann der der
30 Erhaltung überflüssig wird. Denn es bleibt nichts zurük als diejenigen Augenblikke, in denen eine Reihe verläuft, und welche also im Gegensaz zum Entstehen ein Vergehen bezeichnen, diese aber können uns im Selbstbewußtsein gar nicht gegeben sein.

2. Ueber dieses Ineinanderlaufen beider Begriffe finden sich allerdings
35 auch mancherlei Andeutungen in dogmatischen Werken, allein die Aufgabe, entweder beider Lehrstükke Gebiet auf eine bestimmte Weise zu scheiden oder das eine dem anderen unterzuordnen, scheint noch der Zukunft vorbehalten zu bleiben. Ausgemacht ist, daß das fromme Gefühl, auf dessen Verständniß es hier ankommt, vollständig und genügend aus-

---

34 f *H verweist auf Mosheim: Elementa 1, 366 [ff]. 390. 429 [ff]. Vgl. ferner Schmid: Ueber Religion 486*

gesprochen werden könnte, ohne daß ein besonderes Lehrstük von der
Schöpfung aufgestellt würde, ja daß in dieser Beschreibung auch alle neutestamentischen Stellen ihren Ort finden könnten, welche von der
Schöpfung handeln. Allein um eine solche Umgestaltung mit glükli-|chem   I,193
5 Erfolg vorzunehmen, fehlt es noch an der nöthigen Vorbereitung. Der entgegengesezte Weg die Erhaltungslehre in die Schöpfungslehre aufzulösen,
ist dem obigen zufolge zwar auch möglich, aber er dürfte nicht nur der
schwierigere sein sondern auch der minder angemessene.

45.

10   In den Bekenntnißschriften der evangelischen Kirche sind beide
Lehren nicht eigenthümlich durchgearbeitet, und sie sind also auch
nicht für kirchlich abgeschlossen anzusehen.

1. Es sind hierüber in unsere Bekenntnißschriften übereinstimmend
nur die Ausdrükke der alten allgemeinen Symbole übertragen, welche,
15 nachdem so viele schwierige Fragen in diese Sache hineingezogen worden
sind, dem gegenwärtigen Bedürfniß unmöglich genügen können. Hieraus
folgt zunächst, daß wir in der evangelischen Kirche alles als freie Meinung
müssen bestehen lassen, was nur den ziemlich weitschichtigen Ausdrükken der Bekenntnißschriften nicht widerspricht, und daß auch
20 Meinungen von Lehrern vor der Kirchenverbesserung unter derselben
Bedingung in ein protestantisches Lehrgebäude können aufgenommen
werden. So daß auch hiedurch schon mannigfaltiger Bearbeitung ein sehr
freier Spielraum eröfnet ist.

2. Offenbar gehörten aber diese Lehren zu denen, auf welche im
25 ersten Entstehen unserer Kirche die Aufmerksamkeit der Reformatoren
nicht besonders gelenkt wurde, indem sie von den zunächst streitig gewordenen am weitesten entfernt liegen. Es gilt also von ihnen in vollem
Maaße das oben (S. 147.) gesagte. Daher | bleibt auch von dieser Seite die   I,194
Möglichkeit, daß die weitere Entwiklung des evangelischen Geistes verbun-
30 den mit Umwälzungen im Gebiet der Philosophie eine Umbildung dieser
Lehrstükke herbeiführen könne, bei welcher es unbedenklich sein würde,
wenn die Zusammenstimmung der Lehre und die leichtere Abwehrung des
Irrthums es erforderten, auch von den Ausdrükken der alten Symbole abzugehen.

---

10 Kirche] so H; OD: Kirchen   19 Bekenntnißschriften] Bekenntnißfchriften

Zusaz. Die hier bevorwortete Freiheit wird zunächst nur benuzt, um bei der bestehenden Trennung beider Lehrstükke das Verhältniß derselben gegen einander ihrem verschiedenen dogmatischen Werthe nach vorläufig etwas genauer zu bestimmen.

5   46.

So lange beide Lehrstükke, das von der Schöpfung und das von der Erhaltung, abgesondert von einander bestehen, muß man sich vorzüglich hüten in der einen die göttliche Thätigkeit nicht geringer zu sezen als in der andern[1].

10   1. Bezieht man den Begriff der Schöpfung auf das erste Entstehen der ganzen Welt und sezt damit den ganzen Naturzusammenhang als gegeben: so geht die göttliche Thätigkeit ganz in der Schöpfung auf und erscheint in der Erhaltung als Null, welches dem Ausdruk des Abhängigkeitsgefühls nicht im mindesten schadet, sobald man die Erhaltung ganz in der
15   Schöpfung aufgehen läßt, wohl aber wenn beide Begriffe von ein-|ander   I,195
getrennt werden. Bezieht man den Begriff der Schöpfung weiter auf die Hauptentwiklungs- und Offenbarungspunkte, und sieht das dazwischenliegende als durch diese bestimmt und gegeben an, so erscheint die göttliche Thätigkeit wenigstens nach menschlicher Weise im Wechsel mit der
20   Ruhe.
2. Die Neigung zu solchen verkehrten Formeln, welche das reine Abhängigkeitsgefühl gar nicht ausdrükken, sondern vielmehr ganz entstellen, ist unverkennbar. Sie hat aber ihre Wurzel nicht in der Frömmigkeit, sondern in einer unzureichenden Weltbetrachtung, wie sie im gemeinen
25   Leben nur allzugewöhnlich ist, indem man nämlich glaubt, was mitten in einer Causalreihe liegt, besser zu verstehen als ihren Anfang, und die Ableitung von Gott nur zu Hülfe nimmt als Ergänzung für den Naturzusammenhang. Wie nun die Spekulation solchen Irrthümern auf ihrem Gebiete vorzubeugen sucht; so müssen auch wir auf unsere Weise ver-
30   hindern, daß sie uns nicht das unsrige verunreinigt. Dafür aber scheint kein anderer Rath als daß man die Schöpfungslehre so construire, daß man

---

[1] Calvin Institt. I, 16, 1. In „hoc praecipue nos a profanis hominibus differre convenit, ut non minus in perpetuo mundi statu quam in prima eius origine praesentia divinae virtutis nobis eluceat.“

---

32 *Leiden (1654) 59; ed. Barth 3, 187, 12 ff*

sich vorhält, die ganze Abhängigkeit müsse auch eben so vollkommen in
der Erhaltungslehre dargestellt werden und umgekehrt.

47.

Die dogmatischen Bestimmungen der Schöpfungslehre können,
5 wenn nicht etwas fremdes hineinkommen soll, nur verwahrend
sein. Es kann nämlich nur verhütet werden sollen, daß das
Entstehen nicht anderwärts auf eine solche Weise gedacht werde,
daß dadurch etwas dem reinen Aus-|druk unsres Abhängigkeits-   I,196
gefühls widersprechendes gesezt werde. Dieses Gefühl selbst aber
10 können wir nur in dem Lehrstük von der Erhaltung ausdrükken.

1. Die Frage nach dem Entstehen der Welt ist nicht unmittelbar von
der Frömmigkeit ausgehend sondern von der Wißbegierde. Da sich aber
leicht einsehn läßt, daß sie auch für diese nicht kann vollständig beantwortet werden, und daß jede bestimmte Vorstellung mehr Dichtung sein
15 müsse als Erkenntniß: so würden wir uns durch jede bestimmte Darstellung in das Gebiet der Dichtung, durch jede bloß verwahrende Vorstellung aber, welche durch das Interesse den Irrthum abzuwehren bestimmt wäre, in das Gebiet der eigentlichen Wissenschaft verirren. Es ist
aber eben so auch bei der Erhaltungslehre die Verwahrung nöthig, die Ab-
20 hängigkeit darin so darzustellen, daß demohnerachtet das Entstehen der
Welt als solches vollständig, d. h. so müsse gedacht werden können, daß
mit dem ersten Anfang zugleich der gesammte Naturzusammenhang vollständig ist.

2. Die Verwahrung ist also in beiden Lehrstükken nach zwei Seiten
25 gerichtet, daß nämlich der Abhängigkeit von Gott nichts vergeben werde,
aber auch eben so wenig der Vollständigkeit des Naturzusammenhanges.
Es ist daher natürlich, daß die Bestimmungen, welche von dem einen
Interesse ausgehn, leicht das andere verlezen oder wenigstens zu verlezen
scheinen, und daß hieraus ein wechselndes Schwanken nach beiden Seiten
30 entsteht, welches nur allmählig kann ausgeglichen und so durch
Annäherung die Lehre immer mehr geläutert werden. |

---

10 nur] *so H; OD:* nun   25 nämlich] nämllch   29 und] *so H; OD:* nur

Erstes Lehrstük.   I,197
Von der Schöpfung.

48.

Die ursprünglichen Bestimmungen der Bekenntnißschriften
5 sind einfache und reine Ausdrükke des allgemeinen Abhängigkeitsgefühls.

Augsb. Bek. I. „[. . .] Ein Schöpfer . . . aller Ding, der sichtbaren und unsichtbaren." Aus dem Nicän. Symb. ποιητὴν οὐρανοῦ καὶ γῆς, ὁρατῶν τε πάν-
των καὶ ἀοράτων. Eben so Conf. et expos. simpl. III. „Deum credimus . . .
10 creatorem rerum omnium cum visibilium tum invisibilium [. . .]". und VII.
„[. . .] creavit omnia cum visibilia tum invisibilia per verbum suum coaeter-
num [. . .]". Dagegen in ein anderes Gebiet übergehend Conf. gallic. VII.
„Credimus Deum cooperantibus tribus personis . . . condidisse universa,
id est non tantum coelum et terram [. . .] sed etiam invisibiles spiritus
15 [. . .]". Ausführlicher Conf. belg. sec. Syn. Dordr. XII. „Credimus
patrem per verbum, hoc est filium suum coelum et terram caeterasque creaturas omnes, quandoque ipsi visum fuit ex nihilo creasse [. . .]".

1. Der ursprüngliche Ausdruk, auf den sich alles gründet, ist hier das
ποιητής des Nic. Symbols. Da nun in demselben über die Art und
20 Weise des Machens nichts bestimmt ist: so ist seine Hauptabzwekkung
offenbar abwehrend. Es soll nämlich nichts in der Welt nicht von Gott
hervorgebracht, seinem ganzen Sein und Wesen nach in Gott gegründet,
sein. Dies besteht vollkommen mit dem Hervorgegangensein jedes einzelnen wahrnehmbaren aus dem Naturzusammenhang, nur daß das nähere
25 über diese Vereinigung nicht bestimmt sondern vorbehalten ist.
2. Alle auf die Dreieinigkeitslehre sich beziehenden Ausdrükke
müssen hier noch ausgesezt bleiben, da die-|se Lehre nach unserm Entwurf I,198

---

7 „[. . .] Ein] Ein   7f unsichtbaren."] unsichtbaren.   8 dem] drm

---

7 ed. Twesten 20; BSLK 50, 13f   Statt Ein Q: ein   8 ed. Twesten 6; BSLK 26
9 Conf. helv. post. III, Corpus (1654) 4; Collectio 470; BSRK 173, 4ff   10 Corpus (1654)
9; Collectio 476; BSRK 177, 16f   12 Corpus (1654) 78f; Collectio 331   15 Schleiermacher zitiert Conf. Belg. XII nach der von der Dordrechter Synode autorisierten Fassung.
Acta Syn. 303; Corpus (1654) 133; BSRK 237, 2ff; ed. Los 395; vgl. Harmonia 63; Corpus
(1612) 168 und Collectio 366

erst am Ende kann vorgetragen werden, und sie sind auch nicht in die
allgemeine Billigung mit eingeschlossen; es muß vielmehr anheim gestellt
bleiben, ob vielleicht ihretwegen auf das §. 45, 2. gesagte zurükzukommen
ist. – Nur in Bezug auf das §. 39, 2. auseinandergesezte könnten wir in
die kirchliche Bestimmung den Saz aufnehmen, die Welt sei um Christi
willen geschaffen, indem sie nämlich erst durch die Erlösung vollendet ist.
Es ist aber etwas anderes eine Bestimmung in die Schöpfungslehre aufnehmen, welche sich auf Christum als Erlöser bezieht, oder eine, welche
sich auf ihn als zweite Person in der Gottheit bezieht.

3. Das „quando" und „ex nihilo" der B e l g i s c h e n C o n f e s s i o n
geht so weit über die Bestimmungen der andern Bekenntnißschriften
hinaus, daß sich eben dadurch der mindersymbolische Charakter der Verhandlungen der Dordrechter Synode mit ausspricht, und verweisen wir
diese Bestimmungen mit Recht unter die unserer Beurtheilung unbeschränkt unterworfenen der Kirchenlehrer.

4. Von den unsichtbaren Geistern, welche in den angezogenen Stellen
theils angedeutet, theils ausgesprochen sind, wird der Zusaz zu diesem
Lehrstük handeln.

49.

Bei den genaueren in den späteren Bekenntnißschriften angedeuteten und aus früheren Verhandlungen hervorgegangenen
näheren Bestimmungen der Schöpfungslehre kommt es vorzüglich
darauf an: 1. die Bestimmungen über die Schöp-|fung aus Nichts I,199
so zu fassen, daß keine Aehnlichkeit mit dem menschlichen Bilden
unbewußt aufgenommen werde: 2. darauf, daß, indem die Vorstellung der Zeit auf den Schöpfungsakt angewendet wird, doch
Gott selbst nicht in die Zeit gesezt werde, und 3. darauf, daß,
indem die Schöpfung als ein göttlicher Willensakt angesehen wird,
dennoch Gott selbst nicht unter den Gegensaz von Freiheit und
Nothwendigkeit gestellt werde.

1. Der Ausdruk aus N i c h t s, ex nihilo, de nihilo, an sich viel-
deutig, führt doch zunächst auf das Aristotelische ἐξ οὖ; und es liegt insofern dabei zum Grunde das Bewußtsein der menschlichen Verfahrungs-

---

3 45, 2.] 45, 3.

weise im Bilden, welche einen Stoff voraussezt, dem der Geist nur die Gestalt giebt. Dies wird in dem „aus Nichts" geläugnet, und in sofern ist der
Ausdruk tadellos und nothwendig. Denn die Annahme eines unabhängig
von der göttlichen Thätigkeit vorhandenen Stoffes zerstört das Abhängig-
5 keitsgefühl, und stellt den Naturzusammenhang und die Abhängigkeit von
Gott als sich gegenseitig begrenzend dar.

   Allein hinter die bloße Verneinung des Stoffes verstekt sich doch, da
die Gestalt nicht eben so geläugnet wird, ein natürlich nicht außer Gott
sondern in Gott Sein der Gestalten, vor den Dingen, welchem kein
10 solches Vorhersein des Stoffes in Gott entspricht. Anselm. Monolog. c. 9.
„Nullo namque pacto fieri potest aliquid rationabiliter ab aliquo, nisi in
facientis ratione praecedat aliquod rei faciendae quasi exemplum, sive ut
aptius dicitur forma ... quare, cum ea, quae facta sunt, clarum sit nihil |
fuisse antequam fierent, quantum ad hoc quia non erant quod nunc sunt,   I,200
15 nec erat ex quo fierent; non tamen nihil erant quantum ad rationem facientis [. . .]" und ähnlich Aug. ad Oros. c. VIII, 9. Wodurch Gott
demnach wenigstens in sofern unter den Gegensaz von Form und Stoff gestellt wird, als die beiden Glieder dieses Gegensazes sich ungleich zu ihm
verhalten. Hiedurch aber wird auch das ursprüngliche Abhängigkeitsge-
20 fühl nicht rein, sondern durch eine Ungleichheit getrübt, dargestellt.
Daher es besser ist sich dieses Ausdruks zu enthalten, wie Joann.
Damasc. de orth. f. II, 5. [. . .] ἐκ τοῦ μὴ ὄντος εἰς τὸ εἶναι παραγαγὼν
τὰ σύμπαντα· τὰ μὲν οὐκ ἐκ προϋποκειμένης ὕλης κ. τ. λ.

   Indeß hat der Ausdruk auch bisweilen eine andere nicht hieher ge-
25 hörige Abzwekkung, nämlich die Schöpfung der Welt zu unterscheiden
von der ewigen Erzeugung des Sohnes Aug. Conf. XII, 7. „Fecisti enim
coelum et terram non de te, nam esset aequale unigenito tuo ... et aliud
praeter te non erat unde faceres ea, [. . .] et ideo de nihilo fecisti coelum et
terram [. . .]". Ganz anders hernach Jo. Erig. de div. nat. III. p. 127.
30 „Ineffabilem et incomprehensibilem divinae naturae inaccessibilemque
claritatem omnibus intellectibus [. . .] incognitam [. . .] eo nomine (nihili)
significatam crediderim ... Dum ergo incomprehensibilis intelligitur per
excellentiam nihilum non immerito vocitatur."

---

16 VIII] VII   23 μὲν] μεν   προϋποκειμένης] προκειμένης

---

10 *Monologium (Monologion) 9, ed. Gerberon 7 DE; ed. Schmitt 1, 24, 12ff*   16 *Augustin:
Ad Orosium 8, 9, ed. Ben. 8, 436; MPL 42, 674*   21f *Joannes Damascenus: De fide
orthodoxa 2, 5, ed. Lequien 1, 160B; PTS 12, 50, 3f*   26 *Confessiones 12, 7, 7, ed.
Ben. 1, 159D; CSEL 33, 314, 8ff*   29 *Joannes Scotus Erigena: De divisione naturae 3, 19,
Oxford (1681) 127; MPL 122, 680f*   31 *Statt* nomine (nihili) *Q:* nomine

2. Die Frage über das Verhältniß der Weltschöpfung zur Zeit ist auf eine zwiefache Weise behandelt worden, Einmal ob eine Zeit vor der Welt gewesen, oder ob die Zeit erst mit der Welt begonnen. Diese nun ist uns nur in sofern wichtig, als die Zeit vor | der Welt – wenn wir Welt, wie es I,201
5 hier immer geschehen muß, in dem weitesten Sinn nehmen, so daß alles irgend wenn und wie vorhandene endliche Welt heißt – nur für Gott könnte gewesen sein. Aug. de genesi imp. lib. 8. „[. . .] etiam ante coelum et terram potest intelligi tempus fuisse, si ante coelum et terram facti sunt angeli; erat enim iam creatura, quae motibus incorporeis tempus ageret.“
10 Dann aber wären die geistigen Geschöpfe schon Welt, und die Sache kommt nur auf die Frage von einer Schöpfung in verschiedenen Zeitpunkten zurük. S. unten. Daher anderwärts de civ. Dei XI, 6. „[. . .] procul dubio non est mundus factus in tempore, sed cum tempore“ und de gen. contr. Man. I, 2. „Non ergo possumus dicere fuisse aliquod tempus
15 quando Deus nondum aliquid fecerat.“ Und hiebei muß man stehn bleiben, wenn Gott nicht zeitlich soll gedacht werden. – Dann aber ist auch gefragt worden, ob die Schöpfung selbst eine Zeit eingenommen oder nicht. Und hier finden wir unterschieden eine erste und zweite Schöpfung oder eine mittelbare und unmittelbare. Auch hiebei liegt dieselbe Analogie
20 mit dem menschlichen Bilden zum Grunde, als ob Gott zuerst den Stoff habe hervorbringen müssen und dann die Gestaltungen aus dem Stoff. Nur daß die Theilung verschiedentlich gemacht wird. Hippolyt in Genes. Τῇ μὲν πρώτῃ ἡμέρᾳ ἐποίησεν ὁ θεὸς ὅσα ἐποίησεν ἐκ μὴ ὄντων· ταῖς δὲ ἄλλαις οὐκ ἐκ μὴ ὄντων, ἀλλ᾿ ἐξ ὧν ἐποίησε τῇ πρώτῃ ἡμέρᾳ μετέ
25 βαλεν ὡς ἠθέλησεν. August. de Genesi contr. Manich. I, 5. u. 6. „Primo ergo materia facta est confusa et informis [. . .]; quod credo a graecis chaos appellari . . . et ideo Deus rectissime creditur omnia de nihilo | fecisse, I,202 quia . . . haec ipsa materia tamen de omnino nihilo facta est.“ Hilarius de Trin. XII, 40. „Nam etsi habeat dispensationem sui [. . .] firmamenti
30 solidatio . . . sed coeli, terrae, caeterorumque elementorum creatio ne levi

---

7 etiam] Etiam   23 μὲν] μέν   29 etsi] esti

6 wenn *in der Bedeutung von* wann *vgl.* Adelung 4, 1490 f   7 De Genesi ad litteram imperfectus liber 3, 8, *ed.* Ben. 3 [pars 1], 73 AB; MPL 34, 223   12 De civitate Dei 11, 6, *ed.* Ben. 7, 210 E; CChr 48, 326, 16 f   13 f De Genesi contra Manichaeos 1, 2, 3, *ed.* Ben. 1, 480 A; MPL 34, 175   22 Fragmenta, excerpta ex commentario in Genesin 1, 6, *ed.* Fabricius 2, 22; MPG 10, 585 A; Unechte Fragmente LIV. Gen 1, 1 ff = Severianus Gabalensis (Gabalit.): De mundi creatione oratio (In cosmogoniam homiliae) 1, 3, MPG 56, 433 (vgl. GCS 1/2, 72)   25 Augustin: De Genesi contra Manichaeos 1, 5, 9 und 1, 6, 10, *ed.* Ben. 1, 482 C; MPL 34, 178   27 Statt et Q: 10. Et   28 f De trinitate 12, 40, *ed.* Ben. 1133 D; MPL 10, 158 f

saltem momento operationis discernitur [. . .]". Joann. Damasc. II, 5.
τὰ μὲν οὐκ ἐκ προϋποκειμένης ὕλης, οἷον οὐρανὸν γὴν ἀέρα πῦρ
ὕδωρ· τὰ δὲ ἐκ τούτων τῶν ὑπ᾽ αὐτοῦ γεγονότων, οἷον ζῶα φυτὰ
σπέρματα also zuerst das elementarische und dann das organische. Beim
5 Vergleich muß jeder die größere Strenge der abendländischen Lehrweise
fühlen. Bei einer solchen immer nur menschlichen Trennung des Erschaf-
fens in mehrere Handlungen muß man nur dieses festhalten, daß immer
nur die erste Handlung im strengsten Sinne des Wortes kann Schöpfung
genannt werden, die zweite aber schon der Erhaltung angehört. Auch der
10 Stoff konnte nicht geschaffen sein, ohne einen Naturzusammenhang zu
bilden, und ein Stoff ohne eine ihm einwohnende Gestaltungskraft, so wie
eine gleichviel ob mehr oder minder bestimmt geschiedene Mehrheit von
Stoffen ohne ihnen einwohnende Wirkungsarten auf einander ist ein leerer
Gedanke. Wird also der Begriff Schöpfung auch nur auf den Stoff
15 angewendet: so hat von da an eine lebendige bewegliche Welt wenigstens
im Keim bestanden und sich weiter fort entwikkelt, und Gott hat nur das
geschaffene in der ihm mitgegebenen Kraft erhalten. Entweder dieses oder
man muß eine in Einer zeitlosen Handlung bis zu den bleibenden
Gestaltungen vollendete Schöpfung annehmen. Luth. z. Gen. 2, 2. §. 7.
20 „[. . .] alles was Gott hat schaffen wollen, das hat er geschaffen dazumal,
da er sprach, ob es wohl nicht alles plözlich allda vor | unsern Augen   I,203
scheint" zumal in Verbindung mit den Worten „Ich zwar . . . bin etwas
neues . . . Aber . . . für Gott bin ich gezeuget und gemehret bald am
Anfang der Welt, und dies Wort da er sprach: Lasset uns Menschen
25 machen, hat auch mich geschaffen" läßt sich doch schwerlich für eines von
beiden anführen, indem er grade die verschiedenen schaffenden Worte
Gottes unterscheidet. Nach jener Vorschrift aber ist die Bestimmung einer
Schöpfung im Zeitraum von sechs Tagen entweder auch der ersten Ansicht
anzupassen oder lieber völlig zu verweisen, da doch die Mosaische Welt-
30 entstehungsbeschreibung sich nur sehr unvollkommen und gezwungen
dazu hergiebt, eine Naturentwiklung nach angemessenen Abschnitten aus
ihr herzuleiten. Wie es denn auch nur eine halbe Maaßregel ist, sie erst als
Geschichte aufzustellen und hernach — wie Morus Epit. p. 73. — die
sechs Tage nur von einer unbestimmt schnelleren Ausbildung der Erde zu

---

19 2, 2.] II, 2.   20 alles] Alles   25 machen,] machen,,

---

1 *Joannes Damascenus: De fide orthodoxa* 2, 5, ed. *Lequien* 1, 160 B; PTS 12, 50, 4ff
19—22 Luther: *Auslegung des ersten Buchs Mosis (Vorlesungen über 1. Mose)* 2, 2 § 7, ed.
Walch[1] 1, 135 f; vgl. WA 42, 57, 37 ff   22—25 *Auslegung* 2, 2 § 7, ed. *Walch*[1] 1, 135;
vgl. WA 42, 57, 34 ff   23 Statt für ed. Walch: vor WA: coram   33 s. Anhang

erklären, oder wie Reinhard p. 178. die sechs Tage zwar für die Erde buchstäblich zu nehmen, sich aber bei Erklärung der Tagewerke die größten Willkührlichkeiten zu erlauben.

3. Doch jene ganze Frage sezt einen zeitlichen Anfang der Welt
5 schon als entschieden voraus; allein unser unmittelbares Abhängigkeitsgefühl findet in dieser Annahme keine bestimmtere Befriedigung als in der einer ewigen Schöpfung der Welt. Ob man glaubt auf eine Zeit zurükgehn zu müssen, wo gar kein Naturzusammenhang für die Abhängigkeit von Gott gegeben war, oder ob mit Abläugnung einer solchen behauptet wird,
10 daß in jedem Punkt der unendlichen Zeit der ganze Naturzusammenhang auf gleiche Weise in der Ursächlichkeit des höchsten Wesens begründet sei, ist in unserer Hinsicht völlig gleichgültig. Daher | auch in der Kirche 1,204 beide Meinungen neben einander hergegangen sind. Origen. de princ. III, 5. sezt ohne Ende eine Welt vor und nach der andern, und bestimmter
15 läßt ihn Methodius sagen, Phot. Bibl. Cod. 235. p. 494. ὅτι ὁ Ὠριγένης [. . .] ἔλεγε συναΐδιον εἶναι τῷ μόνῳ σοφῷ [. . .] θεῷ τὸ πᾶν· ἔφασκε γὰρ εἰ οὐκ ἔστι δημιουργὸς ἄνευ δημιουργημάτων ... οὐδὲ παντοκράτωρ ἄνευ τῶν κρατουμένων ... ἀνάγκη ἐξ ἀρχῆς αὐτὰ ὑπὸ τοῦ θεοῦ γεγενῆσθαι· ... εἰ γὰρ ὕστερον πεποίηκε τὸ πᾶν, δῆλον ὅτι ἀπὸ τοῦ μὴ
20 ποιεῖν εἰς τὸ ποιεῖν μετέβαλλε. Hilarius de trin. XII, 39. 40. unterscheidet eine ewige praeparatio der Welt in Gott von einer zeitlichen paratio, welches offenbar nur ein unhaltbarer Mittelweg ist um der ewigen Schöpfung zu entgehen. Und selbst Augustinus stellt sich nur schwach dagegen. de civ. Dei XI, 4, 2. „Qui autem a Deo [. . .] factum
25 fatentur, non tamen eum volunt temporis habere, sed suae creationis initium, ut modo quodam vix intelligibili semper sit factus: dicunt quidem aliquid" cet. Und XII, 15. „Sed cum cogito cuius rei dominus semper fuerit, si semper creatura non fuit, affirmare aliquid pertimesco [. . .]". Ja sogar Luther erklärt sich so, daß man aus seinen Worten eine ewige
30 Schöpfung folgern könnte, zu Gen. 1, 4. §. 42. „Und dieweil es" (nämlich dasselbe Wort was Gott ist und ein allmächtiges Wort) „gesprochen ist: so

---

16 ἔλεγε] ἔλεγε   24 4, 2.] 4. 2.   30 es"] es   31 allmächtiges] so H; OD: allmähliges „gesprochen] gesprochen

1 Dogmatik 178; s. Anhang   7 H zitiert Michaelis: Compendium 102f   13f Origenes: De principiis 3, 5, ed. Delarue 1, 148–151; GCS 5, 271–279. Vgl. besonders De principiis 3, 5, 3, ed. Delarue 1, 149 BC; GCS 5, 273, 12–16   15 Photius: Excerpta (Bibliothèque) 235, ed. Hoeschelius 494, 29ff; ed. Henry 5, 109, 30ff   20 De trinitate 12, 39f, ed. Ben. 1131–1133; MPL 10, 457–459   23f De civitate Dei 11, 4, 2, ed. Ben. 7, 209 B; CChr 48, 324, 27ff   27 De civitate Dei 12, 15, 1 (12, 16), ed. Ben. 7, 238 B; CChr 48, 370, 4ff 29f Auslegung 1, 3f § 42, ed. Walch¹ 1, 28; vgl. WΛ 42, 15, 21ff

ist das Licht gezeuget worden, nicht aus der Materie des Wortes noch aus der Natur des Sprechers sondern aus der bloßen Finsterniß, also daß der Vater bei sich drinnen gesprochen" (welches ja in Bezug auf jenes allmächtige Wort von Ewigkeit geschehen ist) „und heraußen von Stund
5 an das Licht worden und bestanden | ist". Ich führe dies nur an um zu   1,205 zeigen, wie schwer es ist, diese Vorstellung zu vermeiden, wenn man nicht ein zeitliches Handeln Gottes annehmen will. Hiegegen aber verwahrt sich Luther selbst am vollständigsten „[...] und ist Gott in Summa außer allem Mittel und Gelegenheit der Zeit" zu Genes. 2, 2. §. 7. Dieses also
10 muß auch ferner freigelassen werden, indem jeder seine Meinung darüber nach Gründen bestimmt, die uns hier gar nicht betreffen.

    4. Auf die Bestimmung, daß Gott die Welt durch sein allmächtiges Wort gemacht habe, werden wir, sofern sie jede andere Vermittlung oder Werkzeug läugnet, bald zurükkommen. Sofern unter dem Worte der Sohn
15 verstanden wird Orig. c. Cels. p. 678. Ed. Ruell. müssen wir sie ans Ende versparen.

    5. Wenn gesagt wird, Gott habe die Welt durch Einen ewigen und freien Beschluß geschaffen (Henke lineamenta §. 50.) so wird durch die erste Bestimmung verwahrt, daß in die schaffende Thätigkeit Gottes
20 selbst durchaus keine Zeitfolge darf gesetzt werden, denn der Beschluß und die wahre eigentliche Erfüllung muß in Gott einerlei sein. So daß, wenn man auch die Sechs Tage annimmt, sie nur noch eine Entwiklung der werdenden Welt nach Naturgesezen enthalten können. Aber es liegt in dieser Behauptung auch, daß es überall keinen andern göttlichen Beschluß
25 geben kann als einen der Schöpfung[1], weil in diesem schon alles was geschieht, mit seiner Nothwendigkeit gesezt ist, wovon auch der Beschluß der Erlösung nicht durfte ausgeschlossen werden. Doch dies erklärt sich erst in der Folge. — Durch die zweite Bestimmung ist | bevor-   1,206 wortet, daß, wenn auch die Entstehung der Welt als ein Zeitpunkt
30 gesezt würde, und sie die Zeit endlich anfinge, dennoch keine Handlung Gottes in der Zeit angefangen, also in ihm keine Veränderung vorgegangen sei, eben wie dadurch keine Veränderung in ihm vorgeht,

---

[1] Endemann Institutt. §. 51.

---

6 schwer es] schweres   8 und] Und   15 Ruell] Kj Rue

8f *Auslegung 2, 2 § 7, ed. Walch*[1] *1, 136; vgl. WA 42, 58, 2*   12−14 *H verweist auf § 68 b, 1*   15 *Origenes: Contra Celsum (Gegen Celsus) 6, 60, ed. Delarue 1, 678 DE; GCS 2, 130, 19 ff*   15f *§ 189 f*   18 *S. 77; s. Anhang*   27f *§§ 110, 2; 116, 4; 129, 3* 33 *S. 139 f; s. Anhang*

daß jezt während des Weltlaufs die einzelnen Ereignisse erst in der Zeit
eintreten, die im göttlichen Willen ewig beschlossen sind. Aug. civ. Dei
XII, 17. „Potest ad opus novum non novum sed sempiternum adhibere
consilium [...]". Indeß wird die gute Absicht dieser Bestimmung nicht
5 recht erreicht. Denn will man keine ewige Schöpfung annehmen: so geräth
man in die Verlegenheit den göttlichen Beschluß zwiefach denken zu
müssen, ohne seine Erfüllung aber doch eben so sehr Beschluß, und mit
seiner Erfüllung, wodurch denn doch in Gott Gegensäze eingeräumt
werden. Aug. l. c. „[...] una eademque sempiterna et immutabili
10 voluntate res quas condidit et ut prius non essent egit, quam diu non
fuerunt, et ut posterius essent, quando esse coeperunt [...]". In Absicht
der einzelnen Ereignisse im Zeitlauf tritt eine solche Verlegenheit nicht
ein, da diese seit dem Dasein ihrer ersten Ursachen immer im
Hervortreten begriffen sind. (S. Luther a. l. a. O.) Wollen wir aber
15 auch die Welt überhaupt eben so gleichmäßig mit dem göttlichen Beschluß
immer im Hervortreten begriffen denken: so kommen wir auf die zeitlose
Schöpfung zurük. Die dritte Bestimmung soll aussagen, daß die
Schöpfung der Welt keine Nothwendigkeit für Gott gewesen. Allein was
man vermeiden muß, scheint nicht sowol dieses zu sein, daß etwas in Gott
20 als nothwendig gesezt werde, als vielmehr dieses, daß man überhaupt den
Gegensaz von Freiheit und Nothwendigkeit, | der nur für das Endliche   1,207
und vereinzelte in seiner Verbindung einen Sinn hat, und überall genau
mit dem Begriff der Wechselwirkung zusammenhängt, auf Gott anwende.
In Gott können bei der Schöpfung keine Freiheit bestimmenden Gründe
25 gesezt werden, weil er selbst in keinen Zusammenhang mit etwas anderem
gesezt ist. Daher scheint mir, eben so wenig als man sagen darf, Gott habe
die Welt schaffen müssen, dürfe man auch weder sagen, daß Gott die Welt
auch gar nicht hätte schaffen können, noch auch, daß er sie auch anders
hätte schaffen können; sondern man muß vielmehr darauf zurükkommen,
30 daß die Schöpfung der Welt die reine Offenbarung seines Wesens sei.
(Röm. 1, 19. 20.) Wenn man glaubt, damit die Weisheit und Güte Gottes
in der Welt vollkommen könnten verwirklicht werden, müsse man ihn in
einer Wahl begriffen denken: so überlegt man nicht, daß eben jene Weisheit und Güte sich in Gott so durchdringen müssen, daß alles nach ihnen

---

1 während des] währendes   14 a. l. a. O.] *aufzulösen:* am lezt angegebenen Orte   **34**
sich in Gott] *so H; OD:* Gott

2f Augustin: De civitate Dei 12, 17, 2 (12, 18), ed. Ben. 7, 240f; CChr 48, 374, 56f
9 ed. Ben. 7, 241A, CChr 48, 374, 63ff

von Ewigkeit fest bestimmt sei, und also in dem Gebiet ihrer Wirksamkeit nichts auf andere Weise geschehen könne als es geschieht. (S. §. 4.)

50.

Die rechte Verwahrung wird also am besten so gestellt. Un-
5 serm allgemeinen Abhängigkeitsgefühl von Gott widerspricht jede Lösung der Frage nach dem Entstehen der Welt, durch welche deren gänzliche Abhängigkeit von Gott gefährdet würde, und eben so jede, durch welche die Unabhängigkeit Gottes von allen erst in der Welt und durch die Welt entstandenen Bestimmungen und
10 Gegensäzen gefährdet wird. |

1. Von den eben geprüften ist es klar, daß jede strebt, eine von diesen I,208
beiden Klippen zu vermeiden, aber daß sie alle entweder in die andere fallen oder die Aufgabe ungelöset lassen. Und so mögen diese Grenzen gezogen werden für alle künftigen Versuche, über die Schöpfung etwas in
15 der dogmatischen Theologie zu bestimmen. Selbst aber finden wir uns zu einem solchen Versuch nicht berufen, weil wir nur in demjenigen Umfang das Bewußtsein des endlichen Seins in uns tragen und vertreten, in welchem Schöpfung und Erhaltung dasselbe ist, die Schöpfung aber, welche sich streng von der Erhaltung trennen läßt, kann von uns weder
20 wahrgenommen noch angeschaut noch gedacht werden, noch können wir eine Theilnahme dafür haben.

2. Wie die Ausbildung der Schöpfungslehre in der Dogmatik aus derjenigen Zeit herstammt, wo die Elemente aller höheren Wissenschaft noch in der Theologie verborgen lagen; so gehört es zur Vollendung der
25 Trennung beider, daß die Frage nach der Schöpfung nun der Weltweisheit und der höheren Naturwissenschaft abgetreten werde. Wir müssen uns daher hüten irgend etwas, da hiezu ein unmittelbares Bedürfniß nicht vorhanden sein kann, dogmatisch festzustellen, was die höhere Naturwissenschaft darin hindern könnte uns bis an die §. 44, 1. bezeichne-
30 ten Punkte zu führen. Auf jeden Fall wird die Sache des Christenthums hinreichend durch diese begränzende Bestimmungen verwahrt, welche auch jedes wahrhaft wissenschaftliche Bestreben aus einem andern Gesichtspunkt und ohne dadurch von der Theologie abhängig zu werden, sich selbst als Regeln vorschreiben wird. Denn auch in einem

---

1 Wirksamkeit] Wirsamkeit   2 4.] Kj 40. oder 48. ?   31 begränzende] Kj begränzenden

philosophischen System kann nur von Gott | und Welt also von 1,209
Schöpfung irgend einer Art die Rede sein, sofern beide auch irgendwie
von einander unterschieden werden. Dann aber ist ein anderes Verhältniß
als dieses nicht aufzustellen, wenn man nicht die Zeichen und das, was
5 dabei übereinstimmend vorgestellt wird, gänzlich verwirren will.
    3. Daß die Frage über die Schöpfung länger als sich gebührt hat eine
theologische geblieben ist, hat allerdings seinen Grund in der Erwähnung
dieser Sache in der Schrift. Allein diese Erwähnung ist nicht von der Art,
daß sie uns nöthigen könnte, genauere Bestimmungen daraus für die
10 Dogmatik zu entlehnen. Denn was zuerst das Neue Testament betrifft, so
sind die Hauptstellen Ap.Gesch. 17, 24. Röm. 1, 19. 20. Hebr. 11, 3. so
im allgemeinen gehalten, daß sie uns nicht weiter führen als die
Bestimmungen unserer symbolischen Bücher, eingeschlossen schon, daß
der Begriff erschaffen auch in den Ausdrükken ποιεῖν und κτίζειν hier
15 wenigstens einen unabhängig von Gott vorhandenen Urstoff ausschließt.
Die beiden Stellen Marc. 13, 19. und Joh. 17, 5. können auch nicht gegen
die Vorstellung von einer ewigen Schöpfung gebraucht werden, da in der
ersten κόσμος offenbar nur die Menschenwelt bedeutet; indem ja nur von
Vergleichung menschlicher Zustände die Rede ist. Von der andern gilt
20 dasselbe, wie man aus dem immer beschränkten Gebrauch von κόσμος v.
11. 12. u. 13. deutlich sieht. Was aber das Alte Test. betrifft: so ist es
mit den didaktischen und poetischen Stellen, Ps. 8, 4. 33, 6-9. 89, 12. 102,
26. Jes. 45, 18. Jer. 10, 12. eben so, und auch aus Spr. 8, 22. 23. läßt sich
nicht die Schöpfung in der Zeit beweisen, indem theils auch bei einer
25 ewigen Schöpfung die Weisheit Gottes jedesmal vor | die Gestaltung der 1,210
Dinge gesezt werden muß, anderntheils aber die Richtung der Stelle gar
nicht dahin geht etwas hierüber lehren zu wollen, und man sie, sofern sie
eine Schöpfung in der Zeit voraus sezt, nur als abhängig von der
mosaischen Erzählung ansehn kann. Was nun die mosaische Erzählung
30 besonders betrifft, so ist nicht zu läugnen, daß die Reformatoren sie für
wirkliche Geschichtserzählung nahmen. Luth. zu Gen. 1, 3. §. 43.
„[...] denn Moses schreibet eine Historie und meldet geschehene
Dinge [...]“: wiewol auch dieses vorzüglich nur der allegorischen
Erklärung entgegengesezt ist. Eben so Calvin Institt. I, 14, 1. u. 2. nennt
35 sie „historia creationis“ und giebt höchstens zu, daß Moses, indem er sich

---

11 11, 3.] 11, 3.,   21 11.] 11,   31 1, 3.] I, 3.   32 denn] Denn

---

16 *Zu Marc. 13, 19. vgl. H*   21 *Zu* ἐν τῷ κόσμῳ *in Joh 17, 12 vgl. ed. Knappius und
ed. Nestle, Apparat*   31 *Luther: Auslegung des ersten Buchs Mosis (Vorlesungen über
1. Mose) 1, 3 f § 43, ed. Walch¹ 1, 28; vgl. WA 42, 15, 32*   34 f *Leiden (1654) 45 f; ed.
Barth 3, 152–154*   35 f *Institutio 1, 14, 3, Leiden (1654) 46; ed. Barth 3, 154, 27 ff*

auf das, was unsre Augen sehen, beschränkt, „populariter" rede. Indeß ist
es bequem, daß diese Annahmen nicht symbolisch geworden sind, da
doch, schon der zwiefachen und bedeutend verschiedenen Erzählungen
wegen, ein eigentlich geschichtlicher Charakter diesen Darstellungen nicht
5 beigelegt werden kann. In wiefern uns, wenn wir wissen könnten, wie die
Neutestamentischen Schriftsteller und Jesus selbst sie verstanden, dieses
binden müßte, davon kann erst weiter unten die Rede sein. Wenn man
indeß bedenkt, theils daß Philo, welcher die sechs Tage im
buchstäblichen Sinne ausdrüklich verwirft, nothwendig muß Vorgänger
10 gehabt haben, theils wie in poetischen Beschreibungen des Alten
Testaments Ps. 33, 6-9. Ps. 104. Hiob 38, 4. flg. die mosaischen Säze
zwar zum Grunde gelegt, aber sehr frei behandelt werden, in den
Propheten aber auch nicht einmal soviel Annäherung vorkommt, und im
reindidaktischen Styl gar kein Gebrauch davon gemacht wird: so muß
15 man schon daraus schließen, daß die buchstäbliche Erklärungswei-|se nie I,211
allgemein durchgedrungen ist in der kanonischen Zeit, sondern immer ein
Gefühl davon übrig geblieben ist, daß dieses alte Denkmal anders müßte
behandelt werden. Daher wir nicht Ursach haben über dem historischen
strenger zu halten als das Volk selbst in seinen besten Zeiten darüber
20 gehalten hat.

Erster Anhang. Von den Engeln.

51.

Die Vorstellung von zwischenweltlichen, das heißt keinem
Weltkörper bestimmt angehörigen geistigen Wesen, die sich nach
25 der Beschaffenheit jedes Weltkörpers einen wenigstens scheinbaren
Leib bilden können, schließt keine nachweisbare Unmöglichkeit in
sich und hat sich deshalb auch im Christenthum erhalten können.

---

11 Hiob] Hiob.   38] *so auch Reutlingen 1, 188; OD: 34 H: 37*

---

7 *§ 150 Zus.*   8f *Philo Iudaeus (Alexandrinus): [z. B.] Legis (Legum) allegoriarum liber*
1, 2–4 (2); 1, 20 (8), ed. Pfeiffer 1, 122–124. 132; ed. Cohn 1, 61f; 1, 66, 7f – De mundi
opificio (De opificio mundi) 13f (3). 28 (7). 67 (22), ed. Pfeiffer 1, 8. 16. 42; ed. Cohn 1, 4,
1ff; 1, 8f; 1, 22, 9ff – De Decalogo 101 (20), ed. Turnebus/Hoeschelius 759 AB; ed. Cohn
4, 292, 11ff

Anm. Es ist hier nur von den guten Engeln die Rede, ohne irgend bestimmen
zu wollen, ob die bösen mit ihnen von einer Art sind oder nicht.

1. Wenn ich die Engel zwischenweltliche Wesen nenne: so meine ich
nicht, daß sie in den jüdischen Erzählungen als solche gedacht worden,
5 indem die Vorstellung von einer Mehrheit bewohnbarer Welten damals
nicht gegeben war. Sondern ich meine nur, daß wir, die wir diese
Vorstellung haben, sie nach dem, was ihnen beigelegt wird, nicht als
Einem Weltkörper in bestimmter Ordnung angehörig ansehen können,
weil sie nämlich auf dem unsrigen auf eine nur vorübergehende Weise
10 erscheinen. – Die Erklärung „[. . .] ea autem (creatarum rerum genera)
quae nos praestantia superant angelorum nomine indicat scriptura"[1] |
übergeht diesen Hauptpunkt ganz, und wirft die Vorstellung mit solchen   I,212
zusammen, die ganz anderen Ursprungs sind.

2. Das allgemeine Bewußtsein von der Gewalt des Geistes über den
15 Stoff erzeugt ein Verlangen mehr Geist vorauszusezen, als im Umfange
der menschlichen Gattung gegeben ist, und zwar noch außer den Thieren,
welche mit ihrer Gewalt über den Stoff erst selbst als Stoff in unsere
Gewalt sollen gebracht werden. Ist nun die Mehrheit der Weltkörper
erkannt: so wird dies Verlangen befriedigt durch die uns jezt geläufige
20 Voraussezung, daß diese größtentheils oder alle mit nach verschiedenen
Stuffen beseelten Wesen erfüllt seien. Ehe aber diese Kenntniß vorhanden
war, bleibt diesem Verlangen nichts anders übrig als die Elemente durch
verborgene geistige Wesen zu beseelen, wie auch auf vielfältige Weise
geschehen ist. Indem nun aber bei den Juden das höchste Wesen zugleich
25 vorgestellt ward als ein König, welche ja immer Diener in ihrer Nähe
haben, um sie beliebig an jeden Punkt ihres Reichs zu senden, und in
jeden Zweig der Verwaltung eingreifen zu lassen: so entstand aus beiden
Punkten zusammengenommen die Vorstellung der Engel. Calv. Instit. I,
14, 4. „Angelos [. . .], quum Dei sint ministri ad iussa eius exsequenda
30 ordinati, esse quoque illius creaturas extra controversiam esse debet . . .
quid attinet anxie percontari quoto die praeter astra et planetas alii quoque
magis reconditi coelestes exercitus esse coeperint?" und was hernach sect.
5. von ihrem Verhältniß zu Gott näher ausgeführt wird.

---

[1] Reinhards Dogm. §. 50.

---

10 rerum genera)] rerum) genera   21 seien] sein   29 14, 4.] 14. 4.   31 anxie] *so H;*
OD: axie

19–21 Vgl. z. B. Reinhard: Dogmatik 181f (in Anhang zu Zeile 34)   24–27 Vgl. dazu
Bretschneider: Handbuch 1, 608f   28f Leiden (1654) 46; ed. Barth 3, 156, 10ff   32f
Leiden (1654) 47; ed. Barth 3, 157f   34 S. 181; s. Anhang

3. Wiewol nun jezt die Vorstellung von Engeln nicht würde erzeugt werden: so kennen wir den zwi-|schenweltlichen Raum und die möglichen 1,213 Verhältnisse zwischen Geist und Körper viel zu wenig um die Wahrheit der Vorstellung schlechthin abläugnen zu dürfen. Ja wenn die Erscheinung 5 der Engel unter den Begriff des Wunders fällt: so geschieht dies mehr deshalb weil sie im Christenthum überall, aber auch nach der jüdischen Vorstellung größtentheils, an besondere Offenbarungspunkte geknüpft sind, wie Abraham, als weil man im Stande wäre zu behaupten, daß solche vorübergehende Erscheinungen aus anderen Weltregionen an sich den 10 Naturzusammenhang aufhöben.

52.

Die Bekenntnißschriften der protestantischen Kirche haben die Vorstellung von Engeln gelegentlich mit aufgenommen, und die Glaubenslehre darf sie also ganz ungewiß stehen lassen, ohne daß 15 sie sich deshalb von den symbolischen Büchern entfernte.

> Apol. Conf. art. IX. „Praeterea et hoc largimur quod Angeli orent pro nobis; extat enim testimonium Zacch. 1, 12. [. . .]“. Art. Smalc. de invoc. sanct. „Etsi angeli in coelo pro nobis orent . . . tamen inde non sequitur Angelos et sanctos a nobis esse invocandos [. . .]“. Catechism. min. „Tuus sanctus 20 Angelus sit mecum, ne Diabolus quicquam in me possit [. . .]“.

1. Diese magern Anführungen sollen nicht etwa beweisen, daß die Vorstellung der Engel den Reformatoren fremd gewesen wäre oder wenigstens sehr im Hintergrunde bei ihnen gestanden hätte. Vielmehr war sie ihnen aus der Schrift geläufig und auch ihre Gedichte beweisen, daß sie 25 an der erfahrungsmäßigen Wahrheit der dort erzählten Erscheinungen nicht zweifelten. Nur scheint hervorzugehn, daß auch bei ihnen | diese 1,214 Vorstellung mehr ihren Siz in der Einbildungskraft hatte, aus deren Bedürfniß sie auch ursprünglich entstanden war, als daß sie ihr einen großen Gehalt auf dem Gebiet der Frömmigkeit beigelegt hätten. Zumal 30 die lezte Stelle nicht einmal in der Schrift etwas für sich hat, indem nirgends die Engel als Hülfe gegen die Teufel vorkommen. Ja es möchte

---

16 largimur] *so H; OD:* largimus   19 Tuus] tuus

---

16 *ed. Lücke 422; BSLK 318, 13ff (Art. XXI.)*   **17** *Secunda pars II, Concordia 311; BSLK 425, 31ff*   **19** *Concordia 383; vgl. BSLK 521f*

andern als Kindern vorgetragen gefährlich sein, wenn man sie entwöhnte,
gegen das was dem Teufel zugeschrieben wird, andere Hülfsmittel zu
gebrauchen.

2. Was Calvin Instit. I. cp. 14, 6. und 11. sagt, um die Lehre von
5 den Engeln praktisch zu machen, ist von derselben Art. Daß Gott sich nur
unserer Schwachheit wegen lieber der Engel bediene und uns dieses offenbare, als uns anders helfe, hat gar viel bedenkliches; und doch giebt es
nicht mehr Trost, wenn Gott sich der Engel bedient, als wenn unsere
Bewahrung auf andern Wegen seinen Absichten gemäß bewirkt wird; aber
10 es kann leicht die Eitelkeit nähren zu glauben, daß eine ganze
Gesammtheit eigentlich höherer Wesen nur zu unserem Dienst vorhanden
ist. Betrachten wir nun, wie unwahrscheinlich eigentlich diese Annahme
ist, und sehen zugleich auf die Geschichte dieser Vorstellung zurük: so
müssen wir sagen, von dieser Seite angesehen wäre die Vorstellung nur das
15 Erzeugniß einer Zeit, in welcher die Kenntniß der Naturgeseze noch
wenig ausgebildet und verbreitet war. Deshalb nun scheint in den
symbolischen Schriften an die Stelle ihrer thätigen Einwirkung ihre
Fürbitte für uns getreten zu sein.

53.

20   Im alten Bunde ist die Vorstellung aus den | Erzählungen der I,215
Sagenzeit in den dichterischen Gebrauch übergegangen. Im Neuen
geben die Erzählungen von Engeln keine Bürgschaft, welche
allgemein anerkannt wäre, und übrigens zeigt der gänzliche Mangel
einer Anwendung des Begriffs, daß Christus und die Apostel ihn
25 nur so gebraucht, wie überall jeder sich jeden volksthümlichen Begriff aneignet.

Anm. Sagen von Abraham, Loth, Jakob, der Berufung des Moses und Gideon,
der Verkündigung des Simson, von Bileams Segen u. s. w. Dichterische Ausführungen mancher Art in den Psalmen und Propheten – die Engel-
30 erscheinungen bei der Verkündigung Christi und seines Vorläufers und bei
Christi Geburt stehn in dichterisch gehaltenen Erzählungen. Auch die
Erzählung von dem stärkenden Engel in Gethsemane könnte man dahin

---

4 cp.] ep.

---

4 *Leiden (1654) 47. 49; ed. Barth 3, 158 f. 162 f*   31 f *Lk 22, 43*

rechnen, indem kein Zeuge dafür angeführt wird. Bei der Auferstehung und
Himmelfahrt, so wie bei der Bekehrung des Cornelius und der Befreiung des
Petrus, kann man zweifelhaft sein, ob Engel oder Menschen gemeint sind. In
der Erzählung vom Philippus wechselt der Engel des Herrn und der Geist des
5   Herrn. Nach der apostolischen ersten Zeit aber verschwinden die Engel aus
der Neutestamentischen Geschichte wie die übrigen Wunder allmählig.
– Christus erwähnt der Engel – außer den ebenfalls dichterisch gehaltenen
Beschreibungen vom jüngsten Tage – da, wo er vor der Verachtung der
Kleinen warnt, Matth. 18, 10. und bei der unnützen Vertheidigung des Petrus
10 Matth. 26, 53; beides läßt einen didaktischen Gebrauch nicht zu, sonst
müßte man auch buchstäblich nehmen, daß die Kinder besondere Engel
haben, daß die Engel das Angesicht Gottes sehen, und daß sie in Legionen
abgetheilt sind. Daher konnte Christus alles dieses auch gesagt haben, ohne
eine ihm selbst eigene und in ihm durchgebildete Ueberzeugung von dem
15 Dasein solcher Wesen zu haben oder mittheilen zu wollen.

1. Unter Aneignung volksthümlicher Begriffe will | ich keinesweges   I,216
das verstanden haben, was man gewöhnlich Anbequemung nennt. Denn
da wird vorausgesezt, derjenige, der sich zu den Vorstellungen anderer
herabläßt, sei selbst eines besseren überzeugt. Hier aber ist die Rede nur
20 von einem Bilde, welches dem gemeinsamen Leben angehörig sich mit der
unbestimmten Wahrheit, die ihm überhaupt nur zukommt, in der Seele
festsezt, und gelegentlich hervortritt ohne mit den Vorstellungen, welche
die Ueberzeugung im engeren Sinne bilden, überhaupt in bestimmte
Beziehung gesezt zu sein. – Am meisten in dogmatische Ausführung
25 verwebt erscheint die Vorstellung von Engeln im Brief an die Hebräer,
indeß wird auch hier von den Engeln nichts gelehrt, sondern gelehrt wird
nur von Christo, daß er nämlich vortrefflicher ist als alle Engel, wie diese
in den alttestamentischen Erzählungen in den Psalmen und bei den Propheten vorkommen. Von derselben Art sind auch die Stellen Paulinischer
30 Briefe, in denen Engel vorkommen.
2. Es ist gewiß sehr wunderlich auf der einen Seite anzuerkennen,
daß die dichterische Schreibart der Bibel manches wunderbar erscheinen
mache, was natürlich könne gewesen sein, auf der andern Seite aber das
Gepräge vorgeschichtlicher Ueberlieferung und ihres Einflusses so wenig
35 zu würdigen, daß man große Untersuchungen über die Beschaffenheit und
die Verrichtungen der Engel anstellt, wie Reinhard Dogm. §. 53. 54.

---

28 Erzählungen] *Kj (auch Reutlingen 1, 193)* Erzählungen,

1–3 *Lk 24 par; Apg 1; 10; 12*   3–5 *Apg 8, 26–40*   7f *Mt 16, 27; 25, 31 (vgl. CG²*
§ 42, 2)   17 *Vgl. z. B. Reinhard: Dogmatik 187f Anm. Bretschneider: Handbuch 1,*
215–229   24–27 *Hebr 1, 4–14 (vgl. CG² § 42, 2)*   36 *S. 190–200; s. Anhang*

54.

Die einzige Glaubenslehre, welche in Bezug auf die Engel aufgestellt werden kann, scheint daher die zu sein, daß der Glaube an
diese Wesen auf unser Betragen keinen Einfluß haben | darf, und   I,217
5 daß Offenbarungen ihres Daseins jezt nicht mehr zu erwarten sind.

1. Wenn die Kirche sich früherhin gegen jede Verehrung der Engel
erklärt hat: so wäre dieses wol die schlimmste Art der Verehrung, wenn
aus Achtung für ihren unbekannten Dienst wir glaubten irgend etwas
unterlassen zu dürfen von der uns anbefohlenen Sorge für uns und
10 andere[1]. Auch läßt sich keine Schriftstelle für ein solches übertragenes
Vertrauen anführen. Und unter dieser Bedingung muß man denn den
Glauben an die Engel, wie man ihn nicht gebieten soll, auch auf der
andern Seite nicht verurtheilen. Vielmehr verdient es Aufmerksamkeit und
Beachtung, daß diese Vorstellung sich auch unter so veränderten Umstän-
15 den immer noch in den Gemüthern der Christen erhalten hat.
2. Wenn wir aber auch die Wirklichkeit der Engelerscheinungen annehmen: so müssen wir doch gestehen, daß wir sie nur theils in die Urzeit
verweisen können, wo der Zusammenhang des Menschen mit der Natur
noch nicht hinreichend geordnet war, theils sie auf die großen Ent-
20 wiklungspunkte beschränken, wo auch anderes wunderbare vorzu-

---

[1] Luther zu Gen. 2. §. 99. „Die Engel sollen wol unsere Hüter sein und uns
bewahren, aber sofern wir in unsern Wegen bleiben. Auf diese [. . .] Auflösung
weiset Christus hin, da er dem Teufel das Gebot aus Deut. 6, 16. vorhielt [. . .].
Denn damit zeigt er an, daß des Menschen Weg nicht wäre in der Luft fliegen
25 [. . .]. Darum wenn wir in unserm Beruf oder Amt sein aus Gottes oder der
Menschen, die des Berufs rechten Fug haben, Befehl, da sollen wir glauben, daß
uns der Schuz der lieben Engel nicht fehlen kann."

---

21 99. „] 19.   27 kann."] kann.

6f *Vgl. die Angaben bei Augusti: Lehrbuch 260f. Vgl. auch oben in § 52*   21 *Auslegung
des ersten Buchs Mosis (Vorlesungen über 1. Mose) 2, 16f § 99, ed. Walch*[1] *1, 194; vgl. WA
42, 81f Statt Die . . . wol Q: Denn in demselben stecket die Auflösung des gantzen Argu-
mentes; nemlich, daß wol die Engel*

kommen pflegt. Und wenn Kirchenlehrer[2] behaupten, erst durch
Christum | sei das so lange Zeit unterbrochene Verkehr zwischen den 1,218
Engeln und Menschen wiederhergestellt worden: so ist keine Ursache dies
über das apostolische Zeitalter hinaus zu erstrekken. Denn sollten die
5 Engel fortwährend dem gewöhnlichen Lauf der Dinge angehören: so
müßten sie weit kräftiger und offenbarer in denselben eingreifen.
    Zusaz. Wenn wir indeß dieser Vorstellung in dem System
theologischer Begriffe keinen andern Rang anweisen können, so bleibt
sowol der liturgische Gebrauch als auch der in freien religiösen
10 Produktionen ungestört, sofern er sich nur in diesen Grenzen hält. Der
Privatgebrauch beschränkt sich dann zunächst darauf, die göttliche
Bewahrung da, wo für pflichtmäßige Thätigkeit und Sorgfalt kein Raum
ist, zu versinnlichen. Der liturgische – den sich natürlich aber auch jeder
Einzelne in dem freien Spiel seiner religiösen Erregungen besonders
15 aneignen kann – besteht vornemlich darin, daß Gott vorgestellt werden
soll als von reinen und schuldlosen endlichen Geistern umgeben.

Zweiter Anhang. Vom Teufel.

55.

    Die Vorstellung von gefallenen Engeln, welche in der Verbin-
20 dung mit Gott und bei hoher geistiger Vollkommenheit sich
plözlich in Widerspruch mit Gott gesezt, und seitdem die höchste
Bosheit mit dem höchsten endlichen Verstande verbinden, ist eine
Vorstellung die nicht zusammenhängend durchgeführt werden
kann.

25   Anm. D. h. man kann die verschiedenen Functionen, die diesem Wesen bei-
      gelegt werden, nicht zu einer lebendigen An-|schauung zusammenfassen, 1,219
      sondern wenn man sie in ihrer Thätigkeit verknüpft, stößt man auf Wider-
      sprüche.

    1. Wenn wir, wie sich unten zeigen wird, den Fall des Menschen um
30 so weniger im Zusammenhange denken können, je größer die Voll-

---

[2] Wie Chrysostomus zu Col. I, 20.

---

29 § 94, 2   **31** *Joannes Chrysostomus: In Epistolam ad Colossenses cap. 1 (1, 19. 20)*
Homiliae 3, 3 (3), ed. Montfaucon 11, 346f; MPG 62, 321; ed. Field 5, 206

kommenheit ist, die man ihm vor dem Falle beilegt, wieviel weniger noch den Fall eines soviel vollkomneren Wesens. Sondern alle Vorstellungen die man sich davon gemacht hat, sind Bilder, welche nur die Oberfläche der Sache darstellen, in das Innere aber nicht eindringen; an 5 solche Bilder aber giebt es keinen lebendigen Glauben, denn sobald der Gegenstand im Gedanken dargestellt werden soll, erscheint der Widerspruch. Wenn z. B. Luzifer schon vor seinem Falle hoffärtig war: so war er auch vor seinem Falle schon gefallen; und wenn die guten Engel Kampf und Streit wider die bösen gehabt ohne sie zu besiegen[1]: so werden 10 auch die guten Engel in das Gebiet des Leidens hinabgezogen. Oder wenn sämmtliche Engel vor dem Fall des bösen (Luth. Ebend. §. 113.) „in einem Stand der Unschuld gewesen [...], welcher wandelbar war, die guten aber nach dem Fall der bösen also bestätiget worden, daß sie nun nicht mehr sündigen können [...]“: so fragt sich immer, wie denn die 15 bösen können gesündiget haben, wenn sie nicht vorher schon anders waren als die guten, und wie diese ha-|ben durch den Fall der Bösen die Unmög-   1,220 lichkeit erwerben können zu sündigen, wenn man nicht soll sagen dürfen, sie seien durch die Sünde der Fallenden von der Möglichkeit zu sündigen erlöst worden. Eben so wenn, wie nach Luther Ebend. Kap. 3. §. 7. die 20 Sophisten sagen, des Teufels natürliche Kräfte unverrükt sind: so ist nicht zu begreifen, wie die beharrliche Bosheit bei der ausgezeichnetsten

---

[1] Luth. zu Gen. 1, 6. §. 53. „So haben sie auch erdacht einen großen Kampf und Streit, so die guten Engel wider die bösen gehabt; aber dieses halte ich, sei genommen aus dem Kampf der Kirche [...]“. – §. 54. „Und hat Bernhardus 25 diese Gedanken, daß Lucifer an Gott gesehen habe, daß der Mensch über der Engel Natur solle erhoben werden, darum habe der hoffärtige Geist solche Seligkeit den Menschen mißgegönnt, und sei also gefallen [...]. Ich zwar wollte nicht gern jemand zwingen, daß er solchen Meinungen beifallen sollte.“ – Ganz richtig.

---

9 bösen] *so H; OD:* Bösen   13 guten] *so H; OD:* Guten   bösen] *so H; OD:* Bösen
15 bösen] *so H; OD:* Bösen   16 guten] *so H; OD:* Guten   Bösen] *Kj* bösen   22 53.]
50.   24 .–§. 54.] §. 51.–

---

11 *Luther: Auslegung des ersten Buchs Mosis (Vorlesungen über 1. Mose) 2, 17 § 113, ed. Walch*[1] *1, 202; vgl. WA 42, 85, 31ff*   12–14 *Statt* welcher ... mehr *Q:* seyn, der da wandelbar gewesen ist. Da aber die bösen Engel also gerichtet und verdammet worden seyn, da seyn die guten dermasen bestätiget und versichert, daß sie nicht mehr haben   19 *Auslegung 3, 1 § 6f, ed. Walch*[1] *1, 262; vgl. WA 42, 107, 18ff*   22 *Luther: Auslegung des ersten Buchs Mosis (Vorlesungen über 1. Mose) 1, 6 § 53, ed. Walch*[1] *1, 36; vgl. WA 42, 18, 10f*   24 *Auslegung 1, 6 § 54, ed. Walch*[1] *1, 36; vgl. WA 42, 18, 19ff*

Einsicht bestehen kann. Denn diese Einsicht muß doch den Streit gegen
Gott als ein leeres Unternehmen darstellen, bei welchem nur für den,
welchem es an wahrer Einsicht fehlt, eine augenblikliche Befriedigung
kann gedacht werden, der einsichtsvolle aber in diesen Streit sich
5 begebend und in demselben verharrend müßte unselig mit Wissen und
Willen sein und bleiben wollen, welches ja auf keinen Fall kann gedacht
werden. Denn wenn wir auch ähnlichen Widerspruch im Menschen
zugeben, so denken wir dies nur als einen vorübergehenden Zustand; oder
in dem Maaß, daß er bleibend ist, müssen wir auch eine Verdunklung des
10 Bewußtseins mitdenken. Hat er aber, wie Luther ebend. meint „auch
den allerschönsten und reinsten Verstand verloren", wie es denn freilich
die größte Zerrüttung ist, wenn er aus Gottes Freund der allererbittertste
und verstokteste Feind geworden: so kämen wir auf der einen Seite auf die
unten wieder aufzunehmende Undenkbarkeit zurük, wie doch durch eine
15 einzelne Handlung eines Wesens die Natur desselben könne verrükt
worden sein; indem ja die höhere Intelligenz der Gattungscharakter des
Teufels sein soll; und auf der andern Seite wäre nicht zu begreifen, wie er
nach einem solchen Verlust seines Verstandes noch ein so gefährlicher
Feind sein könne, da dem unverständigen bösen ja leicht ist
20 entgegenzuarbeiten. |

2. Will man hiegegen einwenden, wenn die Vorstellung vom Teufel I,221
wirklich so unhaltbar sei, so wäre gar nicht zu begreifen, wie sie habe
entstehen und sich so lange erhalten können: so entgegne ich, es sei eben
die Natur solcher Schattenbilder, daß sie zwischen zwei verschiedenen
25 Bedeutungen schwanken können, was sich, wenn sie in einen bestimmten
Gedanken umgewandelt werden sollen, bald genug verräth. So ist auch
der Teufel auf der einen Seite der Aufsichtführende und das Böse
auskundschaftende Diener Gottes, wovon die Spuren im Buche Hiob
übrig geblieben, auf der andern ist er das böse Grundwesen, nur in einer
30 Unterordnung unter Gott gedacht und diese beiden Vorstellungen sind auf
eine unhaltbare Weise zusammengeflossen. – Man sehe nur, wie wenig
man selbst das in eine lebendige Anschauung verwandeln kann, was der
scharfsinnige und dialektische Calvin[2] durch genaue Formelbestimmung

---

[2] Institt. I, 14, 16-18.

---

18 so] sv

---

10 *Auslegung 3, 1 § 7, ed. Walch*[1] *1, 262; vgl. WA 42, 107, 23 f*   14 § 94, 2. 3   28 f Hi 1
34 *Leiden (1654) 50−52; ed. Barth 3, 166−169*

haltbar zu machen sucht, welche Darstellung des Teufels leicht die beste
und zusammenhängendste sein mag.

3. Den stärksten Schuz aber findet diese Vorstellung in den mannigfaltigen Räthseln der Selbstbeobachtung, indem böse Erregungen oft auf
5 eine so seltsame und abgerissene Weise ohne allen Zusammenhang mit
unsern Hauptrichtungen in uns entstehen, und bis auf einen gewissen
Punkt widerstandslos wachsen, daß wir sie nicht als eignes sondern als
fremdes glauben ansehen zu müssen, so doch daß wir keine äußere
Veranlassung dazu nachzuweisen im Stande sind. Wie nun das zumal
10 unerwartete Gute, dessen Entstehen man nicht nachspüren konnte, ganz
vorzüglich dem | Dienst der Engel zugeschrieben wurde, als ob deren   I,222
Einwirkung die Ursachen, welche sonst im Naturzusammenhange müssen
aufgefunden werden, ersezen könne; eben so wurde Böses und Uebel,
dessen Zusammenhang sich nicht enthüllen wollte, dem Teufel zuge-
15 schrieben. Vermittelst dieses Anhalts besteht die Vorstellung fort,
nachdem sie einmal entstanden ist; aber offenbar nur als die Grenze der
Selbstbeobachtung bezeichnend. Da aber diese immer weiter fortgesezt
werden soll: so soll auch immer mehreres aufhören als Einwirkung des
Teufels angesehen zu werden; worin also offenbar liegt, er solle für uns als
20 thätiges Wesen Null werden. Dann aber giebt es auch für uns, im
christlichen Sinne des Wortes, keinen Glauben an ihn.

4. In sofern aber der Teufel mit seinen Engeln, da ihnen ja ein Reich
beigelegt wird, die Einheit und den Zusammenhang des Bösen darstellen
soll: so ist offenbar, daß es einen innern und organischen Zusammenhang
25 des Bösen, der als ein Reich unter einem Oberhaupt dargestellt werden
könnte, eigentlich nicht giebt, vielmehr theils ein Böses in Einem
Menschen dasselbe Böse in anderen zurükdrängt, theils auch ein Böses in
Einem anderes Böse in demselben aufhebt. Daher erscheint ein solches
Ineinandergreifen und Zusammenwirken des Bösen, wodurch es sich als
30 ein Reich und eine Macht zeigt, nur in einzelnen bedeutenden Augenblikken von Gegenwirkung gegen eine plözliche Entwiklung des Guten.
Wie nun das Gute sich immer mehr als geschichtliches Ganze befestiget:
so müssen auch jene Reactionen sich immer mehr ins kleine zersplittern
oder erst nach größeren Zwischenräumen wiederkehren; also die Veran-
35 lassung zum Glauben an den Teufel immer mehr verschwinden. |

56.   I,223

Die Bekenntnißschriften der evangelischen Kirche machen
keinen ihnen eigenthümlichen Lehrgebrauch von dieser Vorstel-

lung, auch überhaupt keinen solchen, wodurch sie in unserm Lehrgebäude unentbehrlich würde.

1. In der Stelle A. C. XIX. „[...] causa peccati est voluntas diaboli et malorum, quae ... avertit se a Deo [...]" wird der Teufel nur mit den
5 Bösen zusammengestellt und höchstens an ihre Spize, wobei demnach das Böse im Satan eben so zu erklären bleibt wie im Menschen, und durch seine Annahme nichts aufgehellt wird. Und eben so wenig wird er als Erklärungsgrund aufgestellt, wenn es belg. conf. XIV. heißt „verbis diaboli aurem praebens", oder wenn sol. declar. I. gesagt wird,
10 „[...] seductione Satanae [...] iustitia concreata [...] amissa est [...]". Denn dies steht vorzüglich da als Milderung der abgewiesenen Flacianischen Behauptung, daß der Teufel ein neues Geschöpf an die Stelle des ursprünglichen gesezt, aber gar nicht um daraus den Ursprung des Bösen zu erklären; wie denn das Sichverführenlassen immer schon Böses voraussezt.
15 Die Conf. helv. c. VIII. sagt dafür nur „instinctu serpentis et sua culpa" und läßt also hiebei den Teufel so gut als ganz aus dem Spiel – wie denn mehrere reformirte Bekenntnißschriften darüber schweigen; so daß auch die Auslegung, daß die Schlange in der Erzählung vom Fall der Teufel sei, nicht einmal als symbolisch in unserm Sinn kann angesehen werden; und
20 wenn eben da c. VII. angenommen wird „[...] angelorum [...] alios [...] sua sponte esse lapsos et in exi-|tium praecipitatos [...]" und eben so   1,224 gallic. conf. VII. so ist dies nur Wiederholung des längst volksmäßig gewordenen und im ganzen Lehrgebäude ohne weitere Folgen. Eben so wenn sol. decl. I. und ähnlich in andern symbolischen Stellen, die Macht
25 und Gewalt des Teufels mit unter die Strafen der Sünde gerechnet wird; so hat dies auf alles, was zur Befreiung des Menschen von der Sünde und ihren Strafen gehört, keinen andern Einfluß, als wenn von der Gewalt des Bösen ohne ein persönliches Oberhaupt geredet würde; noch auch kann

---

10 *An- und Ausführungszeichen bereits in OD*   15 *An- und Ausführungszeichen bereits in OD*

---

3 *ed. Twesten 37; BSLK 75, 4ff*   8 *Acta Syn. 304; Corpus (1654) 134; BSRK 238, 1f; ed. Los 399; vgl. Harmonia 78; Corpus (1612) 169 und Collectio 368*   9 *Concordia 643; BSLK 852, 28ff*   15 *Conf. helv. post. VIII, Corpus (1654) 10; Collectio 477; BSRK 178, 7f* 16f *Vgl. z. B. Conf. helv. prior (1536, Latine excusa 1581) VII, Corpus (1654) 67f; Collectio 116.   Conf. Anglic. IX, Corpus (1654) 101; Collectio 603; vgl. BSRK 508*   18 *Vgl. z. B. Gerhard: Loci, ed. Cotta 4, 299bf; ed. Preuss 2, 143b. Reinhard: Dogmatik 281 (in Anhang zu I, 296, 35) und 209f*   20 *Corpus (1654) 9; Collectio 476; BSRK 177, 34ff* 22 *Harmonia 62; Corpus (1612) 101; Corpus (1654) 78f; Collectio 331*   24 *Concordia 641; BSLK 849, 18ff*

die Macht des Teufels, sofern sie als Strafe doch Folge der Sünde ist, den
Ursprung der Sünde irgend erklären.

2. Die Stelle A. C. XVII. „[...] impios autem homines et diabolos
condemnabit ut sine fine crucientur" ist von derselben Art. Die ewige
5 Strafe der Bösen bleibt in diesem Ausdruk eben so gesezt, wenn auch der
Teufel weggenommen wird. Ja selbst wenn wir in den symbolischen
Schriften jene gewöhnlichere Vorstellung fänden, nach welcher der Teufel
nicht nur der Gesellschafter der Bösen ist in den ewigen Strafen, sondern
als das Werkzeug der göttlichen Macht um diese Strafen auszuführen
10 erscheint: so müßte man doch sagen, daß der Teufel keine eigene Bedeutung in diesem Lehrstük habe, sondern nur darin aufgenommen sei,
um die Vorstellung von sich immer erneuernden Qualen dadurch zu
erleichtern.

3. Da nun in andern als diesen beiden Lehrstükken der Teufel gar
15 nicht vorkommt, hier aber offenbar nur altes aufgenommen ist, ohne eigne
Verarbeitung und ohne Bedeutung für das übrige Ganze: so können wir
an diese Vorstellung, die an und für sich auf keine Weise der natürliche
Ausdruk eines frommen | Bewußtseins ist, nur so weit gebunden sein, als   I,225
sie sich uns aus den heiligen Schriften selbst mittelbar oder unmittelbar
20 aufdringt, oder als wir, was aber gar nicht zu erwarten ist, doch auf irgend
einem Punkt veranlaßt werden sollten, sie als Verbindungs- oder Verdeut-
lichungsmittel wieder aufzunehmen.

57.

Die Schriften des neuen Bundes stellen nirgends eine eigent-
25 liche Lehre vom Teufel auf oder verweben ihn irgendwie in unsere
Heilsordnung.

1. Die Vorstellung vom Teufel kommt im Neuen Testament vor in
Gleichnissen, in Sittensprüchen und in einem sprüchwörtlichen Gebrauch.
Eine bestimmte Darstellung dessen was der Teufel ist und vermag, läßt
30 sich daraus nicht zusammensezen. Ohne daß ihm eine Veranlassung
gegeben worden, redet Christus vom Teufel gleichnißweise in den
Parabeln vom Säemann und vom Unkraut auf dem Akker. In der ersten ist

---

4 condemnabit] condamnabit

---

3 *ed. Twesten 34; BSLK 72, 7ff*   7–10 *Vgl. z. B. Seiler: Theologia 191. Büsching:*
Epitome 22   30–32 *Mt 13, 3–23 par; 13, 24–30. 36–43*

sowol das πονηρὸς bei Matth. als das διάβολος bei Lukas von zweifel-
hafter Auslegung; auf jeden Fall aber, da hier weder von dem Recht des
Teufels noch von seiner Methode das mindeste gesagt wird, steht er nur
als die unbekannte Ursach unerklärlicher Uebergänge da. Eben so wenig
5 ist eine Lehre aus dem Gleichniß vom Unkraut aufzustellen, zumal auch
die Apostel in ihren Briefen, wo sie über das Einschleichen falscher
Christen in die Kirche klagen, des Teufels dabei nicht erwähnen, nicht
einmal Judas, ohnerachtet er daneben vom Teufel redet; so daß keine
bestimmte Ueberlieferung aus diesen Gleichnissen und vielleicht ähnlichen
10 Aus-|drükken sich gebildet hat, und also dieses nicht als Lehre ist von den   1,226
Aposteln aufgenommen worden. Auch ist hier offenbar der διάβολος nur
der Säende sofern das Unkraut durch υἱοὶ τοῦ πονηροῦ erklärt wird, und
dies kann eben wie Joh. 8, 44. nur von der Aehnlichkeit und
Zusammengehörigkeit zu verstehen sein. Zum sprüchwörtlichen Ge-
15 brauch rechne ich die Stelle Lukas 22, 31. Das Sichten wollen kann nicht
dem Teufel als Oberhaupt des Bösen zugeschrieben werden, sondern nur
dem Aufsichtführenden und Forschenden; wie denn hier die Anspielung
auf den Satan im Hiob unverkennbar ist, und auch das ἐδεήθην verräth,
daß die ganze Sache vor Gott verhandelt wird. Indeß gehört dem
20 Zusammenhange nach auch die Versuchung zu Uneinigkeiten dazu. Eben
so als Uneinigkeitstiftend kommt der Teufel vor in einem ähnlichen
sprüchwörtlichen Gebrauch bei Paulus 2 Cor. 2, 11., nur daß man hier
eben so bestimmt an den im Streit mit Gott begriffenen Teufel zu denken
hat, wie dort an den der nur das Böse vor Gott bringt; so daß diese beiden
25 Stellen sich einander ergänzen und vollkommen als Aneignung einer
überlieferten aber schwankenden bildlichen Vorstellung deuten lassen.
Noch erwähnt Christus ohne besondere Veranlassung des Fürsten der
Welt als jezt im Gericht und in der Ausstoßung begriffen, verbunden mit
der allgemeinen Verbreitung des Christenthums, welche nach seiner Er-
30 höhung beginnen sollte, Joh. 12, 31. Allein auch hier ist im Vergleich mit
14, 30. und 16, 11. die Auslegung zweifelhaft, und die Aussprüche 2 Petr.
2, 4. und Jud. 6. scheinen vielmehr das Gebundensein des Teufels von
früher her zu rechnen, so daß auch jener Ausspruch Christi vorüberge-
gangen sein muß ohne etwas eigen-|thümlich christliches der Volksüber-   1,227
35 lieferung als Lehre gegenüberzustellen, woraus doch eigentlich schon
genügend erhellt, wie wenig die Vorstellung vom Teufel in die

---

32 das] des

---

1 *Mt 13, 19 (vgl. CG² § 45, 1); Lk 8, 12*   6f *2 Kor 11, 13. 26; Gal 2, 4; 2 Petr 2, 1*
7f *Jud 4. 9*

zusammenhängende Vorstellung vom Reiche Gottes seiner Verbreitung und seinen Hindernissen Eingang gefunden hat. Auch hält es schwer, wenn man jenen Ausspruch mit der Genauigkeit fassen will, welche der Lehre geziemt, solche Stellen wie Eph. 2, 2. und 6, 11. 12., die einen noch

5 fortwährenden Kampf mit dem Satan aussprechen, davon abzuleiten oder damit in genaue Verbindung zu bringen; so daß Christus, wenn er eine Lehre hierüber hätte aufstellen wollen, seines Zwekkes so gut als ganz verfehlt hätte. Auf besonders ihm gegebene Veranlassung erwähnt Christus hernach des Satans in einer kurzen dunkeln Rede bei Luk. 10,

10 18., die sich aber doch offenbar auf das Austreiben der Dämonien also auf die Naturbedeutung des Teufels bezieht, welche überhaupt mit dem Glauben nichts zu thun hat. Auf ähnliche Art ist hervorgerufen Matth. 12, 43. flgd. Luk. 11, 24. flgd. die Aeußerung über das uneinige Reich des Satans, welche nur den Christo gemachten Vorwurf aus seiner Gegner

15 eignen dabei zum Grunde liegenden Ansichten über ein Reich des Satans widerlegen soll. Die bildliche Darstellung von der Rükkehr des ausgetriebenen bösen Geistes scheint mit in jenes Naturgebiet von den Teufelsbesizungen zu gehören, und vorzüglich die wirksamen und dauernden Heilungen Christi von den vorübergehenden der jüdischen Be-

20 schwörer unterscheiden zu sollen. − Eine der wichtigsten Stellen ist die Aeußerung Christi Joh. 8, 44: ich rechne sie zum sprüchwörtlichen Gebrauch theils weil sie auf einer Eigenthümlichkeit der hebräischen Sprache beruht, theils | weil es in der Stelle vorzüglich darauf ankommt,   I,228 einen Gegensaz aufzustellen. Als eigentliche Lehre kann dies niemand

25 nehmen wollen, da das Volk, welches Jesus anredete, weder auf dieselbe Weise und in demselben Sinne, wie es selbst von Abraham abzustammen sich rühmt, den Teufel zum Vater haben kann, noch in demselben Sinne, in welchem Christus auf besondere Weise Gott zum Vater hat. Ja ich möchte sagen, man kann nicht leicht diese Stelle unter Voraussezung der

30 Realität des Teufels streng auslegen, ohne ihn entweder ganz manichäisch Gott gegenüber zu stellen, oder das Verhältniß Christi zum Vater und seine Sendung mit neoterischer Oberflächlichkeit zu behandeln. Deshalb kann man auch keinen großen Werth darauf legen, wenn wirklich in v. 44. eine Anspielung wäre auf die Verführung der ersten Menschen durch den

35 Teufel. Denn Christus sagt dieses nur um ihnen zu erklären, in welchem Sinn er sie Kinder des Teufels nenne, und das genaue und bestimmte zu allem diesem, die Lehre, ist nur in dem eigentlichen Ausdruk v. 47. flgd. „Ihr seid nicht von Gott"; eben wie Hebr. 2, 15. der eigentliche Ausdruk

---

10 Dämonien] *so auch CG² § 45, 1 I, 236; aber vielleicht zu lesen:* Dämonen   13 43.] *so H; OD:* 15. *Reutlingen 1, 202:* 25.   24.] *Reutlingen 1, 202:* 17.   38 „Ihr] Ihr   Gott"] Gott

die Erklärung dessen ist was v. 14. als die Macht des Teufels vorkommt,
die übrigens auch hier vorzüglich nur als die unbekannte Ursach alles
quälenden angeführt wird. Aehnliche sprüchwörtliche Redensarten finden
sich noch 1 Joh. 3, 8. am genauesten an jene Stelle anschließend 2 Cor. 4,
5 4. 2 Thess. 2, 9. 11. so wie ein reiner Sittenspruch ist 1 Petr. 5, 8. für
dessen Gehalt und Eindringlichkeit auch nichts darauf ankommt, ob ein
Wesen oder eine ganze Ordnung von Wesen der Vorstellung vom Teufel
wirklich entspricht oder nicht. Dies werden alle bedeutenden Stellen sein
– denn den Abfall des Judas schreibt Christus | in seinem Gebet nicht   I,229
10 dem Teufel zu, und wie schwer es ist die Versuchung Christi rein geschichtlich aufzufassen, das leuchtet wol jedem ein – und aus ihrer
Zusammenstellung muß erhellen, wie wenig sie sich eignen irgend ein
Lehrstük darauf zu gründen; daher können zwar viele Lehrbücher, indem
sie diese Stellen vereinzeln, vieles einzelne vorbringen von des Teufels und
15 seiner Engel Wesen Eigenschaften und Geschäften; unter sich verglichen
aber stimmen auch die biblischen Stellen eben so wenig zusammen als die
Vorstellung selbst in sich haltbar ist.

2. Auch müssen wir von dem Unternehmen auf Neutestamentische
Stellen eine christliche Lehre vom Teufel gründen zu wollen, noch um so
20 bestimmter abgehalten werden, wenn wir bedenken, daß keine einzige
dieser Stellen irgend das Ansehn hat, als ob Christus oder die Apostel
etwas neues und eignes berichtigend oder ergänzend vortragen wollten,
und daß wir doch schwerlich voraussezen dürfen, die Vorstellung vom
Teufel sei, so wie sie unter dem Volk im Schwange ging, genau und unver-
25 besserlich gewesen. Diese Bemerkung wird reichlich der das Gleichgewicht halten, daß Christus und die Apostel die vorgefundenen Vorstellungen vom Teufel nirgends widerlegen. Hiezu kommt noch das höchst
wichtige, daß an den einzigen dogmatischen Oertern, wo eine Lehre vom
Teufel vorkommen könnte, nämlich an allen Stellen, wo unsere heiligen
30 Schriften wirklich lehrend vom Ursprung und der Verbreitung des Bösen
in dem Menschen, wie er uns in der Erfahrung gegeben ist, handeln, des
Teufels gar nicht erwähnt wird. So Christus selbst Matth. 15, 19., so
Paulus Röm. 5, 12-19. und 7,7. flgd., so auch Jakobus 1, 12-15. wo
überall der Ort gewesen wäre, | wenn in der christlichen Ansicht der   I,230
35 Glaube an einen Einfluß des Teufels auf das Gemüth läge, davon zu
reden. Und es ist fast unbegreiflich, wie dieses gänzliche Schweigen an
allen eigentlich lehrhaften Stellen von den meisten Dogmatikern nicht

---

23 vom] von

9f *Joh 17, 12*   **10** *Mt 4, 1–11 par*   **13–15** *Vgl. z. B. Reinhard: Dogmatik 208–212*

besser ist beachtet worden. Diesem Schweigen gemäß muß man es ja
vollkommen christlich finden, daß in die strenge Lehre vom Bösen die
Vorstellung des Teufels gar nicht eingemischt werde.

58.

5   Das einzige demnach, was vom Teufel zu lehren wäre, könnte
dieses sein, daß, wenn von ihm geredet werden soll, es nur unter
der Voraussezung geschehen darf, daß jeder Einfluß desselben im
Reiche Gottes aufgehoben sei.

        1. Die Vorstellung vom Teufel als einen leeren Gedanken zu
10 bestreiten, gehört eben so wenig in die christliche Glaubenslehre als sie zu
behaupten und das Wesen desselben zu beschreiben. Zu dem lezten ist,
wie aus dem obigen erhellt, kein hinreichender Grund vorhanden, indem
in Christo und seinen Jüngern diese Vorstellung nur eben so war, wie sie
mehr oder weniger in uns allen noch ist, ohnerachtet unserer gänzlichen
15 Ungewißheit über das Dasein eines solchen Wesens. Wie wenig dabei
demohnerachtet von einer gewußten oder gewollten Anbequemung die
Rede sein dürfe, ist schon oben (§. 53, 1.) gezeigt. Eine lehrende Be-
streitung dieser Vorstellung aber kann eben so wenig von der christlichen
Glaubenslehre gefordert werden, da die übrige geistige Schöpfung in
20 dieselbe ohnehin nicht gehört, sondern soll diese Vorstellung be-|stritten   I,231
werden, so mag es anderwärts geschehen. Wir aber, da wir sie in
Verbindung mit den Gedanken Christi und der Apostel finden, haben uns
nur um das richtige Verständniß des jedesmaligen Zusammenhanges zu
bemühen, in welchen diese Vorstellung mit eingeflochten ist, um, da wir
25 nichts haltbares Ganzes daraus zu bilden vermögen, der Bedeutung
derselben an jeder einzelnen Stelle gewiß zu werden, und diese wird
überall auf einen von den §. 55, 3. u. 4. angegebenen Punkten
zurükkommen. − Auf dieselbe Weise aber wie sie im N. T. vorkommt,
muß sie auch ein Recht haben in der religiösen Mittheilung vorzu-
30 kommen. Daher wäre es unrecht über die negative in §. 55. aufgestellte
Behauptung hinauszugehen, und diejenigen zu beunruhigen, denen diese
Vorstellung willkommen oder vielleicht unentbehrlich ist, um sich die

---

17 53, 1] *so* H; *OD:* 11 Zus. 1

---

12 § 57

positive Gottlosigkeit des Bösen an und für sich gedacht zu versinnlichen,
und sich beständig zu erinnern, daß der Mensch gegen das Böse, als eine
Gewalt die in ihrem Ursprung seinem Willen wie seinem Verstand unerreichbar ist, nur bei dem göttlichen Geiste selbst Schuz finden kann.

5   2. Wer hingegen als christliche Lehre behaupten will, es gebe
fortdauernd Einwirkungen des Teufels im Reiche Gottes und auf die
Gläubigen, der sezt sich zunächst in graden Widerspruch mit dem Ausspruch Christi Joh. 12, 31. und dem ebenfalls Christo in den Mund gelegten Wort Ap. Gesch. 26, 18., so wie mit der vollständigsten biblischen
10 Darstellung der poetisirten Volksüberlieferung 2 Petr. 2, 4. Aber es ist
auch nicht geringe Gefahr mit dieser Behauptung verbunden, indem das
Bestreben, alle Erscheinungen in einer einzelnen Seele aus ihrer persön-
lichen Eigenthümlich-|keit und aus den Einflüssen des gemeinsamen   I,232
Lebens zu verstehen, auch zum Behuf der Gottseligkeit nicht weit genug
15 gefördert werden kann, durch diese Annahme aber, wenn sie irgend
Einfluß auf unsere Untersuchungen gewinnen soll, an jeder schwierigen
Stelle gehemmt wird; und zugleich wird der ohnedies so großen Neigung
des Menschen sich selbst zu entschuldigen über das Böse ein Vorschub
geleistet, dessen Einfluß nicht zu berechnen ist. Wie es nun schon übel
20 genug wäre, wenn jemand im Vertrauen auf den Schuz der Engel die ihm
übertragene Sorge für sich und Andere vernachläßigen wollte: so wäre es
gewiß noch weit gefährlicher, wenn statt der strengsten Selbstprüfung
nach Belieben das aufsteigende Böse den Einwirkungen des Satans zugeschrieben würde. Denn der größten Willkühr ist hier Thür und Thor
25 geöffnet, da bestimmte Kennzeichen nicht können angegeben werden; und
nur gar zu gern suchen sich viele Menschen dem weiteren Forschen nach
den geheimen Behältern des Bösen in ihrer Seele zu entledigen. Ja wo ein
lebendiger Glaube ist an Einwirkungen des Satans im strengen Sinn, die
doch nicht anders als unmittelbar innerlich und zauberhaft sein können,
30 da muß das freudige Bewußtsein eines sichern Besizthums im Reiche
Gottes aufhören, indem alles was der Geist Gottes gewirkt hat, den entgegengesezten Einwirkungen des Teufels Preis gegeben — und alle
Zuversicht in der Leitung des Gemüths aufgehoben ist. Daher man mit
Recht sagen kann, daß, wenn hier nicht von einzelnen Zügen die Rede
35 sein soll, die schon wegen Mangel an Zusammenstimmung nicht zu einem
geschlossenen Bilde zusammentreten und sich nicht in der Seele festsezen,
also auch keinen bedeutenden Einfluß gewin-|nen können, sondern von   I,233
einem lebendigen Glauben, der in ein wohlgehaltenes Lehrstük gebracht
werden könnte, da müßte der Gedanke von solchen Einwirkungen des

---

37 233] so H; OD: 234

Satans den Keim des Wahnsinns in sich enthalten, in welchen er leider
auch in seiner gegenwärtigen unvollkomnen Gestalt oft genug ausschlägt. – Eben so wenig möchte ich auf den Grund der Schriftstellen,
welche von einem Fürsten dieser Welt und seiner Macht reden, da andere
5 Stellen diese Macht als schon ganz gebrochen darstellen, aus der Vorstellung von einem gleichsam gegenüber dem Reiche Gottes bestehenden
Reiche des Satans ein feststehendes christliches Lehrstük machen. Denn
diese in sich unhaltbare Vorstellung zeigt sich auch sehr nachtheilig. Sie
schwächt offenbar die Freudigkeit des Muthes, und indem sie den
10 verderblichen Argwohn befördert, der überall einen verborgenen dem
Guten feindseligen Zusammenhang aufspüren will, und die Absichten des
Teufels aufdekken, so hindert sie wesentlich die ächt christliche
Behandlung der Einzelnen, die noch verirrt und unbekehrt sind. – Auch
beruht grade in dieser Hinsicht die innere Wahrheit der Vorstellung vom
15 Teufel nur darauf, daß man ihn nicht in einem festen Begriff, sondern nur
in einzelnen Thätigkeiten als ein leicht zerflatterndes und sich wieder
erzeugendes Bild vorstellen kann; weil nämlich auch der organische Zusammenhang des Bösen, der durch diese Vorstellung repräsentirt werden
soll, nichts beständiges ist, sondern sich nur vorübergehend erzeugt.
20   3. Wenn daher Einige so weit gehn zu behaupten, daß der lebendige
Glaube an Christum gewissermaßen durch den Glauben an den Teufel
bedingt sei: so mögen sie wohl zusehen, daß sie nicht durch diese | Be-   I,234
hauptung Christum herabsezen, sich selbst aber über die Gebühr erheben.
Denn es will doch klingen, als ob die Erlösung durch ihn minder
25 nothwendig wäre und der Glaube an dieselbe nicht in demselben Maaß
gefordert werden könnte, wenn das Böse ohne Teufel nur in der menschlichen Natur selbst seinen Siz hätte.
     Z u s a z. Der liturgische und so auch der, jedoch nicht zu emp-
fehlende, homiletische Gebrauch dieser Vorstellung, welcher fortdauern
30 wird, so lange sie in der lebendigen Ueberlieferung der Sprache ihre
Haltung findet, muß sich daher in allen verschiedenen Beziehungen genau
an den Typus der Schrift halten, indem jede Entfernung von diesem um
desto mehr Verwirrung hervorbringen muß, je mehr die Mittheilungs-
weise sich dem strengen wissenschaftlichen Charakter oder der sym-
35 bolischen Autorität nähert. Am freiesten ist daher der rein dichterische
Gebrauch; denn in der Poesie ist die Personification ganz an ihrer Stelle,

---

3 den] *Kj* dem ?   36 Personification] Personifiication

3f *Joh 14, 30 (vgl. CG² § 45, 1)*   **4f** *Joh 16, 11 (vgl. CG² § 45, 1)*   **20–22** *Vgl. z. B.*
Doederlein. Institutio 1, 447

und aus einem kräftigen Gebrauch dieser Vorstellung in frommen Ge-
sängen wird nicht leicht ein Nachtheil zu besorgen sein. Daher den Teufel
aus unserm christlichen Liederschaz vertreiben zu wollen, nicht nur un-
zwekmäßig wäre, sondern auch in vieler Hinsicht schwer möchte zu ver-
5 antworten sein.

Zweites Lehrstük.
Von der Erhaltung.

59.

Alles was unser Selbstbewußtsein bewegt und bestimmt,
10 besteht als solches durch Gott.

>   Anm. a. Durch den Ausdruk alles scheint der Saz weiter zu gehn als unser
> eigentliches Selbstbewußtsein weder in ei-|nem einzelnen Moment noch in   I,235
> seinem ganzen Verlaufe reicht; denn bei niemand, Christum ausgenommen,
> wird das fromme Selbstbewußtsein in und mit jedem sinnlichen wirklich.
> 15 Allein da dieses nur in dem unvollkomnen Zustande der Einzelnen gegründet
> ist, und wir hier das Abhängigkeitsgefühl im allgemeinen betrachten, auch
> kein gleichförmiges Ausgeschlossensein einzelner Gegenstände aus dem
> Gebiet des frommen Bewußtseins stattfindet: so müssen wir auch von
> unserm Standpunkt aus die Abhängigkeit für allgemein erklären.
> 20   b. Da wir unmittelbar nicht von dem Sein der Dinge bewegt werden,
> sondern immer nur von ihren Thätigkeiten und Veränderungen: so scheinen
> wir den Begriff der göttlichen Erhaltung in engere Grenzen einzuschließen,
> als gewöhnlich geschieht. Allein es ist hier auch das alle Thätigkeiten des
> Wahrnehmens oder Erkennens begleitende Selbstbewußtsein (§. 8, 3.) mit in
> 25 Anschlag zu bringen; sofern wir also wenigstens in dem Versuch begriffen
> sind, sie in ihrem Sein zu erkennen, ist unser begleitendes Selbstbewußtsein
> auch von diesem bewegt und bestimmt.
>   c. In dem Saz ist von göttlichen Zwekken nichts enthalten; denn diese Be-
> trachtung, die einen Gegensaz zwischen Zwek und Mittel voraussezt,
> 30 schließen wir deshalb hier, wo wir es nur mit der Beschreibung des Ab-
> hängigkeitsgefühls überhaupt zu thun haben, völlig aus. Denn mit dem
> Gegensaz Zwek und Mittel ist auch ein unbestimmtes mehr oder minder von
> Zusammenstimmung und Zulänglichkeit gesezt, welches sich im Gefühl als
> Lust und Unlust abspiegelt. Daher wenn eine Festsezung göttlicher Zwekke
> 35 Ausdruk eines Selbstbewußtseins sein soll: so kann sie nur einen Gegensaz in
> demselben ausdrükken, womit wir es gegenwärtig nicht zu thun haben.
> Wiewol darin, daß die Idee der Erlösung den Mittelpunkt alles christlich

---

24 8, 3.] 8. 3

frommen Selbstbewußtseins ausdrükt, schon enthalten ist, daß auch die Abhängigkeit aller Dinge von Gott auf die Erlösung müsse bezogen werden. d. Schriftstellen hier anzuführen scheint völlig überflüssig, da auch in der Schrift schon die göttliche Erhaltung überall vorausgesezt wird. Eben so sind die Bekenntnißschriften über diesen Gegenstand kurz, und alle genaueren Bestimmungen späteren und anderen Ursprungs. |

1. Die meisten Dogmatiker unserer Periode bezeichnen das ganze Abhängigkeitsverhältniß der Dinge in ihrem Fortbestehen durch den Ausdruk göttliche Vorsehung, providentia als Uebertragung des griechischen πρόνοια, und theilen dann diese in Erhaltung conservatio, welche die Abhängigkeit des Seins und aller Kräfte der Dinge ausdrükken soll, in Mitwirkung concursus, welche die Abhängigkeit der Thätigkeiten der Dinge, und in Regierung gubernatio, welche die Leitung aller sowol thätigen als leidentlichen Zustände der Dinge zu den göttlichen Zwekken oder in Gemäßheit der göttlichen Rathschlüsse ausdrükken soll. Allein dieses Begriffsgebiet ist nicht richtig angelegt und eingetheilt. Denn soll von göttlichen Zwekken oder Rathschlüssen die Rede sein: so kann es unmöglich eine Abhängigkeit der Thätigkeiten der Dinge von Gott an und für sich geben, welche den concursus bildet und wieder eine andere, welche sich auf die göttlichen Zwekke und Rathschlüsse bezieht, und einen Theil der gubernatio bildet. Und eben so wenig können göttliche Zwekke und Rathschlüsse durch die thätigen und leidentlichen Zustände der Dinge ausgeführt und erreicht werden, wenn dies nicht schon in dem Sein und den Kräften der Dinge angelegt ist. Also muß von göttlichen Zwekken entweder in allen drei coordinirten Begriffen die Rede sein oder in keinem; und in beiden Fällen kommt durch den Begriff der Regierung, zu dem was schon in dem der Mitwirkung gesezt ist, nur noch das Gebiet der leidentlichen Zustände hinzu. Sonach wäre, da wir von jeder Beziehung auf göttliche Zwekke und Rathschlüsse bei diesem Lehrstük gänzlich absehn, für uns in diesen drei Begriffen nur eine dreifache Betrachtungsweise der all-|gemeinen Abhängigkeit gesezt; oder man könnte auch gleich sagen nur eine zwiefache, da die leidentlichen Zustände des einen Dinges nur die andere Seite sind von thätigen Zuständen eines anderen. Diese beiden Betrachtungsweisen aber müssen als in der Wirklichkeit eines und dasselbe gedacht werden. Denn wenn man denken wollte, es könne eine Erhaltung im engeren Sinne geben ohne auch eine Mitwirkung: so käme man, da alles Fortbestehen nur ein Wechsel thätiger und leidentlicher Zustände ist, darauf zurük, daß es eine Schöpfung gebe ohne Erhaltung im weiteren

I,236

I,237

7−16 *Vgl. die in H genannten Autoren*

Sinne. Und sollte es eine Mitwirkung geben, aber ohne daß auch das Sein
der Dinge fortwährend von Gott abhängig wäre: so könnte dieses Sein
auch im ersten Augenblik unabhängig gewesen sein, als ein der Bildung
durch Thätigkeit und Leiden zum Grunde liegender unabhängig von Gott
5 vorhandener Stoff. Die Aufstellung dieser verschiedenen Begriffe scheint
also eigentlich nur ein Warnungszeichen zu sein, daß nämlich gegen unsre
sonstige Gewohnheit, Sein und Thun und eben so Thun und Leiden von
einander zu sondern, wir, wenn von der Abhängigkeit von Gott die Rede
ist, das eine von dem andern nicht sondern sollen. Indeß scheint auch in
10 dieser Hinsicht die Eintheilung nicht ganz zwekmäßig zu sein. Denn wir
können doch nur das als ein besonderes Sein für sich ansehen, in dem
irgendwie Leben ist oder Kraft, und damit zugleich ist auch ein Kreis von
Thätigkeiten gesezt, und in sofern fällt die Mitwirkung mit der Erhaltung
zusammen. Wie aber diese Thätigkeiten nach einander erscheinen, und in
15 welcher Stärke jede heraustritt, das hängt nicht allein ab von der
ursprünglichen Art zu sein des Dinges selbst, sondern auch von | der Art   I,238
wie es mit anderem lebendigen und wirksamen zusammen trifft, also von
den Einwirkungen anderer Dinge und von seinen eigenen leidentlichen
Zuständen. Auf diese Weise nun fällt ein anderer Theil des concursus
20 zusammen mit dem was wir von gubernatio aufnehmen können; und
wir bekommen statt der ursprünglichen drei Betrachtungsweisen zwei
andere, die eine bezieht sich auf das Fürsichgeseztsein jedes Dinges und
das was daraus hervorgeht; die andere auf dessen Zusammensein mit allen
übrigen, und was daraus hervorgeht. Auch diese aber dürfen nicht von
25 einander unabhängig gedacht werden, und man faßt sie also am sichersten
zusammen in die Vorstellung des beziehungsweisen und durch das
Zusammensein mit allem übrigen bedingten Fürsichgeseztsein alles
endlichen. Eben dadurch aber ist jedes, was vereinzelt werden kann, ein
Theil der Welt; und wir erreichen also ganz dasselbe, was durch
30 Aufstellung jener Begriffe erreicht werden soll, wenn wir unsern Saz nur
so ergänzen: Alles was uns als ein Theil der Welt bewegt, besteht als
solcher nur durch Gott. – Hiedurch entgehen wir zugleich der
Schwierigkeit, daß, da die drei üblichen Begriffe auf einer Sonderung des
Seins vom Thun oder Leiden beruhen, ihre Grenzen ganz verschieden
35 bestimmt werden müssen, je nachdem man dem Sein und dem Thun und
Leiden einen andern Siz anweiset. Sieht man realistisch die allgemeinen
Dinge als das eigentlich Seiende an, so sind die einzelnen nur Actionen
von jenen, und die Erhaltung der Individuen fällt in den Begriff des concursus. Sezt man dagegen nominalistisch die Einzelwesen als das einzig

---

27 Fürsichgeseztsein] *Kj* Fürsichgeseztseins

seiende: so ist das Fortbestehen der Gattungen nur ein Ergebniß aus den
zusammenwirkenden thätigen und | leidentlichen Zuständen der Einzel-   I,239
wesen, und fällt also in den Begriff der Regierung.

2. Eine andere Bewandniß hat es damit, daß Einige die Erhaltung im
5   engeren Sinne, wie sie nämlich das Sein und die Kräfte der Dinge zum
Gegenstande hat, eintheilen in die allgemeine, welche sich auf die ganze
Welt als Einheit, die besondere, welche sich auf die Gattungen, und die
besonderste, welche sich auf die einzelnen Dinge bezieht[1]. Denn die
Glieder dieser Eintheilung sind völlig gleichbedeutend, und jedes schließt,
10 nur auf seine eigene Weise, die anderen beiden in sich. – Nicht allein aber
überflüssig, sondern durch allzuleichten Mißverstand schädlich und
verwirrend, ist der gewöhnliche Zusaz, Gott erhalte die Dinge bei ihrem
Sein und ihren Kräften so lange er wolle – „quousque vult". Denn dies
klingt als ob der erhaltende Wille Gottes irgendwann aufhöre, und Gott
15 muß doch in der Erhaltung eben so gut als in der Schöpfung außer allem
Mittel und Gelegenheit der Zeit bleiben. Offenbar aber muß in diesem
„quousque" für jedes Ding Anfang und Ende auf gleiche Weise gesezt
sein. Auf die Welt als Einheit bezogen würde der Zusaz also entweder
zugleich die Schöpfung in der Zeit in sich schließen und das Ende der
20 Welt, oder zugleich die Endlosigkeit der Welt nach beiden Seiten hin. Da
nun beides gleich gut aus dem Zusaz abgeleitet werden kann: so sagt er
eigentlich in Beziehung auf die Welt als Einheit gar nichts. Von den
Gattungen aber, so fern sie vergänglich sind, gilt | ganz dasselbe wie von   I,240
den Einzelwesen – unter denen wiederum die ein System von Gattungen
25 in sich schließenden Weltkörper oben anstehn – daß nämlich das Maaß
ihrer Dauer nichts anders ist als der Ausdruk des Maaßes ihrer Kraft in
ihrem Zusammensein mit allem übrigen, und daß also die Abhängigkeit
ihrer Dauer schon von selbst in der Abhängigkeit ihres Seins eingeschlossen ist. So daß dieser Zusaz, da er in jeder Beziehung überflüssig ist,
30 seiner Mißverständlichkeit wegen besser vermieden wird.

3. In dem Lehrsaz ist auch das kleinste und unbedeutendste nicht
ausgeschlossen aus dem Verhältniß der gänzlichen Abhängigkeit von Gott.
Wir würden aber nicht veranlaßt sein dies besonders zu bemerken, wenn
nicht auf der einen Seite ein unrichtiger Werth auf die ausdrükliche

35 [1] Ein anderer Gebrauch dieser Eintheilung, da nämlich die besondere Vorsehung
das menschliche Geschlecht und die besonderste die Frommen zum Gegenstande
hat, gehört für uns nicht hieher.

4–8 Vgl. z. B. Ammon: Summa 161f   12f Z. B. Quenstedt: Systema 1, 760   35–37
Vgl. z. B. Morus: Commentarius 1, 313

unmittelbare Befassung auch des kleinsten unter das allgemeine Abhängigkeitsverhältniß gelegt würde, auf der andern Seite dagegen in mancherlei
Fällen das Gefühl eine solche Beziehung verwürfe. — Unrichtig nämlich
scheint es zu sein, wenn man meint, auch das kleinste müsse deshalb
5 ausdrüklich von Gott geordnet sein, weil oft das größte aus dem kleinsten
hervorgehe. Denn was so oft vorgebracht wird von großen Begebenheiten
aus kleinen Ursachen, ist nur ein leeres aber nicht unverdächtiges Spiel der
Fantasie, indem die Betrachtung dadurch von dem allgemeinen
Zusammenhang, in welchem die eigentlichen Ursachen liegen, abgelenkt
10 wird. Eine reine Betrachtung kann immer nur angelegt werden auf den
Grund der Gleichheit von Ursachen und Wirkungen, sowol auf dem
geschichtlichen Gebiet als auf dem Naturgebiet; und man darf dabei nicht
vergessen, daß nur jedesmal in bestimmter Beziehung einzelne Ver-|ände-   1,241
rungen mit ihren Ursachen für sich gesezt und aus dem allgemeinen Zu-
15 sammenhang herausgerissen werden dürfen. Verbindet sich aber mit einer
solchen Betrachtung das fromme Gefühl: so muß auch die Betrachtung
sich zu dem allgemeinen Zusammenhang zurükwenden, damit nicht auf
menschliche Weise vereinzelte und getheilte Thätigkeit in Gott gesezt
werde. — Was das Widerstreben des Gefühls gegen die unmittelbare Be-
20 ziehung des kleinsten auf das durch Gott gesezt und geordnetsein betrifft,
so äußert es sich vornehmlich theils wenn es auf Unterschiede ankommt,
die uns völlig unbedeutend erscheinen, z. B. ob der eine Arm bewegt wird
oder der andere, und ob ein getretener Grashalm zerknikt wird oder sich
wieder erhebt, theils auch wenn von dem Ausschlag solcher Zufälle die
25 Rede ist, die nicht in das Gebiet des Ernstes gehören, z. B. von Gewinn
oder Verlust im Spiel. Hier sträubt sich das Gefühl und fürchtet, die
Lehre könne auf Frevel gezogen werden. Allein auch dies kann nur der
Fall sein, wenn man gegen die schon oben anempfohlene Vorsicht eine
getheilte und auch auf dergleichen vereinzelte göttliche Anordnung
30 annimmt. Denn wenn man die Fälle der ersten Art in ihrem Zusammenhang als einzelnen Ausdruk allgemeiner Geseze betrachtet, und die
lezteren auf die Constitution eines gemeinsamen Willens zurükführt: so
wird nichts mehr dagegen sein, in beiden auch die Abhängigkeit von Gott
anzuerkennen.

---

13 einzelne] *so auch Reutlingen 1, 214 (vgl. CG² § 46, 1 1, 247); OD:* einzelner

---

4–7 *Vgl. z. B. Buttstedt: Vorsehung 97*   6f*Vgl. z. B. Richer: Große Begebenheiten aus
kleinen Ursachen (Leipzig 1771)*

60.

Das eben beschriebene Bewußtsein und die Einsicht in die
Bestimmtheit dessen, was uns bewegt durch den Naturzusammen-
hang, sind auch in | ihrer größten Vollkommenheit überall voll-   I,242
5 kommen vereinbar.

1. Es ist zwar eine sehr gewöhnliche Vorstellung, daß, wenn wir
etwas in seinem ganzen Naturzusammenhang vollkommen begreifen, wir
es dann weniger abhängig denken können von Gott, und daß umgekehrt
wenn wir etwas unter der Abhängigkeit von Gott vorstellen, wir alsdann
10 den Naturzusammenhang desselben um so mehr dahingestellt sein lassen[1].
Allein daß dieses mit dem bisherigen nicht übereinstimme, also auch von
uns nicht angenommen werden könne, leuchtet ein. Denn es müßte sonst
mit der Vollendung unserer Erkenntniß der Welt die Aufforderung zur
Entwiklung des frommen Bewußtseins aufhören, und also auch schon
15 vorher jeder weiseste am wenigsten fromm sein, ganz gegen die
Voraussezung, daß die Frömmigkeit der menschlichen Natur wesentlich
ist. Oder auf der andern Seite müßte umgekehrt das Bestreben die
Frömmigkeit zu erhalten allem Forschungstrieb und aller Erweiterung
unserer Naturkenntniß entgegenstreben, welches aber folgerecht durch-
20 geführt eben so gut die Frömmigkeit vernichten würde, zufolge unserer
Voraussezung, daß diese Richtung nur verwirklicht wird in einem
sinnlichen Selbstbewußtsein, indem ein jedes solches immer einen
aufgefaßten Naturzusammenhang in sich schließt. Auch ist wol allgemein
anerkannt, daß das nur eine falsche Weisheit ist, welche die Frömmigkeit
25 aufhebt, und daß es nur ein Mißverstehen der Frömmigkeit ist, wenn ihr
zu Liebe das Fortschreiten der Erkenntniß gehemmt werden soll. Sondern
wie uns beides gleich wesentlich ist, das Selbstbewußtsein | in seiner   I,243
ganzen Entwiklung und das objective: so muß auch jedes von beiden mit
dem andern auf allen Punkten zusammenstimmen.
30 2. Auch beruft man sich in dieser Hinsicht mit Unrecht in sofern auf
das Gefühl selbst, daß das unbegriffene als solches, uns immer mehr als
das verstandene zur wirklichen Entwiklung eines frommen Gefühls
stimmen soll. Denn wenn man hievon die großen Naturerscheinungen
zumal der elementarischen Kräfte als Beispiel anführt: so liegt der Grund
35 ihrer Wirkung auf die Frömmigkeit nicht in ihrem Nichtverstandensein;
denn durch irgend eine hypothetische Erklärung, der jemand mit der

---

[1] S. §. 40, 2.

größten Zuversicht beifallen kann, wird jenes Gefühl nicht aufgehoben. Sondern der Grund liegt in der Unübersehlichkeit ihrer Wirkungen, besonders auch ihrer zerstörenden, auf das menschliche Dasein und die Werke menschlicher Kunst, also in dem erregten Bewußtsein von der
5 Relativität der Selbständigkeit des Einzelnen und dem Bedingtsein desselben durch allgemeine Potenzen. Dieses aber ist der tiefste Blik in die größte Allgemeinheit des Naturzusammenhanges, und könnte daraus also nur umgekehrt für unsern Saz gefolgert werden. Das unverstandene veranlaßt freilich den Menschen, vermöge seiner ungeduldigen Trägheit,
10 es am liebsten unmittelbar auf übernatürliches zu beziehen; allein diese Beziehung gehört dann gar nicht der Richtung auf die Frömmigkeit an, weil sie die Stelle des Naturzusammenhanges vertreten, und nicht mit und neben demselben in der Seele gesezt sein will, und weil sie eben deshalb nur das unverstandene in diese Abhängigkeit sezt, und nicht gleichmäßig
15 alles. Und das Mißverständniß, welches hiebei zum Grunde liegt, giebt sich | auch dadurch deutlich genug zu erkennen, daß grade dieser Weg es I,244 ist, auf welchem der Mensch sich eben so gut böse und zerstörende übernatürliche Gewalten dichtet als gute; das Gegenüberstellen dieser beiden aber kann nie aus dem Interesse der Frömmigkeit entstanden sein, weil die
20 Einheit und Ganzheit des Abhängigkeitsverhältnisses dadurch zerstört wird.

3. Unmittelbar wird unser Saz, der alle diese Mißverständnisse auflöset, so erhellen. Das Abhängigkeitsgefühl ist am vollkommensten, wenn wir in unserm Selbstbewußtsein uns mit der ganzen Welt
25 identificiren, und uns auch so noch, gleichsam als diese, abhängig fühlen. Aber jenes können wir nur am vollkommensten thun, indem wir alles scheinbar getrennte und vereinzelte verbinden, und durch diese Verknüpfung alles als Eines sezen. Das heißt aber die vollkommenste Abhängigkeit jedes Einzelnen von allem insgesammt sezen, und also
30 stimmt beides vollkommen überein. − Wenn man zurückgeht auf das oben verschiedentlich (9, 2. u. 15, 2. 5.) festgestellte Verhältniß zwischen Gott und Welt: so kann man sagen, wo irgend ein Naturzusammenhang im Selbstbewußtsein gesezt wird, da ist auch die Möglichkeit dieses zum Weltbewußtsein zu steigern, und also findet das höchste Abhängigkeitsgefühl
35 dabei Raum, und wird erregt werden nach Maaßgabe als die Richtung auf die Frömmigkeit überhaupt dominirt. Ebenso umgekehrt, wo ein frommes Gefühl wirklich geworden ist, da ist immer ein Naturzusammenhang schon gesezt, und somit wird das Bestreben diesen nach allen Seiten hin zu vollenden nach dem Maaß erregt werden, als überhaupt die
40 Richtung auf das Erkennen dominirt. Denken wir uns also in einem Menschen beide Richtungen in ih-|rer höchsten Entwiklung: so werden I,245

31 9, 2] *Kj* 9, 3 *oder* 10, 2

sich auch die Aeußerungen beider immer in ihm auf das genaueste verbinden, so daß jede Weltvorstellung ihm zum vollkommensten frommen
Gefühl, und jedes fromme Gefühl zur vollkommensten Weltvorstellung
wird. — Wie dieses, daß die Abhängigkeit aller Veränderungen und
5 Begebenheiten von der göttlichen Erhaltung und die Abhängigkeit
derselben von dem allgemeinen Zusammenhang nicht eine die andere
begrenzt, und auch nicht eine von der andern gesondert ist, sondern nur
dasselbe aus verschiedenen Gesichtspunkten angesehen, schon von den
strengsten Dogmatikern anerkannt worden, davon sei ein Beispiel
10 Quenstedts[2] Beschreibung der göttlichen Mitwirkung. „[. . .] observandum [. . .] quod Deus non solum vim agendi det causis secundis et
etiam conservet, [. . .] sed quod immediate influat in actionem et effectum
creaturae, ita ut idem effectus non a solo Deo nec a sola creatura, [. . .] sed
unâ eâdemque efficientiâ totali simul a Deo et creatura producatur [. . .]"
15 und bald darauf „actum dico (sc. concursum Dei) non praevium ac-
tionis causae secundae [. . .] nec subsequentem ... sed talis est actus,
qui intime in ipsa actione creaturae includitur, imo eadem actio creaturae
est." In welcher Beschreibung nicht das zu tadeln sein möchte, was ihr für
Manche einen gewissen Schein des Pantheismus geben wird. Denn da auch
20 auf dem Gebiet der Weltweisheit keine bestimmte Formel aufgestellt ist,
um allgemeingültig das Verhältniß zwischen Gott und Welt zu
bezeichnen: so ist es um so natürlicher, (S. §. 15, 5.) daß im dogmatischen
Gebiet bald solche vor-|kommen, die sich mehr dem Extrem der ver-   I,246
mischenden Identität, bald solche die sich mehr dem der entgegensezenden
25 Scheidung nähern, und die hier angeführte ist eine von der ersten Art.
Sondern was zu tadeln sein möchte, und auch bei demselben Schriftsteller
eine Quelle unhaltbarer Bestimmungen geworden ist, das ist der Ausdruk
„immediate", welcher doch wieder darauf zurükzugehen scheint, daß zu
dem Hervorgehen der einzelnen Thätigkeit eines Dinges aus der ihm
30 einwohnenden Kraft noch ein besonderes Hervorgehen derselben
Thätigkeit aus der göttlichen Mitwirkung hinzukomme, also auch der
göttliche „actus", um bei denselben Ausdrükken zu bleiben, der die
Kräfte erhält, ein anderer sei, als der zu den Thätigkeiten mitwirkt,
welches aber unmöglich ist, indem eine Kraft nur ist im Thätigsein, eine
35 ruhende aber im strengen Sinne des Wortes ein Unding ist. Was aber die
schon in der Erhaltung der Kraft mitgesezten Thätigkeiten werden, indem
sie durch andere Dinge hindurchgehn, das ist zwar auch auf dieselbe

---

[2] System. theol. p. 760. 761.

---

9 worden] *so H; OD:* werden   10f observandum] Observandum

10—14 *Quenstedt: Systema 1, 760*   15—18 *Quenstedt 1, 761*

göttliche Erhaltung, die zugleich Mitwirkung ist, zurükzuführen, aber nur
wie sie sich auf jene Dinge, durch welche die angefangene Thätigkeit
hindurchgeht, bezieht. Daher ist in dem Gebiet der Abhängigkeit von
Gott alles gleich vermittelt und gleich unvermittelt, und eine Unterschei-
5 dung, wie sie bei vielen Dogmatikern vorkommt, zwischen unvermittelter
göttlicher Mitwirkung, concursus immediatus, welche auf die Kräfte,
und einer vermittelten, concursus mediatus, welche auf die einzelnen
Thätigkeiten geht, ist gewiß unrichtig.

<h2 style="text-align:center">61.</h2>

10   Hieraus geht hervor, daß auf dem ganzen | Gebiet der Fröm-   1,247
migkeit eben so wenig eine Nothwendigkeit entstehen kann, ein
schlechthin übernatürliches anzunehmen, als dieses (nach §. 20.)
mit der Thatsache einer bestimmten Offenbarung zusammenhängt.

        1. Nämlich was als ein schlechthin übernatürliches, d. h. aus der
15 Abhängigkeit vom Naturlauf und von der allgemeinen Wechselwirkung
alles endlichen ganz ausgesondertes, in unser objectives Bewußtsein
aufgenommen wäre, das könnte als solches nur eine unsichere oder un-
vollkommene religiöse Erregung hervorbringen; und eine solche kann,
weit entfernt nothwendig zu sein, nur als ein Durchgangszustand
20 angesehen werden. Daher vielmehr ein Interesse entsteht, alles was für
schlechthin übernatürlich gehalten wird, in das nur beziehungsweise übernatürliche aufzulösen. Indem wir dieses als einen allgemeinen Kanon
aufstellen, können wir um so weniger verpflichtet sein, die einzelnen Fälle
hier durchzunehmen, als sie sich theils nicht vollständig aufführen lassen,
25 da es hierin weder allgemeine Uebereinkunft noch feste Grenzen giebt,
theils auch nach ihrer strengeren Form noch nicht von uns beurtheilt
werden können. Nur zwei Beziehungen können wir hier beispielsweise
behandeln, wovon die eine jedem frommen Gemüth ohne Unterschied die
andere jedem christlich frommen besonders wichtig ist. Die erste ist die
30 Gebetserhörung, da nämlich, wenn etwas um des Gebetes willen anders
wird als es sonst geworden sein würde, sofern das Gebet keine eigene
physische Wirksamkeit haben kann, ein solcher Erfolg allerdings eine
absolute Störung des Naturlaufes scheint sein zu müssen, ohne einen
solchen | aber nichts den Namen einer Gebetserhörung eigentlich ver-   1,248
35 dienen könnte. Allein hiebei vergißt man auf der einen Seite, daß durch

---

4—8 *Vgl. z. B. den Hinweis bei Mosheim: Elementa 1, 440—443*

Gott doch nur das beste kann geordnet sein, welches wegen solcher Bitten, die immer nur von unvollkomner Kenntniß ausgehen, nicht kann geändert werden, auf der andern aber, daß das Gebet selbst als ein bestimmter Gemüthszustand schon von der erhaltenden göttlichen
5 Mitwirkung abhängt, und der demselben entsprechende Erfolg daher auf keine andere Art von ihr abzuhängen braucht als das Gebet selbst. Welches wir menschlicherweise so auszudrükken pflegen, daß das vorausgesehene erhörliche Gebet das Hervorgehen des Erfolges in Gemäßheit mit dem natürlichen Verlauf mitbestimmt habe; und so fällt
10 auch hier das schlechthin übernatürliche weg. Die andere ist die Wiedergeburt, welche freilich in gewissem Sinn sogar über die erhaltende göttliche Mitwirkung hinausgeht und gradehin als eine neue Schöpfung angesehen werden kann. Allein das neugeschaffene ist doch, nachdem der göttliche Geist einmal in der Kirche waltet, nur ein einzelnes Leben, und
15 die Entstehung eines einzelnen organischen Lebens aus der fortpflanzenden Kraft der Gattung wird ja für kein absolutes Wunder gehalten. Eben so kann diese geistige Zeugung, da sie mittelst der Predigt des Wortes, welche von Christo ausgeht, bewirkt wird, in keinem anderen Sinne übernatürlich sein, als in welchem die Erscheinung Christi es auch ist.
20 Diese beiden freilich vorweggenommenen Beispiele mögen hinreichen um die Anwendung des Kanon anschaulich zu machen.

2. Die Theorien, welche das absolute Wunder im allgemeinen feststellen wollen, scheinen auch dem aufgestellten Saz wenig anzuhaben. Denn wenn man sagt, | die Wunder seien nothwendig als Darlegung der   1,249
25 göttlichen Allmacht, so ist es wol schwer zu begreifen, wie sich die Allmacht größer zeigen sollte in den Abänderungen des Weltlaufs als in dem nach ursprünglicher Anordnung unabänderlichen Verlauf desselben; und unverkennbar, daß das Aendern können in dem selbst geordneten nur ein Vorzug ist für den Ordnenden, wenn es für ihn, vermöge irgend einer
30 Unvollkommenheit sei es seiner selbst oder seines Werkes, ein Aendern müssen giebt, sonst aber nicht: und daß das Eingreifen können in außer uns gesezte Dinge nur dann einen Werth hat, wenn diese auch ihrerseits in uns eingreifen, oder wenigstens uns einen Widerstand entgegensezen. – Darum sagt scharfsinniger, aber wol nicht haltbarer, S t o r r [1], Gott habe
35 theils vielleicht der Wunder bedurft um den Einwirkungen der freien Ursachen in den Naturlauf entgegenzuwirken, theils könnte er noch andere Gründe gehabt haben, warum er sich nicht außer aller

---

[1] Dogmat. §. 35.

24f Vgl. z. B. Buddeus: Institutiones 245f   **38** Dogmatik 1, 333–337; s. Anhang

unmittelbaren Verbindung mit seiner Welt sezen wollte. Denn das lezte
sezt voraus, daß es für Gott einen Gegensaz zwischen mittelbarem und
unmittelbarem Handeln gebe, der sich ohne eine Beschränkung nicht
denken läßt; das erste aber erscheint um deswillen ganz leer, weil der
5 allgemeine Weltzusammenhang nicht aus dem sogenannten Naturmechanismus allein besteht, sondern aus dem Ineinandersein dieses und der
freihandelnden Wesen, so daß, wie einige Philosophen es gemein-
verständlich ausgedrükt haben, bei jenem schon auf diese, so wie bei
diesen auf jenen, gerechnet ist; und überdies haben die biblischen Wunder,
10 um derentwillen doch die ganze Theorie auf-|gestellt wird, gar nicht einen   I,250
solchen Inhalt, daß sie das wiederherstellen könnten, was die freien Wesen
im Naturmechanismus alterirt hätten, sondern hiezu sind sie zu vereinzelt
und beschränkt.
      3. Wie wenig die Annahme absoluter Wunder eigentlich durch unsere
15 frommen Erregungen gefordert ist, das giebt sich auch an den
dogmatischen Bestimmungen zu erkennen, wodurch man diese Annahme
mit den Begriffen in Verbindung zu bringen gesucht hat, welche die
gänzliche Abhängigkeit des endlichen in verschiedenen Beziehungen
bezeichnen sollen. Denn diese entfernen sich, je bestimmter sie das
20 absolute Wunder bezeichnen wollen, um desto mehr davon Ausdruk einer
religiösen Erregung zu sein, und verlieren dadurch zugleich immer mehr
ihren eigentlichen dogmatischen Gehalt. Da nämlich dasjenige, woran sich
ein Wunder begiebt, in Verbindung steht mit allen endlichen Ursachen,
und also durch diese irgend etwas in ihm würde erfolgt sein, statt dessen
25 das Wunder erfolgt: so giebt es von diesem eine zwiefache Ansicht, deren
eine mehr positiv ist, die andere mehr negativ. Die leztere sieht zunächst
darauf, daß dasjenige nicht erfolgt, was dem natürlichen Zusammenhang
gemäß erfolgt sein würde, und sezt also eine Verhinderung der Wirkung,
ohnerachtet die Ursachen in Thätigkeit gesezt sind. Allein diese kann von
30 dem Eintreten anderer natürlich gegenwirkender Ursachen herrühren, und
das absolute Wunder ist auf diese Art nur recht beschrieben, wenn man
sagt es werde eine Wirkung verhindert, ohnerachtet alle wirksamen
Ursachen zur Hervorbringung derselben zusammenstimmen. Allein dann
hören sie auch in ihrer Gesammtheit auf Ursachen zu sein, und statt ein
35 einzelnes übernatürliches zu sezen, wird in | der That der ganze Begriff   I,251
der Natur aufgehoben[2]; indem Thätigkeit gesezt wird ohne Wirkung d. h.
vereinzeltes Sein ohne Wechselbeziehung. Andere glauben leichter zum

---

[2] Einige haben dies freilich als die eigentliche Erklärung des Wunders aufgestellt:
   „[...] operatio qua revera naturae leges quibus totius huius universi ordo et

---

12 sondern] sdndern

7—9 Vgl. dazu z. B. Baumgarten: Metaphysik, S. 151—156 §§ 338—344; S. 288—290 §§ 561—
563   26—29 Vgl. z. B. Gerhard: Loci, ed. Cotta 4, 85 a; ed. Preuss 2, 28 a

Ziel zu kommen, wenn sie, die positive und die negative Seite zusammenfassend, die göttliche Mitwirkung von vornher eintheilen in die ordentliche und außerordentliche, jene den natürlichen und diese den übernatürlichen Wirkungen zutheilend, so daß die negative Seite eines
5 Wunders das Zurükziehen der ordentlichen Mitwirkung ist, die positive aber das Eintreten der außerordentlichen. Allein bei jenem Zurükziehn kommt die Thätigkeit selbst nicht zu Stande[3] und dann ist die göttliche Erhaltung aufgehoben, weil die Kraft nicht erhalten wird, wenn sie nicht thätig ist. Und ist die positive Seite des Wunders als das Eintreten einer
10 außerordentlichen göttlichen Mitwirkung dargestellt: so wird das Wunder in die endlichen Ursachen gesetzt, aber so, daß durch sie etwas zu Stande kommt, was ihrer natürlichen Beschaffenheit nach nicht durch sie zu Stande kommen könnte. Allein da | die göttliche Mitwirkung, richtig gedacht, die   I,252 Thätigkeit des handelnden endlichen Wesens selbst ist: so muß dieses
15 ein anderes werden, wenn es bewirken soll, was es seiner Natur nach nicht kann, und diese außerordentliche Mitwirkung ist also eine wahre Schöpfung, auf welche hernach die Wiederherstellung in den vorigen Zustand als eine abermalige Schöpfung folgen muß; eine Vorstellung, zu welcher sich wol nicht leicht jemand bekennen wird. Dasselbe drükken andere so aus,
20 Gott bringe aus den causis mediis andere Wirkungen hervor; allein entweder werden sie nicht aus ihnen hervorgebracht, oder die Ursachen

---

conservatio innititur suspenduntur." Budd. Thes. de atheism. p. 291. Allein selbst Storr bevorwortet doch, daß die Naturgeseze nicht sollen durch die Wunder suspendirt werden. Und Thomas p. I. qu. CX., welcher freilich auch
25 sagt: „ex hoc [. . .] aliquid dicitur [. . .] miraculum, quod sit praeter ordinem totius naturae creatae, quo sensu solus Deus facit miracula": fügt bescheiden hinzu: „Nobis non est nota omnis virtus naturae creatae; cum ergo fit aliquid praeter ordinem naturae creatae nobis notae per virtutem creatam nobis ignotam, est quidem miraculum quoad nos, sed non simpliciter."
30 [3] Quenstedt l. c. „[. . .] Deo concursum suum subtrahente cessat creaturae actio [. . .]".

---

27 hinzu:] hinzu;

1–4 Vgl. z. B. Quenstedt: Systema 1, 765 f   19 f Vgl. z B. Gerhard: Loci, ed. Cotta 4, 85 a; ed. Preuss 2, 28 a   22 Jena (1717) 289. Vermutlich übernimmt Schleiermacher die bei Gerhard: Loci, ed. Cotta 12, 93 b not. gefundene Angabe (fehlt in ed. Preuss)   22–24 Dogmatik 1, 334 f (in Anhang zu I, 177, 38)   24 Summa theologica p. 1 qu. 110 art. 4, ed. Leiden 1663, 561; Leonina 5, 514; Deutsche Thomas-Ausgabe 8, 162 f. Schleiermacher, der von diesen Ausgaben in auffälliger Weise abweicht, übernimmt weitgehend das bei Gerhard gefundene Zitat (Loci, ed. Cotta 12, 95 a; ed. Preuss 5, 552 b)   30 Quenstedt: Systema 1, 760

sind in diesem Hervorbringen andere, und die Sache kommt auf dasselbe
hinaus. Dem zu entgehen erklären noch andere das Wunder so, daß Gott
dabei wirksam sei ohne an Zwischenursachen gebunden zu sein („non
alligatus causis secundis"). Allein wo man auch diese ungebundene
5 göttliche Einwirkung, die immer den Schein von etwas magischem hat,
will anheben lassen, da zeigen sich solch eine Menge von Möglichkeiten,
wie dasselbe kann durch natürliche Ursachen bewirkt worden sein, daß
man das oben angeführte Geständniß des Thomas auf alle Fälle ausdehnen
und sagen muß, wir sind nie im Stande ein miraculum simpliciter tale
10 als ein solches nachzuweisen. — Uebrigens ist auch diese ganze Terminologie, die natürlichen Ursachen causas medias oder secundas zu nennen,
schon von dem Grundfehler angestekt, daß man die Abhängigkeit der
Ereignisse von Gott, als eine mit der Abhängigkeit von dem endlichen
nicht auf demselben Punkt befindliche, hinter dieselbe zurükschiebt. Und
15 im allgemeinen ist nicht zu verkennen, daß von diesen verschiedenen
Erklärungen die eine mehr auf eine, die andere mehr auf | eine andere   I,253
Klasse biblischer Wunder paßt, und also deren verschiedene Beschaffenheit an der Bildung aller dieser Abtheilungen und Unterscheidungen einen
bedeutenden Antheil hat. Daher es denn nicht zu verwundern ist, daß sie,
20 von einzelnen Fällen hergenommen und diese nach einer unbegründeten
Voraussezung behandelnd, sämmtlich unhaltbar ausgefallen sind.

  4. Auch in Bezug auf das Wunderbare überhaupt scheinen demnach
das Interesse unserer Naturforschung und das unserer Frömmigkeit auf
demselben Punkt zusammenzutreffen. Dies ist nämlich alles zusammen-
25 gefaßt der, daß wir das schlechthin übernatürliche als unerkennbar und als
nirgend gefordert sein lassen, und demnächst im allgemeinen eingestehen,
daß wir unsere Kenntniß der erschaffenen Natur nur als werdend ansehn
können, und also am wenigsten ein Recht haben, irgend etwas für
natürlich unmöglich zu erklären; dann aber noch insbesondere zugeben,
30 daß wir auch die Grenzen für das Wechselverhältniß des leiblichen und
geistigen weder genau bestimmen noch auch nur behaupten können, daß
sie überall und immer ganz dieselben sind ohne Erweiterungen zu vertragen oder Schwankungen ausgesezt zu sein. Denn so bleibt alles, was
geschieht oder geschehen ist, auch das wunderbarste, innerhalb der
35 Grenzen der Forschung, zugleich aber, wo dasselbe seines Finalzusam-
menhanges wegen das fromme Gefühl aufregt, findet sich dieses durch die
Möglichkeit einer künftigen Erkenntniß auf keine Weise beeinträchtigt.
Die schwierige und höchst bedenkliche Aufgabe, an deren Lösung die
Dogmatik sich so lange vergeblich abgemüht hat (S. Gerhard loc. th. loc.

2—4 *Vgl. z. B. Chemnitz: Loci 1, 143ᵛ*

XXIII. §. 271.) die Kennzeichen zur Unterscheidung der falschen und
teuflischen Wunder von den | göttlichen und wahren festzustellen, fällt I,254
nun ganz weg nach dem hier und 21, 2. gesagten.

62.

Auch alles, was uns als Uebel in dem weitesten Umfange des
Wortes bewegt, ist unter dem allgemeinen Verhältniß der Ab-
hängigkeit in Verbindung mit allem übrigen mit befaßt und von
Gott geordnet.

Anm. a. Wie wir unten von einem andern Standpunkt aus alles Uebel mit unter
das Böse oder die Sünde befassen werden: so rechnen wir hier unter das
Uebel auch das Böse mit. Es ist aber hier von beidem nicht die Rede seinem
innersten Grund und Ursprung nach, denn dann würden uns Fragen entstehen, in welchen wir auch über die Erhaltung hinaus auf die Schöpfung
zurükgehen müßten; sondern nur, der allgemeinen Bestimmung dieses
Lehrstükkes gemäß, sofern beides in irgend einem kraft seiner Abhängigkeit
von Gott fortbestehenden endlichen Sein erscheint, und dieses selbst oder ein
anderes ein Selbstbewußtsein mitbestimmend bewegt.
b. Und da hier von dem frommen Gefühl nur so die Rede ist, wie sich der
Gegensaz in demselben erst entwikkeln soll: so kann auch die Sünde hier
nicht vorkommen in dem Sinn, in welchem sie der Grund aller religiösen
Unlust ist, sondern so wie, wenn sie das Bewußtsein bewegt, und dieses
dennoch zum frommen gesteigert wird, sich beides Lust und Unlust daraus
entwikkeln kann; also nicht ihrem innern Wesen, sondern ihrer äußeren
Erscheinung nach.

1. Wir können für alles, was wir unter den Begriff des Uebels aufnehmen, einen zwiefachen Gesichtspunkt aufstellen. Uebel ist für ein Wesen
entweder das, wodurch dessen Dasein theilweise aufgehoben wird, oder
das, wodurch es im Streite mit einem andern theilweise überwunden ist.
Jenes findet sich mehr auf dem natürlichen Gebiet, dieses mehr auf dem
geschicht-|lichen; allein streng getrennt sind beide Gesichtspunkte nicht, I,255
sondern der eine läßt sich auf den andern zurükführen. Denn da wir
irgend ein Ding nur als ein wenigstens relativ für sich geseztes ansehen
können, sofern es ein thätiges ist, so kann auch sein Dasein theilweise nur
aufgehoben werden, indem Thätigkeiten desselben aufgehoben werden,
welches nicht ohne Kampf und Streit geschehen kann; und eben so wenn
ein Ding im Kampf mit andern theilweise überwunden wird, also seine

angefangenen Thätigkeiten nicht zu Stande bringen kann: so ist dieses zugleich eine theilweise Aufhebung seines Daseins, indem es nur durch seine Thätigkeiten ist.

2. Offenbar aber weiset der eine Gesichtspunkt mehr auf die Zusam-
5 mengehörigkeit des beharrlichen mit dem wechselnden und vergänglichen in allem endlichen Sein, der andere mehr auf die Zusammengehörigkeit des Fürsichgeseztseins und der allgemeinen Wechselwirkung und gegenseitigen Bedingtheit. Wie nun das Vergehen des wechselnden im beharrlichen, wozu dann auch die Einzelwesen in der Gattung gehören,
10 von Gott geordnet ist: so müssen auch dessen natürliche Ursachen, d. h. alle Uebel, welche gleichsam Theile des Todes sind, oder deren höchster Gipfel der Tod ist, von Gott geordnet sein, mögen sie nun als innere oder als äußere erscheinen, welches aber beides immer, nur in verschiedenem Grade, verbunden sein wird; und zwar eben so gut müssen die Uebel von
15 Gott geordnet sein, wie das hülfreiche und heilsame von ihm geordnet ist, wodurch die Entwiklung und das Bestehen des wechselnden im beharrlichen gefördert wird. Eben so auf der andern Seite, wie für alles beziehungsweise für sich bestehende eine allgemeine ge-|genseitige Be-   I,256
dingtheit durch einander geordnet ist: so muß auch nach beiden Seiten von
20 Gott geordnet sein, wenn das Sein des einen sich in dem andern als fördernd, oder wenn es sich in ihm als hemmend, also als dessen Nichtsein offenbart; denn nur in beidem zusammen besteht die gegenseitige Bedingtheit und das beschränkte Fürsichgeseztsein eines jeden. Dieses aber sind eben die Uebel, die uns am meisten als Streit des
25 einen mit dem andern erscheinen. Wie daher in unserm sinnlichen Selbstbewußtsein das unmittelbar angenehme nur ist mit dem unangenehmen und durch dasselbe: so sind auch die Förderungen nur mit den Hemmungen und durch sie; und sobald unser Selbstbewußtsein, als die Gesammtheit des endlichen Seins durch Erweiterung ausdrükkend, sich
30 zum frommen steigert, müssen wir auch die einen eben so gut als die anderen in das allgemeine Abhängigkeitsgefühl aufnehmen. Wer also meint, vor dem, was ihn als ein Uebel bewegt, könne er nicht einen göttlichen Willen denken, durch den es geordnet sei, der muß auch überhaupt meinen, das vergängliche und das bedingte könne nicht durch
35 Gott sein, und er muß also keine Welt von Gott abhängig denken wollen.

3. Der Schein aber als ob die Welt auch ohne Uebel sein könnte, und als ob diese deshalb nicht so unmittelbar könnten von Gott geordnet sein, entsteht daher, daß man sich fälschlich das Uebel als etwas an sich, und als in sich abgeschlossen denkt, da es doch in der That überall ist und vom
40 Guten unzertrennlich. Denn auf der einen Seite ist dieselbe Thätigkeit oder Beschaffenheit eines Dinges, welche nach der einen Seite hin ein Uebel ist, nach der andern hin etwas gutes und umgekehrt, so daß, wenn sich das fromme | Gefühl nicht mit der Wahrnehmung des hemmenden   I,257

vereinigen ließe, es sich auch nicht mit der des fördernden vereinigen
könnte. Dies gilt selbst vom Bösen, sofern es in der äußeren That
erscheint, nicht nur weil es zufällig und im einzelnen oder als großer
geschichtlicher Hebel wohlthätig wirken kann, sondern auch weil es
5 immer nur am an sich guten ist. Ja man kann auf der andern Seite ganz im
allgemeinen behaupten, Alles sei nach irgend einer Seite hin ein Uebel,
und also müßte dann alles sich von irgend einer Seite dem widersezen, daß
es von Gott geordnet sei. Denn wenn wir auch davon absehen, daß der
Mensch selbst ein zerstörendes Wesen ist, also ein Uebel für einen großen
10 Theil der untergeordneten Schöpfung, sondern es uns gefallen lassen, das
Dasein anderer Wesen für erfüllt zu halten, wenn sie, von ihrer
Naturrichtung abgelenkt oder gar zerstört, dem Menschen dienen: so
kann doch für uns selbst alles ein Uebel werden durch dasselbe, wodurch
es uns hülfreich ist, und das eine ist nicht seiner natürlichen Entstehung
15 nach wegzudenken, ohne daß man das andere auch wegdenken müßte.
Und eben dieses gilt auch vom bösen, daß nämlich an aller menschlichen
Thätigkeit böses ist und auch erscheint, eben insofern als böses überhaupt
gesezt ist: also ist auch der Mensch selbst durch dasselbe, nämlich die
Aeußerung seines Innern, störend und ein Uebel, wodurch er förderlich
20 und gut ist. Eben deshalb aber, weil man das Uebel nicht absondern kann,
und weil es auf ein Seiendes bezogen immer nur das Nichtsein desselben
ist, hat man auch recht zu sagen, daß man das Uebel nicht für sich und als
solches durch Gott geordnet denken kann; worin aber, vorzüglich für
unser Gebiet, nur | dieses liegt, daß es eine Unvollkommenheit des Selbst-   I,258
25 bewußtseins ist, sei es nun des unmittelbaren oder dessen, welches die
Thätigkeiten des objectiven Bewußtseins begleitet, wenn eine Hemmung
als solche einen Moment erfüllt, und daß eine solche Unvollkommenheit
auch ein mit zunehmender Entwiklung verschwindendes Nichtsein des
guten ist, welches an sich nicht kann in Gott gegründet sein.
30   4. Dieselbe Auflösung ist auch in den gewöhnlichen dogmatischen
Bestimmungen beabsichtiget, sie wird nur sehr unvollkommen erreicht.
Wenn einige zu diesem Behuf unterscheiden eine hülfreiche göttliche Mitwirkung (concursus adiuvans) von einer nicht hülfreichen: so ist
allerdings, sofern Mitwirkung stattfindet, das Uebel und böse durch Gott
35 gesezt, sofern aber nicht-hülfreiche ist es nicht durch ihn gesezt. Allein
theils ist in dieser Distinction die Methode der Anwendung nicht nachgewiesen, theils liegt der Mißverstand gar nahe, daß, wenn das Gute nur
mittelst einer hülfreichen göttlichen Mitwirkung zu Stande kommt, das
Böse aber schon ohne eine solche — denn die hülfreiche scheint doch
40 immer größer zu sein als die nicht hülfreiche — alsdann das böse eine

---

32 f *Vgl. z. B. Quenstedt: Systema 1, 766*

größere und unabhängigere Kraft haben müsse, als das gute. Aehnliches
erfolgt wenn man eine materielle Mitwirkung unterscheidet und eine
formelle, und meint beim guten wären beide Arten, beim Uebel aber
nur die erste. Denn wenn das Uebel auch seiner Form nach, doch ohne
5 göttliche Mitwirkung zu Stande kommt, das gute aber nicht ohne solche:
so erscheint dieses bedürftiger als jenes. Außerdem aber ist es auch
schwierig das böse als bloße Form zu sezen, indem ja auch schon die
innern unsittlichen Bewegungen, welche der | äußern That zum Grunde   I,259
liegen, vollkomne Thätigkeiten sind und nicht bloße Formen; und so
10 würde man weiter zurükgehend dahinkommen, daß das, was in einer
Hinsicht ohne göttliche Mitwirkung sein soll, auch in eben dieser immer
nur das Nichtseiende ist. Daher scheint unter diesen die beste wie die
einfachste Auskunft die, daß die göttliche Mitwirkung auf alles wirkliche
gehe ohne Unterschied, das Uebel aber und das böse sei ein bloßer
15 Mangel, auf den also für sich eine göttliche Mitwirkung nicht gehen
könne. Denn dies führt darauf hin, daß das Uebel überall nur in irgend
einem Sinne das nichtgewordene gute ist. Denken wir, daß jedes endliche
Ding eine Größe ist, und als solche durch Gott gesezt mit ihrem Maaß zugleich: so ist dadurch auch nicht gesezt, daß es die außer diesem Maaß
20 liegenden Vollkommenheiten erreiche, sondern hiezu fehlt die göttliche
Mitwirkung, und der positive Reflex dieses Nichtgeseztseins ist die Vorstellung natürlicher Unvollkommenheiten. Eben so ist mit dem Maaß
jedes Dinges zugleich gesezt, daß es einen über dasselbe hinausgehenden
Widerstand gegen äußere Einwirkungen nicht leistet, und der positive
25 Reflex dieses Nichtleistens ist dieser, daß es uns gehemmt erscheint. Auf
diese Weise also kann beides gesagt werden, einmal, wie oben, daß auch
das Uebel in Verbindung mit allem andern von Gott geordnet ist; Matth.
10, 29. 30. – dann aber auch, daß das Uebel als solches für sich betrachtet
nicht in Gott gegründet ist. (Jak. 1, 17.)

30   63.

In Bezug auf die Abhängigkeit von Gott entsteht kein Unterschied des Mehr oder Weniger daraus, ob einem endlichen wirken-
den der höchste | Grad der Lebendigkeit, die Freiheit, zukommt,   I,260
oder ob es auf dem niedrigsten, dem sogenannten Naturmechanis-
35 mus, zurükgehalten ist.

2–4 *Vgl. dazu z. B. Wegscheider: Institutiones 260 Anm.*

1. Wenn man sich denkt ein Zusammensein und Aufeinanderwirken solcher Dinge, welche nur sofern sie selbst bewegt werden, wieder bewegen, so kann man jedes in jeder Wirksamkeit nur ansehn als einen Durchgangspunkt, und im eigentlichen Sinn ist dann Ursächlichkeit nur zu finden in dem ursprünglich bewegenden. Da nun dieses in einem solchen System nirgends ist: so ist auch in demselben alle Ursächlichkeit aufgehoben, und ist nur auf dasselbe übertragen in dem ersten Moment, in welchem alles bewegt wurde. Dieses nun ist die Vorstellung von dem sogenannten Naturmechanismus, in welchem alles nur todt ist, und welchen man sich im besten Falle denkt durch einen göttlichen Stoß ursprünglich in Bewegung gesezt. Wenn es nun auf der einen Seite leichter scheint, die göttliche Causalität zu sezen, indem die natürliche aufgehoben wird, als beide – wie oben §. 60. geschehen – in Uebereinstimmung zu bringen: so sind doch die wenigsten Menschen im Stande, auch sich selbst nur als Theile dieses Naturmechanismus anzusehen und das Bewußtsein der Selbstthätigkeit nur als einen unvermeidlichen Schein zu behandeln; sondern immer nur Wenige sind dieser selbstvernichtenden Entsagung fähig, nachdem sie die übrige Schöpfung getödtet haben, auch sich selbst der Consequenz ihrer Vorstellung zum Opfer zu bringen. Hat man aber jenen Ausweg erst lieben gelernt, daß man nämlich um die göttliche Causalität zu sezen, die endliche Causalität auf dem Gebiet der Natur aufhebt, und will doch die | Selbstthätigkeit des endlichen Geistes retten: so erscheint es dann als eine neue Schwierigkeit, einzusehen wie die Abhängigkeit aller Wirkungen des endlichen Geistes von seiner Selbstthätigkeit mit der Abhängigkeit alles endlichen von Gott in Uebereinstimmung zu bringen sei. Die Aufgabe ist aber eigentlich keine andere als die ursprüngliche, sondern sie erscheint nur als eine andere, weil man unbefugter Weise auf dem Naturgebiet alle wahre Wechselwirkung aufgehoben hat. Auf diesem Verfahren beruht aber eigentlich der Gegensaz zwischen den sogenannten freien Ursachen und den natürlichen, oder, wie man eigentlich sagen sollte, zwischen den wahren und den scheinbaren; denn was nur Durchgangspunkt ist, dem kommt nur scheinbar und nicht in der Wahrheit Ursächlichkeit zu. In diesem Gegensaz aber ist der oben (61, 2.) gerügte Mißverstand gegründet, als ob die Natur als das Gebiet des Mechanismus, und die Geschichte als das Gebiet der Freiheit jedes etwas für sich wäre, und daher die freien Ursachen in das Gebiet des Mechanismus, wie es von Gott geordnet ist, störend eingreifen könnten. Daher ist es erwünscht, daß wir dieses Gegensazes und der daraus hervorgehenden scheinbaren Schwierigkeit ganz überhoben sein können, wenn wir nämlich in dem ganzen Umfang des endlichen Seins nur dasjenige als ein besonderes für sich sezen, dem in irgend einem, wenn auch noch so unter-

I,261

---

29 f *Vgl. z. B. Walch. Lexikon 361*

geordneten Sinne, Leben zukommt, also auch nur dem Ursächlichkeit zuschreiben, was als ein selbstthätiges in der Abhängigkeit von Gott besteht.
Alsdann entbehren wir freilich der falschen Erleichterung, die göttliche
Causalität da zu sezen wo keine endliche ist; sondern jene ist für uns auch
5 nur da, wo diese ist. Denn | wo lauter Wirkungen wären, da wäre auch   I,262
keine göttliche Ursächlichkeit sondern nur deren Resultat, ja es wäre da
nicht einmal ein Gegenstand, auf welchen die Begriffe der göttlichen Erhaltung und Mitwirkung bezogen werden könnten. Allein wir finden nun
auch in Bezug auf die allgemeine Abhängigkeit von Gott keinen solchen
10 specifischen Unterschied zwischen denen Thätigkeiten, welche dem
geistigen Leben angehören, und denen einer untergeordneten Art: — wie
denn auch Paulus Ap.Gesch. 17, 24-26. beides unmittelbar und ohne Unterscheidung zusammenstellt — sondern die einen wie die andern sind abhängig von Gott eben in sofern als, und deshalb weil, sie abhängig sind
15 von dem lebendigen, von welchem sie ausgehn, und welches mit seinem
Maaße zugleich sowol in seinem Fürsichgeseztsein als in seinem Befaßtsein
unter die allgemeine Wechselwirkung von Gott geordnet ist. Denn dieses
muß freilich feststehn, wenn das fromme Gefühl nicht wirklich soll vernichtet werden, daß auch die geistigen endlichen Wesen mit ihrem Maaß
20 zugleich von Gott geordnet, und nicht etwa vermöge des Willens unendlich und unermeßlich sind. Darum haben wir den Saz so gefaßt, daß
wir unter denen Wesen, von welchen in Wahrheit etwas abhängig ist im
Gebiet des Naturzusammenhanges nur Abstufungen annehmen, nicht aber
einen Gegensaz, und der Ausdruk Naturmechanismus ist nur mit dem
25 Vorbehalt gebraucht, daß auch auf diesem Gebiet Leben gesezt werde.
2. Im wesentlichen dasselbe, nur mit einem gewissen Schein von
Oberflächlichkeit, ist ausgedrükt in der gewöhnlichen Formel, Gott erhalte jedes Ding wie es ist, also auch das freie Wesen als solches, das heißt
so, daß seine Thätigkeiten, auch sofern die gött-|liche Mitwirkung dazu   I,263
30 mit ihnen identisch ist, freie, von innen bestimmte, sind. Eine andere Formel geht in sofern tiefer ein, als sie die Vorstellung der göttlichen Mitwirkung bei dieser Frage nicht in Schatten stellt, sondern heraushebt, indem sie sagt, die göttliche Mitwirkung sei nach Art eines jeden wirksamen, und also eine andere bei einem freien, eine andere bei einem natür-
35 lichen — concursus ad modum causae liberae und ad modum causae
naturalis. Abgesehen davon, daß diese Formel an dem unrichtig ge-
formten Gegensaz freier und natürlicher Ursachen hängen bleibt, schließt
sie sich sehr genau an die oben mitgetheilte Beschreibung der göttlichen

---

6 deren] *so auch Reutlingen 1, 232; OD:* daran   12 17] *so H; OD:* 19   33f wirksamen]
Kj wirksam ? *Reutlingen 1, 233:* Wirksamen

27f *Vgl. z. B. Quenstedt: Systema 1, 760*   35f *a. a. O. 1, 761*   38 § 60, 3

Mitwirkung; aber verstärkt noch den pantheistischen Schein derselben, indem sie die göttliche Mitwirkung durch alle Abstufungen des endlichen Seins bis in die Form der sogenannten mechanischen Ursachen hinabsteigen läßt. Dieses wird indessen berichtiget, wenn wir unserer Regel
5 gemäß das Gefühl der Abhängigkeit von Gott auf ein natürliches nur in sofern unmittelbar beziehen als es sich uns unter dem Gesichtspunkt des Lebens darstellt; und dann giebt diese Formel einen ganz richtigen und angemessenen Ausdruk dafür, daß auch, wenn wir uns bei unseren freien Handlungen der gänzlichen Abhängigkeit von Gott bewußt sind, sie
10 dadurch keinesweges ihrer Natur zuwider beschränkt werden.

   Z u s a z. Alles in diesem Lehrstük zu dem einfachen Lehrsaz §. 59. hinzugekommene hat nur seinen Werth in Bezug auf den gemeinsamen Zwek aller dogmatischen Formeln, nämlich der religiösen Mittheilung in der öffentlichen Lehre eine solche Norm zu geben, daß der Ausdruk nicht
15 in Widerspruch gerathe weder mit andern Theilen der Lehre selbst noch mit den na-|türlichen Ausdrükken des objectiven Bewußtseins, welchem   I,264 ja das fromme beständig zur Seite gehen soll. In jedem Versuch einer rein spekulativen Darlegung der Idee der Gottheit würden diese Säze nur als gehaltlose Erweiterungen erscheinen. Mit ihrer dogmatischen Natur aber
20 hängt sehr genau zusammen, daß sie sich alle auf eine in ihnen latitirende gemeinsame Form zurükführen lassen. In jedem nämlich wird in einer eignen Beziehung ein größtes und ein kleinstes aufgestellt, das Abhängigkeitsverhältniß für beide Endpunkte, und also für das ganze Gebiet, gleichgesezt, und eben diese Gleichsezung als Regel für allen religiösen Ausdruk
25 festgestellt. Im Gegensaz des gemeinen und wunderbaren §. 61. ist es das größte und kleinste des Naturkreises aus dem etwas zu erklären ist; im Gegensaz des Guten und Uebel §. 62. ist es das maximum und minimum der Zusammenstimmung der allgemeinen Wechselwirkung mit dem Fürsichbestehen eines einzelnen; im Gegensaz zwischen Freiheit und
30 Mechanismus §. 63. ist es das maximum und minimum des individualisirten Lebens. Würde auf einem von diesen Punkten die Gleichsezung aufgehoben, so würde der Hauptkanon §. 60., und somit alle Uebereinstimmung des frommen Gefühls mit dem Naturgefühl, aufgehoben. Es läßt sich aber leicht nachweisen, daß in diesen Positionen die schwierigen
35 Fälle sämmtlich erschöpft sind. |

Zweiter Abschnitt.

Von den göttlichen Eigenschaften, welche sich auf das Abhängigkeitsgefühl, sofern sich noch kein Gegensaz darin entwikkelt, beziehen.

5

64.

Alle Eigenschaften, welche wir Gott beilegen, können nicht etwas besonderes in Gott bezeichnen, sondern nur etwas besonderes in der Art, wie wir unser absolutes Abhängigkeitsgefühl auf Gott beziehen.

10   1. Denn wenn es sich so verhielte, wie hier geläugnet wird: so müßte, insofern diese Eigenschaften besondere Beziehungen Gottes zur Welt aussagen, Gott selbst, wie das endliche Leben, in einer Mannigfaltigkeit von Functionen begriffen werden, und da diese, wenn sie besondere sein sollen, einander beziehungsweise entgegengesezt sein und einander theil-
15 weise ausschließen müssen, so daß z. B. das göttliche Wissen nicht das göttliche Wollen ist u. dgl., so fiele dadurch Gott ebenfalls in das Gebiet des Gegensazes. So wenig nun dieses den Forderungen der spekulativen Vernunft entspricht, eben so wenig würde dadurch das absolute Abhängigkeitsgefühl ausgesprochen; denn auch dieses könnte nicht als überall und
20 schlechthin eines und dasselbe gesezt werden, wenn in Gott selbst differentes gesezt wäre. – Es würde aber auch ferner folgen, daß, wenn man das Auffinden der göttlichen Eigenschaften auf Principien zurükbringen und systematisch verfolgen könnte, alsdann eine schulgerechte Erklärung Gottes an die Stelle seiner Unaussprechlich-|keit treten, und eine voll-
25 ständige Erkenntniß Gottes durch Begriffe möglich sein müßte, welches aber unmöglich ist, indem ein so beschriebenes göttliches Wesen auch den Forderungen der Vernunft nicht angemessen wäre, welches hier auszuführen nicht der Ort ist, noch weniger aber dem frommen Gefühl. Denn auf ein so erkanntes, auf Formeln zurükgeführtes also auch zu berechnen-
30 des Wesen könnte das Gefühl einer gänzlichen Abhängigkeit wol nicht

---

2–4 *Statt* auf . . . beziehen *Inhaltsverzeichnis von OD:* in jenem Abhängigkeitsgefühl darstellen   4f *Im Inhaltsverzeichnis von OD Zwischenüberschrift:* Einleitung. §. 64–65.

mehr bezogen werden. Auch erkennt die Schrift, soviel auch göttliche Eigenschaften in ihr aufgeführt werden, doch eben diese Unerkennbarkeit des göttlichen Wesens an sich fast auf allen Blättern an, so daß es überflüßig scheint, hiezu Stellen wie 1 Tim. 6, 16. und ähnliche besonders an-
5 zuführen.

2. Wenn wir der Geschichte dieser Begriffe nachgehn, so zeigt sich, daß die gesunde Spekulation von je her gegen alles ins einzelne gehende Beschreiben des göttlichen Wesens Einspruch eingelegt und sich an das ursprüngliche Sein und das absolut Gute gehalten, und zwar so,
10 daß auch das inadäquate dieser Vorstellungen, sofern sie noch irgend etwas von Beschränkung und Gegensaz an sich hatten, vielfältig anerkannt wurde. Die am meisten bestimmenden Auszeichnungen göttlicher Eigenschaften aber haben ihren Ursprung in der lyrischen und vorzüglich hymnischen Dichtkunst, wo also offenbar mehr ein bestimmter Eindruk
15 auf das Gefühl wiedergegeben werden sollte, als ein Erkennen begründet. Die Sache der Dogmatik war es nun diese Vorstellungen zu regeln, so daß das menschenähnliche, welches sich mehr oder weniger in allen findet, und das manchen beigemischte sinnliche möglichst unschädlich gemacht werde und nicht daraus ein Rük-|schritt gegen die Vielgötterei hin ent- I,267
20 stehe. Das scholastische Zeitalter hat hierin viel tiefsinniges und herrliches geleistet. Als aber hernach die Metaphysik unabhängig von der Theologie behandelt ward, sind diese Vorstellungen auch in die philosophische Disciplin, welche man natürliche Theologie nannte, herübergenommen worden, offenbar indem man, wie es bei einer solchen Theilung zu gehen
25 pflegt, übersah, daß sie nicht philosophischen Ursprunges seien. Daher wurde auch natürlich die Behandlung derselben in jener Disciplin je länger je mehr skeptisch. Denn wenn man nun sagt, in Gott selbst sei keine Verschiedenheit der göttlichen Eigenschaften denkbar, sondern da sei diese Verschiedenheit nur eine namentliche, so liegt doch darin, daß eine jede
30 göttliche Eigenschaft nur das ungetheilte göttliche Wesen wirklich darstellt, und wenn man hinzufügt in unserer Vorstellung seien aber die göttlichen Eigenschaften reell verschieden: so liegt doch darin, daß das verschiedene, was diese Ausdrükke bezeichnen, etwas in uns ist, und diese Verschiedenheit hat nun, wie hier behauptet wird und von jeder göttlichen
35 Eigenschaft nachgewiesen werden kann, ihren Grund in den Verschiedenheiten der Lebensmomente, auf deren Veranlassung sich das uns

---

25 Ursprunges] Urfrunges

---

4 H zitiert 1 Kor 2, 11 b   **7–12** H verweist auf Anselm: Proslogium (Proslogion) 18. 22
12–14 H verweist auf die Psalmen   **27–32** Vgl. z. B. Bretschneider: Handbuch 1, 314 f

einwohnende Bewußtsein von Gott realisirt. Ohngefähr dasselbe soll
auch der nur leider sehr schwankende Ausdruk sagen, daß unsere Erkenntniß von Gott nur symbolisch sei.

    3. Die Bemühungen also die Methoden zu bestimmen, wie man zu
5 einer richtigen Construction göttlicher Eigenschaften komme, und dann
wieder diese göttlichen Eigenschaften nach verschiedenen Eintheilungs-
gründen zu sondern und zusammenzufassen, dürfen ja nicht überschäzt
werden; als ob nur dadurch eine Voll-|ständigkeit und Sicherheit in der   1,268
Erkenntniß Gottes erreicht werde, vielmehr würde eine solche Erkenntniß
10 nur sein in der gänzlichen Aufhebung dieses Apparates. Dies wird eine
kurze Beurtheilung leicht zeigen. Denn wenn man die göttlichen Eigenschaften[1] eintheilt in ruhende und wirksame oder in natürliche und sittliche, und unter dem ersten Gliede beider Paare solche versteht, in denen
keine Thätigkeit gesezt ist, oder welche in keiner Verbindung mit dem
15 Willen stehen: so kann man sich nur in dem Gebiet des Todes ruhende
Eigenschaften und eine Trennung vom Willen denken, so daß auch schon
bei uns es streng genommen dergleichen nicht giebt als nur in der Region,
welche dem niedern Leben anheim fällt und wo der Einfluß des Willens
unmerklich ist. Diese Eintheilungen werden beide zu Schanden gemacht
20 durch eine dritte auch von manchen Neueren angenommene, nämlich die
in ursprüngliche und abgeleitete. Denn giebt es nur Eine ursprüngliche
Eigenschaft und ist diese eine ruhende, alle aber, welche mit dem Willen
in Verbindung stehn abgeleitet: so ist also jene die alle Modifikationen des
Willens erzeugende, also nicht ruhend. Ist aber die eine ursprüngliche
25 wirksam: wie kann man denn die ruhenden aus der wirksamen ableiten,
außer sofern man erkennt, daß sie in der wirksamen mitgesezt, also selbst
wirksam sind. Giebt es aber mehrere ursprüngliche theils ruhende theils
wirksame, so lassen sich diese wirksamen aus jenen ruhenden nicht ableiten, aber dann müssen sie falsch sein, wenn es wahr ist, daß in Gott
30 keine | Verschiedenheit reell ist. Nicht anders geht es mit der Eintheilung   1,269
in absolute, welche kein Verhältniß zur Welt, und relative, die ein solches
ausdrükken. Denn diese wird für ganz nichtig erklärt, wenn die drei

---

[1] Von dem Unterschied zwischen attributa und proprietates, da er sich auf die
    Dreieinigkeit bezieht, nehmen wir hier keine Notiz, sondern brauchen das
35   deutsche Wort Eigenschaft für das lateinische attributum.

2f *Vgl. z. B. Reinhard: Dogmatik 97f*   11–15 *Vgl. z. B. Reinhard: Dogmatik 100. Weitere
Hinweise in H*   20f *Vgl. z. B. Henke: Lineamenta 58*   30–32 *Vgl. z. B. Bretschneider:
Handbuch 1, 317*

Methoden der Entschränkung, der Absprechung und der Ursächlichkeit[2]
die ausschließend richtigen sind, weil diese alle nur zu relativen Eigenschaften führen können. — Was nun aber diese Methoden selbst betrifft:
so ist klar, daß durch die bloße Verneinung keine Eigenschaft gesezt wird,
und daß man an dem realsten Wesen, wie man Gott zu erklären pflegt,
nichts verneinen will als was selbst eine Verneinung ist oder eine Unvollkommenheit. Daher scheint es als ob die beiden Methoden der Verneinung und der Entschränkung nicht nur müßten verbunden werden,
sondern vielmehr als ob sie eine und dieselbe wären, indem nur die
Schranken das zu verneinende sind. Wie denn auch dies in dem Begriff der
Unendlichkeit ausgedrükt ist, der zugleich die allgemeine Formel der Entschränkung ist, denn was unendlich gesezt wird, wird entschränkt, und
zugleich der allgemeine Repräsentant der Verneinung in Bezug auf Gott,
denn was in ihm verneint werden soll, kann immer nur endliches sein. Der
Grund aber dieser beiden Methoden liegt darin, daß wir natürlich keine
besonderen Eigenschaftsbegriffe für Gott haben, sondern nur die, welche
etwas an den Dingen dieser Welt aussagen, bei welchen immer positives
und negatives in einander ist. Allein wie mißlich sie auch in dieser Verbindung sind, ist leicht zu sehn, weil wir nämlich in dem Gebiet des end-
lichen das positive von dem negativen niemals ganz trennen | können,   I,270
und daher oft das, was wir aufstellen, um es, indem wir es unbeschränkt
sezen, zu einer göttlichen Eigenschaft zu erheben, schon so wie wir es
aufstellen, das, was von Gott verneint werden muß, in sich trägt. Daher
ein Bestreben Gott zu erkennen, welches durch das Zusammenstellen
solcher Begriffe befriedigt werden kann, nur sehr untergeordnet sein muß.
Auch sind auf diesem Wege eine Menge ganz willkührlicher und unhaltbarer oder nichtssagender Begriffe göttlicher Eigenschaften entstanden, die
schwerlich je in heiliger Dichtung oder in andern unmittelbaren Ergießungen des frommen Gefühls vorgekommen wären. Die dritte Methode
aber, die der Ursächlichkeit, ist allerdings die einzige und zureichende,
wenn wir von den Begriffen göttlicher Eigenschaften nichts verlangen als
was unser Saz aussagt, indem nur mittelst dessen was in der Welt geschieht, unser Bewußtsein von Gott erwekt wird, und der Abhängigkeit,
welche wir fühlen, die Ursächlichkeit in Gott entspricht; und in so weit ist

---

[2] via eminentiae negationis und causalitatis.

2f Eigenschaften] Eigenfchaften

3f H zitiert Mosheim: Elementa 1, 236

es zu loben, daß Albertus Magnus und Mehrere nach ihm alle göttlichen
Eigenschaften aus dem Begriff der ewigen Ursache haben ableiten wollen:
aber es muß auch gleich zugegeben werden, daß nicht nur die Verschiedenheiten in diesen Eigenschaften nichts reelles in Gott sind, sondern
5 auch daß das, was jede für sich ausdrükt, nicht das Wesen Gottes an sich
beschreibt, sondern nur wie es in uns gesezt ist, indem man aus der
Wirkung niemals das Wesen dessen, was die Causalität ausgeübt hat, erkennen kann.

   4. Da nun hieraus hinlänglich hervorgeht, daß grade durch die Zu-
10 sammenstellung der göttlichen Eigenschaften nichts gewonnen ist,
sondern jeder solcher Begriff seinen Werth nur hat in Verbindung mit der |
Analyse derjenigen besonderen Modifikation des frommen Selbstbewußt-   1,271
seins, welche er in einer andern Form ausdrükt: so finden wir uns auch
nicht bewogen von unserm Entwurf der Vereinzelung der göttlichen Eigen-
15 schaften abzugehen. Demohnerachtet aber können wir diese Eintheilungen und Methoden, nur auf eine andere Weise, in unsern Nuzen verwenden, theils mittelbar bei der Beurtheilung der mit ihrer Hülfe gebildeten Begriffe, theils auch unmittelbar um jeder Eigenschaft ihren Ort
anzuweisen. Denn wenn wir zuerst die produktive Richtung auf das
20 fromme Selbstbewußtsein unterscheiden von der wirklichen Erscheinung
desselben in der Form der Lust und Unlust, und jene als die Quelle von
dieser ansehn: so werden wir in sofern diejenigen göttlichen Eigenschaften, die sich schon aus der Betrachtung von jener ergeben, und
welche hier zunächst entwikkelt werden sollen, ursprüngliche nennen
25 können, die andern aber abgeleitete. Eben so wenn der Gegensaz im
frommen Selbstbewußtsein betrachtet wird, und das Gefühl sich dahin
ausspricht, daß dasjenige am meisten in Gott verneint werden muß,
wodurch sein Geseztsein in uns aufgehoben wird, und dasjenige am
meisten in ihm gesezt ist, wodurch sich sein Geseztsein in uns unbe-
30 schränkt offenbart: so werden wir also sagen können, daß diejenigen göttlichen Eigenschaften, welche bei Betrachtung des Gegensazes gebildet
werden, am meisten nach der Methode der Absprechung und der Entschränkung gebildet sind, diejenigen aber, welche bei der gegenwärtigen
Betrachtung uns entstehen am meisten nach der Methode der Causalität.
35 Welches alles jedoch von dem gewöhnlichen Gebrauch sehr weit ab-
weicht. |

---

16 Methoden,] *so H; OD:* Methoden   Weise,] *so H; OD:* Weise

---

1 f *Vgl. die Angaben bei Wegscheider: Institutiones 167 Anm.*

65.   I,272

Gott kann als in dem absoluten Abhängigkeitsgefühl angedeutet, nur so beschrieben werden, daß auf der einen Seite seine
Ursächlichkeit von der im Naturzusammenhang enthaltenen unter-
5 schieden, ihr also entgegengesezt, auf der andern aber dem
Umfange nach ihr gleich gesezt werde.

Anm. Es ist hier nur von dem Abhängigkeitsgefühl an sich, ohne daß der
Gegensaz mit darin berüksichtigt würde, die Rede; daher auch nur die Gleichheit dem Umfange nach in Betracht kommt, nicht jene, welche daraus ent-
10 steht, daß auch das fromme Gefühl an dem Gegensaz von Lust und Unlust
theilnimmt. Eben so auch mit der Unterscheidung.

1. Die Gleichsezung dem Umfange nach beruht darauf, daß nach
§. 60. und §. 10, 5. das Abhängigkeitsgefühl an sich mit jedem sinnlichen
Bewußtsein sich einigen kann. Da nun in jedem sinnlichen Selbstbewußt-
15 sein ein Naturzusammenhang gesezt ist und umgekehrt: so muß auch die
göttliche Causalität überall sein wo die natürliche ist. Hierauf das angewendet was §. 59. über die Begriffe der göttlichen Erhaltung und Mitwirkung gesagt ist, ergiebt sich, daß diese Gleichsezung als göttliche
Eigenschaft der Begriff der Allmacht ist. Die Entgegensezung beruht
20 darauf, daß wir das sinnliche Selbstbewußtsein, welches dem Naturzusammenhang untergeordnet ist, von dem frommen auch in der
Vereinigung beider unterscheiden. Der Unterschied aber ist daran am
leichtesten zu fassen, daß der Naturzusammenhang, auf welchen die
sinnliche Seite sich bezieht, sich durchaus als einen zeitlich bedingten dar-
25 stellt, das Verhältniß aber, welches sich in dem frommen Selbstbewußtsein
ausspricht, | nur als ein vollkommen zeitloses kann aufgefaßt werden. Diese   I,273
Entgegensezung nun, als göttliche Eigenschaft aufgefaßt, giebt den Begriff
der Ewigkeit. Dieses also sind die beiden göttlichen Eigenschaften,
welche den Lehrstükken von der Schöpfung und der Erhaltung ent-
30 sprechen.

2. Es leuchtet aber bei dieser Darstellung schon ganz von selbst ein,
daß in Gott betrachtet beides Allmacht und Ewigkeit nicht verschieden
sein kann, sondern dasselbe; indem es ja auch ursprünglich dasselbe ist,
was nur einem andern gleichgesezt Allmacht, und demselben entgegengesezt
35 Ewigkeit heißt, und daß wir weniger richtig sagen würden, Gott sei ewig
und allmächtig, als vielmehr er sei allmächtig-ewig oder ewig-allmächtig; welches hier im voraus bevorwortet wird, da wir ebenfalls beide
Begriffe abgesondert behandeln werden, welches zur Vergleichung mit

den bisher geltenden Behandlungen nothwendig ist. Diese Absonderung
kann demnach durchaus nicht als dem Gegenstand entsprechend
angesehen, sondern nur einem bestimmten Bedürfniß verziehen werden.
   3. Es drängen sich aber zu diesen beiden Begriffen sogleich zwei
andere auf. Der Naturzusammenhang nämlich, der sich uns überall als
zeitlich darstellt, ist auch eben so ein räumlich bedingter, und zwar gilt
dies nicht etwa nur von der leiblichen, sondern auch von der geistigen
Seite desselben. Nun sind zwar beides so genaue correlata, daß, was nicht
zeitlich bedingt ist, auch nicht räumlich bedingt sein kann und daß also
auch nicht nöthig wäre, nachdem in Bezug auf das eine die göttliche
Causalität der natürlichen entgegensezt worden, es ausdrüklich auch in
Bezug auf das andere zu thun: Allein von zwei correlatis | scheint das eine   I,27
eben so viel Recht zu haben als das andere; und da nun die Ewigkeit doch
am unmittelbarsten in Bezug auf die Zeit gedacht wird, so fügt man ihr als
Seitenstük bei die **Allgegenwart** in Bezug auf den Raum. Etwas
ähnliches nun findet statt auf der Seite der Allmacht. Denn da wir, wiewol
wahrscheinlich mit Unrecht, gewohnt sind lebendige und todte Kräfte zu
unterscheiden: so entsteht hieraus die gerechte Besorgniß, als Subject der
Allmacht ließe sich auch eine todte Kraft die sogenannte Naturnothwendig-
keit oder das Schiksal denken; und so hat man der Allmacht hinzugefügt
die **Allwissenheit**, wiewol dies eben so wenig nöthig gewesen wäre als
der Ewigkeit die Allgegenwart hinzuzufügen, da ja in dem Todten selbst
keine Kraft, sondern es nur der Durchgangspunkt für eine von anderwärts
her ausgehende Kraft ist, auch schon in dem Lehrstük von der Erhaltung
und Mitwirkung alles endliche Bewußtsein unter die Abhängigkeit von
Gott gestellt ist. Je mehr nun aber diese beiden Eigenschaftsbegriffe in
jenen schon enthalten sind, und nur als Vorsichtsmaaßregeln gegen eine unvollkomne Vorstellungsweise aufgestellt werden, um desto weniger ist zu
denken, daß durch sie etwas besonderes in jenen Begriffen nicht schon
enthaltenes in Gott gesezt werde; sondern so wie ewig und allmächtig nur
Eins ausdrükt, so wird auch eben dasselbe nur auf andere Weise durch allwissend und allgegenwärtig ausgedrükt. Wie also in Bezug auf jene beiden
der richtigere Ausdruck war, Gott sei ewig-allmächtig, so wird auch jezt
der richtigere sein, er sei allgegenwärtig-allmächtig und allwissend-ewig.
Oder um es einfacher auszudrükken, werden wir sagen können, daß
Zeit und Raum überall die | Aeußerlichkeit bezeichnen, und also der   I,27
Gegensaz zu beiden auch ausgedrükt werden könnte durch die absolute
Innerlichkeit, wie es überall auch im Gebiet des endlichen ein inneres ist
was in Raum und Zeit sich verbreitend äußerlich wird. Eben so indem die
Allwissenheit zu Allmacht hinzugefügt wird, wollen wir nur, daß diese

---

40 zu] *Reutlingen 1, 243:* zur

nicht etwa soll für eine todte gehalten werden; da nun aber Leben nicht
nur dem Tod entgegengesezt, sondern auch im Leben schon Macht gesezt
ist: so wird das durch beide Begriffe beabsichtigte auch erreicht durch den
einen der absoluten Lebendigkeit, wie denn auch im alten Bunde der Aus-
5 druk der lebendige Gott der bezeichnendste war. Wir würden daher um
die Identität dieser Eigenschaften auf die kürzeste Weise auszudrükken,
auch sagen können, Gott sei schlechthin innerlich-lebendig und leben-
dig-innerlich. Dasselbe aber läßt sich auch noch anders sagen, z. B. daß
Allgegenwart die Identität sei von Allwissenheit und Allmacht, und eben
10 so Allwissenheit die Identität von Ewigkeit und Allgegenwart, welches
jedoch um recht verstanden zu werden schon genauere Zurükführung auf
das menschliche Sein voraussezt.

Erstes Lehrstük.
Die Ewigkeit Gottes.

15   ### 66.

Die Ewigkeit Gottes ist nur zu verstehen als allmächtige Ewigkeit, d. h. als das mit allem zeitlichen auch die Zeit selbst bedingende
in Gott.

Anm. Die Frage, in wie fern der Zeit selbst ein Sein an sich oder für uns zu-
20   komme, gehört natürlich als eine rein philosophische gar nicht hieher; und es
        scheint daher am zwekmäßigsten das Dogma so zu stellen, daß auf keine
        bestimmte in den verschiedenen Schulen verschiedene Art sie zu beant-|
        worten Bezug genommen wird. Wer jedoch die philosophische Erörterung   I,276
        des Gegenstandes noch in der ursprünglichsten modernen Form, d. h. in der
25   beständigen Beziehung auf das unmittelbare Gottesbewußtsein vergleichen
        will; der lese Augustin. Conf. XI.

1. Die Ewigkeit getrennt von der Allmacht wäre nur eine ruhende
Eigenschaft, und sie so festzustellen würde nur die leere, wenigstens mit
dem frommen Bewußtsein in gar keiner Beziehung stehende Vorstellung
30 begünstigen von einem Sein Gottes abgesehen von den Erweisungen seiner
Kraft, wodurch schon ein völlig unanwendbarer Gegensaz von Ruhe oder
Muße und Thätigkeit angedeutet wird. Das fromme Bewußtsein aber
wird, indem die Welt auf Gott überhaupt bezogen wird, nur wirklich als

---

26 *Confessiones 11, ed. Ben. 1, 147–158; CSEL 33, 280–310. H zitiert Confessiones 11, 13,
16, ed. Ben. 1, 151 A, CSEL 33, 291, 10 12*

das seiner ewigen Kraft, ἀΐδιος δύναμις[1]. Und hiernach müssen dichterische Darstellungen, welche die Zeitlosigkeit nur als ein Sein vor allem zeitlichen auszudrükken wissen, um so mehr beurtheilt werden, als das dichterische nie für sich in das didaktische hinübergenommen werden
5 kann. Daß aber der Grund der allgemeinen Abhängigkeit in Gott, eben deshalb weil auch die Zeit selbst in das Gebiet dieser Abhängigkeit gehört − was die Schrift sehr schön durch den Ausdruk ἄφθαρτος βασιλεὺς τῶν αἰώνων bezeichnet − durchaus nicht selbst zeitlich gedacht werden kann, versteht sich von selbst. Diese die Zeit selbst bedingende göttliche
10 Allmacht hat auch Augustinus im Sinn, wenn er[2] Gott fabricator temporum nennt, und wenn er sagt, die Zeit sei ein Geschöpf; und nur ein schwer vermeidlicher durch jene dichterischen Schriftstellen begünstig-|ter   I,277 und fast von allen Dogmatikern nachgeahmter Mißgriff ist es, wenn er in demselben Zusammenhange sagt, eben deshalb sei Gott vor aller Zeit,
15 durch welches vor der Gegensaz gegen die Zeitlichkeit selbst wieder unter die Form der Zeit gebracht wird. Dasselbe findet sich zwar auch in der Schrift, aber nicht ursprünglich in didaktischen sondern in dichterischen Stellen, wie Ps. 90, 2. Hiegegen giebt es eine, aber selten angewendete und daher nicht sehr geläufige, bildliche Hülfe, wenn man, wie Augustinus[3]
20 den Gegensaz des vor und nach, also das älter und jünger in Bezug auf Gott aufhebt. − Indem wir aber die göttliche Ewigkeit der göttlichen Allmacht gleich und mit ihr identisch sezen: so folgt daraus an und für sich keinesweges, daß das Dasein der Welt einen Rükgang in das unendliche bilden müsse, und kein Anfang der Welt gedacht werden dürfe; sondern dieser
25 bleibt eben so möglich als das Hervortreten einzelner Veränderungen in der Zeit, welche ebenfalls in der ewigen Allmacht gegründet und also von Gott auf ewige Weise gewollt und gewirkt sind. Eben so wenig aber ist gleich zu besorgen, daß, wenn man die Welt anfangslos und endlos sezt, dadurch der Gegensaz zwischen der Naturcausalität und der göttlichen

─────────

30 [1] Röm. 1, 20.
[2] de Gen. c. Man. I, 4.
[3] „[. . .] nullo temporum vel intervallo vel spatio incommutabili aeternitate et antiquior est omnibus, quia ipse est ante omnia, et novior omnibus, quia idem ipse post omnia." de Gen. ad litt. VIII, 48.

─────────

30 1, 20.] 1, 19.   32 nullo] Nullo

─────────

7f *1 Tim 1, 17 zitiert nach ed. Knappius; ed. Nestle bietet abweichende Lesart*   31 *De Genesi contra Manichaeos 1, 2, 4, ed. Ben. 1, 480f; MPL 34, 175f*   32 *Statt* spatio *Q:* spatio,   34 *De Genesi ad litteram 8, 26, 48, ed. Ben. 3 [pars 1], 182 CD; CSEL 28, 265, 20ff*

aufgehoben, und auch die Welt ewig würde wie Gott, worüber sich auch
schon Augustinus[4] sehr richtig geäu-|ßert hat; und gilt hier vollkommen   I,278
was die Schrift sagt, daß vor dem Herrn Ein Tag ist wie tausend Jahr[5],
auch in dem Sinn, daß der Gegensaz zwischen der Zeitlichkeit und der
5 Ewigkeit auch durch die unendliche Länge der Zeit nicht im mindesten
verringert wird.

2. Dieses wird aber freilich sehr verdunkelt durch alle solche Erklärungen der göttlichen Ewigkeit, wodurch diese jener scheinbaren Ewigkeit, welche nichts anderes ist als die unendliche Zeit selbst, gleich gesezt
10 wird, und von welchen wir uns hiedurch völlig lossagen wollen, z. B. die
Ewigkeit sei dasjenige Attribut Gottes vermöge dessen er weder angefangen habe noch aufhören werde. Denn indem hier nur die Endpunkte
verneint werden, wird doch die Beziehung auf die Zeit, und die Meß-
barkeit des göttlichen Seins durch die Zeit nicht geläugnet sondern viel-
15 mehr mittelbar gesezt. Eben so, sie sei die unendliche Fortsezung der
göttlichen Existenz; denn auch hierin ist eine Fortschreitung nach der
Form der Zeit gesezt. Und noch viele ähnliche Erklärungen haben das mit
diesen gemein, daß sie nur die Schranken der Zeit nicht die Zeit selbst
aufheben, und daß also die Ewigkeit erscheint als eine aus dem zeitlichen
20 Sein nicht via negationis sondern via eminentiae gebildete Eigenschaft,
wobei denn übersehen worden, daß die Zeit wesentlich nur dem Endlichen anhangen kann, und daß, da auch schon in dem endlichen Sein,
was erfüllte Zeitreihen hervorbringt, insofern beziehungsweise zeitlos
gesezt wird — wie z. B. das Ich als beharrlicher Grund aller wechselnden
25 Gemüthserscheinungen — selbst dem Endlichen die Zeit | nur anhängt   I,279
sofern es das verursachte ist, nicht das verursachende. — Diese unvollkomne Vorstellung der Ewigkeit hat ihre Haltung theils in den dichterischen alttestam. Stellen, welche die Ewigkeit nicht anders als unter dem

---

[4] „Non enim coaevum Deo mundum istum dicimus, quia non eius aeternitatis est
30   hic mundus cuius aeternitatis est Deus [. . .]". de Gen. c. Man. I, 4. gestüzt auf
den früheren Saz, daß die Zeiten nur die Ewigkeit nachahmen, de Mus. VI, 29.
[5] 2 Petr. 3, 8.

---

31 29.] 28.

7—10 CG² § 52, 2 zitiert u. a. Mosheim: Elementa 1, 254   10—12 Vgl. z. B. Gerhard:
Loci, ed. Cotta 1, 119 b (fehlt in ed. Preuss); ed Cotta 3, 104 b; ed. Preuss 1, 308 b. Reinhard:
Dogmatik 104 (in Anhang zu I, 199, 37)   15 f H zitiert Reinhard: Dogmatik 104 f (s.
Anhang zu I, 199, 37)   30 De Genesi contra Manichaeos 1, 2, 4, ed. Ben. 1, 480 C;
MPL 34, 175   31 De musica 6, 11, 29, ed. Ben. 1, 391 EF; MPL 32, 1179

Bilde der unendlichen Zeit beschreiben können[6], theils in der Besorgniß,
wenn man die Ewigkeit als die reine Zeitlosigkeit seze, habe man eigentlich nichts gesezt. Diese Besorgniß verschwindet aber, sobald festgestellt
ist, daß auch im Denken die Ewigkeit nicht könne von der Allmacht ge-
5 trennt werden. Daher auch durch diese Vereinigung alles hiehergehörige
erschöpft zu sein scheint.

   3. Ist der Begriff der Ewigkeit so gefaßt, so bleibt auch keine Veranlassung die Unveränderlichkeit noch als eine besondere göttliche
Eigenschaft aufzuführen, zumal wenn schon der Begriff von ruhenden
10 Eigenschaften ausgeschlossen ist. Denn die Unveränderlichkeit wird
gewöhnlich erklärt als die Eigenschaft vermöge der alle Aufeinanderfolge
in göttlichen Eigenschaften und Bestimmungen ausgeschlossen ist. Sind
nun alle Eigenschaften und Bestimmungen thätige, mithin auf die Allmacht
zurükzuführen, und ist diese ewig: so versteht sich die Unveränderlichkeit
15 von selbst. Unvollkomne Vorstellungen von der Ewigkeit aber erschweren
es, daß man sich orientire auch wenn die göttliche Causalität auf Einzelnes
bezogen wird, und man dem gemäß von einer Mehrheit göttlicher Be-
schlüsse redet, und in dieser Hinsicht ist ein solcher Hülfsbegriff eine gute
Ergänzung. Nur kann man ihn seines rein negativen Charakters wegen nie
20 eigentlich als eine göttliche Eigenschaft aufstellen, sondern nur als einen
Kanon, | keine fromme Gemüthserregung, z. B. das Gebetvertrauen so   I,280
auszudrükken, daß dabei irgend eine Veränderung in Gott müsse vorausgesezt werden.

Zweites Lehrstük.
25 ## Die Allgegenwart Gottes.

67.

   Die Allgegenwart Gottes ist nur zu verstehen als die allmächtige Gegenwart, d. h. als das mit allem räumlichen auch den Raum
selbst bedingende in Gott.

------

30 [6] z. B. Hiob 36, 26. Ps. 102, 28.

1–3 *Nachschrift Heegewaldt verweist auf Crusius (vermutlich Crusius: Entwurf 466–470)*
10–12 *H zitiert Reinhard: Dogmatik 105 (s. Anhang zu I, 199, 37)*

Anm. a. Es bleiben hier ebenfals alle philosophische Untersuchungen über den
Raum als nicht hieher gehörig unberüksichtigt, und der Saz so gestellt, daß er
sich mit den verschiedensten Ansichten verträgt.

b. Daß aber das den Raum schlechthin bedingende von uns auch nur als
5   selbst schlechthin raumlos gedacht werden kann, geht auch schon aus der
Analogie hervor, indem wir auch der Seele Wirksamkeit, und so jeder lebendigen Kraft sofern sie Raum und räumliche Erscheinungen bedingend ist,
als unräumlich ansehn, und als räumlich nur sofern sie nicht eigentlich bedingend ist. − Wie denn auch eben deshalb jede solche Beziehung der All-
10   gegenwart auf die Allwissenheit gleich im voraus zurükgewiesen wird, die
dem nachgebildet wäre, daß wir es zu unserm Gegenwärtigsein rechnen, daß
wir da, wo wir gegenwärtig sind, auch erfahren, als welches immer eine Bedingtheit durch den Raum anzeigt.

1. Aus dieser Beziehung der Allgegenwart auf die Allmacht ver-
15   bunden mit der Ausschließung ruhender Eigenschaften geht wol schon
von selbst hervor, daß eine göttliche Unermeßlichkeit als besondere
göttliche Eigenschaft hier keinen Plaz finden kann. Denn der gewöhnlichen Erklärung zufolge ist diese dasselbe unter den ruhenden Eigen-
schaften, was die | Allgegenwart unter den thätigen, jene die vermöge   I,281
20   deren Gott überall sein, diese die vermöge deren er überall wirken kann.
Und es scheint gegen diese Unterscheidung auch das zu sprechen, daß der
Begriff der Ewigkeit, der sich doch, da ihm das Immer zugetheilt ist, anerkannt eben so auf die Zeit bezieht, wie diese, denen das Ueberall zugetheilt ist, auf den Raum, eine solche Theilung nicht erfährt. Wenn man die
25   beiden Erklärungen vergleicht, welche die Ewigkeit als Unendlichkeit der
Existenz und die Unermeßlichkeit als Unendlichkeit der Substanz beschreiben[1]: so ist darin diese Beziehung auf Zeit und Raum nicht zu
verkennen, die auch gradezu bei Gerhard[2] ausgesprochen ist; und man
sieht dann, daß zufolge dieser eigentlich Ewigkeit und Unermeßlichkeit
30   einander entsprechen, wie denn auch die Ewigkeit gewöhnlich unter die
ruhenden Eigenschaften gezählt wird, und dann müßte das der Allgegenwart entsprechende auf Seiten der Zeit noch gesucht werden. Schwerlich
aber würde etwas übrig bleiben als die Ewigkeit der göttlichen Rathschlüsse, welche aber nie jemand als eine besondere Eigenschaft dargestellt
35   hat. Da nun aber überall besonders in der Anwendung die Allgegenwart
gar sehr hervorragt über die Unermeßlichkeit: so entsteht die Frage

---

[1] S. Reinhard Dogm. §. 33, 3.
[2] loc. th. T. III. p. 122.

17−20 Vgl. z. B. Reinhard: Dogmatik 100. 119   **30f** Vgl. z. B. Reinhard: Dogmatik 100
37 S. 103−106; s. Anhang   **38** ed. Preuss 1, 320

weshalb wol in der zeitlichen Beziehung die ruhende Eigenschaft, in der
räumlichen aber die wirksame, mehr ist hervorgehoben worden.
Uebrigens ist nicht zu verkennen, daß die Unermeßlichkeit nicht den
Raum selbst sondern nur die Schranken des Raumes aufhebt[3], eben wie
5 die | gewöhnliche Vorstellung von der Ewigkeit dies in Bezug auf die   I,282
Zeit thut; und ist alles dort gesagte auch hier anzuwenden. Daher es auch
höchst schwierig ist, indem man Gott die Unermeßlichkeit beilegt, ihm
die räumliche Ausdehnung nicht beizulegen[4]. Denn soll ein ruhendes Sein
in Beziehung gesezt werden auf den Raum, was bleibt dann anders übrig?
10 Es ist daher die Unermeßlichkeit, sofern sie etwas anderes sein soll als die
Allgegenwart, als ein dogmatischer Begriff wol nicht zuzulassen, sondern
nur unter die dichterischen und rednerischen Beiwörter zu verweisen,
welche das Raumbedingende unter dem Bilde des unbeschränkten Raumes
beschreiben. Außerdem aber hat der Begriff auch noch einen polemischen
15 Gebrauch gegen diejenigen, welche die göttliche Gegenwart als seiende
von der göttlichen Gegenwart als allmächtigen nicht nur überhaupt,
sondern auch dem Umfange nach unterscheiden, so daß leztere nur unbeschränkt sei, die erstere aber auf den Himmel beschränkt[5]. Dieser Irrthum
hat eine zwiefache Haltung, einmal in dem auf dichterische Schriftstellen
20 gegründeten besonderen Sprachgebrauch, welcher Gott und Himmel in
eine vorzügliche Beziehung stellt, dann aber eben in jener Schwierigkeit
die göttliche Allgegenwart so aufzufassen, daß das göttliche Wesen nicht
mit dem der endlichen Dinge gleichsam vermischt werde. Vorgebeugt aber
wird diesem Irrthum bei weitem nicht so gut dadurch, daß man neben der
25 Allgegenwart noch die Unermeßlichkeit besonders sezt, denn dieser
Begriff enthält eben die lezte Schwierigkeit in sich, als durch die Regel,
daß auch im Denken das göttliche Sein von der | göttlichen Macht nicht   I,283
darf getrennt werden. Mit diesem Unterschiede fällt auch der hinweg, daß
die Gegenwart Gottes zwiefach könne genommen werden, radicaliter und

---

30 [3] „[...] quo ubique est, nec ullius spatii limitibus cohibetur." Reinhard Dogm.
    §. 33, 3.
    [4] S. Reinh. Dogm. S. 104.
    [5] S. Gerhard loc. T. III. p. 129. sq.

---

10 sein] sein sein   17f unbeschränkt] unbeschränke   19 Schriftstellen] Schrifstellen
32 104.] so H; OD: 101.

10f Vgl. z. B. Reinhard: Dogmatik 119   31 S. 104   32 In Anhang zu I, 199, 37
33 ed. Preuss 1, 325 ff

relative, und zugleich die völlig müßige Frage von einer Gegenwart Gottes im Raume außer der Welt[6].

2. Die Ausdrükke ἀδιαστασία und συνουσία, welche von Einigen synonym gebraucht werden von Andern nicht, so wie die, Gott sei überall ἀδιαστάτως und ἀχωρίστως, haben auch nur einen dogmatischen Gehalt wenn sie auf die allmächtige Allgegenwart bezogen werden. Denn da auf dem Gebiet der endlichen räumlich bedingten Ursächlichkeit die Kraft durch die Entfernung von ihrem Mittelpunkt geschwächt wird, so daß jede Kraft, wie sie da gar nicht ist wo sie nicht mehr wirkt, auch da weniger ist wo sie weniger wirkt: so sagt der Ausdruk ἀδιαστασία das überall Gleichsein der göttlichen Ursächlichkeit aus, so daß sie kein Mehr und Minder zuläßt, die Beziehung auf den Raum aber, die darin liegt, gilt nur von dem Endlichen als bewirktem, nicht von Gott als wirkendem, so wie der Ausdruk συνουσία sich auf die Ursächlichkeit des Endlichen bezieht, daß nämlich diese nirgend ist ohne die göttliche, nicht aber so als ob die göttliche mit der endlichen im Raum wäre. Denn auf die Ursächlichkeit des endlichen bezieht sich nicht nur die sogenannte adessentia operativa sondern auch die substantialis, welche die göttliche Allgegenwart in dem Erhaltenwerden der Dinge bei ihrem Sein und ihren Kräften sezt. — Jede andere Erklärung dieser Ausdrükke würde sich vergeblich bemühen, den Schein der Vermi-|schung des göttlichen Seins mit dem endlichen zu vermeiden. — Diese Vermischung trägt offenbar auch der alte scholastische Ausdruk an sich, Gott sei überall nicht circumscriptive sondern repletive; denn bei Raumausfüllung können wir nicht anders als an die expansiven Kräfte denken, und so liegt die Vorstellung von einer Gott zuzuschreibenden unendlichen Ausdehnung ganz nahe; und die Verbesserung, daß dies nicht solle körperlich verstanden werden, als ob das Sein Gottes das Sein eines endlichen im Raum hindere, sondern auf göttliche Weise, so daß Gott alle Oerter in sich fasse, führt nur auf das entgegengesezte, daß nämlich Gott auch auf räumliche Weise das Umschließende, das allgemeine περιέχον, und also wenn diese Allgegenwart ruhend gedacht wird, das an sich leere sei. Weshalb auch dieser von den Vätern häufig gebrauchte Ausdruk, daß Gott vermöge seiner Allgegenwart

I,284

---

[6] S. u. a. Gerhard l. c.

3f *Vgl. dazu Reinhard: Dogmatik 119f*   4f *Vgl. z. B. Gerhard: Loci, ed. Cotta 3, 135 b; ed. Preuss 1, 329 a*   17f *Vgl. z. B. Bretschneider: Handbuch 1, 384*   22–29 *Schleiermacher bezieht sich auf Gerhard: Loci, ed. Cotta 3, 122 b; ed. Preuss 1, 320 b; aus dieser Stelle zitiert H 282; s. Anhang*   34 *ed. Cotta 3, 129 ff; ed. Preuss 1, 325 ff*

alle Oerter in sich enthalte[7], nur mit großer Vorsicht gebraucht werden
darf, und noch mehr der, daß er selbst der Ort für alles sei[8]. Daher bleibt
die beste Correction die das räumliche ganz zu läugnen, und auf die Frage
wo? nur zu antworten, Gott sei in sich selbst[9], welches bildlich auch durch
5 die Aufhebung | aller räumlichen Gegensäze, und da es hier vorzüglich auf   1,285
das Verhältniß der göttlichen Causalität zur endlichen ankommt, besonders
dessen vom innern und äußeren, erreicht wird[10]. Entbehren aber lassen
sich alle solche Verbesserungsmittel, wenn man von vorn herein das göttliche Wesen von seiner Macht nicht trennend die Gegenwart des ersteren
10 nur in lezterer sieht[11].

---

[7] Hilar. de Trin. I, 6. „Nullus sine Deo, neque ullus non in Deo locus est."
Augustin. de div. quaest. XX. „ Deus non alicubi est; quod enim alicubi est,
continetur loco [. . .]. et tamen quia est, et in loco non est, in illo sunt potius
omnia quam ipse alicubi. Nec tamen ita in illo, ut ipse sit locus [. . .]".
15 [8] Theoph. ad Autol. II. Θεὸς γὰρ οὐ χωρεῖται ἀλλ' αὐτός ἐστι τόπος τῶν
ὅλων.
[9] Augustin. Ep. 187, 11. „[. . .] et in eo ipso quod dicitur Deus ubique diffusus
carnali resistendum est cogitationi . . . ne quasi spatiosa magnitudine opinemur
Deum | per cuncta diffundi, sicut . . . aer aut lux [. . .]". ib. 14. „[. . .] nullo 1,285
20 contentus loco sed in seipso ubique totus."
[10] Hilar. de Trin. I, 6. „[. . .] ut in his cunctis originibus creaturarum [. . .] intra
extraque et supereminens et internus [. . .] circumfusus et infusus in omnia
nosceretur, cum . . . exteriora sua interior insidens, ipse rursum exterior interna
concluderet: atque ita totus ipse intra extraque se continens, neque, infinitus
25 abesset a cunctis, neque cuncta ei, qui infinitus est, non inessent." Augustin.
de Gen. ad lit. VIII, 48. „[. . .] incommutabili excellentique potentiâ et interior
omni re, quia in ipso sunt omnia, et exterior omni re, quia ipse est super
omnia."
[11] Augustin. civ. Dei VII, 30. „[. . .] implens coelum et terram praesente
30 potentiâ, non indigente naturâ."

---

23 , ipse] ipse,

---

11 *Hilarius: De trinitate 1, 6, ed. Ben. 769 D; MPL 10, 30 A*   12 *De diversis quaestionibus LXXXIII 20, ed. Ben. 6, 4 D; MPL 40, 15*   15 *Theophilus: Ad Autolycum 2, 3, ed. Wolf 76; MPG 6, 1049 D. Vgl. Anhang*   17 *Epistulae 187, 4, 11, ed. Ben. 2, 518 DE; CSEL 57, 90, 3ff*   19 *Epistulae 187, 4, 14, ed. Ben. 2, 519 C; CSEL 57, 92, 20f*   21 *Hilarius: De trinitate 1, 6, ed. Ben. 769 ABC; MPL 10, 29 BC*   26 *De Genesi ad litteram 8, 26, 48, ed. Ben. 3 [pars 1], 182 C; CSEL 28, 265, 18ff*   29 *De civitate Dei 7, 30, ed. Ben. 7, 142F; CChr 47, 212, 37f*

3. Indem wir nun hier die göttliche Allgegenwart nur als die allmächtige betrachten, und sie als überall sich gleich auffassen müssen: so sei hier bevorwortet, daß, wenn irgendwie eine ungleiche Gegenwart Gottes mit Recht angenommen werden kann, wie z. B. die Gegenwart Gottes in Christo oder in den Wiedergebohrenen, dieses nur eben so verstanden werden darf, wie man auch sagen kann, die Gegenwart Gottes in dem Menschen überhaupt, sofern er des Gottesbewußtseins fähig ist, sei größer als in andern Dingen. Wodurch aber kein Unterschied in der allmächtigen Gegenwart Gottes gesetzt ist, sondern nur in der Empfänglichkeit des endlichen Seins, auf dessen Thätigkeiten die göttliche Gegenwart bezogen wird. — Jene vor-|zügliche Empfänglichkeit des Menschen I,286 ist aber zugleich auf eine besondere Weise in dem Begriff der Allgegenwart ausgedrükt, und eben dies ist die Ursache daß diese Eigenschaft nicht nur durch die fromme Dichtkunst (wie Ps. 139. u. a.) vorzüglich gefeiert wird, sondern auch überall in der religiösen Mittheilung mehr als andere und vorzüglich als die ihr correspondirende der Ewigkeit hervorgehoben wird. Es liegt nämlich darin, daß jeder Theil des Naturzusammenhanges, den wir in uns aufnehmen oder mit dem wir uns identificiren können, also jeder Theil unseres über die ganze Welt ausgedehnten Selbstbewußtseins, gleichsam ein Recht hat das fromme Bewußtsein zu erregen. In eben diesem Sinn ist auch, wie der Zusammenhang lehrt, das Wort des Apostels, Ap. Gesch. 17, 27. gesagt, daß, wo irgend der Mensch bewegt werden oder sich bewegen möchte, er aufgefordert sei, die unmittelbar nahe Kraft des Höchsten mit seinem Bewußtsein zu ergreifen. Es ist uns aber natürlicher, daß wir uns, wenn wir dies in der größten Ausdehnung wahrnehmen wollen, in dieser Hinsicht in die entferntesten Räume versezen, als in die entferntesten Zeiten; und dies hat wol mit beigetragen, der Vorstellung der göttlichen Allgegenwart, weil jeder sie aus seinem unmittelbaren Gefühl heraus augenbliklich hervorbringen kann, eine so allgemeine Geltung zu verschaffen, wogegen eben deshalb die Beziehung Gottes auf die Zeit in dem Begriff der Ewigkeit leicht einen kälteren Ton bekommt und daher um so eher nur als eine ruhende Eigenschaft betrachtet wird. Auch diese nicht billige Ungleichheit muß die wissenschaftliche Bearbeitung in der Glaubenslehre ausgleichen, indem sie in der Construction die genaue Gleichgeltung beider Begriffe nachweiset, und | darauf die Bemerkung gründet, daß die ausgezeichnete Lebendigkeit des I,287 einen doch eine zu starke sinnliche Beimischung haben muß, wenn sie sich auf den andern gar nicht will übertragen lassen.

Drittes Lehrstük.
Die Allmacht Gottes.

68. a.

In dem Begriff der göttlichen Allmacht ist sowol dieses ent-
5 halten, daß der gesammte Naturzusammenhang in allen Räumen
und Zeiten in der göttlichen als ewig und allgegenwärtig aller natürlichen entgegengesezten Ursächlichkeit gegründet sei, als auch
dieses, daß die göttliche Ursächlichkeit wie sie in unserm Abhängigkeitsgefühl ausgedrükt ist, in der Gesammtheit des endlichen
10 Seins vollkommen dargestellt werde, und also auch alles wirklich
sei und geschehe, wozu es eine Productivität in Gott giebt.

　　1. Indem wir die göttliche Allmacht als den Grund des ganzen
Naturzusammenhanges sezen, und dieser in der gänzlichen Bestimmtheit
alles einzelnen durch das besondere Sein woran es sich findet und durch
15 die allgemeine Wechselwirkung besteht: so fällt hier aller Grund weg
zur göttlichen Allmacht mitzurechnen, daß sie eben diesen in ihr gegründeten Zusammenhang im einzelnen wieder zerstöre. Hiezu stimmt
auch der zweite Theil unseres Sazes. Denn wenn sich die göttliche Allmacht ganz im Naturzusammenhang offenbart und darstellt: so kann es
20 auch schon deshalb keine Offenbarung der göttlichen Allmacht geben
außerhalb des Naturzusammenhanges; sondern alles, wobei wir uns | der　1,288
göttlichen Allmacht bewußt werden, dafür müssen wir auch einen Ort im
Naturzusammenhang aufsuchen; wodurch das oben hierüber gesagte noch
von dieser Seite ergänzt wird. – Eben so indem wir die göttliche
25 Allmacht, durch welche der Naturzusammenhang besteht, nur ewig und
allgegenwärtig denken können, und eben dadurch sie in ihrer Art und
Weise jeder Naturmacht entgegensezen: so können wir nie in den Irrthum
gerathen, indem wir die Wirkungen der göttlichen Allmacht als eine Mitwirkung und gleichsam Ergänzung zu den Wirkungen der Naturursachen
30 ansähen, sie mit diesen gleich zu stellen; sondern jeder Schein dieser Art,

---

3 68. a.] *vgl. Inhaltsverzeichnis von OD; OD:* 68 *H:* 69　　　30 ansähen] *Kj* ansehen

---

23 §§ 61, 2; 65

der durch eine unvollkomne Behandlung der Lehren von der göttlichen
Erhaltung und Mitwirkung entsteht, muß durch Darlegung der göttlichen
Allmacht wieder verschwinden. Vielmehr ist alles ganz durch die göttliche
Allmacht, und alles ganz durch den Naturzusammenhang. Daher auch der
5 gewöhnliche Gegensaz zwischen einer geordneten göttlichen Macht, da
nämlich Gott durch werkzeugliche Ursachen handelt oder sich der Kräfte
der Dinge bedient, und einer absoluten, da nämlich Gott ohne
Werkzeuge oder Zwischenursachen etwas bewirkt, welche absolute Macht
man doch jener gegenüber nicht etwa eine ungeordnete nennen dürfte,
10 sondern sie eine ordnende nennen müßte, genauer betrachtet ganz verschwindet. Denn es verhält sich damit vollkommen wie mit der Schöpfung
und Erhaltung, die ordnende Macht entspräche der Schöpfung[1], die
geordnete der Erhaltung. Wie man | nun jedes Ereigniß auch bis ins   I,289
kleinste hinein als Schöpfung ansehn kann, so kann auch jedes auf die
15 ewige und allgegenwärtige göttliche Allmacht, welche den Naturzusammenhang constituirt, zurükgeführt werden, weil jedes Ereigniß als
wirksam ihn constituiren hilft. Eben so aber kann man auch alles bis ins
größte hinaus, soweit nicht nur unsere Erfahrung sondern auch unser
Vorstellen reicht, auch das Werden der Weltkörper als Erhaltung ansehn,
20 und es insofern auf die geordnete göttliche Macht, welche die Abhängigkeit jedes einzelnen von der Gesammtheit des Seins ewig festgestellt hat,
beziehn. Einen Punkt aber, den wir nur auf die ordnende und nicht auf
die geordnete göttliche Macht beziehen könnten, kann es für uns niemals
geben. Daher beide für uns Eins und dasselbe sind; welches schon darin
25 vollkommen liegt, daß die Allmacht als ewig und allgegenwärtig soll
gedacht werden, denn dies läßt solche Unterscheidungen gar nicht zu.
   2. Indem wir die Gesammtheit des endlichen Seins als die
vollkommene Darstellung der göttlichen Allmacht sezen, wovon der
eigentliche Inhalt im folgenden Abschnitt genauer wird aus einander zu
30 sezen sein, erreichen wir zugleich, daß kein Unterschied des möglichen
und wirklichen in dem Gebiet der göttlichen Allmacht kann angenommen
werden, was im nächsten Lehrstük noch von einer andern Seite beleuchtet

---

[1] Reinhard zwar sagt, Dogm. S. 117, die absolute göttliche Macht sei wirksam
in der Schöpfung, Erhaltung u. s. w., allein sowol die Erhaltung als das u. s. w.,
35 welches nur die | Mitwirkung sein kann, ist hier wol nur ein Versehen oder ein   I,289
Mißverständnis. Denn es bliebe sonst für die potentia ordinata gar nichts übrig;
es müßte ihr denn ausschließlich das zerstörende zukommen sollen, wie man aus
den dort gewählten Beispielen fast versucht sein möchte zu schließen.

4−8 Vgl. z. B. Gerhard: Loci, ed. Cotta 1, 134a (fehlt in ed. Preuss); ed. Cotta 3, 156; ed.
Preuss 1, 336bf   33 s. Anhang

wird. Hier aber ist soviel klar, daß, wenn ein mögliches außer dem
wirklichen liegen sollte, welches zu | diesem noch hätte hinzu kommen I,290
können, d. h. ein mitmögliches, alsdann die Darstellung der göttlichen
Allmacht durch das Wirkliche nicht vollkommen wäre. Jener Unterschied
5 aber kann auf Gott nicht angewendet werden, wiewol es vielfältig
geschehen ist, und eine Menge von dogmatischen Bestimmungen darauf
ruhen; die Unvollkommenheit, welche dadurch allemal mitgesezt wird,
zeigt sich sehr leicht, wenn man nur darauf achtet, in welchen Fällen wir
selbst diesen Unterschied in Anwendung bringen. Nämlich einmal sagen
10 wir, es sei manches möglich zufolge der Natur eines Dinges, was doch in
und an demselben nicht wirklich werde, weil nämlich dessen Werden
gehemmt wird durch die Stellung desselben Dinges in dem Gebiet der
allgemeinen Wechselwirkung. Diesen Unterschied machen wir mit Recht,
und schreiben dem so als möglich gedachten eine Wahrheit zu, indem wir
15 uns aus solchen Möglichkeiten das Bild von der Gesammtheit der Ent-
wiklungsrichtungen zusammensezen. Könnten wir aber für jeden Punkt
den Einfluß der gesammten Wechselwirkung übersehen: so würden wir
doch gleich gesagt haben, was nicht wirklich geworden, sei auch im
ganzen Naturzusammenhange nicht möglich gewesen. In Gott gegründet
20 ist aber nicht abgesondert eines vom andern das Fürsichbestehende und
die Wechselwirkung, sondern beides mit und durch einander, und ist
also für ihn das nicht möglich, was nicht in dem einen von beiden eben so
gegründet ist wie in dem andern. Ferner denken wir uns manches in einem
Dinge möglich zufolge des allgemeinen Begriffs der Gattung, der es
25 angehört, was aber nicht wirklich wird, weil die genauere innere
Bestimmtheit des einzelnen Dinges selbst entweder an sich oder in Ver-
bindung mit seiner Stel-|lung es ausschließt. Dies kommt aber daher, weil I,291
für uns die nähere Bestimmtheit des Einzelnen zumal lebendigen zu finden
eine Aufgabe ist, die wir nie vollkommen lösen können. Für Gott aber ist
30 dieser Gegensaz des Allgemeinen und des Einzelnen nicht vorhanden,
sondern ursprünglich in ihm die Gattung mit der Gesammtheit aller ihrer
Einzelwesen und die Einzelnen mit ihrem Ort in der Gattung zugleich
gesezt und begründet, und was in diesem Zusammenhang nicht wirklich
wird, ist auch in ihm nicht möglich. Aus diesen beiden Fällen sind alle
35 andern zusammengesezt, in denen der Unterschied zwischen dem
möglichen und wirklichen für uns eine Wahrheit hat. Die Vorstellung aber
von einem Möglichen außerhalb der Gesammtheit des wirklichen, z. B.
von möglichen Weltkörpern außer und neben den jedesmal vorhandenen,
hat nicht einmal für uns Wahrheit, weil wir nicht zu denken vermögen,
40 wie der eine sollte durch die göttliche Allmacht weniger wirklich

---

5f *H 289 verweist auf Robertus Pullus*

geworden sein als die andern, es müßte denn sein, daß sein Dasein nur eine Verminderung des wirklichen würde gewesen sein, nicht eine Vermehrung.

3. Wenn nun die Differenz des wirklichen und möglichen wegfällt
5 auf unserm Gebiet: so kann auch zunächst der Unterschied zwischen einem absoluten – das Wort in einem andern Sinn als oben gebraucht – und einem hypothetischen Wollen oder Können Gottes nicht bestehen; es soll nämlich das absolute sein das an und für sich gewollte und gewirkte, das hypothetische aber das auf irgend eine Bedingung gestellte, so daß die
10 Allmacht Gottes gleichsam in ihrer Richtung aufgehalten wird, wenn die Bedingung nicht eintritt. Dieser Unterschied ist vorzüglich geltend gemacht worden für den allmächtigen Willen Gottes in Ertheilung | der   I,292 Seligkeit, und dieser besondere Fall kann hier nicht weiter verfolgt werden. Es ist aber offenbar, daß er überall gelten müßte, wo ein
15 entwikkelteres Leben im Spiel ist, daß aber die Regungen eines solchen für die göttliche Allmacht keine Bedingung sein können, indem es selbst in dieser gegründet ist. Da nun das entwikkeltere Leben oder die Freiheit überall in das Gebiet der Wechselwirkung eingreift, so muß man sagen, alles was geschieht, geschieht sowol vermöge eines absoluten als auch
20 vermöge eines bedingten göttlichen Willens. Vermöge des lezten nämlich, wenn man es betrachtet in dem Gebiet der Wechselwirkung, weil, wenn hier irgend etwas wäre anders gewesen, auch jenes anders geworden wäre; vermöge eines absoluten, wenn man es betrachtet als ein Fürsichbestehendes, denn es ist wie es ist, so sehr von Gott gewollt, daß
25 auch alles andere so werden muß wie jenes darauf einwirkt. Nimmt man aber an, daß in Bezug auf irgend etwas der allmächtige Wille Gottes bedingt sei und nicht zugleich auch unbedingt d. h. bedingend, so kommt man immer auf den Unterschied eines wirksamen und unwirksamen göttlichen Willens, der freilich auch ist behauptet worden[2]; aber
30 schwerlich doch möchte man mit Recht etwas unwirksames einen göttlichen Willen nennen, sondern der göttliche Wille muß auf dem

---

[2] S. Gerh. I. T. III. p. 202. Allein in der dort angeführten Stelle des Augustinus ist dieser Unterschied nicht begründet, sondern dieser Kirchenlehrer behauptet dort wie überall, „[...] omnipotentis voluntas semper invicta est [...]" und
35 „[...] omnia quaecunque vult facit."

5–13 Vgl. z. B. Reinhard: Dogmatik 118; s. Anhang   **32** ed. Preuss 1, 359 b [Doppelung in Cottas Seitenzählung]. H zitiert diese Stelle   **32–35** Enchiridion, sive de Fide, Spe et Caritate 102 (26) [nicht: 100, 26], ed. Ben. 6, 172 C; MPL 40, 280. H zitiert hingegen im Anschluß an Gerhard (Loci, ed. Cotta 3, 157; ed. Preuss 1, 337) (Pseudo-)Augustin (nämlich Ambrosiaster): Quaestiones Veteris et Novi Testamenti 97 (97, 1), Augustin: opera, ed. Ben. 3 Appendix 71 D; CSEL 50, 172, 3 f

zeitlichen Gebiet immer in der Erfüllung begriffen sein, und hierauf werden alle Fälle eines scheinbar unwirksamen göttlichen Willens können zurükgeführt werden. |

4. Dieselbe Aufhebung des Unterschiedes zwischen dem möglichen I,293
5 und wirklichen enthält auch die Regel zur Beurtheilung der gewöhnlichen Erklärungen der göttlichen Allmacht, daß sie nämlich sei die göttliche Eigenschaft, vermöge deren Gott alles bewirken könne, was möglich sei oder was keinen Widerspruch in sich schließe, und eben so die Eigenschaft, vermöge deren er alles bewirken könne was er wolle. Denn
10 was die erste betrifft, ist sie vollkommen richtig wenn man den Widerspruch realiter nimmt, nämlich das sei widersprechend, was in der Gesammtheit des Seins keinen Ort finden könne; dann aber ist auch alles mögliche wirklich. Nimmt man aber den Widerspruch logisch, so ist der Zusaz völlig überflüssig, denn ein solches bewirken ist gar keines, weil es
15 weit mehr zerstören ist als bewirken. Auf jeden Fall aber ist auch an dieser Erklärung noch zu bemerken, daß sie sagt, Gott könne bewirken vermöge der Allmacht, da sie sagen sollte, er bewirke; und in sofern ist sie der zweiten gleich und an beiden zu tadeln, daß sie einen Unterschied sezen zwischen Können und Wollen. Denn wenn auch dem Umfang nach beide
20 gleich gesezt werden und dadurch die Beschränkung aufgehoben, welche darin liegt, wenn eines von beiden größer ist als das andere: so ist auch schon die Trennung beider, als ob Können ein anderer Act oder Zustand sei als Wollen, eine Unvollkommenheit. Denn das Können abgesondert von dem Wollen gedacht sezt voraus, das Wollen sei ein zeitlich
25 entstehendes oder eines Antriebes bedürftiges, und das Wollen ohne Können gedacht sezt voraus, das Können sei ein von außen gegebenes, nicht in der inneren Kraft gegründetes. Lassen sich aber Können und Wollen auch in unsern Gedanken von Gott nicht trennen, so | lassen sich I,294
auch weder Wollen und Thun trennen noch Können und Thun, sondern
30 die ganze Allmacht ist ungetheilt und unverkürzt die thuende und bewirkende. Daher wir uns auch von solchen Formeln lieber lossagen, wie „Nunquam tot et tanta efficit Deus, quin semper plura et maiora efficere possit.“ Oder „Deus absoluta sua potentia multa potest, quae non vult nec forte unquam volet“, und die ganze damit zusammenhangende Unter-

---

5–9 *Vgl. z. B. Gerhard: Loci, ed. Cotta 1, 131 b f (fehlt in ed. Preuss); ed. Cotta 3, 140–143. 154 f; ed. Preuss 1, 332 f. 335 f. Reinhard: Dogmatik 116 f (in Anhang zu I, 205, 33)* **32 f** *Gerhard: Loci, ed. Cotta 1, 132 a (fehlt in ed. Preuss)* **33 f** *Dieses freie, aus Zanchius: De natura Dei 3, 1, 2 (S. 202) stammende Zitat fand Schleiermacher bei Gerhard: Loci, ed. Cotta 1, 133 b (fehlt in ed. Preuss)*

scheidung in potentia absoluta und actualis[3]. Sondern statt dieser verwirrenden Abstractionen ist es weit besser Können und Wollen gar nicht
zu trennen.

    5. Wie wir aber von dieser wirksamen Allmacht gesagt haben, daß sie
5 sich in der Gesammtheit des von uns als schlechthin abhängig gefühlten
Seins nicht unvollständig sondern vollständig offenbare: so können wir
noch weniger zugeben, daß sie sich eben so gut auch gar nicht hätte
offenbaren können, und daß man sich die Allmacht auch denken könne
abgesondert von der schöpferischen und erhaltenden Thätigkeit. Hierauf
10 aber beruht der von vielen Theologen angenommene Unterschied
zwischen einem freien und nothwendigen Willen Gottes[4]. Dieser
betrifft zwar ausdrüklich den Willen, und niemand redet wol von
nothwendiger und freier Macht Gottes; allein da wir Wollen und Können
nicht zu trennen vermögen, so muß uns auch Willen und Macht dasselbe
15 sein. Es soll aber der nothwendige Wille Gottes derjenige sein, vermöge
dessen Gott sich selbst will, und der also mit seinem Wesen eines und
dasselbe ist, und diese Vorstellung trifft zusammen mit der von den
Scholastikern | aufgestellten unten noch zu erwähnenden aseitas Gottes. I,295
Allein ein Sichselbstwollen Gottes bleibt immer eine unbequeme Formel.
20 Denn wir können uns dabei nur zweierlei vorstellen, Selbsterhaltung auf
der einen Seite, Selbstbilligung auf der andern[5]; Selbsterhaltung aber läßt
sich kaum trennen von der Voraussezung, daß dem Sein des zu
erhaltenden etwas entgegenstehe[6], Selbstbilligung, wenn auch absolut und
ohne Mehr und Minder gedacht, sezt doch ein reflectirendes also
25 gespaltenes Bewußtsein voraus. Wenn nun diesem nothwendigen Willen

---

  [3] S. Gerhard l. th. I. p. 132. sq.
  [4] Gerh. l. th. III. p. 203.
  [5] Wegscheider §. 67. erklärt die voluntas necessaria als amor Dei erga se ipsum.
  [6] Dies scheint auch zu liegen in dem völlig unpassenden Ausdruk den göttlichen
30   Willen eine „vis" oder „facultas appetendi et aversandi" zu nennen, durch
     welche Formel offenbar die menschliche Bedürftigkeit auf Gott übertragen wird.
     Sie findet sich aber noch in den meisten Lehrbüchern.

---

26 132.] *so H; OD:* 232.   **28** 67.] *so H; OD:* 6.

15–17 *H zitiert aus Gerhard: Loci, ed. Cotta 3, 203 b–205 a; ed. Preuss 1, 360 a f. Vgl. auch
Baumgarten: Glaubenslehre 1, 410*   **17 f** *Vgl. den Hinweis bei Ammon: Summa 81 Anm.*
26 *Fehlt in ed. Preuss*   **27** *ed. Preuss 1, 360*   **28** *S. 177 f; s. Anhang*   **30** *Vgl. z. B.
Wegscheider: Institutiones 177 f (in Anhang zu Zeile 28). Reinhard: Dogmatik 116 (in Anhang
zu I, 205, 33)*

der freie gegenübergestellt wird, als der vermöge dessen Gott die Welt
will: so ist weder der Gegensaz selbst auf Gott anwendbar, noch auch was
unter die entgegengesezten Glieder gebracht wird, ist von einander zu
trennen. Denn wo ein solcher Gegensaz besteht, da ist das nothwendige
5 unfrei oder das freie willkührlich, und Beides ist eine Unvollkommenheit,
wie der ganze Gegensaz nur in dem durch anderes mitbedingten Sein seine
Bedeutung hat[7]. Eben so wenig kann man aber auch Gottes Wollen seiner
selbst und Gottes Wollen der Welt von einander getrennt denken. Denn
will er sich selbst, so will er sich auch als Schöpfer und Erhalter, worin
10 also das Wollen der Welt eingeschlossen ist; und will er die Welt, so will
er in ihr seine ewige und | allgegenwärtige Allmacht, worin also das   1,296
Wollen seiner selbst eingeschlossen ist. Ist nun beides nur dasselbe, so
kann auch nicht das eine mehr oder weniger nothwendig und frei sein als
das andere. Es leuchtet aber auch von selbst ein, daß dieser Unterschei-
15 dung in der Art wie Gott in unserm frommen Selbstbewußtsein vorkommt, nichts entspricht, und daß sie auch eben so wenig einen vermittelnden combinatorischen Werth hat, woraus denn folgt, daß ihr ein
dogmatischer Gehalt gar nicht zukommt, sondern sie nur in der rationalen
Theologie einen Ort finden könnte.
20   6. Als eine der Allmacht entsprechende aber ruhende göttliche
Eigenschaft findet man häufig aufgeführt die Unabhängigkeit Gottes,
und im allgemeinen erklärt als die Eigenschaft, vermöge deren Gott
niemanden nichts schuldig sei, sondern Herr über alles. Das Herr sein ist
aber schwerlich als eine ruhende Eigenschaft zu denken, sondern ist
25 einerlei mit der Allmacht, denn nur durch Macht ist jemand Herr. Daher
auch diese Unabhängigkeit zerfällt in die physische und moralische,
welches beiläufig nicht sehr für die Richtigkeit entweder dieser
Eintheilung oder der Fassung jenes Begriffes spricht. Ein Theil der
Herrschaft, nämlich die gesezgebende, fällt auch unter dem Namen der
30 göttlichen Majestät den moralischen Eigenschaften anheim und wird ein
Element in dem Begriff der göttlichen Gerechtigkeit. Auch das Niemand
nichts schuldig sein wird zum Theil als ein moralisches angesehen, daß
nämlich Gott nicht verpflichtet werden kann, und so bleibt als die
eigentliche Unabhängigkeit im engeren Sinne nur übrig die scholastische
35 aseitas, daß nämlich Gott den Grund seines Seins und Bestehens in sich
selbst hat. Statt dessen aber hätte man wol, | damit dies nicht ins   1,297
Unendliche zurükgeworfen werden könne, lieber sagen sollen, es könne in

---

[7] Siehe §. 49, 5.

20—36 *H verweist auf Wegscheider: Institutiones 168 und Reinhard: Dogmatik 106 f; s. Anhang*

Beziehung auf Gott überall nach keinem Grund gefragt werden; und dies
ist in dem ursprünglichen allgemeinen Abhängigkeitsgefühl zwar
allerdings mit enthalten, kann aber wol schwerlich als eine besondere
Eigenschaft dargestellt werden. Will man aber einmal die Formel
5 aufstellen, daß Gott den Grund seines Seins in sich selbst hat: so darf
auch, zufolge des obigen, in dieser Hinsicht das göttliche Thun vom
göttlichen Sein nicht getrennt, und es muß als ein allgemeiner Kanon
aufgestellt werden, daß zu keinem göttlichen Thun ein Bestimmungsgrund
außer Gott zu sezen ist, welches auch um so mehr einleuchtet, da alles,
10 worin man einen solchen sezen wollte, selbst seinen Bestimmungsgrund in
dem göttlichen Willen hat.

Viertes Lehrstük.
Die Allwissenheit Gottes.

68. b.

15   Die göttliche Allwissenheit verhält sich zur göttlichen Allmacht nicht wie sich menschlicherweise Verstand und Willen
verhalten; sondern ist nur die Geistigkeit der göttlichen Allmacht
selbst.

    Anm. Unter Geistigkeit soll hier nichts anders verstanden werden, als was oben
20   schon die innige Lebendigkeit genannt ward, und es kommt weit mehr
    darauf an, daß der Unterschied festgestellt werde zwischen dem auf das
    höchste Wesen bezogenen Abhängigkeitsgefühl und dem, welches eine blinde
    und todte Nothwendigkeit einflößen könnte, als daß die Aehnlichkeit zwi-
    schen Gott und dem, was wir Geist nennen, auf bestimmte Weise festgestellt
25   werde, wovon unten noch wird zu reden sein. Jenen Unterschied aber wissen
    wir nicht besser zu be-|zeichnen, als indem wir dem todten blinden das   I,298
    lebendige und bewußte entgegenstellen, weil das bewußte Leben uns das
    höchste ist. Dabei aber wissen wir wol, daß wir in Gott kein Bewußtsein
    wie das unsrige zu denken haben − wie denn auch das biblische πνεῦμα
30   darauf nicht hinführt − und daß wir, um das Verhältniß der Abhängigkeit
    rein zu erhalten, uns wol hüten müssen, Gott etwan als eine wahrnehmende
    und empfindende Seele der Welt zu denken.

---

14 68. b.] *vgl. Inhaltsverzeichnis von OD; OD:* 68   **20** innige] *Kj* innerliche

---

19f *§ 65, 3*

1. Auf dieselbe Weise und aus demselben Grunde wie der göttliche Wille kein Begehrungsvermögen ist, ist auch die göttliche Allwissenheit kein Vernehmungsvermögen, weil sie weder erfährt noch zusammenschaut und zusammendenkt. Weil bei uns Verstand und Willen nicht ganz 5 und vollkommen dasselbe sind: so erkennen wir einen Gegensaz an zwischen dem Denken, auf welches das Wollen folgt, und welches wir durch die Ausdrükke Zwekbegriffe und Beschlüsse bezeichnen[1], und zwischen dem Denken, welchem das Wollen, sei es nun als Aufmerksamkeit oder als Insichgekehrtheit vorangeht, und welches Erfahrung oder Be- 10 trachtung wird. Da es aber für Gott keine Gegenstände der Erfahrung oder Betrachtung giebt als das durch seinen Willen bestehende: so ist auch dieser Gegensaz in den Verstandesthätigkeiten auf Gott nicht anwendbar, sondern alles göttliche Wissen ist das Wissen des Beschlossenen und Gewollten[2]. Der Ausspruch „[. . .] quum non alia ratione quae futura sunt 15 praevideat, ni-|si quia [. . .] ut fierent decrevit [. . .]"[3] läßt sich eben so I,299 vollkommen auf das gegenwärtige und vergangene anwenden nach jenem andern „Deo [. . .] complectenti in se omnia futura pro factis sunt"[4]. Da nun aber nach dem obigen auch zwischen dem beschlossenen und seiner Ausführung ein solcher Unterschied wie bei uns, vermöge dessen uns die 20 Zwekbegriffe oft nur Ideal bleiben, nicht stattfinden kann, indem sonst die göttliche Allmacht sich nicht vollkommen darstellte im endlichen Sein; und da auch zu dem Denken, damit sein Gegenstand werde, bei Gott weder andere den leiblichen analoge Thätigkeiten noch ein gegebener Stoff

---

[1] „Non in eo praecedit visio operationem, quoniam coaeterna est visioni operatio,
25   praesertim cum non aliud ei sit videre et aliud operari; sed ipsius visio ipsius est
operatio." Erigena de Praed. p. 125.
[2] „Ea ergo videt, quae facere voluit, neque alia videt nisi ea quae fecit." Id.
ibid. p. 124.
[3] Calvin Institt. III, 23, 6.
30 [4] Hilar. in Ps. CXXI, 10.

---

14 quum] Quum   22 Gegenstand] so H; OD: Gegensiand   28 124.] CG² § 55, 1 I,
321 Anm.: 121.   29 23, 6.] 23. 6.

---

18 § 68a, 2   24—28 Zitate in Ausgabe Paris (1650) und MPL 122, 355—440 nicht gefunden
29 Leiden (1654) 338; ed. Barth 4, 401, 3f   30 Hilarius: Tractatus in Psalmum CXXI,
10, ed. Ben. 388 B; CSEL 22, 576, 16f

hinzukommen kann[5]: so ist also das göttliche Denken um so mehr ganz
dasselbe mit dem göttlichen Wollen, und Allmacht und Allwissenheit
einerlei. Welches auch, da in Gott ein Unterschied zwischen Wort und
Gedanken gar nicht anzunehmen ist, in allen solchen Stellen ausgedrükt
5 wird, welche das göttliche Wort als das schaffende und erhaltende
darstellen; und es ist vollkommen richtig, was auch vielfältig ist gesagt
worden, daß alles ist dadurch daß Gott es spricht oder denkt[6]. Indem |
nun so dies göttliche Wissen für die göttliche Produktivität die schaffende   1,300
sowol als erhaltende selbst erkannt wird, so folgt daraus zuerst dieses, daß
10 das endliche Sein eben so vollkommen in dem göttlichen Wissen aufgehn
muß als in der göttlichen Allmacht, und das göttliche Wissen auch eben so
ganz in dem endlichen Sein sich darstellt wie die göttliche Allmacht; dann
aber auch, daß es außer diesem mit der Allmacht identischen nicht noch
ein anderes göttliches Wissen geben kann, eben so wenig als dem Umfange
15 nach eben so wenig auch der Art und Weise nach, keines also, das ein
bloß mögliches nicht wirkliches zum Gegenstand hätte, und auch keines,
zu dessen Behuf gleichsam das endliche Sein müßte vorausgesezt werden.
Oder um es kurz zu sagen, Gott weiß[7] alles was ist, und alles ist was er

---

[5] S. Anselm. Monol. cp. XI.
20 [6] „[. . .] quicquid fecit, per suam intimam locutionem fecit, sive singula singulis
verbis sive potius uno verbo simul omnia dicendo [. . .]". Anselm. ibid. cp.
XII. „Quid enim est aliud illi rem loqui aliquam hoc loquendi modo quam
intelligere." ibid. cp. XXIX. – „[. . .] was ist die ganze Kreatur anders denn
ein Wort Gottes von Gott gesaget und ausgesprochen . . . daß also Gott das
25 Schaffen nicht schwerer ankommt denn uns das Nennen. An solchen Gedanken haben die heiligen Väter Augustinus und Hilarius ihre Lust auch gehabt." Luther zu Genes. 1. §. 51.
[7] Wie schwierig es überhaupt ist diesen Ausdruk von Gott zu gebrauchen, darüber erklärt sich eben so scharfsinnig als tiefsinnig Augustinus de div. qu. ad
30 Simplician. I. qu. II. welche ganze Abhandlung über diesen Gegenstand vor
allem andern zu empfehlen ist.

---

20 quicquid] Quicquid   23 „[. . .] was] Was   26 f gehabt."] gehabt.

---

19 *Monologium (Monologion)* 11, ed. Gerberon 8; ed. Schmitt 1, 26   21 f ed. Gerberon
8 C; ed. Schmitt 1, 26, 27 ff   23 Statt intelligere. Q: intelligere?   ed. Gerberon 15 A;
ed. Schmitt 1, 47, 21 f   27 Auslegung *des ersten Buchs Mosis (Vorlesungen über 1. Mose)*
1, 5 § 51, ed. Walch[1] 1, 33; vgl. WA 42, 17, 25 ff   29 f *De diversis quaestionibus ad
Simplicianum (Ad Simplicianum de diuersis quaestionibus)* 1, 2, ed. Ben. 6, 64–76; CChr 44,
24–56. Vermutlich: *De diversis quaestionibus* 2, 2, ed. Ben. 6, 81–84; CChr 44, 75–81
[falsche Zählung in ed. Ben. 6, 81 f]

weiß, und dieses beides ist eines und dasselbe, weil sein Wissen und sein
allmächtiges Wollen eines und dasselbe ist. Durch diese mit den
angeführten Stellen auf das genaueste zusammenhängende uralte Ansicht
werden freilich viele andere oft wiederholte größtentheils spätere Be-
5 stimmungen über die göttliche Allwissenheit aufgehoben, von denen aber
auch leicht ist nachzuweisen, daß sie das, was wir als an sich zu unserer
Beschränktheit gehörig anerkennen müssen, in Gott via eminentiae unbeschränkt sezen.

2. Hierhin gehört zunächst wenn man in Gottes Wissen um das Sein
10 unterscheidet die Anschauung, die Erinnerung und das Vorher-
wissen, und die | göttliche Allwissenheit als die allervollkommenste   I,301
Erkenntniß[8] der Dinge aus diesen dreien zusammensezt. Denn da
dasselbige, was jezt ein gegenwärtiges ist, hernach ein vergangenes wird,
wie es vorher ein zukünftiges gewesen: so müssen diese drei Erkenntniß-
15 arten in Gott entweder zugleich sein für denselben Gegenstand, aber dann
können sie auch nur eine und dieselbe sein und ihre Unterschiede müssen
sich im Zugleichsein gänzlich abstumpfen, oder sollen sie unterschieden
und außer einander sein, so müssen sie auch in Gott auf einander folgen,
je nachdem die erkannten Dinge aus der Zukunft in die Vergangenheit
20 übergehen, wodurch denn gegen den Kanon der Unveränderlichkeit eine
zeitliche Differenz in das göttliche Wissen gebracht wird. Wenn wir nun
sagen, das vollkomne Wissen um das Fürsichbestehen eines Dinges sei
einerlei mit dem Wissen um das innere Gesez seiner Entwiklungen, und
das Wissen um seinen Ort im Gebiet der allgemeinen Wechselwirkung sei
25 einerlei mit dem Wissen um den Einfluß aller Dinge auf dasselbe, beides
aber sei in Gott ein und dasselbige unzeitliche das Sein des Gegenstandes
bestimmende göttliche Wissen, bei uns aber werde beides ein verschiedenes und zeitliches und daher unvollkomnes, weil unser Wissen nicht das
Sein des Gegenstandes bestimme, sondern durch dasselbe bestimmt
30 werde: so haben wir eine Andeutung um jene zu große Vermenschlichung
des göttlichen Wissens nach Möglichkeit zu vermeiden[9]. − Ferner gehört
dahin wenn | man jene drei Arten des Wissens zusammenfaßt als das freie   I,302

---

8 „Omniscientia divina est [...] attributum, quo omnium rerum cognitionem
habet longe perfectissimam." Reinh. §. 35, 1.
35 9 „Cum enim demsero de humanâ scientiâ mutabilitatem . . . et reliquero solam
vivacitatem certae atque | inconcussae veritatis unâ atque aeternâ contemplatione   I,302
cuncta lustrantis . . . insinuatur mihi utcunque scientia Dei." August. l. c.

---

34 Dogmatik, S. 111   **37** Augustin: De diversis quaestionibus ad Simplicianum (Ad Simplicianum de diuersis quaestionibus) 2, 2, 3, ed. Ben. 6, 82f; CChr 44, 78, 88ff

oder anschauliche göttliche Wissen (scientia libera, visionis) und diesem
gegenüberstellt ein nothwendiges Wissen oder bloßes Denken (scientia
necessaria, simplicis intelligentiae) vermöge dessen Gott sich selbst und
alles mögliche weiß[10]. Denn was z u e r s t die Sonderung des möglichen
5 vom wirklichen betrifft, so ist doch zunächst gewiß, daß das wirkliche
auch zu dem möglichen gehört und Gott demnach auch von den
wirklichen Dingen als möglichen außer der anschaulichen Kenntniß auch
die nothwendige Kenntniß hat vermöge deren er sie bloß denkt.
Abgesehen schon davon, daß die Ausdrükke scientia visionis und
10 simplicis intelligentiae gar zu sehr danach ausgeprägt erscheinen, daß
wir das bloß mögliche innerlich denken, das Bewußtsein aber der Wirklichkeit eines Dinges auf dem unmittelbaren Sinneseindruk beruht, und
schon deshalb die ganze Eintheilung verdächtig erscheinen muß: so bleibt
doch das wenigstens gewiß, daß da in der göttlichen Erkenntniß des
15 wirklichen beides ist, das eine zu dem andern hinzukommt. Da aber das
mögliche nur wirklich wird durch die göttliche Allmacht, und also das
hinzukommen der scientia visionis zu der scientia simplicis intelligentiae nicht von etwas außer Gott, wie bei uns freilich von etwas außer
uns, abhängt: so fragt sich warum nicht bei allem möglichen die scientia
20 visionis hinzukomme, das heißt warum Gott nicht alles mögliche
wirklich gemacht habe, und es ist unmöglich, daß man nicht, auch | von   I,303
diesem Gesichtspunkt, daß Gott ja mußte das absolut Größte der
Erkenntniß in sich sezen wollen, auf die alte Antwort zurükkommen
sollte, daß es dem an sich möglichen doch fehle an der Möglichkeit mit
25 allem wirklichen zusammen zu sein. Da aber nur wir in unserm unvoll-
kommnen vereinzelten Denken das Fürsichgeseztsein eines Dinges und sein
Verhältniß zu allen anderen, das heißt seine Ansichmöglichkeit und seine
Mitmöglichkeit trennen, für Gott aber beides dasselbe ist: so ist das,
dessen Sein mit dem Sein alles übrigen streitet, auch in sich widersprechend,
30 also giebt es auch davon kein göttliches Wissen nach der richtigeren Erklärung, die Allwissenheit sei die vollkommenste Vorstellung alles dessen was
erkannt werden kann[11], und es muß bei dem obigen bleiben, daß Gott nur

---

[10] S. Gerh. loc. I. p. 148.

[11] „perfectissima eorum omnium quae cognosci possunt repraesentatio." Gerh.
35   l. c.

---

8 Kenntniß] Kennniß

---

33 *ed. Cotta 1, 148 not. (fehlt in ed. Preuss)*   **34f** *ed. Cotta 1, 148 a not. (fehlt in ed. Preuss)*

sieht, was er auch macht. Hierin liegt auch schon, was von der sogenannten scientia media, auch futuribilium oder de futuro conditionato, zu
halten sei, vermöge deren nämlich Gott wissen soll, was gefolgt sein
würde, wenn etwas eingetreten wäre, was nicht eingetreten ist. Auch diese
5 beruht ganz auf der Voraussezung, daß auf einem jeden Punkt des Raumes
und der Zeit außer dem was wirklich geschieht, auch etwas anders an sich
möglich wäre. Diese Voraussezung aber ist in dem obigen so widerlegt,
daß nun die ganze Vorstellung darauf beruht, wenn das unmögliche an
einem Punkt wirklich geworden wäre. Ist aber das Denken des
10 Unmöglichen in der Allwissenheit nicht begriffen: so fällt auch diese
scientia media weg, weil das was nur auf dem wirklich werden des
unmöglichen beruht selbst unmöglich ist. Allein wenn wir auch | den   I,304
Unterschied wollen gelten lassen, so dürfte doch wol, sobald man die
Sache vollkommen ausbildet, niemand Lust haben eine solche scientia
15 media anzunehmen. Ist nämlich überhaupt auch für Gott etwas anderes
möglich als das wirkliche: so ist auch auf jedem Punkt unendlich viel
möglich; und da jeder Punkt mitbestimmend ist für alle übrigen, so
entsteht für jeden Fall von jedem Punkt aus eine ganz andere Welt. Die
Kenntniß nun dieser unendlichmal unendlich vielen und auch unendlich
20 oft immer anders sich wiederholenden Welten ist der Gegenstand der
scientia media, in welcher die Kenntniß der wirklichen Welt sich als ein
unendlich kleines verliert; welcher Abstand sich nun noch ins unendliche
vervielfältigt, wenn man bedenkt, daß die scientia simplicis intelligentiae
auch eine unendliche Anzahl ursprüngliche von der wirklichen verschie-
25 dene Welten sezt, für deren jede es ebenfalls eine solche scientia media
geben muß. Da nun aber das Wirkliche nur durch die göttliche Allmacht
wirklich wird, so ist jenes die unendliche Kenntniß alles dessen was die
göttliche Allmacht nicht wirklich macht, wogegen aber die Werke der
göttlichen Allmacht nur als ein unendlich kleines erscheinen. Wenn wir
30 uns nun einen menschlichen Künstler daneben denken, der, indem er ein
Werk bildet, zugleich auch jeden Theil auf verschiedene Weise anders
dächte als er ihn wirklich macht: so wird uns dies nicht eine
Vollkommenheit dünken sondern nur eine Unvollkommenheit, daß
nämlich sein Bildungsvermögen schwankend ist, und er erst durch Wahl
35 und Vergleichung zum Entschluß kommen muß, und eben diese Unvollkommenheit ist es, welche in der Vorstellung jener scientia media von
allen Schranken befreit auf Gott übertragen wird. | Das erbauliche und   I,305

1–4 *Vgl. z. B. Gerhard: Loci, ed. Cotta 1, 148 b f not. (fehlt in ed. Preuss)*

beruhigende dieser Vorstellung, wie sehr es auch gerühmt werde[12], läuft
doch im wesentlichen darauf hinaus, daß, wenn wir uns bei der Unlust
über fehlgeschlagene Wünsche und Erwartungen zum frommen Bewußtsein erheben, das Gefühl der Ergebung so ausgedrükt wird, „Das
5 Gewünschte sei deshalb nicht wirklich geworden, weil Gott voraus-
gesehen es werde etwas minder gutes daraus erfolgen." Allein schon in
diesem Ausdruk ist jenes unrichtige, daß Gott gleichsam in unsere
nichtigen Vorstellungen eingehend und ihnen zu Liebe wählend und
berathend gedacht wird. Jene Schriftstelle[13], welche am ursprünglichsten
10 Gottes allgemeine Billigung der Welt wie sie ist, ausdrükt, wenngleich sie
auch etwas menschliches das nicht buchstäblich genommen werden darf,
darbietet, nämlich eine gleichsam prüfende Besichtigung der Welt,
berechtiget uns doch nicht zu sagen, Gott habe auch das angesehen, was
er nicht gemacht, und ihm eine Vergleichung der wirklichen Welt mit
15 allen jenen möglichen Welten zuzuschreiben; sondern der reine und
schriftmäßige Ausdruk jener Ergebung bleibt nur der, Gott habe das von
uns vorgestellte nicht hervorbringend gedacht, und es sei also auch nicht
in jener ursprünglichen oder vielmehr ewigen Billigung enthalten gewesen.
Wenn wir uns nun nicht entschließen können, diese scientia media für
20 etwas zu halten: so veranlaßt doch der Name derselben die Betrachtung,
wie, indem man eine solche mittlere Erkenntniß einschiebt zwischen die
freie und nothwendige oder die anschauliche und nicht anschauliche
(simplicis intelligentiae), der Gegensaz zwischen diesen aufgehoben
oder | wenigstens fließend gemacht wird, welches also jene Eintheilungen   I,306
25 selbst in den Verdacht bringt, daß die beiden Glieder einander nicht ausschließen. Denken wir uns nun einen Uebergang aus der scientia
visionis durch die media, deren Gegenstände noch in Verbindung mit
dem wirklichen stehen, in das göttliche Wissen um das bloß an sich
mögliche, so ist dieser nicht ohne eine Verminderung der Lebendigkeit zu
30 denken: und so entsteht auch von dieser Seite das Resultat, daß das
Mögliche außer dem Wirklichen nicht könne ein Gegenstand des
göttlichen Erkennens sein. Eben so bildet der Uebergang aus der freien
Erkenntniß, welche zugleich die hervorbringende ist, in die nothwendige
durch die mittlere eine Verminderung der Productivität, indem die
35 scientia media, als die scientia visionis voraussezend und von ihr
ausgehend, gleichsam die nach allen Richtungen sich hemmende göttliche

---

[12] S. Reinh. Dogm. S. 112.
[13] Gen. 1, 31.

4—6 *Sinngemäß bei Reinhard: Dogmatik 112. In CG² § 55, 2 I, 329 veränderte Formulierung*
(ohne Anführungszeichen)   37 *s. Anhang*

Erhaltung und Mitwirkung ausspricht, die scientia simplicis intelligentiae
aber, in welche sich jene media verliert, ein ganz unthätiges oder leidentliches Denken darstellt, grade wie bei uns die Vorstellung des wirklichen,
welche uns immer in Bewegung sezt, sich abstufft in die auch noch
5 bewegende des Wahrscheinlichen durch Hoffnung oder Furcht lebhaft
gefärbten, welche sich dann in die gleichgültigen Schattenbilder des bloß
möglichen verliert. Eine solche Aehnlichkeit aber auf Gott überzutragen
sollte billig bedenklich erscheinen. Was aber z w e i t e n s die Zusammenstellung der göttlichen Erkenntniß des Möglichen und der göttlichen
10 Selbsterkenntniß unter einen und denselben Begriff der nothwendigen
Erkenntniß betrifft, so ist eben dadurch das göttliche Selbstbewußtsein
von der anschaulichen Erkenntniß Gottes, | d. h. also von der Erkenntniß   I,307
seiner ewig allgegenwärtigen Allmacht getrennt ein gleichsam ruhendes
Bewußtsein seines Wesens. Allein da sich von der anschaulichen göttlichen
15 Erkenntniß das Wissen um die Abhängigkeit des Wirklichen von Gott,
d. h. also das Wissen um die erhaltende Wirksamkeit Gottes nicht trennen
läßt[14], so haben wir ein zwiefaches göttliches Selbstbewußtsein; das eine
ist das lebendige Bewußtsein des wirksamen göttlichen Willens, das andere
ist ein gleichsam ruhendes und leidentliches Bewußtsein des göttlichen
20 Wesens. Allein dies doppelte Selbstbewußtsein läßt sich kaum anders als
auf den Unterschied zwischen Wesen und Eigenschaften oder Zuständen
beziehen, welcher doch allgemein als unstatthaft anerkannt wird. Schließt
also das lebendige Selbstbewußtsein des göttlichen Willens auch das des
Wesens schon nothwendig in sich, so kann es nicht noch ein anderes
25 nothwendiges daneben geben. Und umgekehrt, will man auch das ruhende
Bewußtsein des göttlichen Wesens, weil Beides gleich ist, auf Eigenschaften und Zustände beziehen, so würde es, zusammengestellt mit der
scientia simplicis intelligentiae und von der scientia visionis geschieden,
gleichsam die Totalität der möglichen göttlichen Wirksamkeiten, und eine
30 solche Ausdehnung des Unterschiedes zwischen Möglichkeit und Wirklichkeit auf Gott selbst wird wol Niemand zugeben wollen. Auch von

---

[14] Wie denn auch Viele, z. B. Gerhard III. p. 179. das göttliche Selbstbewußtsein zwar auf der einen Seite zur scientia necessaria auf der andern aber zur
scientia visionis rechnen; wiewol derselbe am o. a. O. nur die Kenntniß des
35   zufälligen wirklichen unter die scientia visionis begreift. Dieselbe Verschiedenheit findet man auch bei den Scholastikern schon.

21f *H 265 zitiert Gerhard: Loci, ed. Cotta 1, 108a. 109b (fehlt in ed. Preuss); ed. Cotta 3,
84a; ed. Preuss 1, 295b und Mosheim: Elementa 1, 233*   **32** *ed. Preuss 1, 351*   **34** *s.
Fußnote 10*

dieser Seite also zeigt sich die Eintheilung der | göttlichen Allwissenheit in   I,308
nothwendige und freie Erkenntniß als unhaltbar.

    3. Stellt man nun zusammen die göttliche Erkenntniß des wirklichen
als eine besondere und des möglichen wieder als eine besondere, und dann
5 in der ersten die Unterscheidung der Erinnerung und des Vorherwissens
von der Anschauung: so sind auf diese Art alle Unvollkommenheiten
unseres eigenen Bewußtseins, so fern es auf Gegenstände außer uns geht,
in das höchste Wesen hineingelegt; und es entsteht sehr natürlich die
Frage, ob nicht auch die Unvollkommenheit unseres Selbstbewußtseins
10 ihm zugeschrieben ist, welche darin besteht, daß wir ein zwiefaches
haben, ein ursprüngliches und ein reflectirtes, wovon jenes als Bewußtsein
dieses als Selbstbewußtsein unvollständig ist. Nun spielt allerdings die
ganze göttliche Selbsterkenntniß, welche der scientia necessaria angehört,
eben weil sie von der göttlichen Thätigkeit getrennt ist, gar sehr in das
15 reflectirte hinein; das ursprüngliche aber, das Selbstgefühl tritt in der
Theorie der Schule gar nicht hervor. Nur mittelbar sofern Gott in
irgend einem Sinn Affekte zugeschrieben werden, welche ja doch nichts
anders sind als das in Aeußerung übergehende Selbstgefühl läßt es sich
nachweisen. Aber dieses ist dann auch nicht darzulegen ohne daß Gott
20 Unvollkommenheiten aufgebürdet werden, indem die affectartigen
Erregungen, welche in der volksmäßigen rednerischen und dichterischen
Sprache Gott allerdings beigelegt werden, doch ein anderes Verhältniß des
Endlichen zu Gott als das der absoluten Abhängigkeit voraussezen, und
also irgend wie ein leidentliches Afficirtsein des höchsten Wesens. Ist aber
25 die göttliche Allwissenheit nichts anderes als die absolute Lebendigkeit der
gött-|lichen Allmacht, so ist sie auch nicht nur die vollkomne Identität des   I,309
gegenständlichen Bewußtseins und des Selbstbewußtseins, sondern auch
als Selbstbewußtsein betrachtet ist in ihr kein erstes und zweites, d. h. kein
Unterschied eines die Thätigkeit gleichsam vorbereitenden und eines sie
30 abspiegelnden Selbstbewußtseins. – In der gewöhnlichen Darstellung
wird aber außerdem auch noch auf der Seite des gegenständlichen
Bewußtseins ein solcher Unterschied eines ersten und zweiten in Gott
angenommen, indem nämlich von der Allwissenheit die W e i s h e i t unterschieden wird. Denn unter der Allwissenheit wird diejenige Erkenntniß
35 verstanden, von welcher wie von unserer Wahrnehmung das Sein des
Erkannten unabhängig ist und also vorausgesezt werden kann[15], unter der

---

[15] Manche wie G e r h a r d III. p. 179. sagen zwar „scientia Dei necessaria praece-

---

30–34 Vgl. z. B. Gerhard: Loci, ed. Cotta 3, 195a; ed. Preuss 1, 355a   37 ed. Preuss
1, 351b

Weisheit aber diejenige, welche dem Sein der Dinge so vorangeht, daß
dieses davon abhängig und durch den göttlichen Willen darnach geordnet
ist nach der Analogie unserer Zwekbegriffe. Sofern nun zufolge der
gewöhnlichen Erklärung in dem Begriff der göttlichen Weisheit mit dem,
5 was wir bei uns Weisheit nennen, nämlich der Richtigkeit der Zwekbegriffe, auch das verbunden ist, was wir Klugheit nennen, nämlich die
richtige Wahl der Mittel[16], so kann hier eigentlich nicht von ihr | die Rede   I,310
sein, da der beziehungsweise Gegensaz von Zwek und Mittel, indem darin
auch die andern von Uebergeordnet- und Untergeordnet- sein, so wie von
10 Zulänglichkeit und Unzulänglichkeit enthalten sind, die Entgegen-
sezungen des Selbstbewußtseins, von denen wir hier nur die Wurzel betrachten, zu bestimmt ausspricht[17]. Aber über die Trennung der Weisheit
von der Allwissenheit ist in Bezug auf leztere noch folgendes zu erinnern.
Da von dem was wir erkennen, das wenigste von unserer Thätigkeit
15 ausgeht, so ist allerdings für uns ein von unserm Einfluß auf die
Gegenstände unabhängiges Erkennen derselben in ihrem Sein ein Gut und
eine Vollkommenheit. Schließen wir aber das Gebiet unseres wenn auch
noch so beschränkten Bildens und Hervorbringens ab, und fragen, ob es
dann eine Vollkommenheit sei, wenn hintennach der Künstler eine
20 Erkenntniß seines Werkes bekommt, welche von dem der Hervorbringung zum Grunde liegenden Urbild unterschieden werden kann: so wird
offenbar jeder antworten, eine Unvollkommenheit sei es gleichviel ob des
Urbildes oder der bildenden Thätigkeit selbst, oder auch der Ab-
schließung jenes Gebietes, so daß noch etwas fremdes habe Einfluß auf
25 das Werk gewonnen. Nun aber ist die ganze Welt das Gebiet des
göttlichen Bildens und Hervorbringens, und so abgeschlossen, daß nichts
außer demselben Einfluß darauf gewinnen kann. Also wäre jedes Unterscheiden der Weisheit und der Allwissenheit ihrem Inhalt nach eine Un-

---

dit actum voluntatis, libera sequitur actum voluntatis"; allein die necessaria
30 thut das nicht als solche, denn sonst müßte aller Unterschied zwischen dem
Möglichen und Wirklichen, den doch auch diese Lehrer annehmen, weg-
fallen und alles mögliche wirklich werden; sondern nur das von der Weisheit
aufgenommene zieht wirklich einen Willensact nach sich.
[16] Sapientia est „attributum quo [. . .] in capiendis consiliis et adminiculis eligendis
35 leges summae perfectionis sequi-|tur." R e i n h . §. 37. und fast eben so W e g -   I,310
s c h e i d e r §. 66. beide nach G e r h a r d III. p. 195. not.
[17] S. oben §. 59. Anm. c.

---

29 *Statt* actum voluntatis, Q: omnem liberum divinae voluntatis actum.   35 *Dogmatik,*
S. 120 § 37, 1   **35f** *S. 176; s. Anhang*   **36** *fehlt in ed. Preuss 1, 355*

vollkommenheit; und ist die gött-|liche Weisheit der Inbegriff der gött- I,311
lichen Zwekbegriffe, so ist sie eben so sehr nichts anders als die absolute
Lebendigkeit der göttlichen Allmacht, wie wir dieses von der Allwissenheit
behaupten. Aber auch der Form nach kann eine solche Differenz in Gott
5 nicht gesetzt werden; denn weder können in dem höchsten Wesen, wie bei
uns, die Zwekbegriffe mehr einen innerlichen das Wissen aber einen
äußeren Ursprung haben, noch auch die Begriffe, welche in der göttlichen
Allwissenheit gesetzt sind, mehr oder weniger mit dem göttlichen Wollen
verbunden sein als die in der göttlichen Weisheit gesetzten, da ja diese
10 dieselben sind wie jene. Diese gänzliche Einerleiheit der göttlichen
Weisheit und Allwissenheit giebt sich auch daran zu erkennen, daß, wie
sonst gewöhnlich die Weisheit aus der Allwissenheit abgeleitet wird, hier
umgekehrt die Einerleiheit gezeigt worden ist, indem wir von der Weisheit
ausgingen.
15   4. Nach dem, was schon §. 59, 3. gesagt worden, scheint es kaum
nöthig auch hier noch das Bedenken zu beseitigen, als sei es Gottes nicht
würdig auch die Kleinigkeiten in die göttliche Allwissenheit aufzunehmen,
denn es leuchtet zu sehr ein, daß es ohne Wissen des kleinen auch kein
Wissen des großen in seinem wahren Zusammenhange giebt. Allein es
20 bietet sich uns doch hier noch ein eigner Standpunkt dar zur Erörterung
dieser Sache. Wenn wir nämlich alles einzelne im allgemeinen Naturzusammenhang betrachten, so ist jedes in allen seinen Aeußerungen durch
alles andere mit bestimmt, und auch jedes die Aeußerungen alles anderen
mitbestimmend. Also ist auch in jeder kleinsten Veränderung die ganze
25 Welt gesetzt, und daher der Unterschied zwischen kleinem und großem
auf-|gehoben, indem alles Eins ist und das ganze durch jeden Theil gleich I,312
sehr bedingt, so wie jeder Theil durch das Ganze. Der Unterschied aber
zwischen großem und kleinem entsteht erst, wenn der natürliche Zusammenhang zerrissen wird, wie das bei unserm fragmentarischen Wissen
30 natürlich ist. Die Vollkommenheit des göttlichen Wissens muß daher in
dieser Beziehung eben darin bestehen, in dem kleinsten alles und im
Ganzen auch das kleinste zu sehen. − Eben so nach dem §. 63. gesagten
scheint es unnöthig das Bedenken noch zu berüksichtigen, wie sich das
göttliche Vorherwissen auch der menschlichen Handlungen mit der
35 lebendigen Selbstthätigkeit des Menschen vertrage; denn wie man sagt
Gott erhalte das freie als freies, eben so auch muß man sagen, er kenne das
freie als freies, und zwar um so mehr, da sein Erhalten und sein Wissen
nur eines und dasselbe ist. Auch läßt sich jedem nachweisen, daß er seine

---

3 f Vgl. § 65, 3   11 f Vgl. z. B. Lossius: Real-Lexikon 1, 236   32 ff H verweist auf Socinus:
Praelectiones 8−11   35 f Vgl. z. B. Gerhard: Loci, ed. Cotta 4, 84 b; ed. Preuss 2, 28 a

Freiheit nicht beschränkt glaubt, wenn ein Anderer, der ihn genau kennt, in einzelnen Fällen seine Handlungen vorhersagt; und so wäre es hiernach vielmehr sonderbar und unbegreiflich, wenn man Gott nicht die genaueste Kenntniß der Freiheit jedes Einzelnen zuschreiben wollte. Wenn aber
5 Andere das göttliche Vorherwissen der menschlichen Handlungen deshalb bedenklich finden, weil man voraussezen müsse, wenn Gott die Sünden der Menschen vorherwisse, so würde er sie in jedem Falle verhindern, so gehört dieses eigentlich nicht hieher. Denn die sündliche Handlung, von welcher hier allein die Rede sein kann, ist nicht das Böse, sondern dies ist
10 in der Beschaffenheit des Menschen, woraus sie hervorgeht. Wollte Gott also auch das Ausbrechen einer sündlichen Handlung verhindern, so bliebe der Mensch, welcher sie verrichten | wollte, deshalb doch eben so   I,313 böse als ob er sie verrichtet hätte, und das Böse würde also dadurch nicht verhindert.

15   Anhang. Von einigen anderen göttlichen Eigenschaften.

69.

Unter den gewöhnlich aufgeführten göttlichen Eigenschaften sind vorzüglich noch die Einheit, die Unendlichkeit und die Einfachheit solche, welche auf den in den wirklichen Erregungen des
20 frommen Bewußtseins stattfindenden Gegensaz keine Beziehung haben; allein sie können auch nicht mit demselben Recht wie die bisher abgehandelten als göttliche Eigenschaften angesehen werden.

> Anm. Es wird nämlich durch diese Eigenschaften nichts besonderes in der Art, wie wir unser frommes Bewußtsein auf Gott beziehen, ausgedrükt (S.
25   §. 64.) sondern nur die Beziehung auf Gott überhaupt.

1. Die Einheit Gottes ist zunächst und ursprünglich die unterscheidende Formel der monotheistischen Religionsstuffe. Wollte man aber dies als eine göttliche Eigenschaft ausdrükken, so könnte es, da Zahl überall nie eine Eigenschaft irgend eines Wesens sein kann, wol nur auf die Art
30 geschehen, es sei die Eigenschaft, vermöge deren Gott zukomme, nicht seines gleichen zu haben. Mehrere gleiche aber sind derselben Art oder Gattung, und da die einzelnen Wesen das Dasein der Gattung sind, die Gattung aber das Wesen der Einzelnen, so ist die Einheit Gottes die Auf-

---

27–31 *H zitiert Mosheim: Elementa 241*

hebung des Unterschiedes zwischen Wesen und Dasein. | In unserm abso- I,314
luten Abhängigkeitsgefühl aber ist das höchste Wesen überall angedeutet
als daseiend, und auf dieses kann also die Einheit Gottes keine andere Beziehung haben, als daß darin die Zusammengehörigkeit aller Erregungen
5 des frommen Bewußtseins, so daß sie nämlich nur Andeutungen von
Einem sein können und nicht von Mehreren, ausgesprochen ist. Nur unter
dieser Voraussezung können überhaupt aus dem Inhalt jener Erregungen
göttliche Eigenschaften entwikkelt werden − wie denn im Polytheismus
dergleichen auch gar nicht geschehen kann − und darum steht die Ein-
10 heit Gottes als monotheistischer Kanon über allen Untersuchungen die
göttlichen Eigenschaften betreffend. Jene Zusammengehörigkeit der
frommen Erregungen aber ist in derselben unmittelbaren Gewißheit wie
sie selbst gegeben, und daher die Einheit Gottes eben so wenig irgend
eines Beweises oder einer Erörterung fähig als das Dasein Gottes selbst.
15 Daher auch die sogenannten Beweise, da sie aus andern Eigenschaften geführt werden müssen, entweder im Kreise herumgehn oder unhaltbar sind
und Mißverständnisse veranlassen[1].
    2. Die Unendlichkeit ist nicht sowol eine Eigenschaft Gottes als
vielmehr die Eigenschaft aller seiner Eigenschaften, wie auch schon aus
20 der gewöhnlichen Erklärung erhellt. Daher auch wenn man sie als eine
einzelne Eigenschaft aufstellt, bekommt man ohnfehlbar Eigenschaften,
welche ihr untergeordnet sind, wie die Unermeßlichkeit als Unendlichkeit
der Substanz und | die Ewigkeit als Unendlichkeit der Existenz[2]. Eben so I,315
aber müßte dann auch die Allwissenheit erklärt werden als die Unendlich-
25 keit des Verstandes, und die Allmacht als Unendlichkeit des Willens; und
wenn dies nicht geschieht, so ist es nur ein Zeichen, daß der Ausdruk auch
als Kanon bei der Bildung der göttlichen Eigenschaften nicht gehörig angewendet wird, und daß man um die untergeordnete Unendlichkeit der Welt
zu vermeiden, lieber einen Unterschied in der Unendlichkeit der göttlichen

---

30 [1] Wie Lactant. 1, 3. „Virtutis [. . .] perfecta natura non potest esse nisi in eo,
    in quo totum est . . . Deus vero si perfectus est [. . .] non potest esse nisi
    unus, ut in eo sint omnia."
    [2] S. Reinhard §. 33, 3.

---

4 haben] baben

18−20 Vgl. z. B. Storr: Dogmatik 315−319   30 Lactantius: Diuinae Institutiones 1, 3,
Leipzig (1715) 21; Leipzig (1735) 21; CSEL 19, 8, 15 ff   33 Dogmatik, S. 104 (in Anhang
zu I, 199, 37)

Eigenschaften annimmt. – Was aber die Einfachheit Gottes betrifft: so
wird darunter größtentheils die Immaterialität verstanden. Diese aber ist
theils keine Eigenschaft, weil der Ausdruk nur eine Verneinung anzeigt,
theils scheint es sich ganz von selbst zu verstehen, daß, wenn Gott und
5 Welt auch nur irgendwie sollen unterschieden werden, dann alle Materie
der Welt angehörig sein muß. Allein die Einfachheit streng genommen
schließt nicht nur die Materialität aus, sondern auch die Aehnlichkeit mit
dem endlichen Geist, der im strengen Sinne des Wortes keinesweges kann
einfach genannt werden. Denn die relative Getrenntheit der Functionen
10 widerstreitet der Einfachheit, und jeder zeitliche Moment der geistigen Erscheinung ist eben so sehr ein Ergebniß aus dem Ineinandersein des beziehungsweise entgegengesezten, wie jeder räumliche Moment der leiblichen Erscheinung, und das höchste Wesen muß eben so sehr über die
Natur des endlichen Geistes erhaben sein als über die leibliche[3]. Der
15 wahre Inhalt des Begriffs der Ein-|fachheit ist daher kein anderer als das   I,316
ungetrennte Ineinandersein aller göttlichen Thätigkeiten, wie sie hier im
allgemeinen und bei jeder besonders ist dargestellt worden. Auch dieser
Begriff sagt daher nicht sowol eine besondere Eigenschaft des göttlichen
Wesens aus, als vielmehr das Verhältniß aller in unserm Abhängigkeits-
20 gefühl angedeuteten göttlichen Eigenschaften zu einander.
    Zusaz. Wenn wir nun zusammennehmen sowol diese von uns unter
diesem Titel nicht aufzunehmenden göttlichen Eigenschaften als auch jene
vier, welche wir gesucht haben soviel möglich in eins zusammenzufassen:
so erhellt, daß sie sich nicht auf irgend bestimmte wirkliche Erregungen
25 des frommen Bewußtseins beziehn, sondern nur das ihnen allen gemeinsame ausdrükken, auch daraus, daß man weder aus einer von ihnen
einzeln noch aus allen zusammengenommen irgend eine von den sogenannten Pflichten gegen Gott ableiten kann. Denn jede bestimmte fromme
Erregung, mag sie nun auf eine oder auf mehrere göttliche Eigenschaften
30 hinweisen, muß in eine Thätigkeit ausgehn und daher als eine Handlungsweise beschrieben werden können, welche eben, weil sie sich auf ein Bewußtsein von Gott gründet, auch ein Handeln in Beziehung auf ihn ist,

---

[3] „Non est Deus mutabilis spiritus ... Nam ubi invenis aliter et aliter, ibi
facta est quaedam mors [...]“. August. in Joh. Tr. XXIII, 9.

---

34 XXIII] XXIV

1f *H verweist auf Reinhard*   8f *Gegen Reinhard: Dogmatik 110 und Endemann: Institu-*
tiones 1, 195. Vgl. auch H und CG² § 56, 2 I, 337 Anm.   34 *Augustin: In Iohannis*
Euangelium tractatus CXXIV 23, 9, ed. Ben. 3/2, 346 EF; CChr 36, 238, 21ff

d. h. eine sogenannte Pflicht gegen Gott selbst oder doch gegen Andre oder sich selbst um seinetwillen. Mit den hier aufgestellten Eigenschaften hängt aber kein solches Gebot zusammen, denn weder der Eindruk der Allmacht noch der Ewigkeit für sich noch beider vereint kann eine Hand-
5 lungsweise bestimmen; woraus denn folgt, daß jene Eigenschaften selbst nicht aus der Bestimmtheit, sondern aus dem gemeinsamen aller frommen Erregungen abgeleitet sind. |

Dritter Abschnitt.   I,317

Von der Beschaffenheit der Welt, welche in dem Abhängigkeitsgefühl an sich angedeutet ist.

70.

5   Die Allgemeinheit des Abhängigkeitsgefühls enthält den
Glauben an eine ursprüngliche Vollkommenheit der Welt.

> Anm. Unter Vollkommenheit wird hier nichts anders als die Einheit und
> Vollständigkeit der Zusammenstimmung des gesezten in sich, ohne daß das-
> selbe irgendwie auf etwas anderes bezogen werde, verstanden. Ursprüng-
> 10 lich aber heißt diese Vollkommenheit, sofern sie nicht erklärt werden soll
> aus dem als Stetigkeit des frommen Wohlgefallens ausgebildeten Selbstbe-
> wußtsein, in welchem sich jeder Welteindruk mit dem einwohnenden Be-
> wußtsein des höchsten Wesens leicht und unmittelbar einigt, sondern schon
> aus der beharrlichen Richtung auf das absolute Abhängigkeitsgefühl an sich,
> 15 und der dabei nothwendig vorausgesezten Immergegenwärtigkeit Gottes in
> uns.

1. Da das Abhängigkeitsgefühl weder aufhört noch sich vermindert,
wenn wir unser Selbstbewußtsein zu dem der ganzen Welt zu erweitern
suchen, und also alle Abstuffungen des Seins, durch welche dasselbe in
20 dieser Erweiterung durchgeht, in das Gefühl selbst mit eingeschlossen
sind, dieses auch überall sich selbst gleich ist: so ist also in dem Gefühl
eine vollständige Zusammenstimmung aller Theile der Welt in dieser Einheit und Einerleiheit des Begründetseins derselben im höchsten Wesen
nothwendig enthalten. – Aber auch ohne an jene immer nur geforderte
25 und angenäherte aber nie vollkommen vollzogene Erweiterung zu denken,
ergiebt sich dasselbe, wenn wir nur das persönliche | Selbstbewußtsein in   I,318
der Gesammtheit seiner Aeußerungen betrachten. Denn jede sinnliche Bestimmtheit des Selbstbewußtseins, mit welcher das höhere sich einigen
will, und auch an sich betrachtet sich mit jeder einigen kann, ist ein Welt-
30 eindruk. Also ist auch so in allen Einwirkungen der Welt auf das Bewußt-

---

3 f *Im Inhaltsverzeichnis von OD Zwischenüberschrift:* Einleitung. §. 70. 71.

sein die Zusammenstimmung zur Erregung des Abhängigkeitsgefühls
gesezt. Ja da das fromme Selbstbewußtsein nicht wirklich werden kann
ohne das sinnliche, so ist in uns allgemein der Glaube an die göttliche Allmacht bedingt durch diese Beschaffenheit der Welt.

5   2. Es ist aber auch dieser Glaube an die ursprüngliche Vollkommenheit der Welt nur die andere Seite zu dem Glauben an die ewig allgegenwärtige und lebendige Allmacht. Denn wenn die Welt in dieser allein begründet ist, und auch wiederum die Allmacht sich in der Welt vollständig
ausdrükt, in ihr aber alle andern göttlichen Eigenschaften, wie sie bis jezt
10 aufgezählt wurden, eines sind: so kann auch nicht in der Welt als der
Offenbarung des höchsten Wesens, welches der einzige hier vorwaltende
Gesichtspunkt ist, ein Unterschied des Mehr oder Weniger oder gar des
relativen Gegensazes sein, weder in Bezug auf die Abhängigkeit im
allgemeinen noch in Bezug auf diese oder jene einzelne göttliche Eigen-
15 schaft. Daher auch von dieser Seite angesehn der eine Glaube durch den
andern bedingt ist. Denn daß eine solche Zusammenstimmung der Welt
zur Hervorrufung des frommen Bewußtseins ebenfalls nicht gedacht
werden kann ohne das Begründetsein derselben in derselben göttlichen
Allmacht, welche sich in der Erregung des frommen Bewußtseins
20 offenbart, leuchtet von selbst ein.

    3. Indem wir aber hier von jeder Bestimmtheit | eines wirklichen   I,319
Lebensmomentes absehn, da wir nur vor dem ursprünglichen innern Eins
werden wollen des niedern und höheren Selbstbewußtseins ausgehen, und
da nur in jener wirklichen Bestimmtheit die Einigung gehemmt, sonach
25 ein theilweise überwundener Widerstreit erscheint, so ist in dem Begriff
der ursprünglichen Vollkommenheit der Welt auch das, was in dem wirklichen Bewußtsein vorkommt, nicht enthalten, und die Welt, wie sie in
irgend einem Augenblik zeitlich auf uns einwirkt, nicht der reine Ausdruk
jener ursprünglichen Vollkommenheit. Dieser Begriff geht also überhaupt
30 nicht auf das Gebiet der Erscheinung als solcher, d. h. auf das Gewordene,
denn dieses ist das zeitlich auf uns wirkende, sondern auf das innere der
Erscheinung zum Grund liegende, d. h. auf die lebendigen Kräfte in ihrem
beziehungsweise für sich gesezt und durcheinander bedingt sein, deren
Ursächlichkeit die göttliche in der Entgegensezung gleich ist. Will man
35 daher dem Begriff der ursprünglichen Vollkommenheit den einer abgeleiteten oder gewordenen gegenüberstellen, so müßte man sagen, in jedem
gegebenen Moment sei die ursprüngliche Vollkommenheit die Totalität
dessen, was demselben als reine Causalität (abgesehen davon, daß dieses
selbst in einem andern Sinne ein gewordenes ist) zum Grunde liegt; die
40 definitive aber sei in dem was darin selbst wahrhafte und positive Wirkung
sei und was daraus als Fortwirkung sich entwikkeln werde. Die ursprüngliche Vollkommenheit, könnte man daher auch sagen, sei die Zu-

sammengehörigkeit aller beharrlichen Gestaltungen des Seins und aller entgegengesezten Functionen desselben.

4. Da nun die ganze Ursach sich selbst immer | gleich sein muß, weil 1,320
sonst nicht eine Reihe von Erscheinungen oder Wirkungen auf sie als ihre
5 Einheit zurükbezogen werden könnte, so ist auch die ursprüngliche Vollkommenheit der Welt während des ganzen Zeitlaufs sich selbst gleich, und
weder das was in der Erscheinung als hemmend gesezt ist, kann in den
Begriff der ursprünglichen Vollkommenheit aufgenommen werden, da es
nur in der Erscheinung der Widerschein ist einer auf etwas anderes ge-
10 richteten Causalität, noch auch kann die Hemmung selbst eine Verminderung der ursprünglichen Vollkommenheit andeuten, welche mithin un-
verlierbar ist. Dasselbe gilt eben so von allem wodurch in der Erscheinung
das hemmende besiegt wird, daß es in den Begriff der ursprünglichen
Vollkommenheit als solches nicht kann aufgenommen, sondern nur allge-
15 mein in derselben begründet sein, so daß diese ursprüngliche Vollkommenheit eben so wenig als sie der Verminderung fähig eben so wenig
auch der Erneuerung bedürftig ist. Dies folgt auch schon aus dem oben
angegebenen Verhältniß dieses Begriffs zu dem der allgegenwärtigen göttlichen Allmacht. − Der scheinbare Widerstreit dieser Behauptung mit der
20 kirchlichen Lehre wird sich im folgenden auflösen. Bis dahin findet das
Gesagte seine schriftmäßige Begründung in dem Ausspruch, „Gott sah an
alles was er gemacht hatte, und es war alles sehr gut". Dieser Spruch ist
auf der einen Seite auf den Akt der Schöpfung als solchen bezogen, mithin
jeder zeitliche aus einem früheren gewordene Zustand ausgeschlossen,
25 auf der andern aber, da alles göttliche Erkennen alle Zeiten auf zeitlose
Weise in sich schließt, muß auch dieses gut, welches dem hier ange-
gebenem Begriff von Vollkommenheit ent-|spricht, auch alle Zeiten in sich 1,321
schließen und für sie alle dasselbe sein.

Zusaz. Die Lehre von der besten Welt, wie sie besonders seit Leib-
30 niz in der sogenannten natürlichen Theologie vorgetragen und auch von
manchen Gottesgelehrten[1] in derselben Form in die Glaubenslehre aufgenommen worden ist, besagt eines theils dasselbe, nur daß nicht allein die
Vollkommenheit der lebendigen Kräfte sondern auch die der Gesammtheit
ihrer Entwiklung mit darin begriffen ist, und daher die Aufgabe mit dieser
35 Vollkommenheit Sünde und Uebel in Uebereinstimmung zu bringen
anders gestellt werden muß; andern theils aber beruht jener Begriff auch
auf der hier nicht aufgenommenen Voraussezung einer Mehrheit mög-

---

[1] S. u. a. J. D. Michaelis Comp. Th. dogm. §. 55.

21f *Gen 1, 31*   **29f** *Leibniz: Theodicee, Übersetzung Gottsched 150−155; Übersetzung*
Buchenau 101f   **38** *S. 103f; s. Anhang*

licher Welten, wodurch nicht nur die Vollkommenheit selbst beschränkt
sondern auch die göttliche Thätigkeit in Hervorbringung derselben als
eine kritische, d. h. secundäre und unvollkomne dargestellt wird.

71.

Zufolge der teleologischen Betrachtungsweise zerfällt diese
Lehre für uns in zwei Lehrstükke, das von der ursprünglichen Vollkommenheit der übrigen Welt in Beziehung auf den Menschen und
das von der ursprünglichen Vollkommenheit des Menschen selbst.

1. Wenn die frommen Erregungen, welche mit den leidentlichen Zuständen des Menschen zusammenhängen, denen sollen untergeordnet und
auf sie bezogen werden, welche aus den thätigen hervorgehen: so muß
man | auch beide von einander unterscheiden. Die leidentlichen Zustände   1,322
des Menschen sind aber durch die Einwirkung der ganzen übrigen Welt
bedingt, wogegen in seiner Selbstthätigkeit er der ganzen übrigen Welt
entgegentritt. Da es nun ursprünglich nur das Bewußtsein eigner Zustände
ist, an welchen sich das Abhängigkeitsgefühl entwikkelt, welches zugleich
den Glauben an die Vollkommenheit der Welt in sich schließt: so ist auch
der Glaube an die Vollkommenheit der übrigen Welt vorzüglich an die
leidentlichen Zustände des Menschen gebunden, der Glaube hingegen an
seine eigne ursprüngliche Vollkommenheit hat seine Haltung vornehmlich
in den thätigen Zuständen. Wollte man nun diese nicht besonders herausheben, sondern die ursprüngliche Vollkommenheit des Menschen nur als
einen Theil der Vollkommenheit der Welt in diese einschließen: so erschienen dann auch seine thätigen Zustände nur als ein Theil dessen, was
seine leidentlichen hervorbringt, und der teleologische Charakter wäre
verletzt. Dieser kann daher nur durch die angegebene Theilung aufrecht
erhalten werden.

2. Man könnte hiegegen einwenden, daß, wenn auf die Beschaffenheit der übrigen Welt nur aus den leidentlichen Zuständen des
Menschen reflectirt und diese selbst auf seine Thätigkeit bezogen würden,
alsdann auch die ganze Welt nur auf die Thätigkeit des Menschen bezogen
werden könnte, und von keiner andern Vollkommenheit derselben als nur
um des Menschen willen die Rede sein dürfte, daß aber dadurch offenbar
dem Menschen zuviel eingeräumt würde. Nun kann allerdings, z. B. bei der
Einrichtung ferner Weltkörper, gar keine Beziehung auf den Menschen
gedacht werden: allein einestheils kommt auch dies nur her | von der Un-   1,323

---

3 h.] .h

vollkommenheit unserer Erkenntniß, denn diese Einrichtung hängt doch
zusammen mit des Weltkörpers Verhältniß zu andern und seinem Ort im
Ganzen, und diese Verhältnisse stehn schon in Bezug mit dem
Menschen, wie denn überhaupt bei einer genauen organischen Zusammen-
5 stimmung alles eben so gut für jeden ist wie jeder für alles; andrentheils
kann und soll auch der Glaube an die Vollkommenheit der Welt, wie er
hier zu erörtern ist, nicht weiter gehen als das Gebiet der religiösen Erregungen geht, und in dieses greifen nur die Verhältnisse der äußeren Welt
zum Menschen ein. Je mehr indeß die Erkenntniß der Welt sich ent-
10 wikkelt, um so mehr Verhältnisse derselben zu dem Menschen werden
sich ebenfalls aufschließen und also auch das Gebiet dieser religiösen Erregungen sich erweitern, so wie eben das Bewußtsein der Unvollkommenheit unserer Welterkenntniß in dem Glauben an die ursprüngliche Vollkommenheit der Welt mit repräsentirt ist, indem derselbe die Voraus-
15 sezung in sich schließt, daß keine künftige Entwiklung der Erkenntniß
diesem Glauben zum Nachtheil gereichen könne.

Zusaz. Es ist natürlicher, daß die Lehre von der eigenthümlichen ursprünglichen Vollkommenheit des Menschen dogmatisch weit mehr ausgearbeitet ist als die von der Vollkommenheit der Welt in Bezug auf den
20 Menschen. Ja diese leztere fehlt häufig ganz, was aber gewiß nicht nur der
ersteren nicht zum Vortheil gereicht hat, sondern auch die Behandlung der
gewordenen Vollkommenheit unter dem Titel von der göttlichen
Vorsehung findet sich häufig auf eine Art verfehlt, wie es nicht hätte geschehen können, wenn ein richtiger Begriff von der ursprünglichen
25 Vollkommen-|heit der Welt zum Grunde wäre gelegt worden. Billig aber   I,324
geht das minder nahe liegende und daher auch minder bearbeitete dem zu-
sammengeszteren und wichtigeren als Einleitung voran.

Erstes Lehrstük.
Die ursprüngliche Vollkommenheit der Welt in Bezug auf
30   den Menschen.

72.

Wenn das absolute Abhängigkeitsgefühl auf die Welt, sofern
wir sie uns gegenüberstellen, bezogen wird: so liegt darin die zwie-

---

29 *Statt* Welt *Inhaltsverzeichnis von OD:* Natur

fache Annahme, zuerst daß die Welt dem Menschen eine Fülle von
Reizmitteln darbiete, um alle die Zustände zu entwikkeln, an denen
sich das Bewußtsein des höchsten Wesens verwirklichen kann;
demnächst aber auch, daß sie in einer Fülle von Abstufungen sich
5 von ihm behandeln lasse, um ihm theils als Organ theils als Dar-
stellungsmittel zu dienen.

> Anm. a. Bei den Reizmitteln bleibt hier völlig unbestimmt, ob sie durch das
> Medium angenehmer oder unangenehmer Empfindungen wirken, indem die
> menschliche Kraftentwiklung durch die einen so gut geleitet wird als durch
> 10 die andern.
>   b. Die Unterscheidung von Organ und Darstellungsmittel ist nur eine
> untergeordnete, denn jedes ist in gewissem Sinne auch das andere; beide zu-
> sammengenommen aber sind den Reizmitteln entgegengesezt, sofern Kräfte
> schon entwikkelt sein müssen, sowol damit der Mensch sich etwas Aeußeres
> 15 aneigne als auch damit er sein Inneres in dem Aeußeren darstelle.

1. Jeder menschliche Zustand ist nur in verschiedenem Maaße ein In-
einander von Thätigkeit und Lei-|dentlichkeit, und auch die überwiegend   I,325
selbstthätigen, auf welche in der christlichen Betrachtungsweise alles bezogen wird, müssen durch ein vorangehendes leidentliches vereinzelt und
20 geschieden werden. Also kann auch die Gesammtheit dieser selbstthätigen
Zustände nur zur Wirklichkeit kommen durch eine scheidende Gesammtheit leidentlicher, welche von Einwirkungen der Welt auf den Menschen
abhängen. Sonach besteht die ursprüngliche Vollkommenheit der Welt
darin, daß in ihr zeitlicherweise die Erregung jener leidentlichen Zustände
25 gegründet sei, d. h. daß sie ein vollständiges sei für die Empfänglichkeit
des Menschen, welche wiederum seine Selbstthätigkeit erregt und
bestimmt. Um aber dies in seinem ganzen Umfang zu verstehen ist folgendes zu bemerken. Zuerst indem wir den Menschen rein als selbstthätiges,
in welchem ein Bewußtsein Gottes möglich ist, d. h. als Geist auffassen,
30 gehört seine leibliche Seite, in welcher jenes Bewußtsein nicht ist, ursprünglich der Welt an, in welche er als Geist tritt, und wird erst, so wie
hernach durch sie alles andere, allmählig des Geistes Organ und Dar-
stellungsmittel, zuerst aber vermittelt sie die reizenden Einwirkungen der
Welt auf den Geist. Daher wir diese ganze Seite der Vollkommenheit der
35 Welt darin zusammenfassen können, daß in ihr im Zusammenhang mit
allem übrigen eine Organisation wie die menschliche gesezt sei, zu
welchem Zusammenhang auch dieses gehört, daß sie alles übrige Sein dem
menschlichen Geiste zuleitet. Diesen als den Mittelpunkt der ganzen
übrigen Schöpfung darzustellen, ist nicht nur etwas allgemein mensch-
40 liches, sobald nur jener Besinnungspunkt eingetreten ist, der eine teleologische Ansicht entwikkelt, sondern auch die heiligen Gesänge und

selbst die Re-|den Christi sind so voll davon, daß einzelne Stellen anzu-   I,326
führen überflüssig wäre. Zum andern gehört zu den selbstthätigen Zuständen, mit denen sich das fromme Bewußtsein einigt, ganz vorzüglich
auch das Erkennen, ohne welches auch das fromme Bewußtsein selbst nur
5 eine dunkle Erscheinung bleiben müßte; und die Welt wäre offenbar um
so minder vollkommen für den Menschen, als sie minder erkennbar wäre.
Da nun alle Einwirkungen der Welt auf den Menschen auch dem auf die
Erkenntniß gerichteten Trieb einen Stoff darbieten, so können wir eben so
diese ganze Seite der ursprünglichen Vollkommenheit zusammenfassen in
10 dem Begriff der Erkennbarkeit der Welt, mit der Voraussezung, daß keine
neu entstehenden Einwirkungen der Welt auf uns jemals die Erkennbarkeit derselben vermindern oder aufheben könnten. Jenes nun, das natürliche Bestehen der menschlichen Organisation in der Welt, ist die reale,
dieses die Erkennbarkeit ist die ideale Seite der sich unmittelbar auf die
15 menschliche Empfänglichkeit beziehenden ursprünglichen Vollkommenheit.

2. Wenn aber die Entwiklung der menschlichen Thätigkeiten aller Art
nur von den Einwirkungen der Welt abhinge, sofern diese die Selbstthätigkeit erregen, so würde es keine Fortschreitung in denselben geben,
20 und also würde der Mensch als Gattung gar nicht entwikkelt, und überhaupt würde seine Selbstthätigkeit nur als Reaction erscheinen. Daher
gehört zur Vollkommenheit der Welt auch eine an und für sich betrachtet
unbeschränkte Empfänglichkeit der Welt für die durch die menschliche
Organisation vermittelten Einwirkungen der menschlichen Selbstthätig-
25 keit. Diese Einwirkungen aber haben die oben angegebene zwiefa-|che   I,327
Richtung, die darstellende, um alle Momente der Selbstthätigkeit zu
fixiren, damit sie der Fortschreitung zur Basis dienen, und die anbildende,
um jene vermittelnde Kraft der Organisation zu vermehren. In dem Abhängigkeitsgefühl liegt daher auch, indem darin die Einigung alles Be-
30 wußtseins mit dem Bewußtsein Gottes gesezt ist, der Glaube an die an
sich unbeschränkte Erhaltung und Verbreitung aller Akte dieser Einigung
durch die selbstthätigen d. h. einwirkenden Zustände des Menschen.
Sowol die Erkennbarkeit der Welt wäre ein kleinstes, wenn sie nicht die
Darstellung des erkannten aufnähme, als auch das Bestehen der mensch-
35 lichen Organisation wäre nur eben so wie das aller untergeordneten zu betrachten, wenn nicht der Geist vermöchte seine ursprüngliche Organisation durch Aneignung aus der Welt zu erweitern.

3. Alle Vorstellungen von einer ursprünglichen Vollkommenheit der
Welt zwar in Bezug auf den Menschen, aber nicht auf die Entwiklung
40 seiner Selbstthätigkeit, sondern welche darin bestände daß der Mensch

---

26 Selbstthätigkeit] *so H; OD:* Selbstthätigteit

sein Wohlbefinden in der Welt fände ohne sein Zuthun, können nicht der
christlichen Glaubenslehre angehören; und es ist ein Mißverständniß,
wenn die kurzen Andeutungen von der Beschaffenheit der Welt, während
der Mensch im Paradiese war, auf diese Art ausgesponnen werden. Diese
5 Vorstellungen, indem sie von einem wirklichen Zustande reden, wollen sie
allerdings etwas anderes sein als der von uns aufgestellte Begriff der ursprünglichen Vollkommenheit, und in so fern gehören sie überall nicht
hieher, und wir könnten die Sache an die Schriftauslegung verweisen,
damit diese entscheide, ob in den bei diesen Vorstellungen zum Grunde
10 liegenden Erzählungen in der Genesis eine | wirkliche Geschichte be-   I,328
richtet ist oder nicht. Nur in so fern gehören sie hieher als, wenn es einen
solchen Zustand jemals als wirkliche Zeiterfüllung gegeben hat, wo z. B.
die wilden Thiere eine zahme Natur hatten, und es überhaupt weder etwas
schädliches noch auch nur unbrauchbares für den Menschen in der Natur
15 gab, alsdann auch in Bezug auf die wesentlichen Bestandtheile unseres Begriffs die gesammte Welteinrichtung, welche jenen Verhältnissen zum
Grunde lag, eine andere war als die, aus welcher die gegenwärtigen hervorgehen, und also die ursprüngliche Vollkommenheit der Welt nicht als
sich gleich bleibend angesehen werden könnte. Prüfen wir aber jene
20 Vorstellung, so finden wir sie unhaltbar. Denn wenn sich der Mensch
auch von jenem Zustande aus entwikkeln sollte, so mußte sich doch, was
zu überwinden und zu zähmen war, auf allen Wegen finden, das Beharren
aber in einem solchen Zustand wie der paradiesische, wäre auch der
biblischen ursprünglichen Berufung des Menschen zur Verbreitung über
25 die Erde und zur Herrschaft über die Erde gänzlich zuwider gewesen.
Daher nur eine solche Vorstellung von der ursprünglichen Welteinrich-
richtung, wie unser Saz sie aufstellt, den göttlichen Rathschluß in der
vollkomnen Einheit von Schöpfung und Erhaltung, und also mit dem
übereinstimmend, was wir schon oben aus demselben absoluten Abhän-
30 gigkeitsgefühl entwikkelt haben, die ursprüngliche Vollkommenheit der
Welt als dieselbe zeigt, in welcher auch die Verhältnisse, unter denen der
Erlöser in die Welt trat, gegründet sind. Betrachten wir aber die aus den
Erzählungen der Genesis weiter entwikkelte Vorstellung als einen Zustand
darstellend: so ist doch nicht zu verkennen, daß dieser kein geschichtlicher
35 ist, sondern ein | vor aller Geschichte d. h. aller Weltbildung durch den   I,329
Menschen hergehender, und so läßt sich immer nur der zwiefache sym-
bolische Sinn darin finden, daß eine Zulänglichkeit der Natur für die

---

3f *Gen 1f*   4f *Vgl. z. B. Reinhard: Dogmatik 251—253*   **23—25** *Gen 1, 28*   **29** *§ 70f*

menschliche Organisation aller Entwiklung vorangehn muß, und daß sich
alle Differenzen in dieser Zulänglichkeit erst mit der Verbreitung und
weiteren Entwiklung des Menschen enthüllen.

73.

5   Daß in dem ursprünglichen Verhältniß der übrigen Welt zu der
menschlichen Organisation der Tod der menschlichen Einzelwesen
und was damit zusammenhängt, bedingt ist, thut der ursprünglichen Vollkommenheit der Welt in Bezug auf den Menschen
keinen Eintrag.

10   Anm. Als mit dem Tode zusammenhängend sind anzusehn eines theils das Ab-
     nehmen der organischen Kräfte und ihrer Verrichtungen für den Geist jenseit
     ihres Höhenpunktes, anderntheils auch das aufreibende Andringen der
     äußern Naturkräfte gegen das leibliche Leben.

    1. Sofern von Natur der Tod in einem richtigen Verhältniß mit dem
15 Geborenwerden steht, so daß die Gesammtheit des menschlichen Lebens
eher zu als abnimmt und sich ihrem maximum immer nur annähert, wird
durch den Tod der Einzelnen weder die Empfänglichkeit der Welt für die
Herrschaft des Menschen vermindert, noch wird sie in der Entwiklung der
ganzen Fülle ihrer Reizmittel gehemmt. Vielmehr gehört die Sorge für die
20 Erhaltung des Lebens und die Abwendung aller Störungen desselben,
welche ohne den Tod überflüssig wäre, zu den mächtigsten Entwiklungs-
motiven, so daß man sagen kann, es werden bei der | Sterblichkeit mehr   1,330
menschliche Thätigkeiten auf Veranlassung der Einwirkungen der äußeren
Welt entwikkelt als ohne dieselbe zu erwarten war. Da man nun überdies
25 ein ewiges Fortleben der Einzelnen auf der Erde keinesweges berechtigt ist
als in der ursprünglichen Einrichtung der Welt begründet anzusehen, und
jeder andere Uebergang als durch den Tod eine abentheuerliche und die
Welteinheit störende Vorstellung ist: so kann man wol nicht sagen, daß
die ursprüngliche Welteinrichtung unvollkommen gewesen wäre, wenn sie
30 im allgemeinen den Tod des Menschen bedingt hätte. Auch ist die Vorstellung als ob der Tod zur ursprünglichen Welteinrichtung nicht gehört
hätte, weder in Gen. 2. u. 3. noch in Röm. 5. bestimmt ausgesprochen,
indem wir weder ausdrüklich lesen, daß ohne die Sünde der Mensch
würde unsterblich gewesen sein, noch daß die ganze Welt durch die Sünde

---

1 vorangehn] *so H; OD:* verangehn

wäre verändert worden. Bedenken wir nun noch, daß die menschliche Organisation auf ganz ähnliche Weise wie die übrigen thierischen entsteht und besteht: so will es ganz unglaublich scheinen, daß diese zwar sollten vermöge der ursprünglichen Einrichtung der Natur sterblich jene aber un-
5 sterblich gewesen und sterblich erst hernach geworden sein.

2. Eben so wenig ist es eine ursprüngliche Unvollkommenheit in der Welt, daß sie in Bezug auf den Menschen so eingerichtet ist, ihm sowol unangenehmes als angenehmes zuzuführen, und am wenigsten kann dies vom religiösen Standpunkt aus so erscheinen, da das eine sowol als das
10 andere Thätigkeiten hervorlokt, mit welchen sich das Bewußtsein des höchsten Wesens einigt. Aber auch im allgemeinen leuchtet ein, daß An- | genehmes ohne Unangenehmes nicht gedacht werden | kann, indem jedes   I,331 theils nur das Aufhören des andern ist, theils durch sich selbst im Ver- schwinden begriffen ist und schon durch dieses Verschwinden sein Gegen-
15 theil hervorruft. Eine solche Einrichtung der Welt also, in welcher für den Menschen die Keime des unangenehmen nicht lägen, scheint eine leere Vorstellung zu sein, welche aber auch aus den biblischen Darstellungen nicht mit Recht abgeleitet werden kann.

Z u s a z. Da das unhaltbare in den hergebrachten Vorstellungen weder
20 in den neutestamentischen Schriften noch in der Erzählung der Genesis gegründet ist, desto mehr aber mit den Sagen anderer Völker vornemlich solcher übereinstimmt, deren Glaubensweise mehr der aesthetischen Rich- tung folgt: so darf man wol behaupten, daß diese Vorstellungen in unsern Kreis nicht hinein gehören, sondern in diesem nur als Zerrbilder einer fan-
25 tastischen Sinnlichkeit erscheinen, dieselbe Quelle habend mit dem der christlichen Frömmigkeit auch nicht angehörigen Tadel der Weltein- richtung, aus welcher unsre gegenwärtigen Verhältnisse hervorgehn, als ob nämlich der durch die Beschaffenheit der Welt bedingte Zustand des Menschen mit den in seinem Innern liegenden Ansprüchen nicht zu-
30 sammenstimmte. Der in §. 72. aufgestellte Saz berichtigt sowol diesen Tadel als jene Vorstellungen.

---

28 bedingte] dedingte

11—15 *H und Nachschrift Heegewaldt verweisen auf Plato: Phaidon*

Zweites Lehrstük.
Von der ursprünglichen Vollkommenheit des Menschen.

74.

Die ursprüngliche Vollkommenheit des Menschen besteht erst-
5 lich in der Belebungsfähigkeit seiner Organisation durch den Geist,
oder in der | Zusammengehörigkeit von Leib und Seele; zweitens I,332
in der Erregbarkeit seines Erkenntnißvermögens durch die
umgebende Welt, oder in der Zusammengehörigkeit der Vernunft
und der Natur; drittens in der Beweglichkeit des persönlichen Ge-
10 fühls durch das Gemeingefühl oder in der Zusammengehörigkeit
des Einzelnen und der Gattung; endlich in der Vereinbarkeit jedes
Zustandes mit dem Bewußtsein des höchsten Wesens oder in der
Zusammengehörigkeit des niedern und des höheren Selbstbewußtseins.

15   Anm. Das erste wird gewöhnlich die natürliche, das zweite die geistige, das
       dritte die sittliche, das vierte die religiöse Vollkommenheit des Menschen
       genannt.

1. Die physische Vollkommenheit, vermöge deren der Geist im
menschlichen Leibe zur menschlichen Seele wird, und durch den Leib
20 auch in die übrige Welt auf das mannigfaltigste einwirkt, ist die erste
Grundbedingung des menschlichen Lebens überhaupt; und das unmittelbare Lebensgefühl kann nicht anders als unter dieser Anerkennung der
innern Zusammenstimmung beider Seiten des Lebens zum frommen
Selbstbewußtsein werden. – Die intellectuelle Vollkommenheit ist eben so
25 Grundbedingung des Lebens, da dieses überall an die Erkenntniß im
weiteren Sinne des Wortes gebunden ist. Sie wird mehr oder weniger als
ein von dem vorigen abgesonderter Punkt herausgehoben werden, je
nachdem die eine oder die andere Meinung stattfindet über das Entstehen
der Erkenntniß; weniger nämlich wenn man Vorstellungen und Begriffe
30 unmittelbar oder mittelbar aus den organischen Eindrükken ableitet, mehr

---

2 *Statt* Von . . . ursprünglichen *Inhaltsverzeichnis von OD:* die ursprüngliche

wenn | man in einem oder dem andern Sinn ein System angeborner I,333
Begriffe annimmt. Die aufgestellte Formel aber bezieht sich auf diese verschiedenen Ansichten, über welche wir uns hier keine Entscheidung an-
maßen können, gleichmäßig, indem doch immer die Entwiklung unseres
5 Weltbewußtseins in der Gestalt von Begriffen und Urtheilen, wenn diese
auch schon ganz in den Sinneseindrükken gegeben wären, abhängig bleibt
von der Selbstthätigkeit im Aufmerken und Zusammenfassen, und zwar in
einem solchen, dessen Resultat auch dem entspreche, was bei den Einwirkungen der Dinge auf unsere Sinne zum Grunde liegt; denn auf diesem
10 Zusammentreffen beruht alles richtige Einwirken der Erkenntniß auf das
thätige Leben. Zu diesem Zusammentreffen unserer Vorstellungen mit dem
Wesen der Dinge müssen wir natürlich die Anlage als vollständig ansehn,
wenigstens was die irdische Welt betrifft, auf welche zunächst unsere
Thätigkeit gewiesen ist; und die öfters vorgebrachte aber schon an die
15 skeptische Abläugnung aller intellectuellen ursprünglichen Vollkommenheit grenzende Vorstellung, als könnten auch die Dinge unserer Welt wol
viele Eigenschaften besizen, für welche uns das Wahrnehmungsvermögen
gänzlich abgehe, will sich schwerlich mit dem Abhängigkeitsgefühl vereinigen, das vielmehr das Aufeinanderbeziehen des Seins und des Be-
20 wußtseins in der größten Vollkommenheit fordert, und wenn wir uns
unser selbst im Streben nach wahrer Erkenntniß bewußt, dieses Streben
als in Gott gegründet betrachten: so können wir nur das Aufgehen unsrer
Welt in unserer Erkenntniß als das Ziel desselben ansehen. Diese Uebereinstimmung wird häufig unter der Form der göttlichen Eigenschaft der
25 Wahrhaftigkeit dargestellt: daß näm-|lich Gott nicht täuschen könne. I,334
Da man aber hiebei ganz vorzüglich auf die Wahrheit der besonderen
göttlichen Verheißungen und Offenbarungen Rüksicht nimmt, so ist
diese ganze Eigenschaft mehr auf das Gebiet der ursprünglichen religiösen
Vollkommenheit bezogen als auf das der intellectuellen. Andern theils
30 auch ist dies leicht dahin zu mißdeuten und auch gemißdeutet worden, als
ob, vermöge der göttlichen Wahrhaftigkeit, dem Menschen irgendwie eine
Unfehlbarkeit zukomme, da doch leicht einzusehen ist, daß, so lange wir
noch nicht alle Erkenntniß haben, in jeder, sofern sie sich auf einen
Gegenstand bezieht, auch Irrthum sein müsse, indem sonst in der Er-
35 kenntniß nicht die allseitige Verbundenheit des Seins nachgebildet würde.

   2. Der christlichen Glaubenslehre scheint zwar vorzüglich zu
geziemen, daß sie alles Pflichtgefühl von dem anerkannten göttlichen
Willen abhängig mache, und also die beiden lezten Momente der ur-

---

23–32 Vgl. z. B. Storr: Dogmatik 1, 304 f

sprünglichen menschlichen Vollkommenheit nicht von einander trenne; allein dies gilt nicht minder auch von den ersten beiden Momenten, deren Inhalt auch aus dem Gebiet des sittlichen keinesweges ausgeschlossen ist, wie denn der ganze Begriff der ursprünglichen Vollkommenheit darauf beruht, daß wir uns unseres Soseins als in Gott gegründet bewußt sind. Daher auch genauer genommen der dritte Punkt die gesellige Vollkommenheit des Menschen zu nennen ist. Es mußte übrigens auch hier ein Ausdruk gewählt werden, welcher sich eines theils zu den verschiedenen Systemen gleichmäßig verhält, und nur diejenigen Ansichten ausschließt, welche ein Mißverständniß von der Art in sich schließen, daß es anders gewendet eben so leicht atheistisch wird als es antisocial ist, anderntheils aber auch ein solcher, der das | eigenthümliche des Menschen im Ver- I,335 hältniß des Einzelnen zur Gesammtheit so ausdrükt, wie es sich auf das uns einwohnende Bewußtsein Gottes bezieht. Dieses nun muß als ursprünglich in Allen dasselbe angesehen werden, und indem alles von der Vereinzelung ausgehende auf die Vereinigung mit jenem zurükgeführt werden soll, ist das Leben des ganzen menschlichen Geschlechts bestimmt ein Ganzes darzustellen. Indem aber hier die Persönlichkeit des Einzelnen und das Gemeingefühl wie es die ganze Gattung umfaßt als Endpunkte aufgestellt werden: so ist zugleich die Formel für alle untergeordneten dazwischenliegenden Verhältnisse gegeben, daß nämlich jedes, sofern es eine Persönlichkeit darstellt, nur dann die ursprüngliche Vollkommenheit des Menschen ausdrükt, wenn es dabei durch ein höheres Gemeingefühl geleitet wird.

3. Ueber das lezte Moment, welches nur die Frömmigkeit selbst, wie sie allein in Vereinigung mit einem sinnlichen Bewußtsein zur Wirklichkeit kommen kann, in den Begriff der ursprünglichen Vollkommenheit des Menschen aufnimmt, scheint keine weitere Erörterung nöthig als nur die, daß auf unserm gegenwärtigen Standpunkt die Frage, inwiefern das Bewußtsein Gottes schon vermöge der menschlichen Natur oder nur vermöge der göttlichen Gnade wirklich werde, gar nicht aufgeworfen werden kann und ein Gegensaz zwischen Natur und Gnade uns noch gar nicht hat entstehen können. — Im allgemeinen aber bleibt noch zu bemerken, daß der hier aufgestellte Begriff der ursprünglichen Vollkommenheit der erste Ort ist in der Glaubenslehre, von welchem aus in die christliche Sittenlehre kann im allgemeinen hinübergeschaut werden. Denn zu allen Urtheilen dieser liegt die erste Grund-|lage darin, daß alle Zweige der Selbstthätig- I,336 keit des Menschen mit dem uns einwohnenden Bewußtsein des höchsten Wesens, nur so wie dasselbe durch die Idee der Erlösung näher bestimmt ist, in Verbindung gesezt werden, und nach dieser Grundlage hat sie die Bestandtheile des in das System der Erlösung aufgenommenen Lebens näher zu verzeichnen. Es ist aber offenbar, daß alles Gute, was sich in der menschlichen Natur entwikkeln kann, als ein Erzeugniß dieser ursprüng-

lichen Vollkommenheit anzusehen ist, so wie auch daß nichts fehlerhaftes,
was die christliche Sittenlehre verwerfen muß, in dieser ursprünglichen
Vollkommenheit kann gegründet sein; und daß daher, wenn sie der
menschlichen Natur zukommt, mit Recht gesagt werden kann, „Omnes
5 homines in primo homine sine vitio conditi [. . .]"[1a].

75.

Die Vorstellung von einem ursprünglichen Zustande des ersten
Menschen kann zu der einem Lehrbegriff nothwendigen Bestimmtheit nicht erhoben werden; also kann auch an ihm der Begriff der
10 ursprünglichen Vollkommenheit nicht didaktisch nachgewiesen
werden.

> A n m . Unter dieser Bestimmtheit verstehe ich, daß eine Vorstellung nicht nur
> aus abgerissenen Merkmalen zusammengesezt oder lediglich in Bezug auf
> einzelne Fragen abgegrenzt sei, sondern, wenngleich die vollkomne Defini-
> 15 tion überall das lezte ist, wenigstens auf dem Wege zu einer solchen
> fortschreitend sich entwikle. Die vollkomne Definition aber muß ihrem Ge-
> genstande sein was die Gleichung ihrer Curve, die aus jener ihrem ganzen
> Zusammenhange nach hergestellt und jeder beliebige Punkt derselben be-
> stimmt werden kann. |

20   1. Wenn nun diese Vollkommenheit das herrliche Wesen der mensch- I,337
lichen Natur bildet, um derentwillen sie verdient das Ebenbild Gottes zu
heißen[1b]: so ist die Frage natürlich wie sich dieselbe vom ersten Anbeginn
entwikkelt. Allein hier scheitern wir gewissermaßen an unserm
Unvermögen. Denn wir können in jedem für sich zu betrachtenden
25 zeitlichen Verlauf jeden Punkt nur im Zusammenhange mit den vorher-

---

[1a] A m b r o s . de vocat. gent. I, 3.

[1b] „[. . .] quam (imaginem Dei) nobis ut pretiosissimum quiddam et carissimum
custodiendam dedit, dum nos ipsos nobis tales dedit, qualibus nihil possit
praeter ipsum anteponi." A u g u s t . de quant. anim. 55.

---

27 quam] Quam

---

26 *Ambrosius: De vocatione gentium 1, 3, Paris (1631) 4, 514 E. Verfasser ist Prosper Aquitanus*
(De vocatione omnium gentium 1, 7, MPL 51, 653 B)   **29** *Augustin: De quantitate animae*
28, 55, ed. Ben. 1, 318 B; MPL 32, 1067

gehenden verstehen, und jeder absolute Anfang – ein solcher ist uns aber
genau genommen nirgends gegeben – wäre uns auch absolut unverständlich. Je weiter wir in dem Leben des einzelnen Menschen zurükgehn,
desto mehr nimmt die Unverständlichkeit zu, weil die Anzahl der be-
5 stimmenden Punkte abnimmt, und von dem Bewußtsein des Kindes in
dem ersten Lebensabschnitt haben wir keine anschauliche Vorstellung.
Das einzige was uns dabei zu Statten kommt, ist dieses, daß das gleichsam
Entstehen des Bewußtseins aus der Bewußtlosigkeit zusammenfällt mit
dem gleichsam Entstehen des abgesonderten Lebens aus der Gemeinschaft
10 mit anderem, und wir also von der beginnenden Reihe abgeführt werden
auf andere schon lange bestehende, und aus diesen begreifen können, wie
und warum sich das Bewußtsein grade so entwikkelt. Dieses Hülfsmittel
aber fehlt uns durchaus bei dem ersten Menschen, den wir uns nicht als
einen gebohrenen denken können, und vor dem kein anderes gemein-
15 sames menschliches Leben gegeben war. Die freilich sowol jener Analogie
zunächst liegende als auch unserer Erfahrung | von dem Zustande solcher   I,338
menschlichen Gesellschaften, welche noch viele Entwiklungsstufen vor
sich haben, angemessene Formel, die ersten Menschen seien als gutartige
erwachsene Kinder anzusehen[2], ist keine solche durch die man jemals zu
20 einer anschaulichen Vorstellung gelangen könnte, weil die Erhaltung des
Erwachsenen nur durch Selbstthätigkeiten möglich ist, die nicht wie beim
Kinde Zeit haben sich allmählig zu entwikkeln, sondern gleich als Fertigkeiten erscheinen müssen. Und wenn man annehmen will, der erste
Mensch sei anfänglich wie die Thiere und vielleicht die Kinder nur durch
25 den Instinkt geleitet worden: so ist der Uebergang aus diesem sogenannten
unmittelbaren in das mittelbare Leben des Verstandes und der Reflexion,
in welchem alle Fertigkeiten des erwachsenen Menschen, wie wir sie
kennen, auch auf den einfachsten Bildungsstufen gegründet sind, ohne die
Hülfe einer schon bestehenden verständigen Gemeinschaft ein neuer
30 absoluter Anfang und völlig unverständlich. Wollte man aber den Verstand als ursprünglich thätig annehmen, entweder mit dem Instinkt oder
auch allein und gleich anfänglich dessen Stelle vertretend: so kennen wir
jede Verstandesthätigkeit nur als ein erworbenes, und jeder erste Augenblick, den wir uns denken können, wäre entweder als erster unzulänglich
35 oder würde schon auf frühere zurükweisen. – Noch vielweniger aber
kann man die in der Glaubenslehre ältere und noch immer gewöhnlichere
Formel von anerschaffenen Fertigkeiten in eine anschauliche Vorstellung

---

[2] Siehe u. a. De Wette Sittenlehre §. 38. und theol. Zeitschr. II. S. 84–88.

36f Vgl. z. B. Töllner: Grundriß 77–79   **38** Sittenlehre 1, 129–135; zu beiden Angaben
s. Anhang

verwandeln. Denn wir können uns nicht denken, daß es ein Bewußtsein
solcher Fertigkeiten geben könne vor ihrer Anwendung, | und wiederum   I,339
ohne Bewußtsein der Fertigkeiten können wir uns den Impuls nicht denken, der sie in Bewegung sezt, wenn wir nicht auf den Instinkt zurük-
5 kommen wollen; und es ist wol auch für sich einleuchtend, daß anerschaffene Fertigkeiten eben so in Widerspruch stehn mit dem ganzen
Typus unseres Vorstellungsvermögens als erwachsene Kinder. — Wenn
aber manche Dogmatiker zwar den Begriff der ursprünglichen Vollkommenheit als einen wirklichen Zustand des ersten Menschen aufstellen
10 und die verschiedenen Theile derselben als dessen persönliche Vollkommenheiten, dabei aber doch diese Vollkommenheiten als bloße Vermögen beschreiben und alles was schon Uebung erfordert[3] davon ausschließen: so ist es nicht mehr möglich sich von einem solchen Zustand
irgend eine Vorstellung zu machen, und es scheint dann ganz überflüßig
15 die Erzählungen der Genesis als die wirkliche Geschichte des ersten
Menschen anzusehen.
    2. Eine andere Auskunft, wozu eine Veranlassung ist in der
Erzählung der Genesis[4], daß nämlich, was für den geborhnen Menschen
die Gemeinschaft der übrigen ist, man dem erschaffenen ersezt durch eine
20 offenbarende Gemeinschaft mit Gott oder den Engeln, scheint die
Schwierigkeit auch nicht zu lösen, sondern nur ihren Ort zu verändern.
Denn soll diese Offenbarung eine äußere sein durch das Wort, so kann
diese doch nur bildend wirken, sofern sie aufgefaßt wird, und sezt also
den Verstand schon voraus, wenn man nicht auf das erwachsene Kind
25 zurükkommen will, welches mit dem Sprechen zugleich denken lernt,
übrigens | aber schon durch sich selbst zu bestehen und sich selbst zu   I,340
helfen weiß. Ja wenn man auch zu dieser offenbarenden Erziehung noch
zu Hülfe nimmt alle Ausschmükkungen des paradisischen Zustandes,
welche darstellen sollen wie leicht dem ersten Menschen die Selbsterhal-
30 tung geworden sei: so ist dadurch die Sache nicht erledigt, weil es hier auf
leicht und schwer gar nicht ankommt, sondern auf die Bestimmung der
Handlungsweise selbst, gleichviel ob die Aeußerung derselben leicht ist
oder schwer. Soll aber die erziehende Offenbarung eine innere gewesen
sein, so müßte sich diese unmittelbar der Erschaffung anschließen und

---

35 [3] Reinh. Dogm. §. 70. 73.
    [4] Genes. 2, 19.

17—20 Vgl. z. B. Baumgarten: Glaubenslehre 2, 464—466   35 S. 253—258. 264—267; s.
Anhang   36 In CG² § 61 findet sich dieser Verweis an anderer Stelle (§ 61, 2 I, 365
Anm.), wo ausdrücklich vom Benennen der Tiere die Rede ist

wäre von derselben auf keine Weise zu unterscheiden, so daß das eigne aus
sich selbst verständliche Leben des Menschen doch immer mit anerschaffenen Fertigkeiten anfinge.

    3. Sonach scheint es dabei zu bleiben, daß wir ein menschliches
5 Dasein nur im Zusammenhang vorstellen können, sofern es auf natürliche
Weise anfängt und in seiner Entwiklung auf menschlicher Ueberlieferung
ruht, und daß die ersten Anfänge des menschlichen Geschlechtes für uns
ein undurchdringliches Geheimniß sind. Die ersten Menschen bleiben uns
indeß vorauszusezen nothwendig als Stammältern, d. h. in ihrem Einfluß
10 auf die ihnen geborenen und auf ihrer Ueberlieferung ruhenden
Nachkommen. Daß diese Ueberlieferung könne und müsse gewesen sein
irgend ein Punkt in der Entwiklung der oben beschriebenen ursprünglichen Vollkommenheit, und daß also namentlich die Frömmigkeit so alt
sei als das sich fortpflanzende menschliche Geschlecht, das ist unser
15 natürlicher und nothwendiger Glaube; wie aber die Entwiklung der
menschlichen Natur in den ersten Menschen begonnen habe, darüber
können wir nichts bestimmtes glau-|ben, weil wir nicht im Stande sind   I,341
etwas zusammenhängendes darüber vorzustellen.

76.

20   Die symbolischen Bücher erläutern allerdings den Begriff der
ursprünglichen Vollkommenheit an dem sehr unzusammenhangend
vorgestellten ursprünglichen Zustand der ersten Menschen, dem
wesentlichen Inhalte nach aber stimmen ihre Angaben mit dem
§. 74. aufgestellten völlig überein.

25   Anm. Die Hauptstellen sind Apol. Conf. I. „[. . .] iustitia originalis habitura
    erat non solum aequale temperamentum qualitatum corporis, sed etiam haec
    dona, notitiam Dei certiorem, timorem Dei, fiduciam Dei, aut certe rectitu-
    dinem et vim ista efficiendi". p. 20. ed. Lueck. − Conf. helv. „Fuit homo
    ab initio a Deo conditus ad imaginem Dei in iustitiâ et sanctitate veritatis,
30   bonus et rectus [. . .]". − Solid. decl. nennt die Erbsünde „defectus seu
    privatio concreatae in paradiso iustitiae originalis seu imaginis Dei, ad quam
    homo initio in veritate sanctitate atque iustitiâ creatus fuerat [. . .]". p. 640.

---

25 iustitia] Iustitia

---

12 § 74   25−28 *BSLK 150, 31ff (Art. II.)*   28 *Conf. helv. post. VIII, Corpus (1654)*
10; Collectio 477; BSRK 178, 6f   30−32 *Solid. decl. I, Concordia 640; BSLK 848, 8ff*

und hernach „Etsi enim in Adamo et Hevâ natura initio pura bona et sancta creata est [...]". p. 643. – Conf. Belg. XIV. „Credimus deum ex limo terrae hominem ad imaginem suam bonum scilicet iustum ac sanctum creasse, qui proprio arbitrio suam voluntatem ad dei voluntatem componere et conformem reddere posset."

1. Wenn man die Ausdrükke in diesen Stellen für sich betrachtet: so scheinen sie, vollkommen dem oben aufgestellten Begriff angemessen, nur die Beschaffenheit und Richtung aller Lebensthätigkeiten beschreiben zu wollen, welche der gesammten menschlichen Entwiklung zum Grunde liegen. So das „habitura erat" in der ersten Stelle und das „in Adamo [...] natura [...] creata" in der dritten; auch das „homo" in der zweiten und | vierten läßt sich eben so allgemein auffassen. Allein die Verbindung, in welche sie gesezt sind mit der Lehre von der Erbsünde, und die Art wie diese behandelt wird, ist Ursache daß jene Vorstellung nicht rein durchgeführt worden, sondern daß die ursprüngliche Vollkommenheit des Menschen überhaupt zugleich als die persönliche Vollkommenheit des ersten Menschen beschrieben wird. Auch dieses ist in so fern untadelhaft, als allerdings auch von dem ersten Menschen gelten muß, was oben (74, 3.) allgemein aufgestellt worden; nur was aus der Behandlung der Lehre von der Erbsünde hernach auch rükwärts folgt, daß die ursprüngliche Vollkommenheit verlierbar gewesen sei und wirklich verloren gegangen, steht mit der obigen Behauptung in Widerspruch, und nöthigt daher zu einer Erklärung. Können wir nun zu einer bestimmten Vorstellung von dem ursprünglichen Zustande des ersten Menschen nicht gelangen, und also auch nichts bestimmtes darüber glauben: so fragt sich, ob und wie dieser Widerspruch mit den symbolischen Festsezungen der Kirche auszugleichen ist. Es ist aber einleuchtend, eines Theils, daß die Lehre von dem ursprünglichen Zustande des ersten Menschen in den symbolischen Büchern und noch in vielen älteren dogmatischen Werken nicht an und für sich, sondern nur in Bezug auf die Lehre von der Erbsünde, sofern diese der Mangel jener Vollkommenheit sein soll, welche der erste Mensch wirklich besessen habe, ist behandelt worden; und die Uebereinstimmung mit dem, was die symbolischen Bücher bezwekken, beruht daher weniger darauf, was über den Zustand des ersten Menschen geglaubt wird, als nur darauf, was über den gegenwärtigen Mangel der ursprünglichen Vollkommenheit geglaubt wird, wovon | erst unten gehandelt werden kann. Andern Theils beruhen offenbar die symbolischen Festsezungen über den

I,342

I,343

1f *Solid. decl. I, Concordia 643; BSLK 852, 21f*   2 *Harmonia 78; Corpus (1612) 169; Collectio 368; vgl. Acta Syn. 419; Corpus (1654) 134; BSRK 237, 43ff und ed. Los 399*
7 *§ 74*   36 *§ 94, 4*

Zustand des ersten Menschen lediglich auf der rein geschichtlichen Auslegung der Erzählung in der Genesis; und da wir überhaupt die weitere Entwiklung der kirchlichen Glaubenslehre nicht können an die hermeneutischen Maximen der Reformatoren gebunden halten, so findet
5 dies in dem gegenwärtigen Falle um so weniger statt, als jene Erzählung, wenn man sie auch geschichtlich nimmt, doch zu wenige Data enthält, um eine solche Vorstellung zu begründen. Daher auch die symbolischen Bestimmungen unserer Kirche selbst von jeher so verschieden sind ausgelegt worden, daß es auch deshalb besser scheint die Aufgabe selbst als in das
10 Lehrgebäude nicht gehörig bei Seite zu lassen, und es wird nur darauf ankommen, ob dieses in dem Erfolg seine Rechtfertigung findet.

2. Die in diesen Bestimmungen herrschenden Ausdrükke iustitia originalis und imago Dei sind zwar ihrer Form nach verschieden, indem der lezte die Vollkommenheit des Menschen als Aehnlichkeit mit
15 Gott beschreibt, der erste aber als Angemessenheit zu den göttlichen Forderungen an den Menschen, worin der Begriff der Aehnlichkeit gar nicht nothwendig liegt; wenn aber Einige auch dem Inhalte nach beides haben unterscheiden wollen, als ob mit dem einen entweder etwas anderes gemeint sei, oder doch mit dem einen mehr als mit dem andern, so ist dies
20 bei der gänzlichen Gleichheit der näheren Bestimmungen, wodurch beide Ausdrükke erläutert werden, wol nicht zu vertheidigen. Beide Ausdrükke aber haben etwas unbequemes. Der lezte, indem er auf die Aehnlichkeit mit Gott zurükgeht, nicht nur deshalb, weil diese für | die Hauptmomente   I,344
der ursprünglichen Vollkommenheit, wie sie oben entwikkelt sind, fast
25 nichts darbietet, sondern auch die herrschende Ausführung des Begriffs legt einen großen Werth auf das richtige Verhältniß der sogenannten unteren Seelenkräfte zu den oberen, wozu sich in Gott gar nichts ähnliches finden kann, weshalb denn um den Ausdruk dennoch bei Gültigkeit zu erhalten, Gott Eigenschaften beigelegt werden, bei denen als
30 göttlichen man nichts zu denken weiß[1]. Daher es nicht zu verwundern, wenn Manche mit den Socinianern den göttlichen Ausspruch, daß der Mensch als ein Bild Gottes solle erschaffen werden, mehr auf sein bildendes und beherrschendes Verhältniß zur äußeren Natur bezogen haben, als auf sein inneres Wesen selbst; und es ist dies ein neuer Beweis davon, wie
35 schwierig es ist Ausdrükke, welche zwar biblisch sind, aber nicht in streng belehrenden Stellen vorkommen, unmittelbar in ein Sprachgebiet überzu-

---

[1] So Quenstedt „... conformitas appetitus sensitivi cum Dei castitate et puritate".

17—19 *Vgl. z. B. Quenstedt: Systema 1, 838*   24 *§ 74*   31—34 *Vgl. z. B. Catech. Racov. 48 (Qu. 42). Schmidt: Lehrbuch 152*   37 *Systema 1, 843*

tragen, wie unser dogmatisches sein soll. Der Ausdruk ursprüngliche
Gerechtigkeit ist unbequem, nicht etwa deshalb, weil die Gerechtigkeit in
unserm gewöhnlichen engeren Sinn sich ausschließend auf die gesellige
Vollkommenheit bezieht, aus deren Gebiet jedoch auch das eigentliche
5 Recht sich in dem Zustande des ersten Menschen nicht leicht entwikkeln
konnte, sondern deshalb, weil die der Natur angeschaffene Vollkommenheit, indem sie als das unmittelbare Werk Gottes erscheint und keine
Beziehung auf göttliche Forderungen leidet, nicht leicht Gerechtigkeit
genannt werden kann; aber auch die persönliche Vollkommenheit eigent-
10 lich nur sofern sie ein Erfolg der Selbstthätigkeit ist, und dann | ist sie   1,345
nicht mehr ursprünglich. Der Ausdruk fällt daher ganz in die unhaltbare
Voraussezung von anerschaffnen Fertigkeiten, welche aber dennoch dem
Menschen sollen zugerechnet werden.
      3. Sieht man aber hievon ab und betrachtet den Gehalt dessen was
15 unter beiden Benennungen dem Menschen beigelegt wird, darauf sehend
was, wenn dieses dem ersten Menschen entweder anerschaffen oder von
ihm erworben worden, auf jeden Fall der Natur muß anerschaffen
gewesen sein: so finden wir es mit dem in §. 74. aufgestellten vollkommen
übereinstimmend. Denn die Heiligkeit geht auf unser viertes, die Wahr-
20 heit oder Richtigkeit auf unser zweites, die Güte und Gerechtigkeit aber
auf unser drittes Grundstük; unser erstes aber ist vornehmlich angedeutet
durch das „aequale temperamentum facultatum corporis“, welcher Ausdruk doch vornehmlich die nach allen Richtungen gleich leichte Herrschaft
der Seele über die leiblichen Functionen auf der einen Seite, auf der andern
25 Seite aber auch den nach allen Richtungen gleichen Widerstand bezeichnen
soll, den der Organismus den äußern Einwirkungen entgegensezt, und sich
dabei in sein ursprüngliches Verhältniß immer herstellt. Beides ist auch in
unserer Formel enthalten; denn der Geist kann nicht ungestört durch den
Leib auf die äußere Welt wirken, wenn die Einwirkungen dieser seine
30 ursprünglichen Verhältnisse, mit welchen die Seele zusammenstimmt,
alterirt haben. Auch die näheren Bestimmungen von der Kräftigkeit,
Gesundheit, ja Schönheit des Leibes[2], die man bei den meisten Dog-

---

[2] „Zu dieser innern Vollkommenheit ist hernach auch gekommen des Leibes und
    aller Glieder schönste und treflichste Kraft und Herrlichkeit [. . .]“. Luth.
35 z. Genes. 1. §. 187. – Und eben | so in Anwendung auf den ersten Menschen zu   1,346

---

22 das] des   facultatum] *Kj* qualitatum *so richtig im Zitat* § 76 *Anm.*   33 „Zu] Zu
34 Herrlichkeit [. . .]“] Herrlichkeit

---

34 f *Luther: Auslegung des ersten Buchs Mosis (Vorlesungen über 1. Mose) 1, 26* § *187, ed.*
Walch[1] *1, 110; vgl. WA 12, 16, 21f*

matikern findet, | können wir nach dem obigen mit in den Begriff der   1,346
ursprünglichen Vollkommenheit aufnehmen, indem selbst die Schönheit
mit zur leichten Herrschaft der Seele gehört, körperliche Krankheit und
Schwächlichkeit aber schwerlich ohne eine wenn auch nur einseitige
5 Schwächung der Seele gedacht werden kann[3]. Damit aber besteht sehr
wohl, daß wir nicht wissen, ob das maximum dieser Bestimmungen im
ersten Menschen erreicht gewesen, oder erst durch allmählige Stärkung
und Befestigung der menschlichen Natur in späteren Zeugungen — wie ja
vom Lebensalter die mosaische Erzählung ausdrüklich berichtet — und
10 daß wir demohnerachtet die Vorherbestimmung zum Tode nicht als eine
Verringerung der ursprünglichen Vollkommenheit ansehen, (S. oben) weil
unmöglich dieselbe Natur kann anfänglich unsterblich gewesen sein und
hernach sterblich geworden. Und hiegegen scheint auch gar nichts
gewonnen, wenn man zugiebt, die Unsterblichkeit sei keine absolut
15 nothwendige Eigenschaft der ersten Menschen gewesen, sondern nur eine
hypothetisch nothwendige, und wenn auch der lezte Ausdruk bis zur
bloßen Möglichkeit einer Freiheit vom Tode herabgestimmt wird. Denn
man kann gar nicht behaupten, daß in einer | Gattung von Wesen etwas   1,347
möglich sei, was in derselben unter keinerlei Umständen wirklich
20 vorkommt.

4. Ganz vorzüglich aber wird überall zur ursprünglichen Gerechtigkeit gezählt der Gehorsam der unteren Seelenkräfte gegen die oberen,
welcher in §. 74. nicht ausdrüklich erwähnt ist. Er ist aber in dem ersten
und in dem vierten der dort aufgezählten Punkte mit enthalten. Im
25 lezteren, weil aus einem mit dem Bewußtsein Gottes geeinigten sinnlichen
Selbstbewußtsein keine andern Thätigkeiten hervorgehn können als

---

2, 12. §. 74. „Es hat wol Adam vor dem Fall die allerklärsten und schärfsten
Augen gehabt, den allerzartesten und subtilsten Geruch" u. s. w.
[3] Keinesweges aber können die in der jüdischen Tradition aufgestellten aben-
30 theuerlichen Vorstellungen von der ungeheuern Größe der ersten Menschen
einen ähnlichen Anspruch machen, da die absolute Größe der Masse keinesweges
zur Vollkommenheit gehört. Vielmehr ist die Masse jedes lebendigen durch die
Idee der Gattung und ihr Verhältniß zum Weltkörper bestimmt, und kann diese
Grenzen nach keiner Seite überschreiten ohne unvollkomner zu werden.

---

27 „Es] Es   28 Geruch"] Geruch

---

11 § 73   14–17 So Reinhard: Dogmatik 257f (in Anhang zu I, 241, 35)   21f Vgl.
z. B. Baumgarten: Glaubenslehre 2, 453f   27 Luther: Auslegung 2, 11f § 74, ed. Walch[1]
1, 178; vgl. WA 42, 76, 16f   29f Vgl. die Hinweise bei Bayle: Dictionnaire 1, 74 und bei
(Baumgarten:) Welthistorie 1, 99f

solche, in denen das höhere herrscht und bestimmt, das niedere aber
organisch von demselben durchdrungen wird. Auch in dem ersten aber ist
schon dasselbe ausgedrükt, und zwar noch stärker, indem wir den Geist,
unter welchem Wort doch immer nur die höheren Vermögen verstanden
5 werden, als das belebende ansehn, von welchem daher alle Thätigkeiten
ausgehn, sofern sie als vollendet und abgeschlossen können angesehn
werden. Immer aber sezt dieser Gehorsam ein Streben der niederen
Vermögen voraus; und wenn man nur dieses Begierde in dem weiteren
Sinne nennt: so ist Augustinus eben so sehr zu tadeln, wenn er
10 behauptet, die Begierde könne nicht mit der ursprünglichen Gerechtigkeit
zugleich gedacht werden, sondern sei erst nach dem Verlust derselben entstanden[4], als ihm gegenüber die Pelagianer zu tadeln sind, wenn sie die
Widersezlichkeit der niedern Vermögen gegen die höheren als den ursprünglichen Zustand ansehn und die Aufhebung dieser Widersezlichkeit
15 als den Inbegriff | aller erst später entstehenden Vollkommenheit. Denn   I,348
jene Meinung hebt die Vollständigkeit der Natur nach unten auf, da das
immer schwankende Leben derselben nicht zu denken ist ohne jene
Erregungen, welche die natürlichen und nothwendigen Zeichen sind des
Bedürfnisses sowol als der sich hervordrängenden Kräfte; die Pelagianische
20 Behauptung aber hebt diese Vollständigkeit nach oben auf, wenn sie
läugnet, daß die Herrschaft des Geistes über die niedern Vermögen in der
Natur des Menschen ursprünglich angelegt sei. Unrichtig aber werden
beide, unter Voraussezung einer ursprünglichen Gerechtigkeit als zeitlichen Zustandes, widerlegt durch die Annahme, es würden auch bei den
25 ersten Menschen unordentliche d. h. in jener Widersezlichkeit begriffene
Bewegungen der Sinnlichkeit gewesen sein, wenn sie nicht von Gott auf
eine außerordentliche Weise wären zurükgehalten worden[5]. Auf diese Annahme ist − abgesehen davon, daß dann Gott durch Zurüknahme dieses
frenum extraordinarium ausdrüklich der Urheber jenes Ausbruchs
30 würde − noch besonders anzuwenden, was oben 75, 2. gesagt worden von
einer erziehenden Offenbarung; denn darunter würde auch dieses
frenum extraordinarium gehören, und also auch von der erschaffenden

---

[4] Der Stellen sind zu viele um sie hier anzuführen, wie denn auch sein gewöhn-
licher Ausdruk concupiscentia zu schwierig ist als daß man leicht sollte
35 bestimmen können, ob er wirklich die richtige Grenze überschritten habe.
[5] Bellarmin. de grat. pr. hom. cap. 5.

---

32 frenum] Frenum

12−15 *Vgl. die Angaben bei Quenstedt: Systema 1, 851f*   36 *De Gratia primi hominis 5,*
Disputationes 4, 15 C−E, ed. Fèvre 5, 178

Thätigkeit Gottes nicht getrennt werden können. Auch von dieser Seite
also kommen wir auf den Kanon zurük, daß in dem Begriff der ursprünglichen Vollkommenheit der Gegensaz von Natur und Gnade keinen Plaz
findet; und können, auch wenn von einem wirklichen Zustande der ersten
5 Menschen die Rede ist, die Behauptung nicht billigen, | daß Adam und   I,349
Eva in diesem Zustande der ursprünglichen Gerechtigkeit den heiligen
Geist gehabt hätten[6].

    5. Alle diese Abweichungen konnten nur entstehen aus dem
Bestreben von dem Begriff der ursprünglichen Vollkommenheit aus den
10 wirklichen ersten Zustand des ersten Menschen als Grund aller folgenden
menschlichen Zustände zu bestimmen, und also auch für ihn auszumitteln
das Verhältniß zwischen dem, was auch in späteren menschlichen
Zuständen als Ausdruk der ursprünglichen Vollkommenheit, und dem
was als Beschränkung oder gar Verneinung derselben erscheint. Wenn nun
15 die Pelagianer die Verneinung als das ursprüngliche sezen: so erkaufen sie
den zwiefachen Vortheil, daß sie keine ursprüngliche Vollkommenheit
annehmen, welche da gewesen und verloren gegangen, und daß von ihrem
Anfangspunkt alles als eine fortschreitende Entwiklung erscheinen kann,
mit dem doppelten Nachtheil, daß das Gute bei ihnen nicht das ursprüng-
20 liche ist, und daß die Erscheinung des Erlösers nur ein untergeordneter
Punkt in jener Entwiklung sein kann. Wenn hingegen die kirchliche Lehre
die ursprüngliche Vollkommenheit rein für sich auch als den ursprünglichen Zustand sezt: so erkauft sie den doppelten Vortheil, daß sie das
Gute als das ursprünglich von Gott hervorgebrachte sezt, und daß nach
25 dem Verlust dieses Zustandes alle Entwiklung abgebrochen und ein neuer
Anfangspunkt unerläßlich ist, mit dem doppelten Nachtheil, daß das in
der Erscheinung schon gesezte Gute ohnerachtet der erhaltenden göttlichen
Allmacht hat verloren gehen können, und daß | der ursprüngliche Zustand   I,350
des ersten Menschen das einzige, weshalb wir versucht sein können ihn zu
30 imaginiren, nämlich damit wir für die genetische Vorstellung alles
folgenden einen Anfangspunkt haben, doch nicht leistet. Daher scheint es
in jeder Hinsicht zwekmäßiger hierüber nichts zu behaupten und den
Begriff der ursprünglichen Vollkommenheit des Menschen ohne eine ausschließliche Beziehung auf einen bestimmten Zustand des ersten Menschen
35 so zu fassen, wie er als Ausdruk des allgemein menschlichen Selbstbewußtseins in seiner Beziehung auf Gott gefaßt werden muß. Die Dar-

---

[6] „Adam et Eva erant electi et tamen revera amiserunt spiritum sanctum in
lapsu [. . .]". Melanchthon l. c. p. 112.

---

38 *Leipzig (1546) 112; ed. Stupperich 2/1, 273, 15 f*

stellung aber jener ursprünglichen Vollkommenheit in einer einzelnen
menschlichen Erscheinung werden wir besser thun in Christo aufzusuchen, in dem sie nicht verloren gegangen ist, als in Adam, in dem sie
müßte verloren gegangen sein. |

Der

christliche Glaube

nach

den Grundsäzen der evangelischen Kirche

im Zusammenhange dargestellt

von

Dr. Friedrich Schleiermacher.

———

Nihil solitarium ex divinis sacramentis ad suspicio-
nem audientium et ad occasionem blasphemantium pro-
feramus.
Hilarius de Synodis 70.

———

Zweiter Band.

Berlin 1822.
Gedruckt und verlegt
bei G. Reimer.

Das Zitat auf der Vorderseite stammt aus Hilarius: De synodis 70, ed. Ben. 1190 C; MPL 10, 527 A. In OD folgt auf das Titelblatt: Inhalt des zweiten Bandes.

Der

Glaubenslehre zweiter Theil.

Entwiklung des einwohnenden Bewußtseins von Gott,
so wie der Gegensaz sich hineingebildet hat, welcher
verschwinden soll.

Einleitung.

78.

Der obige Ausdruk ist gleich bedeutend mit dem „so wie es in
erfüllten Augenblikken des einzelnen menschlichen Lebens wirklich
vorkommt." S. §. 11.

1. Das im ersten Theil entwikkelte Bewußtsein erfüllt rein für sich
allein keine Zeit §. 36. und ist nur uneigentlich ein Abhängigkeitsgefühl
§. 37. genannt worden; vielmehr ist es der gemeinsame Grundton, für
welchen es jedesmal noch eines endlich bestimmenden besonderen Ein-
druks bedarf, damit eine wirkliche fromme Erregung sich bilde. Indem
wir nun bei jener Entwiklung von jeder bestimmten Erfüllung des
Bewußtseins absahen, und als das mit bestimmende Selbstbewußtsein auch
nur das ganz allgemeine unseres Ge-|seztseins in den Naturzusammenhang II,2
erkannten, welches ebenfalls nicht ohne besondere Bestimmtheit einen
wirklichen Augenblick constituirt: so fanden wir auch unser geistiges
Wesen nur so, wie es, die Quelle alles wirklichen Bewußtseins in Allen
dasselbige, ja bis zum Insichfassen alles endlichen erweitert, dem
wirklichen Leben zum Grunde liegt. Wirklich erfüllt aber ist jeder Augenblik eines einzelnen Lebens nur durch eine bestimmte jenen Grundton
offenbarende That. Jede solche aber fällt in die schwankende Ungleichheit
des zeitlichen Daseins, und trägt daher den Gegensaz wenigstens fließend
in sich. Wenn man dennoch behaupten wollte, daß es wirkliche fromme

---

7 § 77 fehlt in der Zählung wegen der Doppelzählung von § 68   **23** *jeder] jeder-/*

Erregungen gäbe in denen nichts als das reine Abhängigkeitsgefühl für sich allein gesezt wäre: so wird sich die Täuschung, welche hiebei obwaltet, am besten offenbaren, wenn man jenes Gefühl auf die göttlichen Eigenschaften zurükführt, die darin mitgesezt sind. Denn der Ewigkeit,
5 Allmacht und Allwissenheit Gottes an und für sich werden wir uns gewiß nicht in Augenblikken bewußt, die als vollständige Einheit zu sezen sind, sondern vielmehr im Uebergange aus einem bewußtloseren Zustande in einen helleren und bewußteren, mit welchem zugleich aber sich unmittelbar in Bezug auf die Gesammtheit des Augenbliks eine bestimmtere
10 Erregung bildet, welche dann aber gewiß als Förderung oder Hemmung des höhern Bewußtseins auftritt. Es war also einerlei das einwohnende Gottesbewußtsein so entwikkeln, wie es noch nicht in den Gegensaz getreten ist, oder so wie es ist abgesehen von jeder einen Moment constituirenden bestimmten That. Eben so ist es nun auch jezt einerlei, ob wir
15 jenes Bewußtsein so entwikkeln wie es an dem Gegensaz theil-|nimmt   II,3 oder so wie es im Leben des einzelnen Menschen sich wirklich äußert.

2. So wie wir nun oben §. 18. u. 39. im voraus darauf hinwiesen, daß das Abhängigkeitsgefühl als das gemeinsame aller wirklichen frommen Erregungen in den frommen Gemüthszuständen des Christen nie ohne das
20 eigenthümlich christliche, nämlich die Beziehung auf den Erlöser vorkäme: so müssen wir ebenfalls für diesen zweiten Theil als Regel aufstellen, daß in diesen Gemüthszuständen, seien sie nun erhebend oder demüthigend, immer das ganze Abhängigkeitsgefühl mit enthalten sei, also auch keine Beziehung auf Christum ohne Beziehung auf Gott; daher auch in allen
25 hier zu entwikkelnden Begriffen und Lehrsäzen die obigen immer vorausgesezt werden.

3. Wie daher in den Begriffen und Säzen des ersten Theils das eigenthümlich christliche nicht an und für sich recht ins Licht treten konnte, sondern der erste Theil mehr die Gemeinschaft des Christenthums
30 mit andern Religionsformen ausdrükte, weshalb dessen Inhalt mit Unrecht als ursprüngliche und natürliche Theologie behandelt und von denen überschäzt wird, welche minder stark von dem eigenthümlichen des Christenthums durchdrungen sind; eben so aber mit Unrecht von denen gering geschäzt zu werden pflegt, welche nicht bedenkend, daß Christus nur mit
35 dem Vater zugleich kommt, nur die Lehrsäze für christliche anerkennen wollen, in denen ausschließend und unmittelbar die Beziehung auf Christum ausgedrükt ist: so mögen wir auf der andern Seite hier bevorworten, daß die Säze des ersten Theils erst fruchtbar werden, indem sie, wie nun hier geschehen soll, auf das wirkliche religiöse Leben bezogen
40 werden, und daß sie ihre scheinbare Ursprünglichkeit vor | diesen eigen-   II,4 thümlich christlichen nur der Abstraction verdanken. Wie denn offenbar sowol in den ersten Anfängen der Kirche als jezt noch den Heiden das Bewußtsein Gottes nur mit dem Glauben an Christum zugleich hervortritt.

79.

Sofern das uns wesentlich einwohnende Bewußtsein Gottes in jedem wirklich fromm erfüllten Augenblick mit unserm Selbst-bewußtsein vereinigt, entweder in einem Gefühl der Lust oder in 5 einem Gefühl der Unlust vorkommt, sofern bringt der Charakter der teleologischen Ansicht mit sich, daß sowol das Gehemmtsein des höheren Lebens, als auch das Gefördertsein desselben, wie eines oder das andere in jedem Augenblik hervorragt, als die That des Einzelnen gesezt wird.

10   Anm. a. Daß das Gottesbewußtsein als unmittelbare Gemüthserregung immer nur mit unserm Selbstbewußtsein vereinigt vorkommt, und nie für sich allein, ist schon aus §. 8. u. 9. deutlich. Ob es ein für sich allein bestehendes Bewußtsein von Gott unter der Form des Begriffs oder der Anschauung gebe, gehört nicht hieher, gewiß aber giebt es ein solches nicht als Gefühl; 15   denn sonst wären wir selbst in einem solchen Augenblik nicht.

b. Daß dieses Bewußtsein in das zeitliche Dasein eintretend und mit den sinnlichen Lebenserregungen vermischt, auch in den Gegensaz von Lust und Unlust eintreten muß, darüber sehe man §. 11. Als Gleichgültiges, d. h. als Abwesenheit aller Erregung, oder als Seligkeit d. h. als solche Gleich-20   mäßigkeit und Fülle der Erregung, daß darin kein Mehr oder Minder jemals statt fände, könnte es nie unser Bewußtsein werden. |

c. Es sind aber auch auf diesem Gebiet Lust und Unlust nicht rein von   II,5 einander geschieden, sondern gehen in einander über. Denn da es im endlichen Leben der Menschen keine Seligkeit geben kann, die unendliche 25   Lust aber Seligkeit werden müßte, weil sie keinen Gegensaz mehr zuließe: so ist auch das Gefühl der Befriedigung im höheren Leben bei dem Menschen beschränkt; d. h. die bestimmende Kraft des mitgesezten Bewußtseins von Gott ist bedingt und also gehemmt, d. h. es ist Unlust mit gesezt. Und da es keine Gleichgültigkeit giebt, eine gänzliche Hemmung der bestimmenden 30   Kraft des mitgesezten Bewußtseins von Gott aber eine Abwesenheit desselben sein würde: so ist alle, wenn auch noch so große Unlust doch immer an der Lust wie der Irrthum an der Wahrheit. Das heißt im Gefühl ist die Einheit unseres eignen sinnlich erregten Seins und des mitgesezten Seins Gottes immer nur beziehungsweise da, und nicht schlechthin; beziehungs-35   weise aber immer auch zwischen beiden ein Zwiespalt da.

1. Die ästhetische Ansicht kann alle Hemmungen und alle Fort-entwiklungen, die sich in den thätigen Zuständen zeigen, auf die leident-

---

36f *Zum Begriffspaar „ästhetisch" und „teleologisch" vgl. § 16*

lichen zurükführen, und also als Folgen äußerer Einwirkungen darstellen,
wodurch sie denn als Schikkungen erscheinen, ohne daß die Begriffe
Verdienst und Schuld, im strengen Sinne genommen, Platz finden; und
der Streit über die Freiheit wie er gewöhnlich geführt wird, ist nichts
5 anders als der über die Unterordnung der leidentlichen Zustände unter die
thätigen oder umgekehrt. Denn unsere teleologische Ansicht, weil sie von
dem Uebergewicht der Selbstthätigkeit in dem Menschen ausgeht, muß in
allen Hemmungen Schuld und in allen Fortschreitungen Verdienst finden.
      2. Indem nun aber die Hemmungen sowol als die zunehmende
10 Leichtigkeit in der Erscheinung des religiösen Bewußtseins beide als That
des einzelnen Menschen angesehen werden: so können sie es nicht beide
auf gleiche Weise sein, weil sonst entgegengesextes | aus demselben   II,6
Grunde müßte erklärt werden, und also aufhören in Beziehung auf ihn,
entgegengesezt zu sein. Also sofern die Hemmung That des Einzelnen ist,
15 muß die Förderung etwas ihm von außen zukommendes sein, und kann
nur in einem andern Sinne als seine That angesehen werden. Wie sich aber
dieses gegen einander verhalte, darüber ist in dem Charakter der teleologischen Ansicht an und für sich nichts entschieden.

80.

20   Das eigenthümliche der christlichen Frömmigkeit besteht
darin, daß wir uns des Widerstrebens unserer sinnlichen Erregungen das Bewußtsein Gottes mit in sich aufzunehmen als unserer
That bewußt sind, der Gemeinschaft mit Gott hingegen nur als
etwas uns vom Erlöser mitgetheilten.

25   Anm. a. Jeder Lebenstheil, der, als ein Ganzes für sich betrachtet, unsere That
        ist ohne das Gottesbewußtsein in sich zu tragen, ist Sünde; die Leichtigkeit
        aber dieses Bewußtsein zu entwickeln ist, als mitgetheilt, Gnade. Die
        Betrachtung unserer wirklichen frommen Gemüthszustände zerfällt also in
        die der Sünde und in die der Gnade.
30   b. Gemeinschaft mit Gott haben wir in jedem Augenblik, wo Gott in
        unserm Bewußtsein, es bestimmend, mitgesezt ist, und desto innigere je
        leichter und unzertrennlicher.

        1. Nur dieses stimmt offenbar zusammen mit der Idee der Erlösung.
Denn wenn umgekehrt die Gemeinschaft mit Gott als That aus der
35 geistigen Lebenskraft des Einzelnen hervorgeht, und also in demselben

---

33 1. Nur] Nur

Sinn die Störungen derselben nur etwas irgendwoher von außen kommendes wären: so müßte auch der eigenen Kraft obliegen, jene Störungen zu
überwinden, und nur untergeordnet könnte das als Erlösung angesehen
wer-|den, was die äußeren Quellen jener Störungen verstopfte. − Ist nun   II,7
5 der an Christum gläubige sich bewußt, daß er die Gemeinschaft mit Gott
nur hat durch Christum, und daß sie nur auf diesem Wege seine That
wird: so liegt darin schon, daß vorher nur solche Zustände, welche relativ
leer sind von Gottesbewußtsein, seine That waren. Mit dem Bewußtsein
der Erlösung ist daher immer ein Zurüksehen auf die Sünde als das
10 frühere gesezt.

2. Wenn hingegen auch im Bewußtsein der Sünde doch die Einheit
des sinnlichen und des höheren Selbstbewußtseins als Grundzustand
gesezt wird, ohne dabei eine solche Mittheilung vorauszusezen: so muß
angenommen werden, daß die Sünde nur etwas zufälliges und in jedem
15 Einzelnen der Realgrund aller Vollkommenheit immer schon vorhanden
sei; und dies ist die, wie auf allen Blättern des N. Test. zu lesen ist, im
strengeren Sinn unchristliche Vorstellung, daß die Sünde nur von außen
herstamme, und jeder Einzelne sich selbst erlösen könne. Diese läugnet
aber eigentlich auch den Begriff der Sünde, weil die Thätigkeit des
20 Menschen darin auf einen leidentlichen Zustand zurükbezogen wird. −
Zwischen beiden liegt die auch nicht eigentlich christliche Vorstellung,
daß in jedem Einzelnen die Sünde das ursprüngliche sei, aus der Gemeinschaft mit Allen aber jedem Einzelnen die Förderung komme. Denn bei
dieser kann auch nicht ein Einzelner ausschließend Erlöser sein, sondern
25 alle sind es gegenseitig S. B. I. S. 87.

81.

Wiewol in jeder christlich frommen Erregung immer beides
vereinigt vorkommt, die Sünde und die Gnade: so müssen wir
doch, um die Erlösung | zu verstehen, beides von einander trennen,   II,8
30 und mit dem Bewußtsein, daß wir nur der Betrachtung zu Liebe
trennen, was an sich immer vereinigt ist, zuerst von dem Zwiespalt
zwischen dem sinnlichen und höheren Bewußtsein, oder von der
Sünde handeln, und dann durch das Hinzukommen der Gnade den
eigentlichen Gehalt des wirklichen Bewußtseins als Aufhebung des
35 Zwiespaltes, d. h. als Erlösung zu begreifen suchen.

Anm. Wenn es in dem Menschen vor der Gemeinschaft mit Christo ein Gefühl
der Sünde giebt ohne Gnade: so können wir mit diesem unsre Darstellung

wenigstens nicht beginnen, indem wir nur die Thatsache des christlichen frommen Bewußtseins zu betrachten haben.

1. Daß in jedem frommen Augenblik der Christ sich beides bewußt ist, leuchtet ein. Denn auch die innigste Gemeinschaft mit Gott, indem sie
5 nicht stätig ist, sondern in einzelnen Augenblikken hervortritt, weiset auf andere zurück, wo das höhere Bewußtsein durch die ausschließliche Lebendigkeit des niederen beziehungsweise zurükgedrängt war, und dies ist das Bewußtsein der Sünde. Eben so aber verschwindet auch in jedem frommen Augenblik das ausschließende Hervortreten des niederen, und
10 indem dieses Verschwinden auf die Einwirkung Christi bezogen wird, so ist dies das Gefühl der Gnade.
2. Indem aber die Förderung des Gottesbewußtseins in uns Christo zugeschrieben wird, und sowol die Gemeinschaft eines jeden Einzelnen mit Christo als auch die Wirkung Christi auf die Menschen überhaupt
15 einen Anfang hat, vor welchem schon Sünde zu sezen ist; so wird die Betrachtung unvermeidlich auf die Sünde abgesehen von der Erlösung geleitet. Durch diese Abson-|derung soll aber keinesweges im voraus II,9 festgesezt werden, daß es irgendwann, es sei nun für den Einzelnen oder im Ganzen einen Zeitraum reiner Sünde gegeben habe.

20   82.

Wenn wir in unsern frommen Erregungen unser Bewußtsein zu dem der Welt überhaupt erweitern: so ist in denselben zugleich ausgesagt, daß auch in der Welt überhaupt entgegengeseztes entsteht durch die Sünde in den Menschen als durch die Gnade in
25 den Menschen.

1. Die Sache an sich ist klar; es folgt aber daraus unmittelbar, da eigentlich jeder Moment eine fromme Erregung sein soll, daß auch alles, was Einwirkung des Menschen auf die Welt ist, unter eines von beiden gerechnet werden muß, und entweder wegen des Zusammenhanges mit
30 der Sünde ein Uebel oder wegen des Zusammenhanges mit der Gnade ein Gut ist, was hingegen dem einen oder dem andern zwar ähnlich aber entgegengesezten Ursprungs wäre, das könnte nur scheinbar ein Gut sein, oder ein Uebel. — Daß diese Ansicht nicht im Widerspruch steht mit der

---

3 1. Daß] Daß

oben §. 62. aufgestellten, wo das Böse umgekehrt mit unter das Uebel
befaßt wurde, geht schon aus der verschiedenen Stellung und Beziehung
beider hervor.

2. Wie nun in jeder frommen Erregung des Christen Sünde gesezt ist
5 und Gnade; so auch in jedem mit einer solchen verbundenen Eindruk von
dem was in der Welt durch den Menschen geworden ist, Gutes und Uebel
zusammen, als Widerschein der in den Menschen zusammen wohnenden
Sünde und Gnade: aber in der Betrachtung werden wir ebenfalls beides
von einander | trennen, und das Uebel als Folge der Sünde in seinem   II,10
10 Zusammenhang unter sich wo von der Sünde, das Gute aber als Folge der
Gnade in seinem Zusammenhang unter sich wo von der Gnade die Rede
ist, behandeln können.

83.

Wenn aber Bewußtsein der Sünde als fromme Erregung, d. h.
15 als Abhängigkeitsgefühl nur möglich ist in Verbindung mit dem
Bewußtsein der Gnade: so können auch vom Bewußtsein der Sünde
aus keine Begriffe von göttlichen Eigenschaften gebildet werden, als
nur in Beziehung auf die Gnade, und wegen des umgekehrten Sazes
auch keine vom Bewußtsein der Gnade aus als nur in Beziehung auf
20 die Sünde.

Anm. Daß dieser Saz nur für die christliche Lehrweise gilt, versteht sich aus
dem obigen von selbst.

1. Durch die göttlichen Eigenschaften, welche sich gemeinschaftlich
auf beide Glieder des Gegensazes zwischen Sünde und Gnade beziehen,
25 bekommen die im ersten Theil ausgeführten, welche, indem wir von
diesem Gegensaz absahen, gebildet wurden, erst den bestimmten Gehalt,
den wir oben vermißten, indem erst durch diese Beziehung auf den
Gegensaz die göttliche Causalität, wie sie sich in unserm Abhängigkeitsgefühl abspiegelt, ihre Richtung erhält, und ihren Zwek findet. Wie wir
30 nun oben, daß jene Vorstellungen noch ihrer vollkomnen Bestimmtheit
und Lebendigkeit ermangelten, am unmittelbarsten daraus erkannten, daß

---

23 göttlichen] götttlichen   28 f Abhängigkeitsgefühl] Anhängigkeitsgefühl

---

21 f §§ 80–82   27 § 78, 3

aus denselben für sich allein, sich keine Gesinnung entwikkeln wollte[1]: so
werden im Gegentheil aus den göttlichen Eigenschaften, | welche wir hier   II,11
erhalten werden, alle christlichen Gesinnungen in ihrer Beziehung auf
Gott sich leicht entwikkeln lassen. Denn ob das Bewußtsein der göttlichen
5 Allmacht an sich Furcht oder Vertrauen errege, ist ganz unbestimmt; was
aber das Bewußtsein einer heiligen Allgegenwart und einer liebenden
Allmacht bewirke, ist keinem Zweifel unterworfen. Wonach denn auch
die Beziehung der christlichen Glaubenslehre auf die christliche Sittenlehre
vornehmlich an diesen zweiten Theil gebunden ist.
10   2. Daß aber um wahre und für sich verständliche göttliche Eigenschaften zu erlangen, die sich eben so auf unsere wirklichen im Gegensaz
befangenen frommen Erregungen beziehen, wie jene sich auf den gemeinsamen Grund derselben bezogen, man die Glieder des Gegensazes nicht
von einander trennen kann, leuchtet ein. Denn eine göttliche Wirksamkeit
15 in Beziehung auf die Sünde, aber abgesehen von ihrem Verschwinden
durch die Erlösung, wäre eine Bestätigung der Sünde; und eine das
Gottesbewußtsein in uns fördernde göttliche Thätigkeit, aber ohne
Beziehung auf die Sünde, könnte wieder nur Eigenschaftsbegriffe geben,
in denen der christliche Charakter zurükträte, der sodann eigentlich
20 nirgends zu finden wäre.
         3. Indeß fordert sowol die Analogie mit den andern Betrachtungs-
weisen als auch die Berüksichtigung des kirchlich geltenden, daß, da wir
von der Sünde für sich handeln müssen vor der Gnade, wir auch die Frage
nach göttlichen Eigenschaften bei jeder Hälfte besonders beantworten;
25 und wenn wir dabei nur beobachten, daß wir von jedem der beiden
Punkte aus nicht versäumen, den andern zu berüksichtigen: so können wir
erwarten, ob von beiden aus sich ganz dasselbe ergeben wird, oder | doch   II,12
etwas anders, wenn wir von der Sünde auf die Gnade, und etwas anderes,
wenn wir von der Gnade auf die Sünde sehen.
30   Zusaz. Es zerfällt demnach die noch vor uns liegende Darstellung in
zwei Hälften, deren erste das Bewußtsein der Hemmung unseres höheren
Lebens oder der Sünde, die andere aber das Bewußtsein der Förderung
desselben oder der Gnade zu entwikkeln hat. Beide Gegenstände werden
in der nothwendigen Beziehung auf einander nach den auch im ersten
35 Theil angewendeten drei verschiedenen Formen behandelt werden. |

---

[1] S. B. I. S. 316.

---

7 bewirke] be-/bewirke

Erste Seite.

Entwiklung des Bewußtseins der Sünde.

84.

Das Bewußtsein der Sünde haben wir überall wenn unser
5 Selbstbewußtsein durch das mitgesezte Bewußtsein Gottes als
Unlust bestimmt wird.

1. Dies kann nur geschehen, wenn das sinnliche Bewußtsein, welches
in uns erregt ist, von jenem höheren nicht ganz durchdrungen und
bestimmt wird, sondern vielmehr in einer Fortschreitung für sich allein
10 begriffen ist. Jede solche ist eine Hemmung des höheren Lebens und
zugleich unsere That, also Sünde; und zwar in dem Maaß Sünde als das
höhere Bewußtsein sich diese Fortschreitung nicht aneignen könnte, und
also auch nicht als auf eine zustimmende Weise dabei ruhend vorausgesezt
werden kann. − Hiemit hängt aber schon zusammen, daß das Bewußtsein
15 der Sünde auch in denen frommen Erregungen, welche die Gestalt der
Lust tragen, nicht ganz fehlen kann. Denn auch in diesen fühlen wir, daß
es eine Grenze der Uebereinstimmung und des Gehorsams giebt, und also
einen Punkt auf welchem das sinnliche Bewußtsein sich losreißen würde.
Dieser kann uns mitten in der Gemeinschaft mit Gott als Versuchung nahe
20 treten, und in jeder | Versuchung liegt schon das Bewußtsein der Sünde, ja
er kann uns in den hellsten und vollkommensten Augenblikken vor-
schweben, als der lebendige Keim der Sünde in uns, der immer im Begriff
ist hervorzubrechen. In diesem Sinne nun ist das Bewußtsein der Sünde
überall; und es ist wesentlich dasselbe, welches der Sünde als warnende
25 Ahnung vorangeht, welches sie als innerer Vorwurf begleitet, und welches
ihr als Traurigkeit nachfolgt.

2. Die hier zum Grunde liegende Erklärung, daß die Sünde sei die in
uns gehemmte bestimmende Kraft des Gottesbewußtseins, scheint sich
nicht gleich zurükführen zu lassen auf die gewöhnliche, daß die Sünde sei

---

2f *Im Inhaltsverzeichnis von OD Zwischenüberschrift:* Einleitung §. 84 u. 85

die Uebertretung des göttlichen Gesezes[1]. Allein im weiteren Sinne ist das
Bewußtsein Gottes immer Gesez, im engeren Sinn aber ist Gesez kein
ursprünglich christlicher Ausdruk, sondern soll in einen höheren aufgenommen werden. Sieht man indeß auf der andern Seite darauf, wie nach
5 der gewöhnlichen Erklärung die Sünde eingetheilt wird in die in
Gedanken, Worten und Werken: so ist leicht zu sehn, wie unsere
Erklärung die natürlichste Einheit ist zu dieser Eintheilung. Denn das
identische in diesen dreien kann nichts anders sein als das Nichtbestimmt-
sein eines gegebenen Momentes durch das Bewußtsein Gottes; der
10 Ausdruk Gesez hingegen wird unbestimmt und willkührlich müssen
erweitert werden, um alles hineinzubringen, was in Gedanken und
Worten Sünde sein kann.

85.

Nur diejenige Entwiklung des Bewußtseins der Sünde kann die
15 richtige sein, welche, sofern | nur die Beziehung auf die göttliche II,15
Gnade nicht vernachlässigt wird, den scheinbaren Widerspruch
dieses Zustandes sowol mit dem allgemeinen Abhängigkeitsgefühl
als auch mit dem oben aufgestellten Begriff der ursprünglichen
Vollkommenheit des Menschen aufhebt.

20   1. Ein solcher Widerspruch drängt sich unläugbar auf, wenn man die
Sünde für sich allein betrachtet, zumal nach der von uns gegebenen
Erklärung. Denn nach dieser am meisten ist die in der Selbstthätigkeit des
Menschen begründete Hemmung des Gottesbewußtseins eine Abkehr des
Menschen von Gott. Diese nun kann auf der einen Seite nicht von Gott
25 geordnet sein, weil sie ja sonst auch gut sein müßte; auf der andern Seite
aber ist doch der Mensch auch im Zustand der Sünde in den Naturzusammenhang gestellt, und diesem ist in seinem ganzen Umfang die göttliche
Ursächlichkeit gleichgesezt, also auch die Sünde unter dem begriffen was
in der göttlichen Allmacht gegründet ist. Eben so unläugbar ist die Sünde
30 auf der einen Seite an und für sich betrachtet nur der Mangel der religiösen

---

[1] S. hierüber Gerh. l. th. T.V. p. 2. flgd.

4–6 Vgl. z. B. Gerhard: Loci, ed. Cotta 5, 15 f; ed. Preuss 2, 192   18 §§ 74–76   21 f
Vgl. § 84   31 ed. Preuss 2, 183 f

Vollkommenheit des Menschen, und doch soll sie auf der andern Seite als menschlicher Zustand wie jeder andere aus jener ursprünglichen Vollkommenheit begriffen werden können. — Allein dieser Widerspruch kann doch nur scheinbar sein, da das eine Bewußtsein eben so wahr, d. h. eben
5 so ursprünglich das Erzeugniß unsres innern Wesens ist als das andre, und dieses nicht mit sich selbst in Widerspruch sein kann.

2. Natürlich ist daher dieser Ort auch der, auf welchem die meisten theologischen Streitigkeiten entstehen. Denn will man die Sünde ganz aus dem Ge-|biet der Abhängigkeit von Gott ausschließen, so verirrt man sich   II,16
10 in das manichäische: will man sie als übereinstimmend darstellen mit der natürlichen Vollkommenheit des Menschen, so verirrt man sich in das pelagianische, und das bald größere bald geringere Schwanken zwischen diesen entgegengesezten Punkten ist noch nicht zur Ruhe gekommen. Betrachten wir aber die Sünde nur einerseits als das was nicht sein würde,
15 wenn nicht die Erlösung wäre, so sind wir am meisten vor dem manichäischen gesichert; betrachten wir sie andrerseits als das was nur durch die Erlösung verschwinden kann, so können wir nicht leicht in das pelagianische gerathen. Die Nothwendigkeit aber uns auf die in der Kirche geltenden Ausdrükke über diesen Gegenstand zu beziehen, erneuert
20 immer wieder die Gefahr auf die eine oder andere Seite hinüber zu gleiten.

3. Die Aufgabe diese Extreme im dogmatischen Ausdruk zu vermeiden, und dadurch der reinen Auflösung des Widerspruchs immer näher zu kommen gilt gleich sehr für alle drei Formen, unter denen wir den Gegenstand zu behandeln haben. |

---

5 das Erzeugniß] des Erzeugniß   11 man sich] man

Erster Abschnitt.   II,17
Die Sünde als Zustand des Menschen.

86.

Im Bewußtsein der Sünde liegt das Bewußtsein eines Gegen-
5 sazes zwischen dem Fleisch oder demjenigen in uns was Lust und
Unlust hervorbringt und dem Geist oder demjenigen in uns was
Gottesbewußtsein hervorbringt.

A n m. a. Daß wir die Sünde nicht anders beschreiben können, als, indem wir
auf das innere eigne Bewußtsein derselben zurükgehn, hängt mit der ganzen
10   Weise unserer Darstellung zusammen. Denn in dem Leben des Christen
kommt Sünde ohne Bewußtsein derselben, ob es nun begleitet oder
nachfolgt, gilt uns hier gleich, gar nicht vor; indem auch eine solche
eigentlich entweder Unschuld, noch nicht Sünde, oder Verstoktheit, nicht
mehr Sünde, wäre. Die Sünde in dem vorchristlichen Zustande ist nicht der
15   unmittelbare Gegenstand unserer Analyse.
b. Die hier gebrauchten Ausdrükke aus der Schriftsprache Fleisch und
Geist entsprechen zwar denen Sinnlichkeit und Vernunft, aber nicht ganz
sondern nur in der Beziehung der lezteren auf das religiöse Gebiet, denn
Sinnlichkeit und Vernunft haben beide auch eine objective Seite, welche in
20   diesen Ausdrükken nicht mit enthalten ist.
c. Dagegen liegt freilich in dem Ausdruk F l e i s c h nicht bloß das sinnliche
Gefühl sondern auch der sinnliche Trieb. Allein dem Triebe in seinen
Aeußerungen geht allemal das Gefühl voran, und da wir streng genommen
auch die sinnliche Lust für sich schon als Sünde fühlen, wenn sie von der Ge-
25   meinschaft mit dem Gottesbewußtsein ganz abgelöst ist, so war es
zwekmäßig bei dem ersten Anfange stehen zu bleiben.

1. Schon in der Aufstellung des Begriffs der ursprünglichen Vollkommenheit haben wir beides unterschieden, und mit jedem Unterschiede
ist auch in dem Gebiet des lebendigen die Möglichkeit einer Gegen-
30 wirkung gesezt. Nur mußten wir in der Ausfüh-|rung jenes Begriffs von II,18
dieser Möglichkeit absehen, weil er uns nur dasjenige enthalten sollte, was

---

2 f *Im Inhaltsverzeichnis von OD Zwischenüberschrift:* Einleitung §. 86–90   **27–31** *Vgl.*
§§ 74; 76

in der menschlichen Natur der Grund ihrer richtigen Entwiklung ist. Es
ist aber nicht außer Acht zu lassen, daß, wenn nicht das Bewußtsein der
Sünde ein durchgehendes Element unseres Lebens wäre, wir auch dort
jenen Unterschied gar nicht würden gemacht haben. Denn denken wir uns
5 den Menschen in einem ganz unsündlichen Zustande, so würde seinem
Selbstbewußtsein beides vollkommen eins sein, indem jeder Moment im
Geist anfinge und endete, und die Sinnlichkeit ohne je etwas nicht vom
Geist begonnenes und geleitetes anzustreben überall nur Organ und lebendiges Zwischenglied wäre.
10   2. Was wir nun dort auch seiner Möglichkeit nach übergehen mußten,
das finden wir in dem Bewußtsein der Sünde wirklich, denn wenn das
Fleisch etwas für sich vollbringt, so ist in demselben Moment der immer
lebendige und strebende Geist zurükgedrängt und also beides entzweit.
Eben so wenn, was der Geist beginnt, entweder nicht den ganzen Men-
15 schen durchdringt, sondern gleichsam unterwegens abgewiesen wird, oder
auch ihn zwar durchdringt und zu seinem Ziele kommt, aber nicht ohne
daß ihm fremde und von der ursprünglichen Richtung abweichende Bestandtheile beigemischt werden, welche eigentlich einem von dem Fleisch
nur für sich allein hervorzubringenden also an sich sündlichen Act ange-
20 hören: so sind auch hierin beide nicht eins, sondern ein Zwiespalt
zwischen ihnen ausgesprochen; und in allen diesen Fällen haben wir das
Bewußtsein der Sünde. Anders aber als so kann auch der Geist in seiner
bestimmenden Kraft nicht gehemmt werden; und wir können eben so gut
auch | umgekehrt sagen, nur wo wir diesen Gegensaz finden, da haben wir   II,19
25 das Bewußtsein der Sünde. — Eben so beschreibt daher die Schrift diesen
Gegensaz Gal. 5, 17., wo das Gelüsten des Fleisches wider den Geist die
allgemeinste Beschreibung der Sünde ist, und indem auch dem Geist nur
ein Gelüsten wider das Fleisch zugeschrieben wird, ist das Unvermögen
des Menschen, sofern er noch nicht in die Erlösung aufgenommen ist,
30 angedeutet. Vgl. Röm. 7, 18. flgd.
       Zusaz. Sofern aber in der Seele des Christen die Sünde niemals
gesezt ist ohne die Erlösung, so ist auch diese Beschreibung nicht die
vollständige eines wirklichen Zustandes, sondern nur die eine Hälfte,
wozu die andere unten zu beschreiben sein wird; eben wie Röm. 7, 25-8, 2.
35 die andere Hälfte ist zu Röm. 7, 18-24. Sonach kennen wir auch unmittelbar den Gegensaz zwischen Geist und Fleisch nur in Beziehung auf die
Herrschaft jenes über dieses, und ihr untergeordnet.

---

5 seinem] *Kj* in seinem *vgl. CG² § 66, 2 I, 398:* im

87.

Wir finden die Sünde in uns als die Kraft und das Werk einer Zeit, in welcher die Richtung auf das Gottesbewußtsein noch nicht in uns erschien.

5   1. In dem obigen Ausdruk ist schon zugegeben, daß in jener Zeit selbst die Sünde, so wie wir sie jezt in uns fühlen, nicht gesezt war. Denn wenn wir annehmen, daß in einem Menschen entweder überhaupt oder selbst in Bezug auf eine einzelne Aufgabe der Geist überhaupt noch nicht erwacht ist: so rechnen wir ihm auch die Fürsichthätigkeit des Fleisches,
10 wodurch die Auflösung der Aufgabe in ihm gehindert wird, in | sofern II,20 nicht als Sünde zu, sondern nur als Mangel. Dasselbe thun wir noch mehr bei ganzen Völkern und Zeitaltern.

      2. Indem wir uns aber in der Sünde einer Schwäche des Geistes im Verhältniß gegen das Fleisch bewußt sind, und jede Kraft als Größe be-
15 trachtet in dem vernünftigen Wesen Fertigkeit ist, und als solche durch die Zeit bedingt: so schließt dieses Bewußtsein seiner Natur nach in sich das Bewußtsein einer Zeit, wo das Fleisch schon eine Größe war der Geist aber noch keine, d. h. wo das Fleisch Lust und Unlust hervorbrachte für sich ohne Zuthun und Einwirkung des Geistes. Diese Thätigkeiten
20 können hernach, wie sie selbst zeitlicherweise Fertigkeiten geworden sind, von dem erwachenden Geist auch nur zeitlicherweise, wie er sich selbst allmählig als Größe in uns gestaltet, allmählig überwunden und in einen Gehorsam des Fleisches verwandelt werden. In dem Maaß nun als dies noch nicht geschehen ist, und wir uns also noch der Sünde bewußt sind,
25 leiten wir sie auch aus jener Zeit ab, das meint auch der entschuldigende Ausspruch Gen. 8, 21. – Daß aber dieser Zustand nicht etwa nur als ein langsames Wachsen des Geistes gefühlt wird – in welchem Fall es gar kein eigentliches Bewußtsein der Sünde geben würde – sondern daß wir uns dabei der Grenzen des Geistes und also einer Hemmung seiner Thätigkeit
30 bewußt werden, worauf das eigentliche Bewußtsein der Sünde vorzüglich beruht, das hängt größtentheils ab von der Ungleichmäßigkeit in der Entwiklung seiner Thätigkeiten. Diese aber ist eine zwiefache. Einmal erfolgt die Entwiklung des Geistes stoßweise durch Augenblicke ausgezeichneter Erleuchtung und Belebung; und ist hernach in späteren Augen-

---

19 Thätigkeiten] Thäthigkeiten

blikken die Thätigkeit des Gei-|stes geringer als in jenen, und die des Flei-   II,21
sches größer, so fühlen wir dieses als Sünde. Dann aber auch wird in
jedem einzelnen Moment nicht die ganze Sinnlichkeit in Anspruch genommen, sondern nur eine bestimmte Richtung derselben: diese ver-
5 schiedenen Richtungen nun verhalten sich gegen die Anforderungen des
Geistes nicht gleichmäßig; je mehr er sich daher in die eine hineinbilden
kann, in die andere aber nicht, destomehr wird in dieser, da der Geist nur
einer ist und derselbe, eine Widersezlichkeit des Fleisches gefühlt, und
also die Sünde.

10   88.

Das Bewußtsein der Sünde ist bedingt durch die ungleiche
Fortschreitung des Verstandes und Willens.

> Anm. Daß das einzelne menschliche Leben durch diese beiden Formen der
> Thätigkeit bedingt sei, so wie daß an dieser Gestaltung auch das mitgesezte
> 15 Bewußtsein von Gott theilnimmt, und sich eben so wol im Willen als im
> Verstande offenbart, in seiner Reinheit und Vollkommenheit aber auch die
> vollkomne Durchdringung von beiden ist, dies wird hiebei als bekannt vor-
> ausgesezt.

1. Wenn Keiner eine größere Leichtigkeit hätte und einen weiteren
20 Umfang, in welchem er seine Vorstellungen auf das höchste Wesen
bezieht und mit dem Bewußtsein desselben durchdringt, als denjenigen,
worin er seinen Handlungen diese Beziehung giebt: so könnte er kein
göttlicheres Leben denken, als dasjenige, welches er wirklich führt. Eben
so auch umgekehrt könnte er nicht das Gefühl von Untüchtigkeit des
25 Verstandes zum höheren oder von Irrthum auf diesem Gebiet haben,
welches beides uns ebenfalls zur Sünde wird. Wie aber in dem einzelnen
Leben nirgends ein | vollkomnes Gleichgewicht sondern überall ab-   II,22
wechselndes Hervortreten und Zurükweichen: so ist auch dieses zwischen
Verstand und Willen überall, und mit demselben das Bewußtsein der
30 Sünde. Am meisten aber wird natürlich geklagt über das Zurükbleiben des
Willens hinter dem Verstande; S. Jes. 29, 13. denn Mund und Lippen gehören dem Verstande, das Herz aber dem Willen. Eben so Röm. 7, 23.;
denn das Gesez im Gemüth ist die Vorstellung des als göttlich anerkannten, das Gesez in den Gliedern aber die Fertigkeit des Willens.
35 Ueberwiegend erscheint das Zurükbleiben des Willens hinter dem Verstande in dem Zusammenleben der Jugend mit den Erwachsenen, weil
diese jener gewöhnlich zuerst die Erkenntniß des guten und göttlichen
einprägen und es unterscheiden lehren. Das Zurükbleiben des Verstandes
aber hinter dem Willen zeigt sich mehr in dem Zusammenleben der Unge-

bildeten mit den Gebildeten; denn weit eher lassen sich jene von diesen leiten durch die Sitte, als sie ihnen nachfolgen mit der Erkenntniß, und betrachten dann selbst, wenn sie gutartig sind, die Ungelehrigkeit in göttlichen Dingen als Sünde.

5 2. Durch diese Ungleichheit wird aber das fromme Bewußtsein auch in sich selbst getrübt und verunreinigt. Denn wenn dies gleich ursprünglich im Gefühl seinen Siz hat, und das Bewußtsein Gottes unserm Selbstbewußtsein eingepflanzt ist: so muß es doch mit diesem eben so gut in den Willen übergehn als in den Verstand, es geschieht aber nur ungleichmäßig.

10 Ist nun das Herz noch im sinnlichen befangen, so daß der Mensch sich immer bestimmt, wie er sich durch das Bewußtsein Gottes nicht bestimmen könnte: so entsteht eine Neigung dieses Bewußtsein auch im Verstande so umzugestalten, daß es sich mit jener Selbstbestim-|mung vertragen möchte. Als das schlimmste Erzeugniß dieses Bestrebens stellt II,23

15 Paulus die Abgötterei dar[1]; das verbreitetste aber und nirgend ganz auszutilgende ist das menschenähnliche in unsern Vorstellungen von Gott, welches sich als der verschwindende Ueberrest der Abgötterei ansehn läßt, und wie diese selbst immer auch irgend einer Seite des ungöttlichen Lebens Vorschub thut. — Eben so, wenn der Verstand zu sehr in den

20 weltlichen Dingen befangen ist, um ein reines Bewußtsein Gottes aufzunehmen, so ist auch kein reiner Einfluß desselben auf den Willen möglich, und daher die Beruhigung bei einem einseitigen Gehorsam und einem bloß äußerlichen Gottesdienst ohne Geist und Wahrheit.

89.

25 Wenngleich die Sünde, so gefaßt, den Begriff der ursprünglichen Vollkommenheit des Menschen nicht aufhebt, und wir begreifen, wie sie in der zeitlichen Entwiklung derselben sich findet: so können wir sie doch nur als eine Störung der Natur ansehen.

1. Man kann nicht sagen, daß durch die Sünde, so wie sie hier gefaßt
30 ist, irgend einer von den wesentlichen Bestandtheilen in dem Begriff der ursprünglichen Vollkommenheit des Menschen aufgehoben würde, nicht einmal die religiöse Seite derselben. Denn die Sünde ist nur, im allgemeinen angesehen, sofern ein Bewußtsein derselben ist, und dieses ist nur durch das Gesez, welches offenbar ein Erzeugniß der ursprüng-|lichen II,24

35 Vollkommenheit des Menschen und zwar ihrer religiösen Seite ist, indem

---

[1] Röm. 1, 18-24.

alles Gesez einen göttlichen Willen aufstellen will[1]. Auch haben wir
immer nur ein böses Gewissen, in sofern wir die Möglichkeit eines
besseren anerkennen, und dieses uns also, nur auf eine andere Art,
wirklich eingebildet ist. Ja wenn einem einzelnen Menschen oder einem
5 Volk und einem Zeitalter jenes Bessere noch gar nicht eingebildet ist: so
erscheint uns dann auch das unvollkomne nicht als Sünde sondern als
Rohheit und Unbildung. Jede Sünde daher sezt ein schon gewordenes
Gute voraus, und hemmt nur das künftige. Und sofern sich das Bewußtsein des höchsten Wesens wirksamer zeigt in der Verbindung mit der
10 einen sinnlichen Richtung als mit der andern, und wir hier also in der
geringeren Wirksamkeit den Widerstand und die Sünde empfinden: so sezt
diese ein gewordenes Gute gleichzeitig neben sich voraus. Und eben so
können wir uns bewußt werden, daß auch der höchste Augenblik der
Frömmigkeit, weil doch das Bewußtsein Gottes nicht gleichmäßig durch
15 unser ganzes Wesen verbreitet ist, ein Minimum von Sünde in uns voraussezt, ja auch Sünde nach sich zieht, weil er nicht gleichmäßige Wirkungen
nach allen Seiten hin zurükläßt. Wie daher der Begriff der ursprünglichen
Vollkommenheit die Einheit unsrer Entwiklung ausdrükt, so drükt die
Sünde das Nacheinander so wie das vereinzelte und zerstükkelte in der-
20 selben aus, wodurch aber jene Einheit keinesweges aufgehoben wird.

2. Daß wir aber die Sünde mit Recht als eine Störung der Natur be-
trachten, und uns nicht etwa | bei ihrer Unvermeidlichkeit beruhigen II,25
dürfen, dies rührt daher, daß wir doch die Möglichkeit einer vollkommen
gleichmäßigen Entwiklung, die also auch unsündlich wäre, nicht an und
25 für sich abläugnen können, und daher, daß wegen des schon oben be-
merkten vorzüglich aber des stoßweisen in der menschlichen Entwiklung
alle Sünde auf einen solchen früheren Vorschreitungspunkt bezogen uns
als ein Rükschritt erscheinen muß. Am meisten aber muß uns dieses eine
Störung der Natur verrathen, daß wir das Bewußtsein Gottes selbst ver-
30 unreinigt finden, von dem wir doch nicht anders annehmen können, als
daß es der menschlichen Natur in seiner Reinheit sei eingepflanzt worden.
Aber auf der Annahme der Möglichkeit einer unsündlichen Entwiklung
und auf der Möglichkeit einer vollkommen reinen Erscheinung des Bewußtseins Gottes in der menschlichen Seele beruht die Möglichkeit einer
35 Erlösung; und wir können also der Sünde als solcher nur inne werden in
Bezug auf die Erlösung, so daß eines nur mit dem andern zugleich
Wahrheit für uns haben kann[2]. — Dabei sehen wir freilich eine andere Ansicht gegenüber, welcher statt der Sünde nur das noch nicht gewordene
Gute erscheint, für welche daher keine Sünde im eigentlichen Sinne

---

40 [1] Röm. 7, 7-12.
[2] Gal. 3, 22.

wirklich ist und keine Erlösung im eigentlichen Sinne nothwendig. Aber eben darum drükt diese Ansicht nicht das eigenthümliche Bewußtsein des Christen aus.

90.

Wir sind uns der Sünde bewußt theils als in uns selbst gegründet theils als ihren Grund jenseit unseres eigenen Daseins habend. |

1. Das ungleichmäßige Verhalten der verschiedenen Richtungen und II,26 Verrichtungen der Sinnlichkeit in jedem Einzelnen gegen die höhere Geistesthätigkeit ist gegründet in einer angeborenen Differenz dieser Richtungen selbst in jedem Einzelnen, welche Differenz seine persönliche Constitution bilden hilft. Wir sehn aber dergleichen Differenzen in den mannigfaltigsten Abstufungen theils in den Geschlechtern sich fortpflanzen und in der Bildung neuer Familien aus mehreren Geschlechtern zusammenarten, theils finden wir sie in großen Massen feststehend als Eigenthümlichkeit der Stämme und Völker, wie denn auch die Schrift in diesem Sinne unterscheidet die eigenthümliche Sünde der Juden und der Hellenen. Vermöge dieser Abhängigkeit also des einzelnen Lebens von einem großen gemeinsamen Typus, in welchem seine eigenthümliche Ungleichmäßigkeit schon angelegt und vorgezeichnet ist, und wegen Abhängigkeit der späteren Geschlechter von den früheren hat die Sünde eines Jeden ihren Grund in einem höheren und früheren als sein eignes Dasein. Sofern aber das Fortschreiten einer sinnlichen Erregung zu ihrem Ziel ohne sich mit dem höheren Bewußtsein zu vereinigen, während in Regungen anderer Art dieses leichter geschieht, doch unläugbar die That des Einzelnen ist: so ist insofern die Sünde eines Jeden begründet in ihm selbst. Vermittelst jener Betrachtungsweise unterscheiden wir unsere Gutartigkeit und unsere Bösartigkeit, und sind uns ihrer als eines empfangenen und mitbekommenen bewußt; vermöge der anderen aber erkennen wir auch in unserer Bösartigkeit unsere Sünde, sofern wir sie noch nicht überwunden haben durch unsere That, sondern sie vielmehr | selbstthätig II,27 fortpflanzen von einem Moment auf den andern.

---

32 andern.] andern

16–18 *Röm 1–3*

2. Daß der Eine sich mehr zur Betrachtung hinneigt, was theils dahin ausschlagen kann, daß daneben nur ein minimum von nach außen wirksamer Thätigkeit übrigbleibt, theils auch dahin, daß der Wille noch roh bleibt und im Thierischen versunken, wenn der Verstand sich schon
5 menschlich ausgebildet hat; und daß ein Anderer umgekehrt so sehr in der wirksamen Thätigkeit aufgeht, daß die Betrachtung selten auch nur bis zu einem klaren Bewußtsein der eigenen Thätigkeit selbst gestaltet wird, oder auch so, daß alles Denken noch stumpf bleibt und verworren, während das Handeln sich ordentlich gestaltet und sondert: diese Verschiedenheiten
10 sezen wir in allen ihren verschiedenen Abstufungen ebenfalls als angeboren. Wenn nun aber jener in dem gemeinsamen Leben dennoch auch in das Gebiet der Wirksamkeit hineingezogen wird, und diesem ebenfalls durch das gemeinsame Leben auch die Ergebnisse der Betrachtung Anderer irgendwie eingebildet werden: so wird doch die erwachende
15 Frömmigkeit sich jenem leichter mit den Thätigkeiten des Verstandes einigen, die Seite des Willens aber zurükbleiben, und diesem umgekehrt der Wille sich gutartig beweisen, der Verstand aber widerstrebend, also in jedem auf andere Art die Sünde sich offenbaren. Sofern nun diese Verschiedenheit mit eines jeden natürlicher Anlage zusammenhängt, und diese
20 aller That vorangeht: so ist auch jedes Sünde, was die bestimmte Gestalt derselben betrifft, jenseit seines eigenen Lebens begründet. Sofern aber doch jede Vorstellung sowol als jede Handlung, welche das Bewußtsein Gottes nicht in sich trägt, nur durch die Selbstthätigkeit zu | Stande II,28 kommt, in welcher jenes Bewußtsein doch anderweitig schon erscheint: so
25 ist die Sünde eines jeden auch begründet in ihm selbst.
3. Eben so wenig ist die frühere Entwiklung des sinnlichen vor dem geistigen abhängig von dem einzelnen Menschen, in dem sie erfolgt; und dieses Hineintreten des Ich in die lebendige Welt der Erscheinung durch Empfängniß und Geburt kann unser unmittelbares Selbstbewußtsein
30 keinesweges als unsre eigne That erkennen, wenn auch die Speculation bisweilen eben dieses als den eigentlichen ursprünglichen und selbstverschuldeten Abfall hat darzustellen versucht. Indem aber dieser Eintritt bedingt ist durch die That des früheren Geschlechts: so ist die durch die frühere Entwiklung der Sinnlichkeit bedingte sündhafte Selbständigkeit
35 derselben ebenfalls begründet jenseit des eigenen Daseins jedes Einzelnen. Sofern hingegen, sobald das Gottesbewußtsein einmal in ihm erwacht ist, jede Vollziehung eines Momentes, in welchem dieses nicht mitbestimmend wirkt, dennoch die That des mit jenem Bewußtsein schon begabten Einzelnen ist: so ist auch von dieser Seite angesehen die Hemmung

---

30–32 *Vgl. Schelling: Philosophie und Religion; Schriften von 1801–1804, S 597–656*

der höheren Thätigkeit begründet in jedem Einzelnen selbst, also wahrhaft
Sünde.

    Zusaz. Diese doppelte Beziehung, welche wir in jedem Bewußtsein
der Sünde nur in verschiedenem Maaße wiederfinden, ist der eigentlichste
5 und innerste Grund, weshalb die Entwiklung des christlichen Bewußtseins
der Sünde in die beiden Lehrstükke zerfällt, von der Erbsünde, peccatum originis und von der wirklichen Sünde, peccatum actuale,
deren erstes die sündhafte Anlage eines jeden als etwas empfange-|nes und   II,29
mitgebrachtes darstellt, worin aber doch zugleich die eigene Schuld ver-
10 borgen liegt; das andere aber das einzelne Erscheinen des sündhaften als
eigene That eines jeden darstellt, worin aber das empfangene und mitge-
brachte sich offenbart. Unbequem aber ist die hergebrachte Bezeichnung
auf alle Weise. Denn in der lezten Formel wird freilich das Wort Sünde in
Uebereinstimmung mit dem gemeinen Sprachgebrauch von der eigent-
15 lichen That gesezt, aber der Beisaz wirklich veranlaßt den verwirrenden
Nebengedanken, als ob es in demselben Sinn auch eine bloß scheinbare
oder unthätige Sünde gebe. In der ersten Formel hingegen drükt das Erb
allerdings den Zusammenhang mit der früheren Generation und mit der
Erhaltungsweise der ganzen Gattung richtig aus; aber das Wort Sünde ist
20 nicht in demselben Sinn genommen wie in der andern Formel, indem es
nicht die That und deren Art und Weise selbst, sondern die vor aller That
desselben Subjects hergehende und sie mitbedingende Beschaffenheit desselben anzeigt[1]. Eine Aenderung dieser ungenauen in der Schrift selbst
nicht befindlichen Ausdrükke wäre daher sehr zu wünschen, allein sie darf
25 nur mit großer Vorsicht eingeleitet und nur allmählig ausgeführt werden,
wenn man nicht den geschichtlichen Zusammenhang der Lehre ganz zer-
reißen und neue Mißdeutungen und Mißverständnisse veranlassen will. |

---

[1] „Peccatum enim originis non est quoddam delictum quod actu perpetratur: sed
intime inhaeret infixum ipsi naturae substantiae et essentiae hominis." Epit. art.
30 I. p. 577.

Erstes Lehrstük.
Von der Erbsünde.

91.

Die §. 87. 88. 90. beschriebene vor jeder That in jedem Einzelnen begründete Sündhaftigkeit ist in jedem eine, wenn wir von
dem Zusammenhang mit der Erlösung absehen, vollkomne Unfähigkeit zum Guten.

    Anm. a. Wenn diese Unfähigkeit jedem Einzelnen zugeschrieben wird: so gilt
dies natürlich nur von allen, welche auf dem gewöhnlichen Wege der Geburt
ins Leben treten, nicht aber von dem schlechthin ersten Menschen, in
welchem weder eine Entwiklung der Sinnlichkeit vor der Vernunft noch
irgend eine ursprüngliche Einseitigkeit mit Grund kann angenommen
werden. Nämlich jene konnte in dem nicht stattfinden, der vom Anfang
seines Daseins an sich selbst helfen mußte, und diese hätte nicht stattfinden
können, ohne daß dieselbige Einseitigkeit die des ganzen menschlichen Geschlechts geworden wäre, und alle später sich entwikkelnden Differenzen
hätten ihr untergeordnet bleiben müssen. Denn dem schlechthin ersten
Menschen können wir nur eine völlige Indifferenz gegen alle in dem
menschlichen Geschlecht sich allmählig entwikkelnden Differenzen beilegen,
indem sie nur unter dieser Bedingung mit der Abstammung von ihm können
in Verbindung gebracht werden. Es zeigt sich also hier der wahre didaktische
Gehalt jener symbolischen Annahme eines zeitlichen Zustandes ursprünglicher Gerechtigkeit vor der ersten Sünde des ersten Menschen darin, daß wir
eine solche, wie sie bei uns angeboren ist, bei ihm anerschaffene Begründung
der Sünde uns nicht zu denken vermögen.
    b. Daß aber die symbolischen Bücher, welche diesen Saz häufig vortragen,
die uns allen mitgeborene Sündhaftigkeit auf die erste Sünde des ersten
Menschen zurükführen, wird erst weiter unten beurtheilt werden können.
Wir finden aber unsern Saz auf das stärkste ausgedrükt Conf. Aug. II.
„[. . .] quod . . . omnes homines secundum naturam propagati nascantur cum
peccato" (aber nicht actuali, S. §. 90. Zusaz, son-|dern wie auch die folgen-
den Worte erklären) „[. . .] sine fiducia erga Deum et cum concupiscentiâ

---

32 erklären)] erklären,

[...]". Der lezte Ausdruk bedeutet hier nicht den sinnlichen Trieb an sich, abgesehn von seinem Verhältniß zum Geist, sondern den für sich allein zur Vollendung eilenden; und in der Abwesenheit der Furcht Gottes und des Vertrauens zu Gott ist die Unkräftigkeit des Bewußtseins von Gott über-
5 haupt ausgedrükt. Dies bezeugt Apol. Conf. I. „hic locus testatur nos non solum actus sed potentiam seu dona efficiendi timorem et fiduciam erga Deum adimere propagatis secundum carnalem naturam; . . . ut, cum nomina-mus concupiscentiam non tantum actus seu fructus intelligamus, sed per-petuam naturae inclinationem." Aehnlich Conf. gall. IX. „[. . .] affir-
10 mamus [. . .] quicquid mens humana habet lucis mox fieri tenebras, cum de quaerendo Deo agitur [. . .]"; und hernach „[. . .] nullam prorsus habet ad bonum appetendum libertatem [. . .]". In den ersten Worten ist am be-stimmtesten die Verunreinigung des Bewußtseins von Gott in der Seele aus-gedrükt, in den lezteren die ganz zurükgedrängte Beweglichkeit desselben.
15 Dasselbe sagt Conf. helv. IX. „proinde nullum est ad bonum homini ar-bitrium liberum nondum renato [. . .]", wodurch diese Unfähigkeit wie oben auf den noch nicht bestehenden Zusammenhang mit der Erlösung beschränkt wird; und Conf. Anglic. X. „Ea est hominis [. . .] conditio ut sese na-turalibus suis viribus [. . .] ad fidem [. . .] convertere et praeparare non
20 possit. Quare absque gratia Dei quae per Christum est [. . .] ad [. . .] facienda quae Deo grata sunt [. . .] nihil valemus." – Die Allgemeinheit in der Fort-pflanzung dieses Uebels, und daß es vor jeder That des Einzelnen hergeht, bezeugt auch Conf. belg. XV. „Est autem peccatum originis in totum genus humanum infusum corruptio totius naturae" (vgl. §. 89.) „et vitium haere-
25 ditarium, quo et ipsi infantes in matris utero polluti sunt [. . .]"; womit wesentlich auch die übrigen symbolischen Bücher zusammenstimmen.

1. Diese dem Menschen ins Leben mitgegebene Sündhaftigkeit als eine gänzliche Unfähigkeit zum Guten anzusehen, stimmt vollkommen theils mit dem schon oben auseinandergesezten, daß sogar in dem Leben
30 dessen, der in die Gemeinschaft der Erlösung aufgenom-|men ist, streng II,32 genommen, kein Augenblik sei, in welchem nicht Bewußtsein der Sünde als ein wesentlicher Bestandtheil des vollkomnen Selbstbewußtseins gesezt

---

9 IX] X (falsche Zählung in Corpus (1612) 102 und Corpus (1654) 79)   9f affirmamus]
Affirmamus

---

5 ed. Lücke 12. 14; BSLK 146, 32ff (Art. II.)   8 Statt intelligamus Q: intelligimus
9 Corpus (1654) 79; Collectio 331f   10 Statt mens . . . habet Q: habet   15 Conf. helv.
post. IX, Corpus (1654) 12; Collectio 480; BSRK 180, 7f   18 Corpus (1654) 101; Collectio
603; vgl. BSRK 508f   23 Harmonia 79; Corpus (1612) 170; Collectio 370; vgl. Acta Syn.
305; Corpus (1654) 135; BSRK 238, 29ff und ed. Los 401   Statt Est autem Q: Credimus
Adami inobedientia   24 Statt infusum Harmonia; Corpus (1612): sparsum, et effusum
fuisse. Est autem peccatum originis   29 §§ 81f; 89, 1

sei. Wenn nun die vor der Gemeinschaft mit der Erlösung dagewesene
Sündhaftigkeit zu keiner Zeit aufhört sich auch in jenem Zustande zu
offenbaren: so muß sie schon deshalb an und für sich als wahrhaft
unendlich betrachtet werden. Eben so stimmt es zusammen mit der
5 nachgewiesenen Verdunkelung und Verunreinigung des Bewußtseins
Gottes. Denn mit einem solchen, da es doch noch das Beste in ihm ist,
muß er schlechthin unfähig sein etwas dem wahren Wesen Gottes wahrhaft angemessenes nicht nur wirklich hervorzubringen, sondern auch nur
mit Bewußtsein anzustreben, indem ja auch seine Vorstellung von Gott
10 und dem göttlichen Willen verfinstert ist. Anderntheils aber wird die
Wahrheit des Sazes auch dadurch erkannt, daß das Selbstbewußtsein des
Christen außer dem Bewußtsein der Sünde nur aus dem der Gnade
besteht, alles also, was in seinem Zustande nicht Sünde ist, nur seinem
Antheil an der Erlösung zugeschrieben wird, wie auch die Schrift Phil.
15 2, 13. bezeugt, denn Wollen und Vollbringen sind die beiden Endpunkte
zwischen denen alles Gute eingeschlossen ist.

2. Wenn aber auch zwischen diesen beiden Punkten die Unfähigkeit
des Menschen für sich allein betrachtet vollkommen ist: so darf man doch
die mitgebohrene Sündhaftigkeit nicht so weit ausdehnen, daß man dem
20 Menschen auch die Fähigkeit abspräche, die Kraft der Erlösung in sich
aufzunehmen. Denn nimmt man dieses an, so ist entweder gar keine Verbesserung des Menschen durch die Erlösung möglich, oder es wird
wenigstens, damit sie möglich werde, noch etwas | anderes erfordert als   II,33
die Erlösung selbst, nämlich eine von dieser unabhängige Umschaffung
25 des Menschen, wodurch erst die Fähigkeit die Erlösung aufzunehmen in
ihm hervorgebracht werde. Es verringert aber die Erlösung und widerstreitet unserm Glauben an dieselbe wenn außer ihr zur Vollendung des
Menschen noch etwas anderes nöthig sein soll. — Auch könnte, wenn dem
Menschen nicht einmal die Fähigkeit geblieben wäre, die Erlösung auf-
30 zunehmen von jenen höheren Gaben überhaupt nichts mehr vorhanden
sein, indem etwas geringeres davon als jene Fähigkeit sich nicht denken
läßt, sondern sie wären ganz erstorben und der Mensch würde jezt ganz
ohne dieselben geboren. Da nun aber dasjenige in uns, was den Grund
unseres frommen Bewußtseins ausmacht, zu dem Wesen der menschlichen
35 Natur gehört, und so sehr daß alles, was den Menschen vom Thiere unterscheidet, einigen Theil daran zu haben scheint, so müßten alsdann die
Menschen ohne die menschliche Natur geboren werden. Es hat aber auch
von jeher die ganze Praxis in der Verkündigung des Reiches Gottes darin
bestanden, daß die Diener des Wortes sich an die Fähigkeit des Menschen

---

4—6 Vgl. auch § 15, 2 (entsprechend der in CG² § 70, 1 gegebenen Verweisung)

die Gnade Gottes in sich aufzunehmen gewendet haben. Daher können
wir zwar diejenigen ebenfalls mißbilligen, welche behaupten „[...] hominem ex naturali nativitate adhuc [...] reliquum habere [...] vires aliquas
in rebus spiritualibus aliquid inchoandi operandi aut cooperandi"[1], außer
5 wenn jemand das bloße Insichaufnehmen schon eine Mitwirkung nennen
will. Aber solche Aeußerungen sind doch bedenklich, daß in des Men-
schen Natur auch nicht ein solcher Funken | geistiger Kräfte übrig ge-   II,34
blieben sei, „[...] quibus ille ex sese [...] oblatam gratiam apprehendere
aut eius gratiae ex se et per se capax esse possit [...]"[2]. Und lieber möchte
10 man, wenn auch nicht aus demselben in den lezten Worten aufgedekten
Gesichtspunkt, mit einer andern in diesem Stük auch sehr strengen symbolischen Schrift sagen, „[...] non nisi exiguae illorum donorum scintillae
et vestigia [...] illi relicta sunt, quae tamen sufficiunt ad inexcusabiles red-
dendos homines [...]"[3]. – Daß etwas von dem ursprünglichen Guten in
15 der menschlichen Natur nothwendig übrigbleiben muß, beweiset künstlich
zwar aber schön zugleich und schlagend Augustinus[4], indem er selbst
von der Vorstellung einer steigenden Verschlimmerung ausgeht, „Quam-
diu itaque natura corrumpitur, inest ei bonum quo privetur: ac per hoc si
naturae aliquid remanebit, quod iam corrumpi nequeat, profecto natura
20 incorruptibilis erit, et ad hoc tam magnum bonum corruptione perveniet.
At si corrumpi non desinet nec bonum habere utique desinet quo eam
possit privare corruptio. [...] Quodcirca bonum consumere corruptio non
potest nisi consumendo naturam."

     3. Es ist übrigens nicht zu läugnen, daß wir auch einen solchen
25 Gegensaz des löblichen und tadelnswürdigen anerkennen, der nicht durch
die Theilnahme an der Erlösung und durch ihr Gegentheil bestimmt wird,
so daß auch der Unbegnadigte das löbliche in sich tragen kann, wie auch

---

[1] Solid. decl. I. p. 643.
[2] Ebend. II. p. 656.
30 [3] Conf. belg. XIV.
[4] Enchir. c. XII.

---

22 Quodcirca] Quodcirea

---

28 Concordia 643; BSLK 851, 29ff   **29** Concordia 656; BSLK 874, 6ff   **30** Harmonia
79; Corpus (1612) 169; Collectio 368f; vgl. Acta Syn. 304f; Corpus (1654) 134; BSRK 238,
8f und ed. Los 399   **31** Enchiridion, sive de Fide, Spe et Caritate 12 (4), ed. Ben. 6,
146E; MPL 40, 237

der Begnadigte sich bewußt ist, es zu erreichen ohne die Hülfe der Gnade.
Dieses löbliche | wird im allgemeinen durch den Ausdruk bürgerliche   II,35
Gerechtigkeit bezeichnet, welcher natürlich im weiteren Sinne muß genommen werden. Es tritt dabei ein was oben B. I. S. 31. bemerkt ist, daß
5 nämlich der Antrieb auch nur eine wenngleich potentiirte Sinnlichkeit sein
kann, wovon die Vaterlandsliebe das beste Schema ist, sofern auch mit ihr
an und für sich noch eine Feindseligkeit gegen andere Menschen verbunden sein kann. Man hat daher recht, dieses auch eine fleischliche
Gerechtigkeit zu nennen[5], welche durch richtiges Urtheil und richtiges
10 Gefühl auch ohne die bestimmende Kraft des Bewußtseins von Gott
hervorgebracht werden kann. Allein es wird schon zuviel zugegeben,
wenn dies so ausgedrükt wird, als seien es eigentlich nur die opera
primae tabulae[6], welche der Mensch nicht ohne den göttlichen Geist
verrichten kann. Sondern auch die opera secundae tabulae, wenn sie
15 dies wirklich sind, in dem Sinn wie der Christ allein den decalogus als
göttliches Gesez anerkennen kann, nämlich als Ausführung von Matth.
22, 37-39., sind keinesweges opera externa oder carnalia, sondern
wahre spiritualia, welche nicht anders als durch ein wirksames und ge-
reinigtes Bewußtsein von Gott möglich sind, zu welchem der Mensch
20 ohne die Erlösung nicht gelangen kann, so daß die „ratio per se [. . .] sine
spiritu sancto" sie nicht hervorzubringen vermag, wie ja zu Tage liegt,
wenn wir nur vergleichen die Vaterlandsliebe und Menschenliebe, an
welcher Andere sich genügen lassen, mit der welche der Christ von sich
fordert. Was daher Melanchthon sagt: „[. . .] Est in natis | ex virili   II,36
25 semine amissio lucis in mente et aversio voluntatis a Deo et contumacia
cordis ne possint vere obedire legi Dei [. . .]"[7], das gilt ohne Ausnahme
von dem ganzen göttlichen Gesez auch dem Theile nach, der es mit den
menschlichen Verhältnissen zu thun hat.

---

[5] Vergl. Apol. Conf. VIII. p. 218-220.
30 [6] Ebendas.
[7] loc. comm. p. m. 94.

---

18 spiritualia] spiaitualia   24 36] 66

20f *Apol. Conf. VIII, ed. Lücke 408; BSLK 311, 39 (Art. XVIII.)*   **29** *Concordia*
217—219; ed. Lücke 408—413; BSLK 311—313 (Art. XVIII.)   **30** *Concordia 219; ed.*
Lücke 410; BSLK 312, 17ff   **31** *Leipzig (1546) 94; ed. Stupperich 2/1, 258, 1ff*

92.

Die Erbsünde ist aber zugleich so die eigene Schuld eines jeden, in dem sie ist, daß sie am besten nur als die Gesammtthat und Gesammtschuld des menschlichen Geschlechtes vorgestellt
5 wird.

1. Die Art wie die symbolischen Bücher diesen Saz ausdrükken, Aug. Conf. II. „[. . .] quodque hic morbus seu vitium originis vere sit peccatum damnans et afferens nunc quoque aeternam mortem his qui non renascuntur [. . .]"; Gallic. Conf. XI. „credimus hoc vitium vere esse
10 peccatum, quod omnes et singulos homines, ne parvulis quidem exceptis adhuc in utero matris delitescentibus, aeternae mortis reos coram Deo peragat"; und Conf. belg. XV. „Credimus [. . .] quod peccatum originis [. . .] ita foedum et execrabile est coram Deo, ut ad generis humani con- demnationem sufficiat", und wie auch Melanchthon[1] und mit ihm viele
15 andere Dogmatiker ihn ausgedrükt, hat freilich den Anschein, als ob die dem einzelnen Menschen mitgeborne Sündhaftigkeit grade in sofern sie etwas von anderwärtsher empfangenes | ist, doch seine Schuld sein solle, II,37 und zwar die eine unendliche Strafwürdigkeit in sich schließende Schuld, so daß auch die größte Menge der wirklichen Sünden zu der Straf-
20 würdigkeit, welcher der Mensch schon jener sogenannten Krankheit wegen unterliegt, nichts hinzufügen könne. Daher manche diesen Saz ganz abläugnen, und die Erbsünde nur für ein Uebel erklären, weil sie sich nicht denken können, wie der Mensch könne eine Schuld tragen und eine Strafe verdienen für das was ganz jenseit seines eignen Thuns liegt. Andre
25 wollen wenigstens vorsichtiger sein, und wenn sie von der Schuld und Strafwürdigkeit der Erbsünde reden, stellen sie sie gleichsam im Ausbruch

---

[1] „[. . .] propter quam corruptionem nati sunt rei et filii irae id est damnati a Deo, nisi facta fuerit remissio." loc. comm. p. m. 94.

---

7 quodque] Quodque   13 coram] eoram   27 propter] Propter

---

7 *ed. Twesten 21f; BSLK 53, 6ff*   9 *Corpus (1654) 80; Collectio 332*   12 *Acta Syn. 305; Corpus (1654) 135; BSRK 238, 29ff; ed. Los 401; vgl. Harmonia 79; Corpus (1612) 170 und Collectio 370*   28 *Leipzig (1546) 94; ed. Stupperich 2/1, 258, 4ff*

in wirkliche Sünde dar[2]. Allein durch das lezte wird nur der Sinn der symbolischen Bücher verfehlt, die Sache selbst aber nicht ins klare gebracht. — Jene Wendung ins unglaubliche und widerstebende aber bekommt der Saz nur, wenn man widernatürlich und gegen die richtige und allgemein anerkannte Regel[3] die Erbsünde aus ihrem Zusammenhang mit der wirklichen Sünde herausreißt. Nämlich sie ist nur ein rein empfangenes bis die Selbstthätigkeit des Menschen sich in ihrem ganzen Umfang entwikkelt; so lange ist sie in jedem die verursachte Ursünde peccatum originis originatum, welche ihre Ursache außer ihm hat. Allein wie jede Anlage durch Ausübung Fertigkeit wird, und als solche wächst, so wächst auch die angeborene Sündhaftigkeit durch die in der Selbstthätigkeit des Einzelnen selbst begründete Ausübung; und dieser wachsende Zu-|saz, gegen welchen das ursprünglich empfangene immer mehr als gering zurüktritt, ist nun Wirkung zwar der wirklichen Sünde, aber doch auch wieder ihr vorangehend als selbstgewirkte Ursache ihrer verstärkten Gewalt, also Ursünde immer noch, aber verursachende, peccatum originis originans, welche, wie die erste Sünde des ersten Menschen, die gewöhnlich durch diesen Ausdruk bezeichnet wird, wovon unten, als seine eigne Selbstthätigkeit die Sünde in ihm selbst und in Andern wekt und fortpflanzt. — In diesem Sinne daher, da diese spätere Sündhaftigkeit eine und dieselbe ist mit jener früheren, und aus ihr in jedem durch seine Selbstthätigkeit erwächst, weshalb man denn auch behaupten kann, eben so gut als die hinzugekommene aus seiner Selbstthätigkeit erwachsen ist, würde auch die empfangene in ihm entstanden sein, um so mehr als er eine eben solche in Andern begründen hilft, in diesem Sinn kann man allerdings behaupten, daß die Erbsünde überhaupt eine Schuld (reatus) ist, und kann sich den Ausdruk gefallen lassen, daß der Mangel der ursprünglichen Gerechtigkeit — d. h. dasjenige in den menschlichen Zuständen was an und für sich nicht als Darstellung jenes Begriffs angesehen werden kann — und die Begierde (concupiscentia) sowohl Sünde sind als Strafe[4], das leztere jedoch

---

[2] So u. a. Reinhards Dogm. §. 82, 2.

[3] „Itaque semper cum malo originali simul sunt actualia peccata [. . .]". Melanchth. loc. p. 110.

[4] Apol. Conf. I. Eben so Gregor. Nyss. πρώτην ὤφλησε τιμωρίαν ὁ ἄνθρω-

---

34 τιμωρίαν] τι μωρίαν

4–6 *Vgl. z. B. Meier: Betrachtungen 5, 143*   **18** *§ 94*   31 *S. 300 f; s. Anhang*   **32 f**
Leipzig (1546) 110; ed. Stupperich 2/1, 271, 33 f   34 *ed. Lücke 34 f; BSLK 156 f (Art. II.)*

II,38

eigentlich nur, wenn man sie in Beziehung auf das ganze Geschlecht be-
trachtet, denn für dieses ist in der | That die in jedem Einzelnen er-   II,39
wachsende Sündhaftigkeit Strafe.

    2. Eben in sofern nun als die jeder That vorangehende Sündhaftigkeit
5 in jedem Einzelnen zugleich empfangen ist oder durch die Sünde und
Sündhaftigkeit Anderer in ihm bewirkt, zugleich aber auch durch Jeden in
Anderen erregt und auf sie fortgepflanzt wird, ist sie etwas durchaus ge-
meinschaftliches; und betrachte man sie nun als That und Verschuldung
oder als Zustand, so ist sie in beider Hinsicht unter Alle vertheilt, und also
10 auch nur in dieser Gemeinsamkeit ganz zu verstehen. Wenn wir das ganze
menschliche Geschlecht betrachten, so finden wir in jeder Menschenrace
und in jedem Volke besondere und sich fortpflanzende Einseitigkeiten,
welche deren eigenthümliche Sündhaftigkeit ausmachen. Aber auch diese
sind etwas durchaus gemeinsames, nicht nur sofern schon in der Natur
15 also von Seiten der Ursprünglichkeit jede Einseitigkeit der Anlage durch
alle übrigen bedingt ist, indem sie nur alle mit und durch einander bestehen können, sondern auch sofern sie sich in der Absonderung der
Völker und Stämme, welche ihre eigene gemeinsame That ist, erhalten,
und sofern sie sich auch in der Gemeinschaft der Völker, welche gleich-
20 falls ihre That ist, wieder erzeugen und erneuern. Eben so finden wir
innerhalb jedes Volkes in den kleineren Stammesabtheilungen und in weit
verbreiteten Familien, die man durch eine Reihe von Geschlechtern verfolgen kann, gleichfalls eigenthümliche der gemeinsamen des Volkes
untergeordnete Einseitigkeiten, welche in ihnen besondere sich fort-
25 pflanzende und erneuernde sündliche Anlagen begründen. Aber auch
diese sind eine allen in demselben Volk neben einander be-|stehenden   II,40
Familien gemeinsame That und Schuld aus demselben Grunde. So ist demnach die Sündhaftigkeit jeden Orts eben so sehr eine von den Vorfahren
überkommene als auf die Nachkommen übertragen werdende, eben so
30 sehr eine von den Mitlebenden mitbewirkte als auf sie mitwirkende. –
Dieses erkennt auch die Schrift an: denn in jedem Wehe über ein Volk
wird dessen Sünde und Schuld als eine gemeinsame vorausgesezt, aber

    πος τῷ θεῷ, ὅτι ἀπέστησεν ἑαυτὸν τοῦ ποιήσαντος ... δευτέραν ὅτι τὴν
πονηρὰν τῆς ἁμαρτίας δουλείαν ἀντὶ τῆς αὐτεξουσίου ἐλευθερίας ἠλλάξατο
35 [...]; und diese Strafen sind dann ὅ τε τῆς εἰκόνος ἀφανισμὸς, καὶ ἡ λύμη τοῦ
θείου χαρακτῆρος [...]. de orat. V.

34 αὐτεξουσίου] αὐτεξουσίου   35 ὅ τε] ὅτε

33–36 *Gregorius Nyssenus: De oratione dominica (De precatione) 5, Paris (1638) 1, 753f;
ed. Krabinger 98, 11ff; MPG 44, 1181B*

auch die jedes Volkes von der aller andern unterschieden[5] so wie sich die
Drohung die Sünde der Väter heimzusuchen an den Kindern[6] nicht erklären läßt, ohne die Voraussezung einer gemeinsamen Schuld in
absteigender Linie. Wenn Paulus die Sünde der Israeliten und der
Hellenen unterscheidet[7], so bezieht sich dieses zwar zum Theil auf die besondere Religionsform, andrentheils aber auch auf die Volksthümlichkeit,
indem er nur hiedurch die Hellenen von den Barbaren unterscheiden
kann[8]; dann aber ist auch die Religionsform selbst zum Theil in der
Volksthümlichkeit begründet. Alle diese Stellen aber gehen, richtig verstanden, weniger auf die wirkliche Sünde als auf den gemeinsamen Typus
der Sündhaftigkeit.

93.

Von dem Bewußtsein dieser Gesammtschuld ist unzertrennlich
das Gefühl der Nothwendigkeit einer Erlösung.

1. Nur wenn man sich die Sünde denken will | ohne alles Bewußtsein   II,41
der Sünde, wovon ob es möglich sei noch unten die Rede sein wird, kann
man sich den sündigen Zustand denken ohne Sehnsucht nach Erlösung;
das Bewußtsein der Sünde aber schließt zugleich in sich, daß dem Bewußtsein Gottes das Primat eingeräumt wird unter den Elementen des
Selbstbewußtseins, und darin liegt nothwendig, daß auch der Besiz desselben angestrebt wird, aber vergeblich, weil er aus den in die Gesammtschuld verwikkelten Gesammtkräften des menschlichen Geschlechtes nicht
hervorgehen kann. Je lebendiger aber das Bewußtsein dieses Primates ist,
um desto mehr steigt dieses Gefühl zur Hoffnung und Ahnung, daß die
Erlösung von oben kommen werde, und so entspringt aus dem Bewußtsein der Sünde die Empfänglichkeit für den Geist der Weissagung. Daher
es auch eine natürliche Auslegung ist, welche gleich an das erste Bewußtsein der Sünde auch die erste Weissagung der Erlösung anknüpft.

---

[5] Die prophetischen Stellen dieser Art bedürfen keiner Aufzählung.
[6] Deuteron. 5, 9.
[7] Röm. 2, 9.
[8] Röm. 1, 14.

---

13 Bewußtsein] Bewußsein   32 Röm. 1, 14.] *so auch Reutlingen 2, 37; OD:* Röm, 1, 4.

---

16 §§ 96, 2; 102, 2

2. Daß unsre symbolischen Bücher bei allen starken Ausdrükken über die in der gemeinsamen Sündhaftigkeit liegende allgemeine Unfähigkeit zum göttlichen Leben immer vorzüglich die Absicht haben, die Nothwendigkeit der Erlösung ins Licht zu sezen, sieht man fast auf allen
5 Seiten. Apol. Conf. I. Ed. Lueck. p. 18. „Nam propriis viribus posse diligere Deum super omnia, facere praecepta Dei, quid aliud est quam habere iustitiam originis? quodsi has tantas vires habet humana natura ... quorsum [...] opus erit gratiâ Christi [...]? quorsum opus erit spiritu sancto [...]?" Ebends. II. p. 58. „Quia igitur non possunt homines viri-
10 bus suis legem Dei facere, et omnes sunt sub peccato ... ideo [...] data est promissio [...] | iustificationis propter Christum [...]". Dasselbe geht   II,42
aus allen Erörterungen über den freien Willen in derselben Schrift hervor. Art. Smalc. I. „Si enim ista", nämlich die dort aufgeführten pelagianisirenden Behauptungen der römischen Kirche, „approbantur, Christus
15 frustra mortuus est, cum nullum peccatum et damnum sit in homine, pro quo mori eum oportuerit [...]". Conf. Bohem. IV. „[...] Necessum esse ut [...] omnes [...] norint infirmitatem suam, [...] quodque se ipsos modo nullo servare [...] possunt, neque quidquam habere praeter Christum [...] cuius fiducia [...] sese redimant ac liberent." Conf. helv.
20 VIII. „Atque haec lues quam originalem vocant genus totum sic pervasit ut nulla ope [...] nisi divina per Christum curari potuerit."

3. Es ist aber an sich klar, daß aus dem Bewußtsein der Sünde als Gesammtthat des menschlichen Geschlechts schon vermöge der darin eingeschlossenen Hülfsbedürftigkeit das Gefühl von der Nothwendigkeit der
25 Erlösung nicht nur klar genug hervorgeht, so daß es eines andern Grundes für dasselbe nicht bedarf, sondern auch daß es seine Reinheit nur erhält, sofern es hieraus allein erwächst. Denn sofern sich aus dem Bewußtsein der Schuld das der Strafwürdigkeit entwikkelt, und unter Strafe nicht etwa das Steigen der Sünde verstanden wird, welches, wenn es auch im allge-
30 meinen als Sünde und Strafe zugleich angesehen werden kann, doch in jeder teleologischen Religionsform nur als Sünde ins Bewußtsein kommen darf; sondern wenn, wie gewöhnlich, unter Strafe das in Bezug auf die Sünde sich entwickelnde Uebel verstanden wird: so ist ein Verlangen nach Erlösung, welches erst durch das Bewußtsein der Straf-|würdigkeit ver-   II,43

---

5 Lueck.] Luck.   15 sit] fit   16 oportuerit] op-/portuerit

---

5 *BSLK 149, 11ff (Art. II.)*   9 *BSLK 167f (Art. IV.)*   13 *Tertia pars I, Concordia 318; BSLK 435, 36f*   16 *Conf. Bohem. (1535, ex editione 1558) IV, Syntagma (1654) 179f; Collectio 790*   19f *Conf. helv. prior (1536, Latine excusa 1581) VIII, Corpus (1654) 68; Collectio 116*

mittelt ist, nicht mehr so rein als jenes. Denn da es in der Furcht vor der
Unerträglichkeit des Uebels seinen Grund hat, so wird darin die Sünde
nicht weggewünscht um der bestimmenden Kraft des Bewußtseins Gottes
Raum zu machen, sondern um eine bestimmte Gestaltung des sinnlichen
5 Selbstbewußtseins sicher zu stellen und eine andere zu verhüten, und die
religiöse Reinheit des Gefühls ist also getrübt. Eine solche Erklärung also,
daß das Gefühl von der Nothwendigkeit einer Erlösung vornehmlich aus
dem Gefühl der Strafwürdigkeit der Sünde entstehe, ist weder die richtige
Auslegung des wahrhaft christlichen Bewußtseins der Sünde, noch auch
10 wäre ein solches Gefühl dasjenige, an welches sich durch Verkündigung
der Wirklichkeit der Erlösung der christliche Glaube in seiner Reinheit anknüpfen, und aus welchem eine reine Liebe zum Erlöser entstehen
könnte, wenn er nur zunächst und vorzüglich als derjenige angesehen
würde, der das Uebel hinweggenommen hat, nicht als der, der die innere
15 Erniedrigung des Geistes aufheben kann. Daher wir auch alle
Andeutungen der symbolischen Bücher über die Strafwürdigkeit der
Erbsünde[1] als nicht hierher gehörig übergehen, und um nicht den reinen
natürlichen Zusammenhang zwischen dem Gefühl des Unvermögens und
dem Verlangen nach der Erlösung zu unterbrechen, der ganzen
20 Betrachtung über die Strafe der Sünde einen andern minder bedenklichen
Ort angewiesen haben.

94.

Wenn wir diese Sündhaftigkeit, die uns nur in den natürlich
gebornen und in der Gemein-|schaft mit andern lebenden Menschen II,44
25 wirklich gegeben ist, auch auf den ersten Menschen übertragen
wollen: so müssen wir uns doch hüten die Sündhaftigkeit in ihm als
eine mit der menschlichen Natur überhaupt vorgegangene
Veränderung zu erklären.

1. Wir können eben so wenig in Bezug auf die Entwiklung der Sünd-
30 haftigkeit als auf die der ursprünglichen Vollkommenheit (§. 76.) die Vorstellung eines ersten Menschen zur didaktischen Bestimmtheit erheben.
Denn die frühere Entwiklung der sinnlichen vor den höheren geistigen

---

[1] S. oben §. 92.

20f Vgl. § 98

Functionen §. 87. läßt sich in ihm nicht denken, theils weil kein Menschen-
leben ohne Thätigkeit der lezteren bestehen kann, theils weil ein Erwachen
derselben aus Nichts auch nicht gedacht werden kann, endlich weil am
wenigsten die ihm beigelegte die natürlichen Hülfsmittel ergänzende Ge-
5 meinschaft mit Gott, wie man sie sich auch vorstellen möge, ohne eine
solche Thätigkeit könnte stattgefunden haben, und eben diese Gemeinschaft ihm in den ersten Anfängen seines Daseins am meisten Noth gethan
hätte. Auch eine ungleiche Fortschreitung des Verstandes und Willens
§. 88. läßt sich in ihm nicht annehmen, weil nicht der erste durch mitge-
10 theilte Vorstellungen der andere durch vorgefundene Sitte ungleichen Vorschub bekommen konnten, sondern beide sich rein von innen heraus entwikkeln mußten, und eine anerschaffene Einseitigkeit weder in dieser noch
einer anderen Hinsicht in dem ersten Menschen gewesen sein kann, indem
sonst nicht aus ihm als einem compendium der menschlichen Natur die
15 entgegengesezten Einseitigkeiten, welche uns die Erfahrung überall zeigt,
sich hätten entwik-|keln können. Daher wir die Begründung der Sünd-   II,45
haftigkeit in ihm selbst nicht begreifen und also auch von dieser Seite keine
Analogie zwischen uns und ihm aufstellen können. – Demohnerachtet ist
das Zurükgehn auf den ersten Menschen höchst natürlich bei dieser
20 Untersuchung. Denn wenn wir die Fortpflanzung der Sünde in absteigender Linie betrachten, wo die in den Nachkommen hervorbringende
Sünde der Vorfahren in diesen selbst eine eben so überkommene ist: so
entsteht freilich die Frage, woher der erste Mensch sie überkommen, oder
was bei ihm an die Stelle dieses Ueberkommens zu sezen sei. Eben so
25 wenn wir auf die gegenseitige Bedingtheit der Sünde in den Mitlebenden
sehen, und dabei auf die Verschiedenheit eigenthümlicher Sündhaftigkeit
in Völkerstämmen und Racen zurükkommen, entsteht die Frage, wie diese
anerbenden Verschiedenheiten aus einem gemeinsamen Ursprung zu
erklären seien, und wie in diesem die Sünde im Verhältniß zu jenen
30 späteren Verschiedenheiten sei gestaltet gewesen. Allein es ist einleuchtend, daß diese Frage nicht aus dem reinen Interesse der Frömmigkeit
entsteht[1]. Denn unser eignes Bewußtsein der Sünde in seinem Zusammen-

---

[1] „[. . .] qualis factus est a lapsu, tales sunt omnes qui ex ipso prognati sunt . . .

---

1 87.] 87.,   1f Menschenleben] Menschenleb n   10 andere] *so auch Reutlingen 2, 40;*
vgl. CG² § 72, 2 I, 429: andre *OD:* andern   Sitte] *vgl. CG² § 72, 2 I, 429:* Sitten
11 konnten] *vgl. CG² § 72, 2 I, 429:* können   33 qualis] Qualis

---

33 *Conf. helv. post. VIII, Corpus (1654) 10; Collectio 477; BSRK 178, 9f*

hange mit dem Bedürfniß der Erlösung wird wegen des §. 92. auseinandergesezten nicht im mindesten verändert, die Frage über die Sündhaftigkeit
des ersten Menschen mag beantwortet werden wie sie will. Daher auch
dogmatische Säze, die sich darauf beziehen, nicht zu den kirchlichen |
5 Lehrsäzen der ersten Ordnung gehören können, vielmehr scheint es als ob   II,46
nur Grenzen abgestekt werden könnten, welche von den möglichen Arten
die Frage zu beantworten innerhalb der christlichen Ansicht liegen, und
welche vielleicht sich mit derselben nicht vertragen möchten. Diese in den
meisten dogmatischen Bearbeitungen freilich nicht zum Grunde liegende
10 Werthschäzung der Frage scheint indeß, wenngleich vielleicht unbewußt,
die Aeußerungen der symbolischen Bücher bestimmt zu haben. Denn
wenn die Frage, wie die Sündhaftigkeit des ersten Menschen sowol ihrer
Entstehung als ihrer Beschaffenheit nach zu denken sei, von unmittelbarem religiösen Interesse wäre, welches also noch ein anderes sein müßte,
15 als die Verbindung derselben mit andern Lehrsäzen dem z. B., daß Gott
nicht Urheber des Bösen sein könne: so könnte dies doch vorzüglich nur
beruhen auf dem Zusammenhange seiner Sünde mit der unsrigen, d. h. auf
einer anschaulichen und genauen Auseinandersezung der Art, wie die
Sündhaftigkeit von dem ersten Menschen auf die andern übergegangen
20 sei. Allein wenn sie auch den Verlust der ursprünglichen Gerechtigkeit,
d. h. einer sündlosen Zeit für alle Nachgebornen von dem Entstehen der
Sünde in dem ersten Menschen ableiten[2], so lassen sie sich doch in weitere
Erläuterungen über die Art und Weise derselben gar nicht aus, ja zum
Theil weisen sie die Frage danach völlig ab[3]. | Wie denn auch angesehene   II,47

25   Reliquas quaestiones An Deus voluerit labi Adamum, aut impulerit ad lapsum
      aut quare lapsum non impediverit, et similes quaestiones deputamus inter
      curiosas [...]". Conf. et Exposi. simpl. VIII.
      [2] Conf. Aug. II. Apol. Conf. I. Conf. helv. VIII. Conf. belg. XV. Art.
      Smalc. I. u. a.
30   [3] Conf. Gall. X. „Nec putamus necesse esse inquirere quinam possit hoc pecca-
      tum ab uno ad alterum propagari. Sufficit enim quae Deus Adamo largitus erat

.

---

26 similes] smiles   **28** VIII.] VIII. Apol. Conf. I.

25—27 *a. a. O., Corpus (1654) 11; Collectio 478; BSRK 179, 14 ff*   **28** *Conf. Aug. II, ed.*
Twesten 21 f; BSLK 53, 1 ff. Apol. Conf. I, ed. Lücke 10—39; BSLK 145—157 (Art. II.)
Conf. helv. post. VIII, Corpus (1654) 10—12; Collectio 477—479; BSRK 178 f. Conf. belg.
XV, Harmonia 79 f; Corpus (1612) 170 f; Acta Syn. 305; Corpus (1654) 135; Collectio 370;
BSRK 238, 29 ff; ed. Los 401   **28 f** *Art. Smalc. Tertia pars I, Concordia 317 f; BSLK*
433—435   **30** *Corpus (1654) 80; Collectio 332*

und scharfe Dogmatiker sie auch nur so behandeln, daß alle solche
Erklärungsweisen, welche mit andern christlichen Lehrsäzen streiten
möchten, abgewiesen werden sollen[4], ohne daß sie doch das Bedürfniß
fühlten selbst etwas genaueres darüber zu bestimmen. – Wenn wir nun
5 von unsern symbolischen Büchern hinaufsteigen zu den gemeinsamen
heiligen Schriften der Christen, so finden wir dasselbige. Paulus geht
1 Cor. 15, 21. 22. und 2 Cor. 11, 3. nach Anleitung der mosaischen
Erzählung auf Adam und Eva zurük, und wenn man gleich aus beiden
Stellen nicht gradezu beweisen kann, daß Paulus diese Erzählung als
10 buchstäbliche Geschichte genommen habe, die uns von den Zuständen des
ersten Menschen eine der eignen Erfahrung möglichst gleiche Kenntniß
geben solle, und das Gegentheil immer möglich bleibt, da andere
Erklärungen auch gleichzeitig wol schon vorhanden gewesen waren, so
läßt sich doch auch dieses eben so wenig aus seinen Worten nachweisen.
15 Die lezte Stelle aber enthält eine Vergleichung, welche, wenn man es
irgendgenau nehmen will, aussagt, daß die Sünde in uns noch auf dieselbe
Weise entstehe, wie sie in Eva entstanden ist, woraus denn folgt, daß
durch das Zurükgehn auf den ersten Menschen für die Erklärung der
Sündhaftigkeit nichts besonderes gewonnen wird. Die erste vergleicht
20 allerdings die Mittheilung | des geistigen Lebens durch Christum mit der   II,48
demnach als bekannt vorausgesezten Mittheilung der Sünde durch Adam;
allein diese besteht offenbar nur in der leiblichen Abstammung wie jene in
der geistigen, und es ist also dabei auf die eigenthümliche didaktisch nicht
zu beschreibende Beschaffenheit des ersten Menschen keine Rüksicht
25 genommen, sondern unser Verhältniß zu ihm nur angesehen wie
überhaupt das Verhältniß der späteren Generationen zu den früheren. Was
aber die Hauptstelle Röm. 5, 12-21. betrifft, so muß jede unbefangene
Betrachtung wol zeigen, daß Paulus eigentliche Absicht hier keinesweges
ist, eine Theorie über die Entstehung der allgemeinen Sündhaftigkeit aller
30 Menschen aus der ersten Sünde des ersten vorzutragen, sondern daß er
uns die Lehre von der Wiederbringung des Lebens, von der Rechtfertigung und dem Frieden mit Gott durch Christum aus jenem Zusammenhang erläutern will, und der eigentliche Vergleichungspunkt ist wieder

---

non ipsi so-|li sed [. . .] toti eius posteritati esse data, ac proinde nos in ipsius   II,47
35 persona omnibus illis bonis spoliatos in omnem hanc miseriam et
maledictionem incidisse.''
    [4] Calvin Instit. II, 1, 7. „Neque [. . .] in substantia carnis aut animae causam
    habet contagio: sed quia a Deo ita fuit ordinatum, ut quae primo homini dona
    contulerat, ille tam sibi quam suis haberet simul et perderet.''

---

nur, daß dieses wie jenes ein überkommenes und mitgetheiltes ist, und
natürlich geht er hiebei auf den in der heiligen Schrift einmal gegebenen
ersten Menschen zurük, weil dieser als ein Einzelner am bestimmtesten
Christo gegenüber gestellt werden kann. Nur das muß man allerdings
5 zugeben, daß Paulus eine Abhängigkeit unserer Sündhaftigkeit von aller
früheren und also auch von der ersten Sünde des ersten Menschen
annimmt, weil er sonst auch keine Abhängigkeit unserer Gerechtigkeit
von dem Gehorsam Christi annehmen könnte, da er beides parallelisirt,
und es ist eben so sehr eine dürftige Auslegung wenn man v. 19. in dem
10 Ausdruk ἁμαρτωλοὶ κατεστάθησαν das ἁμαρτωλοί nur will von dem
verschlimmerten physischen Zustande der Menschen erklären, als es eine | II,49
eigenmächtige Einlegung ist, wenn man in dem κατεστάθησαν etwas
finden will, was den früheren Ausspruch v. 12., daß alle Menschen, zu
denen der Tod durchgedrungen ist, selbst gesündiget haben, seinem
15 wahren Gehalte nach wieder aufheben würde. Daher, wenn man noch
hinzunimmt, wie Paulus v. 14. die Sünde Adams und die, welche nicht
nach der Aehnlichkeit Adams gesündiget haben, unterscheidet, doch aber
alles als Eine Verdamniß zusammenfaßt, und besonders wie er was Adam
zur Verdamniß beigetragen v. 16. als ein geringes darstellt gegen das, was
20 Christus zur Aufhebung der Sünde gethan: so scheint auch hier die
Hauptvorstellung, welche zum Grunde liegt, die zu sein von der
allgemeinen Sündhaftigkeit als einer Gesammtthat des menschlichen Geschlechts, welche nur durch die über das ganze Geschlecht sich ver-
breitende Wirksamkeit Christi kann aufgehoben werden. Daher auch alle
25 späteren Theorien um die Entstehung und beständige Fortpflanzung der
Sündhaftigkeit aus der ersten Sünde Adams zu erklären, sowol die ältere
mehr physische, daß alle Menschen als in seinem Dasein eingeschlossen an
der Sünde Adams theilgenommen[5], als auch die spätere juridische,
welche das göttliche Gebot als einen in Adams Person mit dem ganzen
30 menschlichen Geschlecht geschlossenen Bund betrachtet, von dessen
Verlezung also die rechtlichen Folgen wie bei einem verlezten Vertrage
auch die Erben des Verlezers treffen[6], sowol überhaupt für das | dogma- II,50

---

5 Ambros. in Rom. V. „Manifestum [. . .] in Adam omnes peccasse quasi in
   massa [. . .]. Ex eo igitur cuncti peccatores, quia ex ipso sumus omnes.“
35 6 Auch diese Erklärung findet sich im Keime schon bei Hieronymus. „Et ibi

---

33 *Ambrosius: Commentaria in omnes Beati Pauli Apostoli Epistolas. In Epistolam Beati Pauli*
Apostoli ad Romanos 5, 12, Paris (1631) 3, 269 A. Es handelt sich um den sog. Ambrosiaster:
Commentarius in epistulas Paulinas. In epistulam ad Romanos, Recens. γ. 5, 12, 3, CSEL 81/1,
165, 11ff

tische Interesse eben so überflüssige als verunglükte Versuche sind,
besonders aber in den angeführten paulinischen Stellen keine richtige Begründung finden können. In der ersten dieser Theorien ist jedoch noch
mehr als in der zweiten ein Bestreben sichtbar, die Sünde als Gesamtthat
5 des Geschlechtes darzustellen, nur muß es scheitern, wenn dieses
ausschließend an der ersten Sünde des ersten Menschen ins Licht gesezt
werden soll; in der andern verschwindet diese richtige Anlage noch mehr
in dem untergeordneten Bestreben die göttliche Strafe als das gemeine
Recht aller Menschen darzustellen.

10   2. Wahre Verwirrung aber muß auf dem dogmatischen Gebiet die
Betrachtung der Sündhaftigkeit und ihrer Entstehung in dem ersten Menschen anrichten, wenn man dabei von der Voraussezung eines der ersten
Sünde vorangehenden Zustandes ursprünglicher Gerechtigkeit ausgeht,
der die erste Zeit des menschlichen Lebens ohne Sünde ausgefüllt habe. Es
15 giebt vorzüglich zwei Erklärungsweisen für die Entstehung der Sünde von
einem solchen Zustande aus, deren jede aber statt die Aufgabe zu lösen
nur bedenkliche Folgerungen veranlaßt; die eine nämlich erklärt mehr aus
der Verführung des Satans[7], die andere mehr aus dem Mißbrauch des
freien Willens[8]. Einen solchen Mißbrauch muß freilich die erste auch
20 voraussezen, denn die Verführung ist ja eben.eine Wirkung auf den | freien   II,51
Willen; aber jemehr dabei der Thätigkeit des Satans zugeschrieben wird,
und je weniger der Thätigkeit des menschlichen freien Willens, um desto
mehr nähert sich die Verführung der Zauberei oder der Gewalt[9], aber
dann ist auch ihr Resultat mehr Uebel als Sünde. Daher auch das

---

25   [. . .] in paradiso omnes praevaricati sunt | in me in similitudinem praevaricatio-   II,50
nis Adam." Comment. in Hos. VI, 7.
      [7] Conf. belg. XIV. „verbis et imposturis diaboli aurem praebens". Gerhard
loc. th. T. IV. p. 294. sq.
      [8] [. . .] homo libero arbitrio male utens et se perdidit et ipsum." Augustin.
30 Enchir. cp. 30.
      [9] Einen Schein davon tragen schon Ausdrükke wie dieser, die Erbsünde sei
„horribilis destructio operis [. . .] divini". Melanchth. loc. comm.

---

29 homo] Homo

---

26 *Commentaria 2 In Osee (In Osee commentariorum libri tres)* 6, 6f, ed. Maur. 3, 1276;
MPL 25, 870A   27 Harmonia 78; Corpus (1612) 169; Collectio 368; vgl. Acta Syn. 304;
Corpus (1654) 134; BSRK 238, 1f und ed. Los 399   27f ed. Cotta 4, 294b–301; ed.
Preuss 2, 142b–144a   29f *Enchiridion, sive de Fide, Spe et Caritate* 30 (9), ed. Ben. 6,
152B; MPL 40, 246   31 Statt die Erbsünde Q: peccatum   32 Leipzig (1546) 59; ed.
Stupperich 2/1, 225, 11f

Schwanken in den Ausdrükken, indem die Erbsünde bald als Schuld bald
als Krankheit dargestellt wird[10]. Allein abgesehen hievon und zugegeben
den Satan und ein Verhältniß des Menschen mit ihm: wie ist zu denken,
daß der Satan in einem Wesen, in dessen Natur keine Begierde, in dem
5 sündhaften Sinne des Wortes, gegeben war, denn die Begierde wird ja erst
als eine Folge des Falles dargestellt[11], dennoch eine sündliche Begierde
habe erregen können, wenn er nicht zuvor entweder die Natur des
Menschen geändert hätte, und dies wäre dann der Zauber oder die
Gewalt, oder es muß in dem Menschen schon eine Leichtigkeit in die
10 Begierde überzugehen dagewesen sein. Diese Verführbarkeit aber ist selbst
schon Sündhaftigkeit, und also muß, gegen die Annahme eines Zustandes
der Gerechtigkeit, die Sündhaftigkeit vorausgesezt werden vor der Sünde,
und der Zustand vor dem Falle unterscheidet sich von dem nach dem Falle
lediglich dadurch, daß die Sünde noch nicht wirklich ausgebrochen war,
15 die Hinneigung dazu mußte aber auch vorher schon da gewesen sein. Um
nun dieses zu vermeiden und desto leichter die Entstehung | der ersten   II,52
Sünde aus dem Zustande der Gerechtigkeit zu erklären, spaltet man die
erste Sünde in mehrere Momente, bis man zu einem möglichstkleinen als
ihrem ersten Anfange kommt[12]. Allein damit ist nichts gewonnen, denn je
20 kleiner der Anfang desto weniger ist aus ihm das Wachsen der Sünde und
alle Folgen desselben zu erklären. Eben so schwierig nun als es mit der
Begierde ist, eben so wenig ist zu denken, wie der Satan in einem Wesen,
welches Vertrauen zu Gott hat, den Gedanken erregen konnte, Gott
könne etwas aus Neid verboten haben, ohne daß erst dies Vertrauen wäre
25 zerstört worden. War aber dieses zerstört, so war auch das Ebenbild

---

[10] Aug. Conf. II. „hic morbus seu vitium . . .“
[11] Aug. Conf. II. „[. . .] quod post lapsum [. . .] homines [. . .] nascantur cum
[. . .] concupiscentia [. . .]“ u. a. O.
[12] So Luther zu Gen. 3, 3. findet den Anfang der Sünde darin, daß Heva Gottes
30 Wort fälschet und zu Gottes Gebot das Wörtlein vielleicht hinzu thut; als ob
dieses kleinste noch hätte vorangehen müssen, um die in v. 6. hervorbrechende
lüsterne Begierde möglich zu machen. Andere wie Lyra bleiben mehr in dem
Gebiet der Begierde selbst, und sehen das Ansehn des Baumes als den Anfang
der Sünde an.

---

23 Gedanken] Sedanken   27 quod] Quod

---

26 *ed. Twesten 21; BSLK 53, 7*   27 *ed. Twesten 21; BSLK 53, 2ff*   29 *Auslegung des
ersten Buchs Mosis (Vorlesungen über 1. Mose) 3, 2f § 46f, ed. Walch*[1] *1, 283f; vgl. WA 42,
116f*   32–34 *Lyra: Postillae, zu Gen 3*

Gottes schon verloren[13], und also auch die Sündhaftigkeit schon vorhanden, sei sie nun unter der Gestalt des Stolzes zu denken[14] oder anderswie. In kurzem, wir kommen auf diesem Wege entweder zu keiner Sünde die wirklich die erste wäre, sondern sie sezt schon eine andere
5 voraus, oder zu keiner ersten Sünde die wirklich Sünde wäre. – Wenn nun auf der andern Seite das Entstehen der ersten Sünde mehr aus dem Gesichtspunkt eines Mißbrauchs des freien Willens betrachtet | werden II,53 soll: so ist eben so schwer zu denken, wie ein Wesen mit Erkenntniß Gottes und Vertrauen auf Gott und ohne Begierde seinen freien Willen
10 mißbrauchen kann, da es nichts giebt was nachtheilig auf denselben wirken könnte. Sollte es aber ohne alle Bestimmungsgründe das Böse wählen können: so mußte das entweder zu einer Zeit geschehen, wo noch keine Ausübung des Guten in demselben gesezt war, weil auch die kürzeste schon eine Fertigkeit würde gewirkt haben, welche beim Mangel
15 entgegengesezter Bewegungsgründe sich müßte thätig bewiesen haben; und dann wäre die erste Sünde auch die erste freie That gewesen, gegen die Voraussezung eines kürzeren oder längeren Zustandes ursprünglicher Gerechtigkeit. Oder es müßte ein Wesen sein, in welchem überhaupt durch Wiederholung keine Fertigkeit entstände, und welches also einer
20 Befestigung im Guten überall nicht fähig wäre[15], ebenfalls gegen die in dem Begriff der ursprünglichen Vollkommenheit des Menschen liegende Voraussezung, und gegen den Begriff einer steigenden Vollkommenheit, welche unter jener Voraussezung auch nicht durch die Erlösung in ihm bewirkt werden könnte. Diese Schwierigkeit sich die Entstehung der
25 ersten Sünde aus dem Zustande ursprünglicher Gerechtigkeit vorzustellen, wird noch vermehrt wo möglich durch die Umstände, in welche die mosaische Erzählung, wenn man sie buchstäblich für Geschichte nimmt, die Menschen versezt. Denn sowol die Verführung als der Mißbrauch des |

---

[13] „Non est anima ad imaginem Dei, in qua Deus non semper est." Ambros.
30   Hexaëm. VI, 18.
[14] So Augustinus „Videmus his verbis per superbiam peccatum esse persuasum [. . .]". de Gen. c. Man. II, 22.
[15] Πάλιν τε αὖ οὐκ ἂν ἀστείας καὶ ἀμεταβλήτου φύσεως ὤν, ἀπὸ τοῦ καλοῦ ἀπέστρεφεν ἂν μετὰ τὸ χρηματίσαι δίκαιος ἐκ τῆς δικαιοσύνης αὐτοῦ ἐπὶ τὸ
35   ποιῆσαι ἀδικίαν [. . .]. Orig. in Matth. X, 11.

29f *Dieser Satz ist bei Ambrosius als rhetorische Frage formuliert; vgl. Hexaëmeron (Exameron) 6, 8, 45, Paris (1631) 1, 961; CSEL 32/1, 236, 17f*   **31f** *De Genesi contra Manichaeos 2, 15, 22; ed. Ben. 1, 500F; MPL 34, 207*   **35** *Origenes: Commentaria in Matthaeum (Matthäuserklärung) Tom. 10, 11, ed. Delarue 3, 454f; GCS 10, 13, 17ff*

freien Willens sind weit schwerer zu denken bei einem Ueberfluß an II,54
Mitteln, die natürlichen Bedürfnisse zu befriedigen. Denn in einem
solchen Zustande kann der Reiz eines einzelnen Gegenstandes nie von
ausgezeichneter Wirkung sein; dazu kommt noch das ausdrüklich ausge-
5 sprochene göttliche Verbot im Zusammenhang mit einem unmittelbaren
Umgang mit Gott, welcher die Erkenntniß Gottes vermehrt, und den
Menschen gegen unsinnige Vorspiegelungen gesichert haben mußte. Dies
ist auch schon von Alters her anerkannt worden[16], und man ist daher fast
genöthigt, wenn man von dieser Geschichtserzählung ausgeht, schon vor
10 der ersten Sünde grade wegen der großen Leichtigkeit des Nichtsündigens
eine sehr große Neigung zur Sünde, also eine schon vorhandene und nur
noch schlummernde sündliche Begierde anzunehmen, da doch die
sündliche Begierde erst aus dem Sündenfalle soll entstanden sein. Jene
ursprüngliche Neigung zur Sünde scheinen auch diejenigen stillschwei-
15 gend anzunehmen, welche sich über den Sündenfall so ausdrükken, Gott
habe den Menschen im Guten nicht vor einem freiwilligen Gehorsam
bestätigen wollen[17], denn wenn er sich vor der ersten Sünde ohnerachtet
jener Umstände in einem solchen Zustande befand, daß er um sie nicht zu
begehen und also die vorgehaltene Versuchung zu überwinden, eines
20 besonderen göttlichen Einflusses bedurft hätte: so hätte also auch die
geringe geistige Kraft, die hiezu erforderlich war, nicht in seiner Natur
gelegen, und wir | müssen also eine um so größere Geneigtheit zur Sünde II,55
schon voraussezen, wenn anders der vorhergehende Zustand ursprünglicher Gerechtigkeit noch irgend eine Bedeutung haben soll. Und ganz
25 unangemessen muß man bei einer solchen Geneigtheit zur Sünde die
überall theils stillschweigend theils ausdrüklich zum Grunde liegende, in
der Schrift selbst aber nirgends begründete Voraussezung finden, daß,
wenn die ersten Menschen diese eine Versuchung glüklich überstanden
hätten, es alsdann gar keine Versuchung weiter für sie und auch wol für
30 ihre Nachkommen würde gegeben haben. Denn entweder durfte der
Mensch überhaupt nicht in Lagen versezt werden, wo sich seine ursprüngliche Gerechtigkeit, die doch auch alte Kirchenlehrer schon nur als einen

---

16 Adam „et terrente nullo et insuper contra Dei terrentis imperium libero usus
   arbitrio non stetit [...] in tanta non peccandi facilitate [...]". Augustin. de
35   corr. et grat. XII.
17 S. Gerhard loc. th. T. IV. p. 302.

25–30 *Vgl. z. B. (Baumgarten:) Welthistorie 1, 137 Anm.*   **34** *Statt* tanta non *(so auch
MPL) ed. Ben.:* tanta   **34 f** *De correptione et gratia 12, 35, ed. Ben. 10, 508 D; MPL 44, 937*
36 *ed. Cotta 1, 302 b f; ed. Preuss 2, 145 a*

Zustand anfangender Vollkommenheit darstellen[18], durch Anstrengung
erhöhen konnte, in welchem Falle dann seine Natur nicht unsere gewesen
wäre, oder die gleiche Versuchung würde ihm ebenfalls überall unter
andern Gestalten entgegengekommen sein. Auch von dieser Seite
5 betrachtet deutet also die Sache selbst darauf, daß die mosaische
Erzählung weniger als die Geschichte Einer Versuchung als vielmehr als
das Symbol aller Versuchung überhaupt anzusehen ist. – So wenig nun
aus einem wirklichen Zustande ursprünglicher Gerechtigkeit der Ursprung
der Sünde, selbst als ein Kleinstes, gedacht werden kann ohne die Sünd-
10 haftigkeit selbst schon vorauszusezen, eben so wenig lassen sich nach jener
Erzählung die unmittelbaren Folgen jener Sünde als bloße Folgen den-|
ken, sondern auch sie müssen schon vor der ersten Sünde vorausgedacht   II,56
werden als Uebergang, um aus jenem Zustande ursprünglicher Gerechtigkeit die Sünde möglich zu machen. Denn wenn gesagt wird durch den Fall
15 sei der Verstand verfinstert worden und der Wille sklavisch[19]: so muß
jener schon verfinstert gewesen sein, um die Lüge, daß Gott dem
Menschen die Erkentniß beneide, nicht zu unterscheiden von der
Wahrheit des göttlichen Gebotes; und der Wille muß schon nicht die
mindeste Kraft mehr gehabt haben, um dem Anblik der Frucht zu unter-
20 liegen. Und wenn gesagt wird, er habe sich dem Teufel Gehör gebend von
Gott losgerissen, und seine ganze Natur verderbt[20], so ist das leztere nicht
die Folge von dem ersten, sondern die Ursache; denn unmöglich konnte
er noch an Gott hangend dem Teufel Gehör geben, oder mit der
ursprünglichen Gerechtigkeit noch angethan, d. h. unverdorbener Natur,
25 der Lüsternheit fröhnen mit ausdrüklicher Zurükweisung des göttlichen

---

[18] „Paradisus est locus inchoantium et in melius proficientium, et ideo ibi solum
bonum esse debuit quia creatura a malo initianda non fuit, non tamen
summum [. . .]". Hugo de S. Vict. Opp. T. III. f. 181.

[19] Conf. helv. cp. IX. „[. . .] post lapsum [. . .] intellectus [. . .] obscuratus est,
30   voluntas vero ex libera facta est [. . .] serva." – Apol. Conf. I. „Defectus
iustitiae originalis et concupiscentia sunt poenae [. . .]".

[20] Conf. belg. XIV. Homo „se ipsum verbis Diaboli aurem praebens . . . a Deo
qui vera ipsius erat vita [. . .] penitus divulsit totamque naturam suam
corrupit."

---

28 *Hugo de S. Victore: De Sacramentis legis naturalis et scriptae dialogus, Venedig (1588)*
3, 183; MPL 176, 28 B   **29** *Conf. helv. post. IX, Corpus (1654) 12; Collectio 479; BSRK*
179, 31 ff   **30** *ed. Lücke 34; BSLK 156, 53 f (Art. II.)*   **31** *Statt iustitiae . . . et Q: et*
32 *Acta Syn. 304; Corpus (1654) 134; BSRK 238, 1 ff; ed. Los 399; vgl. Harmonia 78; Corpus*
(1612) 169 und Collectio 368

Verbotes. Auch ist es offenbar, daß bei dem Menschen zwar, wie er uns
jezt gegeben ist, mit der angebohrnen Sündhaftigkeit, jede Sünde eine
verschlimmernde Kraft hat, indem sie ihre Macht durch Gewohnheit
verstärkt, aber ein tieferer Fall ist nicht zu denken als der aus der
5 ursprünglichen Gerechtigkeit auch nur in die kleinste Sünde, und nichts
was einen tieferen darstellte, kann sich aus ihm entwikkeln. – Es ist daher
unvermeidlich, wenn man der | ersten Sünde des ersten Menschen einen II,57
solchen Zustand, wie wir ihn §. 75. u. 76. verworfen haben, vorangehen
läßt, daß man auch eine nicht auf diese Sünde folgende, sondern mit ihr
10 zugleich gesezte oder vielmehr sie begründende und also eigentlich ihr
vorangehende gänzliche Verschlimmerung der Natur des Menschen selbst
annehme. Dies geschieht auch allgemein in allen bereits angeführten
Stellen der symbolischen Bücher. Allein dies kann uns nicht binden, da
das Zurükgehn auf den ersten Menschen überhaupt keine unmittelbare
15 dogmatische Nothwendigkeit ist, sondern der ganze Zusammenhang der
Lehrsäze erster Ordnung muß aufgestellt werden können ohne dieses. Wie
denn auch unserm Glauben an die Nothwendigkeit der Erlösung durch
Christum nicht zum Grunde liegt eine Kenntniß, die nur eine äußere sein
könnte, von einem nach der Schöpfung des Menschen mit irgend einer
20 bestimmten einzelnen That eingetretenen Verderben seiner Natur;
sondern nur die unmittelbare innere Kenntniß von dem verderbten und
hülfsbedürftigen Zustand derselben vor der Erlösung, und abgesehen von
dieser[21]. Und ob sich dieses Verderben gleichzeitig mit der Entwiklung
des Menschen überhaupt entwikkelt habe, so daß auch der erste Mensch
25 uns darin von Anfang an gleich gewesen, oder erst nach einem Zeitraum
sündloser Selbstthätigkeit, das ist in Hinsicht auf die Nothwendigkeit der
Erlösung vollkommen gleichgeltend. In Beziehung auf die anderweitigen
Folgerungen daraus ist es aber nicht gleichgültig, sondern da scheint es
rathsam von dieser nur auf der Auslegung der mosaischen Erzählung
30 beruhenden Annahme | unserer symbolischen Bücher abzuweichen. Denn II,58
man muß in der weiteren Erörterung entweder in das manichäische
hinüberschweifen, oder Erklärungen geben, denen es an Folgerichtigkeit
fehlt und die daher nur scheinbar sind. Wenn nämlich vor der ersten
Sünde der Mensch seiner Natur nach in der Gemeinschaft mit Gott
35 bleiben konnte, nach der ersten Sünde aber seine Natur nicht mehr
vermag sich in dieser Gemeinschaft zu erhalten oder sie wieder anzuknüpfen: so ist offenbar seine Natur eine andere geworden, und eben aus
der Annahme einer solchen Veränderung, nicht etwa des einzelnen
Menschen innerhalb seiner Natur, sondern der Natur selbst gehen jene
40 Folgerungen hervor. Wir haben nämlich in unserer Erfahrung kein

---

[21] Siehe §. 76, 1.

Beispiel von veränderter lebendiger Natur. Betrachten wir z. B. die
Gelehrigkeit der Hausthiere, so können wir wol sagen, in einer solchen
Gattung würden, wenn sie ganz aus der Gemeinschaft mit dem Menschen
vertrieben würde, alle Geschiklichkeiten, welche ihre Individuen in dieser
5 Gemeinschaft erwarben, aussterben, und verloren gehen; aber wir können
uns nicht anders denken, als daß die Fähigkeit in der Gemeinschaft mit
dem Menschen zu leben, und in derselben diese Geschiklichkeiten wieder
zu erwerben in der Natur der Gattung zurükbleibe. Vielweniger aber
noch können wir uns denken, wie in einem einzelnen Wesen die Natur
10 der Gattung könne verwandelt werden, und dieses doch mit der
verwandelten Natur dasselbe bleiben. Ja noch weniger ist zu denken, daß
eine solche zerstörende Umwandlung der Natur könne die Wirkung einer
That des Einzelwesens selbst gewesen sein, da alle Handlungen eines
Einzelwesens immer nur Handlungen innerhalb seiner Natur ja eigentlich
15 Handlungen seiner Natur | selbst sein können, nicht aber Handlungen auf   II,59
seine Natur. Auch ist in unsern heiligen Schriften nirgends deutlich und
bestimmt die Rede von einer solchen Veränderung der menschlichen
Natur, sondern nur von einer wachsenden Verschlimmerung des innern
Zustandes der Menschen. Und wenn wir, an jenen Ausdruk gewöhnt,
20 einiges so auslegen wollten, so zeigt sich das falsche sogleich darin, daß
nicht auf dieselbe Weise von einer Umschaffung der menschlichen Natur,
sondern immer nur der einzelnen Menschen durch Christum die Rede ist.
Es ist daher nicht abzusehen, wenn doch in den symbolischen Büchern
überall bei der Entstehung der ersten Sünde und der daraus folgenden
25 Zerstörung der Natur dem Teufel ein Antheil gegeben wird, was sich
dagegen einwenden ließe, wenn einer sagte, da nach dem Begriff, den wir
mit dem Wort Natur verbinden, irgend eine Veränderung einer Natur
nicht könne durch sie selbst in ihr selbst bewirkt worden sein, sondern
nur die Folge sein könne einer Einwirkung auf sie von anderwärts her: so
30 müsse man die Thatsache, welche auch nach den symbolischen Büchern
dem Teufel und dem Menschen gemeinsam zukomme, zwischen beide so
theilen, daß die Thätigkeit darin dem Teufel, dem Menschen aber nur das
Leiden oder die Empfänglichkeit zugeschrieben werde, und also die
Veränderung der Natur eigentlich ein Werk des Teufels in dem Menschen
35 sei. Und eben so würden wir uns müssen gefallen lassen, wenn er
fortführe, da eine Natur für uns nur sei, in sofern sie sich gleich bleibe, so
sei es sprachverwirrend jene Wirkung nur eine Veränderung der Natur zu
nennen, sondern richtiger sei es zu sagen, diejenige menschliche Natur,
welche Gott erschaffen, sei durch die erste Sünde vom Teufel zerstört,
40 und die | gegenwärtige Natur des Menschen sei, nachdem von jener nichts   II,60
übrig geblieben, auch nichts anders als eben das was wir mit dem Namen

der Erbsünde bezeichnen, und diese neue Natur sei in demselben Maaß
wie die erste Sünde ein Werk des Teufels. Es folgt dann natürlich, daß die
Veränderung, welche durch die Erlösung erfolgt ist, abermals eine
Zerstörung der jezigen und Darstellung einer neuen Natur sei, wogegen
5 auch diejenigen wenig dürften einzuwenden haben, welche der gegenwärtigen Natur des Menschen auch nicht die Fähigkeit zugestehen, die
Erlösung in sich aufzunehmen[22]. Alles dieses aber, sowol das leidentliche
Verhalten des Menschen bei der seine Natur zerstörenden Thatsache, als
auch die dem Teufel beigelegte Gewalt das Werk Gottes zu zerstören, und
10 das seinige so an die Stelle zu sezen, daß eine ganze bewohnte Welt durch
dasselbe mitregirt werde, sind die bestimmtesten Uebergänge in das
manichäische. Sieht man nun aber wie dieser ganze Zusammenhang der
Flacianischen Lehre soll zerstört und die in der menschlichen Natur vorgegangene Veränderung behauptet werden, ohne solche Folgerungen
15 zuzulassen, so sieht man leicht, wie wenig Haltung die Auskunft hat.
Eben dieses daß der Mensch reden und handeln könne, sei noch immer
das Werk Gottes, und dieses sei also nicht zerstört, sondern noch wirklich
vorhanden; nur daß des Menschen Gedanken, Worte und Handlungen
verkehrt seien, dies sei ursprünglich das Werk des Teufels[23]. Denn die
20 bloße | Möglichkeit ist nichts als durch den Uebergang in die Wirklichkeit;   II,61
wenn also der Mensch nach der ersten Sünde gar nicht anders handeln
kann, als sündlich und verkehrt, so ist ja auch jenes Werk Gottes nicht,
außer sofern das Werk des Teufels dazukommt. Vorher aber war das
wirkliche Denken und Handeln des Menschen aus jenem ursprünglichen
25 Werke Gottes, welches nicht nur darin bestand, daß der Mensch etwas,
sondern daß er gut und tadellos denken und handeln konnte, und dieses
ist doch offenbar zerstört. Nicht besser ist auch die Erklärung in der

---

[22] S. die zu §. 91, 2. angeführte Stelle aus der sol. decl. p. 656.
[23] „[...] asserimus ... id ipsum esse Dei opus quod homo aliquid cogitare, loqui
30   agere, operari potest, in [...] quod vero [...] cogitationes, verba, facta eius
prava sunt, hoc originaliter et principaliter est opus Satanae [...]". Sol. decl.
p. 648.

---

1 bezeichnen] bezeichen   28 91] 90   29 asserimus] Asserimus

---

13 *Vgl. die bei Gerhard (Loci, ed. Cotta 4, 334 b; ed. Preuss 2, 166 a) zitierten Stellen*
28 *BSLK 874, 6ff*   **30** *Statt* potest ... quod *Q:* potest. In ipso enim vivimus, movemur et
sumus, inquit Apostolus. Quod   **31f** *Sol. decl. I, Concordia 648; BSLK 857, 21ff*

Epitome[24], welche sich, aber sehr ungründlich, auf einen zwiefachen Gebrauch des Wortes Natur beruft, und es geht daraus nichts hervor, als daß, je nachdem man es nimmt, entweder alles beim Alten bleibt oder alles in das Pelagianische hinübergespielt wird. — Nicht mindere Un-
5 bequemlichkeiten haben andere Erklärungen, welche, indem sie die mosaische Erzählung im Ganzen auch als Geschichte behandeln, manches einzelne aber doch bildlich und als dichterische Einkleidung verstehen, zulezt auch bei einer aber mehr auf physischem Wege bewirkten Ver-änderung der Natur ankommen[25]. Denn wenn statt ein ausdrükliches
10 Verbot auszusprechen Gott dem Menschen nur auf allerlei Weise soll Furcht und Widerwillen gegen jene Frucht beigebracht haben; so waren die entstandenen Zweifel nur gerechte und wohl begründete Bedenken gegen dunkle Empfindungen, und der Entschluß, diese auch ohne allen weiteren Zwek zu überwinden, kann unmöglich als ein sündli-|cher II,62
15 angesehen werden, so daß auch nicht einmal eine Uebereilung bei der That anzunehmen ist. Mag aber nun eine Uebereilung dabei gewesen sein oder nicht, wenn die auf den Genuß der Frucht folgende Verschlimmerung des Menschen als ein allmähliges Zurüksinken seiner Kräfte dargestellt wird, das durch die Wirkungen der Frucht auf den menschlichen Körper
20 vermittelt gewesen, welche Wirkungsart noch dazu so wunderbar ist, daß, indem die unmittelbare physiologische Seite derselben sich verringert, die geistigen doch nur mittelbaren Einwirkungen dieses Giftes sich immer weiter verbreiten und immer tiefer einreißen, da bei den ersten Menschen gleich nach der ersten Sünde das unverdorbene Gefühl noch sehr mächtig
25 wirkte: so wird offenbar die Sündhaftigkeit und die Sünde auf ganz un-christliche Weise aus dem Uebel, nämlich dem Gift und der Kränklichkeit abgeleitet, und an die Stelle der Erlösung hätte eben so gut zur rechten Zeit ein eben so materielles Gegengift als das Gift selbst war, gesezt werden können.
30   3. Wenn nun diese Darstellung von einer allmähligen Veränderung der menschlichen Natur nach der ersten Sünde und durch sie eben so unhaltbar und in der Schrift schlecht begründet ist, als jene gewöhnlichere von einer plözlichen Veränderung der menschlichen Natur zum mani-

---

[24] S. 577. Ed. Rechenb.
35 [25] S. Reinhards Dogm. §. 75-80.

---

35 Reinhards] Reinhardts

---

34 *Epitome I, Concordia 577; BSLK 775, 10ff*   35 *S. 270—291; s. Anhang*

chäischen hinführt: so scheint es daß die Vorstellung von einer solchen
Veränderung überhaupt, wie sie nicht nöthig ist in dem Zusammenhang
der christlichen Lehre, auch in sich fehlerhaft sein muß, und daß nur,
indem wir diese aufgeben, wir am besten verhüten, daß nicht viele
5 Christen aus Furcht vor der manichäischen Ausweichung sich zu der
pelagianischen hinüberneigen, und lieber die abgesehen von | der Erlösung II,63
allgemeine Unfähigkeit aller Menschen zum Guten abläugnen, welche als
der eigentliche Inhalt jener Veränderung aufgestellt wird. Die Unhaltbar-
keit jener Vorstellung aber erhellt noch auf eine andere Weise wenn man
10 die strengen und die Theorie der symbolischen Bücher ganz rein aus-
drükkenden Formeln erwägt, in welchen die älteren Dogmatiker das
Verhältniß der Person zur Natur im ganzen Hergang dieser Veränderung
dargestellt haben, indem sie die Formel „persona corrumpit naturam" für
die erste Sünde des ersten Menschen, die Formel „natura corrumpit
15 personam" für die angestammte Sündhaftigkeit und die „persona
corrumpit personam" für die wirkliche Sünde gebrauchen. Denn die erste
stellt recht klar ihre Nichtigkeit vor Augen, wenn die Person, die nur eine
einzelne Erscheinung der in ihr selbst wirkenden und handelnden Natur
ist, diese Natur selbst, und zwar auf solche Art soll verderben können,
20 daß dies etwas anders sei als was in der Formel „persona corrumpit
personam" gesezt ist, so daß in der Formel ungewiß bleibt, ob die verderbende Person auch die Natur in ihr selbst verderbet hat oder ob die
verderbende Person von dem Verderben frei geblieben ist. Da aber der
Act des Verderbens selbst schon ein Verdorbensein voraussezt, indem das
25 Gute nichts anderes verderben kann, wie ist dieses Verderben vor der verderbenden Handlung in die Person gekommen, ohne vorher in der Natur
begründet gewesen zu sein? und wenn das aus jener Handlung entstandene Verderben der Natur etwas anderes sein soll, als das, was auch
vorher schon angenommen werden muß, nämlich die vorher nicht vor-
30 handen gewesene Unmöglichkeit das Gute zu thun, wie soll durch eine
Handlung, in welcher die Fähig-|keit zum Guten noch mitgesezt sein II,64
mußte, da jede Handlung eines Wesens in ihrer Vollständigkeit auch
dessen ganze Natur ausdrükken muß, eben diese Fähigkeit ausgerottet
worden sein? Die Formel „natura corrumpit personam", welche diese
35 entstandene Unfähigkeit ausdrükken soll, ist eben so unrichtig; denn die
Natur kann zwar verderbte Personen hervorbringen, aber eben deswegen
die Personen, die nicht eher sind als sie hervorgebracht werden, nicht verderben. Wenn nun die Formel „persona corrumpit personam" allerdings
die richtige Beschreibung der gegenseitig Sünde hervorbringenden
40 allseitigen Sündhaftigkeit ist: so fehlt, um den ganzen Kreis zu schließen,

---

11–16 *Vgl. Quenstedt: Systema 1, 913 (entsprechend dem Zitat in CG² § 72, 3)*

ihr gegenüber die Formel natura corrumpit naturam, welche jedermann sogleich für leer erkennt, welche aber doch aus der Combination der vorigen von selbst folgt. Denn indem „persona corrumpit personam" die über das ganze Menschengeschlecht verbreitete, wirkliche Sünde ausdrükt,
5 die aber nur als die Folge dargestellt wird von „natura corrumpit personam", und indem das Verderben, wenn es in allen Personen ist, nothwendig auch in der Natur sein muß, die ja außer der Gesammtheit der Personen nirgends ist: so hat die Natur sich selbst verdorben, von welcher Formel niemand wird nachweisen können, daß er wirklich etwas
10 dabei denkt, daher sie denn auch kein Gegenstand des Glaubens sein kann.

4. Wenn nun auf der einen Seite behauptet wird, der allgemeine Zustand der Menschen abgesehen von der Erlösung, sei eine Unfähigkeit zum Guten, dabei aber es sei durch die erste Sünde des ersten Menschen
15 keine Veränderung in der menschlichen Natur vorgegangen: so folgt aus beidem, daß auch vor der ersten | Sünde des ersten Menschen, wie wenig   II,65 wir auch sonst seinen Zustand vorstellen können, dieselbe Unfähigkeit in der menschlichen Natur gelegen habe, und also die jezt angebohrne Sündhaftigkeit auch ursprünglich und anerschaffen gewesen. Dies geben
20 wir auch zu, allein nur soweit es mit der ebenfalls anerschaffenen ursprünglichen Vollkommenheit des Menschen bestehen kann, und so daß der Zustand des ersten Menschen zu aller Zeit in der Analogie mit dem unsrigen, wie er §. 79. 80. 84. 85. beschrieben ist, gewesen sei. Es liegt darin also auch keinesweges, daß die erste Sünde gleich die erste freie That
25 des Menschen gewesen[26], sondern nur daß es, nachdem seine geistigen Kräfte sich, wir wissen nicht auf welche Weise entwikkelt, zufällig gewesen, welcher von beiden gleich nothwendigen Bestandtheilen in jedem Augenblik hervorgeragt. Und wenn wir nicht gehalten sein können, eine anschauliche Vorstellung von dem ersten Menschen in seinem
30 nothwendigen Unterschiede von uns zu bilden und mitzutheilen: so haben wir doch zwei Punkte, worin er uns gleich gewesen, und an welche wir die Entstehung der Sünde auch in ihm anknüpfen können. Denn wenn gleich in dem ersten Menschen die Einseitigkeiten der persönlichen Constitution nicht können gewesen sein[27]; so sind doch die Einseitig-
35 keiten des Geschlechts auch in ihm gewesen, wie denn die mosaische Erzählung der ersten Sünde ihren Ort auch nicht eher anweiset, bis Mann

---

[26] S. Hugo de S. Vict. l. c.
[27] Siehe §. 90, 1.

---

37 *Die in Fußnote 18 angegebene Stelle bietet keinen zutreffenden Beleg*

und Weib beide da waren. Und wenn wir auch nicht annehmen können, daß in dem ersten Menschen weder der Verstand eine größere Verwandschaft zu dem Gottesbewußtsein gehabt habe als der | Wille noch II,66 umgekehrt[28]: so ist er doch als Mensch zu jeder Zeit einem Wechsel der
5 Stimmungen unterworfen gewesen, ohne welchen es gar keine zeitliche Lebensentwiklung geben könnte, und in diesem ist eine solche vorübergehende und wechselnde Ungleichheit gegründet, welche ebenfalls die Sünde und das Bewußtsein derselben bedingt. – Betrachten wir aber die ursprüngliche Sündhaftigkeit, wie wir ja sollen, zugleich in Bezug auf
10 die Erlösung: so liegt darin zugleich dieses, daß gleich in dem ersten Hervorbrechen der Sünde begründet, also auch schon durch die ursprüngliche Sündhaftigkeit selbst bedingt, gewesen sei das Wachsen derselben durch die unter die Form der Erzeugung gestellte Vermehrung des menschlichen Geschlechtes, und zwar so, daß abgesehen von der Erlösung
15 nicht möglich gewesen, daß sich nicht das der menschlichen Natur einwohnende Bewußtsein Gottes immer wieder verunreinigt hätte, und daß nicht alles, was sich geistig entwikkelte, immer wieder in das Gebiet des Fleisches hinabgezogen würde, woran daher der erste Mensch eben so wol Schuld ist als wir und umgekehrt. – Die mosaische Erzählung aber
20 wollen wir, auch was diesen Theil betrifft, nicht ansehn als die einzelne Geschichte von der Entstehung der Sünde in dem ersten Menschen, mit Bezug auf seinen von dem unsrigen wesentlich verschiedenen Zustand, denn eine solche kann uns nicht mitgetheilt werden, weil wir sie nicht aufzufassen verstehen, sondern, wie auch schon alte Kirchenlehrer
25 gethan[29], als die allgemeine Geschichte von | der Entstehung der Sünde II,67 immer und überall. Denn wenn wir diese Erzählung als sinnbildlich und für den Menschen wie er uns gegeben ist, gültig betrachten, so finden wir darin die beiden Hauptgestalten der Sünde vereinigt, die Fürsichthätigkeit des sinnlichen, welche nur durch den Gegensaz gegen ein göttliches Gebot
30 recht anschaulich gemacht werden konnte, und die Verunreinigung des mitgegebenen Gottesbewußtseins, welche durch die verworrene Vorstellung als ob Gott des Neides fähig wäre zur Anschauung gebracht ist. Wir finden endlich auch noch den Grundsaz darin, daß abgesehen von der Erlösung und vor derselben das Gute sich nur mit dem Bösen entwikkeln

35 [28] Siehe §. 88.
    [29] „Etiam nunc in uno quoque nostrum nil aliud agitur, cum ad peccatum quisque delabitur, quam tunc actum | est in illis tribus, serpente, muliere et viro." II,67 Augustin. de Gen. c. Man. II, 21.

---

38 *De Genesi contra Manichaeos 2, 14, 21, ed. Ben. 1, 500 E; MPL 34, 207*

kann. Denn es ist angedeutet, daß die Sünde nicht entstehen lassen, eben
soviel gewesen wäre als die Erkenntniß des Guten und des Bösen
verhindern, und umgekehrt, daß der Mensch nur ohne Sünde bleiben
konnte bei dem Mangel dieser Erkenntniß, welche Erkenntniß aber für
5 den Menschen, sofern auch nur die Möglichkeit zur Sünde ursprünglich in
seiner Natur lag, ein wesentliches Gut ist. — Wenn nun aber auch von der
mosaischen Erzählung dieser Gebrauch gemacht wird: so kann es doch gar
kein Gegenstand für die Glaubenslehre sein, festzusezen, wie dieselbe, sei
es nun als Geschichte oder sei es als Lehrsage soll ausgelegt werden.

10   Z u s a z. Indem wir auf diese Art an die Stelle des Gegensazes
zwischen einer ursprünglichen Schuld und einer mitgetheilten die einfache
Vorstellung einer gleichen gemeinsamen sezen, und an die Stelle einer in
der Zeit entstandnen Sündlichkeit, mit deren Entste-|hen die in der Zeit   II,68
bestandene Gerechtigkeit verschwunden wäre, eine unzeitliche und vor
15 der Erlösung überall und immer der menschlichen Natur anhaftende
Ursündlichkeit, welche mit der ihr gleichfalls anerschaffenen ursprünglichen Vollkommenheit zugleich besteht, jedoch so, daß aus dem
Zusammensein beider, abgesehen von der Erlösung, keine Thatgerechtig-
keit entstehen kann, sondern nur ein Schwanken zwischen verunreinigter
20 geistiger Entwiklung und wachsender ausgebildeter Sünde: so können wir
die kirchlichen Ausdrükke, in denen am kürzesten dieses Lehrstük in
seiner Verbindung mit dem folgenden zusammengefaßt wird, folgendermaßen bestimmen und ergänzen. Wie die kirchliche Lehre die erste Sünde
des ersten Menschen ausschließend die verursachende Ursünde nennt, und
25 die sündliche Beschaffenheit aller übrigen Menschen die verursachte
Ursünde, wobei nur zu bevorworten ist, daß auch das, was nicht selbst
That ist sondern Anlage und innere Richtung auf die That, mit demselben
Namen wie die That selbst Sünde genannt wird: so sezen wir an die Stelle
des Verhältnisses zwischen dem ersten Menschen und allen übrigen das
30 allgemeinere zwischen jedem früheren Geschlecht und dem späteren, und
sagen, daß überall die wirkliche Sünde des früheren die hervorbringende
Ursünde für das spätere ist, die Sündhaftigkeit des späteren aber ist, weil
dessen wirkliche Sünden erzeugend, Ursünde, und weil von der Sünde des
früheren abhängig, hervorgebrachte, also hervorgebrachte Ursünde.
35 Wenn aber in der herrschenden Darstellung die wirkliche Sünde nicht
durch einen ähnlichen Theilungsgrund in Bezug auf ihr Verhältniß zur
Ursünde gespalten erscheint: so ergänzen wir diesen Mangel, und theilen
die Thatsünde ebenfalls in verursachende und verursachte, und | diese   II,69

33f und . . . also] CG² § 72, 6 I, 446: wegen ihrer Abhängigkeit aber von der Sünde des
früheren ist sie hervorgebracht, mithin zusammen   34 also hervorgebrachte] also hervorgebrachte,

beiden vertheilen sich nicht unter die nach einander, sondern unter die mit
einander lebenden, so daß die wirkliche Sünde derer, welche selbstthätiger
sind und erregender in der Gemeinschaft, die verursachende ist, die
wirkliche Sünde der leidentlicheren aber ist die verursachte Thatsünde.
5 Eben diese aber wird doch wieder verursachende Ursünde für das künftige
Geschlecht, so wie jene verursachende Thatsünde auf der von dem
früheren Geschlecht verursachten Ursünde beruht, und in diesem geschlossenen Kreise von Begriffen zeigt sich die Sünde auf das vollständigste als Gesammtthat und Gesammtschuld des ganzen Geschlechtes.

10   Zweites Lehrstük.
                      Von der wirklichen Sünde.

                               95

   Aus der Erbsünde geht in allen Menschen immer die wirkliche
Sünde hervor.

15   Anm. Der Saz kann ganz allgemein gestellt werden, denn wenn wir Christum
     von der wirklichen Sünde ausschließen, so nehmen wir ihn eben deshalb auch
     aus dem Zusammenhang mit der allgemeinen Sündhaftigkeit heraus, und wir
     können das eine nicht ohne das andere.

     1. Die Allgemeinheit der wirklichen Sünde ist in unserm Selbst-
20 bewußtsein gegeben, indem wir kein Widerstreben dagegen finden, es, so
daß wir dabei uns als den Ort der Sünde sezen, bis zum Umfange des
ganzen menschlichen Geschlechtes, nur daß in dem Bewußtsein des
Christen der Erlöser ausgenommen ist, zu erweitern, sondern auch in
diesem erweiterten Selbstbewußtsein ist dann das Bewußtsein der Sünde
25 mitgesezt. Nun ist aber, wiewol dunkel, doch gewiß streng genom-|men   II,70
in jedem Moment des Selbstbewußtseins das ganze menschliche Geschlecht in unserm Ich mit eingeschlossen, und in sofern sagt dieses Bewußtsein auch die Allgegenwart der Sünde aus im Ganzen wie im
Einzelnen, d. h. daß kein Einzelner jemals ohne Sünde sei. Dasselbe sagt
30 auch der bekannte Ausspruch der Schrift[1], welcher zwar nicht ausdrüklich
die Continuität der Sünde in jedem aussagt, aber aus dem sie doch auch
gefolgert werden kann, und eben so der dogmatische Saz „[. . .] semper

---

[1] Röm. 3, 23.

---

32 scmpcr] Scmpcr

cum peccato originali [. . .] sunt peccata actualia [. . .]"[2]; welcher es noch
bestimmter aussagt, da ja die Erbsünde offenbar immer in jedem ist. In
dieser ist ja nur die Richtung auf die Sünde rein innerlich und zeitlos, d. h.
nicht erscheinend ausgedrükt; allein diese Richtung wäre nichts
5 wirkliches, wenn sie nicht zugleich auch erschiene, und jede wirkliche
Sünde ist ein Theil dieses Erscheinens und Zeitlichwerdens der Ursünde.
Alles was in ihr liegt, muß irgendwo, wie sie denn selbst verschieden unter
die Menschen vertheilt ist, erscheinen; und eben so muß sie auch an jeder
Bewegung jedes Menschen, in welchem sie ist, einen Antheil haben und
10 etwas darin zur erscheinenden Sünde machen.
      2. Der Begriff der wirklichen Sünde würde aber zu eng gefaßt sein,
wenn man das Erscheinen der Sünde beschränken wollte auf das Hervorbrechen der Sündhaftigkeit in äußere aus dem Menschen herausgehende
Thaten. Denn dieses Hervorbrechen steht auch unter äußeren Bedingun-
15 gen, welche die Sünde weder hervorbringen noch auch eigentlich ver-
größern kön-|nen; sondern die wirkliche Sünde ist auch da, wo nur   II,71
innerlich sündhaftes erscheint, und einen Moment des Bewußtseins als
Gedanke oder als Begierde ausfüllt. Auch die gewöhnliche Erklärung, die
Sünde sei „actio [. . .] pugnans cum lege Dei"[3] besagt dieses. Denn sowol
20 wenn man nach der damals gewöhnlichen Vorstellung bei dem Gesez
Gottes vornehmlich an den Dekalogus denkt, so geht doch auch dieser
gegen das sich gelüsten lassen, welches eine rein innerliche Handlung ist.
Noch mehr aber, wenn man an den allgemeinen Ausdruk denkt, den
Christus als diesem Gesez gleichgeltend aufstellt[4], muß man sagen, daß,
25 wie die Liebe als des Gesezes Erfüllung eine innere Thatsache ist, so auch
durch bloß innere Thatsachen die Liebe verletzt und also die Sünde begangen werden kann. Ja auch die von unsern symbolischen Büchern gleichfalls angenommene Erklärung[5], daß die Entstehung der Begierde die durch
den Fall begründete Sündhaftigkeit sei, woraus denn folgt, daß die Aeuße-
30 rung der Begierde die wirkliche Sünde sei, wenngleich diese Erklärung

---

[2] Melanchth. loc. comm. p. 110.
[3] Melanchthon l. c.
[4] Matth. 22, 37-40.
[5] Apol. Conf. I.

---

1 *Statt* peccato Q: malo   25 *Vgl. Röm 13, 10*   31 *Leipzig (1546) 110; ed. Stupperich
2/1, 271, 33f*   32 *Leipzig (1546) 112; ed. Stupperich 2/1, 273, 4f*   34 *ed. Lücke 10−39;
BSLK 145−157 (Art. II.)*

keine umfassende und erschöpfende der Sünde überhaupt ist, stellt doch
ebenfalls auch bloß innerliches als wirkliche Sünde auf. Nur solche Erklärungen sind am meisten zu tadeln, welche, den Zusammenhang der
wirklichen Sünde mit der ursprünglichen innern Sündhaftigkeit in
5 Schatten stellend, die Sünde mehr nach ihrem Erfolg als nach ihrem
Grund und Wesen erklären[6]. |

3. Wenn wir nun gleich die Sündhaftigkeit in dem menschlichen Ge-   II,72
schlecht vertheilt annehmen, und dem gemäß auch die wirkliche Sünde
vertheilt sein muß: so ist dies doch nicht zu verstehen als ob, abgesehen
10 von der Erlösung, irgend eine von den verschiedenen Aeußerungen der
Sünde in irgend einem einzelnen Menschen vermöge seiner persönlichen
Eigenthümlichkeit unmöglich wäre. Vielmehr wird das Bewußtsein eines
jeden aussagen, daß, abgesehen von der Gemeinschaft der Erlösung, und
auf sich selbst zurükgewiesen, keiner die völlige Sicherheit gegen irgend
15 eine Art des Bösen in sich trägt, vielmehr soviel Ahndungen und gleichsam Keime von allen in sich entdekt, daß, wenn nur die Reizung, die
überall zur ursprünglichen Sündhaftigkeit hinzukommen muß um die
wirkliche Sünde hervorzubringen, groß genug gesezt werden könnte,
alsdann auch jedes Böse in jedem als wirkliche Sünde, wenn auch nur
20 einzeln und nicht habituell, hervortreten würde[7]. Welches indeß den
natürlichen Unterschied der natürlichen Menschen nicht aufhebt, daß dem
einen mehr diese Sünde eignet, dem andern mehr jene.

96.

Es ist in Bezug auf die Sünde kein wesentlicher Unterschied
25 unter den Menschen, als das Verhältniß, in welchem die Sünde in
ihnen zur Erlösung steht.

---

[6] Z. B. peccatum est „quaevis aberratio a modo tenendae verae felicitatis."
Reinhard Dogm. §. 75.
[7] „[. . .] omnibus eiusmodi portentis obnoxia est unaquaeque anima [. . .]". Cal-
30 vin Institt. II, 3, 3.

---

29 omnibus] Omnibus

---

28 *Dogmatik, S. 271 § 75, 1*   29f *Leiden (1654) 93; ed. Barth 3, 275, 9f*

1. Wenn in der kirchlichen Lehre der alte Saz der stoischen Welt-
weisen, den Einige mit aufnehmen | wollten, daß nämlich alle Sünden II,73
gleich seien, zum Theil ausdrüklich verworfen worden ist[1]: so ist dieses,
wenn wir auf unsere Erklärung der Sünde zurükgehen, in sofern richtig,
5 als die bestimmende Kraft des Gottesbewußtseins, welche in der Sünde
gehemmt worden ist, in dem einen Fall größer sein kann als in dem
andern, also auch das geistige Leben, dessen Mitzuthat die Sünde ist, in
dem einen Fall größer, und also die eine Sünde vermöge dieser Kraft mehr
im Verschwinden und also kleiner, welches, wenn man auf den Ursprung
10 des geistigen Lebens sieht, wie er sich im christlichen Bewußtsein ausspricht, schon den obigen Saz in sich schließt. Allein theils sieht man
leicht daß aus einem andern Gesichtspunkt auch ein entgegengeseztes
Resultat gezogen werden kann. Wenn man nämlich nicht auf den Zusammenhang der Gegenwart mit der Zukunft sieht, sondern nur auf den
15 Augenblik, so scheint eine Sünde größer, in welcher eine sonst größere
Kraft des Geistes durch das Fleisch ist überwunden worden. Erscheinen
nun zwei Sünden, aus dem einen Gesichtspunkt umgekehrt größer und
kleiner als aus dem andern: so haben sie eine Vermuthung für sich daß
sie eigentlich gleich sind. Andern theils aber ist doch die Fürsichthätigkeit
20 des Fleisches an und für sich betrachtet, überall das was einen
Lebensaugenblik zur Sünde macht, ohne daß es darauf ankom-|me, welche II,74
Richtung der Sinnlichkeit diese Gewalt ausübt, indem sie alle im Zusammenhang mit dem Geiste gut sind, losgerissen aber von demselben alle
böse; so daß auch in dieser Hinsicht vertheidigt werden kann, alle Sünden
25 seien ihrem Wesen nach gleich. Soviel ist wenigstens gewiß, daß die
meisten gewöhnlichen Eintheilungen der Sünde zwar eine Verschiedenheit
derselben ihrer Gestalt und Erscheinung nach ausdrükken, aber nicht eine
Ungleichheit in ihrem eigentlichen Sündenwerth feststellen.

2. Zuerst unterscheidet man verschiedene Stuffen der Zustände, in
30 welchen der Mensch die Sünde vollbringt[2]. Indem in dieser Hinsicht ein

---

[1] Expos. simpl. c. VIII. „Fatemur etiam peccata non esse aequalia, licet ex
eodem corruptionis et incredulitatis fonte exoriantur, sed alia aliis esse gra-
viora" mit Verweisung auf Matth. 10, 15., welche Stelle jedoch mehr von der
Ungleichheit der Strafen und also nur mittelbar von der Ungleichheit der Sün-
35 den handelt. Melanchth. loc. th. p. 114. „Ac stoicae illae disputationes exe-
crandae sunt, quas serunt aliqui disputantes omnia peccata paria esse."
[2] S. Reinhards Dogm. §. 88.

1–3 Vgl. z. B. Pfanner: Systema 266–268   31 Conf. helv. post. VIII, Corpus (1654) 11;
Collectio 478; BSRK 178, 35ff   35 Leipzig (1546) 114; ed. Stupperich 2/1, 274, 33ff
37 S. 325–331; s. Anhang

Zustand der Freiheit, in welchem jedoch auch die Sünde noch vorkommt,
allen übrigen entgegengesezt wird, so ist eben dieser der lebendige und
stetige Zusammenhang mit der Erlösung, und der Gegensaz dazu bezeichnet also den in unserm Lehrsaz ausgedrükten Unterschied, dagegen
5 verschwindet bei näherer Betrachtung der Unterschied zwischen den aufgestellten verschiedenen Abstufungen in dem andern Gliede des Gegensazes. Man unterscheidet nämlich die Zustände der Knechtschaft der
Sicherheit, der Heuchelei und der Verstokkung. Den ersten Zustand sieht
die Schrift als den gemeinsamen aller Sünder an[3], und der Ausdruk
10 Freiheit bildet auch allein einen bestimmten Gegensaz gegen den des
ersten Gliedes, indem Freiheit und Knechtschaft einander ausschließen, so
daß in der unvollkomnen Freiheit eben deshalb noch Spuren der Knechtschaft bleiben müßten. Es wird dabei im allgemeinen vorausgesezt, die
Sünde sei nicht ohne ihr Bewußtsein, welches durch das | Dasein eines   II,75
15 innern Gesezes bedingt ist, und der Mensch vollbringe sie also nicht mit
voller Zustimmung, wodurch auch der Name Knechtschaft begründet ist.
Denkt man sich nun die Knechtschaft wachsend: so muß die Gewalt des
Fleisches zunehmen, und die warnende Stimme des innern Gesezes immer
unkräftiger werden. Soll aber der Zustand der Knechtschaft ganz aufhören
20 und ein anderer schlimmerer eintreten, so müßte jene Stimme ganz zum
Schweigen gebracht sein. Allein da sie momentan auch in dem Zustande
der Freiheit schweigt bei Sünden der Uebereilung: so könnte durch dieses
Schweigen ein ganz eigenthümlicher Zustand nur begründet werden, wenn
man es als ein stetiges und das innere Gesez also als völlig erstorben und
25 unerweklich ansehn könnte. Und dies ist wol auch, wenn der Begriff
anders fest sein soll und begrenzt, der Sinn des Ausdruks Verstokkung.
Allein ein solcher Zustand ist in diesem strengen Sinn gar nicht anzunehmen, sondern nur Annäherungen dazu, die also genau genommen
immer noch dem Zustande der Knechtschaft angehören. Denn zuerst kann
30 das innere Gesez nicht völlig erstorben sein, wenn nicht das Bewußtsein
von Gott in der Seele auch völlig erstorben ist, welches aber, da es ein
wesentliches Element der menschlichen Natur bildet, nicht gedacht
werden kann[4]; ganz ohne inneres Gesez aber ist das Bewußtsein von Gott

---

[3] Joh. 8, 34.
35 [4] „[. . .] nam remanserat utique id quod anima hominis nisi rationalis esse non

---

7 Knechtschaft] *Kj (auch Reutlingen 2, 66)* Knechtschaft,   35 nam] Nam

---

14—16 *Vgl. Röm 7, 19—23*

selbst in denjenigen menschlichen Zuständen nicht, wo es ganz verunreinigt ist, und den Göttern menschliche Lüste beigelegt werden. Gesezt
aber auch man | wollte eine stetige Abwesenheit dieses Bewußtseins als   II,76
einen wirklichen Zustand annehmen, so hieße doch eine Unerweklichkeit
5 desselben in irgend einem Zustand behaupten zugleich das Gebiet der Erlösung begrenzen, und einen verderblichen Particularismus einführen.
Denn nur derjenige könnte mit Recht ein verstokter genannt werden,
welcher unzugänglich wäre für die Erlösung. Dieser Ausdruk kann also
nur einen Grenzpunkt bezeichnen, wie er denn auch im N. Test. nur als
10 Warnung vorkommt⁵, und es wäre unrecht ihn in einem andern Sinne in
die didaktische Sprache aufzunehmen, wodurch schon die hier noch nicht
zu erörternden Streitigkeiten darüber, ob Gott die Herzen der Menschen
verstokke, einen andern Werth und eine andere Gestalt bekommen. Der
für die Erscheinung und das Bewußtsein gänzliche Mangel eines innern
15 Gesezes hat also seinen eigenthümlichen Ort nicht nach dem Zustande der
Knechtschaft, sondern vor demselben, sei es nun als Unschuld oder als
Rohheit, auf beide Art entsteht mit dem Erwachen des innern Gesezes der
Zustand der Knechtschaft. Aber auch so, und wenn man das Nochnicht-
erwachtsein, wie die Rohheit es ausdrükt, als Selbstthätigkeit also Sünde
20 ansieht, kann doch die Sünde, welche das Erwachen desselben zurükhält,
nicht an und für sich größer sein als die, welche es, wenn es erwacht ist,
unkräftig macht, indem der Widerstand in beiden Fällen derselben Art
ist. — Was aber die zwischen diesen Endpunkten liegenden Zustände der
Sicherheit und Heuchelei betrifft so bezeichnet weder der erste eine
25 größere Annäherung an | den Zustand der bloßen Knechtschaft und der   II,77
andere an der Verstokkung oder auch umgekehrt, noch auch schließen
sie einander in irgend einem andern Sinne aus, sondern sind nur etwas in
dem Zustande der Knechtschaft verschiedenes zwar, aber mit jedem Grade
desselben beide verträglich, nur daß freilich in dem Zustande der Freiheit,
30 wo nur einzelne Spuren der Knechtschaft vorkommen, und diese nicht ein
beharrlicher Zustand ist, weder Sicherheit noch Heuchelei gedacht werden
kann. Daher kein haltbarer Unterschied übrig bleibt als der zwischen
jenen beiden Zuständen.

potest; ita ibi etiam lex Dei non ex omni parte deleta per iniustitiam [. . .]".
35   Augustin. de spiritu et littera 48.
⁵ Ebr. 3, 8. 13. etc. aber auch hier und noch mehr an andern Stellen wie 2 Cor.
3, 14. kommt er nur für einen vorübergehenden Zustand vor.

11–13 *Vgl. §§ 137, 3; 139, 1*   35 *De spiritu et littera 28 (48), ed. Ben. 10, 74 E; CSEL 60,*
202, 26 ff

3. Sehn wir nun weiter auf die Eintheilungen der Sünde nicht als Zustand sondern als That, so sehen wir zunächst auf die beiden Hauptge-
stalten der Sünde nämlich die Begierde, concupiscentia, Empörung des
Fleisches gegen die Herrschaft des Geistes, und die Verdunkelung des
5 Gottesbewußtseins, ignorantia in mente, angemaßte Herrschaft des
Fleisches über den Geist. Hievon sezt Paulus auseinander, wie beide sich
gegenseitig erhöhen, und in dieser Wechselwirkung aufeinander erscheinen sie auch als gleich, wie auch wenn man beide auf ihrem höchsten
Gipfel betrachtet, die superstitiöse Wuth der Idololatrie und die leiden-
10 schaftliche Wuth der Begierde, so stehen beide einander zur Seite und das
Maaß der Verdammlichkeit erscheint in Beiden dasselbe. – Dann unterscheidet man innere Sünden und äußere, und es hat vielen Schein, daß jene
kleiner seien als diese, weil nämlich auch bei diesen jene immer vorausgesezt werden, aber noch etwas hinzukommen muß, damit die innere
15 Sünde eine äußere werde. Allein eben weil ohne dieses hinzukommende
eine äußere Sünde nicht begangen werden kann, dies aber bald als eine
sehr starke bald | als eine geringe Aufforderung hinzutreten kann, so   II,78
kann eine innere Sünde, die es bleibt, die aber ohne Zweifel auch bei
der leisesten Aufforderung würde eine äußere geworden sein, größer
20 sein an sich selbst als eine andere, die äußerlich wird aber nur vermittelst einer sehr heftig dringenden Aufforderung. Der zufällige Umstand aber, daß in dem einen Fall die Aufforderung sich ereignet hat,
in dem andern nicht, kann keinen Unterschied in dem sittlichen und religiösen Werth des Handelnden begründen, und so zeigt sich auch dieser
25 Unterschied als unbedeutend, und nur solche innere Sünden, von welchen
man gewiß sein kann, sie würden nie äußere werden, die Aufforderung
biete sich auch noch so leicht und reizend dar, welche daher nur als ein
leises Spiel mehr fremder als eigner Gedanken und Erregungen betrachtet
werden können, sind entschieden geringer. – Ferner ist sehr gewöhnlich
30 die Eintheilung in vorsäzliche Sünden und unvorsäzliche⁶, und leztere
werden für geringer gehalten als erstere, aber mit Unrecht. Denn unvorsäzliche Sünden, sofern sie wirklich Handlungen sind und nicht bloß
Erfolg, sind entweder Sünden der Unwissenheit oder der Uebereilung.

⁶ Hoc dictum, nil „esse peccatum nisi sit voluntarium, de iudicio civili loqui-
35 tur non de iudicio legis divinae." Melanchth. loc. th. p. 325. Allein so
richtig die Sache ist, daß es im religiösen Sinn auch unvorsäzliche Sünden giebt,
so ruht doch diese Erklärung hier auf einem Mißverstand.

6f *Röm 1, 21–26 (vgl. CG² § 74, 2)*   11f *Vgl. z. B. Gerhard: Loci, ed. Cotta 5, 15f; ed.
Preuss 2, 192. Baumgarten: Glaubenslehre 2, 599–601*   35 *Leipzig (1546) 325; ed.
Stupperich 2/2, 465, 2ff*

Die Unwissenheit aber kann herrühren aus Mangel an Interesse für die sittliche Bedeutung unserer Handlungen überhaupt, und die Uebereilung kann ebenfalls gegründet sein in einer leidenschaftlichen Richtung auf irgend einen sinnlichen Gegenstand, welche die Aufmerksamkeit von den
5 sittlichen Verhältnissen, | welche dabei im Spiele sind, ablenkt. In beiden   II,79
Fällen kann die unvorsäzliche Sünde eine größere Entfernung von Gott anzeigen, als manche vorsäzliche, wenn nur ein besonders ungünstig bedingter Augenblick ein vorübergehendes Unvermögen erzeugte einem vorzüglich gereizten Triebe zu widerstehen, wobei doch möglich bleibt, daß
10 der Widerstand, der dem Fleisch entgegengesezt wird, im Wachsen ist und nicht im Abnehmen. Wenn nun bisweilen zwar die vorsäzliche Sünde größer ist als die unvorsäzliche, bisweilen aber auch umgekehrt, so sind beide Arten an sich gleich. Verwandt mit dieser, aber am bedeutendsten ist die Eintheilung in Todsünden und läßliche Sünden, peccata mortalia und
15 venialia; allein wie schon die Ausdrükke keinen reinen Gegensaz bilden, so werden sie auch sehr verschieden gefaßt und behandelt. Der erste Ausdruk beruht ursprünglich auf einer, aber dunkeln, Schriftstelle[7], und Augustinus erklärt[8], diese Sünde sei der bis an das Ende des Lebens fortgesezte Abfall vom Glauben, woraus allerdings folgt, daß wenn der
20 Abgefallene wieder zum Glauben zurükkehrt, dann auch der Abfall ihm verziehen wird, und keine Sünde zum Tode ist sondern eine läßliche. Hiemit stimmt auch der Kanon zusammen, daß den Gläubigen alle Sünde vergeben wird[9], also auch der Abfall. An sich aber ist der Abfall in beiden Fällen derselbe Zustand und dieselbe Sünde; der Unterschied beruht |
25 lediglich darauf, daß in dem einen Fall der Tod vor der Rükkehr eintritt,   II,80
das andre mal aber er der Rükkehr Raum läßt, und so angesehen ist selbst der Unterschied zwischen Todsünden und läßlichen kein wesentlicher

---

[7] 1 Joh. 5, 16. 17.
[8] „[. . .] ego autem id esse dico peccatum ad mortem, fidem, quae per dilectio-
30   nem operatur deserere usque ad mortem." de Corrept. et grat. 35.
[9] 1 Joh. 1, 9. Melanchth. loc. com. „Notandum autem credentibus peccata omnia remitti." de pecc. in sp. s.

---

29 ego] Ego

---

29 *Statt* id . . . mortem *Q:* dico id esse peccatum   30 *De correptione et gratia 12, 35, ed. Ben. 10, 508 F; MPL 44, 938*   31f *Sinngemäß in Ausgabe Wittenberg 1538, De peccato in Spiritum sanctum (T 2); CR 21, 488. Vgl. auch Übersetzung Jonas, Wittenberg 1544, 240ᵛ; CR 22, 491*

sondern nur ein zufälliger. Auf der andern Seite versteht Augustinus
unter läßlichen Sünden die Sünden der Begnadigten, welche sie nicht am
ewigen Leben hindern[10]. Hieraus kann denn weiter gefolgert werden,
sowol daß den Nichtwiedergebohrnen alle Sünden am ewigen Leben
5 hindern, und ihm also zum Tode gereichen[11], als auch daß außer jenen
nicht hinderlichen läßlichen Sünden auch die Wiedergebohrnen solche
Sünden begehen können, wodurch sie am ewigen Leben gehindert, das
heißt also, da sie es vorher hatten, dessen beraubt werden. Daher eine
andere Erklärung der Todsünden, daß sie nämlich solche wären, die den
10 Menschen des geistigen Lebens berauben[12]. Nimmt man nun diese Erklärung der Todsünden mit dem obenangeführten schriftmäßigen Kanon
zusammen, so folgt nur, daß derjenige, welcher durch eine Sünde kann
seines geistigen Lebens beraubt werden, schon kein Gläubiger gewesen ist
und also keines gehabt hat; und die Todsünde ist dann nur die Sünde des
15 Nichtwiedergebohrnen, sofern sie sein des geistigen Lebens beraubet sein
als seine eigene That ausspricht. Wie denn auch wirklich nicht eingesehen |
werden kann, wie von einem Wiedergebohrnen, also mit der Kraft des   II,81
geistigen Lebens, eine Handlung begangen werden könne, welche das
geistige Leben ertödtet; sondern dies steht ganz auf einer Linie mit dem
20 Entstehen der ersten die ganze Natur verderbenden Sünde mitten aus
einem Zustande der Heiligkeit und Gerechtigkeit heraus. Fragt man aber
in dieser Ansicht weiter, welche Sünden es denn sein sollen, die den
Wiedergebohrenen des geistigen Lebens berauben können, so sind es diejenigen, wider welche das Gewissen ist[13], und das heißt freilich die vor-
25 säzlichen. Daher auch Einige haben behaupten wollen, daß diese Ein-

---

10 „Sicut enim non impediunt a vita aeterna iustum quaedam peccata venialia, sine
  quibus haec vita non ducitur [. . .]". de spir. et litt. 48.
11 „[. . .] actualia peccata [. . .] in non renatis omnia sunt mortalia." Melanchth.
  l. c. p. 110.
30 12 Reinhard Dogm. S. 317.
13 Melanchth. l. de diff. pecc.

---

28 actualia] Actualia

---

27 De spiritu et littera 28 (48), ed. Ben. 10, 74f; CSEL 60, 203, 16f   28f Leipzig (1546)
110; ed. Stupperich 2/1, 271f   30 S. 317f; s. Anhang   31 Leipzig (1546) 267–271; ed.
Stupperich 2/2, 412–415   Statt diff [erentia] pecc [atorum] Q: discrimine peccatorum

theilung ganz mit der in vorsäzliche und unvorsäzliche Sünden zu-
sammenfalle, und daß auch eine einzige vorsäzliche Sünde den Gnadenstand eines Menschen aufheben könne[14]. Demnach würden die Todsünden
diejenigen sein, welche auf der ungleichen Fortschreitung des Verstandes
5 und Willens beruhen, denn dies sind die vorsäzlichen. Allein da diese nach
dem obigen nie ganz zu vermeiden sind, sondern immer wieder entstehen,
wenn die Erkentniß der Sündlichkeit gewohnter Zustände sich vervoll-
komnet: so würde es dann gar keinen Gnadenstand geben. Die läßlichen
Sünden aber wären die, welche in dem Einfluß der herrschenden sinn-
10 lichen Richtungen gegründet sind, von welchem Unterschiede aber in den
Folgen beider Arten sich schwerlich ein Grund möchte angeben lassen;
wie denn auch Andere die herrschende Sünde eines Jeden als seine
Todsünde ansehen. – Die Verwirrung ist also in diesen Ausdrükken nicht
zu verkennen, und daher nicht zu | verwundern, wenn Einige sich auf die   II,82
15 dem Anschein nach dürftige Namenerklärung zurükziehn, die Todsünden
seien diejenigen, welche Gott nicht vergiebt, die läßlichen diejenigen,
welche er vergiebt; Andere hingegen nur den beharrlichen Abfall oder
Unglauben als Todsünde ansehn, und hierunter auch die Sünde wider den
heiligen Geist mit begreifen. Was nun das erste betrift, wenn man doch
20 für die in die Todsünde Gefallenen eine Rükkehr und also Vergebung
zugiebt: so wird dann der Unterschied nur so gefaßt werden können, daß
die läßlichen Sünden diejenigen sind, welche schon indem sie begangen
werden, vergeben sind, Todsünden aber diejenigen, auf welche, wenn sie
vergeben werden sollen, noch etwas anderes folgen muß: und auch dies
25 wird ganz auf unsern Saz hinauslaufen. Was aber das andere betrift, so ist
allerdings der beharrliche Unglaube derjenige Zustand, auf welchen am
bestimmtesten ein anderer folgen muß, wenn die Sünde soll vergeben
werden; und so geht dies auf die Erklärung des Augustin zurük. In
Beziehung aber auf die Sünde wider den heiligen Geist kann die Glaubens-
30 lehre sich wol daran halten, daß ihr nicht gebühre zu richten, was sie sei
und in welchen sie sei[15], und kann die nähere Erörterung der Sache der
Auslegungskunst, und die besondere Behandlung der Fälle, wo sich
jemand einbilden möchte, sie begangen zu haben, auch der besonderen

---

[14] S. Reinhard a. a. O.
35 [15] Melanchth. l. de pecc. in sp. s.

5f § 88, 1   12f Vgl. z. B. Quenstedt: Systema 1, 1048   14–17 Vgl. dazu z. B. Endemann: Institutiones 1, 331f   18f Mt 12, 31 par (vgl. CG² § 74, 2)   35 Ausgabe Wittenberg 1538, De peccato in Spiritum sanctum (T 3); CR 21, 489

Seelenheilkunde überlassen. Allgemein aber ist der Saz, als ob irgend eine
Sünde, auch nachdem sie aufgehört, nicht könne vergeben werden, als die
Allgemeinheit der Erlösung beschränkend zu verwerfen; und dies ist der
Kanon, nach welchem auch in Bezug | auf die Erklärung jener einzelnen II,83
5 Sünde die Auslegungskunst zu verfahren hat. – Jede Betrachtung der
Sache scheint also immer wieder dahin zurükzukehren, daß die Sünden
der Wiedergebohrnen immer schon vergeben sind, die Sünden der Nichtwiedergebohrnen aber nicht vergeben sind, wohl aber mit der Wiedergeburt vergeben werden.

10   4. Eben dieses nun ist der in unserm Saz als einzig wesentlich aus-
gesprochene Unterschied, während alle andern sich wieder in einander
verlaufen und nur auf ein mehr und weniger zurükgehn, ohne irgend
einen bestimmten Gegensaz zu bilden. Das Wesen desselben besteht
darin, daß die wirkliche Sünde eines Menschen, welcher in einen stetigen
15 Zusammenhang gesezt ist mit der Kraft der Erlösung, nicht mehr verursachend ist, weder in ihm noch auch, sofern nur der ganze Zustand richtig
aufgefaßt wird, außer ihm. Denn sie ist durch jene ihm persönlich und
selbstthätig eingepflanzte Kraft schon gebrochen, und auch wo sie ans
Licht tritt erscheint sie nur als im Verschwinden begriffen und hat keine
20 anstekkende Kraft mehr, worauf eben, wie sich unten zeigen wird, das
Vergeben beruht. Alle Sünden des Wiedergebohrnen sind also solche,
welche das geistige Leben nicht hindern, weder in ihm selbst noch in der
Gesammtheit. Die Sünden des Nichtwiedergebohrnen hingegen sind
immer verursachend, in ihm selbst weil jede etwas hinzufügt zur Macht
25 der Gewohnheit und auch zur Verunreinigung des Bewußtseins von Gott,
und außer ihm weil immer das Gleiche durch das Gleiche erregt, und auch
das verunreinigte Bewußtsein sich durch Mittheilung verbreitet und befestigt. Daher was in der Gesammtheit noch an geistigem Leben besteht
und von mancher-|lei untergeordneten Entwiklungspunkten aus vermehrt II,84
30 und erhöht werden will, immer wieder in diesen Strudel hinabgezogen
und die Entwiklung gehemmt wird durch diese Sünde, von welcher also
mit Recht gesagt werden kann, daß sie das geistige Leben in der Gesammtheit verringert, das heißt sie dessen beraubet. – Diesen Gegensaz
aufheben, und nur einen Unterschied von mehr und weniger, von
35 größerer und geringerer Freiheit annehmen ohne Beziehung auf einen bestimmten Wendepunkt, wo die mit einer Ahndung von Freiheit versezte
Knechtschaft in die noch Spuren der Knechtschaft an sich tragende
Freiheit übergeht, heißt streng genommen aus dem Gebiet des Christenthums hinausgehn und die pelagianische Ansicht in den Naturalismus
40 hineinspielen, indem, diesen Gegensaz geläugnet, keine specifische Wir-

---

20 § 132, 4

kung der Erlösung auf die Sünde übrig bleibt. Auch besagt ganz dasselbe
der Sprachgebrauch der Schrift, wie sie den natürlichen und den geistigen
Menschen gegenüberstellt; denn des lezteren Vermögen geistig zu richten,
und des erstern Unvernehmlichkeit für das was sich auf den Geist Gottes
5 bezieht, läuft auf dasselbe hinaus. Wenn man aber denselben Gegensaz
auch dadurch auszudrükken meint, daß in dem einen Zustande zwar auch
noch Sünde möglich sei, in dem andern aber alles Sünde sei: so ist dies
theils schief, weil keine genaue Entgegensezung stattfindet, theils hart,
wenn man an alles edle und trefliche denkt, was sich im Heidenthum ent-
10 wikkelt hat. Manches hierüber nun läßt sich erst später beibringen; hier
aber können wir die Entgegensezung wenigstens dahin vervollständigen,
daß nach dem obigen eines Theils in allen guten Werken des Wieder-
gebohrnen auch die läßliche Sünde übrig bleibt, sie | ist aber nur der   II,85
Schatten der Sünde, die, auf den Gesammtzustand des Bewußtseins be-
15 zogen, willenlose Nachwirkung der nur allmählich zu überwindenden
Kraft der Gewohnheit; und eben so ist auch in den nicht schon für sich
vergebenen Sünden des natürlichen Menschen überall der bald stärkere
bald schwächere Schatten des Guten nur Schatten, weil es nur ein Spiel auf
der Oberfläche ist, das nirgend zur festen und stetigen Wirksamkeit ge-
20 deiht. Wie denn alles schöne im Heidenthum, wegen des verunreinigten
Bewußtseins von Gott mit dem es verbunden war, nie ein gemeinsames
Leben hervorzubringen vermochte, worin sich das Gute rein erhalten und
fortgepflanzt hätte. Eben so erscheint auch an dem Unerleuchteten der in
einem äußern Zusammenhang mit dem Christenthume steht, manches
25 was diesem angehört, aber es ist nicht eine lebendige Kraft in ihm,
sondern nur der Widerschein von dem was in Andern gesezt ist. |

3–5 Vgl. 1 Kor 2, 14f   10 § 107, 3

Zweiter Abschnitt.   II,86

Von der Beschaffenheit der Welt in Beziehung auf die
Sünde.

97.

5   Sofern die Welt der Ort des Menschen ist, ist auch mit der
Sünde in dem Menschen verbunden, daß es Uebel für den Menschen
giebt, und dieser Abschnitt enthält daher das Lehrstük vom Uebel.

Anm. Unter Uebel wird hier verstanden alles dasjenige in dem außer uns und
uns entgegengesezten endlichen Sein, worauf wir die Hemmungen unseres
10   eigenen Seins als auf ihren Grund zurükführen; die gehemmten Zustände
selbst aber, z. B. Traurigkeit, Furcht u. dgl. Uebel zu nennen, ist schwerlich
richtig, auf jeden Fall ein Sprachgebrauch, welcher hier ausgeschlossen
bleibt.

1. In dem Begriff der ursprünglichen Vollkommenheit der Welt wie
15   sie sich auf die ursprüngliche Vollkommenheit des Menschen bezieht, ist
kein Uebel enthalten. Denn wenn jeder Augenblik menschlicher Selbstthätigkeit nur ein Ausdruk der ganzen natürlichen Vollkommenheit des
Menschen ist, also jeder durch das Gottesbewußtsein bestimmt und alles
sinnliche hierauf bezogen: so kann auch dasjenige in der Welt was den
20   relativen Gegensaz des andern Seins gegen das Sein eines menschlichen
Einzelwesens ausdrükt, und also eine Hemmung in irgend welchen Verrichtungen hervorbringt, doch nicht als ein Uebel im Gefühl aufgenommen werden, weil die bestimmende Einwirkung des Gottesbewußtseins frei und ungehemmt ist. (vgl. §. 73, 2.) Auch der Tod nicht, weil
25   unter jener Vor-|aussezung das Leben nicht länger kann gewollt werden   II,87
als alle verschiedenen Vermögen und Verrichtungen dem leitenden und
bestimmenden Bewußtsein auch wirklich dienen können, wie denn auch

---

24 73, 2.] 73. 2.

---

3 *Statt* Sünde. *Inhaltsverzeichnis von* OD. Sünde, oder vom Uebel

die Schrift nicht sagt, daß wir durch den Tod Knechte sind, sondern durch
die Furcht des Todes[1]. Noch weniger aber können unter obiger Voraussezung für einen Menschen Uebel entstehen aus der Thätigkeit Anderer,
weil das Interesse des leitenden Gottesbewußtseins in allen dasselbige ist.
5 Sobald aber die Herrschaft des Geistes über das Fleisch aufgehoben ist,
und also der Inhalt eines Momentes ohne Zuthun des Geistes bestimmt
werden kann: so muß auch jede Einwirkung aus der Welt, welche einen
relativen Gegensaz gegen das leibliche und zeitliche Dasein des Menschen
ausdrükt, als Uebel im Selbstbewußtsein aufgenommen werden, weil das
10 die Einheit und Zusammenstimmung auch in diesem Fall herstellende
Princip zurükgedrängt ist; und so ist im allgemeinen mit der Sünde auch
das Uebel gegeben, und zwar nothwendig, da jener relative Gegensaz bei
der Grundform unserer Welt unvermeidlich ist.

    2. Wenn wir nun von dem ganz einzelnen persönlichen Dasein aus-
15 gehn: so ist auch alles andere menschliche Dasein dem unsern gegenüber
und beziehungsweise entgegengesezt, und so kann dasselbe, was, wenn
wir uns im Gesammtleben betrachten, als Gesammtschuld auch unsere
Sünde ist, wenn wir uns vereinzelt betrachten, für uns ein Uebel sein, also
Sünde zugleich Uebel. Eben so, da unser Leib ein Theil der Welt ist und
20 wir ihn beziehungsweise der Seele | als dem nächsten Subject des Be-   II,88
wußtseins entgegensezen, können auch Beschaffenheiten unseres Leibes,
wiewol sie von der andern Seite angesehn gehemmte Lebenszustände
selbst sind, mehr als Ursachen derselben angesehen werden und also
Uebel sein. Alles nun woraus uns gehemmte Lebenszustände entstehen,
25 sofern es von der menschlichen Thätigkeit unabhängig ist, pflegen wir natürliches Uebel zu nennen; was aber nur durch Einfluß menschlicher
Thätigkeit eine Quelle gehemmter Zustände geworden ist, nennen wir
gesellige oder moralische Uebel. Wenn nun gleich diese Eintheilung hie
und da nicht zu genügen scheint, sondern die Glieder durch einander
30 laufen, wie z. B. Krankheit in manchen Fällen kann ein natürliches Uebel
sein, in andern ein geselliges: so kann doch dies der Richtigkeit und
Bedeutsamkeit des Unterschiedes keinen Eintrag thun, da die Zweideutig-
keit nur an einem allgemeinen Namen haftet, nicht an den einzelnen
Fällen, über die man sich immer leicht wird entscheiden können. – Bei-
35 derlei aber natürliche und gesellige Uebel kann es geben in zwiefacher
Hinsicht, indem sie entweder die Fülle der Reizmittel verringern, durch
welche die Welt sonst die Entwiklung des Menschen begünstigt, und dies
sind die Uebel der Dürftigkeit und des Mangels, oder auch indem sie die
Bildsamkeit der Welt vermindern, und also dem Geschäft des Menschen
40 widerstreben und seine Anstrengungen vergeblich machen, und dies sind
die Uebel des Druks und des Widerstandes. In diesen beiden Arten muß

---

[1] Hebr. 2, 15.

auch nach §. 72. alles aufgehn, was wir irgend von dem religiösen Ge-
sichtspunkte aus als Uebel ansehen können.

3. Es geht aus dem obigen schon von selbst hervor, was auch in dem
allgemeinen Gefühl liegt, daß | die Sünde nicht gedacht werden kann   II,89
5 ohne Uebel hervorzubringen; und also da in jedem Augenblik Sünde
enthalten ist, so wird auch, wenn wir unser Selbstbewußtsein auf unser
Verhältniß zur Welt richten, in einem jeden Augenblik das Gefühl von
Uebel gesezt sein, und dieses wird, sofern wir von dem Einfluß der
Erlösung absehn, von jeder Zeit wo ein thätiges Leben der Menschen
10 gegeben ist gelten, und von jedem Ort auf der Erde wo sich ein solches
entwikkelt.

98.

Alles Uebel ist in seinem Zusammenhang mit der Sünde als
Strafe derselben zu denken, jedoch unmittelbar nur das gesellige,
15 das natürliche hingegen nur mittelbar.

1. Wenn gleich das Uebel nicht ohne Sünde zu denken ist, und dieser
Zusammenhang allgemein anerkannt wird: so wäre doch noch möglich ihn
so vorzustellen, daß das Uebel das ursprüngliche sei, und die Sünde das
aus jenem abgeleitete. Dies geschieht auch im einzelnen häufig genug,
20 indem sehr oft einzelne Sünden als Folgen leiblicher oder geselliger Uebel
dargestellt werden. Die Sünde hätte unter dieser Voraussezung ihren
lezten Grund ganz außerhalb der Thätigkeit des Menschen in der ursprünglichen und von ihr unabhängigen Anordnung des Uebels; sie wäre
mithin auch keine Gesammtthat des menschlichen Geschlechtes sondern
25 vielmehr eine Gesammtthat zunächst der äußern Natur, in welcher leztlich
das Uebel seinen Siz hätte; sie wäre sonach Schikkung, und diese Annahme führte uns ganz nicht nur aus dem eigenthümlichen Gebiet des
Christenthums, sondern auch überhaupt aus dem der sittlichen Glaubens-
weise heraus in den Na-|turglauben hinein, welchem die Vorstellung des   II,90
30 Schiksals zum Grunde liegt. Es müßte dann auch folgerechterweise alle
Thätigkeit, um die Sache an der Wurzel anzugreifen, auf die Aufhebung
des Uebels, also auf die sogenannte Glükseligkeit gerichtet werden, und
das leitende Vertrauen könnte nur dieses sein, daß wir hofften gut zu
werden, wenn wir glüklich würden geworden sein, wodurch denn des
35 Lebens ganze Leitung der sinnlichen Seite unserer Natur übertragen
würde. — Von dem allen nun will der obige Saz das Gegentheil aufstellen,
indem er behauptet, in dem Zusammenhange des Uebels mit der Sünde sei
überall die Sünde das erste und ursprüngliche und das Uebel das abgeleitete und zweite. Denn der Ausdruk Strafe bezeichnet zunächst und im

weitesten Sinne ein in Bezug auf ein vorgängiges Böse bestehendes Uebel.
Diese Ansicht ist auch der reine Ausdruk eines allgemeinen Gefühls,
welches wir nur als einen Ausfluß des der menschlichen Seele einwohnenden Gottesbewußtseins betrachten dürfen, und dem sich niemand unter
5 uns entziehen kann. Denn wenn gleich auch dieses im Heidenthum und
Judenthum oft in einseitigen und verkehrten Gestalten vorkommt, denen
sich dann auch unvollkomne christliche Aeußerungen nähern: so ist sehr
leicht nachzuweisen, daß diese Ausartungen des Vergeltungsgefühls in ge-
nauem Zusammenhang stehen mit ähnlichen Verunreinigungen des
10 Gottesbewußtseins selbst.

2. Es ist aber der Zusammenhang der geselligen Uebel mit der Sünde
deshalb ein unmittelbarer, weil die geselligen Uebel unmittelbar aus der
Sünde entstehen. Denn nur ein in menschlicher Thätigkeit gegründetes
Uebel ist ein geselliges. Aus demjenigen aber, was in der menschlichen
15 Thätigkeit gut ist, kann | kein Uebel sich entwikkeln; denn gut und   II,91
richtig ist nur dasjenige in menschlichem Thun, wodurch wirklich die
sinnliche Seite des Menschen und mittelst ihrer auch die äußere Welt dem
Geist als Werkzeug angeeignet, mithin das in allen Menschen ursprünglich
gleiche und selbige Gottesbewußtsein auch immer mehr frei und herr-
20 schend gemacht wird. Aus einem solchen Handeln aber kann sich kein
hemmender und das ursprüngliche Verhältniß aufhebender Gegensaz
weder eines Menschen gegen den andern noch der äußeren Welt gegen den
Menschen entwikkeln. Entstehen also aus dem menschlichen Handeln
Uebel: so können sie nur dem andern Bestandtheil desselben, der auch
25 überall vorhanden ist, nämlich der Sünde zugeschrieben werden; und das
ist auch leicht zu sehen. Denn nur das reine und vollkomne Gottesbewußtsein kann alle Menschen einigen und in Zusammenstimmung erhalten; so bald aber etwas anderes sie in ihren Einwirkungen auf die Welt
beseelt, so muß auch die ursprüngliche Vollkommenheit der Welt, die sich
30 nur auf die ursprüngliche Vollkommenheit des Menschen bezieht, in der
Erscheinung getrübt werden, und sowol ihre belebenden Reize werden
theils abnehmen theils sich in Versuchungen verwandeln, als auch ihre
Bildsamkeit wird sich den reinen Einflüssen des Geistes entziehen und
entweder überhaupt verhärten oder sich der Sünde zuwenden. – Der Zu-
35 sammenhang des natürlichen Uebels aber mit der Sünde ist nur ein mittelbarer, weil wir Tod und Schmerz und andere natürliche Mißverhältnisse
eines Lebens zu seiner umgebenden Welt auch da finden, wo keine Sünde
ist; denn daß auch die Thiere auf unserer Erde erst sollten sterblich geworden sein mit dem Falle Adams und durch denselben, wird wol nicht
40 leicht mehr behauptet | werden. Wir können also nicht sagen, daß die   II,92
natürlichen Uebel erst aus der Sünde entstehen, sondern nur daß der

Mensch ohne Sünde alles in der Welt, was nur seine sinnlichen Verrichtungen hemmt, nicht als Uebel empfinden würde, weil nämlich das,
was jeden Moment eigentlich bestimmt, ungehemmt bleibt; so daß etwas,
was zwar nicht aus der Sünde entsteht, sondern jedesmal unabhängig von
5 ihr schon da ist, doch erst durch die Sünde zum Uebel wird, also auch als
Uebel eine Strafe derselben ist. Daß aber die natürlichen Mißverhältnisse
an und für sich und aus dem Standpunkt der natürlichen Vollkommenheit
des Menschen betrachtet nicht Strafe der Sünde sind, sondern Reizmittel
für die Entfaltung des Geistes, das lehrt Christus selbst in der Geschichte
10 vom Blindgebohrnen[1]; denn was er dort freilich zunächst in Beziehung
auf seine Wunderkraft sagt, leidet doch ohne allen Zwang auch eine allgemeine Anwendung. Will man aber außerdem höher hinaufsteigend auch
noch sagen, daß die Hemmungen unseres Lebens, auch noch ehe sie durch
die Sünde zu Uebeln werden, schon an und für sich in demselben be-
15 gründet sind, worin auch die Sünde es ist, nämlich in der zeitlichen
Gestalt unseres Daseins und in dessen räumlicher Vereinzelung, woraus
alle oben angeführten Anfänge der Sünde zu erklären sind: so ist doch
auch hierauf das vorige anzuwenden, daß auch in diesem Zusammenhange
gemeinschaftlicher Begründung doch die Sünde das erste ist und das Uebel
20 das zweite. Denn sonst müßten wir den Menschen in seiner Verbindung
mit der übrigen Welt nicht als ursprünglich handelnd ansehn, sondern |
sein Handeln als bedingt durch seine leidentlichen Zustände, wodurch wir   II,93
den Typus, zu dem die christliche Frömmigkeit gehört, ganz aufgeben
würden und in das Gebiet des Naturglaubens hinübergehn.
25   3. Ist einmal zugegeben, daß es keine Geschichte des ersten
Menschen geben kann, und daß der mosaischen Erzählung also nur als
Lehrsage ein wahrer Werth zukommt; und haben wir uns überzeugt, daß
der paradiesische Zustand, welcher dem ersten Menschen eine Fülle von
Lebensgenuß ohne alle Anstrengung darbot, kein reiner Ausdruk der ur-
30 sprünglichen Vollkommenheit der Welt ist: so können wir die wahre Bedeutung dieses symbolischen Bildes nur in der Beziehung auf das Gegentheil jenes Zustandes suchen. Nämlich daß der Mensch nach dem
Sündenfall aus diesem Zustande in jenen versezt wird, wo er nicht nur den
Akker bauen mußte im Schweiß seines Angesichts — denn dies war nicht
35 das Uebel und die Strafe der Sünde — sondern vornehmlich auch, wo der

---

[1] Joh. 9, 3.

1f Verrichtungen] Verrrichtungen

---

17 § 94

so gebaute Akker dennoch Dornen und Disteln trug, dies bedeutet vorzüglich, daß ohne Sünde kein Widerstreben der Natur gegen die bildende
Einwirkung des Menschen zu denken wäre; und daß dem Menschen der
ihm vorher unbekannte Tod als Lohn der Uebertretung vorgehalten wird,
5 und zur Bestätigung dessen auch wirklich der erste Todesfall ein unmittelbares Erzeugniß der Sünde ward, dies bedeutet, daß der Tod, der zugleich
das Symbol des Substrats aller natürlichen Uebel ist, ohne die Sünde in gar
keiner Verbindung mit den geselligen Uebeln würde gestanden haben. Da
nun die Paulinische Darstellung[2] von dem Verhältniß des Todes und so
10 auch | aller untergeordneter natürlicher Uebel zur Sünde sich ganz auf   II,94
jene sinnbildliche Geschichte bezieht: so kann sie auch nur dem gemäß
ausgelegt werden, und stellt uns nach genauer Analogie mit der Sünde
auch das Uebel, so den Menschen nach dem Sündenfall betroffen, als ver-
ursachendes Urübel dar, was sich auf jeden Beitrag anwenden läßt, den
15 jeder Einzelne durch seine Sünde zur Verschlimmerung der Welt leistet.

99.

Die Abhängigkeit des Uebels von der Sünde kann aber in der
Erfahrung nur gefunden werden, wenn man ein gemeinsames
Leben als ein Ganzes ins Auge faßt, nicht aber, wenn man eines
20 Einzelnen Sünde und Uebel aufeinander beziehen will.

Anm. Da streng genommen kein Causalverhältniß an sich kann wahrgenommen und ohne Voraussezung rein durch die Erfahrung begründet
werden: so ist das, was von dieser Abhängigkeit in das Gebiet der Erfahrung
fallen kann, vorzüglich die Gleichheit des Verhältnisses zwischen Ursache
25 und Wirkung, daß nämlich überall so viel Uebel ist als Sünde, und hierauf
geht auch besonders der aufgestellte Saz.

1. Da wir die Sünde nur recht verstehen können als die Gesammtthat
des menschlichen Geschlechtes: so können wir auch ihre Ursächlichkeit in
Hinsicht des Uebels nur recht verstehen, wenn wir sie aus diesem Ge-
30 sichtspunkt betrachten. Und jeder wird gewiß den reinsten Ausdruk
dieses Bewußtseins in dem allgemeinen Saz finden, daß in dem Maaß, als
in der Gesammtheit des menschlichen Geschlechtes die Sünde zunimmt,
auch das Uebel zunehmen muß; nur daß, da die Wirkung sich nur

---

[2] Röm. 5, 12. flgd.

---

21 Causalverhältniß] Causalverhälrniß

allmählig entwikkeln kann, ihr | der Ursach Gleichsein in der Erscheinung   II,95
erst später wahrgenommen, und also die Sünde der Väter heimgesucht
wird an den Kindern[1]. Sofern aber die Gemeinschaft des menschlichen
Geschlechts noch beschränkt ist, und manche Theile gleichsam außer dem
5 Bereich der Sünde der übrigen liegen: so werden wir auch in dieser
Hinsicht die verschiedenen nebeneinander bestehenden geschichtlichen
Gebiete sondern, und dasselbe von einem jeden für sich sagen können; und
so auch, wiewol schon in einem beschränkteren Sinne, von jedem Volk
und von jedem Stande in demselben, in dem Maaß als er sich in sich selbst
10 abschließt, wird es gelten, daß soviel Sünde in demselben ist, soviel auch
Uebel sein wird. Ja auch von einem großen Theil dessen, was aus der
Wechselwirkung mit andern geschichtlichen Gebieten hervorgeht, wird es
gelten, daß in sofern jene auf das abgeschlossne Gebiet als Naturkräfte
wirken, ihre Einwirkungen um destomehr als Uebel empfunden werden,
15 je mehr Sünde in diesem Gebiet verbreitet ist. − Und diese Gleichheit des
Uebels mit der Sünde erstrekt sich nicht etwa nur auf das gesellige Uebel;
sondern jemehr wir im großen bleiben, um desto mehr finden wir nicht
nur Gleichheit der Sünde und des Leidens durch natürliche Uebel,
sondern auch Zusammengehörigkeit der herrschenden Sünde und der be-
20 sonderen Beschaffenheit der natürlichen Uebel, weil nämlich das leibliche
Dasein des Menschen auf der einen Seite als Theil der Natur das Gepräge
derselben auch in seinen widerstrebenden Einwirkungen auf den Geist
annimmt, auf der andern Seite aber durch dieselbe Beschaffenheit der
Natur in seiner Wechselwirkung mit ihr leidet. |
25   2. Gehen wir aber von dem Einzelnen aus, so ist es eine beschränkte   II,96
und irrige Ansicht, die aber sowol im hellenischen Heidenthum als auch
im Judenthum sehr tief gewurzelt war, daß nämlich auf jede einzelne
Sünde auch einzelnes Uebel folge, und aus jedem Uebel auf Sünde an
demselben Ort und in dem gleichen Zeitzusammenhang geschlossen
30 werden dürfe, so daß für jeden Einzelnen das Maaß seines Uebels auch das
seiner Sünde sei. Denn was zuerst das natürliche Uebel betrifft, so erklärt
sich Christus selbst auf das bestimmteste dahin zuvörderst, daß diejenigen
Einwirkungen in denen sich die ursprüngliche Vollkommenheit der Welt
darstellt, und die man also das natürlich gute nennen kann, nach der
35 göttlichen Anordnung eben so sehr da sind wo Sünde ist, als da wo
Gerechtigkeit[2]; und eben so bestimmt erklärt er zweitens, daß natürliche
Uebel, wozu ja die Mißbildungen der Organisation vorzüglich gehören[3],
und zufällige von solcher Art, die jeder noch den natürlichen beizählen

---

[1] 2 Mos. 20, 5.
40 [2] Matth. 5, 45.
[3] Joh. 9, 3.

wird[4], nicht mit der Sünde des Einzelnen zusammenhangen, oder als das
Maaß derselben angenommen werden können. Und wenn wir darauf
zurükgehn, daß das natürliche Uebel im Ganzen durch dasselbe begründet
ist, wodurch auch die Sünde: so steht doch das besondere natürliche
5 Uebel, welches einen Einzelnen trifft, gar nicht in einem besondern
Zusammenhang mit der sich in ihm ausbildenden eigenthümlichen Gestalt
der Sünde. Wie denn endlich Christus auch natürliche Uebel im großen
weissagt als Zeichen des Gerichts, die von al-|len Bösen auf gleiche Art   II,97
empfunden werden, ohne sie nach verschiedenem Antheil an der Schuld
10 auch verschieden zu treffen. Was aber das gesellige Uebel betrifft, so lehrt
ebenfalls Er selbst auf der einen Seite, daß bei gemeinsamer Schuld die
Strafe eben so wol den einen als den andern der gemeinsam Verhafteten
treffen könne, ohne daß sie einem jeden nach seinem Antheil an der
Schuld zugemessen würde[5], ja er weissagt auf der andern seinen Jüngern
15 Verfolgung und Leiden grade im Zusammenhang mit ihrer Arbeit am
Reiche Gottes und nicht mit ihrer Sünde. Wie es denn eine durch das
ganze neue Testament hindurchgehende und dem Christenthum wesentliche Vorstellung ist, daß in einem gemeinsamen Gebiet der Sünde der eine
leiden kann für die andern, so daß alles Uebel was in der Sünde Vieler be-
20 gründet ist, über Einem zusammenschlägt; und daß die Strafübel sogar am
meisten den treffen können, der selbst von der gemeinsamen Schuld am
freiesten ist und der Sünde am kräftigsten entgegenarbeitet.

3. Von hier aus läßt sich nun auch die Behauptung beurtheilen,
welche man im allgemeinen die cynische nennen möchte, und welche
25 oftmals unter verschiedenen Gestalten ist wiederholt worden, als ob
nämlich alle Uebel nur aus der Vereinigung der menschlichen Kräfte und
aus dem Bestreben der Menschen die Natur aufzuschließen und zu beherrschen entstanden wären, in dem sogenannten Naturstande aber so gut
als gar nicht würden vorhanden sein. Diese Meinung scheint nämlich nur
30 die Vollendung der einen Seite unseres Sazes zu sein, daß das Uebel ver-
möge der | Sünde für den Einzelnen nicht auf dieselbe Weise gesezt ist   II,98
wie für eine Gemeinschaft. Sie findet auch einigen Vorschub in der mosaischen Erzählung; denn erst mit dem Akkerbau treten dem Menschen
die Dornen und Disteln in den Weg, und der Städtebau wird demselben
35 Stamme zugeschrieben wie der Mord. Auch ist sie in sofern richtig, als

----

[4] Luk. 13, 5.
[5] Luk. 13, 2. 3.

7f *Mk 13, 24f par*   14–16 *Mt 10, 14–39 par; 24, 9–12 par*   37 *Statt 2.3 CG² § 77,
2: 1–3*

ohne Zweifel je weniger Thätigkeit der Mensch ausüben will, je weniger er
sich daher mit der äußeren Welt und den übrigen Menschen in Berührung
sezt, um desto weniger können sich auch Uebel für ihn aus dieser Berührung entwikkeln. Allein er bringt sich dadurch auf das kleinste Maaß
5 des Bewußtseins zurück, und soll sein Leben ein menschliches bleiben, so
muß er doch zu jener Thätigkeit zurükkehren und in die Gemeinschaft
treten, wenn er gleich weiß, daß aus derselben auch ihm Uebel erwachsen
werden. In wiefern nun hingegen die Behauptung warnen will, verräth sie
einen dem Christenthum widersprechenden Charakter; denn indem sie die
10 größere Thätigkeit ablehnt, um die Uebel zu vermeiden, zeigt sie den
Charakter des faulen Knechtes und erhebt die leidentlichen Zustände als
Zwek über die selbstthätigen.

100.

Das Bewußtsein des Uebels ist nicht ohne ein Bestreben es auf-
15 zuheben; aber doch kann es keine besondere Thätigkeit geben, die
auf die Aufhebung des Uebels gerichtet ist, sondern jenes Bestreben
löst sich auf in das Vertrauen, daß das Uebel in dem Maaß ver-
schwindet als die Sünde aufgehoben wird. |

1. Hiedurch soll keinesweges das bloß leidentliche Erdulden des   II,99
20 Uebels empfohlen oder vertheidigt werden, welches sich als christliche
Geduld geltend machen will. Weder soll das natürliche Uebel bloß er-
duldet werden, damit man nicht in die göttlichen Fügungen eingreife,
noch das gesellige damit man nicht in einem Widerstande befangen erscheine. Diesen auf Mißverstand der Schrift beruhenden Wahn hat die
25 Kirche immer angefochten und sich dem Aberglauben und der
Schwärmerei über diesen Punkt entgegengestellt; und ihr darin folgend
einzuschärfen, daß ein bloß leidentliches Ertragen des Uebels in dem
Gesammtleben der Menschen sich ohne Sünde nicht denken läßt, ist jedes
christlichen Lehrers Pflicht. Die Meinung ist nur die, daß das natürliche
30 Uebel am wirksamsten aufgehoben wird durch die Thätigkeit, welche auf
die Vermehrung der Herrschaft des Menschen über die Natur gerichtet ist,
und daß sich die ursprüngliche Vollkommenheit des Menschen, sofern sie

---

8 hingegen] *Reutlingen 2, 86:* hiegegen

---

11 *Mt 25, 26*

die natürliche Fähigkeit die Natur zu beherrschen in sich schließt, in immer erneuerten Bestrebungen entwikkeln muß, alle Uebel, wie sie entstehen, auch wieder aufzuheben. Das gesellige Uebel aber wird am sichersten aufgehoben durch diejenige Thätigkeit, welche auf die Ver-
5 breitung und Befestigung des Guten gerichtet ist, weil nämlich die das Uebel verursachende Sünde durch diese Thätigkeit immer mehr eingeschränkt wird. Und nur dieses ist wol das Wahre, woran der eben erörterte Irrthum sich gehängt hat, daß eine Thätigkeit, welche gegen das Uebel an und für sich gerichtet ist, wenn es ein natürliches ist, leicht einen
10 sinnlichen, wenn ein geselliges, leicht einen leidenschaftlichen Charakter annimmt. Was also durch diese beiden Thätigkeiten jeder beseitigen | kann   II,100
von Uebeln, das ist für sich, und geschieht in allen Fällen, mag ihm selbst nun viel oder wenig übles widerfahren sein. Wo aber das Handeln, wodurch ein Uebel ausgerottet werden kann, gar nicht in den Kreis dessen
15 fällt, der darunter leidet, da ist jenes Vertrauen die allgemeine Ergänzung, in welcher das auf dem Zusammenhang des Uebels mit der Sünde gegründete Bestreben nach dessen Hinwegräumung seine Befriedigung findet. – Daß aber eine besondere Thätigkeit auf die Aufhebung des Uebels, verschieden von der, wodurch die Sünde aufgehoben wird, nicht gerichtet
20 werden kann, geht auch schon daraus hervor, daß wie die Sünde so auch das Uebel überall ist und immer. Wären also die beiden Thätigkeiten verschieden: so müßte Jeder jeden Augenblik zu zwei ganz verschiedenen Handlungen aufgefordert sein, und es wäre ein Zwiespalt gesezt, welcher nur auf eine ganz zufällige und willkührliche Weise könnte aufgelöset
25 werden. Denn sollte eine Lösung irgend in die Gestalt einer bestimmten Vorschrift gebracht werden: so müßte sie entweder auf einen unmittelbaren Zusammenhang beider Aufgaben führen, oder auf ein Abwägen derselben gegen einander, welches wiederum keinen Sinn hat, wenn nicht die eine in die andere kann aufgelöst werden. Daher auch das allgemeine sitt-
30 liche Gefühl sich in unserm Saz wieder erkennt.
        2. Aus dem obigen kann man nun auch die ganz entgegengesezte Ansicht beurtheilen, daß nämlich das Uebel erst alle Thätigkeit des Menschen sowol die naturbeherrschende als die das gesellige Leben bildende hervorlokke. Denn dieses ist doch die Meinung des bekannten Sazes, daß die
35 Noth die Mutter aller Erfindungen ist, der auch einigen Vorschub findet in der | mosaischen Erzählung, weil erst mit der Austreibung aus dem   II,101
Paradiese die bildende Thätigkeit des Menschen beginnt. Die natürliche Folge aus diesem Saz aber wäre, wie sie denn auch in besserem und böserem Sinn oft ist gemacht worden, daß man von dem Uebel immer

---

34 f Vgl. von Lipperheide: Spruchwörterbuch 666

etwas schonen müsse, und zurükbehalten, damit die Thätigkeit der
Menschen nicht einschlummere. Es ist aber erstlich nicht gegründet,
daß das Uebel als solches die Thätigkeit des Menschen hervorlokken
würde, wenn sie nicht schon von selbst aus seiner die Bestimmung zur
5 Geselligkeit und zur Herrschaft über die Erde in sich schließenden Natur
hervorginge. Denn wie die nachtheiligen Einflüsse der Jahreszeiten in den
Thieren, deren Thätigkeit sie hemmen, keine neue Thätigkeit aufregen,
sondern nur eine Beschränkung und Zusammenziehung ihres Daseins bewirken: so steht dem Menschen eine solche Zusammenziehung auch zu
10 Gebot und er könnte das Entbehren- und Ertragenlernen, bis ins unendliche treiben; wie denn die oben[1] angeführte Ansicht darzustellen sucht,
daß, je mehr der Mensch seine Thätigkeit zu beschränken weiß, um desto
mehr das Uebel sich für ihn vermindert. Für dieses also gäbe es eine
andere Hülfe, und der Mensch braucht also nicht dem Uebel der Ver-
15 neinung seiner Kraft für dasjenige verpflichtet zu sein, was in seiner Kraft
selbst angelegt ist. — Wie nun diese Ansicht für das Gebiet des
christlichen Glaubens schon deshalb nicht gelten kann, weil wir zu dem,
was aus der Kraft des in seine Rechte durch die Erlösung wieder einge-
sezten Gottesbewußtseins hervorgehn muß, keiner andern Antriebe be-
20 dürfen können: so bleibt es eine ganz | unchristliche Weise, den Menschen   II,102
Uebel, von denen man sie befreien könnte, als Sporn zurükzulassen. Und
dies um so mehr als die Sünde und mit ihr das Uebel doch in der Zeit nie
ganz können aufgehoben werden; sondern, jemehr die Sünde zurüktritt
und das wahre Gute reiner erkannt wird, um desto mehr wird auch als
25 Uebel empfunden was vorher gleichgültig sein konnte, und was nur durch
noch reinere Vollkommenheit wieder hinweggenommen wird; eben so
entstehen auch aus den vermehrten Beziehungen des Lebens immer neue
Uebel, welche nur in einem noch reicheren und gemeinsam geordneten
Leben wieder verschwinden. |

------

30 [1] §. 99, 3.

------

30 99] 98

Dritter Abschnitt.

Von den göttlichen Eigenschaften, welche sich auf die Sünde und das Uebel beziehen.

101.

5 Göttliche Eigenschaften, welche sich auf die Sünde und das Uebel beziehen, und die ihren Ort nicht besser in dem Hauptstük von der Erlösung finden, kann es nur geben, sofern Gott Urheber der Sünde und des Uebels ist.

1. Denn es giebt keine andere Art zu Begriffen göttlicher Eigen-
10 schaften zu kommen, als indem wir, was in uns begegnet, auf die göttliche Ursächlichkeit zurükführen. Nun schreibt unser Selbstbewußtsein das Aufgehobenwerden der Sünde durch die Erlösung der göttlichen Ursächlichkeit zu; und die göttlichen Eigenschaften, welche hiebei als thätig gedacht werden, beziehen sich allerdings auch auf die Sünde; aber indem sie sie
15 aufheben, so ist ihr wahrer Gehalt doch die Erlösung. Eine andere göttliche Thätigkeit aber als die aufhebende kann es in Beziehung auf die Sünde nur geben, wenn die Sünde durch die göttliche Ursächlichkeit besteht, und diese in Bezug auf dies Bestehen der Sünde besonders bestimmt ist. Denn daß im allgemeinen auch die Sünde als That, außerdem daß sie
20 jedesmal im Naturzusammenhang gegründet ist, auch unter der göttlichen Mitwirkung steht, ist schon oben auseinandergesezt; allein dies geht auf keine andere göttliche Eigenschaft als auf die alles in seiner Ordnung erhaltende göttliche Allmacht zurück. Ein drit-|tes aber giebt es nicht für die göttliche Ursächlichkeit, als daß durch sie die Sünde entweder bestehe —
25 erhalten aber und hervorbringen war uns einerlei — oder aufgehoben

---

16 aber] abee

---

3 f *Im Inhaltsverzeichnis von OD Zwischenüberschrift:* Einleitung §. 101−104 21 § 62 *(entsprechend der in CG² § 79, 1 gegebenen Verweisung);* § 85, 1 25 Vgl. § 44

werde. Es ist also unsere nächste Aufgabe zu untersuchen, ob und inwiefern Gott für den Urheber der Sünde als solcher kann angesehen
werden, indem nur die Lösung derselben uns hiehergehörige Begriffe
göttlicher Eigenschaften geben kann.

5   2. Wenn nun eben diese Bedingung schon im Voraus keinen
günstigen Ausgang verspricht: so würden wir uns damit trösten können,
daß, da wir uns im Zustande der Abstraction befinden, indem wir die
Sünde, die wir in unserm Selbstbewußtsein immer nur in Verbindung mit
der Erlösung finden, für sich allein betrachten, wir eigentlich auch nicht
10 erwarten können, göttliche Eigenschaften zu finden, welche sich auf die
Sünde besonders beziehen. Denn da sie nirgend für sich allein vorhanden
ist, so kann auch die sich auf sie beziehende Thätigkeit nicht gesondert
werden, und getrennt gesezt von der, die sich auf das bezieht, was mit der
Sünde überall verbunden ist; und unser Gewinn bliebe immer der, daß wir
15 auf dem Wege einer ordentlichen Untersuchung zu der Einsicht gekommen wären, daß es einen solchen Ort für göttliche Eigenschaften nicht
giebt. Auf jeden Fall müßten die hier gefundenen Eigenschaften einerseits
bedingt sein durch die unter dem Hauptstük der Erlösung vorkommenden, und andrerseits als Modificationen der göttlichen Allmacht angesehen
20 werden, und ihrer Form nach Antheil haben an der göttlichen Ewigkeit,
weil nämlich diese beiden der allgemeinste Ausdruk sind des absoluten
Abhängigkeitsgefühls, welches hier nur unter der einen Seite des Gegen-
sazes betrachtet werden soll. |

102.

25   Sofern in unserm Selbstbewußtsein Sünde und Gnade einander
entgegengesezt sind, kann die erste nicht eben so wie die lezte auf
die göttliche Ursächlichkeit zurükgeführt werden; und also Gott
nicht eben so als Urheber der Sünde gedacht, wie er Urheber der
Erlösung ist. Sofern wir aber nie ein Bewußtsein der Gnade haben
30 ohne Bewußtsein der Sünde, und also jene bedingt ist durch diese,
können wir nicht sagen, daß nicht auch das Sein der Sünde neben
der Gnade von Gott geordnet sei.

     1. Das erste wird jeder Christ als das allein seinem innersten Gefühl
angemessene erkennen; denn die Gewalt des Gottesbewußtseins in unserer

---

15 Untersuchung] Untersuchng

Seele nennen wir eben Gnade, weil wir sie einer göttlichen Mittheilung
zuschreiben; und das Erfüllen eines Augenbliks ohne die bestimmende
Thätigkeit jenes Bewußtseins, nennen wir eben Sünde, weil wir sie als
unsre eigne mit jener göttlichen Mittheilung nicht in Verbindung stehende
5 That ansehn. Wenn nun einer sagen wollte, der Gegensaz zwischen Gnade
und Sünde innerhalb der Einheit des Selbstbewußtseins sei nicht anders
anzusehn wie wir innerhalb der Einheit der thierischen Natur den Gegensaz zweier Gattungen ansehn, deren eine von der andern verzehrt wird,
und die doch beide durch dieselbe erhaltende göttliche Mitwirkung
10 bestehen; denn eben so solle die Sünde verzehrt werden durch die Gnade,
aber beide bestünden doch durch dieselbe göttliche Mitwirkung, und auch
die Sünde, wiewol jedesmal in einem Naturzusammenhang gegrün-|det,   II,106
was aber bei jeder wirklichen Aeußerung der Frömmigkeit doch auch der
Fall sein werde, müsse doch zugleich wie alles andere nach dem obigen auf
15 dieselbe erhaltende göttliche Allmacht zurükweisen, ohne welche keine
Wirkung entstehen und keine Ursache bestehen kann, und so wäre auf
beiden Seiten, wie es auch nach dem obigen sein muß, sowol Naturzusammenhang und eigne Thätigkeit, als auch göttliche Ursächlichkeit und Einwirkung; und so sei Gott auf dieselbe Weise Urheber der Sünde wie der
20 Gnade: so würde zu antworten sein, daß eine solche Ansicht die christliche nicht sein könne, weil nach derselben auch eben soviel Selbstthätigkeit in der Gnade sein würde als in der Sünde, daß aber auch der Gegensaz in unserm Selbstbewußtsein nicht derselbe sei wie jener in der Natur,
indem wir es als einen und denselben göttlichen Willen ansehn könnten,
25 daß jene beiden Gattungen in einem gewissen Maaß bestehen, welches sie
sich gegenseitig bestimmen, die Sünde aber und die Gnade als durch denselben göttlichen Willen bestehend anzusehn, sei eben uns unmöglich; und
es verhalte sich so, daß jene allgemeine göttliche Mitwirkung, ohne welche
auch die Sünde nicht könne gethan werden, in den Aeußerungen der
30 Frömmigkeit auch sei, außer jener besondern göttlichen Mittheilung, um
derentwillen wir diese Gemüthszustände als Gnade ansehn. Und so rechtfertige sich das Gefühl, welches, abgesehen von der allgemeinen Beziehung auf die göttliche Allmacht, die Gnade noch in einer besonderen
Beziehung als göttliche Einwirkung ansehe, in welcher die Sünde es nicht
35 ist. Sofern also in unserm Selbstbewußtsein dieser Gegensaz besteht,
können wir auf die Frage, was für eine göttliche Thätigkeit dann ange-
sehen werden könne als der Realität | der Sünde entsprechend, keine   II,107

---

10 durch die] durchdie

---

14 § 101   17 § 101

andere Antwort geben, als daß, wenn unser Gefühl wiedergegeben werden
soll, jede solche Thätigkeit müsse geläugnet werden.

    2. Eben so wahr ist aber auch genauer betrachtet das andere. Denn da
wir uns der mitgetheilten Fähigkeit durch das Gottesbewußtsein in
5 unserer Seele bestimmt zu werden immer nur bewußt sind im Zusammensein mit der sich ebenfalls noch als mitbestimmend erweisenden eignen
Unfähigkeit; und also jene Fähigkeit diesen Widerstand zwar aufhebt,
aber auch immer noch übrig läßt: so können wir auch den besonderen sich
als Gnade offenbarenden göttlichen Willen nur als einen solchen be-
10 schreiben, in welchem mit enthalten ist, daß die Sünde als verschwindend
noch neben der Gnade fortbestehen soll. Denn wenn der ganze auf die Erlösung gerichtete göttliche Wille, ohne daß etwas anderes darin mitgesetzt
wäre, sich gegen die Sünde wendete: so müßte diese auch ganz und augen-
bliklich verschwinden. Gäbe es nun eine Sünde ohne allen Zusammenhang
15 mit der Erlösung — so aber wird, wenn es seine Richtigkeit hat, daß der
Zustand der Verstokkung im strengen Sinn in keinem Einzelnen als
vollkomne Erfüllung einer Zeiteinheit des Bewußtseins angenommen
werden kann, nur die Sünde des Teufels gedacht — so würde für diese das
angeführte nicht gelten, und es möchte unmöglich sein, eine göttliche Ur-
20 sächlichkeit anzunehmen, die auf das Bestehen einer solchen gerichtet
wäre; für alle menschliche Sünde aber beruht die Möglichkeit eines
solchen göttlichen Willens darauf, daß überall das Böse nur am Guten und
die Sünde nur an der Gnade ist. Und zwar ist das Ueberall hier in dem
eigentlichsten Sinne gemeint, nicht nur von dem engeren Gebiet des
25 Christenthums, | in welchem jeder Einzelne für sich schon in die Ge-   II,108
meinschaft der Erlösung aufgenommen ist. Denn auch in allen denen,
deren Gottesbewußtsein noch nicht als bewegendes Princip erwacht ist,
seien es nun Erwachsene oder Kinder, ist doch schon in ihren ersten
Lebensäußerungen die Sinnlichkeit durch die Fähigkeit zu jenem
30 Bewußtsein auf eine eigenthümliche Weise bestimmt, indem ja keiner erst
ein Thier ist, und hernach ein Mensch wird, sondern ursprünglich ist jeder
ein Mensch: und auch jedes außerhalb des Christenthums gesetzte verunreinigte und unkräftige Gottesbewußtsein eines Einzelnen, gehört
einem Gesammtleben an, in welchem ein besseres ist, wie daraus erhellt,
35 daß wir überall Lehre und Gesez auf der einen Seite, Gehorsam und
Lernbegier auf der anderen finden, welches Gesammtleben dann, wenngleich selbst unvollkommen und sündlich, doch nicht nur ideal durch den
anordnenden göttlichen Willen, sondern auch real durch Sehnsucht und

---

38 real] reall

15–18 Vgl. § 96, 2 (entsprechend der in CG² § 80, 2 gegebenen Verweisung)

Ahndung in Verbindung steht mit der Erlösung. Ist nun so die Sünde
überall in demselben Gebiet, wo die Gnade ist, und diese nirgend ohne
jene: so wäre auch die Erlösung nicht in ihrer bestimmten Gestalt von
dem göttlichen Willen geordnet, wenn nicht von demselben auch das ver-
5 schwindende Bestehen der Sünde geordnet wäre. Ja die göttliche Anordnung selbst, daß der Erlöser erscheinen sollte, als die Zeit erfüllet war,
schließt in sich, daß die Sünde bis dahin noch in größerer Kraft fortbestehen sollte. Daß aber keine göttliche Anordnung als eine bloße Zu-
lassung angesehen werden kann, ist schon oben bevorwortet, wie auch,
10 daß kein wesentlicher Unterschied ist zwischen einer erhaltenden und
einer erschaffenden göttlichen Thätigkeit; welches auch hier um so augen-
scheinlicher ist, | da die fortbestehende Sünde vor und außer dem un-   II,109
mittelbaren Zusammenhang mit der Erlösung nicht aufhört erzeugend zu
sein, und also das Erhalten der einen auch das Hervorbringen der andern
15 ist. Sonach liegt darin, daß in jeder christlichen frommen Erregung mit
dem Bewußtsein der Gnade auch das Bewußtsein der Sünde gesezt ist,
und daß überall, wo das Bewußtsein der Sünde gesezt ist, — es giebt aber
keine Sünde ohne Bewußtsein derselben wenigstens im Gesammtleben —
auch schon wenigstens die Ahndung der Bestimmung gesezt ist, daß wir
20 durch das Gottesbewußtsein allein bewegt werden sollen, auch nothwendig dieses, daß Gott auch Urheber der Sünde ist.
    3. Der Widerspruch in diesen beiden Säzen, welche doch beide un-
mittelbarer Ausdruk unseres frommen Bewußtseins sind, liegt zu Tage als
ein höchst schwieriger, der nicht auf gewöhnlichem Wege kann gelöst
25 werden. Denn es sind nicht etwa zwei verschiedene Beziehungen, in
welchen Gott als Urheber der Sünde nicht sollte gedacht werden können,
und auch wieder nicht als solcher nicht sollte gedacht werden können,
d. h. eigentlich als solcher sollte gedacht werden müssen; sondern beides
wird gefordert in einer und derselben Beziehung, nämlich insofern Gott
30 Urheber der Gnade ist, d. h. insofern wir die mitgetheilte Fähigkeit durch
das Bewußtsein Gottes bestimmt zu werden auf ihn zurükführen. Und
wenngleich beide Säze ursprünglich das Bewußtsein des in die wirkliche
Gemeinschaft aufgenommenen Christen ausdrükken: so kann man doch
nicht sagen, sie bezögen sich nur auf das Entgegengeseztsein und Zu-
35 sammensein der Sünde und der Gnade auf diesem engeren Gebiet, und der
Widerspruch könnte also dadurch gelöst werden, daß | wir sagten, die   II,110
Erlösungsgnade vertreibe zwar die Sünde auf diesem Gebiet, aber, weil sie

---

37 auf] *so auch Reutlingen 2, 95; OD: aus (regelwidrig mit langem s der Frakturschrift)*

---

6 *Gal 4, 4*   8f *§§ 62, 4; 101, 1*   9—11 *§ 44*   12—15 *Vgl. § 92 (entsprechend der in CG²*
§ 80, 2 gegebenen Verweisung)

einmal vor der Erlösung gesezt sei und bestehe, nur auf zeitliche Weise;
wie aber das Bestehen der Sünde vor der Erlösung und außerhalb
derselben sich zu der göttlichen Anordnung und Ursächlichkeit verhalte,
darüber könne in diesem Bewußtsein keine Aussage vorkommen, und
5 darauf erstrekke sich also auch dieser Widerspruch nicht. Denn da dies
engere Gebiet der Erlösung noch immer in der Erweiterung begriffen ist,
und zwar durch der Begnadigten Mitthätigkeit: so ist auch jenen ein beständiges Hinaussehen auf jenes Gebiet nothwendig; und so besteht, was
hier nur vorangedeutet aber erst später auseinandergesezt werden kann, in
10 unserm Bewußtsein der Gegensaz zwischen der Welt und dem Reiche
Gottes, welche beide in ihrem Gegensaz eben das Entgegengeseztsein von
Sünde und Erlösung, im Einwirken aber des lezten auf die erste, das
Zusammensein beider darstellen, so daß wir ganz denselben Widerspruch
nur aus dem erweiterten Bewußtsein auch in vergrößertem Maaßstabe
15 wieder erhalten. Also muß auch der Widerspruch auf eine ganz allgemeine
Weise gelöset werden, und wir dürfen uns gar nicht begnügen ihn nur
hinauszuschieben.

4. Jeder Versuch aber den Widerspruch einseitig aufzuheben, indem
man den einen von beiden Säzen gelten läßt, den andern aber verwirft,
20 und somit dem christlichen frommen Bewußtsein eines seiner Elemente
entzieht, giebt auch nothwendig ein den Charakter des Christenthums
zerstörendes Resultat. Wenn man, um den Werth der Erlösung ja nicht zu
verringern, den Gegensaz zwischen Sünde und Erlösung um jeden Preis
festhalten will, und also auch dieses, daß der Urheber | der Erlösung nicht   II,111
25 kann auch der Urheber der Sünde sein, ohne irgend eine Einschränkung
annehmen: so gehet hieraus alles hervor, was ich im weiteren Sinne des
Wortes die manichäische Ausweichung nenne. Denn man muß alsdann
eines andern ursprünglich hervorbringenden Willen annehmen, in
welchem das Böse seinen Grund habe; und das Zusammensein der Sünde
30 und der Gnade in einem und demselben Wesen kann dann nur angesehen
werden als der Kampf dieser beiden einander entgegengesezten Willen,
eine Vorstellung durch welche auf jeden Fall die göttliche Allmacht beschränkt also aufgehoben wird, wenn es einen dem göttlichen Willen so
entgegengesezten Willen giebt, daß dessen Thätigkeit auch nicht in einem
35 höheren Sinn auf die göttliche Ursächlichkeit kann zurükgeführt werden,
und daß sie im Kampf gegen den göttlichen Willen ihn theilweise aufhebt.
Auch macht es in dieser Hinsicht wenig oder keinen Unterschied, ob man
als einen solchen entgegengesezt hervorbringenden Willen den Willen des
Teufels annimmt als den lezten Grund aller Sünde, oder unmittelbar den
40 menschlichen Willen. — Wenn man aber im Gegentheil, eben damit die

9 § 134   26f Vgl. § 25, 3

göttliche Allmacht ganz unbeschränkt sei, mit Aufopferung des ersten
Sazes nur den lezten aufrecht halten will, und das Zusammensein der
Sünde und Gnade in jedem Augenblik ungetheilt auf die göttliche Ursächlichkeit zurükführen, ohne in einem geistigen Wesen eine Handlungs-
5 weise anzunehmen, welche nicht könnte im göttlichen Willen gegründet
sein: so wird dann der Gegensaz, welcher das andere Element des christlichen Bewußtseins bildet, ein bloßer Schein, und, indem so Sünde und
Gnade ohne Gegensaz in einander fließen im Zusammensein, so besteht
unser Leben | in dem Unvollkomnen, welches nur in unbestimmten Ab-   II,112
10 stufungen von mehr und weniger vorhanden ist. In diesem Ineinander-
fließen verschwindet aber auch die gänzliche Unfähigkeit, um derentwillen
es eigentlich der Erlösung bedarf; und somit ist die Möglichkeit, daß die
Erlösung, welche für den Uebergang aus dem unvollkommenen in das
minder unvollkomne nur eine zufällige und willkührliche Formel wäre,
15 zum Mittelpunkt aller religiösen Beziehungen gemacht werde, aufgehoben. Um also den Eindruk der göttlichen Allmacht unverkürzt zu erhalten, wird der eigenthümliche christliche Charakter so aufgegeben, daß
nun auch wenig mehr darauf ankommt, ob man zwischen diese Geschichte des unvollkomnen einen vollkomnen wie Christus eintreten läßt
20 oder nicht; denn einen entscheidenden Wendepunkt kann er doch ohne
jenen Gegensaz nicht bilden. Eine solche Beruhigung aber bei dem Unvollkomnen, wodurch die Bedeutung des Erlösers auf jeden Fall sehr ge-
schwächt und das specifische darin aufgehoben wird, und wobei die göttliche Mitwirkung nicht im eigentlichen Sinn kann als Gnade angesehen
25 werden, ist das Wesen der pelagianischen Ausweichung. Diese leztere
opfert das praktische Interesse, die Idee des reinen Guten als ein leitendes
und bildendes Princip in der sittlichen Welt in uns selbst zu sezen, auf,
um nur das religiöse Bewußtsein so zu erklären, daß das theoretische
Interesse, nämlich die gleichmäßige reine und vollkomne Einheit der Welt
30 unter dem göttlichen Willen ungeährdet bleibe, und ist eine asthenische
durch Abstumpfung bewirkte Verzweiflung daran, daß der Mensch die
vollkomne Befriedigung, d. h. die Seligkeit wirklich haben könne. Jene die
manichäische verfährt entgegengesezt, sie opfert die-|ses theoretische Inter-   II,113
esse, die Welteinheit, auf und will sich lieber die göttliche Allmacht, sei
35 es auch gar durch die Einflüsse eines bösen Grundwesens, beschränkt
vorstellen, damit nur auch das Böse auf die vollkommenste Weise sei, und
so desto nothwendiger werde, daß ihm gegenüber das reine Gute lebendig
und erlösend wirke; welches Aufgeben der Welteinheit und der unbeschränkten göttlichen Allmacht zwar eine muthigere aber immer doch
40 auch eine Verzweiflung ist.

---

14 zufällige] zu/fällige

5. Offenbar ist es daher die natürliche Aufgabe der christlichen Glaubenslehre, wie das christliche Bewußtsein jene beiden Elemente in sich lebendig vereinigt, es auch so zu erklären, daß der scheinbare Widerspruch unserer beiden Säze aufgelöst werde ohne einen von beiden aufzu-
5 geben, damit so beide Ausweichungen vermieden werden; wie schwierig aber dieses sei, und wie leicht die Dogmatiker um desto sicherer dem einen auszuweichen sich zu sehr dem andern nähern, das leuchtet ein. Um desto härter aber ist es, wenn man hier freigebig sein will mit der Beschuldigung des unchristlichen, wo doch immer nur die Absicht zum
10 Grunde liegt ein unchristliches zu vermeiden. Die Möglichkeit aber einer glüklichen Durchfahrt zwischen beiden Klippen scheint nach dem obigen nur darauf zu beruhen, daß, inwiefern die Sünde nicht kann im göttlichen Willen gegründet sein, in sofern sie auch für Gott überhaupt nicht sei, denn alsdann bleibt die göttliche Allmacht unbeschränkt und unverkürzt;
15 sofern aber das Bewußtsein der Sünde in uns wirklich ist, so fern müßte es auch als das die Erlösung nothwendig machende von Gott geordnet sein, denn alsdann bleibt auch sowol die Erlösung selbst als auch ihr Gegensaz gegen die Sünde unverändert. Sonach kommt | alles darauf an, daß theils II,114 beides in der Sache eben so als eines erscheine, wie die beiden Elemente
20 des christlichen Bewußtseins vereint sind, theils auch daß beides in der Betrachtung recht bestimmt könne auseinander gehalten werden, damit nicht mehr jedes das Gegentheil des andern zu erfordern scheine. Erst nachdem ein solcher Ausdruk gefunden ist, welcher die Regel enthält, in wiefern eine göttliche Ursächlichkeit in Bezug auf die Sünde zu denken ist oder
25 nicht, lassen sich mit einiger Sicherheit Begriffe von göttlichen Eigenschaften bilden, welche das göttliche Wesen als diese Ursächlichkeit darstellen; ohne einen solchen Ausdruk aber werden diese Begriffe immer großem Streit unterworfen sein.

103.

30   Dieser Widerspruch wird in der kirchlichen Lehre ausgeglichen durch die Feststellung, daß Gott nicht Urheber der Sünde ist, sondern die Sünde in der Freiheit des Menschen gegründet.

Anm. a. Aug. Conf. XIX. „[. . .] tametsi Deus creat et adiuvat naturam, tamen

---

33 Anm.] *) Anm.   tametsi] Tametsi

---

33 *ed. Twesten 37; BSLK 75, 2 ff*   *Statt* adiuvat Q: conservat

causa peccati est voluntas malorum, videlicet Diaboli et impiorum, quae non
adiuvante Deo avertit se ad alias res [. . .]", wozu noch gehört Sol. decl.
p. 647. „[. . .] neque Deus est creator vel auctor peccati." – Expos. simpl.
VIII. „[. . .] scientes . . . et mala non esse quae fiunt respectu providentiae
Dei, voluntatis et potestatis Dei, sed respectu Satanae et voluntatis nostrae
voluntati Dei repugnantis." – Conf. Czeng. „Ita impossibile est Deum qui
est lux, iustitia . . . causam esse tenebrarum, peccati . . . sed horum omnium
causa Satanas et homines sunt. Quaecunque enim Deus prohibet, et propter
quae damnat, facere ex se et per se non potest [. . .]".

b. Auf der Anführung des Teufels liegt in allen diesen Stellen gar kein
Gewicht; denn er ist, wie in der ersten aus-|drüklich so in den andern insge-   II,115
sammt, mit den Menschen unter einem und demselben Begriff impii als ein
wollendes und freies Wesen zusammengefaßt, so daß nicht nur seine Sünde
ebenfalls in seiner Freiheit soll gegründet gedacht werden, sondern auch seine
Einmischung dem Begründetsein der Sünde des Menschen in dessen eigner
Freiheit keinen Abbruch thun. Es wird also, mag man den Teufel in diesem
Sinn mit in Betrachtung ziehn, deshalb nicht mehr manichäisches hineinkommen, noch wird es auch leichter zu vermeiden sein, wenn man ihn
heraus läßt.

c. Die hier aus reformirten Bekenntnißschriften angeführten Stellen heben
eine andere Seite heraus als die Augsb. Confession; eine genauere Betrachtung wird aber zeigen, daß eine vollständige Ansicht der Sache erst hervorgeht, wenn man diese beiden Seiten zusammenfaßt. Nämlich in den lutherischen Schriften tritt hervor das Begründetsein der Sünde in dem menschlichen Willen, das Nichtsein der Sünde aber, sofern sie in Gott begründet
sein müßte, tritt zurük; in den reformirten verhält es sich umgekehrt. Es ist
aber offenbar, daß, je mehr sich irgend eine von beiden Einseitigkeiten ausbildet, die eine Seite allein hervorhebend, die andere aber vernachläßigend, in
desto mehr Schwierigkeiten wird man verwikkelt und genöthiget, entweder
zu spizfindigen Unterscheidungen Zuflucht zu nehmen, in denen sich das
unmittelbare Bewußtsein nicht wieder erkennt und die auch zu keiner lebendigen Anschauung sich vereinigen, oder alle tiefere Untersuchungen aufzugeben und davor zu warnen, wonach denn die Glaubenslehre in ihrer
Bildung aufgehalten oder vielmehr ganz zerstört wird.

1. Wenn zuerst vor allem festgestellt oder vielmehr in Erinnerung gebracht wird, daß auch die Natur, in welcher die Sünde ist, von Gott geschaffen sei und erhalten werde, und also eine göttliche Thätigkeit voraus-

---

3 neque] Neque

---

2 *Statt* ad . . . res *ed. Twesten; Concordia; BSLK:* a deo *Syntagma (1654):* a Deo ad alias res
2f *Sol. decl. I, Concordia 647; BSLK 856, 49f*   3f *Conf. helv. post. VIII, Corpus (1654)*
11f; *Collectio 478f; BSRK 179, 19ff*   6 *Conf. Czeng. 51, Corpus (1654) 158; Collectio 549*

gesezt werden müsse, welche auf sie, auch sofern diese Seite des Gegensazes in ihr erscheint, gerichtet ist: so wird hiedurch zunächst bevorwortet, daß man nicht sagen dürfe, deshalb weil die Sünde nicht könne ein
göttlicher Gedanke sein, in Gott aber Denken und | Hervorbringen das-   II,116
5 selbe sei, könne es auch keinen hervorbringenden Willen Gottes in Bezug
auf die sündigende Natur geben. Denn wird sie als sündigend erhalten,
und ist Erhalten und Erschaffen in Bezug auf das Verhältniß zwischen
Gott und den endlichen Wesen in religiöser Hinsicht dasselbe: so giebt es
einen solchen hervorbringenden Willen. Man könnte sonst dasselbe auch
10 sagen von einem jeden endlichen Wesen. Denn der Begriff eines solchen
drükt zugleich ein Sein und Nichtsein aus, und auch dieses kann kein
göttlicher Gedanke sein, weil in einem solchen das Sein nur kann unendlich gesezt sein. Dennoch giebt es einen solchen das vereinzelte Sein
hervorbringenden göttlichen Willen, weil er nämlich einer und derselbe ist
15 mit demjenigen, durch welchen auch das besteht, worin das ergänzende
Sein zu jenem Nichtsein gesezt ist, nämlich die Gesammtheit alles vereinzelten; einen besonderen Ein vereinzelten an und für sich allein hervorbringenden Willen Gottes aber kann es nicht geben. So auch mit der
sündigenden Natur. Es kann ein hervorbringender Wille Gottes in Bezug
20 auf dieselbe gedacht werden, sofern er derselbe ist, durch welchen auch
die erlösende Natur besteht, d. h. die andere Seite des Gegensazes. –
Sollte also deshalb, weil die Sünde kein göttlicher Gedanke sein kann,
auch die sündigende Natur auf einen anderen hervorbringenden Willen als
den göttlichen zurükgeführt werden müssen: so würde dasselbe auch von
25 der ganzen Welt als der Gesammtheit des vereinzelten gelten. Der Teufel
als der dem göttlichen entgegengesezte hervorbringende Wille müßte dann
nicht etwa eines oder das andere darin, wie Manche sonderbar genug ge-
fabelt haben, sondern ganz und gar müßte er sie gemacht haben. – Eben |
so wenig darf aus demselben Grunde auch dieses gesagt werden, daß näm-   II,117
30 lich, weil die Sünde nichts anders sei als die Aufhebung des der menschlichen Natur von Gott mitgegebenen lebendigen Bewußtseins seiner, kein
die sündigende Natur erhaltender göttlicher Wille gedacht werden könnte.
Nicht zwar als ob überhaupt nicht das Aufhören dessen im göttlichen
Willen begründet sein könnte, dessen Anfang darin begründet ist, sondern
35 weil es das Sein Gottes selbst in dem Menschen ist, was durch die Sünde
aufgehoben wird. Denn wenn die sündigende Natur nur Sünde wäre, so
möchte dieses wahr, und auch deshalb nicht zu begreifen sein, wie Gott
den Teufel als solchen erhalten könne. Da wir aber keinen Augenblik als
durch die Sünde erfüllt denken können, sondern das Bewußtsein Gottes
40 immer noch da und thätig ist, also die sündigende Natur auch immer jenes

---

4f Vgl. § 68h, 1 (entsprechend der in CG² § 81, 1 gegebenen Verweisung)

Sein Gottes in ihr mitgetheilt behält, wenngleich auf eine ganz beschränkte
Weise: so giebt es einen sie erhaltenden Willen Gottes, insofern als überall
und immer durch denselbigen nicht nur die Beschränkung sondern auch
die beschränkte Mittheilung besteht. – Mit alle dem ist nicht zu über-
5 sehen, daß auch hier nicht gesagt wird, Gott erschaffe und unterstüze die
sündigende Natur, sondern nur die Natur überhaupt. Denn das Erschaffen – von dem Unterstüzen hernach – in seinem Gegensaz mit dem
Erhalten oder Unterstüzen geht nur auf den ersten Anfang, die Sünde aber
kann sich erst in der weiteren Entwikkelung zeigen, und also wird die
10 sündigende Natur im strengsten Sinne nicht erschaffen. Noch weniger
sollte nöthig sein erst zu sagen, daß Gott nicht der Schöpfer der Sünde
sei, da die Sünde gar nichts für sich bestehendes und beginnendes ist,
worauf also der Begriff der Schöpfung | angewandt werden könnte. Dieser   II,118
Ausdruk ist lediglich dadurch möglich geworden, daß man dem Streit
15 über die Erbsünde die Wendung geben konnte, ob sie eine Substanz sei
oder ein Accidens, welches wiederum nur auf dem verkehrten scholastischen Gebrauch abstrakter Wörter beruht.

2. Auf der andern Seite wird davon ausgegangen, daß Gott unmöglich könne dasjenige thun, also auch nicht der Urheber davon sein,
20 was er selbst verbietet; und dies ist wohl sehr natürlich, wenn man nur bedenkt, einestheils daß unmöglich Wahrheit in dem göttlichen Verbot sein
könnte, wenn Gott die Uebertretung des Verbotes selbst hervorbrächte,
anderntheils daß man doch nicht den verbietenden Willen Gottes und den
hervorbringenden als zwei verschiedene und einander entgegengesezte an-
25 sehen kann. Gegen das lezte scheint sich freilich aus demselben Be-
kenntniß aufzulehnen Calvin[1], welcher Gebot und Willen nicht weit
genug von einander unterscheiden kann, damit die sündigenden Menschen,
wenn sie eine in Gottes verborgenem Rath beschlossene That begehen,
sich nicht möchten damit entschuldigen können, daß sie einem göttlichen
30 Gebot gefolgt wären, wenngleich durch ihre That der göttliche Wille geschieht. Und ihm wird wol zweierlei müssen zugegeben werden, einmal
daß der Mensch, wenn er Sünde thut, nicht eine so gebietende göttliche
Stimme in sich vernimmt, noch auch seine That auf eine äußerlich ver-
nommene sie hervorbringende göttliche Stimme bezieht, zweitens aber
35 auch, daß ein göttliches Gebot nicht zugleich ein hervorbrin-|gender Wille   II,119
ist in allen unter das Gebot gehörigen Fällen. Das lezte ist auch schon an

---

[1] Institt. I, 18, 4. „Perperam enim miscetur cum praecepto voluntas, quam
longissime ab illo differre innumeris exemplis constat.“

14–16 *Solid. decl. I, Concordia 651–654; BSLK 861–866*   37 *Leiden (1654) 73; ed. Barth*
3, 225, 27 ff

sich einleuchtend. Denn betrachtet man das göttliche Gebot als ein aus-
gesprochenes, und dieses hätte zugleich jene Eigenschaft: so würde es
nicht als ein Gebot ausgesprochen sein; denn niemand spricht dasjenige als
ein Gebot aus, was er jedesmal selbst bewirkt. Betrachtet man es aber als
5 ein inneres in dem Herzen der Menschen: so ist es eben in diesen von
Gott gewirkt als ein antreibendes und beurtheilendes Bewußtsein, aber
nicht auch eben so als ein bewirkendes. Das erste aber ist eben so klar;
denn folgt jemand dem, was er als göttliche Stimme vernimmt, oder was
ihm als solche gegeben wird: er mag dann thun was er will, so rechnen wir
10 auf dem Gebiet der Frömmigkeit diesen Gehorsam ihm nicht zur Sünde
an, sondern wir suchen nur die Sünde auf, aus welcher das entstanden sein
kann, daß er für eine göttliche gebietende Stimme hielt, was keine sein
konnte. Hat aber Calvin hierin recht, daß göttliches Gebot und auf dem
Gebiete des Gebotes hervorbringender göttlicher Wille nicht dasselbe ist:
15 so muß doch auch jenes feststehn, daß das göttliche Gesez und der hervorbringende göttliche Wille einander nicht können entgegengesezt sein.
Also als realer Widerstreit gegen das göttliche Gebot ist die Sünde nicht
durch Gottes hervorbringenden Willen da, das heißt aber nichts anders,
als sie ist überhaupt nicht ein solcher, – wie ja auch überall der Mensch
20 nur insofern sündigt, als das Bewußtsein des göttlichen Gesezes in ihm ist,
wenn doch alle Sünde zwischen den Punkten der Unschuld und der Verstokkung eingeschlossen ist, – und also wird das göttliche Gebot durch
die Sünde nicht aufgehoben, sondern vielmehr bestätigt. Nur die teufli-|
sche Bosheit stellen wir uns vor als auf die reale Aufhebung des göttlichen   II,120
25 Gebotes gerichtet; eben deshalb aber kann auch diese schwerlich ohne
manichäisches einzuflechten gedacht werden, und wir unterscheiden von
ihr wesentlich die menschliche Sünde, welchen Unterschied auch die symbolischen Bücher durch ihre Erwähnung des Teufels andeuten. So daß
man sagen kann, was, indem die Sünde geschieht, durch den hervor-
30 bringenden göttlichen Willen erfolgt, das ist nur die Unterstüzung auf der
einen Seite des sinnlichen Naturtriebes in seiner Aeußerung, auf der
andern Seite der Vorstellung des göttlichen Gesezes. Dieses beides aber
jedes für sich betrachtet, ist nicht die Sünde. Indem also jenes beides
allerdings auf dem hervorbringenden göttlichen Willen ruht, so ist deshalb
35 durch diesen nicht die Sünde hervorgebracht[2]. Alles übrige aber in der
Sünde ist Verneinung, – daher auch die freilich in mancher Hinsicht unzureichende Erklärung, die Sünde sei nur ein Mangel oder eine Beraubung

---

[2] Dasselbe sagt Melanchthon l. c. „[...] Etsi enim sustentat [...] naturam,
tamen defectus illi in mente non efficiuntur ab ipso [...]".

---

38 *Leipzig (1546) 63; ed. Stupperich 2/1, 228, 33 ff*

— ist also eigentlich nicht, und also auch nicht durch den göttlichen Willen hervorgebracht.

　　3. Indem nun ferner eben so einstimmig, als Gott geläugnet wird der Urheber der Sünde zu sein, behauptet wird, diese sei in dem Willen und
5 zwar in dem freien Willen der Menschen gegründet: so liegt darin zunächst dieses, daß die verneinende Zusammenfassung und Ineinsbildung jener beiden Glieder in unser Bewußtsein, wodurch der Zustand erst Sünde wird, in der menschlichen Freiheit gegründet sei, in dem | Sinne II,121 nämlich wie wir vorzüglich das schwankende und wählende in dem
10 Werden unserer Zustände Freiheit nennen, und so daß in einem andern Sinne zugleich mit der Schrift gesagt werden kann, daß alle Sünde Knechtschaft sei. Nämlich indem wir uns entweder der Gleichzeitigkeit des sinnlichen Triebes und der Vorstellung des göttlichen Gesezes in der Nichtübereinstimmung beider bewußt sind, oder auch, wenn die
15 Vorstellung des Gesezes doch früher und später da ist, wir uns also bewußt sind, sie hätte an und für sich auch in diesem Augenblik da sein können[3]: so ist in dieser Beziehung beides die Sünde und die Freiheit gesezt, diese aber als der Grund von jener, weil erst Schwanken und Wählen überhaupt gesezt sein muß, damit auch ein solches in Verbindung
20 mit einem noch unkräftigen Gottesbewußtsein vorkommen könne. — Zweitens liegt darin, daß nicht etwa das Bewußtsein der Sünde, weil die Sünde nicht von Gott hervorgebracht worden, ein Schein sei, indem eben

---

[3] Beide Fälle hat ohnstreitig die Augsb. Conf. zusammenfassen wollen in dem Ausdruk „quae" (voluntas) „non adiuvante Deo avertit se ad alias res", welches
25 so verstanden werden muß, der Wille wende sich ab, d. h. die Vorstellung des Gesezes bestimme ihn nicht, ohne daß hierauf eine besondere göttliche Thätigkeit gerichtet sei, und es wird dann durch diese Worte nur die Grenze der die Erhaltung der Natur vermittelnden göttlichen Thätigkeit bezeichnet. Der ursprüngliche deutsche Ausdruk „Alsbald so Gott die Hand abgethan" ist
30 ohnstreitig minder richtig, indem alsdann das Handabthun Gottes, also allerdings eine besondere göttliche Handlung, die erste Bedingung der Sünde ist. Dieses ist erst in der verbesserten deutschen Confession so geändert, daß von einer göttlichen Handlung bei Entstehung des Bösen nichts mehr vorkommt. Auch Melanchthon bestätigt diese Erklärung indem er sagt: „[. . .] peccatum ortum
35 est a voluntate . . . nec factum est Deo volente [. . .]".

10—12 Vgl. z. B. Joh 8, 34; Röm 6, 16; Hebr 2, 15　　23 Conf. Aug. XIX, ed. Twesten 37; BSLK 75, 5f　24 Statt ad . . . res ed. Twesten; Concordia; BSLK: a deo Syntagma (1654): a Deo ad alias res　　29 ed. Twesten 37; BSLK 75, 8f　31—33 Diese Angabe geht zurück auf ed. Twesten 37 Anm. Vgl. CR 26, 736　　33—35 loc. comm., Leipzig (1546) 64; ed. Stupperich 2/1, 229, 3ff

die Freiheit, | auf welche wir sie zurükführen, das eigenthümliche unseres II,122
Wesens ausmacht. Denn wenn dieser Zustand nicht wäre: so wäre nichts
zwischen dem Thier, welchem das Gottesbewußtsein fehlt, und dem Erlöser
in welchem es zur allein bestimmenden Kraft vollendet ist. Denn dieser
5 ganze Ort des Daseins wird nur ausgefüllt durch die Freiheit in diesem
Sinne und durch die Sünde, als welche beide nicht von einander getrennt
werden können. − D r i t t e n s leisten wir durch diese Behauptung gänzlich
Verzicht darauf, uns im Sündigen, eben in Bezug darauf daß die Sünde
Knechtschaft ist, als leidend und als anderwärts her bestimmt anzusehen.
10 Denn durch Freiheit des Willens wird die Verneinung aller äußeren
Nöthigung ausgedrükt, und insofern das Wesen des bewußten Lebens
selbst, daß nämlich keine äußere Einwirkung schon an und für sich auch
die Gegenwirkung bestimmt, sondern jede Erregung erst in den innersten
Mittelpunkt des Lebens aufgenommen wird, und aus diesem auch die
15 Gegenwirkung hervorgeht; darum ist die Sünde so gewiß als sie in der
Freiheit des Menschen gegründet ist, so gewiß auch seine That. Ferner
wird auch in dem Ausdruk der Willensfreiheit dieses verneint, daß jeder
Einzelne schon vollkommen für alle Fälle bestimmt sei durch die gemeinsame Natur; sondern jeder wird als ein eigenthümlicher von allen Andern
20 verschiedener durch diesen Ausdruk bestimmt, daß er also nicht die
Schuld von sich abwerfen kann auf die gemeinsame Natur, sondern auch
seine Sündhaftigkeit, wie sie den einzelnen sündlichen Selbstbestimmun-
gen jedesmal zum Grunde liegt, ist seine That, und nur als solche sein
eigenthümlicher Zustand. Die Freiheit des Willens in diesem Sinne ist also
25 nichts anderes | als die Persönlichkeit selbst; und die Sünde der Freiheit II,123
zuschreiben, heißt nichts anders als sie jedem Einzelnen als seine That an-
rechnen.

4. Wenn aber in den beiden Säzen, daß Gott nicht Urheber der Sünde
ist, und daß die Sünde in der Freiheit des Menschen begründet ist, noch
30 ein Widerspruch zu liegen scheint, weil nämlich die Freiheit selbst dem
Menschen von Gott gegeben ist und von ihm erhalten wird, also doch
mittelbar die Sünde auf Gottes hervorbringenden Willen zurükzuführen
ist: so erledigt sich dieses aus dem oben §. 102, 5. auseinandergesezten.
Nämlich Gott hat allerdings geordnet, daß die Stärke des sinnlichen
35 Triebes und die Kraftlosigkeit des Gottesbewußtseins, welche für ihn nur
der noch unvollkomne und der Vollendung durch den Erlöser harrende
Zustand der menschlichen Natur ist, in unserm Bewußtsein Eins werde als
Sünde, und diese Anordnung ist eine und dieselbe mit der der Erlösung,
weil die Sehnsucht nach dem Besseren nur durch das Bewußtsein der
40 Sünde zum Verlangen nach Erlösung kann gesteigert werden. So ist
demnach gemäß Gottes Anordnung und Willen die Sünde für uns etwas
wahres und nothwendiges, während sie für Gott eben so wenig dasselbige
ist, als irgend sonst etwas, was wir uns nur durch Verneinung vorstellen,

für ihn dasselbige ist als für uns, da dieses mittelbare Erkennen überhaupt der göttlichen Allwissenheit nicht angemessen ist; und so ist in jedem Bewußtsein der Sünde innerhalb der aufgestekten Grenzen immer auf die oben §. 102, 5. geforderte Weise beides verbunden enthalten, daß das Böse
5 an sich in Gott weder gedacht noch gewollt sein kann, und daß es dennoch in unserm Bewußtsein auf eine durch die von Gott geordnete Ge-| staltung der menschlichen Dinge nothwendige Weise überall und immer II,124 an dem Guten gesezt ist.

Zusaz 1. Es leuchtet von selbst ein, daß mit dem oben §. 62, 4. im
10 allgemeinen vorgetragenen keine andere Anwendung des absoluten Abhängigkeitsgefühls auf das Bewußtsein der Sünde verträglich ist. Sehr unzureichend erscheint auf der einen Seite der Versuch den hier obwaltenden scheinbaren Widerspruch durch die Unterscheidung aufzulösen, daß Gott die Sünde nicht wolle oder anordne, sondern nur zulasse. Denn wie diese
15 Vorstellung ein verringertes Abhängigkeitsgefühl ausdrükt, so liegt ihr auch eine tadelnswerthe Vermenschlichung Gottes zum Grunde, indem in unsern menschlichen Dingen der Unterschied zwischen wollen und zulassen davon abhängt, daß wir überall nur Mitursachen sind, und also dasjenige, wozu der erste Anstoß von uns ausgegangen ist, von
20 demjenigen unterscheiden, worauf wir nur fördernd oder hemmend einwirken können. Noch verwirrender aber scheint der Behelf mit dem sich Reinhard[4] begnügt, daß nämlich Gott die Sünde freilich nicht nur zugelassen, sondern wirklich angeordnet habe, aber nur als unvermeidliches Mittel zu wichtigen Zwekken, indem Gott die aus der Sünde ent-
25 standenen Uebel zu einer Quelle überwiegender Vortheile gemacht, den Schaden der Sünde selbst aber durch Christum völlig wieder aufgehoben habe. Denn einerseits liegt hier derselbe Fehler nur verstekter zum Grunde, weil es ja unvermeidliche Mittel und überhaupt einen Gegensaz von Mittel und Zwek nur für denjenigen geben kann, der nicht mehr ist
30 als Mitursache, keinesweges aber für den | schlechthin hervorbringenden II,125 Willen. Andrerseits läßt sich kaum eine verfehltere Darstellung des Christenthums denken, als daß Christus nur zwischen eintritt, um den aus der Sünde, die Gott anderer Ursachen wegen nicht entbehren konnte, entstandenen Schaden gut zu machen.
35 Zusaz 2. Bemerklich ist auch noch zu machen, daß der hier aufgestellte Kanon, nach welchem nun Begriffe göttlicher Eigenschaften in Bezug auf die im gemeinsamen Leben der Menschen als Gesammtthat

---

[4] Dogm. §. 75.

12–14 Vgl. z. B. Gerhard: Loci, ed. Cotta 3, 203; 4, 81. 100 f. 302 a; ed. Preuss 1, 359 b f; 2, 25 b f. 32 b f. 144 b   38 S. 270–274 (in Anhang zu I, 296, 35)

erscheinende Sünde gebildet werden können, nicht brauchbar ist um, unter Voraussezung eines vorhergegangenen Zustandes der Gerechtigkeit, das Verhältniß Gottes zu der ersten Sünde des ersten Menschen zu erklären. Sondern hier könnte man nicht abkommen ohne ein wirkliches
5 Handabthun Gottes, und also eine die Sünde hervorbringende Thätigkeit Gottes; oder man müßte in das entgegengesezte Extrem verfallen, und in dem Menschen eine zumal nach einem solchen Zustand unerklärliche Richtung auf die reale Aufhebung des göttlichen Gebotes annehmen. So daß auch Begriffe göttlicher Eigenschaften in Bezug auf die Sünde nur
10 insofern auch auf den ersten Menschen angewendet werden können, als man ihn ganz in der Analogie mit den übrigen betrachtet, und einen Zustand wirklicher Vollkommenheit nicht der ersten Sünde vorangehen läßt.

104.

15 Was von der Sünde, gilt auch wegen seines Zusammenhanges mit derselben vom Uebel, und auch dessen ist Gott nicht Urheber, sondern es ist in der Freiheit des Menschen gegründet.|

Anm. Sol. decl. p. 819. „ut enim Deus non est causa peccati, ita etiam non est II,126
poenae [. . .]". Allein dieses ist doch sehr mittelbar zu verstehen, so nämlich
20 daß Gott die Uebel mit der Sünde verbunden hat, insofern aber nicht Ursach
daran ist, wenn sie die Menschen treffen, weil er nicht Urheber ihrer Sünde
ist. Dies sieht man aus Art. I., wo gesagt wird, „poenae vero [. . .] quas
Deus filiis Adae ratione huius peccati imposuit hae sunt, mors . . . et [. . .]
aliae corporales et temporales [. . .] aerumnae et miseriae [. . .]". Aehnliches
25 findet sich auch in Conf. Bohem. IV. und Expos. Simpl. VIII. und
anderwärts. In diesem beschränkten Sinne also enthalten auch die
symbolischen Bücher den obigen Saz; allein einer völligen Beistimmung
derselben wollen wir uns doch hier nicht rühmen, denn theils gehn sie aus
von einer göttlichen Nothwendigkeit Uebel mit dem Bösen auf eine positive
30 also gleichsam willkührliche Weise zu verbinden, wovon noch unten die
Rede sein wird, theils rechnen sie mit unter die Uebel, was, weil es eine
nothwendige Bedingung des irdischen Lebens ist, nicht dazu gerechnet
werden kann.

---

18 f *Sol. decl. XI, Concordia 819; BSLK 1086, 32 f*   22 *Concordia 641; BSLK 849, 18 ff*
24 *Statt* corporales et Q: *corporales, spirituales,*   25 *Conf. Bohem. (1535, ex editione*
1558) IV, Syntagma (1654) 180; Collectio 790   Conf. helv. post. VIII, Corpus (1654)
10–12; Collectio 411–419; BSRK 178 f

1. Wenn in dem engeren Sinne des Wortes, von welchem es sich hier allein handelt, nur dasjenige ein Uebel ist, nicht was im allgemeinen eine Hemmung des Lebens in sich schließt, sondern was in dem Begriff der ursprünglichen Vollkommenheit des Menschen nicht mitgesezt ist,
5 welcher doch das von Gott geordnete Maaß des menschlichen Daseins ausdrükt; und auch die erlösende Thätigkeit Gottes darauf abzwekt, dieses Maaß zu realisiren, das Uebel aber dasjenige ist, was mit der Sünde zugleich verschwinden muß: so müssen wir von dem Uebel dasselbe behaupten, wie oben §. 102. von der Sünde, daß Gott nicht in demselben
10 Sinne Urheber des Uebels sein kann, wie er Urheber der Erlösung ist; und so rechtfertigt sich das Gefühl, mit welchem wir die Uebel nicht Gott sondern uns selbst zurechnen als das Werk unserer Sünde. – Bedenken wir hingegen, wie genau der ganze geschichtliche Ver-|lauf der Erlösung II,127 mit dem Uebel zusammenhing und dadurch bedingt war, und wie es auch
15 für uns keine Gemeinschaft mit Christo geben kann, die nicht zugleich auch Gemeinschaft seiner versöhnenden Leiden wäre; so können wir nicht umhin zu sagen, daß auch das Uebel im Zusammenhang mit der Erlösung nämlich als etwas durch sie verschwindendes von Gott geordnet sei; und so rechtfertigt sich das Gefühl, mit welchem sich der Christ in alle Uebel
20 des Lebens als in den göttlichen Willen ergiebt. – Ohne auf den Zusammenhang mit der Sünde zu sehn sind von dem Uebel als Lebenshemmung überhaupt schon oben §. 62. dieselben Säze zusammengestellt; und die dort angedeutete Ausgleichung muß auch hier angewendet werden. Es ist aber diese, daß das Uebel, sofern es von Gott nicht kann
25 geordnet sein, auch eigentlich nichts ist, nämlich nur eine Verneinung, daß aber dennoch Gott die vergleichende Berechnungsweise in unserm Bewußtsein geordnet hat, wodurch das nichtgewordene Gute uns zum Uebel wird.

2. Eben diese Auflösung nun enthält der obige Saz. Denn was zuerst
30 die natürlichen Unvollkommenheiten betrifft, welche nur das endliche und beschränkte Wesen der Dinge ausdrükken: so sollen diese gar nicht an und für sich selbst als Uebel gefühlt werden, welches Gefühl vielmehr eine sündliche Affection wäre – wie z. B. die Todesfurcht und was damit zusammenhängt eine solche ist – sondern nur nach Maaßgabe ihres eben
35 auseinandergesezten mittelbaren Zusammenhanges erscheinen sie uns als gleichsam Schatten der Sünde, regen aber doch nur eine Wemuth auf, welche in keine unmittelbare Gegenwirkung ausgeht, eben weil wir sie als reine mit dem Ganzen zu-|sammenstimmende Naturthaten, und also als II,128 von Gott geordnet, mit Recht ansehn. Was aber die natürlichen Uebel im
40 eigentlichen Sinne betrifft, diese sollen als solche gefühlt werden, und dies Gefühl soll auch in eine solche Gegenwirkung enden, weil es uns eben von Gott geordnet ist als ein Zeichen um daran zu erkennen, was ein Gegenstand sei für jenen Theil unserer Bestimmung, vermöge dessen wir uns

alles dem menschlichen Leben feindselige unterwerfen sollen. Wo uns nun
streitig scheint, ob ein Zustand von dieser oder jener Art sei, wie es bei
den Krankheiten oft der Fall ist, da wird der lebhafte Sinn für diese
Bestimmung des Menschen auch hier immer das Gefühl des Uebels
5 erregen und die Gegenwirkung versuchen. Eben deshalb aber, weil das
Gefühl des Uebels uns in diesem Sinne von Gott geordnet ist, ist das
Uebel, selbst auch das rein natürliche, in der menschlichen Freiheit
gegründet. Denn da überall im Gesammtleben der Menschen, wie es uns
gegeben ist, schon frühere Uebel aufgehoben, und die vorhandenen immer
10 nur die noch übrigen sind: so läßt die Frage, worin die Uebel gegründet
sind? sich auch so stellen, Woher es komme, daß die vorhandenen nicht
auch schon aufgehoben sind? Und hier wird immer nur auf die menschliche Freiheit in dem obigen Sinne können zurükgewiesen werden,
nämlich auf das Schwanken zwischen dem Sichfügen in das Uebel und
15 dem Kriegführen gegen dasselbe, von welchem Schwanken, wie es sich
jedesmal gestaltet, der Exponent abhängt, nach welchem die Uebel
aufgehoben werden. Wie nun aber jede unrichtige Entscheidung dieses
Schwankens Sünde ist: so bestehen auch die Uebel fort im Zusammenhang
mit der Sünde, und wir rechnen sie uns zu im Bewußtsein unserer
20 Freiheit. — Was | aber die geselligen, d. h. in menschlichen Handlungen be-   II,129
gründeten Uebel anlangt, so sind es immer mittelbar oder unmittelbar nur
sündliche Handlungen und Zustände in denen sie begründet sind; wie man
z. B. selbst von der unverschuldeten Armuth sagen muß, daß sie aus einer
sündlichen Ungleichheit der Menschen oder aus einem sündlichen Mangel
25 an organisirter Wohlthätigkeit zu entstehen pflegt. Wie demnach die
Sünde, so und in demselben Sinne sind auch diese Uebel, die ja selbst
unter den Begriff der Sünde gebracht werden können, in der Freiheit
gegründet.
    3. Offenbar aber gilt diese Begründung für beide Arten der Uebel nur
30 in Beziehung auf das Gesammtleben der Menschen. Denn der Einzelne
kann nicht — außer nur zufällig — sagen, daß die Uebel an denen er leidet,
in seiner eignen Freiheit gegründet sind; sondern wo jedesmal die Sünde
ist, mit der das Uebel zusammenhängt, da ist auch die Freiheit aus der es
hervorgeht. In Bezug auf den ersten Menschen aber ist das Begründetsein
35 des Uebels in der Freiheit auch nur mit denselben Restrictionen zu verstehen, wie das Begründetsein der Sünde. Denn wenn man einen
anfänglichen Zustand ohne natürliche Uebel ja wol gar ohne Unvollkommenheiten annimmt: so ist das Entstehen derselben aus der Freiheit
wol unmöglich zu erklären; da solche Versuche, sie aus dem Gift des
40 Apfels zu erklären, doch immer eine positive göttliche Bestimmung in sich

---

39 f *Vgl. z. B. Reinhard: Dogmatik 279 f (in Anhang zu I, 296, 35)*

schließen, dem symbolischen Ausspruch entgegen, daß Gott eben so wenig der Urheber der Strafe ist, als der Sünde.

Zusaz. Wenn nun Begriffe von göttlichen Eigenschaften in Bezug auf Sünde und Uebel nur nach diesen Grundsäzen gebildet werden sollen: so müssen diese | zum großen Theil, nämlich in so weit Gott nicht II,130 Urheber von beiden sein kann, nur verneinend ausfallen, indem göttliche Eigenschaften nur können Thätigkeitsweisen sein, Verneinungen also keine Eigenschaften im eigentlichen Sinn; und nur insofern als Gott in der eigenthümlichen Natur unseres geistigen Lebens dieses geordnet hat, daß das nichtgewordene Gute uns Sünde und Uebel wird, und zwar insofern er dies im Zusammenhang mit der Erlösung geordnet hat, werden Begriffe von göttlichen Eigenschaften in Bezug auf Sünde und Uebel können gebildet werden. Solche in dieser Hinsicht gebildete und zum großen Theil verneinende Begriffe, von denen der eine sich auf den Gegensaz zwischen dem guten und bösen an sich bezieht, der andere aber auf das Verhältniß des Uebels zur Sünde, sind die der göttlichen Heiligkeit und der göttlichen Gerechtigkeit.

Erstes Lehrstük.
Die Heiligkeit Gottes.

105.

Die göttliche Heiligkeit ist diejenige göttliche Eigenschaft, vermöge deren in dem menschlichen Gesammtleben mit dem Zustande der Erlösungsbedürftigkeit zugleich auch das Gewissen gesezt ist.

1. Diese Erklärung weicht von den gewöhnlichen so weit ab, daß ihr wol erst durch eine kritische Beleuchtung der bisherigen muß Bahn gemacht werden. Die auf dem liturgischen und homiletischen Gebiet gewöhnlichste und am meisten volksmäßige ist die, daß die Heiligkeit Gottes bestehe in seinem Wohlgefallen am Guten und Mißfallen am Bösen, von welcher Er-|klärung hier eigentlich nur die Hälfte kann in II,131

---

2 Strafe ist] Strafeist   7 Verneinungen] Verneinungcn

27–30 Vgl. die Zitate in Anhang zu I, 344, 35

Betracht gezogen werden. Auf dem strengeren Gebiet der wissenschaftlichen Glaubenslehre aber scheint es unmöglich Gott ein solches Mißfallen
beizulegen. Denn insofern als Gott die Sünde geordnet hat, kann er auch
an ihrem Dasein kein Mißfallen haben, weil er alles was er hervorgebracht
5 hat im höchsten Sinne für gut erkennt; in wiefern er aber nicht Urheber
der Sünde sein kann, sondern diese in der menschlichen Freiheit gegründet
ist, würde durch die Art, wie diese sich äußert, etwas in Gott, und zwar
was immer einigermaßen ein leidentlicher Zustand wäre, gesezt. Eine
solche Vorstellung aber entspricht keinesweges dem absoluten Abhängig-
10 keitsgefühl, vielmehr sezt sie zwischen Gott und dem Menschen ein
Verhältniß von Wechselwirkung und gegenseitiger Abhängigkeit voraus.
Welcher Tadel die andere Seite der Vorstellung nur deshalb nicht auch
trifft, weil das Gute, woran Gott Wohlgefallen haben kann, nicht in der
menschlichen Freiheit gegründet ist. Offenbar ist also hier eine Ueber-
15 tragung von dem menschlichen auf das göttliche, wovon nichts übrig
bleiben würde als das, worin auch bei uns das Mißfallen am Bösen sich
endet, nämlich das thätige Bestreben die Sünde aufzuheben, wovon aber
an diesem Ort nicht die Rede sein kann. Fragt man aber, was ist das in
dieser Erklärung auf Gott übertragene menschliche? so ist es das
20 Gewissen; denn dies ist die innere Quelle alles Mißfallens am Bösen, und
es bleibt nur zu sagen, daß dieses auf keine andere Weise auf Gott kann
übertragen werden, als nur dadurch, daß es für etwas von Gott in uns
gewirktes anerkannt wird, wie der obige Saz aussagt. Insofern nun
stimmen mit unserm Saz die Erklärungen man-|cher Dogmatiker überein, II,132
25 welche der Heiligkeit Gottes zuschreiben, daß sie das vollkommen Gute
von den Geschöpfen, wobei doch allerdings nur von den vernünftigen die
Rede sein kann, fordere[1]. Denn wie sollte wol dieses Fordern
ursprünglich anders erfolgen als vermöge dieses ihnen eingepflanzten
Gefühls, auf welchem doch die Fähigkeit eine sich anderweitig
30 offenbarende göttliche Forderung zu vernehmen auch beruht? — Andere
nun, wahrscheinlich die Unstatthaftigkeit jedes leidentlichen Zustandes in
Gott also auch des reinsten Mißfallens ahnend, sagen, unter der Heiligkeit
sei zu verstehen die Abwesenheit alles unvollkomnen in dem göttlichen

---

[1] Quenst. I. p. 420. „[. . .] summa . . . in Deo puritas, munditiam et puritatem
35   debitam exigens a creaturis [. . .]".

---

4 haben] heben   26 vernünftigen] vernün-/tigen   34 summa] Summa

---

30–33 *Vgl. z. B. Wyttenbach: Compendium 80f*   31 *Systema 1, 120*

Willen[2]. Allein dies ist eine bloße Verneinung, die ursprünglich nur gegen
die niedrigen vielgötterischen oder gegen die sinnlichsten jüdischen Vorstellungen gerichtet, und für uns völlig überflüssig ist, oder höchstens als
eine Vorsichtsmaaßregel gelten kann, um bei der Bildung unserer Vorstel-
5 lungen von Gottes Willen solche Beimischung fremder Triebfedern, wie
wir uns selbst so oft klagend darüber ertappen, soviel möglich ·zu
vermeiden. Da nun die Verneinung in Gott selbst nicht gesezt sein kann,
sondern nur in unserer Denkweise: so führt auch diese Erklärung darauf,
daß vermöge der göttlichen Heiligkeit dasjenige in uns, was in Beziehung
10 auf die Sünde von Gott geordnet ist, nämlich das gegen alles unvollkomne
sich regende Gewissen, von aller solcher Beimischung frei | ist. — Wenn   II,133
nun noch Andere beides zusammenfassen[3], und die Heiligkeit erklären für
die innere Reinheit Gottes mit der Forderung derselben verbunden[4]: so
können diese zwei Merkmale doch nur insofern den Begriff einer göttli-
15 chen Eigenschaft bilden, als eines davon das andere begründet oder beide
gegenseitig durch einander bedingt sind; dies aber kann nur so gedacht
werden, daß auf der einen Seite die innere Reinheit Gottes als die causa
efficiens jener Forderung angesehen werden soll, und auf der andern
Seite eben die in uns sich aussprechende Forderung, weil wir uns ihrer als
20 eines göttlich bewirkten bewußt sind, für uns der Erkenntnißgrund der
sich darin abspiegelnden göttlichen Reinheit werde. — Andere Erklärungen, welche sich von jener volksmäßigen weiter entfernen, und

---

[2] Wie auch in obiger Erklärung bei Quenst. die „summa puritas labis aut vitii
    expers" nichts anderes sagen will.
25 [3] Mit besonders wenigem Glük scheint dieses Reinhard gethan zu haben,
    welcher die Heiligkeit erklärt für das „attributum quo Deus non nisi honesta et
    bona appetit et probat [. . .]". Das verneinende verbirgt sich in dieser Erklärung;
    aber es liegt doch nicht undeutlich in dem „non nisi". Wie kann man aber in
    einem wissenschaftlichen Vortrage sich von Gott des Ausdruks „appetit"
30 bedienen, da dieses Wort noch bestimmter als das deutsche begehren oder
    streben auf ein Bedürfniß zurükweiset? — An demselben Fehler leidet auch
    Schotts Erklärung, welcher darin dem höchsten Wesen den Lobspruch ertheilt,
    daß es „quovis tempore consilia capiat honestissima", was schwerlich ein Heide
    von Gott möchte gesagt haben.
35 [4] S. mehrere dergleichen Erklärungen bei Wegscheider Institut. §. 69.

---

23 summa] Summa

25—27 *Dogmatik, S. 124*   31—33 *Schott: Epitome 44*   35 *S. 182f Anm.; s. Anhang*

entweder eine Liebe Gottes zu sich selbst oder eine Uebereinstimmung
seines Willens mit den Gesezen seines Verstandes in die Erklärung mit
hineinbringen, scheinen mehr der sogenannten natürlichen Theologie
anzugehören als der christlichen Glaubenslehre. Denn we-|der die Schrift   II,134
5 noch unser eigenes frommes Gefühl sagt von dem einen oder dem andern
etwas aus. Indeß dürften sie auch für die natürliche Theologie kein großer
Gewinn sein; denn die eine unterscheidet in Gott ein ursprüngliches
Bewußtsein und ein reflectirtes, die andere denkt sich den gesezgebenden
göttlichen Verstand ursprünglich getrennt und verschieden von dem
10 göttlichen Willen; beides aber kommt auf das bestimmteste nur der
Unvollkommenheit endlicher Wesen zu.
    2. Wenn wir nun die gewöhnliche Vorstellung der Heiligkeit mit den
im ersten Theil erörterten Eigenschaften der göttlichen Allmacht und
Allwissenheit verbindend uns die heilige Allmacht Gottes denken und die
15 heilige Allwissenheit desselben: so ist darin der oben gefundene Kanon
realisirt; denn alle göttliche Ursächlichkeit, wenn sie dem Mißfallen am
Bösen gleich gesezt wird, muß frei sein von der Hervorbringung des
Bösen. Da aber dennoch, weil die göttliche Ursächlichkeit ihrem Umfange
nach gleich ist aller natürlichen, auch die Sünde auf die göttliche Erhaltung
20 und Mitwirkung zurükgeführt werden muß; so folgt, daß sie von Gott
nicht hervorgebracht wird als Sünde, sondern nur die für sich gesezte
Aeußerung eines die menschliche Natur mit constituirenden Triebes wird
von Gott hervorgebracht; und eben so folgt, daß auch in dem göttlichen
dem Sein und Werden aller Dinge zum Grunde liegenden Denken, wenn
25 wir etwas so nennen dürfen, das Böse nicht mitgedacht sei; sondern nur
die Fürsichentwiklung des sinnlichen Selbstbewußtseins und das in
Erwartung des Erlösers verborgene Gottesbewußtsein wird gedacht.
Beides nun, diese heilige Allwissenheit und jene heilige Allmacht zusam-|
mengenommen bedeuten, daß es kein Wesen und keine Idee des Bösen   II,135
30 giebt. Damit hängt aber auch zunächst zusammen, daß eben so wenig das
endliche Sein habe können das Böse aus sich selbst hervorbringen, weil
sonst die göttliche Ursächlichkeit beschränkter wäre als der Inbegriff aller
endlichen, das heißt, es folgt, daß das Böse auch kein reales Dasein hat.
Wenn wir aber mit der Sünde das Mißfallen daran als einen wesentlichen
35 Bestandtheil unseres Selbstbewußtseins finden, und auch dieses in unser
frommes Bewußtsein aufnehmen: so können wir nicht anders als mit jenen
allgemeinen Vorstellungen der göttlichen Ursächlichkeit es verbindend uns
eine allmächtige und allwissende Heiligkeit Gottes denken, in welcher

---

1–3 *Vgl. die Zitate in Anhang zu I, 344, 35*

dann dieses liegt, daß das in unserm zeitlichen Bewußtsein erscheinende Mißfallen an dem Auseinandergeseztsein der hervorbringenden Kraft des Gottesbewußtseins und der sinnlichen Triebe und an der Priorität und schnelleren Entwiklung der lezteren, welches mit der gefühlten Erlösungs-
5 bedürftigkeit eines und dasselbe ist, weil dieses Mißfallen in uns eine wenn auch nur vorbildende Causalität ausübt, allerdings auch in der göttlichen Causalität gesezt sei, und daß alle Entwiklungen desselben als Eins gesezt, und dies ist doch in seinem ganzen Umfang das Gewissen, in dem höchsten Wesen auch idealiter vorgebildet sind. Und so erscheint die
10 gewöhnliche Vorstellung nicht nur von allen Schwierigkeiten befreit, wenn in derselben Gott als der Urheber des Gewissens gedacht wird, und zu einer wissenschaftlichen Klarheit erhoben, sondern es liegt auch zu Tage, worauf in unserm unmittelbaren frommen Bewußtsein sie zurükgeht. Ja auch die oben angeführten Erklärungen der Dogmatiker
15 werden so ihrer Abzwekkung nach | verständlich und finden ihre II,136
Berichtigung von selbst. – Auch wird wol niemand behaupten wollen, es werde Gott demnach eine Täuschung beigelegt, und dadurch strafe sich das Uebergehen der Wahrhaftigkeit als göttlicher Eigenschaft, wenn Gott in uns das Bewußtsein des Bösen hervorbringe, da doch das Böse selbst
20 für ihn nicht sei. Denn wenn auch dieser Einwurf nicht schon durch das §. 102. gesagte gehoben wäre: so müßte doch auch von dem gegenwärtigen Standpunkt für sich allein jedem einleuchten, daß wir mit demselben Recht auch unsere ganze Weltvorstellung als eine von Gott hervorgebrachte Täuschung ansehen müßten, weil auch die Welt für Gott
25 nicht so ist, wie wir sie vorstellen. Wer aber dieses aussprechen wollte, der machte dadurch den Anspruch, das endliche Wesen selbst solle Gott gleich sein. Und wie durch die speculative Naturkunde und deren Verbreitung im Bewußtsein unsere Weltvorstellung sich immer mehr läutern und der göttlichen annähern soll: eben so soll auch durch den
30 Fortgang der Erlösung das Bewußtsein des Bösen immer mehr verschwinden, und es ist uns also auch ursprünglich als ein verschwindendes, d. h. als ein Durchgangspunkt geordnet. – Daß aber diese göttliche Eigenschaft nur gefunden wird, indem wir von der Sünde auf die Gnade sehn, ist unverkennbar. Nämlich nur in Beziehung auf die Erlösung kann
35 die göttliche Allmacht in uns dieses Mißfallen geordnet haben. Sollten wir uns aber selbst erlösen: so könnte ein bloßes Mißfallen nur von der Ohnmacht geordnet sein; die Allmacht aber würde dann einen reinen und hinlänglichen Widerstand in uns geordnet haben, dessen Bewußtsein als reines Kraftgefühl nur Lust sein könnte, und der sich so schnell entwik
40 kelte, daß kaum vorher ein Bewußtsein der Sünde möglich | wäre. – Daß II,137
aber gesagt worden ist, Gott sei der Urheber des Gewissens in dem menschlichen Gesammtleben, hängt mit dem, was von der Sünde überhaupt gesagt ist, zusammen; und es soll dadurch bemerklich gemacht

werden, daß wir auch hier nicht können auf den ersten Menschen anschaulich zurükgehen, und uns in ihm das Entstehen des Gewissens denken nach einem Zustande ursprünglicher Gerechtigkeit, worin ihm ein Gewissen unmöglich einwohnen konnte. Jeder andere Einzelne aber ist
5 offenbar mit seinem Gewissen abhängig von dem Gesammtleben und dessen Entwiklungsstuffe.

   3. Nur dieses könnte jemand einwenden, wenn auch Gott als Urheber des Gewissens anzusehen wäre, so reiche dieses nicht hin, um eine göttliche Eigenschaft darauf allein zu beziehen, indem diese nicht
10 nach den hervorgebrachten Gegenständen dürfen geordnet werden, sondern nur sofern verschiedene Handlungsweisen in der göttlichen Hervorbringung sich finden, seien auch verschiedene Eigenschaften anzunehmen. Hierauf aber dient zur Erwiederung, daß eben das aufgezeigte durch alles endliche Sein und Bewußtsein hindurchgeht, und allerdings
15 eine besondere Handlungsweise in der göttlichen Hervorbringung des endlichen ist. Denn ganz hiehergehörig und mit dem Gewissen auf das genaueste verwandt ist der ebenfalls von Gott in unserm Bewußtsein geordnete relative Gegensaz zwischen dem vollkomneren und dem unvollkomneren auf jedem Gebiet des endlichen Seins. Denn als ewig und
20 allgegenwärtig, das heißt raumlos Raum und räumliches und zeitlos Zeit und zeitliches hervorbringend, konnte die göttliche Allmacht nicht endliches Dasein und Bewußtsein für einander ordnen, ohne in jenem und diesem feste Punkte, wie die Gattungen der Dinge und deren | allgemeine   II,138 Begriffe es sind, zu sezen, weil ein völlig fließendes Bewußtsein eines
25 völlig fließenden Seins nur ein ganz verworrenes Ineinander beider sein würde; eine Beziehung aber der räumlichen Verschiedenheit und der zeitlichen Entwiklung auf diese festen Punkte ist nicht möglich ohne jenen Gegensaz, der auch nicht ohne den von Wohlgefallen und Mißfallen in der Seele sein kann. Aber auch dieser Gegensaz ist nicht in Gott gesezt oder
30 durch ihn schlechthin hervorgebracht, sondern die Heiligkeit der ewigen und allgegenwärtigen göttlichen Allmacht besteht auch in dieser Beziehung darin, daß Gott in uns das Mißfallen an dem unvollkomnen als ein bei eintretender vollkomner Weltkenntniß verschwindendes geordnet hat.

   Zusaz. Der Gegensaz zwischen der bis hieher entwikkelten Ansicht
35 des Bösen und der noch neuerlich von Daub sehr scharfsinnig vorgetragenen Theorie desselben ist einleuchtend; aber zu einer Vergleichung beider fehlt hier der Raum. Jeder aber, der beiden aufmerksam nachrechnet, wird leicht finden, welche von den hier beseitigten Schwierigkeiten die Daubsche Theorie am wenigsten löset, und

---

35f *Nachschrift Heegewaldt verweist auf Daub: Judas Ischariot*

vergleiche damit den Werth derjenigen Daubschen Voraussezungen,
welche die hier mitgetheilte Ansicht übergeht und nicht auf sie bauen
kann. Die Nothwendigkeit einer Erlösung aber leuchtet aus der unsrigen
gewiß nicht weniger ein als aus jener. − Uebrigens erklärt sich hoffentlich
5 aus dieser Genesis des Begriffs der göttlichen Heiligkeit, wie derselbe von
jeher, nur in unentwikkelter Gestalt, in dem Kunstgebiet der frommen
Dichtung und Rede eine so wichtige Stelle eingenommen hat, und auch
dort fortwährend nicht reichlich genug behandelt werden kann, während
die dogmatische Darstellung desselben im Ganzen | noch so wenig II,139
10 festgestellt und überhaupt so spät eingetreten ist, daß die ältesten Dogmatiker, wie Augustin, Hilarius[5] und Tertullian, die göttliche Heiligkeit gar
nicht abhandeln, ohnerachtet die Neutestamentische Hauptstelle[6] schon
ganz deutlich auf unsere Erklärung hinweiset. − Da nun das dogmatische
und ascetische Sprachgebiet am unmittelbarsten in dem urbildlichen
15 Gebrauch des Wortes zusammentreffen, so ist auch bei diesem, wie er in
der Schrift selbst vorkommt[7] die Hauptsache die Erregung und Reinigung
des Gewissens im Gesammtleben.

Zweites Lehrstük.
Die Gerechtigkeit Gottes.

20   106.

Die göttliche Gerechtigkeit ist diejenige Eigenschaft, vermöge
deren Gott in dem Zustande der gemeinsamen Sündhaftigkeit einen
Zusammenhang des Uebels mit der wirklichen Sünde ordnet.

Anm. a. Der Zusaz in dem Zustand gemeinsamer Sündhaftigkeit sagt
25   aus, daß in dem Reiche Gottes ein solcher Zusammenhang nicht stattfindet,

---

[5] Denn was dieser in Comment. ad Ps. CXLIV. an mehreren Stellen vorträgt, ist
gar nicht dasselbe; sondern er versteht unter der göttlichen Heiligkeit gradezu
nur die Abwesenheit alles selbstsüchtigen in Gott, also die göttliche Selbst-
genugsamkeit, was aber mit dem ascetischen Gebrauch des Wortes gar nicht
30   stimmt.
[6] 1 Petr. 1, 14-16.
[7] Eph. 4, 24.

---

26 *Hilarius: Tractatus in Psalmum CXLIV, ed. Ben. 561−571; CSEL 22, 828−839*

und erscheint insofern zwar überflüssig, als in der vollendeten Erlösung die Sünde verschwunden ist, und ein solcher Zusammenhang überall nicht mehr stattfinden kann, nothwendig aber bleibt er, weil in dem Zu-|stande der fort- II,140 schreitenden Erlösung die wirkliche Sünde noch besteht der Zusammenhang 5 aber dennoch aufgehoben ist.

b. Daß aber dieser Zusammenhang hier auf die wirkliche Sünde beschränkt ist, hat seine Rechtfertigung schon darin, daß dieser Zusammenhang nichts wäre, wenn er nicht für das Bewußtsein wäre, der Ursünde aber werden wir uns nur durch die wirkliche Sünde bewußt. Und wenn wir auch mit der 10 Ursünde den Begriff der Strafwürdigkeit verbinden, so geschieht es nur in Erwartung der aus der Ursünde nothwendig hervorgehenden wirklichen Sünde, und nur in diesem beschränkten Sinne können die hiehergehörigen symbolischen Stellen[1] vertheidiget werden.

1. Die Analogie zwischen dieser Erklärung und der von der 15 Heiligkeit Gottes ist so in die Augen fallend, und der Zusammenhang derselben mit den oben aufgestellten Regeln so genau, daß sie keiner ausführlichen Erörterung bedarf. Denn in demjenigen Sinne, in welchem weder das Böse noch das Uebel auf Gott kann zurükgeführt werden, dürfen wir auch Gott eben so wenig zuschreiben, daß er einen Zu- 20 sammenhang zwischen beiden angeordnet habe, als wir ihm ein Mißfallen am Bösen zuschreiben können. Auf der andern Seite aber finden wir allgemein in uns mit dem Bewußtsein der Sünde die Vorahndung der Strafe verbunden; und diese Verknüpfung ist so wenig eine bloß sinnliche und auf die irdischen Verhältnisse sich beziehende, daß dieses Gefühl der 25 Strafwürdigkeit der Sünde sich eben so leicht und unmittelbar als das Gewissen selbst mit dem Bewußtsein Gottes in uns einiget, ja daß es in keiner menschlichen Strafe son-|dern nur in einer göttlichen seine II,141 Bewährung und Befriedigung findet. Und indem wir dieses Bewußtsein auf Gott zurükführen, können wir nicht anders als es auf die gesammte 30 göttliche Causalität beziehen, weil nämlich des Menschen Wohl- oder Uebelbefinden nicht in ihm allein begründet ist, sondern zugleich in der Gesammtheit des endlichen Seins. Denn es könnte sonach der in dem Menschen selbst gesezte mit seiner Sünde zusammenhangende Grund zum Uebelbefinden, wenn nicht jener Zusammenhang auch realiter in einer 35 göttlichen Weltordnung gesezt wäre, wie er realiter in unserm Bewußtsein gesezt ist, immer überwogen werden von außer ihm gesezten Gründen des

---

[1] Sie sind zu §. 91. angeführt. Besonders aber gehört hieher Conf. belg. XV. „[. . .] ideoque ita foedum et execrabile est" (peccatum originis) „coram Deo, ut ad generis humani condemnationem sufficiat".

Wohlbefindens. Daß aber dieses Gefühl an sich und in seiner
Zurükführung auf Gott eben so wenig eine Täuschung enthält als das
Gewissen, geht daraus hervor, daß es nichts anderes als die Einheit und
Wahrheit unseres Seins selbst aussagt. Denn jedes Uebelbefinden ist eine
5 Hemmung des Lebens, jede Hemmung desselben aber drükt seine Grenze
aus, und je gehemmter es ist, desto beschränkter. Sonach wird durch den
Begriff der göttlichen Gerechtigkeit behauptet, daß in dem Zustande der
Ohnmacht des Gottesbewußtseins, wenn wir ihn abgesehen von der Ge-
meinschaft mit der Erlösung betrachten, das Leben des Menschen noth-
10 wendig gehemmt sei, und daß die göttliche Causalität sich in einer solchen
Weltordnung offenbare, daß jene Hemmung durch kein noch so günstiges
Verhältniß der Außenwelt zu dem sinnlichen Selbstbewußtsein des
Menschen könne gelöset werden, das heißt also vermöge deren kein
äußeres Verhältniß Macht habe über das | innere Grundverhältniß seines   II,142
15 Wesens². Dieses aber ist eben die Freiheit des Menschen, und die göttliche
Gerechtigkeit ist also nichts anders als das Bezogensein der ganzen
Weltordnung auf die Freiheit des Menschen. Wie aber nach dem obigen
Gott nicht insofern Urheber des Uebels sein kann, als er Urheber der
Erlösung ist: so auch eben in sofern nicht Urheber des Zusammenhanges
20 zwischen der Sünde und dem Uebel. Sondern das Bewußtsein, von
welchem der Begriff der göttlichen Gerechtigkeit der Ausdruk ist, ist nur
aus dem Bewußtsein der Sünde abgesehen von der Erlösung; und so kann
in dem Zusammenhang mit der Erlösung die göttliche Gerechtigkeit sich
nicht mehr manifestiren, weil nämlich der einzelne alsdann in die Lebens-
25 gemeinschaft mit einer absoluten Gewalt des Gottesbewußtseins aufgenommen ist, aus welcher Gemeinschaft also eine Seligkeit in ihn übergeht,
gegen welche alle Strafe, die seinem persönlichen Zustande angemessen
sein würde, verschwindet. Der Einwand, daß sonach doch der Begriff
keine wahre göttliche Eigenschaft aussage, weil er keine ewige sich immer
30 gleich bleibende göttliche Handlungsweise sezt, hebt sich dadurch, daß
allerdings die in der Gemeinschaft der Erlösung begründete überwiegende
Mittheilung der Seligkeit in derselben göttlichen Handlungsweise ihren
Ursprung habe, eben so auf die gesammte Weltordnung zurükgehe, und
daher auch eine Aeußerung der göttlichen Gerechtigkeit sei, nämlich die
35 Belohnung Christi, nur daß diese Seite des Begriffs nicht hieher gehört.
Weil aber doch Sünde und Erlösung nur in Bezug | auf einander im   II,143
frommen Bewußtsein bestehn, so sind auch Bestrafung der Gesammtheit

---

² Ganz dasselbe, nur auf eine andere Weise dargestellt, ist hierüber vorgetragen
in meinen Predigten I, VII.

---

der Sünder und Belohnung des Einen unsündlichen auf einander bezogen, also in beiden zusammengenommen die göttliche Gerechtigkeit ewig und sich selbst immer gleich.

2. Durch diese Erörterung und Begründung unseres Begriffs ist hoffentlich auch schon die Vorstellung beseitiget, als sei derselbe nur von den Verhältnissen des bürgerlichen Lebens, und zwar schon zu einer Zeit wo es noch in seiner ersten Rohheit war, und das Recht noch die Privatrache anerkannte und in sich aufnahm, auf Gott übergetragen, und nur späterhin allmählig mehr und mehr gereiniget worden; eine Vorstellung, welche ein wenig günstiges Vorurtheil nicht nur für den Begriff überhaupt sondern auch für jene Reinigungen selbst erregt, welche nur als ein schlechtes Hülfsmittel erscheinen um einen Begriff zu stüzen, den man eigentlich ganz sollte fallen lassen. Weit entfernt aber, daß unsere Vorstellung von göttlicher Gerechtigkeit, und das Gefühl worauf sie ruht, sollte aus den bürgerlichen Verhältnissen und der dort herrschenden Gerechtigkeit abgeleitet sein, scheint es vielmehr, als ob die menschliche Strafgerechtigkeit nur unter Voraussezung jenes Gefühls könne gerechtfertigt werden. Denn nur wenn dieses vorausgesezt wird, daß vermöge einer göttlichen Nothwendigkeit in jedem Gesammtleben soviel Uebelbefinden gewiß ist als Sünde, kann man es natürlich finden, daß das Ganze danach strebt, alles scheinbar zufällige aus dieser Gemeinschaftlichkeit zu entfernen, und jeden auf sein gebührendes Theil zu sezen, indem es in jedem einzelnen Falle das Uebel auf den Schuldigen ablenken will, um die übrigen davon zu befreien. Soll hingegen das | Strafübel als solches ausdrüklich erst hervorgebracht werden, so ist es als   II,144 eigentliche Strafe nicht zu rechtfertigen, sondern nur entweder als Besserungsmittel oder als übernommene und gemilderte Rache.

3. Indeß gehen die gewöhnlichen Behandlungen des Begriffs bewußt oder unbewußt immer gewissermaßen auf jene Vorstellung zurück, und fast alles unhaltbare in denselben ist hieraus zu erklären. Zuerst dieses, daß die meisten Dogmatiker den einzelnen Menschen als den eigentlichen Gegenstand der göttlichen Gerechtigkeit annehmen, ja gar nur in der Belohnung jeder einzelnen Tugend des Einzelnen und so auch in jedes einzelnen Frevels Bestrafung die vollendete göttliche Gerechtigkeit erkennen[3]; da es doch offenbar ist, daß nicht immer z. B. die Unmäßigkeit durch Krankheit bestraft wird oder die Falschheit durch Verachtung u. d. m., ja daß dasselbe, was, wenn es den einen trifft, als Strafe für seine Sünde ausgelegt wird, auch Andere trifft, bei denen es nicht so ausgelegt

---

[3] So auch Reinh. Dogm. S. 125. 126.

---

39 S. 124–126; s. Anhang

werden kann, so daß man mit der Anwendung des Begriffs beständig ins
Gedränge kommt. Denn wenn diesem Uebelstand dadurch abgeholfen
werden soll, daß die göttliche Gerechtigkeit sich hier nur unvollkommen
entwikkeln könne, und erst in jenem Leben ihre Vollständigkeit erlangen
5 werde, so weiß ich nicht, ob durch irgend etwas der Glaube an Gott mehr
erschüttert werden kann als durch eine solche Vorstellung, daß er wie ein
Mensch, der nicht alle seine Kräfte immer gleichmäßig gebrauchen kann,
manche seiner Eigenschaften bisweilen muß ruhen lassen. Aber auch sonst
ist das Abkommen schlecht. Denn für dieses Leben ließe sich, wenn es |
10 darauf ankäme, wenigstens ein Verhältniß aufstellen zwischen Thun und   II,145
Leiden; wie aber ein solches solle angelegt werden zwischen dem Thun in
diesem Leben und dem Leiden in jenem, wenn man nicht beide wieder
ganz identificirt, das kann niemand einsehen. Daher verstehen wir dieses
nur als Uebertragung von der menschlichen Gerechtigkeit. In deren
15 Gebiet freilich ist es so, daß die ungleiche Belohnung und Bestrafung der
Einzelnen eine Unvollkommenheit ist, und daß sie sich überall an den
Einzelnen wendet, der der lezte Thäter ist, und diesem anheimstellt, wenn
er einen Theil der Strafe auf Andere abwälzen will, auch ihren Antheil an
der Schuld nachzuweisen. Auch besteht jeder hierauf vor menschlichem
20 Gericht; das Bewußtsein aber, worin der Begriff der göttlichen Gerechtigkeit seinen Grund hat, fühlt sich nicht verlezt, wenn wir die Last des
Ganzen, welchem wir selbstthätig angehören, auch selbstleidend mit-
tragen, weil wir wohl fühlen, daß die göttliche Gerechtigkeit nur
Gesammtstrafen verfügen kann, wie es für sie nur Gemeinschuld giebt.
25 Denn es giebt nur zwei einzelne Menschen, welche für sich abgeschlossen
Gegenstand der göttlichen Gerechtigkeit sein können, nämlich Adam als
Stifter des Gesammtlebens der Sünde wäre der ursprüngliche einzelne
Gegenstand der göttlichen Bestrafung, wenn er wirklich in einem andern
Verhältniß zur Entstehung der Sünde gedacht werden könnte als die
30 andern Einzelnen, und Christus ist als Stifter des Gesammtlebens der
Seligkeit der einzige einzelne Gegenstand der göttlichen Belohnung. –
Eben des Ursprunges ist auch die Eintheilung der göttlichen Gerechtigkeit
in die gesezgebende und vergeltende, weil nämlich der menschlichen
Gesezgebung auch Gerechtigkeit als eine Vollkommenheit beigelegt | und   II,146
35 so der Ausdruk auf dieses Gebiet angewendet wird. Allein ganz ein
anderes ist es mit der menschlichen Gesezgebung, welche, wie ursprünglich sie auch sei, doch immer schon etwas bestehendes, also ein Recht
wenigstens im weiteren Sinne des Wortes, vorfindet, dem sie angemessen
und also gerecht sein kann; die göttliche Gesezgebung aber, welche die

---

2–5 *Vgl. z. B. Wegscheider: Institutiones 185f*   32f *Vgl. z. B. Reinhard: Dogmatik 125f*
(in Anhang zu I, 351, 39). Schott: Epitome 44f

Schöpfung selbst ist, findet nichts bestehendes vor, und kein Recht kann demnach ihre Regel sein, so daß auch die Gerechtigkeit nicht ihre Vollkommenheit sein kann, sondern nur die Weisheit. Daher ist auch auf diese weitere Ausdehnung des Begriffs hier gar keine Rüksicht genommen
5 worden. – Wenn nun gewöhnlich die göttliche Gerechtigkeit in dem engeren Sinne nämlich die vergeltende beschrieben wird als nach beiden Seiten hin vergeltend, das Gute belohnend und das Böse bestrafend: so ist auch dies nur von der menschlichen Gerechtigkeit her, nicht aber dem christlich frommen Bewußtsein entnommen. Denn dieses, wie auch
10 anderweitig im Lehrgebäude immer sorgfältig ausgeführt wird, kennt gar keine der göttlichen Gerechtigkeit zuzuschreibende Belohnung, sondern alles was irgend so genannt werden kann, wird als unverdient, also nicht von der Gerechtigkeit herzuleitend, angesehen. Denn was von dieser Art auch in der Schrift der göttlichen Gerechtigkeit zugeschrieben wird[4], das
15 sind weniger eigentliche Belohnungen als nur das göttliche Walten darüber, daß die natürliche Fortentwiklung des Guten nicht gestört werde. Was aber den Lohn betrifft, so lehrt Christus selbst (Matth. 20, 14. 15.), daß er eine Sache der | Gnade sei[5]. Die menschliche Gerechtigkeit II,147 aber erscheint hart und schroff wenn sie nur Strafen aufstellt und nicht
20 auch Belohnungen; diese aber gelten nur in dem Maaß für vollkommen, als aller Einfluß der Willkühr und der persönlichen Zuneigung dabei aufgehoben ist, und sie einer festen Regel unterworfen und also unter ein Recht gebracht sind. Daher nur dieser Aehnlichkeit zu Liebe eine Bestimmung aufgenommen sein kann, die anderen kirchlichen Lehrsäzen gradezu
25 widerspricht. – Hiermit hängt auch zusammen der Unterschied, welcher angenommen zu werden pflegt zwischen natürlichen göttlichen Strafen und willkührlichen. Denn wenngleich in der bürgerlichen Strafgerechtigkeit, wie sie vom Richter geübt wird, dieser Unterschied nicht stattfindet: so sind wir uns doch alle bewußt aus demselben Princip wie der Richter
30 zu handeln, wenn wir Lob und Tadel, Ehre und Schande und was dem anhängt, austheilen, und so bleibt keine andere Erklärung übrig, als daß

---

[4] wie Röm. 2, 5. 10.
[5] 2 Tim. 4, 8. wird zwar die Ertheilung des Lohnes Gott als Richter beigelegt, aber offenbar in dem Sinn des Kampfrichters, welches Bild nicht hieher gehört.

---

1 Recht] Recht,

5–7 Vgl. z. B. Reinhard: Dogmatik 127   9–13 Vgl. dazu CG¹ §§ 129; 132, 5   25–27 Vgl. z. B. Mosheim: Elementa 1, 525. 590f

nicht das ganze Geschäft sondern nur ein Theil desselben auf die
Obrigkeit übertragen sei, der andere aber in der Masse zurükgeblieben,
und weil die strafende Thätigkeit der lezteren mit der unwillkührlichen
Aeußerung des Gefühls identisch ist, nennen wir diese die natürliche
5 Strafe, jene aber, weil sie auf allgemeine vorhergefaßte Bestimmungen
zurükgeht, die willkührliche. In Gott aber kann dieser Unterschied gar
nicht stattfinden, weder wenn man auf die göttliche Thätigkeit sieht, in
der es keinen Gegensaz des willkührlichen und natürlichen giebt, weil |
der göttliche Wille überall die Natur, und mit der menschlichen Natur   II,148
10 zugleich auch den Trieb nach gesezlichem Zustand constituirt, so daß
auch die gesezlichen Strafen auf die göttliche Causalität zurükgeführt,
natürliche sind, nirgends aber ein göttlicher Wille als solcher sich auf
schon gegebene Naturen definitiv bezieht; noch auch giebt es in Gott
einen Unterschied des willkührlichen und unwillkührlichen in seiner
15 Thätigkeit. Und eben so wenig findet diese Klassification göttlicher
Strafen statt, wenn man auf den Erfolg sieht, weil in Beziehung auf Gott
nichts schon durch die Natur bestimmt ist; ja wenn wir auch eben dieses,
daß die Natur von Gott so eingerichtet ist, daß das Uebel gleichsam
festgehalten wird von dem Bösen, als etwas willkührliches, also von dem
20 Totalzusammenhange trennbares ansehn wollten, würden wir es so am
wenigsten verstehen⁶. Auch nimmt es nicht leicht mit diesem Unterschied
ein anderes Ende, als daß man die eine Art auf die bessernde Abzwekkung
der Strafe, die andere Art aber — man mildere nur den Ausdruk wie man
will, im wesentlichen bleibt es dasselbe — auf ihre rächende Abzwekkung
25 bezieht. Aber eine göttliche Einsezung von Strafen als Besserungsmittel
dürfen wir gar nicht zugeben, schon deshalb nicht weil sonst auf der einen
Seite, indem wir sagen, das Böse sei in der menschlichen Freiheit ge-
gründet, wir doch | zugeben, Gott habe die menschliche Freiheit gewollt;   II,149
auf der andern aber, wenn wir lehren, Gott wolle den Menschen durch die
30 Strafe zum guten zurükführen, würden wir behaupten, er habe beschlossen, den Menschen als Naturwesen zu behandeln. Noch weniger
aber dürfen wir deshalb göttliche Strafen als Besserungsmittel zugeben,

---

⁶ Noch verworrener und bedenklicher scheint es, diesen Unterschied auch auf die
   göttliche Gesezgebung überzutragen, und von natürlichen göttlichen Gesezen,
35 wie das Sittengesez, zu unterscheiden die willkührlichen, welches dann grade
   die geoffenbarten sind, wie, daß man an Christum glauben soll, wodurch dann
   angedeutet würde, die Erlösung sei weniger in das Wesen der Dinge ver-
   flochten als das Sittengesez, also zufälliger. Doch findet sich auch dieses bei
   Reinhard.

21—25 *Vgl. z. B. Eberhard: Apologie 2, 377*   **38 f** *Dogmatik 126 (in Anhang zu I, 351, 39)*

weil sonst die vollkommenste Einrichtung der Strafen auch die Stelle der
Erlösung hätte vertreten können. Daß aber, was die rächende Abzwekkung
betrifft, keine göttliche Handlungsweise darf als Rükwirkung von
erlittenen Beleidigungen angesehen werden, bedarf keines Beweises, wie
denn auch im N. Test. Ausdrükke, wie der Zorn Gottes und ähnliche,
wenn sie nicht gradezu aus dem alten entlehnt sind, nie diese Bedeutung
haben.

4. Eine ganz andere Darstellung göttlicher Gerechtigkeit scheint
freilich Christus selbst geben zu wollen in dem Gleichniß von den anvertrauten Pfunden. Allein daß dies weniger hieher gehöre, geht auch schon
daraus hervor, daß darin hauptsächlich vom Belohnen und nur nebenbei
gleichsam von Bestrafen die Rede ist. Halten wir uns aber zunächst an das
hiehergehörige, so sehen wir auch hier, daß in dem Menschen sofern er
gestraft wird, von den ihm für das Himmelreich anvertrauten Kräften
nichts zurükbleibt, d. h. daß innerhalb des Himmelreiches keine Strafe
stattfindet, so wenig als darin ein gänzlicher Nichtgebrauch der Kräfte
stattfinden kann; und da dieser allein die Vorahndung der Strafe hatte, so
folgt zugleich, daß jenes fröhliche Wachsthum im Guten, welches hier
vorzüglich als Belohnung eines tüchtigen Gebrauches der verliehenen
Kräfte dargestellt wird, aber auch mehr auf die göttliche Gnade zurükge-
führt werden muß, da-|von abhänge, daß keine Voraussezung der Strafe   II,150
mehr stattfinde. Dieses alles stimmt mit den obigen Auseinandersezungen
genau zusammen, wenngleich offenbar Christus hier nicht zunächst von
dem Gesammtleben der Sünde redet, worauf wir hier den Begriff der Gerechtigkeit beziehen, sondern von den Verhältnissen seiner Diener zu ihm
in dem Gebiet der Erlösung[7]. − Wenn aber von allen denen sowol Reden
Christi als auch andern Schriftstellen, welche das jüngste Gericht und die
Wiederkunft Christi im Auge haben, hier gar kein Gebrauch gemacht
worden ist: so kommt dies daher, weil wir hier den Begriff der göttlichen
Gerechtigkeit gründen auf das Bewußtsein der Sünde, wie es ein Bestandtheil unseres frommen Bewußtseins überhaupt ist[8] nicht aber auf ein
solches Bewußtsein der Sünde, wie wir es gar nicht haben können,
nämlich völlig abgeschnitten von aller Beziehung auf die Erlösung. Es

---

[7] Eben davon scheint auch Paulus 2 Cor. 5, 10. zu reden.
[8] Von diesem Gebiet handelt in demselben Sinn 1 Petr. 3, 9-13.

---

21 daß] das   26 Erlösung[7] . −] Erlösung[7] −

8-10 *Mt 25, 14 30 par*   26−28 *Vgl. die in §§ 176; 178 angeführten Bibelstellen*

wird sich aber weiter unten der Ort finden auch hievon zu handeln und das hier gesagte zu ergänzen.

Zusaz 1. Viele besonders neuere Dogmatiker pflegen die göttliche Gerechtigkeit aus der göttlichen Heiligkeit abzuleiten, indem jene bald
5 nur als die Bekanntmachung dieser bald als eine unmittelbare Folge aus ihr dargestellt wird; in beiden Fällen wäre es der Abzwekkung der dogmatischen Begriffbildung nicht angemessen, beide als verschiedene Eigenschaften von einander zu trennen. Das verbindende Glied dabei ist die Gesezgebung, welche auf der einen Seite als die Grundlage der ver-
10 geltenden Gerechtigkeit angesehen | wird, auf der andern Seite als die   II,151
bestimmte allgemeine Aeußerung des göttlichen Mißfallens gegen das Böse erscheint. Es ist hier auch diese Methode nicht befolgt worden, zunächst weil die Momente des religiösen Bewußtseins, auf welche die eine dieser beiden Eigenschaften sich bezieht, zu sehr von denen verschieden sind,
15 durch welche die andere begründet wird. Denn wir halten unser Mißfallen am Bösen nur für ganz rein, wenn es von der Vorahndung der Strafe gar nicht afficirt wird; und eben so ist das Bewußtsein der Strafwürdigkeit so tief in das Gemeingefühl eingewurzelt, daß die Strafe uns weder überflüssig noch ungerecht erscheint, wenn auch unser persönliches sittliches
20 Gefühl über den fraglichen Gegenstand schon vollkommen gereinigt ist. Eben so erscheinen auch zweitens beide göttliche Handlungsweisen von einander unabhängig, wenn man darauf achtet, wie ganz anders im Fortgang der Erlösung das Resultat der einen und das der andern sich auflöst.

Zusaz 2. Hier ist auch der Ort wo der göttlichen Barmherzigkeit
25 kann erwähnt werden, welches aber ein Begriff ist, dessen Behandlung großen Schwierigkeiten unterliegt. Denn er erscheint größtentheils als die Grenze der göttlichen Gerechtigkeit, so daß, wo die eine aufhört die andere anfängt, und so dürfen sich göttliche Eigenschaften nicht gegen einander verhalten. Wenn er im gemeinen Leben oft davon gebraucht
30 wird, daß Gott das unangenehme des irdischen Zustandes in gewissen Schranken hält, so ist sein coordinirter Begriff die Güte, welche dann in die Begünstigung und Verstärkung des Angenehmen gesezt wird. Beide Begriffe sind aber so gefaßt nichtig, weil wir beide leidentliche Zustände als Christen nicht | an sich, sondern nur sofern sie Veranlassungen zu   II,152
35 thätigen Zuständen sind, auf die göttliche Causalität beziehen können, wodurch dann ein ganz anderes Maaß als jenes angelegt wird. Wenn man aber als Gegenstand der göttlichen Barmherzigkeit auch das Uebel sofern

---

35 die] bie

---

1 §§ 176; 178   3–12 Vgl. z. B. Reinhard: Dogmatik 124 f (in Anhang zu I, 351, 39)

es Strafe ist, ansieht: so ist dann der Erlaß oder das Hinaussezen der Strafe
Barmherzigkeit, wie das Verhängen derselben Gerechtigkeit ist, und die
Güte bleibt dann nur sofern man ihr die Ertheilung des unverdienten
Lohnes beilegt, ein der Barmherzigkeit beigeordneter Begriff. Aber indem
5 aller Erlaß der Strafe auf die Erlösung bezogen wird, und hier auch wie
oben erwähnt als Gerechtigkeit erscheint: so behalten wir in diesem Sinn
für den Begriff der Barmherzigkeit keinen Raum. Es bleibt daher fast nur
übrig anzunehmen die Entstehung des Begriffs sei diese, daß sowol der
Leidenschaftlichkeit und Persönlichkeit, welche wir so oft der mensch-
10 lichen Gerechtigkeit beigemischt finden, als auch der sinnlichen Furcht
vor dem unangenehmen, welche so oft das Gefühl der Strafwürdigkeit
verunreinigt, die göttliche Gerechtigkeit als gelinde erscheint und deshalb
Barmherzigkeit genannt wird[9]. Woraus schon hervorgeht, daß dieser
Begriff mehr für den dichterischen und rednerischen Gebrauch ist als für
15 den dogmatischen, wie auch das pathematische was sich schwer davon
trennen läßt zur genüge beweiset, daß aber der dogmatischen Kritik ob-
liegt darüber zu wachen, daß er sich nicht in einen Gegensaz mit dem
gereinigten Begriff der göttlichen Gerechtigkeit verliere.

Zusaz 3. Erst nachdem wir auch diese Begriffe zusammengestellt
20 und uns überzeugt haben, daß Ge-|rechtigkeit und Barmherzigkeit ein-   II,153
ander nicht begrenzen können, sondern die Barmherzigkeit Gottes recht
verstanden nichts anders ist als seine Gerechtigkeit nur von einer andern
Seite angesehen, können wir noch hinzufügen, daß demnach die göttliche
Gerechtigkeit unendlich ist, auf der einen Seite allgegenwärtig, wenn wir
25 nur die Gegenstände derselben unter der Form des Gesammtlebens ins
Auge fassen, auf der andern Seite allmächtig, weil die ganze Weltordnung
zur Offenbarung derselben ausgeprägt ist, woher ihr denn auch zukommt
ewig zu sein und allwissend. — Das Bewußtsein der Strafwürdigkeit aber,
worin sich diese göttliche Eigenschaft offenbart, kann von der göttlichen
30 Allmacht nur geordnet sein in Bezug auf die Erlösung. Denn gäbe es für
uns gar keine Hofnung das Gottesbewußtsein kräftig zu machen, so
könnte sich die Allmacht nur an uns offenbaren in der möglichst unge-
störten Befriedigung des sinnlichen Selbstbewußtseins durch welches sich
nur anspruchslose rein theoretische Ahnung des Gottesbewußtseins
35 durchziehn dürfte. Sollten wir uns aber selbst erlösen, so könnte sich die
Allmacht nur offenbaren in uns, indem sie einen Zustand in uns begründete, der eben so wenig ein Bewußtsein der Strafwürdigkeit als ein
Mißfallen am Bösen in sich enthalten könnte. |

---

[9] In diesem Sinne ist auch der Gebrauch den Luk. 6, 36. Christus davon macht
40   zu verstehen.

---

8 Begriffs] Begriff   34 Gottesbewußtseins] Gottesbewußtsein